D1498032

HARVARD STUDIES IN ROMANCE LANGUAGES: 33

L'UNIVERS THEATRAL DE CORNEILLE

Paradoxe et subtilité
héroïques

L'UNIVERS THEATRAL
DE
CORNEILLE

Paradoxe et subtilité héroïques

A. S.-M. GOULET

Distributed for the
Department of Romance Languages and Literatures
of Harvard University by
Harvard University Press
Cambridge, Massachusetts

1978

LIBRARY OF CONGRESS CATALOGING IN PUBLICATION DATA

Goulet, Angela S. M., 1947-

   L'univers théâtral de Corneille.

   (Harvard Studies in Romance Languages: 33)

   Includes bibliographical references.

   1. Corneille, Pierre, 1606-1684 -- Criticism and
interpretation.   I. Title.   II. Series.

PQ1772.G6   842'.4   78-1756

ISBN 0-674-92928-4

En souvenir d'un père bien-aimé

AVANT-PROPOS*

Ce travail doit beaucoup à M. le professeur Paul Bénichou, à ses enseignements toujours lucides, à son aide et à ses encouragements constants, ainsi qu'à René Coppieters, compagnon assidu de mes poursuites intellectuelles. C'est avec ma reconnaissance la plus sincère que je voudrais ici les remercier.

Je tiens également à exprimer ma gratitude envers tous ceux qui m'ont assistée au cours de cette entreprise, en particulier mon ami Jim Crapotta, MM. les professeurs Susan Read Baker et Donald Stone, de même que le département de langues et littératures romanes de l'université de Harvard, qui a assuré la publication de cet ouvrage.

* Ce travail a été financé en partie par un *Harvard Graduate Prize Fellowship*, et par une bourse du Conseil des Arts du Canada, n° *W73-2192*.

* INTRODUCTION *

Chez Corneille, « l'art d'agir sur les é-
motions du spectateur » dont Jean Boorsch avait
établi les premiers critères[1], rejoint la morale
héroïque. Le point de rencontre entre ces deux
aspects de la dramaturgie cornélienne est précisément le point où surgit le paradoxe :

Le sublime cornélien se nourrit de prouesses, il cô-
toie volontiers le rare et l'inédit. Il jaillit dans
des situations inusitées, comme la solution brillante
de problèmes insurmontables aux âmes communes. La
raison qui l'éclaire porte la marque de la rareté, de
la difficulté, du paradoxe[2].

Bénichou élucidait « les conflits et les problèmes de la grandeur d'âme » dans leur singulière
complexité. Le travail de Nadal allait dans le
même sens, bien qu'il insistât davantage sur
certains aspects psychologiques de l'héroïsme et
sur la nature particulière des rapports entre
les personnages. A partir de cette compréhension, historique et morale chez Bénichou, plus

[1] Dans ses « Remarques sur la technique dramatique de
Corneille » (1941).

[2] Paul Bénichou, *Morales du grand siècle* (1948), p. 73.

psychologique chez Nadal, nous voulons préciser
et approfondir la manière dont Corneille convertissait les impulsions de l'éthique noble en
techniques dramatiques, dans l'idée que cette
analyse dramaturgique permettra de gagner une
compréhension plus totale de l'inspiration cornélienne.

La notion de paradoxe à laquelle se réfère
le titre de cet ouvrage recouvre bien sûr une
foule d'événements, de surprises, de coups de
théâtre dont on pourrait à juste titre prétendre qu'ils forment la base même de toute oeuvre
dramatique. Il convient donc de préciser ici
ce que nous désignerons par *paradoxe*. Nous ne
nous intéresserons pas aux surprises condition-
nées par des événements extérieurs aux personnages (scènes de reconnaissance ou d'identification inattendue entre frère et soeur ou mère
et fils, quiproquo, etc.). Ce ne sont là que
des interventions arbitraires qui appartiennent
plus à la dramaturgie (ou au mélodrame) de tous
les temps qu'à celle de Corneille et qui n'offrent qu'un intérêt vite épuisé. Au contraire,
nous nous attacherons ici aux surprises internes
qui naissent du comportement même des personnages. Le plus souvent, en effet, le paradoxe
sera le résultat de l'ingéniosité du héros raffinant sur la morale noble, que ce soit pour
trouver ou pour justifier une solution à son
conflit. Il sera l'effet de ce que nous appe-

lons la *subtilité* héroïque. Nous nous concentrerons donc sur les démarches inattendues de l'héroïsme, démarches qui en général « choquent le bon sens ». La portée de ce travail sera ainsi restreinte à l'oeuvre tragique de Corneille, à l'exclusion des comédies et des pièces à machine qui relèvent principalement du paradoxe externe.

Nous supposons ici que pour tout auteur de génie il existe un modèle du processus créateur, modèle dont l'auteur peut bien sûr s'écarter ou s'égarer, mais qui reste là, au centre de son oeuvre, comme pierre de touche, nous permettant d'appréhender sa vision du monde, son système de valeurs, et aussi de mieux comprendre ses oeuvres individuelles. Nous serons donc à la recherche de ce modèle, c'est-à-dire d'un langage dramatique proprement cornélien, de ses éléments constitutifs caractéristiques et de ses principes d'organisation propres. Dans une première étape nous ferons l'analyse de deux oeuvres célèbres et paradoxales, *Rodogune*[3], et *Le Cid*, en tant que systèmes clos ou totalités artistiques. Ces analyses de type relativement traditionnel fourniront ensuite au lecteur un point de repère au cours des analyses plus complexes de la deuxième partie. Il y aura là élargissement de notre

---

[3] Pour ceux qui s'étonneront de ce choix, il suffit de rappeler que *Rodogune* est, après la tétralogie, la pièce de Corneille la plus souvent jouée.

point de vue : nous passerons à l'étude comparative interne des pièces du répertoire héroïque. Il ne s'agira pas d'un regard historique
ayant pour but de discerner une évolution dans
les pièces de Corneille ou de préciser le traitement cornélien d'un sujet par rapport à ses
sources. Il ne s'agira pas non plus de repérer
dans les oeuvres de Corneille les grands thèmes
de la tragédie universelle. Au contraire, la
tâche que nous nous proposons est celle de dé-
couvrir les lois particulières à la dramaturgie
cornélienne, en dernière analyse, la place qu'y
tient le paradoxe comme principe d'organisation
créatrice.

PREMIERE PARTIE

DEUX CHEFS-D'OEUVRE
DU
PARADOXE

* RODOGUNE *

*... quoique peut-être on voudra prendre cette
proposition pour un paradoxe, je ne craindrai
point d'avancer que le sujet d'une belle tragédie doit n'être pas vraisemblable.*

Corneille

Rodogune se divise en trois grandes parties
dont la première se compose d'une double exposition fort compliquée. Cette double exposition,
qui s'étend jusqu'à l'acte II inclusivement,
nous initie concurremment à la situation apparente de nos héros, — situation semble-t-il simple
et heureuse, — et à la véritable tension intérieure qui sous-tend cette harmonie extérieure.

La pièce s'ouvre sur un récit de Laonice,
confidente de Cléopâtre, à son frère Timagène.
Ce récit nous met d'abord au courant des événements antérieurs dont voici ceux qui sont essen-
tiels à la compréhension de la pièce : après a-
voir été longtemps prisonnier chez les Parthes,
Nicanor, roi de Syrie, avait décidé d'épouser
une de leurs princesses, Rodogune, pour l'élever

au trône syrien. La femme de Nicanor, Cléopâtre,
agissant par ambition et colère meurtrière, as-
sassina celui-ci au cours de son voyage de retour et garda en otage sa fiancée. Le roi des
Parthes, frère de Rodogune, fit donc la guerre
à Cléopâtre.

Le récit de Laonice nous initie également à
la situation actuelle telle que la voit le peuple : la paix semble enfin s'annoncer. Selon un
traité qui favorise les Parthes, la reine Cléopâtre doit aujourd'hui même révéler à ses fils
jumeaux lequel d'entre eux est l'aîné. En vertu
de son droit de naissance celui-ci accèdera a-
lors au trône et de plus épousera Rodogune pour
sceller la paix nouvelle. L'attente générale se
fait donc dans la joie et l'espérance.

Ce long récit est entrecoupé d'une série de
quatre annonces dramatiques qui constituent le
deuxième aspect principal de l'exposition : notre initiation à la situation réelle. Première
annonce, Antiochus aime Rodogune et la préfère
au trône. Tout de suite après, une deuxième annonce, Séleucus lui aussi aime Rodogune et la
préfère également au trône. En troisième lieu,
nous apprenons que Rodogune penche malgré elle
vers un des princes dont elle ne nous indique cependant pas le nom. Enfin, Cléopâtre nous révèle qu'elle hait la princesse et qu'elle n'a fait
qu'un faux serment pour mieux permettre à sa haine d'éclater.

La quatrième annonce engage définitivement
l'action : il est clair désormais qu'il existe
un péril réel pour Rodogune et que les princes,
ayant à faire un choix entre leur maîtresse et
leur mère pencheront sans doute du côté de la
princesse. Après plusieurs fausses alertes, nous
voilà ainsi lancés sur la piste où se déroulera
la tragédie. Nous craignons tout de la haine de
Cléopâtre.

Mais entre la fin de l'exposition et le début des effets tragiques de la colère de la souveraine s'enchasse la deuxième partie de la pièce
(II,3 - IV,6 incl.) ; celle-ci se compose des
tentatives infructueuses de Cléopâtre pour faire
embrasser sa haine à ses fils, ainsi que des péripéties qui résultent de ses efforts. Cette é-
laboration fait faire un détour à l'action réelle
de la pièce, puisque les quelques incidents qui
font ici acheminer l'action vers son dénouement
tragique auraient pu nous être présentés beaucoup
plus directement, par exemple si Laonice avait
appris à Cléopâtre que les princes aimaient Rodogune et que, malgré leur rivalité amoureuse,
ils s'étaient juré une amitié éternelle. Dans
ces conditions, Cléopâtre aurait pu se résoudre
aussitôt à punir ses fils ingrats et rebelles.
Elle se serait ainsi chargée sans délai d'atteindre le but que lui commandait sa haine.

Ce n'est cependant pas une des fonctions de
la scène (II,2) où Cléopâtre, faisant ses

confidences à Laonice, nous apprend que ce qu'-
elle avait fait jusqu'à présent avait été dicté
par l'amour du pouvoir et que le long exil des
princes et l'assassinat du roi n'avaient eu d'autre but que de lui permettre de régner. Elle
compte d'ailleurs nommer roi celui qui se montrera prêt à la venger et à lui obéir en tout. A-
près de tels aveux, Laonice juge en effet plus
prudent de ne pas renseigner la souveraine de
l'état d'esprit des princes.

Un coup de théâtre ouvre la deuxième partie
de *Rodogune*. Cléopâtre, ignorant tout de l'a-
mour que ses fils portent à sa rivale, leur déclare que le trône appartiendra à celui qui servira sa haine en tuant Rodogune. Aux yeux de la
reine, la princesse parthe est leur ennemie commune. Ses fils, venus dans l'attente de décou-
vrir lequel est l'aîné, découvrent donc que :

> *Embrasser ma querelle est le seul droit d'aînesse*
> *La mort de Rodogune en nommera l'aîné .*
>
> (v. 644-45)

Bien que consciente de faire une proposition assez extraordinairement barbare, Cléopâtre ne se
rend pas compte comme nous de toute la force paradoxale de ce qu'elle exige. Elle quitte la
scène brusquement, sans écouter les protesta-
tions des princes.

Tandis qu'ils délibèrent, Laonice avertit
en secret Rodogune à la fois des intentions de
la reine et de l'amour des deux princes. Après

un bref répit qui permet à la princesse d'éva-
luer sa situation, ceux-ci se rendent à leur
tour chez Rodogune, croyant qu'elle se prêtera
à la solution qu'ils viennent lui proposer. Déposant leur amour à ses pieds, ils lui offrent
de désigner le nouveau roi selon le choix de son
coeur :

> *Ne vous abaissez plus à suivre la couronne ;*
> *Donnez-la sans souffrir qu'avec elle on vous donne ;*
> . . . .
> *Notre seul droit d'aînesse est de plaire à vos yeux.*
> *(v. 911-14)*

Mais Rodogune, en refusant de choisir, fait a-
vorter cette tentative de solution. Bien plus,
elle formule à son tour une demande qui constitue le deuxième grand coup de théâtre de la pièce, s'offrant comme récompense à celui des deux
princes qui assassinera Cléopâtre pour venger
la mort de son père. Elle proclame fièrement :

> *Pour gagner Rodogune, il faut venger un père ;*
> *Je me donne à ce prix : osez me mériter ;*
> *(v. 1044-45)*

Ainsi les princes, qui avaient subi un premier choc en apprenant qu'ils étaient rivaux et
un deuxième en découvrant qu'ils ne pourraient
jamais épouser Rodogune avec le consentement de
la reine, reçoivent à présent un troisième coup,
la nouvelle que Rodogune elle-même ne s'offre
qu'à un prix qui la met hors d'atteinte pour
toujours.

Après avoir ainsi fait preuve d'une

cruauté inattendue, Rodogune, comme Cléopâtre a-
vant elle, quitte brusquement les princes. Séleucus, entièrement dégoûté, cède à Antiochus ses
droits hypothétiques au trône et à Rodogune :

> *Quoi que leur rage exige ou de vous ou de moi,*
> *Rodogune est à vous, puisque je vous fait roi.*
> *Epargnez vos soupirs, près de l'une et de l'autre.*
> *J'ai trouvé mon bonheur, saisissez-vous du vôtre :*
> $\qquad\qquad\qquad$ *(v. 1109-12)*

Cela pourrait être une solution si Antiochus dé-
cidait de profiter de la colère de son frère,
mais sa générosité le lui défend. Au contraire,
il entrevoit la possibilité d'une solution plus
conforme aux dictées héroïques. Retournant d'a-
bord chez Rodogune, qu'il aime toujours et qu'il
espère contraindre à se dédire, il lui propose
de prendre sur-le-champ sa vengeance en l'immolant lui, fils de Cléopâtre, aux mânes de son
père :

> *. . . . . et hâtez-vous sur moi*
> *De punir une reine et de venger un roi ;*
> $\qquad\qquad\qquad$ *(v. 1185-86)*

Il ajoute aussi un deuxième terme à la solution
qu'il lui propose :

> *Punissez un des fils des crimes de la mère,*
> *Mais payez l'autre aussi des services du père ;*
> $\qquad\qquad\qquad$ *(v. 1191-92)*

Pour lui obéir, il faudrait donc qu'elle tue Antiochus et qu'elle épouse ensuite Séleucus ; incapable de le faire et adoucie par la soumission
de son amant, Rodogune se rend aux vrais désirs

de celui-ci. Elle lui avoue d'abord qu'elle
l'aime et ensuite qu'elle aurait eu horreur d'a-
voir à récompenser un parricide. Cela crée cependant une nouvelle impasse pour les deux a-
mants, comme le fait remarquer Rodogune :

Votre refus est juste autant que ma demande.
(v. 1220)

Elle doit exiger le parricide sans pouvoir s'y
attendre, tandis qu'Antiochus, lui, doit refuser
le parricide mais perdre Rodogune en même temps.
Au lieu de s'arrêter à cette impasse, l'amante
fournit, un peu arbitrairement, une solution
partielle :

Rentrons donc sous les lois que m'impose la paix,
Puisque m'en affranchir c'est vous perdre à jamais.
(v. 1225-26)

Rodogune attendra donc que Cléopâtre désigne
l'aîné et épousera celui-là. La partie du dilemme qu'elle avait engendrée vient ainsi d'être
dénouée.

Fort de cette victoire, Antiochus se rend
chez sa mère dans l'espoir de la fléchir à son
tour, croyant que son sentiment maternel sera
plus fort que sa haine. Hasardant tout, il lui
révèle son amour pour Rodogune ainsi que celui
de son frère et, voyant sa colère à son comble,
offre de l'apaiser en sacrifiant à l'instant sa
propre vie. C'est la même offre qui, chez Rodogune, avait amené une solution immédiate.

Antiochus, qui n'a pas cessé de croire en l'amour
de sa mère, est donc tout prêt à croire Cléopâtre quand celle-ci prétend se rendre et vouloir
enlever tous les obstacles au bonheur de son fils
et de sa bien-aimée :

> *C'en est fait, je me rends, et ma colère expire.*
> *Rodogune est à vous aussi bien que l'empire ;*
> *Rendez grâces aux dieux qui vous ont fait l'aîné :*
> *Possédez-la, régnez.*
>
> (v. 1355-58)

Cet apparent triomphe de la nature achève
de dénouer le dilemme des princes. Tout de suite après, cependant, un nouveau monologue de Cléopâtre nous apprend qu'il ne s'agissait là que
d'un faux triomphe et qu'au lieu de résoudre son
problème et de secourir Rodogune du péril, Antiochus n'a réussi qu'à s'envelopper lui-même dans
la haine de sa mère.

Cléopâtre fait aussitôt venir Séleucus et,
faisant appel à l'envie et à la jalousie, essaie
de le tourner contre son frère. Séleucus qui
s'était, nous nous en souvenons, mis hors jeu,
lui refuse la moindre collaboration et laisse
voir qu'il a pénétré ses intentions.

Cela met fin au détour chargé de péripéties
qui avait jusqu'ici retardé le drame. Au cours
des deux actes sur lesquels s'étend la deuxième
partie de la pièce, il n'y a que deux scènes
(IV,3 et 6) qui nous ont fait avancer vers le
dénouement : celle où Antiochus apprenait à Cléopâtre l'amour des frères pour Rodogune et celle

où elle constatait la solidarité qui règne entre eux. A présent elle ne verra en ces « deux rivaux unis » guère autre chose que « deux enfants révoltés » prêts à soutenir l'odieuse princesse qu'ils aiment. Elle évoque l'image de sa rivale et prend implacablement une décision qui les vise tous trois. S'adressant à son ennemie absente, elle proclame :

Je sais bien qu'en l'état où tous deux je les voi
Il me les faut percer pour aller jusqu'à toi.
                                        (v. 1485-86)

La situation s'est donc aggravée, puisque Cléopâtre ne projetait au départ que le meurtre de sa rivale.

La dernière partie commence, à la clôture du quatrième acte, par un monologue où Cléopâtre se résout à commettre un double infanticide et part à la recherche de sa première victime, Séleucus. Nouveau monologue au début de l'acte suivant dans lequel Cléopâtre nous apprend que Séleucus est mort et qu'au lieu de se perdre en vains remords elle prépare le poison nuptial destiné à Antiochus et Rodogune. Sur le point de boire ce poison, Antiochus est arrêté par la nouvelle que son frère est mort assassiné en inculpant une des deux femmes, mais sans avoir pu nommer la coupable. A la suite de ce coup de théâtre, Cléopâtre et Rodogune présentent, chacune à leur tour, un plaidoyer basé sur la culpabilité de l'autre. Mais Antiochus, anéanti

par le choc qu'il vient de recevoir, n'écoute
rien et porte de nouveau à ses lèvres la coupe
suspecte à laquelle Rodogune l'empêche cependant
de boire. Nouveau coup de théâtre : Cléopâtre,
pour s'exonérer, boit d'abord, espérant les en-
traîner à sa suite. Rassuré par son geste, Antiochus va suivre son exemple quand les effets
trop rapides du poison trahissent la reine. Antiochus supplie sa mère de vivre pour transformer sa haine en amour mais Cléopâtre, au lieu
de se repentir, maudit le couple et leur souhaite « tous les malheurs ensemble ». Antiochus qui jusqu'au dernier soupir de sa mère a-
vait espéré recevoir sa bénédiction voit triompher la haine. Rodogune est au moins pour un
temps éclipsée dans l'esprit du fils de Cléopâtre et la confiance naïve d'Antiochus en la bonté naturelle des hommes a été fracassée[1].

Le dénouement qui suit est très court. Ac-
cablé, Antiochus déclare un deuil officiel et
le mariage s'avère incertain.

*   *   *

[1] Maurice Descotes dans *Les grands rôles* (p. 259),
nous rapporte que Stendhal, jugeant Talma « sublime » comme Antiochus, en avait dit : « Il était en blanc dans les
quatre premiers actes, en rouge et en diadème au dernier.
Il a rendu superbement l'anéantissement et la douleur ».
Descotes nous donne aussi les impressions de Faguet au sujet du même rôle et de sa reprise en 1902 par Albert Lam-
bert. Il dit : « Faguet observait que le rôle, à la lecture, peut paraître « gauche, piteux et ridicule » ; mais

Ce compte-rendu nous permet de voir que l'incroyable proposition parricide de Rodogune représente à la fois un des sommets de la pièce et le point culminant du paradoxe, sinon de la tragédie. Pourtant, du point de vue esthétique, cette proposition criminelle n'est pas choquante : elle étonne, mais ne détonne pas. C'est que l'organisation fort structurée et même hautement symétrique de la pièce l'a habilement conduite à ce coup de théâtre. Il est possible, en effet, de dégager dans cette oeuvre dramatique une double symétrie. Considérons d'abord les relations parallèles entre les personnages dans la première moitié de la pièce, celle où s'élabore le paradoxe.

Il est clair que les frères jumeaux, Antiochus et Séleucus, se font pendant : même amour, même chance d'obtenir le trône, amitié également forte l'un pour l'autre, mêmes inspirations et, enfin, dilemmes identiques. Ces protagonistes masculins restent solidaires et généreux en dépit de leur double rivalité, pour le trône et pour Rodogune. Pris ensemble entre deux rivales féminines situées aux pôles opposés, ils se voient impitoyablement ballotés de part et d'autre, au service de leurs haines mutuelles. Tandis que le sang et le respect filial les tirent du côté de Cléopâtre, le coeur les

que, grâce au jeu du comédien, le personnage s'animait dans l'expression de la terreur et de l'accablement».

pousse du côté de Rodogune. Alors que le couple
Séleucus-Antiochus représente l'amitié et l'a-
mour, les héroïnes nous offrent deux variations
sur la haine. Bien que sensiblement différentes
de nature, toutes deux ont recours aux princes
dans une apparente tentative de destruction de
l'autre. Si à la lecture le côté combattant de
Rodogune peut paraître n'occuper qu'une place
secondaire, nous verrons qu'au théâtre, cet aspect prend une place tout à fait essentielle.

Cette remarquable symétrie derrière la conception et l'organisation des personnages se
brisera toutefois après la proposition de Rodogune. A cause de cette proposition, Séleucus
s'isole tandis qu'Antiochus forme désormais avec
Rodogune un nouveau couple. A mesure que l'amour
prend plus de place chez cette princesse et, par
conséquent, chez Antiochus, la haine prendra des
proportions de plus en plus menaçantes chez
Cléopâtre. Un déséquilibre viendra donc s'établir
déclenchant le mouvement vers la catastrophe. Par
ailleurs, la force du souvenir de l'ancienne symétrie sera assez considérable pour maintenir,
chez Antiochus, l'illusion que cette symétrie
subsiste encore. En effet, bien que Séleucus se
soit retiré de la course au trône et qu'il ait
désavoué Rodogune, Antiochus continuera à raisonn-
ner comme si un semblable intérêt liait encore
les deux frères. Le fait que nous acceptions
cette façon d'agir chez Antiochus témoigne jus-

qu'à quel point la symétrie de la pièce peut influencer nos réactions.

Outre les rapports étroits qui, avant la proposition déterminante, équilibraient nos personnages, une profonde symétrie régit également leurs mouvements et renforce la cohésion de la pièce.

Antiochus et Séleucus se sont successivement tournés l'un vers l'autre pour résoudre leurs problèmes amoureux. Chacun d'eux voulait offrir à l'autre le trône en échange de Rodogune, l'échec allant de soi. Ils décident donc de remettre la solution de leur problème entre les mains de leur mère, puisqu'elle doit nommer l'aîné. Après la proposition homicide de Cléopâtre, il paraît fort douteux qu'ils puissent trouver une solution pacifique à leur situation. Néanmoins, ils espèrent que Rodogune cette fois acceptera de les tirer de l'impasse où ils se trouvent. Au contraire, le défi de parricide achève de refermer sur eux le cercle des possibilités.

Chacune de ces étapes est donc présentée de la même façon : il y a d'abord l'exposition d'un problème, suivi de l'ébauche d'une solution qui oriente les princes vers un des autres personnages principaux, enfin l'aggravation du problème initial par suite de la réaction du personnage vers lequel ils s'étaient tournés.

Un nouveau cycle est entamé par les visites

successives d'Antiochus, chez Rodogune d'abord
et ensuite chez sa mère. Ce prince assume désormais toute la responsabilité pour dénouer la
situation dramatique, cela en partant à la recherche d'une double rétractation. Il commence
sa marche arrière en essayant d'obtenir un désa-
veu de Rodogune. Il lui offre sa vie et obtient
effectivement sa clémence. Poursuivant ce retour sur ses pas, il rend visite à Cléopâtre, en
exige ou la rétractation ou sa propre mort, et
se voit à nouveau accorder la clémence. Nous a-
vons donc ici par deux fois le même procédé suivi dans chaque cas de résultats analogues. Cléopâtre avait posé un obstacle sérieux au bonheur
des héritiers et Rodogune l'avait décuplé. Suivant le mouvement inverse, la princesse, d'abord,
efface la part qu'elle avait contribuée aux difficultés et assure Antiochus du bonheur d'être
aimé. La reine élimine à son tour le péril grave qu'elle avait créé et, de plus, fournit une
solution idéale au dilemme, celle qui en faisant
Antiochus roi confirme et autorise l'existence
du couple Antiochus-Rodogune. Quelque peu plausible que puisse nous sembler une telle bonté de
la part de Cléopâtre, nous avons été condition-
nés, par le cadre où elle se produit, à en admettre au moins la possibilité.

Nous nous attendons cependant, avec raison, à
apprendre ce qu'il en est dès que nous nous re-
trouvons seuls avec la reine. Le premier mono-

logue de celle-ci nous avait appris que les
craintes de Rodogune à son égard étaient fondées ; le deuxième monologue nous apprend que
les soupçons qui nous restaient avaient en effet leur raison d'être et que Cléopâtre vient
de feindre un revirement de ses sentiments,
exactement comme elle avait, sous contrainte,
feint de tout pardonner à Rodogune en faisant
la paix avec les Parthes. Ces deux monologues
occupent des positions symétriques puisqu'ils
encadrent précisément les propositions meurtri-
ères des héroïnes et leur double rétractation.
Pour ce qui est des deux derniers monologues de
Cléopâtre, séparés par un entracte seulement,
ils font partie de l'action tragique de la pièce,
du déroulement rapide de la catastrophe. Dans
leur ensemble, donc, les quatres monologues de
la reine servent à orienter l'action, nous ins-
truisant d'abord des vrais desseins de la reine
et nous tenant ensuite au courant de ses progrès
vers leur accomplissement.

Il existe enfin une correspondence entre
la venue d'Antiochus, seul, devant Cléopâtre,
et celle de Séleucus, seul à son tour. Cet
aménagement successif de leur second entretien
avec leur mère accuse la rupture du couple que
formaient autrefois les frères et ménage une
très légère crainte que Séleucus pourrait à présent se prêter aux desseins de Cléopâtre.

Voilà les parallèles et les analogies les

plus significatives qui régissent la structure
de la pièce, établissant à tous moments de nouveaux équilibres dramatiques et maintenant la
cohésion de la tragédie là même où la psychologie pourrait manquer de le faire.

Gardant à l'esprit cette fonction majeure
des rapports entre éléments symétriques, nous
pouvons maintenant considérer de près la requête parricide de Rodogune puisqu'aussi bien celle-ci représente justement ce que cette tragédie contient de plus invraisemblable, de plus
paradoxal. Elle constitue le point vers lequel
s'oriente toute la première moitié de la pièce,
l'aboutissement de la première symétrie entre
les personnages. Elle est aussi le point tournant qui lancera la tragédie sur la pente dan-
gereuse qui les mettra tous à la merci de Cléopâtre. Et, chose peu étonnante, de tous les incidents insolites de *Rodogune*, c'est elle dont
le bon accueil dépend le plus intimement d'une
symétrie préparatoire et, notamment, de la pa-
rité qui existe entre les héroïnes.

Cette impitoyable exigence de Rodogune est
commandée, du point de vue de la logique des
personnages, par la férocité de Cléopâtre. Il
est vrai que la gamme d'interprétation du personnage de Rodogune est très large et que certains ont tendu à minimiser son côté combattant.
Au théâtre, cependant, l'on est forcément

beaucoup plus sensible à l'équilibre dramatique
qui existe entre de vraies personnes. Dans la
mesure où Cléopâtre est un personnage fort, qui
dirige contre sa rivale une proposition haineu-
se, il faut que Rodogune, elle aussi, nous semble forte, qu'elle fasse de son côté une proposition digne de la première. Maurice Descotes
a justement réussi à dégager de l'organisation
de la pièce ceux des mouvements parallèles qui
établissent une sorte de compétition entre ces
rôles féminins. Il lui semble fort probable,
d'ailleurs, que les personnages de Cléopâtre et
de Rodogune soient censés opposer non seulement
deux rôles, mais aussi deux actrices. Voici
ses raisons :

Le premier acte, tout consacré à l'exposition, ne met
en cause ni l'une ni l'autre des *vedettes* : Cléopâtre
en est absente, Rodogune n'y paraît qu'en une courte
scène (I,5) avec Laonice. Le second acte est tout à
Cléopâtre (Rodogune n'y figure pas) : il comporte un
monologue (II,1) et la grande scène au cours de laquelle la Reine demande aux Princes la vie de Rodogune (II,3). Le troisième acte est tout à Rodogune
(Cléopâtre n'y figure pas) et son organisation est
rigoureusement parallèle à celle de l'acte précé-
dent : un monologue de Rodogune (III,3) prépare la
scène au cours de laquelle Rodogune demande aux Princes la vie de Cléopâtre (III,4). Le quatrième acte,
malgré l'importance plus grande qu'y prend Cléopâtre,
ménage encore l'équilibre : à l'entretien Rodogune-
Antiochus (IV,1) répond l'entretien Cléopâtre-Antio-
chus (IV,3). Et, selon toutes les lois du genre,
c'est le cinquième acte qui, réunissant tous les personnages, met pour la première fois face à face les
deux rivales au cours de la grande scène à effet.

Et il en conclut ce qui suit :

On comprend pourquoi les grandes représentations de
Rodogune n'ont pas été celles où se révélait une
grande Cléopâtre ou une grande Rodogune, mais bien
celles où les deux rôles féminins étaient tenus par
des interprètes de même force[2].

Il est clair que la proposition de Rodogune serait absurde si celle de Cléopâtre ne la
précédait et   appelait comme un écho. Cet arrangement symétrique lui confère son sens : la
reine demande sa vie, elle demande la vie de la
reine, et elle la réclame des seuls personnages
qui se soient dits prêts à la servir en tout,
ceux-là mêmes que son ennemie voulait employer
pour sa destruction. Quoi de plus logique ?
Par malheur, ces serviteurs idéaux sont justement
les fils de la reine. Mais si cette cruelle coïn-
cidence crée l'essentiel du paradoxe, c'est
qu'elle ne l'empêche pas d'exiger la tête de
celle qui demandait la sienne. Les deux propositions sont point par point identiques dans
leur présentation aux princes : selon Cléopâtre

[2]Op. cit., p.251-52. M. Descotes nous apprend aussi
que les meilleures représentations furent celles de 1845
où Marie Dorval jouait Rodogune et Mlle Georges Cléopâtre,
ainsi que celles de 1902 avec Adeline Dudlay (Cléopâtre)
et Mme Segond-Weber (Rodogune). A propos des représentations de 1845, il écrit : « Ce fut bien la lutte entre
les deux héroïnes, à travers celle des tempéraments :
Georges, majestueuse, violente, en face de Dorval passion-
née, amoureuse pathétique (« bourgeoise », dirent certains), mais soulevée par la haine à l'égard de la Reine.»
(p. 256). Quant aux représentations de 1902, Descotes
cite Faguet au sujet de Mme Segond-Weber : « On n'est

(v. 630), selon Rodogune (v. 1044), l'assassinat
doit être motivé par le devoir de venger leur
père et récompensé par l'accomplissement d'un
désir, celui de régner dans le premier cas, celui de posséder Rodogune dans le second.

Cette charpente est visiblement trop parfaite pour que l'on puisse croire que l'action
ait d'abord surgit du jeu des caractères. Elle
implique au contraire une primauté du sujet rare,
problème sur lequel nous reviendrons dans notre
dernier chapitre.

pas tenté de prendre, avec elle, Rodogune pour une petite
princesse plaintive, amoureuse et roucoulante. On sent
bien que la haine indéfectible est le fond même de son
coeur. Les passages de force ont été dits excellemment,
les passages de tendresse un peu moins bien.» (p. 257).
En revanche, comme exemple des insuccès d'une Rodogune
trop sensible, Descotes nous offre le cas d'Henriette
Barreau qui, en 1939, tentait de jouer en finesse et donnait l'impression, semble-t-il, d'avoir «peur de se
faire entendre» (p. 258).

Appendice :

D'aucuns ont voulu attribuer la préférence
bien connue de Corneille pour *Rodogune* à la nou-
veauté complète du sujet[3]. D'autres, au contraire, ont surtout vu dans cette pièce un habile a-
gencement d'éléments provenants de plusieurs
sources, « le produit supérieur de l'imitation
de type Renaissance» (notre traduction)[4]. Nous
préférons cependant y voir essentiellement une
reprise, mieux conçue cette fois, de son premier
sujet de tragédie : *Médée*.

Rappelons-nous, en effet, le sujet de cette
pièce. L'héroïne de *Médée* est pourchassée par
les ennemis qu'elle s'est valus en servant l'ambition de son époux Jason. Le couple est venu
se réfugier à Corinthe, où Jason est seul, cependant, à recevoir la protection du roi Créon ;
Médée, au contraire, va être bannie de son royaume. A Jason, Créon accorde de plus sa fille
Créuse ainsi que, sur la demande de cette dernière, le droit de garder près de lui les enfants
qu'il a eus de Médée. Celle-ci, dans l'inter-
valle qui précède son départ, médite quelque moy-
en de se venger de Jason à travers cette Créuse

[3] Par exemple, Georges May dans *Tragédie cornélienne,
tragédie racinienne* (1948), p.43.

[4] Dans *Rodogune*, ed. William Clubb (1974), p. xix.

qui lui enlève à la fois son mari et ses enfants.
Créuse convoitait la robe de Médée et espérait
l'obtenir par l'intercession de Jason. S'ai-
dant de la magie, Médée empoisonne la robe et
la fait porter à sa rivale par ses enfants. Ce
cadeau fait à la fois périr Créuse et Créon ;
Médée, cependant, ne se satisfait pas de ce premier crime et immole également ses enfants à sa
colère vengeresse. Battu et impuissant, Jason
se tue après avoir vu s'envoler triomphalement
Médée.

En substituant les personnages de *Rodogune*
à ceux de *Médée*, il est facile d'établir l'indé-
niable correspondance entre le sujet de ces
deux pièces. Pour mieux la saisir, imaginons
l'action de *Rodogune* commençant non pas après
la mort de Nicanor mais, au contraire, au moment où Nicanor revenait en Syrie amenant avec
lui sa nouvelle fiancée. Cléopâtre, comme Médée, était destinée à être sacrifiée à la nouvelle épouse d'un mari infidèle pour des raisons essentiellement politiques. On sait que
dans *Rodogune* Cléopâtre a choisi de commencer
par assassiner Nicanor. Elle aurait pu, au lieu
de s'en prendre directement à son époux, se venger d'abord sur sa rivale. Et c'est parce que
ses enfants, par l'action même de cette rivale,
sont amenés à se ranger du côté d'elle et de
leur père que Cléopâtre voudra les sacrifier à
leur tour.

Les mêmes grands thèmes tragiques se retrouvent ainsi dans les deux pièces. L'héroïne criminelle, trahie par son mari, se trouve dans une position inférieure du point de vue politique. Elle veut se venger sur sa rivale et y employer ses enfants. La rivale, de son côté, non satisfaite de lui avoir enlevé son époux, s'apprête à lui prendre aussi ses enfants. L'héroïne injuriée feint de s'adoucir avant de se donner toute entière à sa vengeance. Enfin, devant le carnage, tandis que la victime qui survit plie sous le désespoir, la grande criminelle se fait gloire de son impénitence.

II

* LE CID *

Sors vainqueur d'un combat dont Chimène est le prix.
Adieu : ce mot lâché me fait rougir de honte.
Chimène

Comme *Rodogune*, *Le Cid* offre une situation
initiale de bon augure pour les héros. L'exposition en est simple et courte. Au lever du rideau, Chimène vient d'apprendre que son père, Don
Gomès, comte de Gormas, est prêt à accepter la
proposition de mariage que Don Diègue veut lui
faire au nom de son fils, Rodrigue. Les deux
jeunes gens sont déjà amoureux l'un de l'autre et
Chimène attend avec une prudente impatience la
réalisation de leurs voeux. La demande officielle doit se faire au sortir du conseil où le roi
de Castille entend nommer un gouverneur pour le
prince, son fils. Selon toutes les apparences,
ce sera Don Gomès.
Ici, petite digression. Tandis que nous attendons l'issue de la rencontre entre les deux
pères, l'Infante raconte à sa gouvernante la situation infortunée dont elle a triomphé à l'aide

d'un sacrifice paradoxal : elle aime Rodrigue,
mais ne pouvant l'épouser sans faire injure à
son rang, l'a elle-même poussé vers Chimène. Elle
souhaite comme eux leur mariage, dont elle attend
la solution définitive à son conflit intérieur.

     C'est alors que se produisent les événements
qui vont, en trois étapes successives, nouer
l'action principale. Il y a d'abord le   soufflet : le roi a préféré Don Diègue à Don Gomès
et celui-ci, furieux, se laisse emporter jusqu'à
donner un soufflet à son rival. Ce soufflet fait
coup de théâtre en détruisant l'harmonie initiale entre les deux familles. Rodrigue se voit à
présent obligé de venger l'honneur de son père
contre le père de Chimène. Il envisage en des
stances lyriques l'ampleur de son dilemme :

> *Réduit au triste choix ou de trahir ma flamme,*
> *Ou de vivre en infâme,*
> *Des deux côtés mon mal est infini.*
>
>   *(v. 305-07)*

Mais une lueur héroïque se fait dans son esprit
pour le réconcilier avec son devoir. S'il se
comporte en amoureux et néglige les soins dus à
son honneur, il se rendra indigne de celle qu'il
aime. Perdant son estime, il perdra son amour.
Ainsi, qu'il suive ou non les exigences de son
devoir filial, Chimène est à présent hors d'atteinte. A la suite de cette découverte, il songe d'abord au suicide, mais reprenant brusquement
courage, il prend la décision qui constitue le

deuxième événement important de la pièce :

Allons, mon bras, sauvons du moins l'honneur,
Puisqu'après tout il faut perdre Chimène.
(v. 339-40)

Agissant sans délai, alors qu'il va prendre les
armes pour la première fois, Rodrigue invite Don
Gomès à se battre en duel.   Ils sortent ensemble.

Au lieu de les suivre, nous assistons à la
réaction de Chimène au soufflet.   Alors que Rodrigue pouvait faire un choix clair et net, Chimène, au contraire, se trouve face à face avec
sa propre impuissance.   Quand l'Infante lui suggère que deux mots de sa bouche pourraient arrêter son amant, Chimène s'y refuse :

S'il ne m'obéit point, quel comble à mon ennui !
Et s'il peut m'obéir, que dira-t-on de lui ?
(v. 487-88)

Toute solution venant d'elle serait en effet in-
acceptable.   Les autres personnages, cependant,
s'affairent précisément à la recherche d'une solution pacifique au problème quand on apprend au
monarque que le comte vient d'être tué.

Désormais, l'intérêt de la pièce va être
centré sur les réactions de Chimène à la situation inhumaine qui vient brutalement de se déve-
lopper.   Le drame de l'héroïne va se dérouler en
trois mouvements successifs presque identiques.
Chacun de ces mouvements s'ouvrira sur une victoire de Rodrigue qui précipitera Chimène devant
le roi pour faire appel à sa justice.   Cette

audience sera chaque fois suivie d'une confrontation entre les amants au cours de laquelle Rodrigue, déposant sa vie aux pieds de sa maîtresse, en tirera un aveu compromettant   pour
elle.

     Suivons d'abord le premier de ces mouve-
ments. Aussitôt que Chimène apprend le meurtre
de son père, elle vient demander justice à son
souverain. Adoptant une ligne de conduite héroïque, elle réclame le sang de Rodrigue. Don
Diègue offre son propre sang en réparation de
l'offense, mais le roi remet sa décision.

     Entre temps, Rodrigue s'est rendu chez Chi-
mène pour recevoir d'elle son châtiment. Elvire,
voyant que sa maîtresse revient en compagnie de
Don Sanche, cache Rodrigue pour éviter un scan-
dale. Ce dernier entend donc son rival offrir
à Chimène de la venger, et celle-ci lui promettre d'avoir recours à ses services si le roi ne
lui vient point en aide. Se croyant ensuite
seule avec Elvire, Chimène exprime ses véritables sentiments envers Rodrigue :

> C'est peu de dire aimer, Elvire, je l'adore ;
> (v. 810)

Elle révèle le déchirement intérieur que recouvre son comportement héroïque :

> Je demande sa tête, et crains de l'obtenir :
> Ma mort suivra la sienne, et je le veux punir !
> (v. 827-28)

     Fort de ce qu'il vient d'entendre, le

coupable paraît devant une Chimène stupéfaite.
Sans préambule, il lui lance sa proposition :

> *Eh bien ! sans vous donner la peine de poursuivre,*
> *Assurez-vous l'honneur de m'empêcher de vivre.*
> *(v. 849-50)*

En dépit de l'émotion de Chimène, il lui tend son
épée encore teinte du sang de son père. Il se
montre cependant impénitent et se fait même ouvertement gloire de son acte :

> *Car enfin n'attends pas de mon affection*
> *Un lâche repentir d'une bonne action.*
> *(v. 871-72)*

Mais Chimène lui répond sur le même ton :

> *Car enfin n'attends pas de mon affection*
> *De lâches sentiments pour ta punition.*
> *De quoi qu'en ta faveur notre amour m'entretienne,*
> *Ma générosité doit répondre à la tienne :*
> *(v. 927-30)*

Puis elle ajoute :

> *Tu t'es, en m'offensant, montré digne de moi ;*
> *Je me dois, par ta mort, montrer digne de toi.*
> *(v. 931-32)*

Rodrigue saisit là l'occasion de réitérer son
offre avec plus d'insistance :

> *Ne diffère donc plus ce que l'honneur t'ordonne :*
> *Il demande ma tête, et je te l'abandonne ;*
> *(v. 933-34)*

Chimène essaie de raisonner avec lui, lui rappel-
ant que la seule poursuite suffit à remplir les
conditions de son devoir, et qu'elle n'aspire
point à dépasser les bornes du nécessaire :

> *Va, je suis ta partie, et non pas ton bourreau.*
> . . . .
> *Et je dois te poursuivre, et non pas te punir.*
> *(v. 940-44)*

Mais l'intransigeant Rodrigue s'attache aux premières paroles de Chimène pour les lui relancer :

> *De quoi qu'en ma faveur notre amour t'entretienne,*
> *Ta générosité doit répondre à la mienne ;*
> *(v. 945-46)*

Il va donc jusqu'à s'ériger en exemple :

> *Et pour venger un père emprunter d'autres bras,*
> *Ma Chimène, crois-moi, c'est n'y répondre pas :*
> *Ma main seule du mien a su venger l'offense,*
> *Ta main seule du tien doit prendre la vengeance.*
> *(v. 947-50)*

Devant Rodrigue cherchant ainsi à lui faire la
leçon, il n'y a guère que la présence d'esprit
de Chimène qui puisse lui venir en aide. Elle
réussit effectivement à retourner avec hauteur
son argument contre lui :

> *Tu t'es vengé sans aide, et tu m'en veux donner !*
> *Je suivrai ton exemple, et j'ai trop de courage*
> *Pour souffrir qu'avec toi ma gloire se partage.*
> *(v. 952-54)*

C'est donc, dit-elle, précisément afin de suivre
son exemple qu'elle refuse de le tuer dans les
conditions qu'il lui propose :

> *Mon père et mon honneur ne veulent rien devoir*
> *Aux traits de ton amour, ni de ton désespoir.*
> *(v. 955-56)*

Comment pourrait-elle accepter   l'aide que

Rodrigue lui apporte dans son désespoir sans diminuer la valeur de sa propre vengeance ? Elle n'acceptera pas de lui être ainsi redevable !

Ainsi, Chimène triomphe sur le plan moral. Dans ce jeu où chacun invoque le devoir pour des raisons personnelles, Rodrigue afin d'arracher un aveu d'amour et Chimène pour ne pas devenir l'agente de la vengeance qu'elle réclame, c'est l'héroïne qui jusqu'ici s'est montrée la plus forte. Rodrigue doit s'avouer vaincu pas sa maîtresse sur un point d'honneur. Il se rabat donc sur la pitié pour la fléchir :

> *Au nom d'un père mort, ou de notre amitié,*
> *Punis-moi par vengeance, ou du moins par pitié.*
> *Ton malheureux amant aura bien moins de peine*
> *A mourir par ta main qu'à vivre avec ta haine.*
> (*v. 959-62*)

Il s'agit là d'un véritable chantage moral. C'est donc en faisant appel aux *sentiments* de sa maîtresse, plutôt qu'à son devoir, qu'il réussit à lui extorquer son célèbre : « *Va, je ne te hais point* », aveu quelque peu impudique qu'elle profère de son propre gré, puisqu'elle réagit uniquement au désespoir de Rodrigue et non plus à la nécessité de se tirer d'embarras. Cette faiblesse amoureuse dont il est la cause, Rodrigue fait aussitôt mine de la lui reprocher : « *Tu le dois* » réplique-t-il, semblant la rappeler à son devoir. Mais elle avouera en être incapable : « *Je ne puis* ».

Cet important succès du héros l'encourage à

faire une dernière tentative pour obtenir la
mort en invoquant « l'opinion » à laquelle elle
s'est déjà montrée sensible :

> *Crains-tu si peu le blâme, et si peu les faux bruits ?*
> . . . .
> *Sauve ta renommée en me faisant mourir.*
> (v. 964-68)

Mais Chimène trouve à nouveau une réplique qui
projette un éclairage héroïque sur son attitude:

> *Elle* [ma renommée] *éclate bien mieux en te laissant*
>   *la vie ;*
> *Et je veux que la voix de la plus noire envie*
> *Elève au ciel ma gloire et plaigne mes ennuis,*
> *Sachant que je t'adore et que je te poursuis.*
> (v. 969-72)

Ces tendres sentiments, elle s'était bien sûr
gardée de les révéler à la cour lors de sa plainte auprès du roi. Elle veut qu'on sache qu'elle
aime Rodrigue, mais ne veut pas l'avouer,— ce
serait enlever tout son poids à sa demande.

Avant de se séparer, les amants se permet-
tent de plaindre ensemble leur malheur. La situation de l'héroïne paraît ainsi s'être adoucie. Il semble que son amant, ayant obtenu d'elle
la certitude d'être aimé et, de plus, la promesse qu'elle mourra après lui si elle réussit sa
vengeance, sera désormais d'intelligence avec
elle pour défendre cette vie qu'elle doit atta-
quer. Chimène se sentira donc forte de cet appui
tacite.

L'action va cependant rebondir, nous fournissant le deuxième mouvement du drame de Chimène. Rodrigue est envoyé par son père pour défendre la ville contre une invasion des Maures et revient de ce combat vainqueur et couvert de gloire. Ce triomphe pose un nouveau problème pour l'héroïne. La gloire, ou plutôt l'importance, du nouveau défenseur de Castille étoufferat-elle la plainte de Chimène auprès de Don Fernand ? Au vu du prestige que vient d'acquérir son adversaire, elle se sent obligée de renouveler ses efforts pour se montrer à la hauteur de son devoir.

Il se trouve que ses inquiétudes étaient bien fondées. Dès que Rodrigue se présente devant le roi, celui-ci lui promet de ne plus écouter Chimène. A peine le « Cid » a-t-il achevé le glorieux récit de ses exploits que le roi apprend que Chimène demande une audience. Il renvoie avec regret le héros et se décide à éprouver Chimène afin de dévoiler son âme. Ayant recours à un stratagème fort peu honnête, il lui annonce (devant Don Diègue) que Rodrigue est mort. Tombant en pâmoison, Chimène trahit ses sentiments. Mise au courant du subterfuge, elle reprend cependant aussitôt ses esprits et s'évertue à interpréter sa faiblesse dans le sens de l'honneur filial. Elle tentera d'abord une explication qui choque le bon sens, et cela d'autant plus que Chimène ne sait pas la défendre :

Sire, on pâme de joie, ainsi que de tristesse :
(v. 1350)

Comme le roi passe dessus son argument pour revenir sur la douleur que Chimène a trop bien fait
paraître, celle-ci tente une deuxième justification, beaucoup plus ingénieuse cette fois, mais
allant malheureusement dans le sens contraire à
la première :

Nommez ma pâmoison l'effet de ma douleur :
. . . .
Son trépas [du Cid] *dérobait sa tête à ma poursuite ;*
S'il meurt des coups reçus pour le bien du pays,
Ma vengeance est perdue et mes desseins trahis :
Une si belle fin m'est trop injurieuse.
(v. 1356-61)

Cet argument lui permettrait de sauver la
face. Le roi, cependant, n'aurait point intérêt
à entrer dans le jeu de Chimène. Trop content
de pouvoir se tirer à bon marché des difficultés
que lui créent ses réclamations, Don Fernand
l'accuse donc ouvertement de mauvaise foi :

Consulte bien ton coeur : Rodrigue en est le maître.
Et ta flamme en secret rend grâces à ton roi,
Dont la faveur conserve un tel amant pour toi.
(v. 1390-92)

C'est un défi direct à l'honneur de Chimène.
Celle-ci se voit réduite à une solution plus extrême, et sur-le-champ elle s'offre en récompense à celui qui vaincra Rodrigue :

A tous vos cavaliers je demande sa tête ;
Oui, qu'un d'eux me l'apporte, et je suis sa conquête ;
(v. 1401-02)

Sans l'insulte du roi à sa dignité, elle ne serait point allée aussi loin. Le souverain, cédant en partie aux instances de Don Diègue, accordera pourtant à Chimène le droit à un unique
duel. Don Sanche se présente aussitôt pour combattre le Cid et Chimène accepte ses services,
comme elle l'avait d'ailleurs promis.

Les difficultés de l'héroïne semblent ainsi
presque résolues : elle pourra à la fois sauve-
garder son honneur et la vie de Rodrigue, car
Don Sanche, qui en est à son coup d'essai, ne
semble guère présenter de menace contre un Rodrigue qui a si bien fait ses preuves.

Le roi vient cependant à nouveau bouleverser une situation acceptable pour Chimène   en
lui apprenant qu'elle sera l'enjeu du combat et
qu'elle épousera le vainqueur, quel qu'il soit.
C'est dans ces circonstances que l'impitoyable
amant se présente une deuxième fois chez elle,
afin de poursuivre son avantage. Bien au courant, depuis leur premier entretien, de   tout
l'intérêt que Chimène porte au salut de sa personne, Rodrigue assure néanmoins son amante, en
termes fort courtois, qu'il se laissera abattre
par Don Sanche :

> *Puisque c'est votre honneur que ses armes soutiennent,*
> *Je vais lui présenter mon estomac ouvert,*
> *Adorant en sa main la vôtre qui me perd.*
> *(v. 1498-1500)*

Chimène se creusera l'esprit   afin   de   le

dissuader honorablement de ce projet de suicide.
D'abord, elle fait appel à son amour-propre :
ne songe-t-il plus à sa gloire ? Le sachant mort,
on le croira vaincu ! Cet argument reste sans
succès. Chimène devient donc plus audacieuse.
Renversant en quelque sorte la notion tradition-
nelle qui exige la mort de celui qui a souillé
son honneur, l'amante prétend ici que Rodrigue
desservirait la gloire de Don Gomès en tombant
sous les coups de Don Sanche :

> *Et traites-tu mon père avec tant de rigueur,*
> *Qu'après l'avoir vaincu tu souffres un vainqueur ?*
> *(v. 1519-20)*

Rodrigue doit vivre afin que le monde   entier
puisse savoir que seul un invincible aurait pu
vaincre le père de Chimène. Cette fois, l'amant
parviendra facilement à annuler ses arguments :

> *Après la mort du comte, et les Maures défaits,*
> *. . . . .*
> *Rodrigue peut mourir sans hasarder sa gloire,*
> *Sans qu'on l'ose accuser d'avoir manqué de coeur,*
> *Sans passer pour vaincu, sans souffrir un vainqueur.*
> *(v. 1523-32)*

Au lieu de le couvrir de honte, un tel trépas
mettrait son dévouement en valeur :

> *Ainsi donc vous verrez ma mort en ce combat,*
> *Loin d'obscurcir ma gloire, en rehausser l'éclat ;*
> *Et cet honneur suivra mon trépas volontaire,*
> *Que tout autre que moi n'eût pu vous satisfaire.*
> *(v. 1543-46)*

Rodrigue prend sans doute un plaisir un peu malicieux à souligner ici le fait qu'à présent,

elle ne peut espérer d'autre vengeance que celle qu'il lui offre.

Chimène est vaincue. A bout de ressources intellectuelles et morales, elle n'en est pas moins résolue à lui faire abandonner son projet. Elle en arrive à se permettre une défaillance qui n'a plus rien de glorieux. Il n'y a cependant que Rodrigue qui en soit témoin, car même Elvire est absente de cet entretien défendu où Chimène fait à son amant un devoir de l'enlever à Don Sanche :

> *Si jamais je t'aimai, cher Rodrigue, en revanche,*
> *Défends-toi maintenant pour m'ôter à don Sanche ;*
> *Combats pour m'affranchir d'une condition*
> *Qui me donne à l'objet de mon aversion.*
> *(v. 1549-52)*

Ainsi, le combat qu'elle avait organisé pour la vengeance de son père devient pour elle, en pleine connaissance de cause, le moyen de truquer cette vengeance. La défaite est déjà cuisante. Mais Chimène ne s'arrête pas là. Non seulement elle trahit sa propre cause, se faisant la complice de son « ennemi », mais encore elle le pousse à espérer une récompense honteuse pour elle :

> *Te dirai-je encor plus ? va, songe à ta défense,*
> *Pour forcer mon devoir, pour m'imposer silence ;*
> *Et si tu sens pour moi ton coeur encore épris,*
> *Sors vainqueur d'un combat dont Chimène est le prix.*
> *(v. 1553-56)*

Elle se rend cependant compte de l'offense faite à sa propre gloire, car elle ajoute :

> *Adieu: ce mot lâché me fait rougir de honte.*
> *(v. 1557)*

Rodrigue exulte. Comment douter désormais de l'empire qu'il a sur elle ? Elle lui a sacrifié son honneur.

L'on pourrait croire que le drame de Chimène vient d'atteindre sa conclusion et que celle-ci n'a plus rien à perdre désormais. Mais il n'en est point ainsi. Sa honte reste encore privée et le triomphe de Rodrigue secret. En présence d'Elvire, en effet, Chimène tiendra d'autres propos et prétendra la tête haute que, même si Rodrigue était vainqueur, elle ne l'épouserait pas :

> *Il peut vaincre don Sanche avec fort peu de peine,*
> *Mais non pas avec lui la gloire de Chimène ;*
> *Et, quoi qu'à sa victoire un monarque ait promis,*
> *Mon honneur lui fera mille autres ennemis.*
> *(v. 1681-84)*

Pour que la capitulation de Chimène devienne publique, il faudra donc à la pièce son troisième mouvement.

Ce troisième mouvement s'ouvrira sur un quiproquo. Don Sanche se présente chez l'héroïne, l'épée à la main, — en allure, donc, de vainqueur. Se croyant vengée malgré elle, Chimène laissera éclater ses véritables sentiments. Elle commence par accabler d'injures son défenseur :

> *Exécrable assassin d'un héros que j'adore !*
> *Va, tu l'as pris en traître ; un guerrier si vaillant*

> *N'eût jamais succombé sous un tel assaillant.*
> *N'espère rien de moi, tu ne m'as point servie !*
> *En croyant me venger, tu m'as ôté la vie.*
> *(v. 1714-18)*

Sous la fausse impression que Rodrigue est mort, elle vient en hâte supplier le roi de la délier d'une promesse qui l'afflige. Que Don Sanche prenne tous ses biens, mais qu'elle puisse aller pleurer Rodrigue dans un cloître ! C'est alors que le roi la détrompe, lui apprenant, comme à nous d'ailleurs, que Rodrigue était vainqueur. Ce héros, après avoir épargné la vie de Don Sanche, l'avait envoyé faire part à Chimène du résultat du combat.

Le roi vient d'ordonner à cette dernière d'accepter Rodrigue comme époux lorsque celui-ci arrive et se prosterne aux genoux de sa maîtresse Pour la troisième fois, Chimène reçoit l'offre de sa vie :

> *Je ne viens point ici demander ma conquête :*
> *Je viens tout de nouveau vous apporter ma tête,*
> *(v. 1777-78)*

Chimène la refuse une dernière fois, et devant tous :

> *Relève-toi, Rodrigue. Il faut l'avouer, sire,*
> *Je vous en ai trop dit pour m'en pouvoir dédire.*
> *Rodrigue a des vertus que je ne puis haïr :*
> *(v. 1801-03)*

Mais si elle n'accepte point de mettre fin à la vie de son amant, elle ne lui prescrit pas, comme il le lui demande, le moyen de la mériter.

Elle préfère faire appel à la délicatesse du monarque :

> *Si Rodrigue à l'Etat devient si nécessaire,*
> *De ce qu'il fait pour vous dois-je être le salaire.*
> *Et me livrer moi-même au reproche éternel*
> *D'avoir trempé mes mains dans le sang paternel ?*
> (v. 1809-12)

La prière de Chimène ne lui obtiendra, cependant, qu'une légère concession, — un an pour pleurer son père. Bien que la suite reste implicite, il est clair que la volonté du roi l'emportera et que le mariage aura lieu :

> *Rodrigue t'a gagnée, et tu dois être à lui.*
> (v. 1815)

*   *   *

Notre analyse du *Cid* fait ressortir un certain glissement du centre d'intérêt de la pièce. Au cours de la première partie, que l'on peut à juste titre considérer comme la création du dilemme de Chimène, notre attention est tenue en haleine par les événements extérieurs qui viennent bouleverser la félicité initiale des amants. Chimène pourra-t-elle encore épouser Rodrigue ? Celui-ci répondra-t-il à l'insulte du comte ? Chimène tentera-t-elle de l'en empêcher ? Et surtout, réussira-t-on à arrêter le duel à temps. Il serait à noter, cependant, que l'on ne se pose pas de questions sur le résultat probable du

premier combat de Rodrigue. Ainsi, malgré les
risques énormes que court Rodrigue, un novice,
en se battant, ni Chimène ni l'Infante ne se
font de souci à son sujet. Chimène ne considère que les désavantages qu'il pourrait y avoir
à faire entendre sa voix, tandis que l'Infante
s'imagine d'avance un Rodrigue couvert de gloire. Nous sommes ainsi guidés vers l'aspect héroïque plutôt que tragique de la situation. A
la mort du comte, nous ne nous attardons pas sur
l'exploit de notre héros. Nous nous y atten-
dions en quelque sorte.

A partir de la première confrontation entre les deux amants, elle-même d'un intérêt très
élevé, la pièce va trouver son second souffle.
Nous passerons des événements dramatiques aux
événements humains. Bien que le dénouement devienne de plus en plus prévisible, notre intérêt,
au lieu de se perdre, s'approfondit à mesure que
nous en apprenons davantage sur le coeur de Chimène. Autrement dit, alors que la tension dramatique ne pouvait que décroître après la rencontre initiale entre nos héros, le génie de
Corneille a consisté à faire naître des événements sensationnels de la première partie un
nouveau sujet d'attention, plus subtil cette
fois.

Il ne paraît donc point exagéré de prétendre que le grand événement dramatique du *Cid*,
c'est la création, la complication et la

résolution de plus en plus inévitable du conflit
de Chimène. Afin de mettre celui-ci mieux en valeur et de lui donner plus de force, Corneille
nous l'a présenté dans le cadre d'une structure
dépouillée, se servant à plusieurs reprises d'u-
ne même série d'incidents.

C'est en ce sens que Corneille avait retra-
vaillé *Las Mocedades del Cid*, la pièce originale de
Don Guillén de Castro. On y trouvait déjà la situation paradoxale des jeunes amoureux, se heur-
tant chacun à leur tour aux exigences de l'honneur familial. Mais Corneille a su dégager les
événements capitaux affectant le cours de leur
amour et les présenter de façon beaucoup plus
concentrée. Chez lui, moins de vingt-quatre
heures s'écoulent entre le meurtre de Don Gomès
et la promesse définitive d'un mariage entre la
fille de celui-ci et son meurtrier. Chez Castro,
au contraire, les incidents qui conduisent les
jeunes héros au mariage s'échelonnent sur un an
et demi. De plus, dans la pièce espagnole, le
conflit dramatique des amants avait tendance,
malgré quelques points saillants, à se diluer
dans la peinture de Rodrigue en héros d'épopée
nationale et chrétienne. Corneille, lui, n'a
retenu des multiples prouesses du Cid que celles
qui devaient avoir un effet immédiat sur la situation de Chimène. Il en a donc retenu trois :
la défaite en duel du comte, la victoire reten-
tissante de Rodrigue sur les Maures et le

combat du héros contre un représentant de la
cause de Chimène. Par ailleurs, ce dernier é-
pisode a été radicalement modifié par notre auteur. Le Don Sanche de Corneille est à peine
reconnaissable dans son modèle, Don Martin.
Celui-ci constituait une grave menace pour l'é-
tat. Au nom du souverain, et à son propre péril, Rodrigue se chargeait de faire face à cette menace. Ce n'était que plus tard, lorsque
Don Martin apprenait que Chimène avait promis
d'épouser le bourreau de Rodrigue, que l'idée
lui venait de la conquérir en même temps que la
Castille. L'héroïne de Castro était donc censée devenir le butin d'un traître.

A la place de ce formidable adversaire de
Rodrigue et de l'état, Corneille a substitué Don
Sanche, rival amoureux médiocre, sinon insigni-
fiant, qui cherche depuis le début de la pièce le
moyen de servir sa maîtresse en la vengeant.
Tandis que la Chimène espagnole avait lieu de
redouter Don Martin et de craindre pour la vie
de son amant, la nôtre n'éprouve que de la confiance en la supériorité de Rodrigue, de l'aversion à l'idée d'épouser Don Sanche et, finalement, une colère pleine de mépris à l'idée qu'il
soit sorti vainqueur du combat.

La conséquence la plus importante de la création de Don Sanche à la place de Don Martin est
sans aucun doute l'invention de la deuxième confrontation entre Rodrigue et Chimène. Cette
scène, ainsi que tout ce qui concerne le duel

judiciaire, est un des indices les plus importants du sens que Corneille a voulu donner à sa
pièce, indice notamment de l'équilibre bien spécial qui existe dans les rapports entre le héros
et l'héroïne, occasion aussi de nous montrer le
fond de l'âme de Chimène.

Ainsi, nous notons que ce qui constitue une
scène clef chez Corneille n'existait pas du tout
dans *Las Mocedades del Cid*. Par contre, la première confrontation entre les amants s'y trouvait déjà et contenait également l'offre suici-
daire de Rodrigue. Si Castro n'avait point fait
venir Rodrigue chez son amante immédiatement a-
près avoir tué son père, il est en fait possible
que Corneille ne se serait pas arrêté à sa pièce.
Le mérite de Corneille est en effet d'avoir su
utiliser cette scène et de lui avoir donné une
suite aussi effective. Alors que notre auteur
nous avait fait attendre la première rencontre
de Rodrigue et Chimène pendant près de trois actes, Castro, au contraire, était prodigue dès le
début de sa pièce de scènes où Chimène et son a-
mant apparaissaient ensemble. Au cours de l'une
d'entre elles, Chimène avait même demandé à celui-ci de ne pas prendre les armes contre son
père.

Il n'y a qu'un élément qui nuise de façon
sensible a l'unité remarquable de la tragédie de
Corneille, et c'est le rôle de l'Infante, personnage retenu, ainsi que son amour pour Rodrigue,

de *Las Mocedades del Cid*. Corneille alla même jusqu'à amplifier ce rôle en lui fournissant un côté paradoxal supplémentaire, côté sur lequel il insista au moyen de nombreux vers antithétiques comme le suivant :

Moi-même je donnai ce que je n'osais prendre.
(v. 102)

Il paraît d'ailleurs que du point de vue de la mise en scène, on a souvent cru bon de supprimer l'Infante et que :

La suppression, si longtemps pratiquée, du personnage de l'Infante n'avait pas seulement pour but, aux yeux des comédiens, d'éliminer un élément étranger à la pièce, mais encore d'alléger le rôle de Chimène, dans ses parties les plus faibles[1].

Sans doute Corneille avait-il repris l'Infante pour faire pendant à Chimène : il pouvait ainsi opposer l'honneur rigide d'une fille de roi à la sympathique défaillance de l'héroïne. Corneille avait d'ailleurs un faible pour la création d'une symétrie dans l'organisation même des personnages. Rodrigue avait un rival. Ne fallait-il pas que Chimène en ait une elle aussi ? Toujours est-il que le rôle de l'héroïne en a souffert. En présence le l'Infante, il faut qu'elle devienne trop passive.

*   *   *

[1] Descotes, op. cit., p.92.

Le plus grand paradoxe de cette tragédie est
certainement celui qui entoure les rapports sin-
guliers entre Rodrigue et Chimène, le fait qu'ils
en arrivent au mariage probable le jour même de
la mort du comte, et cela malgré le comportement
presque antagonique dont ils ont fait preuve au cours
de l'action. Nous allons à présent considérer
la complexité de ces rapports et les transformations de la position des amants vis-à-vis l'un
de l'autre, afin de voir ce qui peut nous conduire à regarder d'un oeil plus indulgent que sévère ce dénouement paradoxal.

Au départ, tous deux sont prêts à sacrifier
l'amour pour éviter le déshonneur. Il y avait
cependant une différence essentielle entre la situation de Rodrigue et celle de Chimène. Alors
que le premier pouvait défendre son honneur en
ne nuisant qu'indirectement à son amante, celle-
ci, pour défendre le sien, devait s'en prendre
directement à Rodrigue. Son devoir était le
plus cruel des deux. Rodrigue, d'ailleurs, ne
faisait que le nécessaire. Dans le cas de Chimène, au contraire, les pressions sociales étant
moins puissantes, ce devoir rigoureux de poursuivre son amant, c'est elle-même qui se l'impose,
et non pas la société. Un échec de sa part sera,
par conséquent, beaucoup moins grave qu'un échec
comparable ne l'aurait été chez Rodrigue. En revanche, les démarches de l'héroïne, plus libres,
pouvaient aussi lui valoir plus de renommée.

Elle choisit donc de montrer que la fille du comte de Gormas n'est pas moins admirable que le fils de Don Diègue. En effet, même si tous savent que son père était l'agresseur dans cette querelle et que Rodrigue était dans son droit, s'il n'est point puni, la gloire de sa famille en sera ternie. Par ailleurs, il n'y a rien de honteux pour Chimène à continuer à aimer Rodrigue, car en défendant son honneur, il ne s'est attiré qu'une haine de devoir.

Avant la victoire de Rodrigue sur les Maures, l'opinion publique était très favorable à Chimène, comme, d'ailleurs, l'Infante le lui apprenait :

Hier ce devoir te mit en haute estime ;
L'effort que tu te fis parut si magnanime,
Si digne d'un grand coeur, que chacun à la cour
Admirait ton courage et plaignait ton amour.
(v. 1169-72)

Mais lorsque Rodrigue devient l'unique soutien de l'état, il devient beaucoup plus puissant que Chimène, à tous les égards. L'Infante fait également part à celle-ci de toute l'importance de ce changement et lui reproche son entêtement :

Tu pourrais en sa mort la ruine publique.
Quoi ! pour venger un père est-il jamais permis
De livrer sa patrie aux mains des ennemis ?
(v. 1182-84)

Chimène s'est donc vu dire en termes non-équivoques qu'elle n'était plus dans son droit lorsqu'elle mettait sa cause personnelle au-dessus

de l'intérêt public.   A présent, elle doit   sou-
haiter que Rodrigue vive, pour le bien de tous.
Par contre, on lui demande la chose à la fois
la plus simple et la plus impossible pour elle,
celle dont devant Rodrigue lui-même elle s'était
avouée incapable,— cesser de l'aimer :

> *Ce n'est pas qu'après tout tu doives épouser*
> *Celui qu'un père mort t'obligeait d'accuser :*
> *Je te voudrais moi-même en arracher l'envie :*
> *Ote-lui ton amour, mais laisse-nous sa vie.*
> > *(v. 1187-90)*

Il est à remarquer qu'ici, au début de l'acte IV,
l'idée que Chimène puisse épouser Rodrigue n'est
toujours pas admise, du moins si l'on en croit
l'Infante.

Malgré les réprimandes de la princesse, il
y a, pour ainsi dire, chez Chimène un refus de
réfléchir au problème tel qu'il se présente sous
sa forme nouvelle et un aveuglement aux dangers
qu'elle court en retournant chez   le roi :

> *Il peut me refuser, mais je ne puis me taire.*
> > *(v. 1205)*

Après sa pâmoison devant le roi, elle nous pa-
raîtra si totalement à la merci de tous que nous
commencerons à la prendre en pitié et que nous
serons soulagés pour elle du secours que lui apporte Don Sanche au bon moment.   Quant à la gloire véritable, elle ne peut plus guère y aspirer.
La gouvernante de la princesse nous apprend de
quel oeil on voit le choix de Chimène :

Don Sanche lui suffit, et mérite son choix
Parce qu'il va s'armer pour la première fois ;
. . . .
Et sa facilité vous doit bien faire voir
Qu'elle cherche un combat qui force son devoir,
Qui livre à son Rodrigue une victoire aisée,
Et l'autorise enfin à paraître apaisée.
                          (v. 1619-26)

L'Infante, qui « *le remarque assez*» , se prépare
alors à donner le héros à Chimène.

Si Don Sanche était prêt à hasarder ainsi
sa vie, Chimène n'était point tenue de lui interdire cet acte de folie. Nous pourrions cependant lui en vouloir de ne pas avoir elle-même
songé à demander à Rodrigue d'épargner la vie de
son défenseur en ce combat si inégal. L'ingratitude flagrante dont elle fait preuve envers
Don Sanche emportera d'ailleurs les restes de sa
dignité. En montrant aussi ouvertement son peu
de bonne foi, elle autorise le roi à prendre ses
scrupules finaux un peu à la légère. La dernière offre de suicide de Rodrigue lui restituait
cependant un choix à faire. Chimène refusait de
faire ce choix puisqu'au lieu de demander à Rodrigue devant tous de renoncer à elle, elle se
tournait plutôt vers le roi. Son amant aurait
été obligé de lui obéir, mais il n'était pas
question que le roi se dédise après l'avoir lui-
même accordée au héros.

Cependant, si doux que soit le destin final
de Chimène, il y a un châtiment certain pour elle

dans le fait d'être *obligée* d'épouser Rodrigue.
C'est un bonheur qu'elle aura acheté   au prix
de la réputation qu'elle s'était acquise lors de
sa première visite chez le roi. Ses intentions
au départ étaient des plus admirables, mais si
Rodrigue a aussi bien réussi à établir sur elle
son ascendant, c'est qu'elle lui en avait ouvert
la voie. Consentir à l'écouter après lui avoir
inopinément dévoilé son coeur, alors que sa présence ne pouvait constituer pour elle qu'un affront et, comme elle-même le reconnaît, une prise pour la calomnie, c'était s'exposer aux coups
d'un adversaire beaucoup mieux préparé pour la
lutte. Ce n'est que parce qu'on lui en a demandé plus qu'elle ne pouvait humainement accorder
à son devoir que Chimène, peu à peu, a tout repris. Le roi semble d'ailleurs prêt à reconnaître officiellement les efforts que Chimène avait
su faire :

> *Ta gloire est dégagée, et ton devoir est quitte ;*
> *Ton père est satisfait, et c'était le venger*
> *Que mettre tant de fois ton Rodrigue en danger.*
> *(v. 1766-68)*

     Il ressort donc de cette analyse que la ri-
valité héroïque qui divise Chimène et Rodrigue
aboutit à une complicité paradoxale dans leurs
actions. L'amant, à force de réitérer son offre
cruelle, offre qu'elle n'aurait pu accepter sans
nous paraître inhumaine, a fini par forcer Chimène dans le sens de ses désirs intimes.   Ce

n'est que parce que Chimène avait demandé la tête de Rodrigue qu'elle pourra, en définitive,
l'épouser sans nous paraître odieuse.

DEUXIEME PARTIE:

DRAMATURGIE HEROIQUE

III

* PSYCHOLOGIE DU PARADOXE : *

LES TECHNIQUES DU DEFI

Où donc Corneille a-t-il appris l'art de la guerre ?
                                        Turenne

L'impulsion la plus naturelle de l'héroïsme étant l'orgueil noble qui cherche à briller,
le propre du théâtre cornélien sera de mettre
en scène des confrontations entre deux ou plusieurs personnages également soucieux de leur
gloire personnelle. Tout naturellement, ces
confrontations prendront la forme du défi :
qu'un héros réussisse à affirmer sa valeur de
manière éclatante, et ses égaux y verront une
menace, directe ou indirecte, à leur propre renommée. Ils chercheront donc le meilleur moyen
de relever le défi afin de ne pas se laisser dépasser. D'où cette perpétuelle rivalité pour la
gloire qui est la marque la plus reconnaissable
des rapports entre personnages cornéliens. C'est,
en effet, sur la base de ces rapports naturellement tendus que Corneille a élaboré les

grands principes dramatiques de son théâtre héroïque, ceux que nous allons examiner à présent.

L'intérêt dramatique de *Tite et Bérénice*,
tragédie assez froide à certains égards, tient
essentiellement au dénouement paradoxal que lui
assure la volte-face héroïque de la reine Bérénice. En dégageant la façon dont est amené le
noble geste de cette héroïne, nous gagnerons une
première intelligence de l'art théâtral de notre
dramaturge.

Revoyons d'abord la situation de la pièce.
Du vivant de son père, Tite avait bravé les Romains par ses amours avec la reine Bérénice. En
devenant empereur, il a cependant cru devoir renoncer à l'amour d'une reine, et l'a congédiée
de lui-même. La gloire de la République romaine
et de ses lois interdisait à Tite de nouer toute
alliance avec une personne représentant le pouvoir absolu de la monarchie.

Lorsque le rideau se lève sur leur drame,
Tite se prépare à aggraver l'offense en épousant
Domitie, belle et noble Romaine, la seule rivale
qui risque de pouvoir prendre la place de Bérénice dans son coeur. D'autre part, le frère de
l'empereur, Domitian, a son propre sujet de
plainte. L'ambitieuse Domitie allait l'épouser
avant que Tite ne la lui enlève. Tite, pour l'a-
paiser, va jusqu'à lui proposer Bérénice en é-
change. Cette dernière, étant revenue à Rome

quatre jours seulement avant que le mariage de
l'empereur ne doive avoir lieu, lui reproche le
double affront qu'il lui fait subir :

> *Et n'est-ce point assez de me manquer de foi,*
> *Sans prendre encor le droit de disposer de moi ?*
> *(v. 909-10)*

Elle lui offre une première occasion de redres-
ser ses torts en lui demandant de ne point épouser sa trop aimable rivale :

> *Seigneur, faites-moi grâce ; épousez Sulpitie,*
> *Ou Camille, ou Sabine, et non pas Domitie ;*
> *Choisissez-en quelqu'une enfin dont le bonheur*
> *Ne m'ôte que la main, et me laisse le coeur.*
> *(v. 971-74)*

Tite, cédant à son amour, accepte sa requête,
désavouant à présent ce qu'il allait faire avant
le retour inattendu de Bérénice :

> *Non, madame ; et dût-il m'en coûter trône et vie,*
> *Vous ne me verrez point épouser Domitie.*
> *(v. 1047-48)*

Non seulement il épargnera cette humiliation à
son ancienne amante mais, gagné à nouveau par sa
flamme, il semblera vouloir renoncer   aux   soins
dus à sa gloire :

> *Pour aller de mes feux vous demander le fruit,*
> *Je quitterais l'empire et tout ce qui leur nuit.*
> *(v. 1641-42)*

Après Tite, le sénat lui-même, avec les acclama-
tions du peuple, va se prononcer de manière i-
nattendue en faveur de l'hymen de l'empereur a-
vec la reine.

Ainsi, tous les obstacles au mariage entre
Tite et Bérénice ont été levés. Pourtant, loin
d'accueillir avec joie un mariage tant désiré,
Bérénice nous surprendra tous en refusant :

> *Permettez, seigneur, que je prévienne*
> *Ce que peut votre flamme accorder à la mienne.*
> . . . .
> *Rome a sauvé ma gloire en me donnant sa voix ;*
> *Sauvons-lui, vous et moi, la gloire de ses lois ;*
> *(v. 1675-98)*

Ce brusque changement d'attitude donnerait à
croire que Bérénice a cessé d'aimer l'empereur.
Tite semble, en effet, interpréter le refus de
la reine dans ce sens :

> *Malgré les voeux publics refuser d'être heureuse,*
> *C'est plus craindre qu'aimer.*
> *(v. 1715-16)*

Mais une deuxième surprise nous attend ; Bérénice nous apprend que c'est précisément par a-
mour qu'elle refuse de l'épouser :

> *C'est à force d'amour que je m'arrache au vôtre ;*
> *Et je serais à vous, si j'aimais comme une autre.*
> *(v. 1731-32)*

En empêchant Tite de ravaler sa propre gloire,
c'est-à-dire en ne lui permettant pas d'épouser
une reine, elle lui fournit une preuve unique
de son amour.

Non seulement elle se montre magnanime envers Rome, son ancienne ennemie, mais elle ma-
nifeste à présent un suprême mépris pour le
choix que ferait Tite d'une autre épouse :

> *Epousez Domitie : il ne m'importe plus*
> *Qui vous enrichissiez d'un si noble refus.*
> *(v. 1729-30)*

Elle établit donc clairement que c'était par souci de son honneur, et non par jalousie,
qu'elle lui avait demandé de ne pas épouser Domitie.

Au niveau du comportement de Bérénice, il
y a clairement volte-face. Elle reprochait à
Tite de l'avoir renvoyée et de vouloir épouser
Domitie. Elle refuse maintenant d'épouser l'empereur et se désintéresse de son mariage. Corneille amène cet acte dans le cadre d'une structure parallèle. Tite avait posé un acte qui re-
haussait sa gloire aux dépens de celle de Bérénice. En renvoyant la reine, il pouvait en effet se consoler de son sacrifice en pensant qu'il
suivait son devoir et accomplissait ainsi une
action admirable. Bérénice, en revanche, ne
pouvait qu'en ressentir toute l'injure faite à
sa gloire. Prenant alors exemple sur le comportement de Tite, elle pose un acte parallèle au
sien, mais qui en surpasse encore l'éclat.

Etant donné l'acte de Tite, quand nous sommes mis en présence du brusque changement d'avis
de Bérénice, nous l'interprétons naturellement
comme l'effet d'un dépit glorieux. En rejetant
à son tour Tite, qui l'avait lui-même rejetée,
elle semble soulager la blessure qu'il avait in-
fligée à son amour-propre :

Ne me renvoyez pas, mais laissez-moi partir.
Ma gloire ne peut croître, et peut se démentir.
Elle passe aujourd'hui celle du plus grand homme.
Puisque enfin je triomphe et dans Rome et de Rome :
J'y vois à mes genoux le peuple et le sénat ;
Plus j'y craignais de honte, et plus j'y prends d'éclat;
J'y tremblais sous sa haine, et la laisse impuissante ;
J'y rentrais exilée, et j'en sors triomphante.

(v. 1717-24)

Mais le grand paradoxe de ce dénouement,
c'est qu'il n'y a volte-face qu'au niveau extérieur. En réalité, Bérénice présente son geste
comme l'effet même de son amour. L'acte de Bérénice serait moins héroïque, et certainement
moins paradoxal, s'il signifiait simplement que
le dépit prenait le pas sur son amour. Au contraire, elle témoigne ici d'un souci de la renommée de son amant qui contraste avec le comportement de Tite envers elle lorsqu'il l'avait
congédiée pour plaire à Rome. Bérénice réussit
ainsi à tout concilier et à mettre son amour au
service de sa gloire personnelle. Il n'y a donc
pas changement d'avis non-héroïque mais, au contraire, progrès, approfondissement des exigences
de l'amour glorieux. Cependant, parce que Corneille (et Bérénice) veut surprendre, veut nous
mettre en présence du paradoxe, il souligne d'a-
bord la volte-face elle-même et ne nous donne
les explications héroïques que par la suite.
Nous sommes donc doublement surpris, d'abord par
la volte-face, et ensuite, par la motivation qui
la justifie.

Les mêmes règles dramatiques et héroïques régissent le comportement de Chimène lorsqu'elle va réclamer au roi la tête de Rodrigue. Comme dans *Bérénice*, il y a ici volte-face puisqu'avant le duel d'honneur Chimène reconnaissait le devoir de Rodrigue et refusait de lui interdire de se battre. Si Corneille nous avait montré Chimène délibérant pour arriver à sa requête, nous n'aurions pas éprouvé le même choc devant son geste. Corneille ne nous l'explique donc que par après. L'acte de Chimène impliquerait normalement qu'elle ait étouffé son amour, en conséquence du meurtre de son père. Telle est l'interprétation qu'exprime d'ailleurs Elvire quand Rodrigue se présente devant elle à la demeure de Chimène :

> *Fuis plutôt de ses yeux, fuis de sa violence ;*
> *A ses premiers transports dérobe ta présence.*
> *Va, ne t'expose point aux premiers mouvements*
> *Que poussera l'ardeur de ses ressentiments.*
> *(v. 757-60)*

Mais nous apprendrons qu'au contraire, Chimène aime Rodrigue plus que jamais, et que c'est précisément de cet amour qu'elle tire sa gloire. Poursuivre Rodrigue sans l'aimer serait bien loin de lui valoir autant de renommée.

La volte-face de Chimène s'insère également dans le cadre d'un mouvement parallèle. Chimène, comme Rodrigue, venge l'honneur familial. Mais

tout en imitant Rodrigue, elle renchérit sur son
acte. Rodrigue ne voulait que le sang du père
de son amante; Chimène, elle, voudra faire cou-
ler celui même de son amant. Le parallélisme
est évident.

Cependant, du fait que Chimène ne poursuit
Rodrigue qu'à contre-coeur, Corneille saura tirer un nouveau moyen de nous surprendre.   En
présence de Chimène, Rodrigue, au lieu de se défendre, abondera dans son sens. Au lieu de la
contrarier, il l'exhortera à accomplir son de-
voir.Lui mettant son épée à la main, il lui dé-
couvrira son sein afin qu'elle le perce. A trois
occasions différentes, Rodrigue retournera ainsi
le défi de Chimène. En formulant son audacieuse
proposition, l'amante n'avait pas pensé devoir
aller jusqu'au bout. Mise par Rodrigue devant
la nécessité de prendre sur-le-champ sa vengeance, elle ne peut que battre en retraite. Elle
lançait en fait un défi à l'orgueil de son amant
en prétendant être capable de le surpasser. Ce
défi téméraire, Rodrigue en fera donc le supplice de Chimène en agissant comme s'il le prenait
au pied de la lettre.
Au départ, les intentions de Rodrigue en
venant chez Chimène étaient sincères. A Elvire,
qui le mettait en garde, il répondait :

Non,non, ce cher objet à qui j'ai pu déplaire
Ne peut pour mon supplice avoir trop de colère ;

Et j'évite cent morts qui me vont accabler,
Si pour mourir plus tôt je la puis redoubler.
                                    (v. 761-64)

Mais Rodrigue, à mesure qu'il comprend les vrais
sentiments de Chimène et qu'il prend connaissance de l'élément de bravade dans ses propos, retournera avec de plus en plus d'assurance contre
elle l'arme qui devait la conduire à la gloire.
Ce qui ressort de manière très vive ici, c'est
que la fonction dramatique du retournement du
défi est d'obtenir le recul de l'amante. Elle
lançait un défi qui allait au-delà de ses forces
et qui fournissait ainsi à "l'adversaire" une
prise sur sa gloire ; c'est ce qui permit à celui-ci de forcer son recul.

     L'aspect le plus paradoxal de la tactique
héroïque du Cid, c'est que les termes qu'il emploie pour arriver à conquérir Chimène semblent
impliquer un mouvement dans le sens contraire.
En effet, à partir de la deuxième confrontation
surtout, Rodrigue, afin de décourager Chimène
d'accomplir son devoir, fera en fait mine d'aider son amante à le réaliser. Ainsi, bien qu'il
s'agisse d'un véritable affrontement entre les
amants, le défi du héros n'est pas ouvertement
agressif. L'intention de Rodrigue ne saurait
l'être davantage, mais les termes qu'il emploie
sont à la fois galants et moraux[1].

----

[1] L'amant n'est cependant pas hypocrite en cela. Nous
ne pouvons pas un seul instant douter que si Chimène lui
demandait sa vie, elle l'obtiendrait à l'instant même.

Ces deux procédés dramatiques, la *volte-face* héroïque et le *retournement du défi*, se retrouvent, ainsi que nous allons le voir, au centre de presque toutes les pièces vraiment héroïques de Corneille.

Suivant le premier modèle, un premier personnage pose un acte qui rehausse sa gloire aux dépens de celle d'un autre, sinon toujours explicitement, du moins implicitement. Le deuxième personnage, prenant alors exemple sur le comportement du premier, pose un acte parallèle au sien dans le but d'en surpasser l'éclat. Dans les conditions qu'établit généralement Corneille, cet acte d'émulation héroïque est toujours inattendu et semble impliquer de la part du deuxième personnage un brusque changement d'attitude ou de sentiment. Cette première surprise est suivie (ou accompagnée) d'une explication héroïque et contradictoire qui montre qu'en réalité le personnage qui vient de faire volte-face n'avait pas changé d'attitude mais qu'au contraire il poussait plus avant dans le même sens, ce qui confère à la volte-face son aspect paradoxal. L'habileté de ce personnage, au départ désavantagé, consistera à savoir transformer un sujet de honte en occasion de gloire. Il s'agit donc d'un moyen héroïque de battre l'adversaire sur son propre terrain. Parfois, Corneille devra faire intervenir des événements nouveaux qui vont fournir au personnage en question une position avantageuse qui seule lui permettra de renverser la situation en sa faveur (telle la décision du sénat dans *Bérénice*).

Dans le cas du retournement du défi, par ailleurs, un premier personnage, par un acte excessif (c'est-à-dire, qui dépasse ses forces), lance à son adversaire un défi qui contient un élément de bravade. Celui-ci s'en rend compte et y voit l'occasion de remporter une victoire éclatante. Au lieu de défendre directement sa position, il retourne la proposition de son agresseur. Au premier abord, il semble exprimer sa soumission à la volonté ou au désir que manifestait le premier personnage dans son défi audacieux. Mais, en réalité, cet acte représente une tactique paradoxale pour désarmer son adversaire et forcer son recul en le prenant au mot.

*   *   *

Les épisodes les plus surprenants de *Polyeucte* se regroupent autour du don de Pauline à Sévère par son époux.

Pauline avait épousé Polyeucte alors que son coeur était tout à Sévère. Son père le voulait et elle se faisait gloire de lui obéir, bien qu'il lui en coutât beaucoup. A présent, quinze jours seulement après le mariage de Pauline, Sévère revient en Arménie, couvert de

gloire et plein d'espoir de pouvoir l'épouser.
Félix, père de Pauline et gouverneur d'Arménie,
craint la colère de Sévère et commande à Pauline
de le voir pour l'apaiser. Celle-ci obéit, malgré ses scrupules (car elle l'aime toujours).
Au cours de cette confrontation, elle demande à
Sévère de ne plus la revoir au nom de sa vertu.
Lorsqu'elle apprend à Polyeucte son sacrifice,
celui-ci s'en offusque :

> *Quoi ! vous me soupçonnez déjà de quelque ombrage ?*
> *(v. 609)*

Est-il possible que sa femme le croie jaloux !
Pauline lui explique que ce n'est pas à cela
qu'elle songeait en bannissant Sévère de son regard. Elle pensait bien plutôt à préserver sa
vertu, car l'attrait de Sévère pour elle n'a pas
diminué :

> *J'assure mon repos que troublent ses regards :*
> *(v. 611)*

Ce n'est point pour se plaindre qu'elle souligne
à quel point la victoire est pénible dans son cas,
mais bien pour se faire admirer, admiration que
Polyeucte lui accorde d'ailleurs.

Peu après, Polyeucte, qui vient en secret
de se faire baptiser chrétien, se rend au temple
avec son ami Néarque pour renverser les idoles.
Le moment qu'a choisi Polyeucte pour son acte
impie est celui du sacrifice officiel destiné à
célébrer les victoires militaires de son ancien
rival. Stratonice, la confidente de Pauline, lui

fera un récit très vif du comportement des deux
jeunes chrétiens pendant la cérémonie :

> *A l'envi l'un et l'autre étalait sa manie,*
> *Des mystères sacrés hautement se moquait,*
> *Et traitait de mépris les dieux qu'on invoquait.*
> *Tout le peuple en murmure, et Félix s'en offense ;*
> *Mais tous deux s'emportant à plus d'irrévérence :*
> *«Quoi! lui dit Polyeucte en élevant sa voix,*
> *Adorez-vous des dieux ou de pierre ou de bois ?»*
> *(v. 830-36)*

Après d'autres insultes, ils renversent une sta-
tue dans le but d'obtenir le martyre. Tout, à
présent, va conspirer à détacher Pauline de son
mari. Félix, craignant la fureur de Sévère s'il
ne punit pas son gendre, reproche maintenant à
sa fille de trop aimer l'époux qu'il lui avait
choisi :

> *Vous aimez trop, Pauline, un indigne mari.*
> *(v. 964)*

Stratonice, qui semble représenter l'opinion
commune, n'hésite pas à condamner Polyeucte devant sa femme. Polyeucte, d'après elle :

> *N'est plus digne du jour, ni digne de Pauline.*
> *(v. 778)*

Pauline même, tout en n'aimant pas l'entendre
injurier, réprouve son erreur :

> *Il est ce que tu dis, s'il embrasse leur foi ;*
> *(v. 787)*

Polyeucte, enfin, qui ne désire plus que la gloire de mourir pour son Dieu, achève de la délier
de son devoir de fidélité en la cédant à Sévère

qui l'aime toujours. C'est après avoir fait
l'éloge de la vertu de Pauline qu'il la lui accorde :

> *Vous êtes digne d'elle, elle est digne de vous ;*
> *Ne la refusez pas de la main d'un époux :*
> *S'il vous a désunis, sa mort vous va rejoindre.*
> *(v. 1305-07)*

Le geste de Polyeucte avait cependant un
côté quelque peu mortifiant pour Pauline, et Sévère, qui s'étonnait de ce cadeau inespéré, ex-
primait pour elle toute l'humiliation de sa situation :

> *Sans regret il vous quitte : il fait plus, il vous cède ;*
> *Et comme si vos feux étaient un don fatal,*
> *Il en fait un présent lui-même à son rival !*
> *(v. 1320-22)*

On pourrait donc s'attendre à ce que Pauline ré-
agisse par dépit et abandonne Polyeucte pour
Sévère.

Nous avons ainsi été conduits à espérer et
peut-être même à attendre le retour de Pauline
à son premier amour. Mais alors que Sévère réaffirme sa dévotion à Pauline, celle-ci l'inter-
rompt brutalement pour lui apprendre qu'elle ne
passerait jamais des bras de Polyeucte aux
siens :

> *Mais sachez qu'il n'est point de si cruel trépas*
> *Où d'un front assuré je ne porte mes pas,*
> *Qu'il n'est point aux enfers d'horreurs que je n'endure,*
> *Plutôt que de souiller une gloire si pure,*
> *Que d'épouser un homme, après son triste sort,*
> *Qui de quelque façon soit cause de sa mort :*
> *(v. 1341-46)*

Il y a là, assurément, les apparences d'une volte-face héroïque de la part de Pauline. Au matin encore, elle regrettait de n'avoir pu épouser Sévère, tout en acceptant fièrement les contraintes de son devoir. A présent qu'elle s'est vue déliée de ce devoir, et que Sévère avoue l'aimer plus que jamais, elle renonce complètement à lui. Ici encore, le geste imprévu de l'héroïne prend place dans le cadre d'une structure parallèle. Polyeucte avait renoncé à l'amour de Pauline. Pauline, à son tour, renonce pour toujours à l'amour de Sévère. Bien plus ! Non seulement elle refuse son ancien amant au nom d'un devoir qu'elle est à présent seule à reconnaître, mais encore, elle lui demande de sauver son époux :

> *Sauvez ce malheureux, employez-vous pour lui ;*
> . . . .
> *Conserver un rival dont vous êtes jaloux,*
> *C'est un trait de vertu qui n'appartient qu'à vous ;*
> *(v. 1353-58)*

Quels que soient les sentiments de Pauline, elle se conforme ici à une conception du devoir qu'elle avait déjà exprimée à Stratonice :

> *Je l'aimerais encor, quand il m'aurait trahie ;*
> . . . .
> *Apprends que mon devoir ne dépend point du sien :*
> *Qu'il y manque, s'il veut; je dois faire le mien.*
> *(v. 793-96)*

La volte-face de Pauline n'est donc pas aussi radicale que celle de Bérénice, par exemple. Par un de ses aspects, elle s'inscrit même

directement dans la ligne de conduite que Pauline s'était tracée depuis le début de la pièce.
Nous l'avions, en effet, toujours vue soucieuse
de son devoir conjugal. Mais alors que jusqu'i-
ci elle avait eu une attitude essentiellement
passive, puisqu'elle avait mis son devoir à o-
béir à son père, c'est activement et volontairement qu'elle se crée ici le devoir de rester
fidèle à Polyeucte et de chercher à le sauver,
même contre son gré. Nous devons donc voir son
geste comme un progrès dans le sens de l'héroïsme.

Après cette première surprise, Corneille va
réussir à tirer du généreux geste de Polyeucte
envers Pauline un deuxième mouvement paradoxal.

Au début de la pièce, nous avons vu Pauline
souligner à son mari la force de son amour pour
Sévère. Son mariage, disait-elle, était le résultat d'un pénible effort qu'il lui fallait renouveler chaque fois qu'elle voyait l'amant auquel elle avait dû renoncer. Polyeucte, de son
côté, n'admettait point la moindre jalousie et
proclamait toute son admiration pour sa femme.
Hormis sa conduite barbare pendant le sacrifice
honorant les exploits de son rival, il ne laissait percer aucun ressentiment. L'abandon de
Pauline à celui-ci semble enfin confirmer son
indifférence à ses charmes. Quand Polyeucte accorde sa femme à Sévère, il faut d'ailleurs le

supposer sincère. Il ne sait pas encore jusqu'à
quel point son épouse peut l'aimer pour lui-même
alors qu'elle lui a rappelé tout récemment encore
la force de sa passion pour Sévère. Il est vrai
qu'il prend sans doute un certain plaisir à l'i-
dée que, si Pauline est digne de Sévère et Sévère
digne de Pauline, celle-ci, n'étant pas chrétienne, n'est plus digne de lui. Quand sa femme
lui reprochera une première fois de vouloir l'a-
bandonner :

Tu préfères la mort à l'amour de Pauline !
(v. 1287)

Polyeucte témoignera d'un certain sentiment de
supériorité :

Vous préférez le monde à la bonté divine !
(v. 1288)

Mais à mesure qu'il se rendra compte de la force
de l'attachement de Pauline, le geste magnanime
de Polyeucte deviendra de plus en plus une arme
pour affirmer son emprise sur elle. Avant son
acte sacrilège, Pauline se vantait hautement de
résister à son puissant amour pour Sévère. Polyeucte va maintenant retourner contre Pauline
son sujet de gloire. Lorsqu'elle viendra le retrouver dans l'espoir de le fléchir et de le dissuader du martyre (V,3), il répétera impérieuse-
ment :

Vivez avec Sévère.
(v. 1584)

La réaction de Pauline montre à quel point cette proposition lui est injurieuse :

> *Tigre, assassine-moi du moins sans m'outrager.*
> *(v. 1585)*

Loin de témoigner à présent de l'admiration pour Pauline, Polyeucte se montre condescendant envers elle :

> *Mon amour, par pitié, cherche à vous soulager ;*
> *(v. 1586)*

De surcroît, comme pour appuyer le renversement de leurs positions respectives (puisqu'à présent c'est elle qui est devenue le conjoint importun), il reprendra les paroles mêmes que Pauline employait en décrivant son amour pour son ancien amant. De Sévère, elle affirmait que :

> *Depuis qu'un vrai mérite a pu nous enflammer,*
> *Sa présence toujours a droit de nous charmer.*
> *Outre qu'on doit rougir de s'en laisser surprendre,*
> *On souffre à résister, on souffre à s'en défendre ;*
> *(v. 615-18)*

A son tour, Polyeucte lui lancera, non sans qu'une légère ironie transparaisse :

> *Puisqu'un si grand mérite a pu vous enflammer,*
> *Sa présence toujours a droit de vous charmer :*
> *Vous l'aimiez, il vous aime, et sa gloire augmentée...*
> *(v. 1589-91)*

Polyeucte, en retournant ses paroles contre elle, va l'obliger a les désavouer. Le titre qu'avait Pauline à la gloire était en effet humiliant pour lui puisqu'elle prétendait ne l'aimer que par devoir.

Il est difficile pour Pauline de comprendre, et certainement d'accepter, que Polyeucte
lui refuse à présent son admiration, alors qu'au
début de la journée il s'exclamait :

> *O vertu trop parfaite, et devoir trop sincère,*
> *Que vous devez coûter de regrets à Sévère !*
> *Qu'aux dépens d'un beau feu vous me rendez heureux !*
> *Et que vous êtes doux à mon coeur amoureux !*
> *Plus je vois mes défauts et plus je vous contemple,*
> *Plus j'admire...*
>
> > *(v. 621-26)*

Elle tentera donc à nouveau, ici, de se donner
en exemple d'une vertu parfaite :

> *Vois, pour te faire vaincre un si fort adversaire,*
> *Quels efforts à moi-même il a fallu me faire ;*
> . . . .
> *Et si l'ingratitude en ton coeur ne domine,*
> *Fais quelque effort sur toi pour te rendre à Pauline :*
> *Apprends d'elle à forcer ton propre sentiment ;*
> *Prends sa vertu pour guide en ton aveuglement ;*
>
> > *(v. 1595-1602)*

Comme le rappel de son sacrifice le laisse insensible, elle en viendra à faire un appel direct à
son amour :

> *Ne désespère pas une âme qui t'adore.*
>
> > *(v. 1607)*

Cet aveu d'amour constitue un véritable recul pour Pauline. Ce mari sacrilège, en n'exprimant envers elle que
de l'indifférence, l'a réduite à la supplication.
Mais cet aveu ne constitue qu'une étape dans le
recul de l'héroïne. Polyeucte restera impitoyable :

> *Je vous l'ai déjà dit, et vous le dis encore,*
> *Vivez avec Sévère, ou mourez avec moi.*
> . . . .
> *Je ne vous connais plus, si vous n'êtes chrétienne.*
> *(v. 1608-12)*

Dans un véritable état d'adoration, elle finira par s'écrier :

> *Je te suivrai partout, et mourrai si tu meurs.*
> *(v. 1681)*

C'est à force de lui répéter de vivre avec Sévère que Polyeucte lui aura arraché ces paroles malgré tout humiliantes pour elle. Mais il n'en sera point attendri. Aussi dur qu'avant, il lui adresse un ultimatum final :

> *Ne suivez point mes pas, ou quittez vos erreurs.*
> *(v. 1682)*

Ainsi, Polyeucte obtient la conversion de sa femme par le mépris. Cette conversion représente l'aboutissement logique du recul de Pauline : ce n'est pas Polyeucte qui a quitté ses erreurs, mais elle-même qui s'est rendue à ses convictions. Elle lance à présent à son père :

> *Mène, mène-moi voir tes dieux que je déteste ;*
> *Ils n'en ont brisé qu'un, je briserai le reste.*
> *(v. 1735-36)*

Du point de vue dramatique, la conversion de Pauline aura donc été amenée par la tactique héroïque de son mari, plutôt que par la grâce. Le paradoxe, ici, est que Polyeucte conquiert Pauline en la repoussant, tout comme Rodrigue

gagnait Chimène en l'exhortant à le sacrifier.
Polyeucte aussi, à force d'intransigeance, amène Pauline à se dédire. Ce n'est pas par vertu
qu'elle suit les pas de son époux, mais par une
sorte d'adoration.

Pour Rodrigue, le mariage avec Chimène représentait l'aboutissement de sa conquête. Pour
Polyeucte, au contraire, le mariage était forcé
et ne glorifiait que Pauline. La vraie conquête
sera donc la conversion de Pauline à sa propre
conception de la gloire. Il y avait en effet
moyen d'être glorieux sans se convertir, comme
nous le montre Sévère, qui admire le courage des
chrétiens sans se sentir obligé de partager
leurs convictions et sans que nous le jugions
inférieur pour autant.

Si Pauline regrettait Sévère au début de la
pièce, Polyeucte, à grand renfort d'indifférence,
a changé son coeur. Ce sont les propos mêmes de
sa femme qui l'ont aidé dans cette tâche. Elle
se vantait de bien accomplir son devoir envers
lui et Polyeucte lui a fait voir que ce n'était
plus son devoir qui l'empêchait d'aller rejoindre Sévère, mais bien un amour plus fort. Par
ailleurs, il semble que sous la magnanimité de
Polyeucte se cache un amour-propre blessé qui
s'est converti en orgueil exalté et auquel il ne
répugne point de prendre sa revanche[2].

---

[2] Le rôle de Polyeucte eut très peu de succès au théâtre avant l'apparition de Mounet-Sully qui, en 1884, réussit à le mettre au premier plan. Il définissait lui-

*   *   *

Avant d'entamer notre analyse des rapports paradoxaux entre César er Cornélie, les deux grands adversaires de la tragédie de *Pompée*, récapitulons brièvement la situation générale.

Le roi d'Egypte, Ptolomée, agissant de concert avec ses mauvais conseillers, fit tomber la tête de Pompée. Celui-ci avait espéré trouver des alliés en Egypte, après sa défaite aux mains de César à Pharsale. Mais Ptolomée, oubliant tout ce qu'il devait au vaincu (celui-ci avait affermi

même d'après qu'elle conception il l'avait composé : « J'avais été frappé de ce qu'en général on représentait Polyeucte comme chrétien avant le rideau. Il comprenait trop bien les doctrines. Il était tout de suite trop intransigeant dans sa foi nouvelle. Il fallait montrer son acheminement d'une façon plus humaine que ne le faisait voir la tradition. Polyeucte vient de se marier. Il a refusé le baptême. Je le montre y arrivant doucement, par une sorte de dépit passionnel. Il voit que Pauline aime encore Sévère. Navré, il se réfugie de son amour temporel dans l'amour divin. Et s'il brise les idoles, c'est par besoin...,oui, qu'on excuse cette comparaison familière, par besoin de casser quelque chose. J'ai cherché à montrer les causes profondes, humaines, de son ascension vers le martyre.» (Descotes, *Les grands rôles*, p.232). Cependant, dans *Victor-Marie, Comte Hugo* (1934), Péguy, dont la conception de Polyeucte est particulièrement exaltée, ne pensait pas à cela lorsqu'il louait la continuité de l'homme au saint, « La prière d'un mari chrétien pour sa femme infidèle ». Il semble s'agir essentiellement,pour lui, du fait que Polyeucte puisse être candidat pour la sainteté bien qu'il soit marié et amoureux de sa femme(p.187).

son père sur le trône d'Egypte), pensa gagner la
faveur du vainqueur, ainsi que se protéger de
ses coups, en trahissant le premier au nom du
second. César, cependant, au lieu de se réjouir
du lâche présent de la tête de son adversaire,
s'en indigne. Il désavoue ce faux service et
déclare n'y voir qu'une perfidie digne d'un supplice immédiat. Il ne compte cependant punir
que les ministres de Ptolomée, voulant épargner
le frère de son amante, Cléopâtre. Mais que
faire de Cornélie, la veuve de Pompée, qu'on lui
amène comme captive ?

Dès leur première entrevue, Cornélie brave
César en le couvrant de nobles malédictions :

> *Heureuse en mes malheurs, si ce triste hyménée,*
> *Pour le bonheur de Rome, à César m'eût donnée !*
> *Et si j'eusse avec moi porté dans ta maison*
> *D'un astre envenimé l'invincible poison !*
> *Car enfin n'attends pas que j'abaisse ma haine.*
> *Je te l'ai déjà dit, César, je suis Romaine,*
> *Et quoique ta captive, un coeur comme le mien,*
> *De peur de s'oublier, ne te demande rien.*
> $\qquad\qquad\qquad\qquad$ *(v. 1017-24)*

Pour Cornélie, Pompée était le défenseur de Rome,
César son ennemi. La défaite de Pompée à Pharsale représentait donc une défaite pour Rome. Les
paroles de Cornélie, cependant, au lieu d'aigrir
son adversaire, agissent sur lui comme un défi à sa
gloire. Plus elle se fera gloire de sa vertueuse haine, plus il se piquera de magnanimité envers elle. C'est ainsi que, sans rien lui demander, elle obtiendra beaucoup. César déclarera

d'abord qu'il aurait voulu faire oublier sa victoire à Pompée, en faire son égal, et se gagner
ainsi l'amour de Rome. En ce qui concerne plus
directement le sort de Cornélie, il ajoute :

César s'efforcera de s'acquitter vers vous
De ce qu'il voudrait rendre à cet illustre époux.
Prenez donc en ces lieux liberté toute entière :
Seulement pour deux jours soyez ma prisonnière,
Afin d'être témoin comme, après nos débats,
Je chéris sa mémoire et venge son trépas,
(v. 1059-64)

C'est dans ces circonstances que surgira
la grande surprise de la pièce. Cornélie, faisant volte-face, va apprendre à son ennemi que
les assassins de Pompée veulent à présent le
tuer à son tour :

César, prends garde à toi :
Ta mort est résolue, on la jure, on l'apprête ;
A celle de Pompée on veut joindre ta tête.
Prends-y garde, César, ou ton sang répandu
Bientôt parmi le sien se verra confondu.
Mes esclaves en sont ; apprends de leurs indices
L'auteur de l'attentat, et l'ordre, et les complices :
Je te les abandonne.
(v. 1356-63)

Ainsi, la veuve avertit son adversaire d'un complot qui aurait pu la venger ; elle lui rend
donc un service sans pareil. César va d'abord
lui-même mal interpréter le sens de cette générosité qui va jusqu'à dépasser la sienne. Il
croira qu'elle renonce à sa vengeance, puisque
la conséquence de son acte sera de la lui faire
perdre. César dira, en effet, plus tard à Cléopâtre que les grands espoirs de Cornélie pour

une vengeance guerrière ne sont, à son avis, que
« vains projets » , le seul avantage :

Qu'un grand coeur impuissant a du ciel en partage :
(v. 1762)

En la voyant nuire à sa propre cause et dénoncer
ceux qui voulaient servir sa haine, César espé-
rera un recul (honorable) de la part de la noble
Cornélie ; aussi exprimera-t-il sa reconnaissance en la louant de s'être rendue à sa bonté :

O coeur, vraiment romain,
Et digne du héros qui vous donna la main !
Ses mânes, qui du ciel ont vu de quel courage
Je préparais la mienne à venger son outrage,
Mettant leur haine bas, me sauvent aujourd'hui
Par la moitié qu'en terre il nous laisse de lui.
. . . .
Il la pousse, et l'oppose à cette indignité,
Pour me vaincre par elle en générosité.
(v. 1363-72)

Si, effectivement, Cornélie avertissait César du
danger qu'il courrait parce que sa haine lui paraissait peu raisonnable en vertu de la générro-
sité de César, nous aurions là un exemple d'un
défi retourné par l'adversaire : Cornélie dé-
clarait vouloir se venger ; César, en n'y mettant aucun obstacle, aurait fait preuve d'une
telle magnanimité qu'il aurait réussi à la faire
reculer et à lui faire désavouer sa haine.

Cependant, Cornélie s'empressera de détrom-
per son adversaire :

Tu te flattes, César, de mettre en ta croyance
Que la haine ait fait place à la reconnaissance :
. . . .

J'attends la liberté qu'ici tu m'as offerte,
Afin de l'employer tout entière à ta perte ;
Et je te chercherai partout des ennemis,
Si tu m'oses tenir ce que tu m'as promis
                              (v. 1373-80)

Sa haine persiste, et c'est précisément parce
qu'elle est juste que Cornélie ne cherche point
à y satisfaire par des moyens qui ne le seraient
pas. Loin d'être aveuglée par la cause de Pompée, elle, et donc aussi sa haine :

Sépare son vainqueur d'avec son assasin,
                              (v. 1404)

Elle exige que le châtiment du vainqueur de Pompée soit digne d'un héros romain et n'a averti
César que pour que la gloire de sa vengeance ne
soit point noircie par un crime :

Je me jette au-devant du coup qui t'assassine,
Et forme des désirs avec trop de raison
Pour en aimer l'effet par une trahison :
Qui la sait et la souffre a part à l'infamie.
                              (v. 1382-85)

Si elle a accepté l'appui de César pour se venger des assassins de Pompée, elle se réserve
maintenant la tâche difficile de châtier César
au nom de Rome :

Venge-la de l'Egypte à son appui fatale,
Et je la vengerai, si je puis, de Pharsale.
                              (v. 1421-22)

Elle voudrait que le châtiment qu'elle prépare
pour César serve d'exemple à tous les ambitieux
qui pourraient tenter de suivre ses pas. C'est

la raison pour laquelle il lui faut une victoire militaire

Ainsi, même si le vainqueur de Pharsale reste le plus fort, Cornélie l'emporte par sa grandeur d'âme. César n'aura pu faire baisser la tête à sa captive.

Dans une clef mineure, Cléopâtre préfigurait au début de la pièce les mouvements de l'héroïne principale : aimant César et considérant ses intérêts comme liés aux siens, elle avait néanmoins voulu empêcher le meurtre de Pompée et s'était opposée au complot de son frère pour le faire assassiner. La dame d'honneur de Cléopâtre s'étonnait de la voir desservir ainsi les intérêts de son amant :

> *Quoi ! vous aimez César, et si vous étiez crue,*
> *L'Egypte pour Pompée armerait à sa vue,*
> *En prendrait la défense, et, par un prompt secours,*
> *Du destin de Pharsale arrêterait le cours ?*
> *L'amour certes sur vous a bien peu de puissance.*
> *(v. 365-69)*

Mais Charmion se méprend. Ce n'est point l'amour qui est faible chez Cléopâtre, mais bien la vertu qui est forte. Comme Cornélie, elle a soin de sa gloire et c'est ce qui motive ses efforts pour sauver Pompée :

> *Et toujours ma vertu retrace dans mon coeur*
> *Ce qu'il doit au vaincu, brûlant pour le vainqueur.*
> *Aussi qui l'ose aimer porte une âme trop haute*
> *Pour souffrir seulement le soupçon d'une faute ;*
> *Et je le traiterais avec indignité*
> *Si j'aspirais à lui par une lâcheté.*
> *(v. 359-64)*

Malgré les ressemblances qui existent entre l'intervention de Cléopâtre et le secours
qu'offre Cornélie à César, il est évident que
l'éclat du geste de Cléopâtre est minime en comparaison de celui que produit la volte-face de
Cornélie.

*   *   *

Cinna met en scène deux exemples importants
d'affrontement entre héros : d'une part, la
querelle entre Emilie et Cinna, lorsqu'ils ne
peuvent se mettre d'accord sur l'attitude à
prendre envers l'empereur Auguste ; d'autre part,
la confrontation entre celui-ci et ceux qui auront comploté contre lui.

Octave-César Auguste n'est devenu empereur
de Rome qu'en répandant des flots de sang. Mais
à présent qu'il possède le pouvoir absolu   et
voudrait l'exercer avec justice et bonté, il se
voit haï de tous. Ses sujets se rebellent et
les attentats contre sa vie se sont déjà multi-
pliés au nombre de dix. Le onzième est en cours.
Parmi ses crimes, l'un des plus noirs avait été
de proscrire son tuteur et de lui enfoncer un
couteau dans le sein ; depuis, il a cherché à ré-
parer l'offense en recueillant l'orpheline du
proscrit, Emilie, et en l'élevant au rang de sa
propre fille. Cependant, Emilie n'a point ou-
blié son père et c'est précisément elle qui est

responsable du onzième complot pour abattre le tyran.
Le chef des conjurés, Cinna, qui est aussi un
des favoris d'Auguste, agit principalement pour
gagner la main d'Emilie. Il pense cependant servir Rome en même temps que son amante. La situation change radicalement lorsqu'Auguste mande
Cinna et son ami Maxime afin de prendre conseil
d'eux : l'empereur commence à se dégoûter du
pouvoir et du besoin d'être sévère alors qu'il
voudrait se faire aimer. Il ne veut plus con-
sulter que le bien de Rome et se démettra du
pouvoir si on le lui conseille. Mais Cinna, soucieux de la vengeance d'Emilie, l'exhorte à garder le trône. Il craint de perdre l'occasion de
le punir s'il cesse de faire figure de monarque
absolu. C'est le conseil de Cinna qui l'emporte,
et, dans sa reconnaissance pour un avis qu'il
croit sincère, Auguste lui accorde Emilie.

Par la suite, Cinna est pris de remords. Si
Auguste n'est point tyran, la haine qu'il lui
porte devient injuste. Le don que l'empereur
vient de lui faire de la main d'Emilie achève de
l'en convaincre et Cinna voudrait à présent que
son amante se rende à son tour aux bontés d'Auguste. Emilie voit cependant la chose autrement.
Il lui semblera que Cinna se laisse acheter par
les faveurs du tyran[3] :

---

[3] Jacques Ehrmann, dans son article sur « Les structures de l'échange dans *Cinna* » (1966), nous montre à
quel point le vocabulaire de la pièce est en fait emprun-
té à celui des échanges commerciaux.

Je vois ton repentir et tes voeux inconstants :
Les faveurs du tyran emportent tes promesses ;
Tes feux et tes serments cèdent à ses caresses ;
Et ton esprit crédule ose s'imaginer
Qu'Auguste, pouvant tout, peut aussi me donner ;
Tu me veux de sa main plutôt que de la mienne,
Mais ne crois pas qu'ainsi jamais je t'appartienne :
                            (v. 932-38)

A la vertu chancelante de son amant elle oppose
la sienne, proclamant fièrement qu'en ce qui concerne Auguste :

   ... *le coeur d'Emilie est hors de son pouvoir.*
                            (v. 943)

Emilie, elle, ne compte donc point se laisser a-
cheter. Son coeur est tout à son devoir, dont
elle se fait presque une obsession :

   Je recevrais de lui la place de Livie
   Comme un moyen plus sûr d'attenter à sa vie.
   Pour qui venge son père il n'est point de forfaits,
   Et c'est vendre son sang que se rendre aux bienfaits.
                            (v. 81-84)

   Voulant imposer à Cinna l'accomplissement
de cette vengeance, Emilie lancera un défi à son
honneur en prétendant aller elle-même tuer l'empereur :

   Vis pour ton cher tyran, tandis que je meurs tienne :
   Mes jours avec les siens se vont précipiter,
   Puisque ta lâcheté n'ose me mériter.
                            (v. 1038-40)

Elle va même jusqu'à prévoir les paroles qu'elle
adressera à Cinna en mourant, baignée à la fois
dans son propre sang et dans celui d'Auguste

(car elle recevra aussitôt son châtiment des mains de la garde) :

> « *N'accuse point mon sort, c'est toi seul qui l'a fait.*
> *Je descends dans la tombe où tu m'as condamnée,*
> *Où la gloire me suit qui t'était destinée :*
> *Je meurs en détruisant un pouvoir absolu ;*
> *Mais je vivrais à toi si tu l'avais voulu.*»
> *(v. 1044-48)*

Jamais, sans être coupable de la dernière bassesse, un amant ne pourrait consentir à voir ainsi mourir sa maîtresse. De plus, un serment engage Cinna envers Emilie. L'amant, qui en veut à sa maîtresse de tyranniser sa volonté de la sorte, relève néanmoins son défi :

> *Vous le voulez, j'y cours, ma parole est donnée ;*
> *Mais ma main, aussitôt contre mon sein tournée,*
> *Aux mânes d'un tel prince immolant votre amant,*
> *A mon crime forcé joindra mon châtiment,*
> *Et par cette action dans l'autre confondue,*
> *Recouvrera ma gloire aussitôt que perdue.*
> *(v. 1061-66)*

L'obliger à assassiner Auguste, c'est l'obliger aussi à se tuer. Les deux choses sont insépa-rables dans son esprit désormais. Il ne recou-vrera son honneur qu'en prouvant qu'il n'agis-sait point en fonction d'un salaire, et c'est à son salaire qu'il renoncera en mourant.

Cinna offre donc à Emilie ce qu'elle exi-geait, mais il le lui offre en des termes qui, normalement, seraient inacceptables à une aman-te. Cette fois, cependant, l'amante ne recule point devant l'intransigeance du héros. Comme il y avait peu de bravade dans sa menace, elle

est prête à accepter sa soumission, même sous
cette forme. Le retournement du défi n'a donc
point son résultat habituel ici et les amants
aboutissent à une impasse. Emilie pleure à l'i-
dée de voir mourir Cinna mais elle ne se rétrac-
te point. Quand Fulvie la pousse à laisser vivre Auguste pour sauver Cinna elle répond :

> *Qu'il achève, et dégage sa foi,*
> *Et qu'il choisisse après de la mort ou de moi.*
> (v. 1075-76)

Le degré d'intransigeance qui fait taire en elle
l'amour nous donne la mesure de sa haine pour
Auguste.

Si, à la suite de cet entretien, Auguste
ne périt point, ce sera pour une toute autre raison qu'une rétractation d'Emilie. Ce sera, au
contraire, parce que Maxime, l'autre favori de
l'empereur, aura fait dénoncer son ami Cinna
ainsi que tous les conjurés par jalousie amoureuse. Aimant lui aussi Emilie, il n'a pu supporter la nouvelle qu'en conspirant contre le
tyran il servait son rival Cinna auprès de son
amante. Pour cette raison, il autorisera son
affranchi, Euphorbe, à tout révéler à l'empereur, mais en prétendant que lui, Maxime, s'est noyé
pour se punir d'avoir pris part au complot.

Dans la trahison de Cinna, Auguste verra
une preuve de l'acharnement du sort contre lui.
C'est le ciel même qu'il apostrophe dans les
vers suivants :

Reprenez le pouvoir que vous m'avez commis,
Si donnant des sujets il ôte les amis,
Si tel est le destin des grandeurs souveraines
Que leurs plus grands bienfaits n'attirent que des haines,
                              (v. 1123-26)

Tantôt il veut s'abandonner au désespoir, tantôt
il veut punir l'ingrat qu'il a tiré du néant et
qui, en retour, travaille à perdre son bienfaiteur. Auguste reconnaît que ses propres crimes
ont été grands, mais quel tort a-t-il eu envers
Cinna ?

Mandé en présence d'Auguste et mis devant
sa faute, le coupable, qui songe surtout à protéger son amante, met de l'orgueil à prendre sur
lui toute la responsabilité de son projet criminel. Bravant la foudre d'Auguste, il traite son
complot de « beau dessein » et déclare :

Et puisqu'à vos rigueurs la trahison m'expose,
N'attendez point de moi d'infâmes repentirs,
D'inutiles regrets, ni de honteux soupirs.
                              (v. 1550-52)

Auguste en est à demander à Cinna de choisir son propre supplice lorsqu'Emilie survient
triomphalement pour se proclamer plus coupable
encore que son amant :

Oui, tout ce qu'il a fait, il l'a fait pour me plaire,
Et j'en étais, seigneur, la cause et le salaire.
                              (v. 1565-66)

Point de repentir chez Emilie non plus, malgré
la douleur que visiblement elle lui inspire.

Au contraire, elle veut l'aigrir, mais elle s'y prend de manière à irriter aussi son amant :

> *Tranchez mes tristes jours pour assurer les vôtres.*
> *Si j'ai séduit Cinna, j'en séduirai bien d'autres ;*
>   *(v. 1621-22)*

Celui-ci se sent obligé de défendre sa gloire :

> *Elle n'a conspiré que par mon artifice ;*
> *J'en suis le seul auteur, elle n'est que complice.*
>   *(v. 1637-38)*

Il y a ici une reprise paradoxale de la querelle antérieure des deux amants. Au départ, Cinna cherchait à éviter le devoir de tuer Auguste, trouvant Emilie injuste de le lui demander. Emilie, de son côté, cherchait à l'y forcer en proclamant qu'elle resterait sienne et qu'elle accomplirait sa vengeance sans aide. Mais à présent, devant Auguste lui-même, Emilie prétend avoir séduit Cinna ; elle prétend même qu'elle en séduirait bien d'autres, laissant donc croire qu'elle ne serait pas restée fidèle à son amant et que celui-ci n'était qu'un instrument entre ses mains. Ainsi Cinna, qui refusait de tuer Auguste pour sauver son honneur, se voit obligé, pour conserver ce même honneur, de prétendre avoir seul voulu le tuer.

Lorsqu'ils tombent enfin d'accord, ce n'est que pour adresser à Auguste un commun défi. C'est Emilie qui le formule, soulignant l'aspect glorieux de leur trahison :

> *En ce noble dessein nos coeurs se rencontrèrent ;*
> *Nos esprits généreux ensemble le formèrent ;*
> *Ensemble nous cherchons l'honneur d'un beau trépas :*
> *Vous vouliez nous unir, ne nous séparez pas.*
> *(v. 1653-56)*

Auguste s'était tu pendant l'insolente dispute de ce couple mais, en réponse au défi d'Emilie, sa colère éclate :

> *Oui, je vous unirai, couple ingrat et perfide,*
> *Et plus mon ennemi qu'Antoine ni Lépide :*
> *(v. 1657-58)*

C'est aux satisfactions d'un supplice particulièrement cruel qu'il songe lorsqu'apparaît Maxime ; Auguste accueille avec joie son « unique ami» mais sa consolation est de brève durée, car si Maxime est revenu, c'est pour faire sa propre confession :

> *De tous vos ennemis connaissez mieux le pire :*
> *(v. 1670)*

Après l'aveu de Maxime, le troisième aveu consécutif de trahison, le moment est venu de châtier tous les traîtres, de fournir à l'univers une série d'exemples qui lui inspirera une terreur inoubliable.

Mais Auguste, si près du désespoir en apprenant la première des trois trahisons, si prêt à sévir après le défi du couple uni contre lui, retrouve soudain son courage en recevant ce troisième coup qui pourtant devrait l'abattre. Son épreuve est surhumaine : son véritable

ennemi n'est ni Cinna, ni Emilie, ni Maxime.
C'est le destin, qui réunit toutes leurs forces
pour l'écraser. Il se détourne donc, subitement,
de ses ennemis immédiats, de ces pions que joue
contre lui le sort, et s'adresse à son véritable
adversaire :

> *En est-ce assez, ô ciel ! et le sort, pour me nuire,*
> *A-t-il quelqu'un des miens qu'il veuille encore séduire ?*
> *(v. 1693-94)*

Mais le défi même du sort, il le relèvera :

> *Qu'il joigne à ses effets le secours des enfers ;*
> *Je suis maître de moi comme de l'univers ;*
> *Je le suis, je veux l'être. O siècles, ô mémoire !*
> *Conservez à jamais ma dernière victoire !*
> *Je triomphe aujourd'hui du plus juste courroux*
> *De qui le souvenir puisse aller jusqu'à vous.*
> *(v. 1695-1700)*

Il vient de trouver l'acte qui détruira jusqu'au
souvenir du tyran qu'il a été. Cet acte, qu'il
opposera à son juste courroux, c'est la clémence :

> *Et que vos conjurés entendent publier*
> *Qu'Auguste a tout appris, et veut tout oublier.*
> *(v. 1779-80)*

Il multiplie même ses bontés envers ceux qui disent le haïr. Il commence par Cinna, en l'invi-
tant à un combat d'amitié :

> *Commençons un combat qui montre par l'issue*
> *Qui l'aura* [la vie] *mieux de nous ou donnée ou reçue.*
> *Tu trahis mes bienfaits, je les veux redoubler ;*
> *Je t'en avais comblé, je t'en veux accabler :*
> *(v. 1705-08)*

Sur le même ton, il lance ensuite un défi à Emilie :

> *Apprends sur mon exemple à vaincre ta colère :*
> *Te rendant un époux, je te rends plus qu'un père.*
> (v. 1713-14)

Les armes qu'Auguste retournera contre Emilie seront sa bonté, sa confiance, sa libéralité. Ce sont donc les armes mêmes qu'elle avait voulu employer pour le perdre, et dont elle avait proclamé fièrement à sa confidente :

> *Plus nous en prodiguons* [de bienfaits] *à qui nous*
> ⎧*peut haïr,*
> *Plus d'armes nous donnons à qui nous veut trahir.*
> (v. 75-76)

Devant cette nouvelle multiplication des faveurs d'Auguste, cependant, Emilie se rendra :

> *Je connais mon forfait qui me semblait justice ;*
> *Et (ce que n'avait pu la terreur du supplice)*
> *Je sens naître en mon âme un repentir puissant,*
> (v. 1717-19)

Elle n'avait point reculé à l'idée d'envoyer Cinna à la mort, mais devant les nouvelles bontés d'Auguste il lui faut avouer son erreur. Emilie considère que si elle est vaincue, l'univers en entier le sera :

> *Le ciel a résolu votre grandeur suprême ;*
> *Et pour preuve, seigneur, je n'en veux que moi-même :*
> *J'ose avec vanité me donner cet éclat,*
> *Puisqu'il change mon coeur, qu'il veut changer l'Etat.*
> (v. 1721-24)

Effectivement, c'est Auguste qui s'est montré le plus fort. Le discours prophétique de
Livie a essentiellement comme fonction de nous
apprendre que le sort recule à son tour devant
la grandeur d'Auguste :

Oyez ce que les dieux vous font savoir par moi ;
De votre heureux destin c'est l'immuable loi.
Après cette action vous n'avez rien à craindre,
On portera le joug désormais sans se plaindre ;
Et les plus indomptés, renversant leurs projets,
Mettront toute leur gloire à mourir vos sujets ;
                    (v. 1755-60)

Ainsi, les affrontements entre héros qui,
dans cette tragédie, s'ordonnaient autour du retournement du défi, y prennent une forme plus
directe qu'ailleurs. Dans la première querelle
entre Emilie et son amant, le défi épousait la
forme de la menace, au lieu d'emprunter une rhétorique courtoise. Quant au défi d'Auguste, s'il
était inattendu, il se donnait néanmoins immédiatement pour ce qu'il était, sans passer par
les détours habituels : l'empereur laissait ouvertement entendre qu'il voulait faire changer
d'avis les conjurés et conquérir leur amour. La
victoire d'Auguste est d'ailleurs d'autant plus
impressionante qu'il réussit à désarmer un adversaire entièrement sincère dans sa haine. Ce
fut, en effet, moins l'adresse que la grandeur
réelle d'Auguste qui fit abandonner à Emilie son
devoir de venger un père.

*   *   *

Sertorius, pièce à notre avis trop longtemps négligée, offre précisément de grandes scènes fort bien conçues pour mettre en valeur le choc des volontés entre personnages héroïques.

Les Romains se divisent en deux camps : celui qui soutient le tyran Sylla et celui qui s'oppose à sa tyrannie. Pompée est le chef du premier et Sertorius du second, qui a ses bases en Espagne. Dans cette guerre civile, le parti de Sertorius l'emporte. Il doit son succès d'une part à l'aide de la reine de Lusitanie et, d'autre part, aux troupes du général Perpenna, qui se sont jointes aux siennes. La reine Viriate s'attend à ce que Sertorius paye ses services en l'épousant. Elle s'aperçoit d'ailleurs qu'il l'aime. En revanche, Perpenna souffre de ce que le prestige de Sertorius soit plus grand que le sien et voudrait que celui-ci l'en dédommage en lui cédant la reine Viriate, qu'il aime également.

A Rome, Pompée vient de divorcer avec Aristie et cela malgré son amour pour elle, afin de contracter une alliance favorable à Sylla. Aristie est donc venue se réfugier auprès de Sertorius, lui amenant de nouveaux alliés, mais à condition seulement qu'il l'épouse car elle ne peut se contenter d'être « le rebut de Pompée ». En attendant, Sertorius et Pompée ont déclaré

une trêve et ce dernier doit se rendre seul au-
dedans des murs de Sertorius pour conférer avec
lui au sujet du bien de Rome.

La révolte d'Aristie contre sa cruelle sé-
paration suit le modèle des volte-face héroïques
et s'inscrit donc dans un mouvement parallèle.
Pompée l'aimait mais se séparait d'elle pour
prendre une nouvelle épouse. Aristie veut également affirmer son triomphe sur l'amour : elle
se détache à son tour de lui et cherche un plus
glorieux époux, quittant celui qui sert le tyran
pour aller vers celui qui le combat. Si Pompée
insultait sa gloire en l'abandonnant pour accepter une épouse de la main de Sylla, elle fait
doublement injure à la sienne en choisissant li-
brement d'épouser le plus grand ennemi de Sylla,
l'adversaire le plus puissant de son ancien é-
poux. Elle explique à Sertorius les raisons de
son choix :

> Il sert dans son parti, vous commandez au vôtre ;
> Vous êtes chef de l'un, et lui sujet dans l'autre ;
> Et son divorce enfin, qui m'arrache sa foi,
> L'y laisse par Sylla plus opprimé que moi,
> Si votre hymen m'élève à la grandeur sublime
> Tandis qu'en l'esclavage un autre hymen l'abîme.
>   (v. 301-06)

Ainsi, tandis que le mariage forcé de Pompée est
la marque de sa servitude, le sien sera au contraire le signe de sa liberté et de sa noble in-
dépendence.

Lors de la scène de confrontation entre

Pompée et Aristie (III,2), l'époux infidèle
cherchera à rétablir la gloire de son propre
choix. S'il n'avait obéi à Sylla, il aurait dû,
comme Perpenna avant lui, rejoindre Sertorius,
ce qui eut équivalu simplement à un changement
de maître :

> *Sertorius pour vous est un illustre appui ;*
> *Mais en faire le mien, c'est me ranger sous lui ;*
> *Joindre nos étendards, c'est grossir son empire.*
>   *(v. 1095-97)*

Par ailleurs, il n'a plus longtemps à servir :

> *Sylla n'a que son temps, il est vieil et cassé ;*
> *Son règne passera, s'il n'est déjà passé ;*
> *Ce grand pouvoir lui pèse, il s'apprête à le rendre ;*
>   *(v. 1039-41)*

Ce qu'espère Pompée, c'est pouvoir reprendre de
lui le pouvoir :

> *Pouvez-vous m'ordonner de me bannir de Rome,*
> *Pour la remettre au joug sous les lois d'un autre*
>   ⌊*homme ;*
> *Moi qui ne suis jaloux de mon autorité*
> *Que pour lui rendre un jour toute sa liberté ?*
>   *(v. 1105-08)*

Ainsi, Pompée servait sa gloire en épousant E-
milie, tout comme Aristie servirait la sienne
en devenant la femme de Sertorius. Si Pompée
souhaite prendre le pouvoir, ce n'est qu'afin
de rendre à Rome son statut de République. Il
sert donc la cause de la liberté tout autant
que son grand adversaire. Mais, de même qu'A-
ristie ne pouvait lui demander de servir sous
Sertorius, Pompée ne peut demander à Aristie

d'attendre que Sylla abandonne le pouvoir pour
lui rendre sa foi :

> *J'attendrai de sa mort ou de son repentir*
> *Qu'à me rendre l'honneur vous daigniez consentir ?*
> *(v. 1079-80)*

Chacun d'eux, tout en donnant la priorité à sa
propre gloire, voudrait que l'autre se montre
prêt à sacrifier la sienne à l'amour. Pompée
proclame :

> *Non, non, si vous m'aimez comme j'aime à le croire,*
> *Vous saurez accorder votre amour et ma gloire,*
> *(v. 1109-10)*

Aristie, non moins intransigeante, répondra :

> *Si vous m'avez aimée, et qu'il vous en souvienne,*
> *Vous mettrez votre gloire à me rendre la mienne.*
> *(v. 1113-14)*

Ils ne sont donc d'accord que dans leur commune
préférence pour la gloire.

Pompée voudrait pourtant forcer Aristie à
accepter son compromis en triomphant sur le
champ de bataille du nouvel époux qu'elle s'est
désigné :

> *Je le vois bien, madame, il faut rompre la trêve*
> *Pour briser en vainqueur cet hymen, s'il s'achève ;*
> *Et vous savez si peu l'art de vous secourir,*
> *Que, pour vous en instruire, il vous faut conquérir.*
> *(v. 1121-24)*

Mais Aristie, non moins âpre, saura formuler son
propre défi de manière à le lui faire sentir :

> *Sertorius sait vaincre et garder ses conquêtes.*
> *(v. 1125)*

Ils se quittent donc sans qu'il y ait eu concession de part ou d'autre.

La situation de Sertorius et Viriate reprend celle de Pompée et Aristie. Leur histoire est cependant moins avancée. Sertorius croit devoir choisir Aristie et renoncer à la reine malgré son amour. Il pense aussi pouvoir multiplier ses avantages politiques en accordant celle-ci à son lieutenant, Perpenna. Mais Viriate voit à son tour une insulte à son sang et à sa dignité royale dans la façon dont Sertorius prétend disposer d'elle :

> *Vous donnez une reine à votre lieutenant !*
> *Si vos Romains ainsi choisissent des maîtresses*
> *A vos derniers tribuns il faudra des princesses.*
> *(v. 516-18)*

Viriate, comme Aristie, saura trouver un remède à l'injure faite à sa gloire :

> *Ne vous y trompez pas : si Perpenna m'épouse,*
> *Du pouvoir souverain je deviendrai jalouse,*
> *Et le rendrai moi-même assez entreprenant*
> *Pour ne vous pas laisser un roi pour lieutenant.*
> *(v. 613-16)*

Ainsi, si elle épouse Perpenna comme il le lui demande, ce ne sera que pour garantir sa rébellion.

Sertorius va cependant lui laisser voir que son amour reste plus fort que ses intentions politiques, et qu'il n'était pas parfaitement prêt à aller jusqu'au bout du sacrifice de son amante :

> *Mes prières pouvaient souffrir quelques refus.*
>   *(v. 1231)*

Viriate voit donc ici une occasion de faire reculer Sertorius en retournant sa proposition
contre lui :

> *Je les prendrai toujours pour ordres absolus.*
>   *(v. 1232)*

Le général romain se montrera prêt à revenir sur
sa promesse à Perpenna, mais à condition que Viriate accepte d'attendre quelque temps encore.
La reine continuera cependant à se montrer in-
flexible. Elle voudrait que son mariage avec
Sertorius ait lieu le lendemain même et qu'il
signifie la rupture totale avec Rome :

> *Pour moi, d'un grand Romain je veux faire un grand roi ;*
> *Vous, s'il y faut périr, périssez avec moi :*
> *C'est gloire de se perdre en servant ce qu'on aime.*
>   *(v. 1383-85)*

La gloire de Sertorius est cependant trop liée
à ce qu'il a fait pour Rome pour qu'il puisse
accepter la main de la reine à ce prix. Il es-
saiera donc de la fléchir :

> *Soyons heureux plus tard pour l'être plus longtemps.*
>   *(v. 1388)*

Mais Viriate s'avère aussi intraitable qu'Aristie. Elle tranche aussitôt la question :

> *Je suis reine ; et qui sait porter une couronne,*
> *Quand il a prononcé, n'aime point qu'on raisonne.*
> *Je vais penser à moi, vous penserez à vous.*
>   *(v. 1393-95)*

Ce sera donc une situation sans issue, Viriate mettant sa gloire à être reine, Sertorius à être romain.

Au demi-recul de Sertorius correspondra un fléchissement d'Aristie, car elle avouera, non à son mari mais à sa rivale Viriate, que :

Si vous y prétendez, je cesse d'y prétendre.
Un reste d'autre espoir, et plus juste, et plus doux,
Saura voir sans chagrin Sertorius à vous.
Mon coeur veut à toute heure immoler à Pompée
Tous les ressentiments de ma place usurpée ;
. . . .
J'ai voulu me venger, et n'ai pu le haïr.
(*v. 1570-76*)

Le dilemme de Viriate et la solution qu'elle se propose d'y apporter font de sa situation le pendant exact de celle d'Aristie. Toutes deux songent à venger leur honneur en épousant l'adversaire politique de celui qui les repousse. L'une et l'autre compte rendre cet adversaire plus puissant par le secours qu'elle lui apportera. Pour Aristie comme pour Viriate, il s'agit d'une volte-face dans le sens de la gloire. Mais la situation de la Romaine est plus paradoxale puisqu'elle aime toujours son époux, tout en se faisant un devoir de lui nuire. La reine, au contraire, est principalement motivée par des calculs d'état.

En fin de compte, Sertorius aura une fin tragique. Ne pouvant posséder Viriate, et ne voulant l'accorder à son lieutenant, il périra de la main même de ce rival. La résolution du

dilemme de Pompée et Aristie sera plus heureuse,
bien qu'amenée de façon arbitraire : Sylla ab-
dique et Emilie meurt en accouchant. Tous les
obstacles à la réunion de Pompée avec Aristie
auront donc été levés.

*   *   *

Le défi poussé à l'excès atteint vite l'i-
ronie, une ironie qui se reconnaîtra dans les
propos qu'échangeront Rodelinde et Grimoald
dans *Pertharite*.

Grimoald, comte de Bénévent, a conquis le
royaume du roi Pertharite, où il règne depuis
en se faisant aimer de ses nouveaux sujets. On
croit Pertharite mort et Grimoald voudrait é-
pouser sa veuve Rodelinde. Cependant, la reine
captive s'y refuse. Elle voit en Grimoald un
usurpateur et s'oblige à haïr les vertus de ce
vainqueur contre lequel elle entend venger son
époux. Pour la rendre plus favorable à ses
voeux, Grimoald promet de donner le royaume à
son fils, à condition qu'elle l'épouse. Rodelinde trouve cependant cette offre déshonorante
pour elle :

> *Ta gloire en pourrait croître, et tu le veux ainsi ;*
> *Mais l'éclat de la mienne en serait obscurci.*
> (v. 693-94)

Elle prétend donc refuser de se laisser influencer. Grimoald, sur le mauvais conseil de son

ministre, Garibalde, passe alors à l'intimidation : elle peut choisir pour son fils entre la
couronne et la mort, suivant qu'elle l'épouse
ou non (en réalité, la menace n'est évidemment
pas sincère).

A Garibalde, qui transmet lui-même la menace du roi, Rodelinde se dit vaincue :

> *Tu peux en attendant lui donner cette joie,*
> *Que pour gagner mon coeur il a trouvé la voie,*
> *. . . . .*
> *Dis-lui, puisqu'il le faut, qu'à l'hymen je m'apprête ;*
> *(v. 799-803)*

On pourrait donc croire à une capitulation. L'a-
mour maternel de Rodelinde aurait triomphé de
son devoir de vengeance. Effectivement, en présence du roi, elle commence par proclamer :

> *Je me rends, Grimoald, ...*
> *(v. 855)*

Elle pose cependant une condition dont l'annonce n'est pas de bon augure :

> *Si je n'ai pu t'aimer et juste et magnanime,*
> *Quand tu deviens tyran je t'aime dans le crime ;*
> *Et pour moi ton hymen est un souverain bien,*
> *S'il rend ton nom infâme aussi bien que le mien.*
> *(v. 859-62)*

Grimoald, auquel Garibalde avait rapporté le
consentement de Rodelinde, continue néanmoins à
croire à son bonheur et accepte tout d'avance :

> *Que j'aimerai, madame, une telle infamie*
> *Qui vous fera cesser d'être mon ennemie !*
> *(v. 863-64)*

Ce sera donc pour lui un grand choc quand Rodelinde, nous surprenant tous, déclarera :

> *Je veux donc d'un tyran un acte tyrannique ;*
> *. . . . .*
> *Je veux voir ce fils même immolé de sa main.*
> > *(v. 892-98)*

Prenant ainsi Grimoald au mot, elle retourne directement contre lui sa menace criminelle. L'étonnement et l'horreur de Grimoald, qui s'écrie :

> *Juste ciel !*
> > *(v. 899)*

montre à Rodelinde à quel point la menace de son prétendant était une feinte. Rendue téméraire par ce premier succès, elle voudra pousser son avantage :

> *Tu trembles ! tu pâlis ! il semble que tu n'oses*
> *Toi-même exécuter ce que tu me proposes !*
> *S'il te faut du secours, je n'y recule pas,*
> *Et veux bien te prêter l'exemple de mon bras.*
> *Fais, fais venir ce fils, qu'avec toi je l'immole.*
> > *(v. 903-07)*

Grimoald, dans sa stupéfaction, se tourne vers son conseiller :

> *Garibalde, est-ce là ce que tu m'avais dit ?*
> > *(v. 925)*

Mais celui-ci le rassure aussitôt en l'encourageant à ne pas prendre les discours de Rodelinde au sérieux :

> *Mais ces fureurs enfin ne sont qu'illusion*
> *Pour vous donner, seigneur, quelque confusion.*
> *Ne vous étonnez point, vous l'en verrez dédire.*
> > *(v. 929-31)*

Ce sur quoi, Grimoald nous surprendra à son tour :

> *Vous l'ordonnez, madame, et je dois y souscrire :*
> *J'en ferai ma victime, et ne suis point jaloux*
> *De vous voir sur ce fils porter les premiers coups.*
> *(v. 932-34)*

Ainsi, il entreprend de jouer le jeu de Rodelinde. Imitant sa tactique, il retourne contre elle son propre défi et jusqu'à ses propres justifications :

> *Quelque horreur qui par là s'attache à ma mémoire,*
> *Je veux bien avec vous en partager la gloire,*
> *Et que tout l'avenir ait de quoi m'accuser*
> *D'avoir appris de vous l'art de tyranniser.*
> *(v. 935-38)*

En effet, en renchérissant sur les menaces de Grimoald, Rodelinde a, elle aussi, lancé un défi qui allait au-delà de ses forces. Aussi longtemps qu'il appartenait à Grimoald de porter le premier coup sur son fils, elle avait l'avantage. Mais en prétendant vouloir lui donner l'exemple, elle s'est, à son tour, exposée à l'assaut de son adversaire. De plus, Grimoald, qui reste frappé par le côté horrible de cette joute oratoire, l'accuse à la fois de déraisonner et de manquer de sincérité :

> *Vous devriez pourtant régler mieux ce courage,*
> . . . .
> *Qui fait le plus de bruit n'est pas le plus malade :*
> *Les plus grands déplaisirs sont les moins éclatants ;*
> *Et l'on sait qu'un grand coeur se possède en tout temps,*
> *(v. 939-50)*

Sensible aux sarcasmes de son adversaire, Rodelinde tentera une longue justification héroïque,
et donc paradoxale, de sa proposition dénaturée.

Elle voudrait prétendre qu'elle a trouvé
la seule solution honorable au dilemme que Grimoald a créé pour elle : comme il est certain,
dit-elle, que Grimoald ferait assassiner son
fils aussitôt qu'il deviendrait importun (qu'elle l'ait épousé ou non), elle préfère le voir
périr ouvertement sous les coups du tyran. Autrement :

> La porte à ma vengeance en serait moins ouverte :
> Je perdrais avec lui tout le fruit de sa perte.
> Puisqu'il faut qu'il périsse, il vaut mieux tôt que tard ;
> Que sa mort soit un crime, et non pas un hasard ;
> (v. 983-86)

Elle veut que Grimoald commette ce crime abominable qui le fera détester de tous ses sujets
et que leur mariage soit pour elle l'occasion
d'accomplir sa vengeance :

> Je t'épouserai lors et m'y viens d'obliger,
> Pour mieux servir ma haine, et pour mieux me venger,
> Pour moins perdre de voeux contre ta barbarie,
> Pour être à tous moments maîtresse de ta vie,
> . . . .
> Et mieux choisir la place à te percer le coeur.
> (v. 993-98)

Elle achève enfin son discours en renouvelant
son défi :

> A ces conditions prends ma main si tu l'oses.
> (v. 1000)

La lutte entre Rodelinde et Grimoald aboutit ainsi à une impasse. Ni l'un ni l'autre ne
peut reculer sans perdre la face. Sans doute
à bout de ressources, Corneille choisit ce moment pour ressusciter Pertharite et mettre fin
au débat après un dernier vers de Grimoald im-
pliquant qu'il entendait continuer le jeu :

Oui, je la prends, madame, et veux auparavant...
(v. 1001)

*   *   *

On trouve déjà dans *Médée*, quoique sous
forme encore rudimentaire, le même genre d'é-
change. Mais ici plus encore que dans *Pertha-*
rite, l'ironie se trouve au premier plan.

Jason cherchait à justifier par l'amour paternel son manque de loyauté envers Médée. C'est
pourquoi il lui disait que :

Les tendres sentiments d'un amour paternel
Pour sauver mes enfants me rendent criminel,
Si l'on peut nommer crime un malheureux divorce,
Où le soin que j'ai d'eux me réduit et me force.
(v. 823-26)

Ce sont là, prétend-il, les purs motifs de sa
nouvelle flamme, car Créuse va faire gracier ses
enfants.

C'est évidemment pour Médée une nouvelle
cause d'aigreur que de perdre ses enfants et de
les voir servir de prétexte à la déloyauté de

son mari. Elle n'essuiera pas cet outrage supplémentaire sans réagir. Au contraire, si Jason
aime ses enfants, cela lui fournira un moyen sûr
de le faire souffrir. Elle médite son projet
criminel dans un monologue :

> . . . . *immolons avec joie*
> *Ceux qu'à me dire adieu Créuse me renvoie :*
> . . . .
> *Ils viennent de sa part, et ne sont plus à moi.*
> . . . .
> *Ils sont trop criminels d'avoir Jason pour père ;*
> *Il faut que leur trépas redouble son tourment,*
> *Il faut qu'il souffre en père aussi bien qu'en amant.*
>   *(v. 1333-40)*

L'étonnant sera de trouver des propos analogues
dans la bouche même du père :

> *Instruments des fureurs d'une mère insensée,*
> *Indignes rejetons de mon amour passée,*
> *Quel malheureux destin vous avait réservés*
> *A porter le trépas à qui vous a sauvés ?*
> *C'est vous, petits ingrats, que, malgré la nature,*
> *Il me faut immoler dessus leur sépulture.*
> *Que la sorcière en vous commence de souffrir ;*
> *Que son premier tourment soit de vous voir mourir.*
>   *(v. 1529-36)*

Il est vrai que Créuse, en expirant, l'avait,
formulant une sorte d'ébauche du devoir d'honneur, exhorté à châtier la coupable :

> *Vis pour sauver ton nom de cette ignominie*
> *Que Créuse soit morte, et Médée impunie ;*
>   *(v. 1493-94)*

Dans le feu de sa colère, Jason, à la recherche
de victimes pour venger son amante, tombera
donc momentanément sur la même idée que Médée.

     Il faut cependant avouer que la volte-face

qui permet à Jason de formuler ce projet de vengeance, parallèle à celui de Médée, n'est pas
très brillante.　L'héroïsme y tient peu de place.　Il s'agit réellement, cette fois, d'une
conduite contradictoire puisqu'il avait prétendu aimer Créuse uniquement pour sauver ses enfants et voudrait à présent les lui immoler. Il
recule, cependant, devant sa propre audace :

> *Toutefois qu'ont-ils fait, qu'obéir à leur mère ?*
> *(v. 1537)*

　　　C'est à ce moment que Médée apparaît　du
haut de son balcon pour triompher de lui.　Elle
lui indique, en donnant un écho railleur à certains termes qu'il venait d'employer, que　ce
qu'il n'ose faire, elle vient de l'accomplir
pour lui :

> *Lâche, ton désespoir encore en délibère ?*
> *Lève les yeux, perfide, et reconnais ce bras*
> *Qui t'a déjà vengé de ces petits ingrats ;*
> *(v. 1538-40)*

Elle vient, dit-elle, de le venger.　Ce premier
balbutiement du retournement du défi n'a point
ici pour but d'obtenir le recul du　"héros"　,
mais plutôt de permettre à Médée de jouir de son
avantage : elle veut savourer une victoire que
Jason lui a permis de remporter en se proposant
un acte qu'il n'aurait en réalité osé accomplir.

　　　Jean Boorsch notait déjà que les paroles
de Jason devaient servir « à souligner le plaisir de la revanche devant une situation retour-

née», et que « ce genre de répétition de vers
par les différents personnages aura souvent cette fonction» [4]. Mais si *Médée* et *Pertharite*
mettent bien en valeur cet aspect « revanche»
des retournements de défis, elles nous permet-
tent aussi de reconnaître qu'ailleurs on y trouve autre chose que le plaisir un peu bas de remettre l'adversaire à sa place. Tout le piquant
des échanges entre Polyeucte et Pauline découle
de cet élément malicieux, mais uniquement parce
que ce n'est pas la dimension essentielle de ce
qui se passe entre eux et que les intentions
nobles des personnages ont la précédence, élevant le dialogue à un autre niveau.

*   *   *

Pour que la volte-face ou le retournement
du défi se produisent, il ne suffit pas que Corneille mette en scène des personnages authenti-
quement héroïques. Il faut encore qu'il sache
transformer ceux-ci en adversaires. Il doit y
avoir un conflit dramatique qui oppose les héros principaux entre eux, malgré l'estime qu'ils
peuvent avoir les uns pour les autres [5].

[4] Op. cit., p. 117.

[5] A ce sujet, voir Robert Nelson, *Corneille, his Heroes and their Worlds* (1963), qui opère un regroupement
intéressant et plausible des pièces héroïques de Corneille à partir du rôle de la générosité et de la nature et
de la force du conflit entre les héros.

Nous trouvons dans *Nicomède* et *Suréna* deux
pièces qui ne remplissent pas cette condition.
Elles occupent d'ailleurs une place un peu à l'é-
cart dans l'ensemble de l'oeuvre. L'une se caractérise par l'omniprésence du défi, et l'autre
par son absence presque totale. Elles ont pourtant une situation de base commune : un héros
que l'on admire est persécuté pour être devenu
trop fort en servant son souverain. Le roi, plus
jaloux que reconnaissant, craint qu'un mariage
d'amour ne vienne à avoir lieu entre le héros et
la princesse d'un puissant royaume étranger
(celle-ci se trouve sur les lieux). Il cherche
donc à les séparer en concluant de force d'autres alliances, tandis que le héros et l'héroïne résistent ensemble à ces efforts pour les
désunir.

Dans *Nicomède*, le roi Prusias, poussé par
sa seconde femme, Arsinoé (belle-mère du héros),
et soutenu par l'ambassadeur romain, Flaminius,
voudrait empêcher le mariage du prince Nicomède
avec la reine d'Arménie, Laodice. Arsinoé voudrait forcer Laodice à épouser son propre fils,
Attale, le jeune demi-frère de Nicomède, qui a
reçu une éducation romaine. Attale, qui ne con-
naît pas bien son frère, aime lui aussi Laodice.
Celle-ci est évidemment amoureuse du héros. Prusias, Arsinoé et Flaminius soutiennent tous Attale, mais Nicomède et Laodice affirment haute-

ment leur solidarité et leur amour. L'attitude
de ceux-ci est uniformément une attitude de défi,
quels que soient les dangers dont ils sont mena-
cés par le camp opposé. Il n'y a donc pas de
lutte entre les personnages héroïques de la pièce et le défi qu'ils lancent aux autres ne sert
guère qu'à souligner leur supériorité.

Grâce à des circonstances favorables (parmi
lesquelles il faut compter le fait qu'Attale,
gagné par l'admiration, change de camp et cherche à secourir Nicomède lorsque celui-ci est fait
prisonnier) le dénouement est heureux : Nicomède
est acclamé roi par le peuple tandis que Prusias
se voit détrôné. Le héros affirme une dernière
fois sa supériorité en pardonnant tout à ses adversaires et en restituant la couronne à son père. Il pense également conquérir un royaume
pour Attale, ce qui apaiserait en même temps sa
belle-mère. Flaminius rentrera à Rome plein
d'estime pour ce généreux prince. Il est évident que le mariage de Nicomède et Laodice ne
tardera plus.

C'est dans le sens opposé que se développe
Suréna : la victoire ira aux "méchants" et les
héros périront.

Suréna est un lieutenant qui sert sous le
roi Orode et a fait pour lui d'innombrables con-
quêtes. S'il aime la princesse Eurydice, c'est
en secret, puisqu'on a fait venir celle-ci

d'Arménie pour épouser le fils du roi, le prince
Pacorus. Cependant, à cause de ses grands exploits, le roi voudra s'assurer la loyauté permanente de Suréna en lui accordant sa fille, la
princesse Mandane. Mais Eurydice, qui aime Suréna, est jalouse de Mandane, tout comme Suréna
l'est de Pacorus. Sur la demande d'Eurydice,
Suréna promet donc à son amante de ne point é-
pouser la fille du roi. A la suite de ce gage
d'amour, Eurydice se détourne, à son tour, du
prince Pacorus, et se saisissant d'un prétexte,
refuse de l'épouser. Ayant deviné que Suréna et
Eurydice s'aimaient à la suite de leur double
refus de se plier à ses désirs, le roi ordonne
à Suréna d'épouser sur-le-champ Mandane, ou
quelque autre, à l'exclusion d'Eurydice. Suréna
voit bien qu'il est dangereux de ne point obéir,
mais reste cependant fidèle à sa promesse. Son
amante se rend également compte que l'insoumis-
sion de Suréna envers son monarque risque de lui
coûter la vie, mais elle consent à le voir périr,
dans l'idée de le suivre au trépas et de le rejoindre ainsi.

L'attitude des amants envers leurs ennemis
est moins une attitude d'opposition que de simple résistance. Ils sont d'accord pour ne point
se reconnaître de devoirs envers des adversaires
qu'ils méprisent et, s'ils bravent ces derniers,
ce n'est point dans l'espoir de triompher d'eux.
La marque de leur courage est beaucoup moins le

défi que la résignation devant un sort qui n'est
pas favorable à leur amour : ils ne renoncent
point à cet amour mais ils renonceront à la vie.

Suréna et Eurydice, comme Nicomède et Laodice, ne sont point en conflit. Ce qu'ils veulent, ils le veulent ensemble. Tout conflit
leur vient de l'extérieur, d'adversaires qui
leur sont inférieurs et qui se montrent donc
insensibles à l'esprit d'émulation héroïque qui
caractérise les personnages dont l'âme est noble.

Attila suit également ce modèle. On y voit
un tyran inventer des supplices d'un raffinement
cruel pour des adversaires héroïques mais im-
puissants, qu'il domine du haut de son pouvoir.

Attila, roi des Huns, a contracté des fian-
çailles avec deux partis différents : la première de ses fiancées est Honorie, soeur de l'empereur Valentinian, et la deuxième, Ildione, soeur
du roi de France. Il projette d'en épouser une
et de garder l'autre en otage, mais son choix
n'est pas encore fait. De leur côté, Ildione et
Honorie sont aimées des "rois" Ardaric et Valamir. Attila cherche le moyen de se défaire de
ces rivaux importuns qui portent un titre qui
lui déplaît. Dans l'espoir de les voir s'entre-
tuer, il fait à chacun une proposition ouvertement criminelle : qu'Ardaric assassine Valamir
s'il veut posséder Ildione, que Valamir tue

Ardaric s'il veut acquérir Honorie ! Comme les deux amants refusent cette offre barbare, Attila pousse l'ingéniosité et le caprice encore plus loin : ils périront tous les deux,—Ildione devra épouser le meurtrier de son amant, tandis qu'Honorie sera le butin de celui qui assassinera le sien.

Les quatre héros sont unis dans leur lutte avec Attila. Et, contre un personnage scélérat, quelle pourrait être l'utilité du défi ? Ildione peut méditer en secret le projet de venger l'univers (elle flattera Attila afin qu'il l'épouse et le tuera la nuit des noces) mais il serait inutile de le défier en lui annonçant son intention. Ce serait prononcer son propre arrêt de mort et laisser le tyran impuni. Le sort viendra cependant au secours d'Ildione en faisant mourir Attila d'un saignement de nez au sortir de la cérémonie nuptiale.

*   *   *

Enfin, il arrive parfois que les personnages en conflit soient à la fois héroïques et égaux, sans que de vrais échanges de défi viennent caractériser leurs rapports. En effet, il faut encore pour cela que les héros aient une attitude semblable envers la situation où ils se trouvent.

Ce n'est précisément pas le cas dans

Horace. Ce qu'Horace trouve glorieux, Camille
le trouve infâme. Sabine semble de même trouver
fausse l'idée que se fait le héros de la gloire.

La guerre civile s'est déclarée entre Rome
et Albe. Les trois Horaces ont été choisis pour
représenter la cause de Rome et les trois Curiaces, celle d'Albe. Ils devront se battre. Mais
les deux familles sont liées par le mariage (celui d'Horace et de Sabine, la soeur de Curiace),
par l'amitié (les beaux-frères sont amis) et par
l'amour (Curiace et Camille, la soeur d'Horace,
sont fiancés).

Sabine avait de son côté vainement cherché
à dissuader son mari et son frère de se battre.
Avec quelque ironie, elle leur disait :

> *Achetez par ma mort le droit de vous haïr :*
> *Albe le veut, et Rome : il faut leur obéir.*
> *Qu'un de vous me tue, et que l'autre me venge :*
> *Alors votre combat n'aura plus rien d'étrange,*
> *Et du moins l'un des deux sera juste agresseur,*
> *Ou pour venger sa femme, ou pour venger sa soeur.*
> *(v. 629-634)*

Le but évident de Sabine était de discréditer
leur notion de la gloire, afin de les persuader
d'abandonner ce combat inhumain. Sa tentative
reste cependant infructueuse. A vrai dire, Horace ne lui répond que pour se plaindre d'elle :

> *Que t'a fait mon honneur ? et par quel droit viens-tu*
> *Avec toute ta force attaquer ma vertu ?*
> *Du moins contente-toi de l'avoir étonnée,*
> *Et me laisse achever cette grande journée.*
> *(v. 669-72)*

Le combat a donc lieu. Grâce à Horace, les Curiaces sont vaincus et Rome est victorieuse. Horace tire une gloire particulière de son sacrifice : avoir immolé à Rome un sang aussi précieux lui semble un acte unique et éclatant, et il dit même à Camille :

> *Ne me fais plus rougir d'entendre tes soupirs :*
> *Tes flammes désormais doivent être étouffées ;*
> *Bannis-les de ton âme, et songe à mes trophées ;*
> *Qu'ils soient dorénavant ton unique entretien.*
> *(v. 1274-77)*

Celle-ci, venant tout juste de perdre son amant, voit la chose d'un autre oeil. L'orgueil inhumain de son frère lui fait donc maudire Rome et son meilleur défenseur :

> *Rome enfin, que je hais parce qu'elle t'honore !*
> *. . . . .*
> *Puissé-je de mes yeux y voir tomber ce foudre,*
> *Voir ses maisons en cendre, et tes lauriers en poudre,*
> *Voir le dernier Romain à son dernier soupir,*
> *Moi seule en être cause, et mourir de plaisir !*
> *(v. 1304-18)*

Une confrontation violente se produit donc entre le frère et la soeur, aboutissant nécessairement à un résultat tragique, puisqu'Horace tire son épée. C'est le plus brutal qui triomphe, toujours au nom de Rome et Horace tuera sa soeur pour punir son « sacrilège » :

> *Ainsi reçoive un châtiment soudain*
> *Quiconque ose pleurer un ennemi romain !*
> *(v. 1321-22)*

Le procès d'Horace aura comme résultat la
condamnation de son acte. Tulle proclamera :

Cette énorme action faite presque à nos yeux
Outrage la nature, et blesse jusqu'aux dieux.
Un premier mouvement qui produit un tel crime
Ne saurait lui servir d'excuse légitime :
Les moins sévères lois sont en ce point d'accord ;
Et si nous les suivons, il est digne de mort.
                              (v. 1733-38)

Mais ce seront des considérations d'ordre politique qui l'emporteront sur la loi et la nature:

Ce crime, quoique grand, énorme, inexcusable,
Vient de la même épée et part du même bras
Qui me fait aujourd'hui maître de deux Etats.
Deux sceptres en ma main, Albe à Rome asservie,
Parlent bien hautement en faveur de sa vie :
Sans lui j'obéirais où je donne la loi,
Et je serais sujet où je suis deux fois roi.
                              (v. 1740-46)

Ainsi, par reconnaissance et pour le bien de
l'Etat, il vivra.

Mais avec ce personnage, devenu héros national grâce même à son fanatisme, il ne faut pas
espérer de dialogue. En effet, plus un personnage prend ainsi son idéal pour l'absolu, se déta-
chant, surtout du point de vue affectf, des réa-
lités immédiates de sa situation, plus ses actes
risquent de devenir excessifs. Rodogune ne faisait que proposer un crime. Horace, lui, comme
Cléopâtre, va jusqu'à l'exécution. Chez lui, ce
que nous observons, c'est une incapacité chro-
nique de saisir les complexités humaines qui
rendent ses actions monstrueuses. Ebloui par

sa propre splendeur, il perd le sens d'un équilibre nécessaire entre la réalité humaine des
affections et la réalité absolue des principes
et commet un crime en soi impardonnable, nous
repoussant définitivement alors que c'est justement notre admiration qu'il lui fallait[6].

*   *   *

Cette série d'analyses, tout en élucidant
les ressorts dramatiques de ce théâtre, aide à
clarifier la vraie nature de l'héroïsme cornélien. Nous constatons que le but du héros, dans
ces tragédies,   est beaucoup moins le triomphe
sur ses passions que le triomphe sur l'adversaire (ce qui exige cependant en premier lieu la
domination de soi). Ces héros se font une guerre
morale dont l'arme principale est le défi et

---

[6] Louis Herland, dans son saisissant chapitre, « Le
meurtrier » (*Horace ou Naissance de l'homme*, 1952), nous
laisse entrevoir toute la fragilité intérieure qui sous-
tend le comportement rigide de ce héros fratricide. Cependant, là où l'auteur voit de la force de caractère,
nous voyons bien plutôt un dangereux penchant vers la folie chez l'homme qui se sent menacé par le jugement d'au-
trui au point de devoir passer au meurtre pour y échapper.
Horace ne serait donc pas *moins* fanatique, en vertu de sa
sensibilité vive mais réprimée, il le serait *davantage*,
précisément parce qu'il est incapable de faire face à ses
propres doutes et croit qu'être fort consiste à savoir
bien les étouffer. L'analyse d'Herland, tout en nous
permettant enfin d'avoir pitié d'Horace, ne nous autorise
cependant pas à l'approuver.

dont le prix est la gloire de vaincre. La première règle du jeu   est donc de ne jamais se
tenir pour vaincu. D'ailleurs, les adversaires
prennent plaisir à la lutte. Ils possèdent précisément ce sens de la mesure et du juste calcul
qui empêche les choses de tourner au tragique.
Le désespoir n'entre point en jeu et la résignation est très rare parmi ces guerriers invétérés.
C'est au contraire la lucidité du héros qui lui
gagne ses avantages. La ruse est non seulement
admise, elle est essentielle, et fait nécessairement partie de la nature héroïque. Ses passions ne sont point des passions communes qui
l'aveuglent, mais bien l'exaltation qui dans le
feu de l'action aiguise l'esprit. S'il ne
craint point la mort, il ne méprise point la vie
ni ses plaisirs, ainsi Rodrigue qui a entrevu la
possibilité de posséder Chimène et qui a poursuivi son avantage jusqu'au bout[7]. Si, comme sur
le champ de bataille, certains sortent vainqueurs et d'autres vaincus, c'est que les circonstances viendront inévitablement au secours
des uns plutôt que des autres.

En conclusion, la volte-face héroïque et le

---

[7] Si Polyeucte recherche la mort, c'est parce qu'il y
voit une autre vie, supérieure à la première. Quant à
Horace, il est, nous l'avons vu, d'un égoïsme déséquili-
bré qui lui fait voir d'un même oeil le service de la patrie, le fratricide, et le suicide. Suréna, enfin,
n'est plus vraiment un héros traditionnel dans la mesure
où il ne croit plus à la gloire.

retournement du défi ne sont pas des moyens essentiellement factices que Corneille aurait em-
ployés simplement pour donner une tournure plus
paradoxale à l'action. Ce sont des techniques
paradoxales qui surgissent de la nature intime
du héros et sont l'expression immédiate de la
volonté héroïque de remporter la dernière victoire et la plus éclatante[8].

[8] Les techniques cornéliennes du défi ont encore une
fonction supplémentaire : du point de vue de la construction de l'intrigue, elles jouent le rôle de mécanisme uni-
ficateur. Elles ramassent naturellement l'action en faisant tourner plusieurs personnages autour d'une même solution, alors même qu'ils ont des buts opposés. Au lieu de
triompher de l'adversaire en produisant un argument puissant mais tout nouveau, on le fait en abondant dans son
sens.

IV

* LOGIQUE DU PARADOXE : *

LES SITUATIONS-TYPES

> *... beaucoup de ces situations d'une violence ex-*
> *trême, qui sont ainsi présentées dans le dialogue*
> *par un des personnages, n'ont aucune chance d'être*
> *réalisées, demeurant en l'air, comme un aperçu é-*
> *mouvant, mais purement imaginaire ...*
>
> Jean Boorsch

Le mouvement d'une tragédie héroïque de Corneille ne se conforme généralement pas au mouvement ordinaire de la tragédie. *Suréna* est sans
doute seule à suivre le modèle traditionnel, où
l'action consiste en l'accomplissement progres-
sif d'un malheur qui s'était laissé entrevoir
tôt dans le déroulement de la pièce. En général,
cependant, dans les meilleures tragédies, dans
ces tragédies dont l'issue surgit en quelque
sorte de l'action des héros, l'équilibre final
représente, au contraire, l'aboutissement paradoxal d'un double retournement de la situation :
suite à l'exposition qui nous introduit aux différents personnages, une crise vient brutalement

renverser les rapports initiaux entre les héros;
contre toute attente, les réactions de ceux-ci
confirment et aggravent ce renversement ; en dépit de tout cela, les rapports initiaux se voient
triomphalement rétablis à la fin, ceci, bien sûr,
non sans qu'il ne se soit produit de changements
dans les rapports de force entre les protagonistes, mais de sorte que, pour l'essentiel du
moins, la fin réaffirme les liens du début.

C'est ainsi que, suivant ce modèle de manière quasi-paradigmatique, le soufflet du *Cid*
vient transformer deux amants sur le point d'ê-
tre fiancés en ennemis, que l'amant renforce
cette inimitié en tuant le père de l'amante et
que celle-ci se montre à son tour hostile à la
vie de son nouvel adversaire, et que, pourtant,
le dénouement les voit recevoir non seulement
le droit, mais aussi l'ordre de s'épouser. Il
est vrai que cette union ne sera possible que
si l'amante oublie, à sa honte, le devoir de
venger son père, mais cet oubli est précisément
ce que nous promet le dénouement[1]. La fin confirme donc, dans une large mesure, les rapports
affectifs qui avaient été établis entre les héros à l'ouverture de la pièce et que la crise
et leurs propres réactions semblaient avoir ir-
révocablement détruits.

[1] Il est intéressant de noter que la synthèse finale
se fait souvent aux dépens d'un père. Emilie, de même
que Chimène, finit par oublier le sien; Pauline fait la

Cinna suit un mouvement analogue, quoique de manière plus complexe. Là, les amants sont des complices unis en secret contre leur empereur. En dépit de l'amour qu'il leur porte, c'est sa mort qui est censée consacrer leur union. Le débat de Cinna et de Maxime devant Auguste a pour résultat de renverser ce premier équilibre en alignant émotionnellement Cinna du côté de son ennemi, Auguste, introduisant ainsi le désaccord entre les amants. L'amante réaffirmera cependant sa volonté de voir périr l'empereur (le meurtrier de son père) et l'amant, acculé, jurera de se suicider dès qu'il lui aura obéi. Une deuxième crise, amenée par la découverte du complôt, transforme l'empereur de bienfaiteur en ennemi qui voudrait et devrait sévir contre ses protégés ingrats. En dépit de ce double bouleversement, nous rejoindrons les conditions initiales de la pièce lorsque l'empereur unira lui-même les complices,— non par sa mort, mais par une nouvelle affirmation de sa bonté envers eux. Si la reconnaissance aura finalement pris le pas sur l'inimitié, la situation externe différera pourtant peu de la situation que nous avions à l'origine.

Ce n'est que de manière superficielle que

leçon à Félix ; Antiochus et Séleucus, de leur côté, ne prennent jamais vraiment au sérieux le devoir de venger Nicanor. Peut-être y a-t-il ici une étude psychanalytique ou sociologique intéressante à faire ?

Polyeucte diffère de ce schéma. Certes, le héros subit le martyre au cours de la pièce et ne peut évidemment s'y retrouver à la fin mais les rapports initiaux entre les personnages se voient, ici encore, consacrés par le dénouement. Le début semblait garantir l'union de l'époux (Polyeucte) et de sa nouvelle épouse (Pauline) en dépit de l'arrivée troublante de l'ancien amant de celle-ci (Sévère). La conversion et le sacrilège de Polyeucte promettent ensuite de séparer les conjoints pour toujours. L'époux lui-même travaille dans ce sens en réclamant d'abord le martyre et en accordant ensuite Pauline à son premier amant. Néanmoins, malgré tout ce qui conspire à leur divorce, la fin nous montre Pauline avide de rejoindre son époux dans le martyre chrétien qu'elle avait d'abord condamné. Ils se retrouvent donc, après la mort de Polyeucte, plus proches qu'ils ne l'étaient avant, puisque Sévère aura perdu toute la place qu'il occupait encore dans le coeur de Pauline.

Rodogune, tout en penchant davantage du côté tragique, correspond également à notre schéma. Au début, Antiochus et Rodogune espèrent, individuellement, pouvoir s'épouser ; le traité de paix signé par Cléopâtre leur en réserve la possibilité. Nous apprenons ensuite que Cléopâtre veut en fait violer la paix et qu'elle s'oppose à toute alliance entre ses fils et la princesse : bien plus, la reine leur désigne

celle-là même comme victime d'une vengeance.
Rodogune confirme de son côté l'inimitié entre
elle et Cléopâtre, rendant doublement impossible le mariage avec son amant par les conditions qu'elle-même lui impose (tuer sa propre
mère). En dépit de ces invincibles obstacles à
leur mariage, la fin nous montre Rodogune et Antiochus libres de conclure leur alliance nuptiale, quoique moins capables d'en jouir innocem-
ment.

La *Mort de Pompée* nous annonce des rapports
amicaux entre César et l'Egypte, des rapports
hostiles entre César et Cornélie. C'est précisément dans l'espoir de créer de tels rapports
que le roi d'Egypte (Ptolomée) veut assassiner
Pompée. Mais César surprendra tout le monde en
punissant les assassins de son ennemi et en vengeant sa veuve. Cornélie, à son tour, rendra
service à son adversaire, César, en le prévenant
d'un complot des Egyptiens contre sa vie. En
dépit de tout ce qui devrait ainsi réconcilier
les ennemis (Cornélie et César) et brouiller les
alliés (César et l'Egypte), Cornélie réaffirme
à la fin son projet de vengeance sur César, tandis que César se prépare à conclure une alliance avec l'Egypte (en épousant Cléopâtre).

Horace, même, est conforme à notre analyse.
Cette tragédie fait des adversaires du frère
(Horace) et de la soeur (Camille). Le premier
souhaite la guerre qui lui permettra de

combattre glorieusement ses beaux-frères (les
Curiaces) tandis que Camille, fiancée à Curiace,
la craint et voudrait l'empêcher. Au début de
la pièce, Horace, qui est en position de force,
prétend faire la leçon aux héroïnes (à sa femme,
Sabine, aussi bien qu'à sa soeur) et même à Curiace. Après le meurtre de Camille, bien que
le roi l'ait proclamé dans son tort, il reste
le plus puissant et Sabine se voit, comme au début, ordonner de taire ses plaintes.

L'équilibre final d'une tragédie cornélienne représente donc une synthèse positive des désirs initiaux des protagonistes et des facteurs
personnels introduits par la crise. Nous avons
vu, cependant, combien inattendu est le chemin
suivi pour atteindre ce dénouement. Nous avons
également remarqué combien essentiel à cette é-
volution est l'échange de propositions entre héros. L'on ne peut s'empêcher de constater, par
ailleurs, que, de pièce en pièce, certaines de
ces propositions reviennent de manière con-
stante[2], et même, que certaines séquences de
propositions apparaissent à plusieurs reprises.

[2] Bénichou (*Morales*, p.75) parlait déjà du suicide
d'honneur, direct ou par personne interposée, comme étant
un des thèmes les plus fréquents, chez le héros cornélien,
de la subtilité sanguinaire ; Boorsch (≪ Remarques ... ≫
p. 159), énumérait les exemples d'héroïnes qui songent à
se venger dans le lit même de l'époux détesté ; Georges
Couton (*Corneille*, 1958, p. 41) attirait l'attention sur
les reprises fréquentes du don de l'amant inaccessible ;

Nous voudrions à présent élucider le lien entre ces diverses propositions et le genre de synthèse caractéristique des dénouements cornéliens.

*   *   *

Il semble d'abord qu'il puisse s'établir plusieurs groupes ou "familles" de propositions héroïques, groupes dont l'unité est en premier lieu assurée par une valeur morale qui, dans chaque cas, détermine le domaine d'action des héros.

Une première famille se forme autour du souci noble de défendre son honneur. Ce souci s'érigera vite en devoir de venger ce même honneur contre tous ceux qui, directement ou indirectement, l'auraient offensé, et entraînera deux fonctions dramatiques complémentaires mais opposées : celle du poursuivant et celle du poursuivi. D'un côté, nous avons donc l'agent (ou les co-agents) d'une vengeance, de l'autre, la victime désignée pour cette même vengeance. Certaines propositions établissent ces fonctions et les distribuent entre personnages reliés émotionnellement.

La première de ces propositions basées sur

Nadal, de même (*Le sentiment de l'amour*, p.251-52), signalait plusieurs endroits où l'on tenait à choisir le conjoint de l'être aimé ; etc.

l'honneur crée un état de complicité ou de collaboration entre deux êtres qui se chérissent
ou s'estiment, pour venger un affront dans le
sang de l'offenseur[3]. Cette situation s'établit
lorsque le personnage sur lequel retombe la
nécessité de se venger ne saurait accomplir ce
devoir sans aide. Nous trouvons ici les multiples demandes de vengeance adressées à un être
aimé (*Vengeance par un être aimé ou estimé*).
Cette requête se produit entre proches parents
(Don Diègue-Rodrigue), entre époux (Sabine prétend vouloir que le combat d'Horace contre Curiace soit un duel d'honneur pour venger sa
mort), entre amants (Emilie-Cinna) ou entre ennemis qui s'estiment (Cornélie, captive de son
adversaire au pays même des assassins de son mari, pourrait difficilement se venger d'eux si
elle n'acceptait l'aide de César).

Directement opposée à la *Vengeance par un
être aimé*, nous trouvons la série de propositions qui font de ce dernier non l'instrument
mais bien la victime d'une vengeance (*Vengeance
sur un être aimé ou estimé*). Ici, le père et
le fils, l'amant et l'amante, au lieu de coopé-
rer, ont des intérêts contradictoires puisque

---

[3] Toutes nos propositions, ou « situations-types »,
seront reprises et présentées de manière formelle dans
l'appendice à ce chapitre. On y trouvera également une
liste complète des exemples qui se rattachent à chacune d'entre elles.

l'un réclame le sang de l'autre. L'exemple classique en est, bien sûr, celui de Chimène et de Rodrigue (*Vengeance sur l'amant*). La forme la plus exagérée de cette situation surgit lorsqu'il se déclare une haine d'honneur entre membres d'une même famille, nous mettant alors en présence du parricide (requête de Rodogune), de l'infanticide (défi de Rodelinde) ou du fratricide (acte d'Horace) pour accomplir une vengeance (*Parricide, Infanticide ou Fratricide d'honneur*). En ce qui concerne la vengeance sur un époux, cette situation n'apparaît, à vrai dire, que sous forme de menace ou de projet d'épouser la victime désignée afin de l'assassiner dans son lit (Emilie, même, déclare qu'elle irait jusqu'à épouser Auguste pour obtenir sa vengeance). L'on pourrait donc, à juste titre, baptiser cette situation *Mariage pour accomplir une vengeance*. Pour ce qui est de la *Vengeance sur un ennemi estimé*, situation fort modérée en comparaison, il suffit de songer, encore une fois, à Cornélie et à son intention de vaincre César sur le champ de bataille.

En somme, tandis que la demande ou l'offre de secours (vengeance *par* quelqu'un d'aimé) crée des collaborateurs, ou co-agents, la demande de vengeance *sur* quelqu'un d'aimé crée, en principe, des adversaires mortels. Les fonctions dramatiques impliquées sont les mêmes dans les deux cas (agent-victime), mais elles sont différemment réparties entre les héros. Il existe cependant une troisième proposition qui servira précisément de réponse aux deux premières : l'*Offre de suicide entre adversaires*. Celle-ci a pour but dramatique de renverser les fonctions si soigneusement établies auparavant. Dans un premier cas, la victime désignée pour une vengeance fait volontairement cause commune avec l'agent de cette vengeance *(sur → sur et par)*. Ainsi, au lieu de résister à la poursuite de Chimène, Rodrigue lui tend son épée. Dans le deuxième cas, le personnage choisi pour devenir l'agent d'une vengeance s'identifiera à la victime qu'on lui propose, s'offrant donc lui-même comme victime *(par → par et sur)*. De cette manière, Antiochus, ne pouvant se résoudre à punir sa propre mère, donne une nouvelle interprétation à la demande parricide de Rodogune, faisant de lui-même la victime la plus appropriée à sa vengeance. Pareillement, Cinna menace de se tuer dès qu'il aura « injustement» immolé Auguste à la vengeance d'Emilie. Le résultat de ces *Offres de suicide*, qui réunissent paradoxalement en un même personnage deux fonctions en principe incompatibles, sera généralement de produire un recul. Ainsi, Chimène et Rodogune abandonneront sur-le-champ leur vengeance. C'est-à-dire que le choc produit par la rencontre de fonctions dramatiques normalement irréconciliables (mais réconciliables chez

Corneille en vertu même du lien affectif ou na-
turel qui lie les adversaires) fera basculer la
situation, si bien que, désormais, la «victime»
cherchera la mort tandis que «l'agent» cherchera à la détourner de lui. Plus qu'un pas,
alors, et nous revenons aux conditions de l'a-
vant-crise : Chimène promet d'épouser Rodrigue
afin qu'il ne se laisse pas tuer et Rodogune
restaure à Antiochus l'espoir de la posséder.

Comme l'*Offre de suicide* sert de réponse,
elle met bien sûr en jeu les mêmes liens affectifs que les propositions qui la provoquent ;
on y retrouve les couples parents-enfants (An-
tiochus/Cléopâtre), époux-épouse (Oedipe/Jocaste)
et même, sous une forme affaiblie, ennemis estimés (César offre à Cornélie la liberté nécessaire à sa vengeance).

Un schéma point par point semblable se retrouvera dans les deux autres familles de propositions. Nous constaterons, là aussi, une sorte
de jeu sur les fonctions remplies par les héros[4].

---

[4] A côté des rencontres de fonctions antithétiques,
on remarque aussi, chez Corneille, des rencontres de
rôles incompatibles (ainsi qu'être frère et amant d'une
même personne). Le jeu sur l'identité des personnages,
et donc, la confusion de leurs rôles, est essentiel à la
structure d'*Héraclius*, par exemple. Mais tandis que la
rencontre des fonctions est appuyée sur de solides
principes psychologiques, la confusion des rôles
reste beaucoup plus artificielle et provient essentiellement d'accidents extérieurs.

Il se trouvera d'abord des propositions jouant
le rôle de *thèse*, établissant donc l'existence
de certaines fonctions dramatiques, et une ou
plusieurs autres propositions qui serviront u-
niquement de réponse, ou *antithèse*, aux premières. Ces réponses renverseront chaque fois la
distribution des fonctions, telle que la thèse
les aura établies, en effectuant leur rencontre
paradoxale en un seul personnage. Enfin, les
rôles des personnages qui remplissent ces fonctions se définiront en termes relationnels,
c'est-à-dire qu'il existera toujours entre eux
un lien affectif, un attachement marqué[5]. Les
variations sur la nature de ce lien fourniront
à nouveau plusieurs possibilités différentes
pour chacune de ces propositions ou, comme nous

[5] Voici ce que disait Corneille à ce sujet, démon-
trant que ces liens entre adversaires étaient prémédités :
« Les oppositions des sentiments de la nature aux empor-
tements de la passion, ou à la sévérité du devoir, forment
de puissantes agitations qui sont reçues de l'auditeur
avec plaisir, et il se porte aisément à plaindre un malheureux opprimé ou poursuivi par une personne qui devrait
s'intéresser à sa conservation, et qui quelquefois ne
poursuit sa perte qu'avec déplaisir, ou du moins avec ré-
pugnance. Horace et Curiace ne seraient point à plaindre
s'ils n'étaient point amis et beaux-frères ; ni Rodrigue
s'il était poursuivi par un autre que par sa maîtresse ;
et le malheur d'Antiochus toucherait beaucoup moins, si
un autre que sa mère lui demandait le sang de sa maîtresse,
ou qu'un autre que sa maîtresse lui demandait celui de sa
mère, ou si après la mort de son frère, qui lui donne sujet de craindre un pareil attentat sur sa personne, il a-
vait à se défier d'autres que de sa mère et sa maîtresse. »
(*Discours*, II, p. 379-80, éd. Palissot).

les avons appelées, *situations-types*[6].

La seconde de nos familles de situations-
types jaillira, comme la première, d'une valeur
essentielle aux héros : il s'agira, cette fois,
du courage devant la mort. Chez le héros cornélien, en effet, ce courage se transforme sans
hésitation en recherche d'une mort glorieuse,
en *Réclamation individuelle de la mort*. Ce genre de réclamation distingue les héros qui posent
un acte, criminel aux yeux du pouvoir, mais qui,
à leurs propres yeux, représente un acte de justice supérieure et donc la plus haute cause de
gloire. Ainsi, Polyeucte défend la cause du
Dieu chrétien contre les idolâtres (les Romains,
Félix, son rival Sévère et, même, sa propre femme) : le comportement des païens offense le Dieu

[6] Les ressemblances situationnelles ou thématiques de
ce théâtre ne constituent pas toutes des *situations-types*
selon notre définition. Il ne faudrait pas, par exemple,
confondre avec nos situations-types les situations de
base qui réapparaissent régulièrement et qui, elles, sous-
tendent et précèdent l'action des héros (tel le héros romain partagé entre son amour pour une reine et son devoir
envers la République, thème ou situation de base qui apparaît dans *Tite et Bérénice*, *Sertorius*, *Pompée*, *Sophonisbe* ; ou encore, le héros persécuté par un roi qu'il
a trop bien servi et pour qui la persécution prend la
forme d'obstacles créés à un mariage d'amour qu'il projette, cas qui marque *Nicomède*, *Suréna* (cf., ici même,
le chapitre 3, p. 109-12), *Agésilas*. Il existe également
des « attitudes » typiques (amour subordonné à l'ambition
chez Dircé, soeur d'Oedipe, chez Viriate, Domitie, Garibalde et l'impératrice Pulchérie, etc.), des personnages-
types (le médéen, le lâche, le héros ...), des coups de

qu'il représente depuis sa conversion et le renversement des idoles qui, aux yeux de Félix et
des païens, représente un crime, est au contraire, pour le néophyte, le châtiment mérité du sacrilège et de l'idolâtrie. En fait, Polyeucte
se présente comme offensé par ceux qui détien-
nent l'autorité et persécutent les chrétiens
et, par son acte, il s'érige en juge, condamnant
les coupables (ceux qui soutiennent et suppor-
tent l'idolâtrie, y compris Pauline). Devant
Auguste qui, dans *Cinna*, vient d'être mis au
courant du complot contre sa vie, Emilie, elle
aussi, se présentera comme offensée par la tyrannie de l'empereur et, par sa réclamation de
mort, elle s'érigera en juge de ses crimes, contre elle et contre Rome. A la fin d'*Horace*, a-
près le meurtre de Camille, le héros demande la
mort au roi, non pas comme punition d'un fratricide mais comme récompense (il veut mourir au
sommet de sa gloire) des services qu'il a ren-
dus à Rome, aussi bien en immolant sa soeur à la
défense de l'honneur de la ville qu'en sortant
victorieux de son combat contre les Curiaces.
Il se croit encore entièrement justifié d'avoir

---

de théâtre *ex machina* (amants qui se découvrent, se
croient ou se disent frère et soeur, dans *Don Sanche d'A-*
ragon, *Héraclius*, et *Oedipe*). Nous réservons ici le nom
de *situations-types* aux propositions ou aux actes faisant directement partie des échanges dialectiques entre
héros, situations qui sont le produit de l'esprit héroïque
raffinant sur la morale noble et la poussant à sa limite.

tué Camille pour avoir maudit Rome et son défenseur.

Souvent, le personnage qui réclame ainsi la
mort le fera au mépris de ses chances de vivre
heureux avec quelqu'un qu'il aime. Autrement
dit, il s'agit souvent d'un être aimé cherchant
la mort à la consternation de l'amant, du frère,
de l'ami, et ainsi de suite, qui voudrait l'en
empêcher : le personnage délaissé cherchera à
lui contester le droit de mourir en se présen-
tant comme lui-même responsable du crime en
question. La simple réclamation de mort deviendra alors une *Rivalité pour la mort*. Ainsi,
Cinna contestera à Emilie la gloire de sa trahison, Sabine réclamera au roi la punition du fratricide de son mari, et si Pauline n'aspire pas
au martyre avant la mort de Polyeucte, elle voudra aussitôt après sa mort briser toutes les i-
doles que son mari avait épargnées.

Le cas de Thésée et Dircé, dans *Oedipe*, mérite un intérêt spécial parce qu'il montre jusqu'où peut aller l'ingéniosité de Corneille dans
la création de ses situations-types. Laïus, feu
roi de Thèbes, est mort assassiné bien avant
l'ouverture de cette tragédie, mais son meurtre
reste impuni car le meurtrier en est inconnu.
Une peste ravage donc la ville et l'oracle annonce qu'il faut verser le sang de la race de
Laïus pour le venger. Dircé, qui est fille de
Laïus et de Jocaste, mécontente parce qu'on lui

a interdit d'épouser son amant Thésée, s'offre
comme victime, dans l'espoir que son sang mettra un terme à la peste (nous savons, bien sûr,
que c'est le sang d'Oedipe que réclame l'oracle).
Rien ne semble pouvoir la dissuader de ce projet : même la permission d'épouser Thésée n'é-
branle point sa résolution. Thésée, de son côté, peu satisfait de son amante, poussera l'invention héroïque jusqu'à prétendre être lui-même fils de Laïüs et, par conséquent, frère de
son amante. Ceci afin que ce soit son sang
qu'il faille verser plutôt que le sang de Dircé,
si bien que la *Réclamation individuelle de la
mort* par Dircé se transforme aussitôt, ici, en
Rivalité pour la mort entre elle et son amant.

Lorsque deux personnages se contestent ainsi le droit de mourir, tout se fera, en fin de
compte, en présence d'un juge (l'offenseur aux
yeux des héros) qui devra choisir entre les
deux rivaux et décider s'il veut accorder ou
refuser cette mort à la fois si bien méritée et
si ardemment réclamée. La *Réclamation individuelle* et la *Rivalité* conduisent donc directement à la réponse du juge, donnant à celle-ci
une position centrale. C'est la réaction du
juge qui devra fournir une résolution à la tension qui s'est accumulée depuis la crise. La
logique de cette situation-réponse, *Clémence déconcertante d'un juge*, suivra celle de l'*Offre
de suicide*, qui réunissait l'agent et la

victime dans une même personne. L'attitude des
héros avait établi deux fonctions, celle de l'offenseur (le juge) et celle des offensés (les
jugés) : le juge, par un acte de clémence aussi
immérité que généreux, renversera les positions.
Ce sera lui, désormais, qui pourra se proclamer
offensé par l'attitude injuste des héros et ceux-
ci devront ainsi reconnaître leur offense.

Cinna nous fournit l'exemple le plus clair
de cette situation. Si Emilie, avant ce pardon,
voyait Auguste comme un tyran qu'elle devait punir, elle devrait à présent se voir elle-même
comme injuste si elle n'abandonnait son projet
de vengeance. Alors qu'elle comptait faire la
leçon à Auguste, c'est en définitive Auguste qui
la lui fait. Les deux fonctions, d'offenseur et
d'offensé, s'annullent mutuellement grâce à cet
échange et Emilie aura honte dorénavant de ne
pas avoir su pardonner à qui lui pardonne si gé-
néreusement. Un mouvement analogue se produit
dans *Polyeucte*, où l'époux et l'épouse, l'un
après l'autre (mais jamais ensemble), réclament
le martyre en récompense d'un sacrilège. Sévère,
envoyé par les Romains pour sévir contre les
chrétiens, est en fait leur juge. Il va cependant chercher à empêcher le martyre de Polyeucte,
quoique sans succès, et réussira effectivement à
offrir sa clémence à Pauline, qui lui avait auparavant reproché d'être cause de la mort de son
époux.

Une troisième famille de situations-types
se rattachera, enfin, à la courtoisie en amour
et au désir de l'amant de servir l'être aimé.

Lorsqu'un mariage s'annonce entre l'être
aimé et une rivale particulièrement crainte,
l'amante aura parfois recours à une demande qui
met à l'épreuve la fidélité et la soumission de
l'amant, lui enjoignant de ne point épouser la
rivale en question mais de se garder plutôt pour
la personne qu'elle lui choisira. Ne pouvant
elle-même le posséder, elle voudra, en somme,
choisir sa conjointe (*Choix d'un conjoint pour
l'être aimé*). Ce choix sera essentiellement négatif dans la mesure où le but en est d'exclure
une rivale et d'affirmer par ce moyen ses propres droits. C'est ainsi que la reine Bérénice
supplie Tite de ne point épouser la trop belle
Domitie, prière à laquelle l'empereur accède.
Un cas plus célèbre en est celui d'Eurydice, qui
demande à son amant inaccessible (Suréna) de
se réserver pour la compagne qu'elle lui choisira plutôt que d'épouser la princesse Mandane.
Suréna se soumettra, lui aussi, à la volonté de
sa jalouse amante, avec les conséquences fata-
les que nous connaissons.

Par opposition à ce genre de don de l'être
aimé au non-rival, on trouve, bien sûr, le don
de celui-ci au rival lui-même (*Don de l'être*

aimé au rival). Cette fois, l'amant (ou époux) se résout à accorder son amante à un rival qu'il aurait lieu de craindre. Le triangle Polyeucte-Pauline-Sévère est de cet ordre : Polyeucte, d'abord si épris de sa nouvelle épouse, ne pensera plus qu'au martyre après sa conversion ; sachant que Pauline avait dû sacrifier son amour pour Sévère afin de l'épouser, il décide maintenant de l'accorder à son rival. Ailleurs, Bérénice, dédaignant la promesse qu'elle avait obtenue de son amant, l'autorisera à épouser Domitie, lui ayant refusé sa propre main.

Cette situation-type, qui met en présence trois personnages aux intérêts contradictoires (l'amant, l'être aimé et le rival), exigera non pas une seule, mais plusieurs réponses différentes. En effet, la réaction de l'être donné sera double puisqu'il devra normalement fournir une réponse au rival et voudra aussi en fournir une à l'amant qui l'avait donné. Par son acte, ce dernier avait établi entre lui et son rival les fonctions respectives de donateur et de récipiendaire de l'être aimé. Conformément au modèle offert par les autres situations-réponses, l'être aimé demandera au récipiendaire (c'est-à-dire au rival) de travailler à sa réunion avec l'amant ou époux. Nous savons que c'est ce que fait Pauline lorsqu'elle demande à Sévère de sauver la vie de Polyeucte. Cette *Demande au rival de favoriser l'amant* transforme   en principe le récipiendaire en donateur, et nous revenons ainsi à la situation originelle où le rival perdait l'amante au profit de l'amant favorisé (en l'occurrence, l'époux). Pour achever la transformation, l'être aimé voudra affirmer définitivement sa fidélité. En donnant Pauline au rival qu'il croyait préféré, Polyeucte avait indirectement accusé Pauline d'infidélité. Pauline, en menaçant de mourir avec Polyeucte s'il persévère dans son projet de martyre, lui offre le *Suicide comme gage de fidélité*. Désormais, ce sera elle qui pourra accuser Polyeucte d'inconstance. L'être renvoyé trouve ainsi le moyen d'établir sa solidarité avec celui qui le renvoyait et de lier à nouveau leurs sorts. Ici, ce sont les fonctions de fidèle et d'infidèle qui se sont mutuellement annulées.

Polyeucte nous offre cependant le seul exemple parfait de cette complexe interaction entre trois personnages. Dans le cas d'*Othon*, une amante (Plautine) voudrait forcer son amant (Othon) à épouser sa rivale (Camille), la nièce de l'empereur, afin qu'il ait la vie sauve et qu'il puisse un jour régner. L'amant, de son côté, voudra affirmer sa fidélité et proposera plutôt un suicide en commun, mais l'amante se montrera insensible à ses exhortations. La situation se verra donc résolue par des interventions extérieures aux héros.

*　　　　*　　　　*

En conclusion, le mouvement idéal d'une tragédie cornélienne se résume par une suite de renversements, aboutissant à une synthèse finale qui vient clore le cercle de la pièce. Lorsqu'il s'agit de rétablir l'amitié, il faudra généralement un recul de la part d'un des personnages et nous venons de voir trois séries de thèses et d'antithèses servant précisément à amener ce genre de recul. En revanche, lorsque les premiers rapports sont de nature hostile, aucun recul ne sera nécessaire afin de les recréer. Il suffira au contraire de réaffirmer les intentions héroïques du départ (ainsi Cornélie renouvelant à César sa promesse de se venger). Si les situations-types jouent le rôle essentiel que nous avons voulu décrire dans cette évolution dynamique, cela n'implique cependant en rien qu'elles n'aient jamais été employées en dehors de cet usage idéal, comme nous le verrons dans le chapitre suivant.

*   *   *

Appendice :

I. VENGEANCE D'HONNEUR

A. *Vengeance par un être aimé ou estimé.*

≪ Un personnage qui poursuit une vengeance demande à un personnage qu'il aime ou qu'il estime de devenir l'agent de cette ven- geance. ≫

1. Vengeance par un membre de la famille.

i. DON DIEGUE demande à RODRIGUE (son fils) de ven- ger son honneur (*Le Cid, I, 5*).

ii. SABINE propose à CURIACE (son frère) de venger sa mort si Horace (son époux) accepte de la tuer (*Horace, II, 6*).

iii. CLEOPATRE commande à ANTIOCHUS et SELEUCUS (ses fils), de venger la mort de Nicanor (son mari) (*Rodogune, II, 3*).

iv. PULCHERIE, prenant MARTIAN pour son frère Héra- clius, l'exhorte à venger la mort de son père *(Héraclius, III, 1).*

2. Vengeance par l'époux.

i. SABINE propose à HORACE (son époux) de la venger si Curiace accepte de la tuer *(Horace, II, 6).*

ii. JOCASTE se plaint à OEDIPE (son époux) que le meurtre de Laïus reste impuni *(Oedipe, I, 5).*

iii. ARISTIE demande à SERTORIUS de devenir son époux afin de la venger de l'offense commise contre son honneur par Pompée (qui l'a répudiée) *(Sertorius, I, 3).*

iv. Si VIRIATE épouse PERPENNA, ce sera pour l'inciter à venger l'affront que lui aura fait Sertorius en refusant de l'épouser (*Sertorius*, II, 2).

3. Vengeance par l'amant.

i. CREUSE, en expirant, demande à Jason (son fiancé) de vivre pour la venger (*Médée*, V, 5).

ii. CHIMENE accepte l'offre de DON SANCHE (son prétendant) de venger la mort de son père (*Le Cid*, IV, 5).

iii. EMILIE exige de CINNA (son amant) qu'il venge la mort de son père (*Cinna*, I, 3).

iv. NICANOR, en expirant, avait demandé à RODOGUNE (sa fiancée) de le venger (*Rodogune*, III, 3).

v. RODOGUNE commande à ANTIOCHUS et SELEUCUS (ses prétendants) de venger Nicanor (*Rodogune*, III, 4).

vi. PULCHERIE exhorte son amant « LEONCE» (en réalité Martian) à venger l'empereur Maurice, son père (*Heraclius*, I, 4).

4. Vengeance par un ennemi estimé.

i. CORNELIE consent à voir venger la mort de Pompée (son époux) par CESAR, son grand adversaire (*Pompée*, IV, 4).

B. *Vengeance sur un être aimé ou estimé.*

« Un personnage qui poursuit une vengeance doit accomplir celle-ci sur un personnage qu'il aime ou qu'il estime.»

1. Vengeance sur un membre de la famille : Parricide, Infanticide ou Fratricide d'honneur.

i. JASON songe à tuer SES ENFANTS pour venger la mort de Créuse (*Médée*, V, 5-6).

ii. HORACE tue CAMILLE (sa soeur) pour venger l'honneur de Rome (*Horace*, IV, 5).

iii. ANTIOCHUS et SELEUCUS se voient exhorter par Rogune à venger Nicanor sur LEUR MERE (*Rodogune*, *III, 4* ; *IV, 1*).

iv. CLEOPATRE cherche à englober SES FILS dans sa vengeance, et réussit à tuer SELEUCUS (*Rodogune*, *IV, 7* ; *V, 1*).

v. Le FILS du tyran PHOCAS (Martian) complote sans le savoir un parricide de vengeance (*Héraclius*, *I, 4* ; *III, 1*).

vi. PHOCAS n'hésiterait point à sévir contre SON FILS pour se venger d'un complot contre sa vie (*Héraclius*, *V, 3*).

vii. RODELINDE propose d'aider Grimoald à tuer le FILS qu'elle a eu de Pertharite, raisonnant qu'elle pourra alors plus facilement se venger (*Pertharite*, *III, 3*).

2. Vengeance sur l'époux :
   Mariage pour accomplir une vengeance[7].

   {« Une dame se déclare prête à épouser un prétendant afin de l'assassiner dans son lit et d'accomplir ainsi une vengeance. »}

   i. EMILIE déclare que pour assurer sa vengeance elle irait jusqu'à épouser AUGUSTE (*Cinna*, *I, 2*).

   ii. Arsinoé suggère à ATTALE (son fils) que s'il épousait LAODICE il ne saurait plus jamais dormir en sûreté, sachant que celle-ci voudrait venger sur lui son amant Nicomède.(*Nicomède*, *V, 1*).

   iii. RODELINDE prétend vouloir épouser GRIMOALD afin de venger plus facilement son fils et son premier époux (*Pertharite*, *III, 3*).

   iv. VIRIATE se déclare prête à épouser PERPENNA, qui veut l'y forcer, afin de pouvoir venger le meurtre de Sertorius *(Sertorius*, *V, 4*).

---

[7] C'est la situation que nous aurions si, à la dernière scène du *Cid*, Chimène menaçait d'épouser Rodrigue, mais uniquement afin de se venger dans son lit, possibilité logique, mais impossibilité humaine.

v. ILDIONE se montre prête à épouser le tyran ATTI-
LA afin de pouvoir venger l'univers en le tuant
(*Attila, II, 6 ; IV, 7*).

3. Vengeance sur l'amant.

i. CHIMENE cherche à venger son père sur RODRIGUE
(*Le Cid, II, 8*).

ii. ANTIOCHUS et SELEUCUS se voient commander par
leur mère d'accomplir une vengeance sur RODOGUNE
(*Rodogune, II, 3*).

4. Vengeance sur un ennemi estimé.

i. Malgré les bontés de l'empereur AUGUSTE envers
sa « fille adoptive» EMILIE, celle-ci refuse
longtemps d'oublier son devoir de venger sur lui
la mort de son père (*Cinna, I, 2*).

ii. Malgré la magnanimité de CESAR envers CORNELIE,
la veuve de Pompée se charge de venger son mari
sur lui (*Pompée, III, 4*).

iii. Bien que RODELINDE voit clairement toutes les
vertus de GRIMOALD (l'usurpateur du trône de son
mari, qui cherche à présent à l'épouser), elle refuse sa main et ne songe qu'à venger sur lui son
époux (*Pertharite, I, 2-3*).

C. *Vengeance à la fois sur et par un être aimé
ou estimé :
    Offre de suicide entre adversaires.*

« La victime désignée d'une vengeance propose de l'accomplir elle-même.»

1. Offre de suicide entre membres d'une même
famille.

i. ANTIOCHUS offre à SA MERE de se tuer sur l'heure
afin qu'elle soit vengée (*Rodogune, IV, 3 ; V, 4*).

2. Offre de suicide entre époux.

i. OEDIPE offre a JOCASTE (son épouse) de se tuer ou de se laisser tuer afin que le meurtre de Laïus soit vengé (*Oedipe*, *IV*, *5*).

ii. SABINE offre à HORACE de la tuer afin que Rome soit vengée (*Horace*, *IV*, *7*).

3. Offre de suicide entre amants.

i. RODRIGUE offre à CHIMENE de se laisser tuer afin qu'elle soit vengée (*Le Cid*, *III*, *4* ; *V*, *1* ; *V*, *7*).

ii. CINNA menace EMILIE d'achever par sa propre mort la vengeance sur Auguste (*Cinna*, *III*, *4*).

iii. ANTIOCHUS offre à RODOGUNE de se laisser tuer a- fin que Nicanor soit vengé (*Rodogune*, *III*, *4* ; *V*, *4*).

4. Offre de suicide entre ennemis estimés.

i. CESAR offre la liberté à sa captive CORNELIE a- fin qu'elle puisse venger Pompée sur lui (*Pom- pée*, *V*, *4*).

II. MORT GLORIEUSE

A. *Réclamation individuelle de la mort.*

≪ Un personnage héroïque abandonne un per- sonnage aimé pour réclamer comme punition d'un „crime" une mort qu'il considère glorieuse. ≫

i. HORACE fait peu de cas de son amour pour Sabine lorsqu'il réclame la mort en récompense de ses exploits, après avoir tué sa soeur (*Horace*, *V*, *2*).

ii. EMILIE insulte l'honneur et l'amour de Cinna pour réclamer la mort à Auguste (*Cinna*, *V*, *2*).

iii. POLYEUCTE abandonne Pauline pour réclamer le mar- tyre à la suite de son sacrilège *(Polyeucte*, *IV*, *3).*

iv. DIDYME refuse l'amour de Théodore pour accueillir le martyre (*Théodore, vierge et martyre, V, 3*).

v. DIRCE refuse le mariage avec Thésée pour réclamer la mort sur l'autel en réparation du meurtre de son père (*Oedipe, III, 2-3*).

B. *Rivalité pour la mort.*

≪ Deux personnages liés par l'affection se disputent mutuellement le châtiment d'une action à la fois criminelle et glorieuse. ≫

i. HORACE et SABINE (époux) réclament chacun pour soi la mort à la suite du fratricide d'Horace (*Horace, V, 2-3*).

ii. EMILIE et CINNA (amants) veulent s'arracher mutuellement la gloire d'avoir trahi Auguste (le "tyran") et mérité la mort (*Cinna, V, 2*).

iii. THEODORE et DIDYME (amants chrétiens avides du martyre) se disputent le privilège d'avoir causé la mort de Flavie (fille de Marcelle) afin d'être mis à mort par sa mère (*Théodore, V, 4-6*).

iv. HERACLIUS vient réclamer pour lui la punition de l'attentat de MARTIAN (son ami), au grand déplaisir de celui-ci (*Héraclius, IV, 3*).

v. THESEE vient disputer à DIRCE (son amante) l'honneur d'être la victime dont l'oracle réclame le sang (*Oedipe, III, 5 ; IV, 1*).

vi. DIRCE conteste à OEDIPE (son frère) l'honneur d'être la victime désignée par l'oracle (*Oedipe, V, 5*).

C. *Clémence déconcertante d'un juge.*

≪ Un juge qui aurait raison d'être irrité par l'impénitence de ceux qui l'ont offensé déçoit l'attente de ceux-ci en leur accordant un généreux pardon. ≫

i. Le roi TULLE refuse la mort à HORACE et SABINE
(*Horace, V, 3*).

ii. Au lieu de sévir contre EMILIE et CINNA, l'empereur AUGUSTE redouble de bienfaits envers eux
(*Cinna, V, 3*).

iii. Devenu roi par acclamation populaire, NICOMEDE
restaure le trône à PRUSIAS (son père) et à AR-
SINOE (sa belle-mère), en dépit de leur ingratitude criminelle envers lui dans le passé (*Nicomède, V, 9*).

iv. Au lieu de punir PERTHARITE (d'avoir tué son conseiller Garibalde), GRIMOALD lui restaure sa couronne (*Pertharite, V, 5*).

v. Plutôt que de punir l'attentat de son lieutenant
LYSANDER, le roi AGESILAS lui accorde des bienfaits auparavant refusés (*Agésilas, V, 7*).

vi. SEVERE, au lieu de punir POLYEUCTE et PAULINE de
leurs sacrilèges, se fait leur défenseur (*Polyeucte, IV, 6 ; V, 6*).

III. AMOUR COURTOIS

A. *Don de l'être aimé au non-rival :
Choix d'un conjoint pour l'être aimé.*

« Pour empêcher un mariage entre l'amant et
une rivale, l'amante réclame le droit de
choisir le conjoint de l'amant[8]. »

i. La reine ISABELLE, craignant d'avoir la princesse Elvire comme rivale, cherche à imposer
une autre épouse à DON CARLOS (son amant)
(*Don Sanche d'Aragon, III, 6*).

---

[8] On trouve une variante de cette situation dans *Don
Sanche d'Aragon (I, 3)* : l'amant (Don Carlos), au lieu de
réclamer le privilège de choisir l'époux de son amante (la
reine Isabelle), se voit au contraire accorder ce privilège par elle sans l'avoir souhaité ni demandé.

ii. SOPHONISBE voulait empêcher le mariage possible de MASSINISSE (son ancien fiancé) et Eryxe (sa rivale) en lui désignant elle-même une autre épouse (*Sophonisbe, I, 2*).

iii. BERENICE demande à TITE de ne point épouser Domitie (sa rivale) mais de choisir plutôt quelqu'un qu'il ne saurait aimer trop facilement (*Tite et Bérénice, III, 5*).

iv. EURYDICE demande à SURENA de ne point épouser Mandane (sa rivale probable) mais de se garder plutôt pour celle qu'elle lui choisira (*Suréna, I, 3*).

B. *Don de l'être aimé au rival.*

« L'amant favorisé fait don au rival de l'être aimé[9]. »

i. POLYEUCTE donne PAULINE (son épouse) à SEVERE, ancien amant de Pauline (*Polyeucte, IV, 4*).

ii. ANTIOCHUS accorde hypothétiquement RODOGUNE à son frère et rival, SELEUCUS (*Rodogune, IV, 1*).

iii. DIDYME, croyant que THEODORE veut se donner à lui, l'accorde à son rival PLACIDE (*Théodore, V, 3*).

iv. DON CARLOS offre à DONNE ISABELLE de se laisser tuer en duel par CELUI qu'elle avouera aimer, afin qu'elle puisse épouser celui-ci (*Don Sanche d'Aragon, II, 2*).

---

[9] Il se produit une variante moins intéressante de cette situation lorsque c'est l'amant non-favorisé qui veut accorder l'être aimé à un rival plus fortuné. C'est le cas de l'Infante du *Cid* qui a « donné » Rodrigue à Chimène (I,2 ; V,3), et le cas aussi de Martian dans *Pulchérie*, un soupirant plus âgé qui cherche à faire élire Pulchérie impératrice afin qu'elle puisse épouser son jeune amant, Léon (II,1). Martian persistera dans son service de l'amour de Léon même lorsque Pulchérie elle-même aura montré qu'elle veut y renoncer (III,1).

v. PERTHARITE, époux de RODELINDE, lui offre de mourir afin qu'elle puisse épouser GRIMOALD, qui est également son rival pour le trône (*Pertharite*, IV, 5).

vi. SERTORIUS accorde la reine VIRIATE (son amante) à son lieutenant PERPENNA (soupirant de Viriate) (*Sertorius*, I, 2 ; II, 2).

vii. ERYXE, fiancée de MASSINISSE,accorde celui-ci à SOPHONISBE, son épouse infidèle (*Sophonisbe*, II, 3).

viii. PLAUTINE exhorte OTHON (son amant) à épouser CAMILLE (la nièce de l'empereur) et voudrait même l'y forcer (*Othon*, I, 4 ; IV, 1).

ix. BERENICE accorde TITE à DOMITIE (*Tite et Bérénice*, V, 5).

x. PULCHERIE accorde LEON à JUSTINE[10] (*Pulchérie*, III, 2 ; IV, 2 ; V, 6).

C. *Demande au rival de favoriser l'amant.*

« Une amante délaissée demande au prétendant moins favorisé de faciliter sa réunion avec l'amant qu'elle lui préfère. »

i. PAULINE, tout en repoussant SEVERE, lui demande de sauver la vie de POLYEUCTE (*Polyeucte*, IV, 5).

ii. VIRIATE demande à PERPENNA (son prétendant) de chasser Aristie, sa rivale auprès de SERTORIUS (*Sertorius*, II, 4-5).

iii. DOMITIE demande à DOMITIAN (son ancien amant) de chasser Bérénice, sa rivale auprès de TITE (*Tite et Bérénice*, IV, 3).

---

[10] Dans ce cas-ci, le *Don de l'être aimé au rival* se rapproche de plus en plus, au fur et à mesure qu'avance la pièce, du *Choix d'un conjoint pour l'être aimé*, et Pulchérie finira d'ailleurs par commander à son amant, Léon, d'épouser Justine,essentiellement pour que son trône soit entouré d'amis.

D. *Suicide comme gage de fidélité.*

> « L'être aimé, se voyant accorder par l'amant à un rival, affirme sa fidélité en menaçant de mourir[11]. »

i. PAULINE annonce à POLYEUCTE qu'elle mourra avec lui plutôt que de vivre avec Sévère (*Polyeucte*, V, 3).

ii. OTHON apprend à PLAUTINE (son amante) que plutôt que d'épouser Camille, il préfère mourir (*Othon*, IV, 1).

---

[11] *Suréna* nous offre une variante intéressante de cette situation. Pour obéir au roi, Eurydice et Suréna devraient épouser Pacorus et Mandane, respectivement. Ni l'un ni l'autre ne parvient cependant à consentir a cette infidélité et il s'établit progressivement entre eux une sorte de pacte de suicide (V,2).

* PRIMAUTE DE LA SITUATION *

> *J'ai soûtenu que pour faire une belle Comédie,*
> *il faloit choisir un beau sujet, le bien dis-*
> *poser, le bien suivre, et le mener naturelle-*
> *ment à sa fin ; qu'il faloit faire entrer les*
> *Caractères dans les sujets, et non pas former*
> *la constitution des sujets après celle des Ca-*
> *ractères ;*
>
> Saint-Evremond

Pour Saint-Evremond et son temps, Corneille incarnait les beaux sujets, Racine les beaux caractères : « Racine est préféré à Corneille et les Caractères l'emportent sur les sujets », disait-il, non sans regrets, dans sa *Défense de quelques pièces de M. Corneille*[1]. Au début du 20e siècle, en revanche, Lanson dénonce cette conception de Corneille et cherche à la corriger:

> Il ne me paraît pas qu'il y ait entre Corneille et Racine l'opposition qu'on établit en examinant le rapport des caractères à l'action. Le principe est le même chez les deux poètes, et c'est précisément Corneille qui a eu le mérite de créer le patron de la tragédie

---

[1]Dans *Oeuvres en prose, t. IV*, p. 429.

psychologique, où l'action consiste dans le développement des caractères[2].

Et la controverse continue[3].

Puisqu'il est certain qu'une bonne pièce ne peut être dépourvue de toute psychologie, que celle-ci soit ou non le premier souci de l'auteur, il faut se demander où se situent les caractères par rapport à l'action dans une tragédie cornélienne et à quel moment la psychologie entre en jeu dans la construction des chefs-d'oeuvre de notre dramaturge.

Parmi ceux-ci, le cas auquel nous voulons nous arrêter ici est celui de *Rodogune*, qui a toujours posé un problème délicat pour la critique : que penser d'une princesse vertueuse et sentimentale qui réclame un parricide ? René Jasinski, dans son exploration détaillée du caractère de la princesse parthe, a tenté d'expliquer son comportement paradoxal à la lumière de sa psychologie individuelle[4]. Il cherche à nous la montrer comme exaltée et romanesque. L'idée de commander aux princes de venger leur père lui serait donc venue dans sa quête pour une

[2] Gustave Lanson, *Corneille* (1909), p. 122.

[3] Cf. Marie-Odile Sweetser, *Les conceptions dramatiques de Corneille* (1962), ch. 6, pour une discussion de cette controverse depuis ses débuts dans les divergences d'opinion entre Saint-Evremond et d'Aubignac, jusqu'au retour existentialiste à un théâtre de situations dont celui de Corneille serait le modèle.

[4] Cf. « Psychologie de Rodogune » (1949).

épreuve d'amour. Plus précisément, elle aurait voulu vérifier si l'amour d'Antiochus était assez fort pour survivre à cette requête inattendue et elle l'aurait proférée dans l'assurance que, quoi que fassent ses amants, ils ne commettraient point pour elle un crime aussi abominable. Même si nous acceptions cette interprétation, il resterait cependant à expliquer comment une jeune personne, aussi timide et rêveuse que celle que R. Jasinski nous présente, serait tombée sur une solution barbare et criminelle comme la sienne. Ce en quoi nous revenons au point de départ.

Par ailleurs, dans son étude des grands rôles du théâtre de Corneille, Descotes nous avait appris que les actrices qui mettaient en valeur la haine de Rodogune pour Cléopâtre aux dépens de sa tendresse pour Antiochus étaient précisément celles qui avaient le mieux réussi sur la scène. Cela pourrait cependant n'être qu'une question d'équilibre dramatique : il ne faut pas que le rôle de Rodogune semble écrasé par le rôle fort de Cléopâtre[5]. Il n'en reste d'ailleurs pas moins vrai que bien des vers témoignent de la tendresse de Rodogune et que l'interprète doit s'en accommoder.

_____

[5] Pour une discussion de cet aspect de la pièce, voir Descotes, op. cit., p. 248-58, ainsi que, ici même, notre premier chapitre (en particulier, p. 18-21).

Visiblement, la clef de l'énigme continue
à nous échapper. Examinons d'abord les efforts
que Corneille aurait faits pour réconcilier chez
sa princesse ces tendances apparemment contradictoires. Avant la scène cruciale, nous l'a-
vions surtout vue sous un jour docile et légère-
ment craintif. Résignée à son devoir princier,
elle acceptait de se réconcilier avec Cléopâtre
sans oser croire pour autant que celle-ci ait
vraiment étouffé des ressentiments qui avaient
été si puissants. Dans sa soumission, Rodogune
nous paraissait digne et même, lorsqu'elle parlait de son amour, sentimentale. C'est en partie ce qui nous disposait à la supposer vertueuse et tendre, en dépit d'un certain fond d'a-
mertume envers son sort.

Pour assurer la transition avec sa demande
criminelle, Corneille a commencé par bien souligner le péril et les difficultés de la situation
de son héroïne. Laonice avertit Rodogune que la
reine cherche sa mort, mais cet avertissement
constitue aussi tout le secours qu'elle soit prête à lui offrir. Si elle l'assure de l'amour des
princes, elle ne lui conseille cependant que de
fuir. Momentanément étourdie par le péril extrême où elle se trouve, Rodogune se tourne vers
son ambassadeur, Oronte, pour prendre conseil de
lui. Loin de la rassurer, celui-ci ne fait que
souligner le côté délicat de leur position :

Notre fuite, madame, est assez difficile ;
J'ai vu des gens de guerre épandus par la ville.
Si l'on veut votre perte, on vous fait observer ;
Ou, s'il vous est permis encor de vous sauver,
L'avis de Laonice est sans doute une adresse :
Feignant de vous servir, elle sert sa maîtresse.
La reine, qui surtout craint de vous voir régner,
Vous donne ces terreurs pour vous faire éloigner ;
                              (v. 799-806)

Ainsi la fuite apparaît soit comme une impossibilité, soit comme une bévue politique.   Fau-
drait-il alors résister ? Oronte lui enlève même cet espoir :

J'aurais perdu l'esprit si j'osais me vanter
Qu'avec ce peu de gens nous puissions résister.
Nous mourrons à vos pieds, c'est toute l'assistance
Que vous peut en ces lieux offrir notre impuissance :
                              (v. 825-28)

En somme, Oronte l'abandonne à ses propres moyens. Si, d'une part, il la rappelle à sa dignité et à ses obligations royales :

C'est ici qu'il vous faut ou régner ou périr.
Le ciel pour vous ailleurs n'a point fait de couronne ;
Et l'on s'en rend indigne alors qu'on l'abandonne.
                              (v. 818-20)

de l'autre, il lui conseille de ne pas dédaigner
le grand avantage que lui procure l'amour des
princes :

Faites-vous un rempart des fils contre la mère ;
Ménagez bien leur flamme, ils voudront tout pour vous ;
                              (v. 832-33)

Il ne la quittera donc qu'en lui reprochant ses
craintes :

Craignez moins, et surtout, madame, en ce grand jour,
Si vous voulez régner, faites régner l'amour.
                              (v. 841-42)

Seule,   Rodogune nous ouvre un coeur où
l'indignation l'emporte sur la crainte, l'indignation devant le conseil d'Oronte :

Quoi ! je pourrais descendre à ce lâche artifice
D'aller de mes amants mendier le service,
                              (v. 843-44)

Elle réagit immédiatement contre l'idée de demander du secours aux princes, y voyant pour elle une conduite indigne de sa naissance.   Ce
n'est donc point par la douceur qu'elle compte
procéder :

Je verrai leur amour, j'éprouverai sa force,
Sans flatter leurs désirs, sans leur jeter d'amorce ;
Et, s'il est assez fort pour me servir d'appui,
Je le ferai régner, mais en régnant sur lui.
                              (v. 851-54)

Ainsi, Rodogune refuse les conditions humiliantes que voudraient lui imposer les circonstances,par la voix de l'ambassadeur du frère qu'elle sert.   Son idéalisme, ici, est en fait beaucoup moins un idéalisme d'amoureuse que de princesse irritée.

Le monologue de Rodogune (III,3) aura, en
effet, pour but essentiel d'établir sa motivation héroïque ; elle y référera toutes ses actions au code de l'honneur.   Au préalable, la
princesse se reconnaîtra déliée des obligations

« d'une paix mal conçue » , Cléopâtre en ayant
elle-même violé les termes. Puis aussitôt, elle
se fabrique un nouveau devoir, qui en fait ne serait autre, d'après elle, qu'un ancien devoir
ressuscité,— celui de venger son fiancé, Nicanor,
mis à mort par la reine :

Il me cria : « Vengeance ! Adieu ; je meurs pour vous ! »
                    (v. 862)

C'est à ces paroles qu'elle se raccrochera dorénavant. Pour justifier l'oubli dans lequel elle
avait laissé tomber l'obligation que lui impo-
sait Nicanor en mourant, Corneille lui fera insister lourdement sur le fait qu'il était de son
devoir de l'oublier, qu'elle n'agissait qu'en
victime d'Etat, en princesse n'ayant de coeur
que pour obéir à son roi. Après quoi, elle
s'efforcera d'envisager sa haine renaissante
sous l'éclairage d'une vertueuse indignation plutôt que d'une rancune personnelle. Elle s'adresse justement aux mânes de Nicanor :

Mais aujourd'hui qu'on voit cette main parricide,
Des restes de ta vie insolemment avide,
Vouloir encor percer ce sein infortuné,
Pour y chercher le coeur que tu m'avais donné,
De la paix qu'elle rompt je ne suis plus le gage ;
Je brise avec honneur mon illustre esclavage ;
J'ose reprendre un coeur pour aimer et haïr,
Et ce n'est plus qu'à toi que je veux obéir.
                    (v. 875-82)

Sa résolution est prise. Oubliant à présent le
frère qui l'avait abandonnée, sans les précau-
tions nécessaires, aux vicissitudes de son

« illustre esclavage », elle vivra pour empêcher un deuxième triomphe de Cléopâtre sur Nicanor ; elle ne laissera pas le roi mourir une
seconde fois en elle. Nous ne savons pas encore
qu'elle forme sa vengeance prendra, mais Rodogune nous apprend que sa décision causera de la
souffrance au prince qu'elle aime en secret :

> *Je sais quelles seront tes douleurs et tes craintes ;*
> *Je vois déjà tes maux, j'entends déjà tes plaintes :*
> *Mais pardonne aux devoirs qu'exige enfin un roi*
> *A qui tu dois le jour qu'il a perdu pour moi.*
> *(v. 887-90)*

Il ressort clairement de la fin de son discours
que Rodogune est sensible et que l'effort qu'elle doit ici faire sur sa passion lui coûte beaucoup. Apercevant soudain ses prétendants, elle
s'exclame :

> *Mais, dieux ! que je me trouble en les voyant tous deux !*
> *Amour, qui me confonds, cache du moins tes feux ;*
> *Et, content de mon coeur dont je te fais le maître,*
> *Dans mes regards surpris garde-toi de paraître.*
> *(v. 893-96)*

Les princes lui apportent une solution qui
réjouirait Oronte. En effet, ils sont venus lui
proposer de désigner elle-même le futur roi, a-
fin que l'amour et non un vague et quelque peu
arbitraire droit de naissance lui fournisse un
époux. S'il faut se fier à ce qu'avait prétendu
l'ambassadeur avant le monologue,

> *Et ces astres naissants sont adorés de tous.*
> *Quoi que puisse en ces lieux une reine cruelle,*
> *Pouvant tout sur ses fils, vous y pouvez plus qu'elle.*
> *(v. 834-36)*

ces princes ont, effectivement, le pouvoir nécessaire pour lui faire cette offre salutaire. Ainsi, sans qu'elle ait dû s'abaisser ni « leur jeter d'amorce» , ses amants lui offrent une couronne qui la protégerait des coups de sa rivale.
Rodogune n'aurait donc qu'à « daigner souffrir»
le secours qu'ils lui promettent. Et pourtant,
elle s'y refusera. Dominant à la fois l'appel
de l'amour et l'espoir d'une délivrance facile,
elle restera ferme dans son dessein de venger
Nicanor.

Un avertissement se pose ici. Les fils de
Cléopâtre n'ont pas admis Rodogune dans leur
confidence. Tout se passe donc, en surface,
comme si la reine n'avait point eu de mauvaises
intentions. Rodogune, cependant, aura un avantage sur eux dans cette scène, car elle en sait
plus long qu'ils ne le croient. En même temps,
elle devra exercer une extrême prudence pour ne
pas trahir son secret. Elle compte, en effet,
raisonner comme si rien d'étrange ne s'était
passé. L'on mesurera l'astuce de Rodogune au
fait que sa décision était prise avant l'arrivée
des princes, mais qu'avant de la déclarer, elle
se fera supplier longuement par ceux-ci. D'a-
bord, pour rejeter leur offre, elle prétextera
avec insistance une soumission totale aux lois de
la Paix. Puis, avant d'accepter de s'en écarter, elle les défiera à la fois dans leur amour
et dans leur gloire :

> *Il n'est pas bien aisé de m'obtenir de moi.*
> *Savez-vous . . .*
> *. . . . .*
> *Par quels degrés de gloire on me peut mériter ?*
> *En quels affreux périls il faudra vous jeter ?*
> *(v. 990-94)*

Quel amant vraiment héroïque résisterait à la
tentation de relever un tel défi ? Il serait
d'ailleurs honteux de ne pas se montrer prêt à
tout risquer pour sa maîtresse. Antiochus et
Séleucus tombent donc aisément dans le piège que
leur tend Rodogune. Chacun à son tour, ils la
conjurent de se prononcer. Avant de céder à
leur prière, elle prendra une dernière précaution :

> *Eh bien donc ! il est temps de me faire connaître.*
> *J'obéis à mon roi, puisqu'un de vous doit l'être ;*
> *Mais quand j'aurai parlé, si vous vous en plaignez,*
> *J'ateste tous les dieux que vous m'y contraignez,*
> *Et que c'est malgré moi qu'à moi-même rendue*
> *J'écoute une chaleur qui m'était défendue ;*
> *(v. 1011-16)*

Par ce principe de contrainte, Rodogune espère
se laver d'avance les mains de toute responsabilité. Celle-ci devra au contraire retomber sur
eux.

S'étant ainsi procuré une certaine mesure
d'impunité, elle se déclare enfin : les princes
doivent punir leur mère s'ils ne veulent l'imiter, tuer Cléopâtre ou la tuer, elle. Rodogune ne
leur demande pas simplement de l'aider à accomplir
son devoir de vengeance. Ce qu'elle prétend

faire, au contraire, c'est leur enseigner leur
propre devoir :

> *Mais ce que j'aime en vous du sang de ce grand roi,*
> *S'il n'est digne de lui, n'est pas digne de moi.*
> *Ce sang que vous portez, ce trône qu'il vous laisse,*
> *Valent bien que pour lui votre coeur s'intéresse.*
> *(v. 1029-32)*

Rodogune ne semble même pas admettre qu'il puisse y avoir d'obstacle légitime à l'accomplissement de sa demande. En formulant celle-ci comme un défi à leur générosité princière et courtoise, elle cherche à laisser entendre qu'elle
considérerait honteux un refus de leur part :

> *Votre gloire le veut, l'amour vous le prescrit.*
> *Qui peut contre elle et lui soulever votre esprit ?*
> *(v. 1033-34)*

Aussi ne les quittera-t-elle qu'en soulignant
une dernière fois son défi :

> *Pour gagner Rodogune, il faut venger un père ;*
> *Je me donne à ce prix : osez me mériter ;*
> *Et voyez qui de vous daignera m'accepter.*
> *(v. 1044-46)*

Mais si Rodogune a passé sous silence ce
que sa proposition pouvait avoir de criminel,
les princes n'en sont point dupes. Séleucus,
pour son compte, abandonne la partie devant l'a-
charnement des deux femmes :

> *Lorsque l'obéissance a tant d'impiété,*
> *La révolte devient une nécessité.*
> *(v. 1061-62)*

Sa révolte comportera un double abandon : il cède et l'amante et le trône à Antiochus.

Ce dernier voudra cependant relever le défi de Rodogune et, lorsqu'il offrira de mourir à la place de sa mère[6], l'amante renouera avec sa douceur première :

> *Allez, ou pour le moins rappelez votre frère :*
> *Le combat pour mon âme était moins dangereux*
> *Lorsque je vous avais à combattre tous deux ;*
> *. . . . .*
> *Je vous bravais tantôt, et maintenant je tremble.*
> *J'aime ; . . .*
>
> $\qquad\qquad\qquad$ *(v. 1200-05)*

Rodogune pourra donc présenter sa rétractation comme une concession faite à l'amour :

> *Rentrons donc sous les lois que m'impose la paix,*
> *Puisque m'en affranchir c'est vous perdre à jamais.*
>
> $\qquad\qquad\qquad$ *(v. 1225-26)*

Par conséquent, son recul ne prend point une forme humiliante pour elle : ce n'est pas qu'elle ait eu tort d'exiger un parricide, c'est tout simplement qu'Antiochus a eu raison de s'y opposer.

> *Je voudrais vous haïr s'il* [votre amour] *m'avait obéi,*
> *Et je n'estime pas l'honneur d'une vengeance*
> *Jusqu'à vouloir d'un crime être la récompense.*
>
> $\qquad\qquad\qquad$ *(v. 1222-24)*

---

[6] Cf. p.8 de notre chapitre sur *Rodogune*. Il s'agit bien sûr, ici, d'un   retournement du défi.

Pour revenir maintenant au problème que pose l'interprétation de l'ensemble de cet épisode, Rodogune, plutôt craintive et réservée avant que le danger n'éclate, semble avoir découvert en elle-même une force d'âme que nous n'avions point soupçonnée avant cette épreuve. Son comportement paradoxal ne trouvera son sens que dans le cadre de la psychologie héroïque.

La situation périlleuse de la princesse ne pouvait en effet constituer un dilemme pour elle que dans la mesure où elle voulait obéir aux préceptes stricts de l'orgueil héroïque. Si elle avait voulu accepter de quelque peu compromettre sa dignité en se tournant vers l'amour des princes, tous les obstacles à sa sécurité et à son bonheur auraient pu être aussitôt levés. Sa situation ne se compliquait qu'à partir du moment où elle refusait ce genre de compromis pour chercher dans l'intransigeance morale un idéal de conduite plus glorieux. Ainsi, le recours de Rodogune à une solution extrême, sous forme du *Parricide d'honneur,* représente le refus du compromis là même où le compromis s'offrait à elle de manière particulièrement séduisante.

Rodogune craignait donc de s'abaisser plus qu'elle ne craignait la mort ou la perte d'un royaume. En choisissant d'exiger des princes un parricide, elle a tout mis en jeu. Alors que sa sécurité dépendait entièrement de la bonne

volonté de ses amants, elle a pris, en pleine
connaissance de cause, le risque de se les alié-
ner. Elle a, d'ailleurs, en effet perdu l'appui de Séleucus. Du point de vue pratique, elle
n'avait rien à obtenir par cette audace et elle
n'a rien obtenu. Nous avons vu qu'à la fin de
l'épisode elle rentrait tout simplement sous les
lois du traité, plus sûre de l'amour d'Antiochus,
certes, mais n'ayant obtenu de lui aucun service
précis, aucune protection supplémentaire. En
somme, l'on pourrait dire que la proposition
criminelle de Rodogune, loin de servir ses intérêts, allait clairement à l'encontre de ceux-ci[7].

Dans ces conditions, et tenant compte de
ce qu'il était, en fait, inconcevable que les
princes acceptent de tuer leur mère, cette proposition apparaît sous le jour d'une tactique
héroïque dont le seul but était de permettre à
la princesse de dominer la situation. La proposition parricide de Rodogune est donc l'expression d'une nature noble qui veut se maintenir au
niveau héroïque. L'idée de paraître criminelle

---

[7] Corneille soutient pourtant que, par cette proposition, en évitant de choisir entre les deux frères, elle
les gardait tous deux à son service au lieu de fournir,
dans celui qu'elle aurait exclu de son choix, un allié
possible à Cléopâtre (*Examen*, *II*, p.323). Cependant, ce
calcul semble complètement absent de la motivation de Rodogune telle que Corneille nous la présente dans le monologue. L'ingénieux raisonnement de l'auteur nous paraît
surtout comme une justification a posteriori et
ne tient pas compte de l'animosité de Séleucus.

lui répugnait moins, semble-t-il, que celle de se montrer à la merci de ses amants. Si l'on considère toute la force de l'orgueil héroïque, rien n'est plus compréhensible que le choix de Rodogune puisqu'il lui donne la haute main en des circonstances humiliantes : au lieu d'avoir à demander, c'est elle qui commande.

Nous espérons être parvenus de la sorte à souligner l'aspect volontaire du dilemme héroïque. En effet, ce n'est pas simplement la situation d'un héros qui crée son dilemme, c'est avant tout la façon dont il réagit à sa situation. Le héros tient à tout prix à ne pas déchoir et c'est précisément de cette intransigeance qu'il tire sa gloire. Plus son intransigeance le conduit à refuser les données de la réalité immédiate, plus elle devient paradoxale et même déconcertante. Le héros refusera non seulement de se laisser abattre, mais même de se laisser plier par les circonstances, en a-yant recours à un comportement qui semble les nier. Quelles que soient les conditions spéciales où il se trouve, il raisonne comme si son devoir n'était pas affecté par les circonstances atténuantes, comme si ce devoir allait de soi. L'on pourrait même parler ici d'une sorte de „mensonge héroïque". Rodogune, par exemple, tire l'éthique héroïque à ses conséquences logiques en dépit de tout « bon sens» .

Son comportement est à la fois tactique héroïque
et *anti-calcul* dans la mesure où il représente
le refus de s'adapter aux nécessités de sa situation en tirant directement parti des avantages que pourrait lui procurer sa position.

Cependant, il n'y a là qu'un des aspects de
la vérité cornélienne. Si le comportement du héros (dans la mesure où ses propositions peuvent
être vues comme un comportement actif) le détourne de la réalité immédiate, il ne s'agit pourtant que d'un comportement volontaire qui n'implique pas une inconscience réelle des difficultés de la position qu'il prend. Si le héros est
aveugle à ses propres excès, ce n'est plus de
l'héroïsme, mais de la démence (par ex., chez un
Horace). La lucidité *doit*, en somme, faire partie de la nature foncière du vrai héros. Rodogune, elle, demandait un parricide sachant qu'elle n'en obtiendrait pas. Le système héroïque
contient donc son propre principe d'équilibre.
C'est pourquoi les solutions extrêmes qui sont
une réponse à des attentes idéales resteront le
plus souvent irréalisées.

Nous avons vu que la psychologie héroïque
permettait de comprendre la proposition de Rodogune. Ce changement de visage d'une héroïne qui
était, au départ, obéissante et soumise à nos yeux,
mais qui, à cause du côté criminel de sa requête,
devait avoir recours à une forme particulièrement

virulente de l'héroïsme, n'en reste pas moins
étonnant dans le cadre de la pièce. Si nous
nous plaçons cependant du point de vue de la
structure symétrique de l'oeuvre, la proposition de la princesse apparaît comme visiblement conditionnée par la volonté de Corneille
de mettre dans sa bouche une proposition surprenante qui ferait contrepoids à celle de la
reine. Il semble donc que la psychologie héroïque ne fasse irruption ici que pour amener
et justifier la proposition parricide. Bien
qu'on ne se soit pas attendu à une réaction
aussi audacieuse de la part de Rodogune, ce
qui permet de l'accepter, c'est qu'elle ne se
soit jamais montrée ni faible ni lâche auparavant.

*   *   *

Immédiatement après *Rodogune*, tour de force du génie cornélien, vient *Théodore, vierge
et martyre*, pièce abandonnée même de son auteur. Pourtant, au 17ème siècle, l'abbé d'Aubignac, qui en général n'approuvait pas les
soins portés à l'intrigue, faisait hautement
son éloge, écrivant à ce sujet, « Je ne sais
pas quels sentiments M. Corneille a de cette
pièce, mais, je le répète, c'est, à mon juge-

ment, son chef-d'oeuvre[8].» D'Aubignac appré--
ciait particulièrement la façon dont Corneille
avait préparé et agencé les nombreux événements
de cette tragédie.   Loin de partager son avis,
nous nous intéresserons au contraire à *Théodore*
en vertu même des *abus* formels qu'on y trouve.
Elle rassemble en effet plusieurs thèmes et situations qui avaient auparavant réussi à Corneille, mais qui, cette fois, produiront un é-
chec retentissant.   On a généralement voulu im-
puter ce manque de succès au côté délicat du sujet, puisque l'auteur évoque ici l'idée de la
prostitution d'une sainte, mais pour nous, les
causes se situent davantage dans le *traitement*
du sujet et c'est ce qu'à présent nous voulons
examiner de près.

      Placide, fils du gouverneur d'Antioche, Va-
lens, est promis depuis son enfance en mariage à
Flavie, la fille de sa belle-mère Marcelle. Au
lever du rideau, on apprend cependant qu'il méprise sa fiancée et qu'il aime au contraire Théodore, une princesse d'Antioche, jusqu'ici sans
succès (Théodore est chrétienne et a fait voeu
de virginité). Marcelle a beau le combler d'honneurs, Placide continue à dédaigner Flavie, qui
en est littéralement malade de jalousie. Devant
l'ingratitude et l'insensibilité de son beau-
fils, Marcelle passe enfin à l'intimidation et

_____

[8] *Pratique du théâtre*, p. 120.

menace la vie de Théodore. Ce sur quoi, Placide
la brave en lui rendant menace pour menace. Dans
sa colère, Marcelle fait venir Théodore devant
le gouverneur, son mari, et obtient d'elle une
profession de foi chrétienne. Marcelle réclame
alors sa mort, mais Valens, prenant en secret
le parti de son fils, choisit plutôt de la pros-
tituer, supplice particulièrement infâme pour
une vierge chrétienne, dans l'espoir de la pousser dans les bras de Placide. Celui-ci se rend,
de son côté, dans la cellule de Théodore et lui
offre de l'épouser et de fuir avec lui en Egypte, pays dont Marcelle lui avait offert le gou-
vernement.

C'est alors que, brusquement, l'héroïne va
songer au suicide et réclamer l'aide de Placide
pour l'accomplir :

... pour braver Marcelle et m'affranchir de honte,
Il est une autre voie et plus sûre et plus prompte,
Que dans l'éternité j'aurais lieu de bénir,
La mort ; et c'est de vous que je dois l'obtenir.
(v. 887-90)

Mais une chrétienne peut-elle ainsi songer à se
détruire ? Théodore s'explique à ce sujet :

Ma loi me le défend, mais mon Dieu me l'inspire ;
Il parle ; et j'obéis à son secret empire,
Et contre l'ordre exprès de son commandement,
Je sens que c'est de lui que vient ce mouvement.
(v. 911-14)

Cette divine intervention annule proprement le
dilemme moral de Théodore. A présent, l'obstacle

à sa délivrance est purement extérieur, et tout
ce qui lui manque c'est une épée ; elle en demande donc une à Placide, qui répond :

> *Oui, vous l'aurez, mais dans mon sang trempée ;*
> *Et votre bras du moins en recevra du mien*
> *Le glorieux exemple avant que le moyen.*
>   *(v. 916-18)*

Il lui offre en fait une variante du *Suicide
comme gage de fidélité*, variante parce que Théodore n'a point mis sa fidélité en cause (par
exemple en le renvoyant à Flavie) et que cette
réponse ne représente guère autre chose qu'une
façon de refuser sa demande. Il ne s'agit pas
non plus d'un retournement du défi : la proposition de Placide ne relève pas celle de Théodore, et Placide, loin de prendre la jeune chrétienne au mot, ne lui tend pas son épée. Son
offre sert cependant à obliger le recul de Théodore qui ne se sent pas le droit de causer la
mort de son soupirant.

    Au sortir de cette entrevue, Placide se
rend chez sa belle-mère pour la supplier de
soustraire Théodore à son honteux destin. Marcelle feint alors de s'adoucir et de vouloir
l'aider, à condition qu'il rende visite à sa
fille, qui peu à peu dépérit. Il accepte à
contrecoeur, mais ne se contraint que pendant
fort peu de temps à rester auprès de sa fiancée
malade. Entre temps, la jeune vierge a été conduite au lieu du supplice. Didyme, l'amoureux

que Théodore aime en secret, vient alors à son
secours. Nouvellement converti au christianis-
me, il veut l'aider à fuir, au péril de sa vie.
Théodore, qui contemple toujours le suicide, a-
dressera donc cette fois sa demande à Didyme.
La scène sera-t-elle plus émouvante en vertu de
leur amour réciproque ? Nous ne pouvons le
savoir puisque nous ne la voyons pas, mais le
récit qu'en fera plus tard Didyme ne nous enlè-
vera point l'âme :

> *Je lui tends mes habits, elle m'offre sa tête.*
> *(v. 1448)*

(Il ne faudrait point trop s'étonner si un éclat
de rire général surgissait du parterre à l'occasion d'un vers de ce genre !) Théodore aban-
donnera en fin de compte son projet, cédant non
à la volonté de son amant, mais à nouveau à
l'inspiration divine.

> *... Dieu la persuade, et notre combat cesse.*
> *(v. 1451)*

expliquera Didyme à Placide. Théodore s'est donc
enfuie et l'amant est resté dans la cellule
pour attendre son châtiment.

    Mis au courant de la fuite de Théodore,
Placide croit d'abord devoir être jaloux de son
rival. Il apprend alors de Didyme lui-même que
la vertu de Théodore est restée intacte. Frappé par l'acte héroïque de Didyme, Placide cherche à imiter sa générosité et promet d'intercé-

der en sa faveur. Valens, craignant la colère
de Marcelle, reste cependant intraitable. Sur
ces entrefaits, on annonce le retour de Théodore. Cléobule, son cousin, laissera entendre à
Didyme que celle-ci est revenue pour se donner
à lui :

> *Théodore est à toi : ce dernier témoignage*
> *Et de ta passion et de ton grand courage*
> *A si bien en amour changé tous ses mépris,*
> *Qu'elle t'attend chez moi pour t'en donner le prix.*
> *(v. 1551-54)*

Mais Didyme en sera vexé :

> *Ainsi donc Théodore est cruelle à mon sort*
> *Jusqu'à persécuter et ma vie et ma mort ;*
> *(v. 1561-62)*

Il craint que Théodore ne soit pour lui une tentation qui le détourne de Dieu en l'attachant de
nouveau au monde et proteste qu'il n'a sauvé son
amante de la prostitution que par « ardeur de
chrétien». Maître de son amour depuis sa conversion, il veut à présent accorder Théodore à
son rival Placide. Comme ni l'un ni l'autre
n'est présent, il pense faire transmettre son
message par Cléobule :

> *Si pourtant elle croit me devoir quelque chose,*
> *Et peut avant ma mort souffrir que j'en dispose,*
> *Qu'elle paye à Placide, ...*
> *. . . . .*
> *Qu'elle fuie avec lui, c'est tout ce que veut d'elle*
> *Le souvenir mourant d'une flamme si belle.*
> *(v. 1595-1600)*

Ce sur quoi, Théodore elle-même survient. Dès ses premières paroles, elle dissipe le malentendu en indiquant qu'elle cherche non l'amour mais le martyre (Théodore a appris que Flavie était morte et que Marcelle ne voulait désormais plus que du sang pour la venger). Didyme n'a donc pas l'occasion de réitérer sa proposition. Il était d'ailleurs peu héroïque de sa part de vouloir envoyer Théodore chez Placide. Polyeucte, en effet, devait trouver un moyen héroïque d'abandonner sa femme : l'accorder à son ancien amant satisfaisait à cette condition. Didyme, au contraire, n'ayant aucun devoir à remplir envers Théodore, ni aucun droit sur sa personne, semble simplement vouloir employer celle-ci pour être quitte envers Placide qui vient de promettre d'intercéder pour lui. Comme Théodore n'a jamais aimé Placide, cependant, tout le sacrifice retomberait sur elle.

En réalité, il semble qu'ici le *Don de l'être aimé au rival* n'ait été destiné qu'à fournir un aspect mineur de la double *Réclamation individuelle de la mort* de Didyme et Théodore. Il sert à souligner le triomphe chrétien de l'un comme de l'autre sur l'amour terrestre. (Malheureusement, nous n'avons guère vu leur amour, ce qui amoindrit beaucoup leur victoire à nos yeux.) Effectivement, Théodore va contester à Didyme « l'honneur du martyre » et le « droit de mourir ».

Mais Didyme non plus ne voudra céder sa place et
il en résultera une dispute entre les amants qui,
oubliant quelque peu leur dignité de saints, se
chamailleront comme deux enfants :

Théodore

A quel titre peux-tu me retenir mon bien?

Didyme

A quel droit voulez-vous vous emparer du mien ?
                    (v. 1625-26)

Leur querelle nous paraît cependant un peu gra-
tuite. Didyme avait déjà été condamné par Valens (les gardes le menaient justement au supplice) et l'on sait que Marcelle veut la mort de
Théodore quoiqu'il arrive.

    Avec l'arrivée de la mère de Flavie, cette
dispute se transforme derechef en *Rivalité pour*
la mort devant un juge :

Théodore

C'est pour moi que Placide a dédaigné Flavie ;
C'est moi par conséquent qui lui coûte la vie.

Didyme

Non ; c'est moi seul, madame, et vous l'avez pu voir,
Qui, sauvant sa rivale, ai fait son désespoir.
                    (v. 1639-42)

Au cours de cette scène, véritable pastiche de
la *Rivalité pour la mort*, Théodore et Didyme,
qui avaient été simplement mesquins auparavant,
deviennent réellement odieux.   Ces   avides

chrétiens ne perçoivent apparemment pas que mourir pour avoir causé la mort d'une innocente ne
constitue pas ce qui s'appelle une mort de martyre. Au lieu d'admirer leur courage, nous sommes plutôt portés à plaindre Marcelle lorsqu'elle s'exclame :

> *O couple de ma perte également coupable !*
> *Sacrilèges auteurs du malheur qui m'accable,*
> *Qui dans ce vain débat vous vantez à l'envi,*
> *Lorsque j'ai tout perdu, de me l'avoir ravi !*
> *(v. 1643-46)*

Aux yeux mêmes de son beau-fils, revenu avec des
troupes, Marcelle tue Théodore et Didyme et se
suicide ensuite pour dérober sa vengeance à Placide. Celui-ci s'enfonce à son tour un poignard
dans le sein et Valens, qui par précaution politique avait préféré ne pas intervenir au cours
des événements précédents, se retrouve isolé au
vu de la mort probable de son fils.

Plus que la «richesse» et la variété des
complications apportées à l'intrigue, ce qui
frappe, dans cette tragédie, c'est le mauvais
goût qui y règne. Comment donc expliquer un tel
mauvais goût de la part du grand Corneille ?
Un premier pas consiste à remarquer dans *Théodore* l'existence de deux sujets bien différents. A
l'époque, Alexandre Varet, dans *De l'éducation chrétienne des enfants* (1666), reprochait déjà à
Corneille d'avoir combiné des éléments hétéro-
gènes :

En effet si l'on y [sur le théâtre] représente
le martyre d'une Sainte, il faut que ce soit une intrigue d'amour qui la fasse mourir ; que ce soit parce qu'une autre fille aime éperdument le jeune Prince
qui a une passion violente pour cette Sainte; et qu'u-
ne mère furieuse n'épargne pas le sang de cette Sainte pour satisfaire la passion de cette pauvre malheu-
reuse [9]...

On distingue en effet dans *Théodore* un sujet d'ordre héroïque-chrétien et un autre d'ordre criminel.

Le premier sujet tourne essentiellement autour de Théodore et Didyme, deux amants chrétiens qui, comme Polyeucte, refoulent leur amour
et souhaitent le martyre. Le trio Pauline-Poly-
eucte-Sévère se reconnaît donc dans les personnages de Théodore, Didyme et Placide. (Félix se
retrouve ici dans le gouverneur Valens.) Il y
a de plus dans *Théodore* une frappante reprise du
Don de l'être aimé au rival, situation-type qui
était tellement centrale à *Polyeucte*. Par ailleurs, une des principales différences entre les
deux tragédies concerne le rôle du partenaire a-
moureux. Alors que Pauline ne se convertissait
qu'après la mort de son époux, ici, Théodore et
Didyme se font activement concurrence pour le
martyre.

Le deuxième sujet se rattache au personnage de Marcelle, une de ces grandes criminelles

[9] Cité par Mongrédien dans *Recueil des textes*, p. 114.

dans la lignée de Médée et de Cléopâtre. On retrouve ici une sorte de réplique du trio Médée-
Jason-Créuse dans les personnages de Marcelle,
Placide et Théodore. Comme Jason, Placide est
à la fois ingrat (envers sa bienfaitrice Marcelle) et infidèle (envers la fille de celle-ci).
Marcelle, comme Médée, s'abandonne à sa colère
vengeresse et veut punir le coupable en tuant
celle qui est cause de son infidélité, ici,
l'innocente Théodore. Avide de sang, elle y
joint une deuxième victime (Didyme), tout comme
Médée ajoutait un peu gratuitement le meurtre
de ses propres enfants à celui de sa rivale.
Une différence importante entre Médée et Marcelle tiendra cependant à la motivation de cette
dernière. Marcelle agit principalement par a-
mour maternel dans ses efforts de persécution
alors que c'était précisément l'amour maternel
que Médée sacrifiait en s'abandonnant entièrement à sa jalouse vengeance. Marcelle nous pa-
raîtra donc trop sympathique pour les besoins
de l'intrigue que Corneille a voulu créer.

Une des conséquences les plus intéressantes
de cette rencontre de sujets peu compatibles
concernera le caractère de Placide, un des personnages principaux de la pièce, qui devra com-
biner l'égoïsme d'un Jason avec la grandeur d'â-
me d'un Sévère.
Le fils de Valens a essentiellement l'âme

médiocre et intéressée de Jason. Dès le début
de la pièce, Cléobule le taxe d'ingratitude :

> *Quoique pour vous Marcelle ait le nom de marâtre,*
> *Considérez, seigneur, qu'elle vous idolâtre ;*
> *Voyez d'un oeil plus sain ce que vous lui devez,*
> *Les biens et les honneurs qu'elle vous a sauvés.*
>   *(v. 31-34)*

Mais Placide, tenant le langage propre aux âmes
nobles, prétend être au-dessus de tous ces bienfaits et honneurs dont il jouit :

> *Certes, si je m'enflais de ces vaines fumées*
> *Dont on voit à la cour tant d'âmes si charmées,*
> *Si l'éclat des grandeurs avait pu me ravir,*
> *J'aurais de quoi me plaire et de quoi m'assouvir.*
> . . . .
> *Mais ces honneurs pour moi ne sont qu'une infamie,*
> *Parce que je les tiens d'une main ennemie,*
>   *(v. 7-16)*

Il déteste Marcelle (mais sans raison apparente)
et n'a point l'intention de se laisser acheter
par elle ni de conclure le mariage auquel il est
engagé depuis son enfance. Amoureux de Théodore,
il ne peut supporter Flavie :

> *Comme elle aime un ingrat, j'adore une cruelle,*
>   *(v. 80)*

Placide s'obstine donc à aimer celle qui le repousse et à repousser celle qui lui appartient,—
situation déplorable, certes, mais dépourvue de
grandeur morale. Pour exprimer cette situation,
cependant, il fait appel à la rhétorique du héros déchiré :

Mon sort des deux côtés mérite qu'on le plaigne :
L'une me persécute, et l'autre me dédaigne ;
Je hais qui m'idolâtre, et j'aime qui me fuit,
Et je poursuis en vain, ainsi qu'on me poursuit.
                              (v. 83-86)

Plus tard, lorsqu'il croira, momentanément, que
sa belle-mère, répondant à sa prière, a sauvé
la vertu et la vie de Théodore, il se reconnaîtra redevable mais se dira aussi incapable de
lui témoigner sa reconnaissance :

Certes, une ennemie à qui je dois l'honneur
Méritait dans son choix un peu plus de bonheur,
Devait trouver une âme un peu moins défendue,
Et j'ai pitié de voir tant de bonté perdue ;
                              (v. 1185-88)

Ainsi, pour payer la dette qu'il croit avoir envers Marcelle, il n'irait ni jusqu'à combattre
sa passion pour Théodore, ni jusqu'à vaincre son
aversion pour Flavie.

      Une même ambiguïté caractérise son comport-
ement envers Didyme, son rival. En apprenant
que celui-ci était entré chez son amante, Placide conjecture les pires bassesses et, voyant
venir Didyme, il s'empresse de l'en accuser :

Approche, heureux rival, heureux choix d'une ingrate,
Dont je vois qu'à ma honte enfin l'amour éclate.
. . . .
Dans ces lieux dignes d'elle elle a reçu ta foi,
Et pris l'occasion de se donner à toi !
                              (v. 1371-78)

Didyme essaie de corriger cette fausse impression,

mais Placide est d'abord incrédule :

> *Quoi ! sans rien obtenir, sans même rien prétendre,*
> *Un zèle de chrétien t'a fait tout entreprendre ?*
> *Quel prodige pareil s'est jamais rencontré ?*
>   *(v. 1411-13)*

La générosité est apparemment un trait de caractère que Placide ne conçoit que difficilement !
Enfin convaincu de la vérité de ce que lui raconte Didyme, il se montre jaloux de la grandeur
d'âme de son rival mais hésite d'abord entre
deux possibilités : va-t-il le laisser périr, ou
viendra-t-il à son secours ? Il choisit finalement la solution la plus honorable. Il saura
garder, dit-il :

> *Dans une âme jalouse un esprit généreux.*
>   *(v. 1482)*

Ainsi se rend-il à la vertu et s'engage-t-il à
aider son rival (décision de favoriser un rival
qui rappelle celle ce Sévère) :

> *Tu m'as sauvé l'honneur, j'assurerai tes jours,*
> *Et mourrai, s'il le faut, moi-même à ton secours.*
>   *(v. 1485-86)*

Cette offre lui permet d'éviter le déshonneur et
l'infâmie sans le rendre glorieux pour autant.
Les hésitations prolongées de Placide ont trop
bien établi à nos yeux les défauts de son caractère et dans la pièce, déjà, Cléobule interpré-
tait sa conduite envers Didyme en termes non-
héroïques, imputant son courage moins à la générosité qu'à la haine de Marcelle :

Cependant vous savez, pour grand que soit ce crime,
Ce qu'a juré Placide en faveur de Didyme.
Piqué contre Marcelle, il cherche à la braver,
Et hasardera tout afin de le sauver.
                                      (v. 1511-14)

En dépit de toutes les faiblesses qui ban-
nissent ce personnage du véritable univers héroïque, Placide lui se croit noble et généreux.
Il va même jusqu'à prétendre en parlant de ses
propres sentiments :

Les esprits généreux jugent tout par eux-mêmes ;
                        (v. 1156)

Serait-ce pour cette raison qu'André Stegmann
affirme que «Placide incarne encore pleinement
la générosité vraie[10]» ? Loin d'en être un modèle, Placide est , à notre sens, un magnifique
exemple de mauvaise foi. Aucun dilemme héroïque
pour lui, puisqu'il nie ses obligations envers
Flavie et Marcelle. De plus, en s'obstinant
trop longtemps à vouloir obtenir Théodore contre son gré, il devient en partie responsable
de l'issue tragique de la pièce.

Il semble donc bien que les fluctuations
du caractère de ce personnage aient été détermi-
nées par le fait qu'il devait constituer le
maillon principal entre les deux aspects, l'un
héroïque et l'autre criminel et bas, de l'intrigue. Le rôle qu'il devait jouer dans le sujet

---

[10] *L'héroïsme cornélien, t.II,* (1968), p. 464.

héroïque de *Théodore*, le rôle d'un Sévère, ré-
clamait, bien sûr, un personnage héroïque, puisque, entre autre, Didyme ne pouvait évidemment
pas offrir Théodore à Placide sans avoir quelque
raison de l'estimer. Par ailleurs, l'intrigue,
telle que Corneille l'avait conçue, dépendait é-
galement de l'ingratitude „jasonienne" de Placide, ingratitude sans laquelle les deux aspects
de l'action ne se seraient jamais rencontrés
dans la grande scène à effet vers quoi se diri-
geait toute la tragédie : le double martyre dont
la mort de Flavie est la cause immédiate.

En fin de compte, dans cette pièce que d'Aubignac admirait tant, Corneille est tombé dans
la parodie de son propre théâtre. Non seulement
Placide, mais tous les héros qui se piquent ici
de grandeur d'âme, manquent de manière flagrante
d'une des vertus les plus fondamentales à l'héroïsme véritable : il leur faut cette lucidité
qui inspire au héros le sens de la mesure et qui
l'empêche de tomber dans le ridicule (générosité
tardive de Placide envers son rival, don mal à
propos de Théodore à Placide, rivalité odieuse
de Théodore et Didyme devant Marcelle, et ainsi de
suite), ridicule que ni Théodore, ni Didyme, ni
Placide ne semblent aucunement craindre n'ayant
apparemment jamais conçu la possibilité d'ainsi
déchoir. A nouveau ici, Corneille a visiblement
essayé d'accommoder ses personnages à son sujet,

leur imposant, mais de force cette fois, les
attitudes nécessaires pour recréer ses situations dramatiques préférées, et cela sans prendre les soins voulus pour accorder les actions
aux sentiments héroïques qui devaient les ins-
pirer.

*   *   *

Nous avons maintenant réuni les éléments
nécessaires pour préciser la nature du rapport
entre les situations et les caractères dans une
tragédie cornélienne. Nous pourrons en même
temps mieux définir certaines des conditions
dramatiques qui doivent être remplies pour assurer le succès de l'auteur. Puisque tant de situations rebondissent d'une pièce à l'autre,
l'on doit en effet se demander pourquoi l'une
obtient un succès éclatant alors qu'une autre
n'excite quère d'intérêt.

Nous avons eu l'occasion de voir que les
situations-types se définissaient par rapport à
l'éthique héroïque. Aussi ne seront-elles vraiment réussies que quand elles seront utilisées
en des circonstances qui feront appel à la nature héroïque d'un personnage. Quels que soient
les obstacles extérieurs au bonheur du héros,
son dilemme ne naîtra que de sa volonté de ne
pas déchoir de son rang héroïque dans une

situation qui multiplie les défis à sa gloire.
Si le héros n'était pas sensible au défi, il
n'existerait pas pour lui de dilemme : se maintenir au niveau héroïque en des conditions qui
ne semblent pas le lui permettre, voilà l'essentiel du dilemme cornélien.

Prenons l'exemple d'Auguste. Le sort menace de le vaincre en transformant un à un ses a-
mis en traîtres. Si Auguste n'y voyait pas un
défi à sa gloire, il résoudrait tout, soit en é-
crasant les coupables, soit en s'abandonnant simplement à son désespoir. Mais ce sont précisément ces deux solutions immédiates qu'il doit é-
viter, puisque le héros se donne pour but de conquérir par l'admiration ses adversaires. L'emploi que fait Auguste de la *Clémence déconcertante* est la manifestation sensible de son héroïsme. (C'est d'ailleurs le fait même que les situations-types peuvent servir à l'expression du
pur sublime héroïque, en des circonstances par ailleurs écrasantes, qui justifie leur caractère extrême comme solutions.) Emilie, comme Auguste,
nous offre l'exemple d'un personnage qui refuse
de transiger. Mais Cinna, en revanche, cherche
à s'accommoder aux circonstances. Ne s'estimant
plus le droit de tuer l'empereur, il voudrait
qu'Emilie le dégage de son serment et cherche à
la persuader. Dans la mesure où il attendra d'E-
milie sa délivrance, au lieu de la chercher en
lui-même, il refusera son dilemme. De ce fait,

son héroïsme est taré. Aussi avons-nous du mal
à l'admirer, et la tension qui entoure ses réactions est, de manière générale, faible, même
lorsqu'il cherche à se racheter (*Offre de suicide* et *Rivalité pour la mort*).

A côté de cela, Corneille utilise parfois
ses situations-types sans que le contexte héroïque soit présent. En de telles circonstances,
la situation-type se confond avec le compromis
au lieu d'en représenter le refus. C'est le cas
de l'impératrice Pulchérie (*Pulchérie*) lorsqu'elle a recours au *Don de l'être aimé au rival*. A-
vant de devenir impératrice, elle avait promis
d'épouser son amant Léon à condition qu'il soit
élu empereur. Celui-ci, dans l'espoir d'assurer
son mariage, fait donc élire Pulchérie au trône
impérial, confiant qu'étant alors libre de choisir son propre époux, elle le choisira, lui,
sans hésitation. Mais dès qu'elle se retrouvera
au pouvoir, Pulchérie s'apercevra que son désir
le plus cher est non pas d'épouser Léon, mais
bien de régner seule. Elle avouera même à sa
rivale être étonnée d'aimer si peu Léon :

> *Justine, plus j'y pense et plus je m'inquiète :*
> *Je crains de n'avoir plus une amour si parfaite,*
> *Et que, si de Léon on me fait un époux,*
> *Un bien si désiré ne me soit plus si doux.*
> (v. 1437-40)

Puisque le sénat veut lui imposer le mariage,
elle choisira plutôt le vieux Martian, pourvu

qu'il la laisse régner comme elle veut (et ne
partage pas son lit). C'est donc à la fille de
Martian, cette même Justine, qu'elle accordera
Léon, faisant ainsi de lui le successeur au trône. Il est clair que l'usage que fait ici Pulchérie du *Don de l'être aimé* n'est pas foncièrement héroïque. Il témoigne surtout de l'astuce
politique de l'impératrice et n'a rien de paradoxal. Il en sera toujours ainsi lorsque les
situations-types ne seront pas visiblement ins-
pirées par l'héroïsme : elles pourront à la rigueur nous surprendre mais ne susciteront pas
notre admiration profonde.

Il existe enfin une autre série d'emplois
malheureux des situations-types. Il s'agit des
cas comme celui de Placide où un personnage, a-
près nous avoir paru peu héroïque, aura recours
à la dialectique de l'héroïsme ou à un comportement soi-disant héroïque sans que nous parvenions
à le prendre au sérieux.

Ainsi, lorsque l'élan héroïque nécessite un
changement de registre de la part d'un personnage, cet élan ne pourra ni nous convaincre ni nous
émouvoir. Pour nous affecter, un tel changement
devrait être soigneusement préparé. Il faudrait
que nous assistions au processus intérieur de la
conversion du personnage. Or, Corneille ne s'in-
téresse pas au développement du caractère comme
tel. Il n'y a dans tout son théâtre aucune remi-
se en cause profonde d'un personnage par lui-même.

Dans *Nicomède*, par exemple, le jeune Attale est
simplement gagné par le courage de son frère aîné, le héros Nicomède, après avoir été trompé à
son sujet par sa mère. Dès le début, cependant,
il avait une nature héroïque. Dans *Cinna*, non
plus, le triomphe d'Auguste n'implique pas de
conversion. Dès sa première entrée en scène,
Auguste a déjà renoncé à la tyrannie et aux actes criminels. Si son caractère a pu changer,
c'était avant la pièce. Nous n'en voyons que
les conséquences. Sa décision surprenante et
admirable de redoubler de bienfaits envers ceux
qui l'ont trahi ne constitue pas tant un changement dans son comportement (il avait puni les
autres) que l'aboutissement de sa nature telle
qu'on la voit à travers toute la pièce. Et si,
dans *Polyeucte*, l'on interprète la conversion
religieuse de Félix comme sincère, il faut y
voir un défaut de la pièce. La grâce non plus
n'agit sans discernement ! En revanche, la conversion de Félix s'expliquerait plus naturellement par son souci de détourner la colère de Sévère : Félix a fait mettre Polyeucte à mort par
crainte des Romains et de Sévère, leur représentant, en particulier ; quand il voit Sévère prendre le parti de Polyeucte, et donc des chrétiens,
et s'indigner devant sa conduite, Félix cherchera à faire oublier sa bassesse et deviendra chrétien par mesure de prudence. Sa conversion resterait alors en accord avec sa nature peu

scrupuleuse. Au cours de la pièce (V,2), il
s'était d'ailleurs déjà montré prêt à feindre
d'être chrétien, croyant pouvoir ainsi convaincre son gendre de dissimuler sa conversion jusqu'au départ de Sévère.

Plutôt que pour peindre des transformations
profondes, c'est pour montrer l'effort d'un personnage se surpassant lui-même que Corneille a
du génie. Cela implique des personnages qui
resteront fidèles à leur nature : Auguste deviendra plus grand, Cléopâtre plus noire, Valens plus lâche. Chacun s'exprime à l'intérieur
du registre qui lui convient,— héroïque, criminel
ou bas.

Dans le cadre du theâtre héroïque, les mélanges sont donc généralement un défaut. Moins
les pièces sont réussies, plus elles semblent
avoir admis ces mélanges de tons et ces chang.e-
ments de registre.

L'héroïne de *Sophonisbe*, bien qu'elle aime
Massinisse, avait d'abord épousé Syphax afin de
l'enlever à Rome et d'en faire un allié de Car-
thage où elle régnait. Quand Syphax est vaincu
par les Romains, cependant, elle l'abandonne
pour épouser Massinisse, qui est du parti des
vainqueurs, dans l'espoir d'obtenir sa protection et de le faire changer de camp. Ce calcul
échoue et, sur le point d'être faite prisonnière
par les Romains, elle s'empoisonne. Elle est
donc héroïque dans la mesure où elle sait

dominer son amour et braver la mort. Cependant, elle nous apprend que ce n'est pas tant l'amour de son pays ni de sa gloire que la jalousie qui l'avait fait épouser Massinisse si précipitamment, introduisant directement un élément bas :

> *C'était la folle ardeur de braver ma rivale ;*
> *J'en faisais mon suprême et mon unique bien :*
> *Tous les coeurs ont leur faible, et c'était là le mien.*
> *(v. 1546-48)*

Sophonisbe mettait d'ailleurs tant d'énergie à mépriser cette rivale qu'elle évoquait par moments les personnages criminels.

L'héroïne de *Don Sanche d'Aragon*, Isabelle, reine de Castille, après avoir admirablement dominé son amour pour le héros (de naissance inconnue) se montrera, à son tour, excessivement mesquine dans la jalousie :

> *Et devenant ... reine de ma rivale,*
> *J'aurai droit d'empêcher qu'elle ne se ravale ;*
> *Et ne souffrirai pas qu'elle ait plus de bonheur*
> *Que ne m'en ont permis ces tristes lois d'honneur.*
> *(v. 1093-96)*

Tout au long de la pièce qui porte son nom, le roi Agésilas se montre faible et calculateur. Quand on lui apprend que son général l'a trahi et qu'on lui conseille le pardon, il répond :

> *Il faudrait, Xénoclès, une âme plus sublime.*
> *(v. 1953)*

Au dernier acte, cependant, il accordera subitement un pardon entouré de bienfaits. Bien que

Corneille semble avoir calqué la clémence d'Agésilas sur celle d'Auguste, il va sans dire que
ni l'esprit ni l'effet n'en sont les mêmes.

Dans *Pertharite*, le personnage de Grimoald
fluctue beaucoup entre différents registres. Il
est foncièrement noble et vertueux. On lui conseille de menacer la vie d'un enfant pour en obtenir la mère. Lâchement, il se prête à ce dessein criminel (il ne s'agit cependant que d'une
ruse de sa part) ; le roi Pertharite réapparaît
et l'usurpateur Grimoald feint de ne pas le reconnaître, l'accuse d'imposture et le fait presque mettre à mort. Mais au moment décisif, il
se rend à la vertu et remet à Pertharite le trône qui lui appartient. Ces fluctuations de Grimoald semblent d'ailleurs avoir pour but d'amener
les deux scènes les plus étonnantes de la pièce :
celle où Rodelinde profère sa proposition infanti-
ticide (*Infanticide d'honneur*) et celle où Grimoald fait éclater sa générosité (*Clémence déconcertante d'un juge*).

Même *Sertorius* souffre par moments de ce
genre de défaut. En effet, Sertorius, tout héroïque qu'il est, témoigne envers Perpenna d'un
comportement indigne : il lui promet la reine
Viriate mais demande en secret à celle-ci de ne
pas l'épouser. Quant à Perpenna, avant de tuer
Sertorius, il nous montrait une nature foncièrement irrésolue, mais ensuite il s'avérera d'une
perfidie achevée. Il voudra à tout prix jouir

des fruits de son crime, même s'il doit s'emparer de force de Viriate.

Dans l'ensemble, le héros qui, comme Sertorius ou Tite, déchoit nous décevra autant que nous irritait le personnage bas se piquant d'héroïsme. Nous n'aimerons pas voir la force de Bérénice dépendre de la faiblesse de Tite (ce n'était, après tout, que dans la mesure où Tite s'écartait de son devoir envers Rome que Bérénice pouvait l'y rappeler). Nous préférons au contraire un combat plus égal, comme celui de Pompée et d'Aristie dans *Sertorius*, un combat où chacun prise sa propre gloire et lutte pour ne pas devoir y renoncer, malgré le puissant attrait de l'amour[11].

Les défauts d'une tragédie cornélienne lui viennent habituellement de concessions trop superficielles faites à l'intrigue. La psychologie héroïque et les situations-types devraient être inséparables. Mais, trop souvent, Corneille a gardé les gestes extérieurs de l'héroïsme sans la motivation qui leur conférait leur valeur dans les meilleures pièces. Il va de soi que

---

[11] Il ne faut évidemment pas confondre les changements de registre peu ou mal motivés que nous avons vus dans ce chapitre avec les défaites héroïques dont nous avons parlé dans les chapitres précédents. Un recul forcé par le retournement du défi est toujours fort dramatique et n'implique pas chez le vaincu de changement de registre.

l'absence de la psychologie héroïque entraînera
également la disparition de la dialectique noble
du défi telle que nous l'avons décrite au troisième chapitre.   Malgré l'abondance des situations-types dans *Théodore, vierge et martyre,*
par ailleurs, celles-ci ne s'organisent jamais
non plus en paires suivant les lois de l'antithèse paradoxale. Lorsque Corneille surchar-
geait ainsi son sujet de situations qui n'en dé-
coulaient pas naturellement, le sujet, comme les
caractères, en souffraient. Tout semble alors avoir
cédé à l'amour de Corneille pour le coup de
théâtre. Dans ses chefs-d'oeuvre, en revanche,
l'auteur ne se contentait pas d'avoir trouvé un
beau sujet mais, suivant pleinement la définition de Saint-Evremond, il se contraignait aussi à
en suivre les lois.

* CONCLUSION *

Nadal, dans *Le sentiment de l'amour dans l'oeuvre de Pierre Corneille*, reconnaissait dans l'attitude de Rodrigue envers son amante celle d'un conquérant :

> Rodrigue se sent, se veut et se sait le maître ...
> Rodrigue se retrouve ici dans ses plaisirs et dans
> sa puissance. Il préfère savoir Chimène sienne
> quoique humiliée, plutôt que perdue pour lui, mais
> libre et fière[1].

Cette remarque l'a conduit à porter sur Rodrigue le jugement suivant :

> Amour de maître à esclave, non de maître à maîtresse.
> Amour non héroïque, puisque le héros n'a plus lui
> aussi, le courage de le maintenir dans cette généro-
> sité qui lui semblait autrefois essentielle[2].

Nadal lui reproche, en somme, d'être plus domina-
teur que tendre. C'est donc cet instinct du conquérant qui le pousse à appeler le comportement

---

[1] Op. cit., p. 171.

[2] Ibid. Nadal prend ici à tort la « générosité »
dans l'acception moderne du terme. Chez Corneille, cette vertu n'est autre que la qualité d'une âme fière et
bien née.

de Rodrigue cruel et « non héroïque» :

> Car une misère aussi profonde, aussi nue que le spec-
> tacle de Chimène abandonnée, Rodrigue l'a appelée un
> « miracle d'amour». Ce mot trahit la scène d'impla-
> cable cruauté qu'il sut si bien masquer par une para-
> de morale[3].

Pourtant, Chimène réagit en admirant et aimant
Rodrigue toujours davantage, en vertu même de
son agressivité. Si elle se plaignait de son a-
mant, nous serions peut-être portés à le condamner, mais bien au contraire, nous constatons que
Chimène lui ressemble. Envers Don Sanche, plein
de bonne volonté mais sans preuves de sa valeur,
elle sera méprisante. Polyeucte semblait également insensible à la douleur de Pauline et, de
même, Pauline à celle de Sévère. Pourtant, plus
Polyeucte se montrera intraitable, plus Pauline
se suspendra à lui. Sévère, de son côté, ne songe pas à reprocher sa dureté à Pauline. Elle
l'inspire, au contraire, à de nouveaux efforts de
dépassement. Cependant, parce que Nadal voit
l'agressivité de Rodrigue sous un jour négatif,
il sera porté à croire que l'amant s'en repenti-
ra et acceptera en dernier lieu de renoncer à
Chimène, ne voulant pas croire que Corneille serait allé jusqu'au bout dans ce sens qu'il désigne « non héroïque».

   Doubrovsky diffère sensiblement de Nadal
dans l'interprétation qu'il fournit du comportement

----

[3] Ibid.

du Cid:

> ... Rodrigue fait tout son possible pour mener Chimène au salut, *en l'aidant à réaliser ses propres valeurs.* ... Demander à Chimène de le tuer, pour Rodrigue, c'est simplement exiger la consommation la plus haute de leur amour[4].

Plus paradoxal encore que Corneille, il prétend ensuite que Chimène finira par épouser le meurtrier de son père, mais cela afin de se racheter; en l'épousant, elle accomplirait une pénible victoire sur ses sentiments filiaux, retrouvant ainsi le statut héroïque qu'elle avait perdu[5]. Doubrovsky applique ici une logique abstraite, basée sur une conception a priori du contenu de l'héroïsme et de ce que signifie nécessairement le comportement d'un héros : puisque Chimène est héroïque, toutes ses actions doivent, a priori, avoir leur justification *morale*. Cette même logique le porte à affirmer que Rodelinde, en formulant sa proposition infanticide, *doit* être sincère :

> Ne pas voir que Rodelinde n'hésiterait pas un instant à laisser sacrifier son fils, c'est la prendre pour Andromaque et enlever tout son sens à la pièce de Corneille[6].

Prenant à la lettre les subtilités des héros qui pour nous ne sont que des tactiques de combat-

---

[4] *Corneille et la dialectique du héros* (1964), p. 109.

[5] Op. cit., p.128-30.

[6] Op. cit., p.331.

tants, Doubrovsky postule chez le héros un « projet de Maîtrise », projet de « reprise en main
totale de notre condition naturelle». Ce projet,
voué à l'échec, serait « impossible comme manière humaine d'exister»[7], et la mort tragique de
Suréna dans la dernière pièce de Corneille en
serait l'illustration définitive. Chez Corneille lui-même, ce projet se refléterait dans une
obsession philosophique inconsciente qui aurait
marqué tout son théâtre tragique, celle de «con-
struire le héros» :

> Rien ne serait plus faux que de supposer que Corneille
> ait *conçu* son théâtre ... comme développement didacti-
> que d'un thème ou d'une thèse ; mais il n'en a pas
> moins *vécu* son oeuvre sous le signe d'une certaine ob-
> session, dont chaque pièce porte la marque. Cette ob-
> session nous a paru être la *construction du héros*. ...
> Ainsi se définit une tonalité propre, où se résorbent
> les influences extérieures, les accidents de
> composition et les anecdotes biographiques[8].

Tout en dénonçant comme fausse l'idée que Corneille ait *systématiquement* développé son théâtre autour de l'élaboration du héros, Doubrovsky semble bien avoir conduit son analyse du
comportement héroïque comme si tel avait été le

---

[7] Op. cit., p. 29. Doubrovsky apportait cependant à
son étude l'intention de discréditer l'éthique noble en
faveur de l'éthique moderne du travail, ce qui semble
l'avoir empêché d'apprécier le côté à la fois humain et
valable du code héroïque.

[8] Op. cit., p.28-29.

cas. Ainsi, tandis que nous attribuons la «confrontation perpétuelle de l'attitude héroïque et des contradictions qu'elle engendre et qu'elle s'efforce de surmonter» en premier lieu à une recherche consciente de la situation paradoxale, Doubrovsky donne d'abord à cette confrontation le sens d'une quête morale[9].

Au contraire de Doubrovsky, Georges May, dans *Tragédie cornélienne, tragédie racinienne* (1948), s'intéressait principalement aux aspects formels de l'oeuvre de Corneille. Il concentrait ses efforts sur les éléments de la dramaturgie de l'époque, les repérant d'abord dans le théâtre de Corneille, ensuite dans celui de Racine et tirant finalement ses conclusions de la comparaison entre ces deux auteurs. Il fondait en partie son analyse sur l'esthétique de Corneille, orientée vers l'admiration et le choc émotif (surhommes et sujets rares), mais son examen portait essentiellement sur les moyens de la dramaturgie conventionnelle : fins d'acte, dénoue-

---

[9] Ibid. Tout comme Doubrovsky transpose les préoccupations dramaturgiques de Corneille à un niveau philosophique, Bernard Dort, dans *Corneille dramaturge* (1957), les transposait à un niveau sociologique. Pour lui, Corneille serait avant tout un dramaturge de l'Histoire, et le noeud de son oeuvre tragique le conflit politique de son temps. Il aurait travaillé activement à l'établissement d'une société unifiée sous le Roi mais aurait abouti à un refus inconditionnel de l'Histoire, représenté à nouveau ici par *Suréna*, et donc à l'échec.

ments, situations embrouillées, fausses pistes et ainsi de suite. Cependant, May préparait l'attitude de Doubrovsky envers la dramaturgie en rejetant finalement le cadre technique de Corneille comme « démodé » et en situant la vraie valeur de son théâtre dans sa conception héroïque de la vie. Toutefois, sa façon de voir le héros s'écarte radicalement de celle de Doubrovsky aussi bien que de celle de son contemporain Nadal. May écrit :

On sent fort bien que, n'eût été une guerre et le choix malencontreux de Rome, Horace aurait vécu heureux entre sa soeur Camille et sa femme Sabine, entre ses deux frères et ses trois beaux-frères ; que, n'eût été le choix du roi, Rodrigue aurait vécu heureux entre Chimène d'une part, et de l'autre, son père et son beau-père. En fait, on sent bien que, lorsque la tragédie est terminée, Horace et Sabine vivront heureux, ainsi que Rodrigue et Chimène. Leurs malheurs furent accidentels, anormaux ; une fois passés, ils seront oubliés[10].

Bien avant, Lanson avait affirmé que dans les chefs-d'oeuvre de Corneille, les ressorts de l'action étaient intérieurs :

il a transporté aux caractères la puissance de produire les révolutions qui aboutissent au dénouement[11].

Prétendant que l'action cornélienne consiste dans le « développement des caractères », il soulignait l'importance du lien qui existe chez Corneille entre la volonté héroïque et l'évolution

_____

[10] Op. cit., p. 234.

[11] Dans *Corneille* (1909), p.122.

de l'intrigue. Lanson (et ceux de son école)
concevait cependant cette volonté comme une résolution froide et rigide au service d'un bien
idéal :

Si la raison s'éclaire brusquement, la volonté tourne
aussitôt, et l'on a ces volte-face instantanées qui ont
tant étonné, et fait accuser Corneille de n'être pas un
psychologue habile. Ses personnages pivotent sur eux-
mêmes, et de la même démarche ferme dont ils allaient
vers le nord, ils repartent vers le sud, l'oeil fixe,
sans un arrêt, sans une hésitation[12].

La passion n'est que l'obstacle qui sépare le héros de son idéal, puisque c'est elle qui produit
le conflit intérieur :

Mais ces luttes sont brèves : autrement ils ne seraient
pas des forts[13].

L'idée que Lanson se fait de la volonté chez le
héros le conduit jusqu' à réunir dans la même ca-
tégorie le personnage de Chimène et celui, beaucoup moins tourmenté, de Nicomède :

Souvent il n'y aura pas de combat du tout : Chimène,
Nicomède n'hésitent pas[14].

Tout récemment, enfin, André Stegmann, qui
en ceci rejoint l'attitude de Nadal, concevra
l'héroïsme, dans son aspect viril, sous un éclairage essentiellement négatif. Réagissant contre

[12] Op. cit., p. 108
[13] Op. cit., p. 96.
[14] Op. cit., p. 136.

ce qu'il appelle « l'héroïsme pur», Stegmann
apprécie difficilement l'exaltation de sa gloire
par le héros, croyant discerner un conflit interne entre la « générosité» (prise à tort, encore une fois, dans le sens moderne du terme) et
les moyens d'obtenir la gloire :

> La générosité, fondement nécessaire de l'héroïsme, y
> mène si peu qu'il faut un effort extérieur à elle et
> dirigé contre elle pour suivre un devoir contraignant,
> qui seul transforme le généreux en héros[15].

Il propose en exemple le cas de la veuve de Pompée qui, d'après lui, doit vaincre sa générosité afin même de *vouloir* accomplir sur César son
héroïque devoir de vengeance :

> Cornélie n'est pas héroïque, lorsqu'elle est généreuse
> envers César, mais bien lorsqu'elle le poursuit et
> l'accable d'une haine qu'elle se voit obligée d'animer
> à chaque instant[16].

Pour Stegmann, visiblement, ce genre d'intransigeance noble est un défaut dans la mesure où elle écarte le héros de ce qui semble être ici l'é-
quivalent de la charité chrétienne :

> Dans le «Sors de mon coeur, nature» que sous-entend
> toujours l'acte héroïque, ce n'est pas l'instinct na-
> turel que l'être doit vaincre en l'arrachant, mais
> bien l'élan vertueux de sa nature généreuse, qui le
> porte à l'amour ou à l'estime de son frère en généro-
> sité. Le devoir, exigence du sort, est contre nature[17].

---

[15] *L'héroïsme cornélien*, *t.II* (1968), p. 459.

[16] Ibid.

[17] Ibid.

Il voit donc le devoir cornélien comme étant essentiellement une exigence de la situation extérieure et, surtout, comme allant à l'encontre de
la vertu naturelle. Ceci le pousse à reconnaître le « héros-type» de Corneille dans Horace,
cet être brutal qui réussit si bien à faire sortir
de son coeur la nature[18]. En conséquence, la où
le héros deviendra moins héroïque, Stegmann ap-
plaudira ce mouvement dans le sens contraire, y
voyant un grandissement humain et un heureux as-
souplissement de sa trop grande rigidité. A partir de *Pertharite*, dit-il :

Le monde héroïque s'est dissous, ou plutôt les vertus qui
le composent, dans une conception psychologique enrichie,
se trouvent distribuées également dans l'âme de tous les
personnages[19].

Ce jugement est, bien entendu, radicalement contraire au nôtre.

La compréhension du héros que nous avons a-
vancée dans ce livre n'est cependant pas nouvelle. Bien avant nous, Paul bénichou, en établissant de manière claire et convaincante le lien
entre l'héroïsme et l'esprit féodal, avait offert une analyse en profondeur de cette morale.
Par un tout autre chemin, celui des techniques
dramatiques de Corneille, nous avons retrouvé
une conception de l'héroïsme semblable à celle
qu'il avait élaborée dans ses *Morales du grand*

[18] Op. cit., p. 419.
[19] Op. cit., p. 420.

siècle :

C'est moins dans la rigueur du devoir que dans les mouvements d'une nature orgueilleuse que prend naissance
le sublime cornélien.

... une morale vraiment sévère pour les passions
condamne normalement l'orgueil, et ... le puritain ne
peut être taxé d'orgueil sans être en même temps taxé
d'hypocrisie. Dans le caractère féodal, dont ce genre d'hypocrisie est le moindre défaut, l'orgueil s'affirme comme tel avec autant d'ingénuité que d'insolen-
ce. La gloire et les appétits voisinent et se mêlent
sans cesse, se soutenant bien plus souvent qu'ils ne
se contredisent. Si la gloire exige une concession
préalable des désirs, cette concession est largement
compensée par l'éclat du succès, beaucoup plus apparent chez un Rodrigue que le tragique du sacrifice.
On ne saurait trop insister sur l'optimisme profond
de cette conception, où la vertu coûte toujours moins
au moi qu'elle ne finit par lui donner, où elle se fon-
de moins sur l'effort que sur une disposition permanente à préférer les satisfactions de la gloire à celles
de la jouissance pure et simple, quand par malheur il
faut choisir[20].

Et Bénichou d'ajouter :

Le choix est loin d'être toujours nécessaire. Le
plus souvent la satisfaction des désirs et de la gloire, loin de s'exclure, ne font qu'un ; leur unité est
la donnée première du théâtre cornélien, sur laquelle
se bâtissent ensuite les développements compliqués de
l'héroïsme[21].

Ce sont précisément ces développements et complications que nous avons examinés en grand détail
au cours de notre propre étude du théâtre de

[20] Op. cit., p.24-25.

[21] Op. cit., p. 25.

Corneille.

*   *   *

Nous avons constaté le désaccord qui règne
chez les critiques dans leurs conceptions du héros cornélien. Cette confusion n'a d'ailleurs
rien d'accidentel et les nombreuses interprétations reflètent dans une large mesure les juge-
ments de valeur personnels qu'ont portés les critiques sur l'orgueil héroïque ; aussi ne peut-on
point discerner ici de vraie progression historique,puisque des opinions analogues reviennent même lorsqu'elles ont déjà été en principe „recti-
fiées„. Cependant, ces divergences entre critiques ne se limitent pas au domaine abstrait de
la morale, mais se retrouvent aussi dans leurs
analyses contradictoires des données mêmes des
pièces. Comment expliquer deux interprétations
aussi opposées du *Cid* : d'une part, Rodrigue qui
humilie Chimène mais qui ne se montrerait pas
cruel jusqu'à l'épouser (Nadal) et, d'autre part,
Rodrigue qui exhorte sincèrement Chimène à le tuer pour venger son père, mais que Chimène, incapable d'accomplir son devoir, finira par épouser
pour se racheter (Doubrovsky) ? Chacune de ces
deux versions contient, bien sûr, un élément important de vérité. Là où elles pèchent, c'est
en ne replaçant pas l'explication partielle dans

son cadre précis.

Nous sommes au contraire partis de l'idée
qu'une étude comparative des ressemblances for-
melles entre les événements dramatiques des différentes tragédies nous permettraient d'arriver
non seulement aux divers aspects du sens mais
aussi à une intuition claire de l'importance relative de chacun d'eux. Nous avons donc voulu
faire oeuvre de „pure" critique littéraire. Tous
nos critères d'évaluation ont été tirés des pièces elles-mêmes, et nos méthodes se sont astrein-
tes à demeurer rigoureuses : partant de l'intuition que le paradoxe jouait un rôle central dans
les tragédies de Corneille (sans avoir pour cela
une idée précise de ce qu'était, en l'occurrence,
le paradoxe), nous avons cherché à déterminer,
par une série d'analyses soignées des données
dramatiques (c'est-à-dire, par de nombreux re-
tours sur les mêmes événements, mais en variant
chaque fois notre angle de perception), quelle
était la nature et quel pouvait être chez Corneille l'intérêt du paradoxe comme principe créateur.

Nous espérons avoir ainsi réussi à montrer
que le contenu des grandes pièces de Corneille
était indissociable d'une forme aussi complexe
que cachée et que, de manière non-triviale,
cette forme en *était* le sens. Au cours de notre étude des techniques du défi, il est apparu
que le sens psychologique de l'action était lié

à des procédés dramatiques extrêmement riches,
mais aussi extrêmement précis. De même, notre
examen des situations-types nous a dévoilé que,
derrière les virtuosités de raisonnement des héros cornéliens, il y avait plus que des personnages raffinant sur une morale,— il y avait une organisation logique, c'est-à-dire, des principes
d'enchaînement de situations pré-établis. Une
structure très élaborée s'est ainsi dégagée de
ce travail. L'on pourrait ici parler d'un „langage dramatique cornélien" dont les mots seraient
représentés par une série de propositions qui reviennent avec une grande régularité, —les situations-types. Ces „mots" se réfèrent à la morale héroïque, qui représente l'univers de sens
dans lequel elles se définissent (honneur, courage, etc.) et qui leur donne, par conséquent,
leur sens conventionnel ou dénotatif. A un deuxième niveau, les situations-types s'organisent
en „phrases" dont la syntaxe suit une formule
dialectique : dans les échanges entre adversaires, toute proposition exige sa contre-proposi-
tion ; soit que la réaction antithétique d'un
personnage revête la forme d'une contradiction
officielle, c'est-à-dire, d'un simple *renversement* des fonctions dramatiques (ainsi la volte-
face héroïque de Bérénice lorsqu'elle refuse la
main de Tite), soit qu'elle assume la forme d'u-
ne soumission apparente, c'est-à-dire, d'une
rencontre de ces fonctions (ainsi le retournement

du défi de Chimène par Rodrigue). A ce niveau
des „phrases", les échanges entre personnages
acquièrent une nouvelle dimension sémantique :
un sens émotif ou connotatif qui se réfère cette fois à la motivation personnelle immédiate du
personnage.

Cette double définition de la dialectique
héroïque, définition à la fois morale (abstraite) et psychologique (concrète) est nécessaire :
la rencontre de fonctions antithétiques nous
fournit l'élément de surprise dramatique, mais
ne présuppose pas de lien affectif entre les
personnages. Elle pourrait donc facilement a-
boutir à des situations implausibles ou peu intéressantes (tel le pardon d'Agésilas). En revanche, le retournement du défi implique la perception d'une note de bravade (découlant de l'affection) dans le défi de l'adversaire et justifie donc humainement les actions du héros. Cependant, l'on pourrait concevoir un emploi ironique du retournement du défi (comme, par exemple, entre Grimoald et Rodelinde). Or, ce qui
est ironique n'est pas héroïque à proprement parler : il faut qu'il y ait une raison morale derrière le défi, et que la morale voile le défi de
manière authentique (doutons-nous un seul instant que Polyeucte veuille réellement le salut
de Pauline ?).

En somme, si le principe derrière le

paradoxe est extrêmement simple,- le principe de
l'antithèse ou de la réunion des contraires,- le
jeu des forces morales, psychologiques et dramatiques qui le produisent est, lui, extrêmement
riche et complexe. Il en résulte un jaillisse-
ment du paradoxe à tous les niveaux, depuis les
vers brillamment antithétiques jusqu'au sens vivant et profond qui les anime. Il y a donc là
congruence totale entre la forme dramatique et
le sens qui motive et justifie intégralement cette forme. Ce n'est que lorsque cette parfaite
congruence disparaîtra que la forme remontera à
la surface et se laissera percevoir de manière
trop immédiate, exposant alors tout le mécanisme extérieur de la construction d'une pièce.
S'il est clair que Corneille „pensait" ses tragédies et les construisait avec un soin remarquable (témoin les charpentes symétriques au
dernier point), le degré de structure que nous
avons décrit ne *pouvait* pas être totalement cons-
cient. En effet, lorsque Corneille aurait voulu
„imiter" ses premiers succès, à un moment où sa
foi en l'idéal héroïque avait été ébranlée, il
n'a souvent réussi qu'à produire des parodies de
son propre théâtre.

Ainsi, en découvrant les principes unifica-
teurs de l'oeuvre héroïque de Corneille, nous
n'atteignons pas simplement à l'organisation interne de ses pièces, mais aussi, en quelque sorte, aux structures mêmes de son génie et,

finalement, à une compréhension plus profonde
de la nature propre de l'inspiration.

———————

BIBLIOGRAPHIE

Aubignac, François Hédelin abbé d'. *La pratique du théâtre*. Reproduction photographique de l'édition d'Amsterdam, 1715, München : Fink Verlag, 1971

Beckermann, Bernard. *Dynamics of Drama : Theory and Methods of Analysis*. New York : Knopf 1970

Bénichou, Paul. *Morales du grand siècle*. Paris : Gallimard, 1948

Bénichou, Paul. *L'écrivain et ses travaux*. Paris: Conti, 1967

Bidwell, Jean S. *Conflict in the Tragedies of Corneille*. Thèse inédite, The University of Michigan, 1971 [DAI, vol. XXXIII, No 5, November 1972, 2361-A]

Boorsch, Jean. « Remarques sur la technique dramatique de Corneille ». Dans *Studies by members of the French Department of Yale University*, ed. by Albert Feuillerat. *Yale Romanic Studies*, XVIII, New Haven : Yale University Press, 1941, p. 101-162

Boorsch, Jean. « L'invention chez Corneille. Comment Corneille ajoute à ses sources ». Dans *Essays in Honor of Albert Feuillerat. Yale Romanic Studies*, XXII, New Haven : Yale University Press, 1943, p. 115-128

Borgerhoff, E.S.O. *The Freedom of French Classicism*. Princeton : Princeton University Press, 1950

Bray, René. *La tragédie cornélienne suivant la critique classique d'après la querelle de Sophonisbe*. Paris : Hachette, 1927

Bray, René. « Essai de définition du génie cornélien ». *Nef* 4, février 1947, p. 26-34

Castro, Don Guillén de. *Las Mocedades del Cid*. Ed. Victor Said Armesto, Clásicos Castellanos, Madrid : Espasa-Calpe, 1923

Corneille, Pierre. *Oeuvres*. Edition Ch. Marty-Laveaux, 12 vol. Paris : Hachette, 1862-68

Corneille, Pierre. *Oeuvres de P. Corneille*, avec le commentaire de Voltaire sur les pièces de théâtre, et les observations critiques sur ce commentaire par le Citoyen Palissot. Tome X, *Les trois discours de P. Corneille sur l'art dramatique*. Paris : Didot l'aîné, 1801

Corneille, Pierre. *Rodogune*. Translated and edited by William G. Clubb, Lincoln : University of Nebraska Press, 1974

Corneille, Pierre. *Théâtre complet de Corneille**. Ed. Maurice Rat, 3 vol. Paris : Garnier, 1968

Couton, Georges. *La vieillesse de Corneille*. Paris : Maloine, 1949

Couton, Georges. *Corneille*. Paris : Hatier, 1958

Descotes, Maurice. *Les grands rôles du théâtre de Corneille*. Paris : Presses Universitaires de France, 1962

Dort, Bernard. *Corneille dramaturge*. Paris : L'Arche, 1957

Doubrovsky, Serge. *Corneille et la dialectique du héros*. Paris : Gallimard, 1964

Ehrmann, Jacques. « Les structures de l'échange

---

*Sauf mention contraire, toutes les citations de Corneille dans notre texte se réfèrent à cette édition.

dans *Cinna*». *Temps Modernes*, n°246, nov. 1966, p. 929-60

Fogel, Herbert. *The Criticism of Cornelian Tragedy*. New York : Exposition Press, 1967

Fumaroli, Marc. ≪ Théâtre et dramaturgie : le statut du personnage dans la tragédie cornélienne≫. *Revue d'Histoire du Théâtre*, juillet-septembre 1972, p. 223-50

Guizot, M. *Corneille et son temps : étude littéraire*. 2ème édition, Paris : Didier, 1858

Herland, Louis. *Corneille par lui-même*. Paris : Seuil, 1954

Herland, Louis. *Horace ou Naissance de l'homme*. Paris : Editions de Minuit, 1952

Hervier, Marcel. *Les écrivains français jugés par leurs contemporains*. Tome I : *Le dix-septième siècle*. Paris : Delaplane, 1910

Jasinski, René. ≪ Psychologie de Rodogune≫. *Revue d'Histoire Littéraire de la France*, XLIX, juillet-septembre 1949, p. 209-217, octobre-décembre 1949, p. 322-38

Lanson, Gustave. *Corneille*. Paris : Hachette, 1909

Lebègue, Raymond. ≪ De la Renaissance au classicisme. Le théâtre baroque en France≫. *Bibliothèque d'Humanisme et Renaissance*, II, Paris, 1942, p. 161-84

Maurens, Jacques. *La tragédie sans tragique : le néo-stoïcisme dans l'oeuvre de Pierre Corneille*. Paris : Armand Colin, 1966

May, Georges. *Tragédie cornélienne, tragédie racinienne*. Urbana : University of Illinois Press, 1948

Mérimée, Ernest. *Première partie des Mocedades del Cid de Don Guillén de Castro*. Toulouse: Privat, 1890

Mongrédien, Georges. *Recueil des textes et des*

documents du XVIIe siècle relatifs à Corneille. Paris : Centre National de la Recherche Scientifique, 1972

Nadal, Octave. *Le sentiment de l'amour dans l'oeuvre de Pierre Corneille*. Paris : Gallimard, 1948

Nelson, Robert J. *Corneille, his Heroes and their Worlds*. Philadelphia : University of Pennsylvania Press, 1963

Péguy, Charles. *Victor-Marie, comte Hugo*. Paris: Gallimard, 1935

Reiss, T.J. *Towards Dramatic Illusion : Theatrical Technique and Meaning from Hardy to "Horace"*. New Haven : Yale University Press, 1971

Riddle, Lawrence. *The Genesis and Sources of Pierre Corneille's Tragedies from "Médée" to "Pertharite"*. John Hopkins Studies in Romance Lit. & Lang., Baltimore : John Hopkins Press, 1926

Roaten, Darnell. *Structural Forms in the French Theater 1500-1700*. Philadelphia : University of Pennsylvania Press, 1960

Rousset, Jean. *La littérature de l'âge baroque en France. Circé et le paon*. 2ème édition, Paris : Corti, 1954

Saint-Evremond. *Lettres*.   Textes publiés avec introduction, notices et notes par René Ternois, 2 vol. Paris : Didier, 1967-68

Saint-Evremond. *Oeuvres en prose*. Textes publiés avec introduction, notices et notes par René Ternois, 4 vol. Paris : Didier, 1962-69

Scherer, Jacques. *La dramaturgie classique en France*. Paris : Nizet, 1950

Sellstrom, A. Donald. « The Structure of Corneille's Masterpieces ». *Romanic Review*, XLIX, 1958, p. 269-77

Stegmann, André. *L'héroïsme cornélien, genèse*

et signification. 2 vol. Paris : Colin, 1968

Sweetser, Marie-Odile. *Les conceptions dramatiques de Corneille*. Paris : Droz, 1962

Tanqueray, F.-J. ≪ La technique de la composition dans les tragédies de Corneille et de Racine≫. *Revue des Cours et Conférences*, XLI, 1940

Truchet, Jacques. *La tragédie classique en France*. Vendôme : Presses Universitaires de France, 1975

TABLE DES MATIERES

AVANT-PROPOS . . . . p. vii

INTRODUCTION . . . . p. ix

PREMIERE PARTIE : DEUX CHEFS-D'OEUVRE DU PARADOXE

I. RODOGUNE . . . . p. 3

Compte-rendu analytique, p.3. — Symétrie et
correspondances, p.13. — Deux rôles féminins
qui s'équilibrent, p. 18. — *Appendice : Médée*
ébauche de *Rodogune*, p. 22.

II. LE CID . . . . p. 25

Compte-rendu analytique, p. 25. — De Don Guillén de Castro à Corneille, p. 40. Complicité
paradoxale des amants, p. 46.

DEUXIEME PARTIE : DRAMATURGIE HEROIQUE

III. PSYCHOLOGIE DU PARADOXE :
Les techniques du défi . . . . p. 55

Le défi héroïque, p. 55. — *Tite et Bérénice*,
p. 56. — *Le Cid*, 61. — Définitions : volte-
face héroïque et retournement du défi, p. 64.
— *Polyeucte*, p. 65. — *Pompée*, p. 76. — *Cinna*,
p. 82. — *Sertorius*, p. 93. — Le défi ironique: *Pertharite*, p. 100. — Première esquisse:
Médée, p. 105. — Absence de la dialectique du

défi : *Nicomède* et *Suréna,* p. 108; *Attila,*
p. 112. — *Horace,* p. 113. — Conclusion :
dramaturgie et tactiques héroïques, p. 117.

IV. LOGIQUE DU PARADOXE :
           Les situations-types . . . . p. 120

Caractère cyclique de l'action, p. 120 ;
Le Cid, p. 121 ; *Cinna,* p. 122 ; *Polyeucte,*
p. 122 ; *Rodogune,* p. 123 ; *Pompée,* p. 124;
Horace,   p. 124. — Les échanges de propositions, p. 125. — Groupement des propositions
en familles, p. 126. — Première famille :
l'Honneur, p. 126. — Organisation interne
des familles de situations-types, p. 130.
— Deuxième famille : la Mort glorieuse, p.
132. — Troisième famille : l'Amour courtois,
p. 137. — Conclusion : emploi idéal des situations-types, p. 140. — *Appendice* : codi-
fication et exemples des situations-types,
p. 141.

V. PRIMAUTE DE LA SITUATION . . . . p. 151

Sujets ou caractères ? p. 151. — Le problème
de Rodogune, p. 152. — Aspect volontaire du
dilemme héroïque, p. 165. — Psychologie héroïque comme soutien de la situation, p. 166.
— *Théodore, vierge et martyre* : compte-rendu
analytique, p. 167 ; dualité du sujet, p. 175;
double nature de Placide, p. 177 ; parodie
des situations héroïques, p. 182. — Conditions
nécessaires au succès des situations héroïques,
p. 183. — L'intransigeance héroïque *(Cinna),*
p. 184. — Le compromis *(Pulchérie),* p. 185. —
Les changements de registre *(Sophonisbe, Don
Sanche d'Aragon, Pertharite, Sertorius),* p.
186. — Conclusion : sujet, caractères et situations, p. 191.

CONCLUSION . . . . p. 195

D'autres conceptions du héros : Nadal, p. 195;
Doubrovsky, p. 196 ; May, p. 199 ; Lanson, p.
200 ; Stegmann, p. 201 ; Bénichou et notre

conception, p. 203. — Vers des critères ob-
jectifs : définition d'une méthode, p. 205.

BIBLIOGRAPHIE . . . . p. 211

please note

We believe accurate, plain-English legal information should help you solve many of your own legal problems. But this text is not a substitute for personalized advice from a knowledgeable lawyer. If you want the help of a trained professional—and we'll always point out situations in which we think that's a good idea—consult an attorney licensed to practice in your state.

8th edition

Every Landlord's Legal Guide

by Marcia Stewart and Attorneys Ralph Warner
& Janet Portman

NOLO

Eighth Edition	MAY 2006
Legal Researcher	ALAYNA SCHROEDER
Illustrations	LINDA ALLISON
Cover Design	TONI IHARA
Book Design	TERRI HEARSH
CD-ROM Preparation	ANDRÉ ZIVKOVICH
Proofreading	ROBERT WELLS
Index	THÉRÈSE SHERE
Printing	CONSOLIDATED PRINTERS, INC.

Stewart, Marcia.
    Every landlord's legal guide / by Marcia Stewart, Ralph Warner & Janet Portman.--
8th ed.
        p. cm.
    ISBN 1-4133-0414-1 (alk. paper)
    1. Landlord and tenant--United States--Popular works. 2. Leases--United
States--Popular works. 3. Rent--United States--Popular works. I. Warner, Ralph E. II.
Portman, Janet. III. Title

    KF590.Z9S74 2006
    346.7304'34--dc22

                                                                    2005058990

For information on bulk purchases or corporate premium sales, please contact the Special Sales
Department. For academic sales or textbook adoptions, ask for Academic Sales. Call 800-955-4775
or write to Nolo at 950 Parker Street, Berkeley, CA 94710.

About Our Cover

Astrid plays an integral role at Guide Dogs for the
Blind (www.guidedogs.com)—her pups become
loyal helpers and confidence-boosters to visually
impaired people. In much the same way, Nolo books
and software will guide you step by step through the
unfamiliar legal tangles of life's big events.

Acknowledgments

We couldn't have written this book without the assistance and support of many people.

We'd like to especially acknowledge David Brown, author of Nolo's *The California Landlord's Law Books,* who contributed many creative ideas to this book. We owe special thanks to Terri Hearsh, superb book designer, and to Alayna Schroeder, legal researcher extraordinaire, for their invaluable assistance with this book. Thanks also to Toni Ihara for her colorful redesigns of the cover of each new edition, André Zivkovich for his meticulous work preparing the CD-ROM, and Ella Hirst and Daniel Portman for their legal research for previous editions of the book.

Nolo's original Landlords' Team deserves much of the credit for this book. Our sincerest thanks to the Team members who made this work a pleasure:

Mary Randolph, a fantastic editor whose sharp pen and cheerful spirit were invaluable

Jackie Mancuso for her wonderful cover of this book, and for her patience and friendship in seeing this book through

Patti Gima for her tremendous legal research and database design help

Stan Jacobsen for his research assistance and willingness and competence to take on any task, and

Jaleh Doane for her creative marketing and copy ideas.

Many other Nolo people contributed to this book. Thanks also to:

Ely Newman, who did a great job designing the original Forms CD

Nolo editors Barbara Kate Repa and Robin Leonard, whose expertise and friendship contributed greatly to this book, and

Stephanie Harolde for help preparing the manuscript

All the other wonderful Nolo people who contributed in many different ways to this book, especially Nolo editors and authors Shae Irving, Steve Elias, Amy DelPo, Lisa Guerin, Steve Fishman, and Tony Mancuso.

Thanks to the staff and members of the National Apartment Association and the Joint Legislative Committee of the NAA and the Multi Housing Council, especially Clarine Nardi Riddle and Barbara Vassallo, who generously shared their expertise regarding many of the issues in this book.

Michael Mansel of Insurance Associates in Walnut Creek, California, offered invaluable suggestions on the insurance sections of this book.

Finally, thanks to Linda Allison for her clever illustrations.

About the Authors

Marcia Stewart is the coauthor of *Every Tenant's Legal Guide, Renters' Rights,* and *Leases & Rental Agreements,* and the editor of Nolo's *LeaseWriter Plus* software for landlords. Marcia received a Master's degree in Public Policy from the University of California at Berkeley.

Ralph Warner is Nolo's Cofounder. He has dedicated his professional life to making plain-English legal information accessible and affordable to all Americans. He has written: "At a time when few Americans can afford lawyers, reforming our legal system to allow them to self-represent is a matter of simple justice." Ralph is the author of a number of self-help law titles, including *Everybody's Guide to Small Claims Court, Get a Life,* and many landlord/tenant and real estate publications. He holds a law degree from Boalt Hall School of Law at the University of California at Berkeley.

Janet Portman, an attorney and Nolo's Managing Editor, received undergraduate and graduate degrees from Stanford and a law degree from Santa Clara University. She is an expert on landlord-tenant law and the coauthor of *Every Tenant's Legal Guide, Renters' Rights, The California Landlord's Law Book: Rights and Responsibilities, California Tenant's Rights, Leases & Rental Agreements,* and *Negotiate the Best Lease for Your Business.* As a practicing attorney, she specialized in criminal defense, conducting trials and preparing and arguing appeals before the Court of Appeal and the California Supreme Court.

Table of Contents

How Landlords Can Use This Book

A. What This Book Covers—And How to Use It 2

B. What This Book Doesn't Cover 3

C. Guide to Icons Used in This Book 4

1 Screening Tenants: Your Most Important Decision

A. Avoiding Fair Housing Complaints and Lawsuits 6

B. How to Advertise Rental Property 6

C. Renting Property That's Still Occupied 8

D. Dealing With Prospective Tenants and Accepting Rental Applications 9

E. Checking References, Credit History, and More 16

F. Choosing—And Rejecting—An Applicant 25

G. Finder's Fees and Holding Deposits 28

2 Preparing Leases and Rental Agreements

A. Which Is Better, a Lease or a Rental Agreement? 34

B. Using the Forms in This Book 36

C. Completing the Lease or Rental Agreement Form 37

D. Changing a Lease or Rental Agreement 60

E. Signing a Lease or Rental Agreement 61

F. About Cosigners 61

3 Basic Rent Rules

A. How Much Can You Charge? 72

B. Rent Control 72

C. When Rent Is Due 76

D. Where and How Rent Is Due 77

E. Late Charges and Discounts for Early Payments 79

F. Returned Check Charges 81

G. Partial or Delayed Rent Payments 81

H. Raising the Rent 82

4 Security Deposits

A. Purpose and Use of Security Deposits 86

B. Dollar Limits on Deposits 87

C. How Much Deposit Should You Charge? 88

D. Last Month's Rent 90

E. Interest and Accounts on Deposits 91

F. Nonrefundable Deposits and Fees 93

G. How to Increase Deposits 94

H. Handling Deposits When You Buy or Sell Rental Property 94

5 Discrimination

A. Legal Reasons for Rejecting a Rental Applicant 96

B. Sources of Antidiscrimination Laws 99

C. Types of Illegal Discrimination 102

D. Valid Occupancy Limits 116

E. Managers and Discrimination 120

F. Unlawful Discrimination Complaints 121

G. Insurance Coverage in Discrimination Claims 122

6 Property Managers

A. Hiring Your Own Resident Manager 127

B. How to Prepare a Property Manager Agreement 133

C. Your Legal Obligations as an Employer 138

D. Management Companies 141

E. Your Liability for a Manager's Acts 145

F. Notifying Tenants of the Manager 147

G. Firing a Manager 147

H. Evicting a Manager 148

7 Getting the Tenant Moved In

A. Inspect the Rental Unit 150

B. Photograph the Rental Unit 156

C. Send New Tenants a Move-In Letter..156

D. Cash Rent and Security Deposit Checks..159

E. Organize Your Tenant Records 159

F. Organize Income and Expenses for Schedule E..........................161

8 Cotenants, Sublets, and Assignments

A. Cotenants..164

B. What to Do When a Tenant Wants to Sublet or Assign 169

C. When a Tenant Brings in a Roommate...175

D. Guests and New Occupants You Haven't Approved.....................178

9 Landlord's Duty to Repair and Maintain the Premises

A. The Implied Warranty of Habitability 183

B. How to Meet Your Legal Responsibilities 186

C. Tenant Responses to Unfit Premises: Paying Less Rent 193

D. Tenant Responses: Calling Inspectors, Filing Lawsuits, and Moving Out......201

E. Minor Repairs...205

F. Delegating Landlord's Responsibilities to Tenants 209

G. Avoiding Problems by Adopting a Good Maintenance and Repair System 212

H. Tenant Updates and Landlord's Regular Safety and Maintenance Inspections..217

I. Tenants' Alterations and Improvements 222

J. Cable TV Access...224

K. Satellite Dishes and Antennas 227

10 Landlord's Liability for Dangerous Conditions

A. Landlord Liability for Tenant Injuries..234

B. If a Tenant Is at Fault, Too 243

C. How Much Money the Tenant May Be Entitled To.......................243

D. How to Prevent Liability Problems 244

E. Liability and Other Types of Property Insurance 247

11 Landlord's Liability for Environmental Health Hazards

A. Asbestos...254

B. Lead...257

C. Radon...266

D. Carbon Monoxide...267

E. Mold...268

12 Landlord's Liability for Criminal Acts and Activities

A. Your Responsibility to Keep Tenants Safe...275

B. How to Protect Your Tenants From Criminal Acts...................................283

C. Protecting Tenants From Each Other..292

D. Landlords and the Fight Against Terrorism..295

E. Your Responsibility for an Employee's Criminal Acts..............................297

F. Protecting Neighbors From Drug-Dealing Tenants..................................298

13 Landlord's Right of Entry and Tenants' Privacy

A. General Rules of Entry...306

B. Entry in Case of Emergency...308

C. Entry With the Permission of the Tenant..309

D. Entry to Make Repairs or Inspect the Property..310

E. Entry to Show Property to Prospective Tenants or Buyers.......................313

F. Entry After the Tenant Has Moved Out..314

G. Entry by Others..315

H. Other Types of Invasions of Privacy..316

I. What to Do When Tenants Unreasonably Deny Entry.............................318

J. Tenants' Remedies If a Landlord Acts Illegally..319

14 Ending a Tenancy

A. Changing Lease or Rental Agreement Terms...322

B. How Month-to-Month Tenancies End..323

C. How Leases End..329

D. If the Tenant Breaks the Lease..331

E. When a Tenant Dies..338

F. Condominium Conversions...340

15 Returning Security Deposits and Other Move-Out Issues

A. Preparing a Move-Out Letter 342

B. Inspecting the Unit When a Tenant Leaves 345

C. Applying the Security Deposit to the Last Month's Rent............................346

D. Basic Rules for Returning Deposits 347

E. Deductions for Cleaning and Damage 347

F. Deductions for Unpaid Rent 351

G. Preparing an Itemized Statement of Deductions 353

H. Mailing the Security Deposit Itemization 360

I. Security Deposits From Cotenants..360

J. If a Tenant Sues You...361

K. If the Deposit Doesn't Cover Damage and Unpaid Rent............................364

L. What to Do With Property Abandoned by a Tenant 366

16 Problems With Tenants: How to Resolve Disputes Without a Lawyer

A. Negotiating a Settlement: Start by Talking..372

B. When Warning Notices Are Appropriate..375

C. Understanding Mediation...375

D. Using Arbitration 379

E. Representing Yourself in Small Claims Court 379

F. How to Avoid Charges of Retaliation 381

17 Terminations and Evictions

A. The Landlord's Role in Evictions 386

B. Termination Notices 387

C. Late Rent..388

D. Other Tenant Violations of the Lease or Rental Agreement.........................392

E. Violations of a Tenant's Legal Responsibilities 393

F. Tenant's Illegal Activity on the Premises...393

G. How Eviction Lawsuits Work 394

H. Illegal "Self-Help" Evictions..400

I. Stopping Eviction by Filing for Bankruptcy...404

18 Lawyers and Legal Research

A. Finding a Lawyer..408

B. Types of Fee Arrangements With Lawyers..411

C. Saving on Legal Fees...412

D. Resolving Problems With Your Lawyer 414

E. Attorney Fees in a Lawsuit...414

F. Doing Your Own Legal Research...415

G. Where to Find State, Local, and Federal Laws...415

H. How to Research Court Decisions 417

Appendixes

A State Landlord-Tenant Law Charts

Attachment to Florida Leases and Rental Agreements

State Landlord-Tenant Statutes 421

State Rent Rules...422

Notice Required to Change or Terminate a Month-to-Month Tenancy 424

State Security Deposit Rules 427

States That Require Landlords to Pay Interest on Deposits 433

State Laws on Rent Withholding and Repair and Deduct Remedies...............................435

State Laws on Landlord's Access to Rental Property...437

State Laws on Handling Abandoned Property 439

State Laws Prohibiting Landlord Retaliation 440

State Laws on Termination for Nonpayment of Rent 442

State Laws on Termination for Violation of Lease..445

State Laws on Unconditional Quit 447

B How to Use the CD-ROM

A. Installing the Form Files Onto Your Computer..456

B. Using the Word Processing Files to Create Documents 456

C. Using PDF Files to Print Out Forms 458

D. Files Provided on the Forms CD-ROM..459

C Tear-Out Forms

Rental Application

Consent to Contact References and Perform Credit Check

Tenant References

Notice of Denial Based on Credit Report or Other Information

Notice of Conditional Acceptance Based on Credit Report or Other Information

Receipt and Holding Deposit Agreement

Month-to-Month Residential Rental Agreement

Month-to-Month Residential Rental Agreement (Spanish Version)

Fixed-Term Residential Lease

Fixed-Term Residential Lease (Spanish Version)

Cosigner Agreement

Agreement for Delayed or Partial Rent Payments

Property Manager Agreement

Landlord-Tenant Checklist

Move-In Letter

Landlord-Tenant Agreement to Terminate Lease

Consent to Assignment of Lease

Letter to Original Tenant and New Cotenant

Resident's Maintenance/Repair Request

Time Estimate for Repair

Semiannual Safety and Maintenance Update

Agreement Regarding Tenant Alterations to Rental Unit

Disclosure of Information on Lead-Based Paint and/or Lead-Based Paint Hazards

Disclosure of Information on Lead-Based Paint and/or Lead-Based Paint Hazards
(Spanish Version)

Protect Your Family From Lead in Your Home Pamphlet

Protect Your Family From Lead in Your Home Pamphlet (Spanish Version)

Notice of Intent to Enter Dwelling Unit

Amendment to Lease or Rental Agreement

Tenant's Notice of Intent to Move Out

Move-Out Letter

Letter for Returning Entire Security Deposit

Security Deposit Itemization (Deductions for Repairs and Cleaning)

Security Deposit Itemization (Deductions for Repairs, Cleaning, and Unpaid Rent)

Warning Letter for Lease or Rental Agreement Violation

Index

How Landlords Can Use This Book

A. What This Book Covers—And How to Use It 2

B. What This Book Doesn't Cover...3

C. Guide to Icons Used in This Book...4

This book is a complete legal guide for anyone who owns or manages rental property in the U.S. This introductory chapter provides an overview of what *Every Landlord's Legal Guide* covers and how it's organized.

A. What This Book Covers—And How to Use It

Every Landlord's Legal Guide covers the key laws affecting landlords in all 50 states and includes the forms needed to rent and manage residential property. Our goal is to clearly explain what the law requires of a landlord, as applied and interpreted by real people coping with real problems.

The book provides a chronological treatment of subjects important to landlords, from taking rental applications for vacant apartments to returning security deposits when a tenant moves out, and everything in between—including preparing a lease; hiring a property manager; providing notice when you need to enter a tenant's apartment; and dealing with tenants who pay rent late, make too much noise, or cause other problems. It covers both straightforward procedures (such as how to run a credit check) and more tricky situations that may arise (such as what to do when a tenant brings in a roommate on the sly).

We've tried to make this book as accessible as possible, so you can easily find answers to your legal questions. The main table of contents at the front of the book provides an overview of the 18 chapters, covering key topics such as security deposits and landlord liability for dangerous conditions. It also lists the dozens of 50-state law charts and legal forms you'll find in the appendixes. Each chapter has a more detailed table of contents and provides cross-references to related topics—for example, Chapter 5 (the main chapter on discrimination) refers you to Chapter 1 (on screening tenants) for advice on how to avoid discrimination when choosing tenants. You can also use the index at the back of the book to find the exact pages that cover your legal issue or question.

Our approach involves four steps:

1. **Know the law.** This book covers most key laws affecting landlords in all 50 states—from meeting your repair and maintenance responsibilities to complying with tenants' privacy rights. Throughout this book and in a special appendix (Appendix A, State Landlord-Tenant Law Charts) you'll find dozens of charts listing the specific rules for all 50 states on a particular topic, such as restrictions on late rent fees or the amount of notice required to terminate a tenancy for a lease violation.

2. **Get it in writing.** Whenever possible, we give you the tools you need to head off legal problems, including dozens of form letters, notices, and agreements—from a rental application to a warning letter for a lease violation. These are usually included in both tear-out form (Appendix C) and on the Forms CD in the back of this book.

3. **Adopt policies that exceed the letter of the law.** Like any good business, you'll do best with a customer-friendly approach that guards your legal interests at the same time your customers (tenants) feel that your practices are fair and reasonable. In the long run, this approach will help you attract the best possible tenants—which will almost guarantee success. Once you understand what the law requires (for example, how and when a departing tenant's deposit must be returned), it's usually easy to adopt procedures that meet or even exceed legal requirements.

   We have also tried to suggest ways that you, as a conscientious landlord, can both comply with the law and make a decent profit at the same time. Stripped down to one sentence, we believe this involves choosing tenants carefully; keeping good tenants happy; teaching mediocre tenants how to improve; and getting rid of bad tenants by applying policies that are strict, fair, and legal.

4. **Establish a relationship with an experienced landlord-tenant lawyer.** Inevitably, legal questions and problems will come up. Before, not after, you get into legal hot water, you need to line up a lawyer. Throughout this book, we will always let you know when you should seek legal advice—for example, in a personal injury lawsuit or to defend a tenant's discrimination claim.

Rentals in Condominiums or Townhouses

If you are renting out your condominium or townhouse, use this book in conjunction with your homeowners' association's CC&Rs (covenants, codes, and restrictions). These rules may affect how you structure the terms and conditions of the rental and how your tenants may use the unit. For example, many condominiums control the number of vehicles that can be parked on the street. If your association has a rule like this, your renters will need to comply with it, and you cannot rent to tenants with too many vehicles without running afoul of the rules.

You need to be aware that an association rule may be contrary to federal, state, or local law. For instance, an association rule that banned all persons of a certain race or religion from the property would not be upheld in court. And owners of condominium units in rent-controlled areas must comply with the ordinance, regardless of association rules to the contrary. Unfortunately, it's not always easy to know whether an association rule will pass legal muster. To know whether a particular rule is legally permissible is an inquiry that, in some cases, is beyond the scope of this book.

B. What This Book Doesn't Cover

This book explains the main laws and regulations covering residential property, except for the preparation of eviction papers, which are covered by very specific laws and procedures.

This book also does not cover the following types of rentals:

- **Hotel rooms.**
- **Spaces or units in mobile home parks or marinas.** These situations are governed by entirely different sets of laws. Contact your state consumer protection agency for advice. For a list of state consumer protection agencies, go to the Consumer Action website maintained by the Federal Citizen Information Center at http://consumeraction.gov.
- **Public housing.** Managers who work in government-owned housing must comply with the legal and practical framework imposed by the federal, state, or local agency that owns the housing. While many of the principles explained in this book will apply, you'll need to check first with the agency that runs the housing.
- **Section 8 landlords.** Private landlords may choose to participate in the federally subsidized program known as "Section 8" (named after the paragraph in the federal regulations that established the program). Section 8 housing is described in more detail in Chapter 5, Section C. Section 8 landlords use the lease supplied by the housing authority that administers the program.
- **Live/work units, such as lofts.** While these rentals are subject to state laws governing residential units, you may have additional requirements (imposed by building codes) that pertain to commercial property as well. Check with your local building inspector's office for the rules governing live/work units.
- **Commercial space for your business.** These spaces are governed by entirely different sets of laws. Nolo publishes a specific book on the subject, *Negotiate the Best Lease for Your Business*, by Janet Portman and Fred Steingold. Though intended primarily for use by tenants, landlords will also benefit from the book's explanations of common leasing terms and issues.

Special Resources for California Landlords

This book covers residential landlord-tenant law in all 50 states, including California. If you own rental property in California, however, we strongly encourage you to check out the following Nolo titles, written specifically for landlords in California. These books provide comprehensive coverage of landlord-tenant law, from move-ins to evictions, including rent control and rent stabilization rules. They include leases and rental agreements specifically tailored to California landlords and rental property.

The California Landlord's Law Book: Rights & Responsibilities, by David Brown and Janet Portman.

The California Landlord's Law Book: Evictions, by David Brown.

For order information, check www.nolo.com or call 800-728-3555. You can also find Nolo books at public libraries and bookstores.

C. Guide to Icons Used in This Book

Here is a list of the symbols you'll see throughout this book and what they mean:

This is a caution to slow down and consider potential problems you may encounter when renting out apartments and residential property.

This icon means that you may be able to skip some material that doesn't apply to your situation.

This icon alerts you to a practical tip or good idea.

The form discussed in the text is on the Forms CD included with this book, and a tear-out copy is in Appendix C.

This icon refers you to related information in another chapter of this book.

This icon refers you to organizations, books, and other resources for more information about the particular issue or topic discussed in the text.

This icon lets you know when you probably need the advice of a lawyer who specializes in landlord-tenant law.

This icon is for landlords in rent control cities. It alerts you to check the ordinance for special rules that may apply.

Get a Little Help From Your Friends

Many landlords have discovered the value of belonging to a local or state association of rental property owners. These organizations, which range from small, volunteer-run groups of landlords to substantial organizations with paid staff and lobbyists, offer a wide variety of support and services to their members. Here are some services that may be available from your landlords' association:

- legal information and updates through newsletters, publications, seminars, and other means
- tenant screening and credit check services
- training and practical advice on compliance with legal responsibilities, and
- a place to meet other rental property owners and exchange information and ideas.

If you can't find an association of rental property owners in your phone book, ask other landlords for references. You can also contact the National Apartment Association (NAA), a national organization whose members include many individual state associations:

National Apartment Association
201 North Union Street, Suite 200
Alexandria, VA 22314
703-518-6141
www.naahq.org

Screening Tenants: Your Most Important Decision

A. Avoiding Fair Housing Complaints and Lawsuits...6

B. How to Advertise Rental Property 6

C. Renting Property That's Still Occupied...8

D. Dealing With Prospective Tenants and Accepting Rental Applications.........................9

    1. Take Phone Calls From Prospective Tenants 9

    2. Have Interested Tenants Complete a Rental Application 10

    3. Request Proof of Identity and Immigration Status 15

E. Checking References, Credit History, and More 16

    1. Check With Previous Landlords and Other References 16

    2. Verify Income and Employment 17

    3. Obtain a Credit Report 17

    4. Verify Bank Account Information 23

    5. Review Court Records 23

    6. Use Megan's Law to Check State Databases..23

F. Choosing—And Rejecting—An Applicant...25

    1. What Information Should You Keep on Rejected Applicants? 25

    2. How to Reject an Applicant 26

    3. Conditional Acceptances 28

G. Finder's Fees and Holding Deposits 28

    1. Finder's Fees 28

    2. Holding Deposits 28

Choosing tenants is the most important decision any landlord makes, and to do it well you need a reliable system. Follow the steps in this chapter to maximize your chances of selecting tenants who will pay their rent on time, keep their units in good condition, and not cause you any legal or practical problems later.

Before you advertise your property for rent, make a number of basic decisions—including how much rent to charge, whether to offer a fixed-term lease or a month-to-month tenancy, how many tenants can occupy each rental unit, how big a security deposit to require, and whether you'll allow pets. Making these important decisions should dovetail with writing your lease or rental agreement. (See Chapter 2.)

A. Avoiding Fair Housing Complaints and Lawsuits

Federal and state antidiscrimination laws limit what you can say and do in the tenant selection process. Because the topic of discrimination is so important we devote a whole chapter to it later in the book (Chapter 5), including legal reasons for refusing to rent to a tenant and how to avoid discrimination in your tenant selection process. You should read Chapter 5 before you run an ad or interview prospective tenants. For now, keep in mind four important points:

1. **You are legally free to choose among prospective tenants as long as your decisions are based on legitimate business criteria.** You are entitled to reject applicants with bad credit histories, income that you reasonably regard as insufficient to pay the rent, or past behavior—such as property damage or consistent late rent payments—that makes someone a bad risk. A valid occupancy limit that is clearly tied to health and safety or legitimate business needs can also be a legal basis for refusing tenants. It goes without saying that you may legally refuse to rent to someone who can't come up with the security deposit or meet some other condition of the tenancy.

2. **Fair housing laws specify clearly illegal reasons to refuse to rent to a tenant.** Federal law prohibits discrimination on the basis of race, religion, national origin, gender, age, familial status, or physical or mental disability (including recovering alcoholics and people with a past drug addiction). Many states and cities also prohibit discrimination based on marital status or sexual orientation.

3. **Anybody who deals with prospective tenants must follow fair housing laws.** This includes owners, landlords, managers, and real estate agents, and all of their employees. As the property owner, you may be held legally responsible for your employees' discriminatory statements or conduct, including sexual harassment. (Chapter 6, Section E, explains how to protect yourself from your employee's illegal acts.)

4. **Consistency is crucial when dealing with prospective tenants.** If you don't treat all tenants more or less equally—for example, if you arbitrarily set tougher standards for renting to a member of a racial minority—you are violating federal laws and opening yourself up to lawsuits.

B. How to Advertise Rental Property

You can advertise rental property in many ways:
- putting an "Apartment for Rent" sign in front of the building or in one of the windows
- taking out newspaper ads
- posting flyers on neighborhood bulletin boards, such as the local laundromat or coffee shop
- listing with a local homefinders' or apartment-finding service that provides a centralized listing of rental units for a particular geographic area
- Posting a notice online (see "Online Apartment Listing Services," below, for details)
- listing with a local real estate broker that handles rentals
- hiring a property management company, which will advertise your rentals as part of the management fee
- posting a notice with a university, alumni, or corporate housing office, or
- buying ads in apartment rental guides or magazines.

Online Apartment Listing Services

Dozens of online services now make it easy to reach potential tenants, whether they already live in your community or are moving from out of state.

Community posting boards allow you to list your rentals at no or low charge and are a good place to start. *Craigslist*, one of the most established community boards, has local sites for many major metropolitan areas, including San Francisco, New York City, Atlanta, Miami, Phoenix, Chicago, Washington, DC, and Boston. Check out www.craigslist.org for details.

National apartment listing services are also available, with the largest ones representing millions of apartment units in the United States. Some of the most established are:

- www.homestore.com
- www.apartments.com
- www.rent.com
- www.apartmentguide.com, and
- www.forrent.com.

These national sites offer a wide range of services, from simple text-only ads that provide basic information on your rental (such as the number of bedrooms) to full-scale virtual tours and floor plans of the rental property. Prices vary widely depending on the type of ad, how long you want it to run, and any services you purchase (some websites provide tenant-screening services).

The kind of advertising that will work best depends on a number of factors, including the characteristics of the particular property (such as rent, size, amenities), its location, your budget, and whether you are in a hurry to rent. Many smaller landlords find that instead of advertising widely and having to screen many potential tenants in an effort to sort the good from the bad, it makes better sense to market their rentals through word of mouth—telling friends, colleagues, neighbors, and current tenants. After all, people who already live in your property will want decent neighbors. For example,

if you know a vacancy is coming up, you might visit or send a note to all tenants whom you or your manager think well of. Ask them to tell friends or relatives about the available apartment.

If you do advertise your units, try to target your ads as narrowly as possible to produce the pool of prospective tenants you want. For example, if you rent primarily to college students, your best bet is the campus newspaper or housing office.

To stay out of legal hot water when you advertise, just follow these simple rules.

Describe the rental unit accurately. Your ad should be easy to understand and scrupulously honest. Also, as a practical matter, you should avoid abbreviations and real estate jargon in your ad. Include basic details, such as:

- rent
- size—particularly number of bedrooms and baths
- location—either the general neighborhood or street address
- lease or month-to-month rental agreement
- special features—such as fenced-in yard, view, washer/dryer, fireplace, remodeled kitchen, furnished, garage parking, doorman, hardwood floors, or wall-to-wall carpeting
- phone number or email for more details (unless you're going to show the unit only at an open house and don't want to take calls), and
- date and time of any open house.

Read other ads to get good ideas. Some landlords find that writing a very detailed ad cuts down on the time they spend answering questions on the phone or taking calls from inappropriate tenants.

If you have any important rules (legal and non-discriminatory), such as no pets, put them in your ad. Letting prospective tenants know about your important policies can save you or your manager from talking to a lot of unsuitable people. For example, your ad might say you require credit checks in order to discourage applicants who have a history of paying rent late. However, it's optional, because the wording of your ad does not legally obligate you to rent on any particular terms. In other words, just because your ad doesn't specify "no pets," you are not obligated to rent to someone with two Dobermans.

Be sure your ad can't be construed as discriminatory. The best way to do this is to focus only on the rental property—not on any particular type of tenant. Specifically, ads should never mention sex, race, religion, disability, or age (unless yours is really legally sanctioned senior citizens housing). And ads should never imply through words, photographs, or illustrations that you prefer to rent to people because of their age, sex, or race. For example, an ad in an environmental or church newsletter that contains a drawing of a recognizably white (or black or Asian) couple with no children might open you to an accusation of discrimination based on race, age, and familial status (prohibiting children).

Quote an honest price in your ad. If a tenant who is otherwise acceptable (has a good credit history and impeccable references and meets all the criteria laid out in Section E, below) shows up promptly and agrees to all the terms set out in your ad, you may violate false advertising laws if you arbitrarily raise the price. This doesn't mean you are always legally required to rent at your advertised price, however. If a tenant asks for more services or different lease terms that you feel require more rent, it's fine to bargain and raise your price, as long as your proposed increase doesn't violate local rent control laws.

Don't advertise something you don't have. Some large landlords, management companies, and rental services have advertised units that weren't really available in order to produce a large number of prospective tenants who could then be directed to higher-priced or inferior units. Such bait-and-switch advertising is clearly illegal under consumer fraud laws, and many property owners have been prosecuted for such practices. So if you advertise a sunny two-bedroom apartment next to a rose garden for $500 a month, make sure that the second bedroom isn't a closet, the rose garden isn't a beetle-infested bush, and the $500 isn't the first week's rent.

Keep in mind that even if you aren't prosecuted for breaking fraud laws, your advertising promises can still come back to haunt you. A tenant who is robbed or attacked in what you advertised as a "high-security building" may sue you for medical bills, lost earnings, and pain and suffering. (See Chapter 12 for details.)

C. Renting Property That's Still Occupied

Often, you can wait until the old tenant moves out to show a rental unit to prospective tenants. This gives you the chance to refurbish the unit and avoids problems such as promising the place to a new tenant, only to have the existing tenant not move out on time or leave the place a mess.

To eliminate any gap in rent, however, you may want to show a rental unit while its current tenants are still there. This can create a conflict; in most states, you have a right to show the still-occupied property to prospective tenants, but your current tenants are still entitled to their privacy. (For details on access rules, see Chapter 13.)

To minimize disturbing your current tenant, follow these guidelines:

- Before implementing your plans to find a new tenant, discuss them with outgoing tenants, so you can be as accommodating as possible.
- Give current tenants as much notice as possible before entering and showing a rental unit to prospective tenants. State law usually requires at least one or two days. (See Chapter 13 for details.)

- Try to limit the number of times you show the unit in a given week, and make sure your current tenants agree to any evening and weekend visits.

- Consider reducing the rent slightly for the existing tenant if showing the unit really will be an imposition.

- If possible, avoid putting a sign on the rental property itself, since this almost guarantees that your existing tenants will be bothered by strangers. Or, if you can't avoid putting up a sign, make sure any sign clearly warns against disturbing the occupant and includes a telephone number for information. Something on the order of "For Rent: Shown by Appointment Only. Call 555-1700. DO NOT DISTURB OCCUPANTS" should work fine.

If, despite your best efforts to protect their privacy, the current tenants are uncooperative or hostile, wait until they leave before showing the unit. Also, if the current tenant is a complete slob or has damaged the place, you'll be far better off to apply paint and elbow grease before trying to rerent it.

D. Dealing With Prospective Tenants and Accepting Rental Applications

It's good business, as well as a sound way to protect yourself from future legal problems, to carefully screen prospective tenants.

1. Take Phone Calls From Prospective Tenants

If you show rental property only at open houses and don't list a phone number in your ads, skip ahead to Section 2, below.

When prospective tenants call about the rental, it's best to describe all your general requirements—rent, deposits, pet policy, move-in date, and the like—and any special rules and regulations up front. This helps you avoid wasting time showing the unit to someone who simply can't qualify—for example, someone who can't come up with the security deposit. Describing your general requirements

and rules up front can also help avoid charges of discrimination, which can occur when a member of a racial minority or a single parent is told key facts so late in the process that she jumps to the conclusion that you've made up new requirements just to keep her out.

Also be sure to tell prospective tenants about the kind of personal information they'll be expected to supply on an application, including phone numbers of previous landlords and credit and personal references.

Getting a Unit Ready for Prospective Tenants

It goes without saying that a clean rental unit in good repair will rent more easily than a rundown hovel. And, in the long run, it pays to keep your rental competitive. Before showing a rental unit, make sure the basics are covered:

- Clean all rooms and furnishings, floors, walls, and ceilings—it's especially important that the bathroom and kitchen are spotless.

- Remove all clutter from closets, cupboards, and surfaces.

- Take care of any insect or rodent infestations.

- Make sure that the appliances and fixtures work. Repair leaky faucets and frayed cords, and check the unit for anything that might cause injury or violate health and safety codes. (Chapter 9 discusses state and local health and safety laws.)

- Cut the grass, trim shrubbery, and remove all trash and debris on the grounds.

- Update old fixtures and appliances, and repaint and replace the carpets if necessary.

If the previous tenant left the place in good shape, you may not need to do much cleaning before showing it to prospective tenants. To make this more likely, be sure to send outgoing tenants a move-out letter describing your specific cleaning requirements and conditions for returning the tenant's security deposit. (Chapter 15 discusses move-out letters.)

⚠️ **Show the property to and accept applications from everyone who's interested.** Even if, after talking to someone on the phone, you doubt that a particular tenant can qualify, it's best to politely take all applications. Refusing to take an application may unnecessarily anger a prospective tenant, and may make the applicant more likely to look into the possibility of filing a discrimination complaint. And discriminating against someone simply because you don't like the sound of their voice on the phone (called linguistic profiling) is also illegal and may result in a discrimination claim (as discussed in Chapter 5, Section C). Accept applications from anyone who's interested and make decisions about who will rent the property later. Be sure to keep copies of all applications. (See discussion of record keeping in Section F, below.)

2. Have Interested Tenants Complete a Rental Application

To avoid legal problems and choose the best tenant, ask all prospective tenants to fill out a written rental application that includes information on the applicant's employment, income, and credit; Social Security and driver's license numbers or other identifying information; past evictions or bankruptcies; and references.

A sample Rental Application is shown below.

💿 The Forms CD includes a copy of the Rental Application. You'll also find a blank tear-out version in Appendix C at the back of this book.

Before giving prospective tenants a Rental Application, complete the box at the top, filling in the property address, rental term, first month's rent, and any deposit or credit check fee tenants must pay before moving in. Here are some basic rules for accepting rental applications:

Give an application to all adult applicants. Each prospective tenant—everyone age 18 or older who wants to live in your rental property—should completely fill out a written application. This is true whether you're renting to a married couple or to unrelated roommates, a complete stranger, or the cousin of your current tenant.

Insist on a completed application. Always make sure that prospective tenants complete the entire Rental Application, including Social Security number (SSN), driver's license number, or other identifying information (such as a passport number); current employment; and emergency contacts. You may need this information later to track down a tenant who skips town leaving unpaid rent or abandoned property. Also, you may need the Social Security number or other identifying information, such as a passport, to request an applicant's credit report.

You may encounter an applicant who does not have an SSN (only citizens or immigrants authorized to work in the United States can obtain one). For example, someone with a student visa will not normally have an SSN. If you categorically refuse to rent to applicants without SSNs, and these applicants happen to be foreign students, you're courting a fair housing complaint.

Fortunately, nonimmigrant aliens (such as people lawfully in the U.S. who don't intend to stay here permanently, and even those who are here illegally) can obtain an alternate piece of identification that will suit your needs as well as an SSN. It's called an Individual Taxpayer Identification Number (ITIN), and is issued by the IRS to people who expect to pay taxes. Most people who are here long enough to apply for an apartment will also be earning income while in the U.S. and will therefore have an ITIN. Consumer reporting agencies and tenant screening companies can use an ITIN to find the information they need to effectively screen an applicant. On the Rental Application, use the line "Other Identifying Information" for an applicant's ITIN.

⚠️ **Do not consider an ITIN number as proof of legal status in the U.S.** The IRS does not research the taxpayer's immigration status before handing out the number.

Check for a signature and consider getting a separate credit check authorization. Be sure all potential tenants sign the Rental Application, authorizing you to verify the information and

Rental Application

Separate application required from each applicant age 18 or older.

Date and time received by landlord _____

Credit check fee __$35_____ Received _____

THIS SECTION TO BE COMPLETED BY LANDLORD

Address of Property to Be Rented: _178 West 81st St., Apt. 4F_____

Rental Term: ☐ month-to-month ☑ lease from _____March 1, 200X_____ to _February 28, 200X_

Amounts Due Prior to Occupancy

First month's rent .... $_____1,500_____

Security deposit .... $_____1,500_____

Other (specify): __Broker's fee_____ $_____1,500_____

TOTAL.................... $_____4,530_____

Applicant

Full Name—include all names you use(d): _Hannah Silver_____

Home Phone: (609) _555-3789_____ Work Phone: (609) _555-4567_____

Social Security Number: _123-000-4567_____ Driver's License Number/State: ___NJD123456____

Other Identifying Information: _____

Vehicle Make: ___Toyota_____ Model: _Tercel_____ Color: __White____ Year: _1994____

License Plate Number/State: _NJ1234567_____

Additional Occupants

List everyone, including children, who will live with you:

Full Name	Relationship to Applicant
Dennis Olson	Husband

Rental History

FIRST-TIME RENTERS: ATTACH A DESCRIPTION OF YOUR HOUSING SITUATION FOR THE PAST FIVE YEARS.

Current Address: _39 Maple St., Princeton, NJ 08540_____

Dates Lived at Address: __May 1990–date_____ Rent $ _2,000____ Security Deposit $ _4,000___

Landlord/Manager: _Jane Tucker_____ Landlord/Manager's Phone: (609) __555-7523___

Reason for Leaving: __New job in NYC_____

Previous Address: __1215 Middlebrook Lane, Princeton, NJ 08540__

Dates Lived at Address: __June 1987-May 1990__   Rent $ __1,800__   Security Deposit $ __1,000__

Landlord/Manager: __Ed Palermo__   Landlord/Manager's Phone: (_609_) __555-3711__

Reason for Leaving: __Better apartment__

Previous Address: __1527 Highland Dr., New Brunswick, NJ 08444__

Dates Lived at Address: __Jan. 1986–June 1987__   Rent $ _____   Security Deposit $ _____

Landlord/Manager: __Millie & Joe Lewis__   Landlord/Manager's Phone: (_609_) __555-9999__

Reason for Leaving: __Wanted to live closer to work__

Employment History

SELF-EMPLOYED APPLICANTS: ATTACH TAX RETURNS FOR THE PAST TWO YEARS

Name and Address of Current Employer: __Argonworks, 54 Nassau St., Princeton, NJ__

_____   Phone: (_609_) __555-2333__

Name of Supervisor: __Tom Schmidt__   Supervisor's Phone: (_609_) __555-2333__

Dates Employed at This Job: __1983–date__   Position or Title: __Marketing Director__

Name and Address of Previous Employer: __Princeton Times__

__13 Junction Rd., Princeton, NJ__   Phone: (_609_) __555-1111__

Name of Supervisor: __Dory Krossber__   Supervisor's Phone: (_609_) __555-2366__

Dates Employed at This Job: __June 1982–Feb. 1983__   Position or Title: __Marketing Assistant__

ATTACH PAY STUBS FOR THE PAST TWO YEARS, FROM THIS EMPLOYER OR PRIOR EMPLOYERS.

Income

1. Your gross monthly employment income (before deductions): $ __8,000__

2. Average monthly amounts of other income (specify sources): $ _____

   Note: This does not include my husband's income. See his application. $ _____

   _____ $ _____

   TOTAL: $ __8,000__

Bank/Financial Accounts

	Account Number	Bank/Institution	Branch
Savings Account:	1222345	N.J. Federal	Trenton, NJ
Checking Account:	789101	Princeton S&L	Princeton, NJ
Money Market or Similar Account:	234789	City Bank	Princeton, NJ

Credit Card Accounts

Major Credit Card: ☑VISA ☐MC ☐Discover Card ☐Am Ex ☐Other: _____

Issuer: _City Bank_____   Account No. __1234 5555 6666 7777__

Balance $ _1,000_____   Average Monthly Payment: $ ___500_____

Major Credit Card: ☐VISA ☐MC ☐Discover Card ☐Am Ex ☑Other: _Dept. Store_

Issuer: _City Bank_____   Account No. __2345 0000 9999 8888__

Balance $ _1,000_____   Average Monthly Payment: $ ___500_____

Loans

Type of Loan (mortgage, car, student loan, etc.)	Name of Creditor	Account Number	Amount Owed	Monthly Payment

Other Major Obligations

Type	Payee		Amount Owed	Monthly Payment

Miscellaneous

Describe the number and type of pets you want to have in the rental property: __None now, but we might__

_want to get a cat some time_____

Describe water-filled furniture you want to have in the rental property: __None_____

Do you smoke?   ☐yes ☑no

Have you ever: Filed for bankruptcy?   ☐yes ☑no   How many times _____

Been sued?   ☐yes ☑no   How many times _____

Sued someone else?   ☐yes ☑no   How many times _____

Been evicted?   ☐yes ☑no

Been convicted of a crime? ☐yes ☑no   How many times _____

Explain any "yes" listed above: _____

_____

_____

References and Emergency Contact

Personal Reference: _Joan Stanley_   Relationship: _Friend, coworker_

Address: _785 Spruce St., Princeton, NJ 08540_

_____ Phone: (_609_) _555-4578_

Personal Reference: _Marnie Swatt_   Relationship: _Friend_

Address: _82 East 59th St., #12B, NYC_

_____ Phone: (_212_) _555-8765_

Contact in Emergency: _Connie & Martin Silver_   Relationship: _Parents_

Address: _7852 Pierce St., Somerset, NJ 08321_

_____ Phone: (_609_) _555-7878_

Source

Where did you learn of this vacancy? _Ad in local paper._

_____

I certify that all the information given above is true and correct and understand that my lease or rental agreement may be terminated if I have made any material false or incomplete statements in this application. I authorize verification of the information provided in this application from my credit sources, credit bureaus, current and previous landlords and employers and personal references. This permission will survive the expiration of my tenancy.

Hannah Silver _____   _February 15, 200X_
Applicant   Date

Notes (Landlord/Manager): _____

_____

_____

_____

_____

_____

_____

_____

_____

_____

_____

_____

_____

references and to run a credit report. (Some employers and others require written authorization before they will talk to you.) You may also want to prepare a separate authorization, signed and dated by the applicant, so that you don't need to copy the entire application and send it off every time a bank or employer wants proof that the tenant authorized you to verify the information. See the sample Consent to Background and Reference Check, below.

The Forms CD includes a copy of the Consent to Background and Reference Check. Appendix C includes a blank, tear-out copy.

When you talk to prospective tenants, stick to questions on the application. Avoid asking questions that may discriminate, specifically any inquiries as to the person's birthplace, age, religion, marital status or children, physical or mental condition, or arrests that did not result in conviction. (See Chapter 5 for details on antidiscrimination laws.)

3. Request Proof of Identity and Immigration Status

In these security-sensitive times, many landlords ask prospective tenants to show their driver's license or other photo identification as a way to verify that the applicant is using his real name.

You may also ask applicants for proof of identity and eligibility to work under U.S. immigration laws, such as a passport or naturalization certificate, using Form I-9 (*Employment Eligibility Verification*) of the U.S. Citizenship and Immigration Services, or USCIS (a bureau of the U.S. Department of Homeland Security). This form (and instructions for completing

---

Consent to Contact References and Perform Credit Check

I authorize _____ Jan Gold _____ to obtain information about me from my credit sources, current and previous landlords, employers, and personal references, to enable _____ Jan Gold _____ to evaluate my rental application.

I give permission for the landlord or its agent to obtain a consumer report about me for the purpose of this application, to ensure that I continue to meet the terms of the tenancy, for the collection and recovery of any financial obligations relating to my tenancy, or for any other permissible purpose.

Michael Clark
Applicant signature

Michael Clark
Printed name

123 State Street, Chicago, Illinois
Address

312-555-9876
Phone Number

February 2, 200X
Date

it) are available from the USCIS website at http://uscis.gov, or by phone at 800-375-5283. Remember that an Individual Taxpayer Identification Number (ITIN) is not proof of legal status in the U.S.—it is merely a way for the IRS to identify a taxpayer.

Some people who have the right to be in the United States, such as some students and other temporary visa holders, may not have the right to work, which is the focus of the I-9 form. To confirm their right to be in the U.S., ask for a USCIS "receipt" or other document describing their status.

Under federal fair housing laws, you may not selectively ask for such immigration information—that is, you must ask all prospective tenants, not just those you suspect may be in the country illegally. It is illegal to discriminate on the basis of national origin, although you may reject someone on the basis of immigration status, as discussed in Chapter 5, Section C2.

For a related discussion on security issues regarding suspected terrorists, see Chapter 12, Section D.

Take your time to evaluate applications. Landlords are often faced with anxious, sometimes desperate people who need a place to live immediately. On a weekend or holiday, especially when it's impossible to check references, a prospective tenant may tell you a terrific hard-luck story as to why normal credit- and reference-checking rules should be ignored in their case and why they should be allowed to move right in. Don't believe it. People who have planned so poorly that they will literally have to sleep in the street if they don't rent your place that day are likely to come up with similar emergencies when it comes time to pay the rent. Taking the time to screen out bad tenants will save you lots of problems later on.

Never, never let anyone stay in your property on a temporary basis. Even if you haven't signed a rental agreement or accepted rent, you give someone the legally protected status of a tenant by giving that person a key or allowing him or her to move in as much as a toothbrush. Then, if the person won't leave voluntarily, you will have to file an eviction lawsuit. (Chapter 8 discusses the legal rights of occupants you haven't approved.)

Fill Your Accessible Units

The National Accessible Apartment Clearinghouse maintains a website that connects owners of already accessible residential units with disabled tenants seeking housing: www.forrent.com/naac. To register your unit, visit their website; contact them at 201 North Union Street, Suite 200, Alexandria, VA 22314; or call 800-421-1221. The service is free to landlords and tenants.

E. Checking References, Credit History, and More

If an application looks good, your next step is to follow up thoroughly. The time and money you spend are some of the most cost-effective expenditures you'll ever make.

Be consistent in your screening. You risk a charge of illegal discrimination if you screen certain categories of applicants more stringently than others. Make it your policy, for example, to always require credit reports; don't just get a credit report for a single parent or older applicants. (Chapter 5 discusses legal reasons to refuse to rent to a tenant.)

Here are six steps of a very thorough screening process. You should always go through at least the first three to check out the applicant's previous landlords, income, and employment, and run a credit check.

1. Check With Previous Landlords and Other References

Always call current and previous landlords or managers for references—even if you have a written letter of reference from a previous landlord. (A prior landlord may be a better source of information than a current one, since a past landlord has no motive to give a falsely glowing report on a troublemaker.) It's worth the cost of a long-distance phone call to weed out a tenant who may cause problems down the road. Also call previous employers and personal references listed on the application.

To organize the information you gather from these calls, use the Tenant References form, which lists key questions to ask previous landlords, managers, and other references. A sample is shown below.

Check out pets, too. If the prospective tenant has a dog or cat, be sure to ask previous landlords if the pet caused any damage or problems for other tenants or neighbors. It's also a good idea to meet the dog or cat, so you can make sure that it's well-groomed and well-behaved, before you make a final decision. You must, however, accommodate a mentally or physically disabled applicant whose pet serves as a support animal—no matter how mangy-looking the pet might be. For more information on renting to tenants with pets, see Chapter 2, Section C, Clause 14.

Be sure to take notes of all your conversations and keep them on file. You may note your reasons for refusing an individual on this form—for example, negative credit information, insufficient income, or your inability to verify information. You'll want to record this information so that you can survive a fair housing challenge if a disappointed applicant files a discrimination complaint against you.

The Forms CD includes the Tenant References screening form, and Appendix C includes a blank, tear-out copy of the form.

Occasionally, you may encounter a former landlord who is unwilling to provide key information. This reluctance may have nothing to do with the prospective tenant, but instead reflects an exaggerated fear of lawsuits. And as landlords learn that their negative remarks about former tenants can be disclosed to rejected applicants if they request it, (see Section F, below), one can expect that they will become even more circumspect. But if a former landlord seems hesitant to talk, an approach that often works is to try to keep the person on the line long enough to verify the dates of the applicant's tenancy. If you get minimal cooperation, you might say something like this: "I assume your reluctance to

talk about Julie has to do with one or more negative things that occurred while she was your tenant." If the former landlord doesn't say anything, you have all the answer you need. If she says instead, "No, I don't talk about any former tenants—actually, Julie was fairly decent," you have broken the ice and can probably follow up with a few general questions.

2. Verify Income and Employment

Obviously, you want to make sure that all tenants have the income to pay the rent each month. Call the prospective tenant's employer to verify income and length of employment. Make notes on the Tenant References form, discussed above.

Before providing this information, some employers require written authorization from the employee. You will need to mail or fax them a signed copy of the release included at the bottom of the Rental Application form or the separate Consent to Contact References and Perform Credit Check form. (See Section D, above.) If for any reason you question the income information you get by telephone—for example, you suspect a buddy of the applicant is exaggerating on his behalf—you may also ask applicants for copies of recent paycheck stubs.

It's also reasonable to require documentation of other sources of income, such as Social Security, disability, workers' compensation, public assistance, child support, or alimony. To evaluate the financial resources of a self-employed person or someone who's not employed, ask for copies of recent tax returns or bank statements.

How much income is enough? Think twice before renting to someone if the rent will take more than one-third of their income, especially if they have a lot of debts.

3. Obtain a Credit Report

Private credit reporting agencies collect and sell credit files and other information about consumers. Many landlords find it essential to check a prospective tenant's credit history with at least one credit reporting agency to see how responsible the person is managing money. Jot your findings down on the Tenant References form discussed below.

Tenant References

Name of Applicant: ___Michael Clark___

Address of Rental Unit: ___123 State Street, Chicago, Illinois___

Previous Landlord or Manager

Contact (name, property owner or manager, address of rental unit): ___Kate Steiner, 345 Mercer St., Chicago,___
___Illinois; (312) 555-5432___

Date: ___February 4, 200X___

Questions

When did tenant rent from you (move-in and move-out dates)? ___December 2003 to date___

What was the monthly rent? ___$1,250___   Did tenant pay rent on time?   ☐ Yes ☑ No

If rent was not paid on time, did you have to give tenant a legal notice demanding the rent?   ☐ Yes ☑ No

If rent was not paid on time, provide details ___He paid rent a week late a few times___

Did you give tenant notice of any lease violation for other than nonpayment of rent?   ☐ Yes ☑ No

If you gave a lease violation notice, what was the outcome? _____

Was tenant considerate of neighbors—that is, no loud parties and fair, careful use of common areas?
___Yes, considerate___

Did tenant have any pets? ☑ Yes ☐ No   If so, were there any problems? ___He had a cat, contrary to___
___rental agreement___

Did tenant make any unreasonable demands or complaints?   ☐ Yes ☑ No   If so, explain: _____

Why did tenant leave? ___He wants to live someplace that allows pets___

Did tenant give the proper amount of notice before leaving?   ☐ Yes ☑ No

Did tenant leave the place in good condition? Did you need to use the security deposit to cover damage?
___No problems___

Any particular problems you'd like to mention? ___No___

Would you rent to this person again? ___Yes, but without pets___

Other comments: _____

Employment Verification

Contact (name, company, position): _Brett Field, Manager, Chicago Car Company_

Date: _February 5, 200X_   Salary: $ _$60,000 + bonus_

Dates of Employment: _March 2004 to date_

Comments: _No problems. Fine employee. Michael is responsible and hard-working._

Personal Reference

Contact (name and relationship to applicant): _Sandy Cameron, friend_

Date: _February 5, 200X_   How long have you known the applicant? _Five years_

Would you recommend this person as a prospective tenant? _Yes_

Comments: _Michael is very neat and responsible. He's reliable and will be a great tenant._

Credit and Financial Information

Mostly fine—see attached credit report

Notes, Including Reasons for Rejecting Applicant

Applicant had a history of late rent payments and kept a cat, contrary to the rental agreement.

Get the tenant's consent to run a credit report. Because many people think that you must have their written consent before pulling a credit report to evaluate a prospective tenant, we have included it in our consent forms (at the end of the Rental Application and in the separate Consent to Contact References and Perform Credit Check form). But there's another reason for doing this: A written consent will help you if, later, when the applicant is a tenant (or an ex-tenant), you decide that you need an updated credit report. For example, you may want to consult a current report in order to help you decide whether to sue a tenant who has skipped out and owes rent. Without a broadly written consent, your use of a credit report at that time might be illegal. (FTC "Long" Opinion Letter, July 7, 2000.)

a. How to Get a Credit Report

A credit report contains a gold mine of information for a prospective landlord. You can find out, for example, if a particular person has ever filed for bankruptcy or has been:

- late or delinquent in paying rent or bills, including student or car loans
- convicted of a crime, or, in many states, even arrested
- evicted (your legal right to get information on evictions, however, may vary among states)
- involved in another type of lawsuit such as a personal injury claim, or
- financially active enough to establish a credit history.

Information covers the past seven to ten years. To run a credit check, you'll need a prospective tenant's name, address, and Social Security number or ITIN (Individual Taxpayer Identification Number.) Three credit bureaus have cornered the market on credit reports:

- Equifax (www.equifax.com)
- TransUnion (www.tuc.com), and
- Experian (www.experian.com).

You cannot order a credit report directly from the big three bureaus. Instead, you'll need to work through a credit reporting agency or tenant screening service (type "tenant screening" into your browser's search box). Look for a company that operates in your area, has been in business for a while, and provides you with a sample report that's clear and informative. You can also find tenant-screening companies in the Yellow Pages under "Credit Reporting Agencies." Your state or local apartment association may also offer credit reporting services. With credit reporting agencies, you can often obtain a credit report the same day it's requested. Fees depend on how many reports you order each month.

If you do not rent to someone because of negative information in a credit report, or you charge someone a higher rent because of such information, you must give the prospective tenant the name and address of the agency that reported the negative information. This is a requirement of the federal Fair Credit Reporting Act. (15 U.S. Code §§ 1681 and following.) You must also tell the person that he has a right to obtain a copy of the file from the agency that reported the negative information, by requesting it within 60 days of being told that your rejection was based on the individual's credit report.

Tenants who are applying for more than one rental are understandably dismayed at the prospect of paying each landlord to pull the same credit report. They may obtain their own report, make copies, and ask you to accept their copy. Federal law does not require you to accept an applicant's copy—that is, you may require applicants to pay a credit check fee for you to run a new report. Wisconsin is an exception: State law in Wisconsin forbids landlords from charging for a credit report if, before the landlord asks for a report, the applicant offers one from a consumer reporting agency and the report is less than 30 days old. (Wis. Adm. Code ATCP 134.05(4)(b) (2004.))

b. Credit Check Fees

It's legal in most states to charge prospective tenants a fee for the cost of the credit report itself and your time and trouble. Any credit check fee should be reasonably related to the cost of the credit check—$30 to $50 is common. California sets a maximum screening fee and requires landlords to provide an itemized receipt when accepting a credit check fee.

California Law on Application Screening Fees and Credit Reports

California state law limits credit check or application screening fees you can charge prospective tenants and specifies what you must do when accepting these types of fees. (Cal. Civ. Code § 1950.6.) Here are key provisions of the law:

- You may charge a maximum screening fee of around $35 per applicant. This figure may be updated annually by changes in the Consumer Price Index for the nearest metropolitan area.
- This screening fee may be used for "actual out-of-pocket costs" of obtaining a credit report, plus "the reasonable value of time spent" by a landlord in obtaining a consumer credit report or checking personal references and background information on a rental applicant.
- If you use the screening fee to obtain the applicant's credit report, you must give the applicant a copy of the report upon his or her request.
- If you spend less (for the credit report and your time) than the screening fee you collected, you must refund the difference. If you never get a credit report or check references on an applicant, you must refund the entire screening fee.

- Unless the applicant agrees in writing, you may not charge a screening fee if no rental unit is available. However, if a unit will be available within a reasonable period of time, you may charge the fee without obtaining the applicant's written permission.
- You must provide an itemized receipt when you collect an application screening fee. A sample receipt is shown below.

Landlords in California should also be aware that consumers may place a "freeze" on their credit reports, preventing anyone but specified parties (such as law enforcement) from getting their credit report. (Cal. Civ. Code §§ 1785.11.2 and following.) However, consumers can arrange for certain persons—such as a landlord or management company—to access their report; or the freeze itself can be suspended for a specified period of time. If an applicant has placed a freeze on his or her credit report, you'll need access so that you can receive a copy of their report. An applicant who fails to lift a freeze will have an incomplete application, which is grounds for rejecting that application. (Cal. Civ. Code § 1785.11.2(h).)

Sample Application Screening Fee Receipt

This will acknowledge receipt of the sum of $ _____ by _____

_____ [Property Owner/Manager] from _____

[Applicant] as part of his/her application for the rental property at _____

_____ [Rental Property Address].

As provided under California Civil Code Section 1950.6, here is an itemization of how this $ _____

screening fee will be used:

☐ Actual costs of obtaining Applicant's credit/screening report $_____

☐ Administrative costs of obtaining credit/screening report and
  checking Applicant's references and background information $_____

☐ Total screening fee charged $_____

_____   _____

Applicant   Date

_____   _____

Owner/Manager   Date

See "California Law on Application Screening Fees and Credit Reports," above, for details.

Some landlords don't charge credit check fees, preferring to absorb the cost as they would any other cost of business. For low-end units, charging an extra fee can be a barrier to getting tenants in the first place, and a tenant who pays such a fee but is later rejected is likely to be annoyed and possibly more apt to try to concoct a discriminatory reason for the denial.

The Rental Application form in this book informs prospective tenants of your credit check fee. Be sure prospective tenants know the purpose of a credit check fee and understand that this fee is not a holding deposit and does not guarantee the rental unit. (Section G, below, discusses holding deposits.)

Also, if you expect a large number of applicants, you'd be wise not to accept fees from everyone. Instead, read over the applications first and do a credit check only on those who are genuine contenders (for example, exclude and reject those whose income doesn't reach your minimum rent-to-income ratio). That way, you won't waste your time (and prospective tenants' money) collecting fees from unqualified applicants.

> ⚠️ **It is illegal to charge a credit check fee if you do not use it for the stated purpose and pocket it instead.** Return any credit check fees you don't use for that purpose.

c. Investigative or Background Reports

Some credit reporting companies and "tenant screening companies" also gather and sell background reports about a person's character, general reputation, personal characteristics, or mode of living. If you order a background check on a prospective tenant, it will be considered an "investigative consumer report" under federal law (the Fair Credit Reporting Act, 15 U.S. Code §§ 1681 and following, as amended by the Fair and Accurate Credit Transactions Act of 2003) and you must tell the applicant, within three days of requesting the report, that the report may be made and that it will concern his character, reputation, personal characteristics, and criminal history. You must also tell the applicant that more information about the nature and scope of the report will be provided upon request; and, if asked, you must provide this information within five days.

If you turn down the applicant based wholly or in part on information in the report, you must tell the applicant that the application was denied based on information in the report, and give the applicant the credit or tenant screening agency's name and address.

d. What You're Looking For

In general, be leery of applicants with lots of debts—so that their monthly payments plus the rent obligation exceed 40% of their income. Also, look at the person's bill-paying habits, and, of course, pay attention to lawsuits and evictions.

Sometimes, your only choice is to rent to someone with poor or fair credit. If that's your situation, you might have the following requirements:

- good references from previous landlords and employers
- a creditworthy cosigner to cosign the lease (Chapter 2 includes a cosigner agreement)
- a good-sized deposit, as much as you can collect under state law (see Chapter 4), and
- proof of steps taken to improve credit—for example, enrollment in a debt counseling group.

If the person has no credit history—for example, a student or recent graduate—you may reject them or consider requiring a cosigner before agreeing to rent to them.

⚠ **Handle credit reports carefully.** Federal law requires you to keep only needed information, and to discard the rest. See Chapter 7, Section E, for precise information.

4. Verify Bank Account Information

If an individual's credit history raises questions about financial stability, you may want to double check the bank accounts listed on the rental application. If so, you'll probably need an authorization form such as the one included at the bottom of the Rental Application, or the separate Consent to Contact References and Perform Credit Check (discussed in Section D, above). Banks differ as to the type of information they will provide over the phone. Generally, banks will at most only confirm that an individual has an account there and that it is in good standing.

⚠ **Be wary of an applicant who has no checking or savings account.** Tenants who offer to pay cash or with a money order should be viewed with extreme caution. Perhaps the individual bounced so many checks that the bank dropped the account or the income comes from a shady or illegitimate source—for example, from drug dealing.

5. Review Court Records

If your prospective tenant has lived in the area, you may want to review local court records to see if collection or eviction lawsuits have ever been filed against them. Checking court records may seem like overkill, since some of this information may be available on credit reports, but it's an invaluable tool and is not a violation of antidiscrimination laws as long as you check the records of every applicant. Because court records are kept for many years, this kind of information can supplement references from recent landlords. Call the local court that handles eviction cases for details, including the cost of checking court records. In most places, it runs about $50.

Visiting the Homes of Prospective Tenants

Some landlords like to visit prospective tenants at their home to see how well they maintain a place. If you find this a valuable part of your screening process, and have the time and energy to do it, be sure you get the prospective tenants' permission first. Don't just drop by unexpectedly. Some landlords fabricate a reason for the visit ("I forgot to have you sign something"), but it's better to be honest regarding the purpose of your visit.

6. Use Megan's Law to Check State Databases

Not surprisingly, most landlords do not want tenants with criminal records, particularly convictions for violent crimes or crimes against children. Checking a prospective tenant's credit report, as we recommend above, is one way to find out about a person's criminal history. Self-reporting is another: Rental applications, such as the one in this book, typically ask whether the prospective tenant has ever been convicted of a crime, and, if so, to provide details.

"Megan's Law" may be able to assist you in confirming that some of the information provided in the rental application and revealed in the credit report is complete and correct. Named after a young girl who was killed by a convicted child molester who lived in her neighborhood, this 1996 federal crime prevention law charged the FBI with keeping a nationwide database of persons convicted of sexual offenses against minors and violent sexual offenses against anyone. (42 U.S. Code §§ 14701 and following.) Every state has its own version of Megan's Law. These laws typically require certain convicted sexual offenders to register with local law enforcement officials, who keep a database on their whereabouts.

a. How Megan's Law Works

Unfortunately, the states are not consistent when it comes to using and distributing the database information. Notification procedures and the public's access rights vary widely:

- **Widespread notification/easy access.** A few states, such as Arizona and Texas, are "wide open"—they permit local law enforcement to automatically notify neighbors of the presence of sexual offenders on the database, by way of either letters, flyers, or notices published in local newspapers. Alternately, some states, such as California and Colorado, make the information available to anyone who chooses to access the database.
- **Selected notification/limited access.** Other states, including Connecticut and Florida, take a more restrictive approach, allowing law enforcement to release the information only if they deem it necessary. Or, states such as Vermont permit public access only to persons who demonstrate a legitimate need to know the names of convicted sexual offenders.
- **Restricted notification/narrow access.** Finally, many states, such as Michigan, Minnesota, and Ohio, are quite restrictive, permitting notification only to certain individuals or officials, and allowing access only to them.

For information on your state's Megan's Law, call your local law enforcement agency. To find out how to access your state's sex offender registry, you can also contact the Parents for Megan's Law (PFML) hotline at 888-ASK-PFML or check www.parentsfor megans.law.com.

b. The Limitations of Megan's Law Searching

The early promise of Megan's Law databases was ambitious. Landlords expected that they could quickly find accurate information on any person, and freely use it to reject an applicant with an unsavory past. Several years' experience with the databases, and legal challenges to their use, have resulted in landlords' taking a much more cautious approach to running a Megan's Law search. Here are the issues:

- **Accuracy.** Megan's Law databases are notoriously inaccurate, the result of incomplete or old data or entries that mistake one person for another. You can't assume your search will be worth much.
- **Relevance.** The criminal offense you discover on the database may not be relevant to whether this applicant is likely to be a threat to you, your tenants, or your property. For example, in some states consensual intercourse between minors (statutory rape) is an offense for which a person must register.
- **Misleading negatives.** Many convictions result from plea bargains. For example, someone charged with a registerable offense may end up with an assault conviction—perhaps because the prosecutor couldn't prove the charge, or because a chief witness disappeared. You'll never know whether the assault conviction was originally charged as such, or began as a far more serious charge and ended up less so because the defendant lucked out. In other words, a relatively harmless-looking conviction that would not bother you may in fact mask a more serious incident.
- **Expectations you create in other tenants.** If you do a database check, you should let tenants know that you're doing so (this will allow applicants to opt out of the application process, and may spare you a charge of invading their privacy). Residents will assume that you have not rented to anyone on a Megan's Law list. They may relax their guard—for example, a family may assume it's okay for their children to be home alone after school. Suppose you've rented to someone who should have been on the list but mistakenly wasn't, and he assaults one of the children. The family could argue in court that they relied on your implied promise that the building was safe, and that you bear some of the responsibility since you rented to someone who posed a risk of harm.
- **Loss of other tenants.** Ironically, if you decide that a past offense was not relevant, and rent to this applicant, you may have to disclose his past (to save you from the fate described just above). Other tenants won't share your

complacency, and will leave. Before you know it, your only tenant will be the one you least want.

- **Lawsuit waiting to happen.** Finally, you may be the unlucky landlord who's targeted by a lawyer armed with many legal theories of why the Megan's Law registration and search structure is unconstitutional. These arguments (due process, equal protection, privacy, and the like) are not far-fetched. They've been made already, and at some point, a judge is going to agree with one of these legal theories.

- **Illegal in some states.** Finally, in some states and cities you simply cannot use information derived from a Megan's Law database to discriminate. These laws provide for stiff penalties if you do. (See "Restricting Your Use of Megan's Law," below.)

Restricting Your Use of Megan's Law

The following states and city limit landlords' use of Megan's Law database information.

State or city	Rule
California	Database users may utilize the information to protect a person "at risk," but may not otherwise use it to deny housing.
Madison, Wisconsin	Landlords may not in general discriminate against anyone on the basis of an arrest or conviction record.
Massachusetts	Database users cannot use the database to illegally discriminate—though past offenders are not clearly protected by state antidiscrimination laws.
Nevada	The state's website says that users cannot utilize the information to discriminate.
New Jersey	Users can't use sex offender information to deny housing unless the denial promotes public safety.

Many landlord associations and landlords' lawyers have concluded that the problems associated with Megan's Law searches are simply not worth the questionable results you'll get when you run them. Their advice is to stick to the tried-and-true methods of thoroughly checking references and examining the applicant's credit report for unexplained gaps (which may be due to time in prison).

If your state does not provide an accessible database that you can use when you screen, or if you decide not to screen, you may not learn of a person's past conviction for sexual offenses until after he registers his new address (yours) with the state's data collection agency. When he does so, you may get the flyer or phone call, but he'll already be a tenant. The fallout from angry neighbors and the negative publicity for your business can be dreadful. See Chapter 17, Section D, for suggestions on what to do if you find out one of your current tenants is a convicted sexual offender.

F. Choosing—And Rejecting— An Applicant

After you've collected applications and done some screening, you can start sifting through the applicants. Start by eliminating the worst risks: people with negative references from previous landlords, a history of nonpayment of rent, or poor credit or previous evictions. Chapter 5 discusses legal reasons for refusing to rent to a tenant, including convictions for criminal offenses. You'll want to arrange and preserve your information for two reasons: so that you can survive a fair housing challenge, if a disappointed applicant files a complaint; and so that you can comply with your legal duties to divulge your reasons for rejecting an applicant.

1. What Information Should You Keep on Rejected Applicants?

Be sure to note your reasons for rejection—such as poor credit history, pets (if you don't accept pets), or a negative reference from a previous landlord—on the Tenant References form or other paper so that you have a paper trail if an applicant accuses you of illegal discrimination. You want to be able to back up your reason for rejecting the person. Keep organized files of applications, credit reports, and other materials and notes on prospective tenants for at least three years after you rent a particular unit. Keep in mind that if a rejected applicant files a complaint with a fair housing agency or files a lawsuit, your file will be made available to the applicant's lawyers. Knowing that, choose your words carefully, avoiding the obvious (slurs and exaggerations) and being scrupulously truthful.

2. How to Reject an Applicant

The Fair Credit Reporting Act, as amended by the Fair and Accurate Credit Transactions Act of 2003, requires you to give certain information to applicants whom you reject as the result of a report from a credit reporting agency (credit bureau) or from a tenant screening or reference service. (15 U.S.C. §§ 1681 and following.) These notices are known as "adverse action reports." The federal requirements do not apply if your decision is based on information that the applicant furnished.

If you do not rent to someone because of negative information contained in the credit report (even if other factors also played a part in your decision) or due to an insufficient credit report, you must give the applicant the name and address of the agency that provided the credit report. Tell applicants they have a right to obtain a copy of the file from the agency that reported the negative information, by requesting it within the next 60 days or by asking within one year of having asked for their last free report. You must also tell rejected applicants that the credit reporting agency did not make the decision to reject them and cannot explain the reason for the rejection. Finally, tell applicants that they can dispute the accuracy of their credit report and add their own consumer statement to their report.

The Forms CD includes a copy of the Notice of Denial Based on Credit Report or Other Information form. Appendix C includes a blank tear-out copy.

Rating Applicants on a Numerical Scale

To substantiate your claim that you are fair to all applicants, you may be tempted to devise a numerical rating system—for example, ten points for an excellent credit report, 20 points for an excellent past landlord reference, and the like. While this type of rating system may simplify your task, it has two significant drawbacks:

- Every landlord is entitled to rely on gut feelings regarding a potential tenant (as long as these are not illegally discriminatory—see Chapter 5). You can decline to rent to an applicant you feel, instinctively, is a creep. You can decline to rent to him in spite of stellar recommendations or a solid financial report. Use of a numerical rating system should not limit your exercise of good sense.
- If a rejected tenant sues you, you will have to hand over your rating sheet. It will be easier to explain your decision by referring to the whole picture, rather than defending every "point" allocated in your system. You do want to be able to point to the many specific background checks you performed and used to arrive at your decision, but you do not want to lock yourself into a numerical straitjacket that you will be asked to defend.

Notice of Denial Based on Credit Report or Other Information

To: <u>Ryan Paige</u>
    Applicant

    <u>1 Mariner Square</u>
    Street Address

    <u>Seattle, Washington 98101</u>
    City, State, and Zip Code

Your rights under the Fair Credit Reporting Act and Fair and Accurate Credit Transactions (FACT) Act of 2003. (15 U.S.C. §§ 1681 and following.)

THIS NOTICE is to inform you that your application to rent the property at <u>75 Starbucks Lane, Seattle, WA 98108</u>

[rental property address] has been denied because of [*check all that apply*]:

☑ Insufficient information in the credit report provided by:

Credit reporting agency: <u>ABC Credit Bureau,</u>

Address, phone number, URL: <u>310 Griffey Way, Seattle, WA 98140; Phone: 206-555-1212; www.abccredit.com</u>

☐ Negative information in the credit report provided by:

Credit reporting agency: _____

Address, phone number, URL: _____

_____

☑ The consumer credit reporting agency noted above did not make the decision not to offer you this rental. It only provided information about your credit history. You have the right to obtain a free copy of your credit report from the consumer credit reporting agency named above, if your request is made within 60 days of this notice or if you have not requested a free copy within the past year. You also have the right to dispute the accuracy or completeness of your credit report. The agency must reinvestigate within a reasonable time, free of charge, and remove or modify inaccurate information. If the reinvestigation does not resolve the dispute to your satisfaction, you may add your own "consumer statement" (up to 100 words) to the report, which must be included (or a clear summary) in future reports.

☐ Information supplied by a third party other than a credit reporting agency or you and gathered by someone other than myself or any employee. You have the right to learn of the nature of the information if you ask me in writing within 60 days of the date of this notice.

<u>Jason McGuire</u>   <u>10-01-0X</u>
Landlord/Manager   Date

Assuming you choose the best-qualified candidate (based on income, credit history, and references), you have no legal problem. But what if you have a number of more or less equally qualified applicants? The best response is to use an objective tie-breaker: Give the nod to the person who applied first. If you cannot determine who applied first, strive to find some aspect of one applicant's credit history or references that objectively establishes that person as the best applicant. Be extra careful not to always select a person of the same age, sex, or ethnicity. For example, if you are a larger landlord who is frequently faced with tough choices and who always avoids an equally qualified minority or disabled applicant, you are exposing yourself to charges of discrimination.

3. Conditional Acceptances

You may want to make an offer to an applicant but condition that offer on the applicant paying more rent or a higher security deposit (one that's within any legal limits, of course, as explained in Chapter 4), supplying a cosigner, or agreeing to a different rental term than you originally advertised. If your decision to impose the condition resulted from information you gained from a credit report or a report from a tenant screening service, you have to accompany the offer with an adverse action letter (described in Section 2, above). Use the Notice of Conditional Acceptance Based on Credit Report or Other Information, shown below.

The Forms CD includes a copy of the Notice of Conditional Acceptance Based on Credit Report or Other Information. Appendix C includes a blank tear-out copy.

G. Finder's Fees and Holding Deposits

Almost every landlord requires tenants to give a substantial security deposit. The laws concerning how much can be charged and when deposits must be returned are discussed in Chapters 4 and 15. Here we discuss some other fees and deposits.

1. Finder's Fees

You may legitimately charge a prospective tenant for the cost of performing a credit check. (See Section E3, above.) Less legitimate, however, is the practice of some landlords, especially in cities with a tight rental market, of collecting a nonrefundable "finder's fee" or "move-in fee" just for renting the place to a tenant. Whether it's a flat fee or a percentage of the rent, we recommend against finder's fees. First, a finder's fee may be illegal in some cities and states (particularly those with rent control). Second, it's just a way of squeezing a little more money out of the tenant—and tenants will resent it. If you think the unit is worth more, raise the price.

2. Holding Deposits

If you make a deal with a tenant but don't actually sign a lease or rental agreement, you may want a cash deposit to hold the rental unit while you do a credit check or call the tenant's references. Or, if the tenant needs to borrow money (or wait for a paycheck) to cover the rent and security deposit, you might want a few hundred dollars cash to hold the place. And some tenants may want to reserve a unit while continuing to look for a better one.

Is this a wise course? Accepting a deposit to hold a rental unit open for someone is legal in some states but almost always unwise. Holding deposits do you little or no good from a business point of view, and all too often result in misunderstandings or even legal fights.

> **EXAMPLE:** A landlord, Jim, takes a deposit of several hundred dollars from a prospective tenant, Michael. What exactly is Jim promising Michael in return? To rent him the apartment? To rent Michael the apartment only if his credit checks out to Jim's satisfaction? To rent to Michael only if he comes up with the rest of the money before Jim rents to someone who offers the first month's rent and deposit? If Jim and Michael disagree about the answers to any of these questions, it can lead to needless anger and bitterness and result in a small claims court lawsuit alleging breach of contract.

Notice of Conditional Acceptance Based on Credit Report or Other Information

To: _William McGee_
Applicant

1257 Bay Avenue
Street Address

Anytown, FL 12345
City, State, and Zip Code

Your application to rent the property at _37 Ocean View Drive, #10-H, Anytown, FL 12345_

_____ [rental property address] has been accepted, conditioned on your

willingness and ability to: _Supply a cosigner that is acceptable to the landlord_

_____

Your rights under the Fair Credit Reporting Act and Fair and Accurate Credit Transactions (FACT) Act of 2003. (15 U.S.C. §§ 1681 and following.)

Source of information prompting conditional acceptance

My decision to conditionally accept your application was prompted in whole or in part by:

☑ Insufficient information in the credit report provided by

Credit reporting agency: _Mountain Credit Bureau_

Address, phone number, URL: _75 Baywood Drive, Anytown FL 12345. 800-123-4567._

www.mountaincredit.com

☐ Negative information in the credit report provided by :

Credit reporting agency:_____

Address, phone number, URL: _____

☑ The consumer credit reporting agency noted above did not make the decision to offer you this conditional acceptance. It only provided information about your credit history. You have the right to obtain a free copy of your credit report from the consumer credit reporting agency named above, if your request is made within 60 days of this notice or if you have not requested a free copy within the past year. You also have the right to dispute the accuracy or completeness of your credit report. The agency must reinvestigate within a reasonable time, free of charge, and remove or modify inaccurate information. If the reinvestigation does not resolve the dispute to your satisfaction, you may add your own "consumer statement" (up to 100 words) to the report, which must be included (or a clear summary) in future reports.

☐ Information supplied by a third party other than a credit reporting agency or you and gathered by someone other than myself or any employee. You have the right to learn of the nature of the information if you ask me in writing within 60 days of the date of this notice.

Jane Thomas
_____
Landlord/Manager

May 15, 200X
_____
Date

Another prime reason to avoid holding deposits is that the laws of most states are unclear as to what portion of a holding deposit you can keep if a would-be tenant decides not to rent or doesn't come up with the remaining rent and deposit money, or if the tenant's credit doesn't check out to your satisfaction.

In California, for example, the basic rule is that a landlord can keep an amount that bears a "reasonable" relation to the landlord's costs—for example, for more advertising and for prorated rent during the time the property was held vacant. A landlord who keeps a larger amount may be sued for breach of contract. A few states, including Washington, require landlords to provide a receipt for any holding deposit and a written statement of the conditions under which it is refundable.

If, contrary to our advice, you decide to take a holding deposit, it is essential that both you and your prospective tenant have a clear understanding. The only way to accomplish this is to write your agreement down, including:

- the amount of the holding deposit
- your name and that of the applicant
- the address of the rental property
- the dates you will hold the rental property vacant
- the term of the rental agreement or lease
- conditions for renting the applicant the available unit—for example, satisfactory references and credit history and full payment of first month's rent and security deposit
- what happens to the holding deposit if the applicant signs the rental agreement or lease—usually, it will be applied to the first month's rent, and

- amount of the holding deposit you will keep if the applicant doesn't sign a rental agreement or lease—for example, an amount equal to the prorated daily rent for each day the rental unit was off the market plus a small charge to cover your inconvenience.

A sample Receipt and Holding Deposit Agreement which covers each of these items is shown below. You can adapt this to your own situation.

 The Forms CD includes the Receipt and Holding Deposit Agreement, and Appendix C includes a blank tear-out copy of the form.

What to Do If Your Apartment Is Hard to Rent

If you have a problem filling vacancies, resist the temptation to loosen up on your screening requirements. In the long run, a tenant who constantly pays rent late, disturbs other neighbors, or damages your property is not worth the price of having your rental occupied. Instead of taking a chance on a risky applicant, consider whether the rent is too high as compared to similar properties. If so, lower it. Also, make sure the condition of the rental isn't affecting its desirability. A new paint job or carpeting may make a big difference. Some landlords have great success with resident referral programs in which you pay a premium to a tenant who refers someone to you whom you approve and sign up as a tenant. If all else fails, consider incentives such as a free month's rent or free satellite or cable TV service.

If you do provide incentives, be sure to offer them in a consistent and fair way to all eligible tenants in order to avoid charges of discrimination. Also, to avoid problems, be clear as to the terms of the freebies you're providing. For example, when exactly may the tenant use the "free" month's rent—after six months or beyond? How long will free satellite service last? How long must a referred tenant stay for you to award a premium?

Receipt and Holding Deposit Agreement

This will acknowledge receipt of the sum of $ _500_ by _Jim Chow_ _____

_____ [Landlord] from _Hannah Silver_ ____

_____ [Applicant] as a holding deposit to hold vacant the

rental property at ____178 West 81st St., #4F, New York City_____

_____ ,

until __February 20, 200X_____ at ___5 P.M.____ . The property will be rented to Applicant on a

_one-year_____ basis at a rent of $ _1,500_____ per month, if Applicant signs Landlord's written

_lease_____ and pays Landlord the first month's rent and a $ _$1,500_____

security deposit on or before that date, in which event the holding deposit will be applied to the first month's

rent.

This Agreement depends upon Landlord receiving a satisfactory report of Applicant's references and credit

history. Landlord and Applicant agree that if Applicant fails to sign the Agreement and pay the remaining rent

and security deposit, Landlord may retain of this holding deposit a sum equal to the prorated daily rent of

$ _50_____ per day plus a $ ___35_____ charge to compensate Landlord for the inconvenience.

_Hannah Silver_____   ___February 16, 200X____
Applicant   Date

_Jim Chow_____   ___February 16, 200X____
Landlord/Manager   Date

Preparing Leases and Rental Agreements

A. Which Is Better, a Lease or a Rental Agreement?..34

    1. Month-to-Month Rental Agreement 34

    2. Fixed-Term Lease..35

B. Using the Forms in This Book..36

C. Completing the Lease or Rental Agreement Form 37

D. Changing a Lease or Rental Agreement..60

E. Signing a Lease or Rental Agreement..61

F. About Cosigners 61

The rental agreement or lease that you and your tenant sign forms the contractual basis of your relationship. Taken together with the laws of your state—and, in a few areas, local and federal laws—it sets out almost all the legal rules you and your tenant must follow.

Your rental agreement or lease is also an immensely practical document, full of crucial business details, such as how long the tenant can occupy your property and the amount of the rent.

Given their importance, there's no question that you need to create effective and legal agreements with your tenants. This chapter shows you how by providing clearly written, fair, and effective tear-out lease and rental agreement forms, along with clear explanations of each clause.

Why use our lease or rental agreement, when you probably already use a printed form that seems adequate? There are several good reasons:

- Our agreements are based on careful research of every state's landlord-tenant laws. Many preprinted forms ignore state-by-state differences.

- Our agreements are as legally accurate and up-to-date as we can make them. We don't use the illegal or unenforceable clauses that pepper many preprinted agreements. Some forms still include clauses that courts threw out years ago or are so one-sided as to be unenforceable.

- Our agreements are clearly written in plain English and easy for you and your tenants to understand. We believe strongly that it's to everyone's advantage to have a written agreement that clearly informs tenants of their responsibilities and rights. Using legal gobbledygook is as counterproductive as it is unnecessary.

- You can easily tailor our agreements to fit your own situation. Throughout the chapter, we suggest ways to modify clauses in certain circumstances. We'll also caution you about the types of modifications likely to get you into legal hot water.

Don't use our forms if the rent is subsidized by the government. You may need to use a special government lease if you rent subsidized housing. (See Chapter 5 for more on public housing.)

A. Which Is Better, a Lease or a Rental Agreement?

One of the key decisions you need to make is whether to use a lease or a rental agreement. To decide which is better for you, read what follows and carefully evaluate your own situation.

1. Month-to-Month Rental Agreement

A written rental agreement provides for a tenancy for a short period of time. The law refers to these agreements as periodic, or month-to-month, although it is often legally possible to base them on other time periods—for example, if the rent were due every two weeks.

A month-to-month tenancy is automatically renewed each month unless you or your tenant gives the other the proper amount of written notice (typically 30 days) to terminate the agreement. The rental agreements in this book are month to month, although you can change them to a different interval.

Month-to-month rental agreements give landlords more flexibility than leases. You may increase the rent or change other terms of the tenancy on relatively short notice (subject to any restrictions of local rent control ordinances). You may also end the tenancy at any time (again, subject to any rent control restrictions), as long as you give the required amount of advance warning. (Chapter 14 discusses notice requirements to change or end a month-to-month tenancy. Chapter 3 covers rent control.) Not surprisingly, many landlords prefer to rent from month to month, particularly in urban areas with tight rental markets where new tenants can often be found in a few days and rents are trending upwards.

On the flip side, a month-to-month tenancy probably means more tenant turnover. Tenants who may legally move out with only 30 days' notice may be more inclined to do so than tenants who make a longer commitment. Some landlords base their rental business strategy on painstakingly seeking high-quality long-term renters. If you're one of those, or if you live in an area where it's difficult to fill vacancies, you will probably want tenants to commit for a longer period, such as a year. But, as discussed below, although a fixed-term lease may encourage tenants to stay longer, it is no guarantee against turnover.

2. Fixed-Term Lease

A lease is a contract that obligates both you and the tenant for a set period of time—usually a year. With a fixed-term lease, you can't raise the rent or change other terms of the tenancy until the lease runs out, unless the lease itself allows future changes or the tenant agrees in writing.

In addition, you usually can't ask a tenant to move out or prevail in an eviction lawsuit before the lease term expires unless the tenant fails to pay the rent or violates another significant term of the lease or the law, such as repeatedly making too much noise, damaging the rental unit, or selling drugs on your property. (Chapter 17 discusses evictions for lease violations.) This restriction can sometimes be problematic if you end up with a tenant you would like to be rid of but don't have sufficient cause to evict.

To take but one example, if you wish to sell the property halfway into the lease, the existence of long-term tenants—especially if they are paying less than the market rate—may be a negative factor. The new owner usually purchases all the obligations of the previous owner, including the obligation to honor existing leases. Of course, the opposite can also be true—if you have good, long-term tenants paying a fair rent, it may be very attractive to potential new owners.

At the end of the lease term, you have several options. You can:

- decline to renew the lease, except in the few areas where rent control requirements prohibit it
- sign a new lease for a set period, or
- do nothing—which means, under the law of most states, your lease will usually turn into a month-to-month tenancy if you continue to accept monthly rent from the tenant.

Chapter 14 discusses in detail how fixed-term leases end.

Although leases restrict your flexibility, there's often a big plus to having long-term tenants. Some tenants make a serious personal commitment when they enter into a long-term lease, in part because they think they'll be liable for several months' rent if they leave early. And people who plan to be with you over the long term are often more likely to respect your property and the rights of other tenants, making the management of your rental units far easier and more pleasant.

A lease guarantees less income security than you think. As experienced landlords know well, it's usually not hard for a determined tenant to break a lease and avoid paying all of the money theoretically owed for the unused portion of the lease term. A few states allow tenants to break a lease without penalty in specific circumstances, such as the need move to a care facility. In addition, tenants who enter military service are entitled to break a lease, as explained in "Special Rules for Tenants Who Enter Military Service" in Chapter 14, Section B. And many states require landlords to "mitigate" (minimize) the loss they suffer as a result of a broken lease—meaning that if a tenant moves out early, you must try to find another suitable tenant at the same or a greater rent. If you rerent the unit immediately (or if a judge believes it could have been rerented with a reasonable effort), the lease-breaking tenant is off the hook—except, perhaps, for a small obligation to pay for the few days or weeks the unit was vacant plus any costs you incurred in rerenting it. (Chapter 14 discusses your responsibility to mitigate damages if the tenant leaves early.)

As mentioned, you'll probably prefer to use leases in areas where there is a high vacancy rate or it is difficult to find tenants for one season of the year. For example, if you are renting near a college that is in session for only nine months a year, or in a vacation area that is deserted for months, you are far better off with a year's lease. This is especially true if you have the market clout to charge a large deposit, so that a tenant who wants to leave early has an incentive to find someone to take over the tenancy.

The Forms CD includes copies of the Month-to-Month Residential Rental Agreement and the Fixed-Term Residential Lease. Appendix C includes blank tear-out versions of these forms. Both the CD and tear-out versions are in English and in Spanish.

Always put your agreement in writing. Oral leases or rental agreements are perfectly legal for month-to-month tenancies and, in most states, for leases of a year or less. If you have an oral lease for a term exceeding one year, it becomes an oral month-to-month agreement after the first year is up. While oral agreements are easy and informal, it is never wise to use one. As time passes, people's memories (even yours) have a funny habit of becoming unreliable. You can almost count on tenants claiming that you made, but didn't keep, certain oral promises—for example, to repaint their kitchen or not increase their rent. Tenants may also forget key agreements, such as no subletting. And other issues, like how deposits may be used, probably aren't covered at all. Oral leases are especially dangerous, because they require that both parties accurately remember one important term—the length of the lease—over a considerable time. If something goes wrong with an oral rental agreement or lease, you and your tenants are all too likely to end up in court, arguing over who said what to whom, when, and in what context.

Leases and Rental Agreements in a Nutshell

Leases	Rental Agreements
You can't raise the rent or change other terms of the tenancy until the lease ends.	You may increase rent or change other terms of the tenancy on relatively short notice (subject to any restrictions of local rent control ordinances).
You usually can't end the tenancy before the term expires, unless the tenant doesn't pay rent or violates another term of the lease.	You or the tenant may end the tenancy at any lease time (subject to any rent control restrictions), or by giving the required amount of written notice, typically 30 days.

B. Using the Forms in This Book

The fill-in-the-blanks lease and rental agreements in this book are available in two forms:

- as files you can use with your computer, on the Forms CD enclosed with the book. (See Appendix B for details on using this CD.)
- as tear-out forms in Appendix C at the back of the book.

When you're ready to fill out a lease or rental agreement, go to Section C of this chapter, below, for step-by-step instructions. The instructions explain how to fill in the blanks and also refer you to the chapter that discusses important issues that relate to your choices. Before you complete any clause for the first time, read the detailed discussion about it in the appropriate chapter. For example, before you complete Clause 5, which covers rent, be sure to read Chapter 3. Even if you have been a landlord for many years, reviewing the changing world of landlord-tenant law will be worthwhile.

You may want to modify our lease and rental agreement forms in some situations. The instructions suggest possible modifications for some of the clauses. If you make extensive changes on your own, however, you may wish to have your work reviewed by an experienced landlords' lawyer. (See Chapter 18.)

Don't be tempted to try to cram too many details into the lease or rental agreement. Instead, send new tenants a "move-in letter" that dovetails with the lease or rental agreement and highlights important terms of the tenancy—for example, how and where to report maintenance problems. You may also use a move-in letter to cover issues not included in the lease or rental agreement—for example, rules for use of a pool or laundry room or procedures for returning security deposits. (Chapter 7 covers move-in letters.)

You may need to modify the forms if required by local ordinance. Local rent control ordinances may require that your lease or rental agreement include specific information—for example, the address of the local rent control board. Check your local ordinance for more information, and modify our forms accordingly.

Help tenants understand the lease or rental agreement before they sign it. Too many landlords thrust a lease or rental agreement at tenants and expect them to sign it unread. Far better to encourage tenants to ask questions about anything that's unclear, or actually review each clause with new tenants. It will save you lots of hassles later on.

If English is not the tenant's first language, give the tenant a written translation. (This book includes a Spanish version of our lease and rental agreement forms.) Some states require this; California, for example, requires landlords to notify Spanish-speaking tenants, in Spanish, of the right to request a Spanish version. But even if it's not legally required, you want your tenants to know and follow the rules. And it's a great way to establish rapport.

C. Completing the Lease or Rental Agreement Form

This section explains each clause in the lease and rental agreement forms provided in this book.

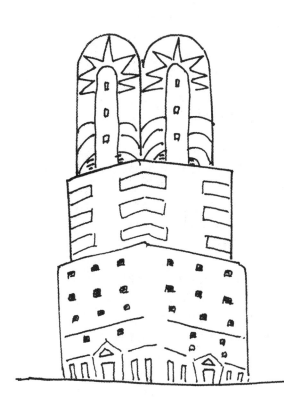

Except for the important difference in the term of the tenancy (see Clause 4 in the forms), leases and written rental agreements are so similar that they are sometimes hard to tell apart. Both cover the basic terms of the tenancy (such as amount of rent and date due). Except where indicated below, the clauses are identical for the lease and rental agreement. A filled-in sample rental agreement is included at the end of this chapter.

How to Prepare Attachment Pages

Although we have tried to leave adequate blank space on the forms, it's possible that you may run out of room in completing a particular clause, or you may want to add a clause. Space is obviously no problem if you use the Forms CD. But if you need to add anything to the tear-out copies of the lease or rental agreement forms, take the following steps:

1. At the first place that you run out of room, begin your entry and then write "Continued on Attachment 1." Similarly, if there is another place where you run out of room, add as much material as you can and then write "Continued on Attachment 2," and so on. Use a separate Attachment each time you need more space.

2. Make your own Attachment form, using a sheet of blank white paper. At the top of the form, fill in the proper number—that is, "Attachment 1" for the first attachment, and so on.

3. Begin each attachment with the number of the clause you're continuing or adding. Then add "a continuation of" if you're continuing a clause, or "an addition to" if you're adding a clause.

4. Type or print the additional information on the Attachment.

5. Both you and each tenant should sign the page at the end of the added material.

6. Staple the Attachment page to the lease or rental agreement.

Clause 1. Identification of Landlord and Tenant

This Agreement is entered into between _____ _____ [Tenant] and _____ [Landlord]. Each Tenant is jointly and severally liable for the payment of rent and performance of all other terms of this Agreement.

Every lease or rental agreement must identify the tenant and the landlord or the property owner—often called the "parties" to the agreement. The term "Agreement" (a synonym for contract) refers to either the lease or rental agreement.

Any competent adult—at least 18 years of age—may be a party to a lease or rental agreement. A teenager who is slightly under age 18 may also be a party to a lease in most states if he or she has achieved legal adult status through a court order (called emancipation), military service, or marriage.

The last sentence of Clause 1 states that if you have more than one tenant, they (the cotenants) are all "jointly and severally" liable for paying rent and abiding by the terms of the agreement. This essential bit of legalese simply means that each tenant is legally responsible for the whole rent and complying with the agreement. You can legally seek full compensation from any one of the tenants should the others skip out or be unable to pay, or evict all of the tenants even if just one has broken the terms of the lease—for example, by seriously damaging the property. Chapter 8 provides more detail on the concept of joint and several liability and discusses the legal obligations of cotenants.

How to Fill in Clause 1:

Fill in the names of all tenants—adults who will live in the premises, including both members of a couple. Doing this makes everyone who signs responsible for all terms, including the full amount of the rent. Chapter 8 discusses why it's crucial that everyone who lives in your rental unit sign the lease or rental agreement. Also, make sure the tenant's name matches his or her legal documents, such as a driver's license. You may set a reasonable limit on the number of people per rental unit as discussed in Chapter 5.

In the last blank, list the names of all landlords or property owners—that is, the names of every person who will be signing the lease or rental agreement. If you are using a business name, enter your name followed by your business name.

Clause 2. Identification of Premises

Subject to the terms and conditions in this Agreement, Landlord rents to Tenant, and Tenant rents from Landlord, for residential purposes only, the premises located at _____ _____ [the premises], together with the following furnishings and appliances: _____. Rental of the premises also includes _____.

Clause 2 identifies the address of the property being rented ("the premises") and provides details on furnishings and extras such as a parking space. The words "for residential purposes only" are to prevent a tenant from using the property for conducting a business that might affect your insurance or violate zoning laws, or that might burden other tenants or neighbors.

How to Fill in Clause 2:

Fill in the street address of the unit or house you are renting. If there is an apartment or building number, specify that as well as the city and state.

Add as much detail as necessary to clarify what's included in the rental premises, such as kitchen appliances. If the unit has only a few basic furnishings, list them here. If the rental unit is fully furnished, state that here and provide detailed information on the Landlord-Tenant Checklist included in Chapter 7 or in a separate room-by-room list.

In some circumstances, you may want to elaborate on exactly what the premises do or do not include. For example, if the rental unit includes a parking space, storage in the garage or basement, or other use of the property, such as a gardening shed in the backyard or the use of a barn in rural areas, specifically include this information in your description of the premises. (See "How to Prepare Attachment Pages,"

Possible Modifications to Clause 2:

If a particular part of the rental property that might be assumed to be included is *not* being rented, such as a garage or storage shed you wish to use yourself or rent to someone else, explicitly exclude it from your description of the premises.

Clause 3. Limits on Use and Occupancy

The premises are to be used only as a private residence for Tenant(s) listed in Clause 1 of this Agreement, and their minor children. Occupancy by guests for more than _____ is prohibited without Landlord's written consent and will be considered a breach of this Agreement.

Clause 3 states that the rental unit is the residence of the tenants and their minor children only. It lets the tenants know they may not move anyone else in as a permanent resident without your consent. The value of this clause is that a tenant who tries to move in a relative or friend for a longer period has clearly violated a defined standard, which gives you grounds for eviction. (New York landlords, however, are subject to the "Roommates Law," RPL § 235-f, which allows tenants to move in relatives and other qualified individuals. The number of total occupants is still restricted, however, by any local statutes governing overcrowding.)

Clause 3 also allows you to set a time limit for guest stays. Even if you do not plan to strictly enforce restrictions on guests, this provision will be very handy if a tenant tries to move in a friend or relative for a month or two, calling that person a guest. It will give you the leverage you need to ask the guest to leave, request that the guest apply to become a tenant with an appropriate increase in rent, or, if necessary, evict the tenant for violating this lease provision. To avoid discrimination charges,

don't make restrictions on guests that are based on the age or sex of the occupant or guest. Chapter 8 discusses guests in more detail.

How to Fill in Clause 3:

Fill in the number of days you allow guests to stay over a given time period without your consent. We suggest you allow up to ten consecutive days in any six-month period, but, of course, you may want to modify this based on your own experience.

Don't discriminate against families with children. You can legally establish reasonable space-to-people ratios, but you cannot use overcrowding as an excuse for refusing to rent to tenants with children. Space rules are available in your local or state housing code. Discrimination against families with children is illegal, except in housing reserved for senior citizens only. Just as important as adopting a reasonable people-to-square-foot standard in the first place is the maintenance of a consistent occupancy policy. If you allow three adults to live in a two-bedroom apartment, you had better let a couple with a child live in the same type of unit, or you are leaving yourself open to charges that you are illegally discriminating. (Chapter 5 covers discrimination and occupancy standards.)

Lease Provision for Term of Tenancy

Clause 4. Term of the Tenancy

The term of the rental will begin on _____, and end on _____. If Tenant vacates before the term ends, Tenant will be liable for the balance of the rent for the remainder of the term.

This clause sets out the key difference between a lease and a rental agreement: how long a rent-paying tenant is entitled to stay.

The lease form sets a definite date for the beginning and expiration of the lease and obligates both you and the tenant for a specific term.

Most leases run for one year. This makes sense, because it allows you to raise the rent at reasonably

Investigate Before Letting a Tenant Run a Home Business

Over 20 million Americans run a business from their house or apartment. If a tenant asks you to modify Clause 2 to allow him to operate a business, you have some checking to do—even if you are inclined to say yes.

For one, you'll need to check local zoning laws for restrictions on home-based businesses, including the type of businesses allowed (if any), the amount of car and truck traffic the business can generate, outside signs, on-street parking, the number of employees, and the percentage of floor space devoted to the business. In Los Angeles, for example, dentists, physicians (except for psychiatrists), and unlicensed massage therapists may not operate home offices. In addition, photo labs and recording studios are banned. And if your rental unit is in a planned unit or a condominium development, check the CC&Rs of the homeowners' association.

You'll also want to consult your insurance company as to whether you'll need a different policy to cover potential liability of a tenant's employees or guests. In many situations, a home office for occasional use will not be a problem. But if the tenant wants to operate a business, especially one with people and deliveries coming and going, such as a therapy practice, jewelry importer, or small business consulting firm, you should seriously consider whether to expand or add coverage.

You may also want to require that the tenant maintain certain types of liability insurance, so that you won't wind up paying if someone gets hurt on the rental property—for example, a business customer who trips and falls on the front steps.

Finally, be aware that if you allow a residence to be used as a commercial site, your property may need to meet the accessibility requirements of the federal Americans With Disabilities Act (ADA). For more information on the ADA; contact the U.S. Department of Justice, 950 Pennsylvania Ave., NW, Civil Rights Division, Disability Rights Section, Washington, DC 20530, call 800-514-0301 (800-514-0383 TTY), or check their website at www.usdoj.gov/crt/drs/drshome.htm. You can also check the ADA home page at www.ada.gov.

⚠️ **You may not be able to restrict a child care home business.** A tenant who wants to do child care in the rental may be entitled to do so, despite your general prohibition against businesses. In California and New York, for example, legislators and courts have declared a strong public policy in favor of home-based child care and have limited a landlord's ability to say no. (Cal. Health & Safety Code § 1597.40; *Haberman v. Gotbaum*, 698 NY2d406 (N.Y. City Civ. Ct. 1999).) If you're concerned, check with your state's office of consumer protection for information on laws that cover in-home child care in residential properties.

If you allow a tenant to run a business from your rental property, you may want to provide details in Clause 22 (Additional Provisions) of your lease or rental agreement.

frequent intervals if market conditions allow. Leases may be shorter (six months) or longer (24 months) —this, of course, is up to you and the tenants. A long period—two, three, or even five years—can be appropriate, for example, if you're renting out your own house because you're taking a two-year sabbatical or if the tenant plans to make major repairs or remodel your property.

Chapter 14 discusses a tenant's liability for breaking a lease, what exactly happens at the end of a lease, monetary consequences if a tenant "holds over" or fails to leave after the lease ends, termination of fixed-term leases, and your duty to mitigate damages. It also covers notice requirements. You may want to specify some of these issues in the lease or rental agreement or in a move-in letter you send new tenants. (See Chapter 7.)

How to Fill in Clause 4 (Lease):

In the blanks, fill in the starting date and the expiration date. The starting date is the date the tenant has the right to move in, such as the first of the month. This date does not have to be the date that you and the tenant sign the lease. The

lease signing date is simply the date that you're both bound to the terms of the lease. If the tenant moves in before the regular rental period—such as the middle of the month and you want rent due on the first of every month—you will need to prorate the rent for the first partial month as explained in Clause 5 (Payment of Rent).

Possible Modifications to Clause 4 (Lease):

If you want to provide for a periodic rent increase, perhaps tied to a consumer price index or your operating expenses, you'll need to add language to this effect. Without this type of built-in increase, you can't increase the rent until the lease ends.

⚠️ **Avoid liquidated damages provisions.** Some preprinted forms (not ours) include what lawyers quaintly call a "liquidated damages" clause. This means that if a tenant moves out before the lease expires, he is supposed to pay you a predetermined amount of money (damages) caused by his early departure. Unless the amount of liquidated damages is close to the damages a landlord actually suffers, this approach is likely to be illegal. Under the laws of most states, a tenant who moves out before the lease expires is legally responsible to pay only for the actual losses he caused (such as rent lost). If a suitable new tenant moves in immediately, this may be little or nothing. And, in most states, you are legally obligated to minimize your losses by trying to find a new tenant as soon as possible. Chapter 14 provides details on your responsibility to mitigate damages.

Rental Agreement Provision for Term of Tenancy

Clause 4. Term of the Tenancy

The rental will begin on ＿＿＿＿＿＿＿＿＿＿＿＿＿＿, and continue on a month-to-month basis. Landlord may terminate the tenancy or modify the terms of this Agreement by giving the Tenant ＿＿＿＿ days' written notice. Tenant may terminate the tenancy by giving the Landlord ＿＿＿＿ days' written notice.

The rental agreement provides for a month-to-month tenancy and specifies how much written notice you must give a tenant to change or end a tenancy, and how much notice the tenant must provide you before moving out. Chapter 14 discusses changing or ending a month-to-month tenancy.

How to Fill in Clause 4 (Rental Agreement):

In the first blank, fill in the date the tenancy will begin. The date the tenancy will begin is the date the tenant has the right to move in, such as the first of the month. This date does not have to be the date that you and the tenant sign the rental agreement. The agreement signing date is simply the date that you're both bound to the terms of the rental agreement. If the tenant moves in before the regular rental period—such as the middle of the month and you want rent due on the first of every month—you will need to prorate the rent for the first partial month as explained in Clause 5 (Payment of Rent).

In the next two blanks, fill in the amount of written notice you'll need to give tenants to end or change a tenancy, and the amount of notice tenants must provide to end a tenancy. In most cases, to comply with the law of your state, this will be 30 days for both landlord and tenant in a month-to-month tenancy. (See "Notice Required to Change or Terminate a Month-to-Month Tenancy" in Appendix A for details.)

Possible Modifications to Clause 4 (Rental Agreement):

This rental agreement is month to month, although you can change it to a different interval as long as you don't go below the minimum notice period required by your state's law. If you do, be aware that notice requirements to change or end a tenancy may also need to differ from those required for standard month-to-month rental agreements, since state law often requires that all key notice periods be the same.

Your right to terminate or change the terms of a tenancy, even one from month to month, can be limited by a rent control ordinance. Such ordinances not only limit rent and other terms of tenancies, but also require the landlord to have a good reason to terminate a tenancy. (We discuss rent control in Chapter 3.)

Clause 5. Payment of Rent

Regular monthly rent

Tenant will pay to Landlord a monthly rent of $_____, payable in advance on the first day of each month, except when that day falls on a weekend or legal holiday, in which case rent is due on the next business day. Rent will be paid in the following manner unless Landlord designates otherwise:

Delivery of payment.

Rent will be paid:

☐ by mail, to _____

☐ in person, at _____

Form of payment.

Landlord will accept payment in these forms:

☐ personal check made payable to _____

☐ cashier's check made payable to _____

☐ credit card

☐ money order

☐ cash

Prorated first month's rent.

For the period from Tenant's move-in date, _____, through the end of the month, Tenant will pay to Landlord the prorated monthly rent of $_____. This amount will be paid on or before the date the Tenant moves in.

This clause provides details on the amount of rent and when, where, and how it's paid. It requires the tenant to pay rent monthly on the first day of the month, unless the first day falls on a weekend or a legal holiday, in which case rent is due on the next business day. (Extending the rent due date for holidays is legally required in some states and is a general rule in most.)

We discuss how to set a legal rent and where and how rent is due in Chapter 3. Before you fill in the blanks, please read that chapter.

How to Fill in Clause 5:

Regular monthly rent. In the first blank, state the amount of monthly rent. Unless your premises are subject to a local rent control ordinance, you can legally charge as much rent as you want (or, more practically speaking, as much as a tenant will pay).

Delivery of payment. Next, specify to whom and where the rent is to be paid—by mail (most common) or in person (if so, specify the address, such as your office or to your manager at the rental unit). Be sure to specify the hours that rent can be paid in person, such as 9 a.m. to 5 p.m. weekdays and 9 a.m. to noon on Saturdays.

Form of payment. Note all the forms of payment you'll accept, such as personal check and money order. You can require that tenants pay rent only by check, or give them several options, such as personal check, money order, cashier's check, or credit card.

Prorated first month's rent. If the tenant moves in before the regular rental period—let's say in the middle of the month, and you want rent due on the first of every month—you can specify the prorated amount due for the first partial month. To figure out prorated rent, divide the monthly rent by 30 days and multiply by the number of days in the first (partial) rental period. That will avoid confusion about what you expect to be paid. Enter the move-in date, such as "June 21, 200X," and the amount of prorated monthly rent.

> **EXAMPLE:** Meg rents an apartment for $1,800 per month with rent due on the first of the month. She moves in on June 21, so she should pay ten days' prorated rent of $600 when she moves in. ($1,800/30 = $60 x 10 days = $600.) Beginning with July 1, Meg's full $1,800 rent check is due.

If the tenant is moving in on the first of the month or the same day rent is due, write in "N/A" or "Not Applicable" in the section on prorated rent, or delete this section of the clause.

Possible Modifications to Clause 5:

Here are a few common ways to modify Clause 5:

Rent due date. You can establish a rent due date different from the first of the month, such as the day of the month on which the tenant moves in. For example, if the tenant moved in on July 10, rent would be due on the tenth of each month, a system which of course saves the trouble of prorating the first month's rent.

Frequency of rent payments. You are not legally required to have your tenant pay rent on a monthly basis. You can modify the clause and require that the rent be paid twice a month, each week, or by whatever schedule suits you.

If your property is under rent control, check your local ordinance to see if you must provide any specific information about rent control rules in the lease or rental agreement.

Clause 6. Late Charges

If Tenant fails to pay the rent in full before the end of the _____ day after it's due, Tenant will pay Landlord a late charge as follows: _____.
Landlord does not waive the right to insist on payment of the rent in full on the date it is due.

It is your legal right in most states to charge a late fee if rent is not paid on time. This clause spells out details on your policy on late fees. Charging a late fee does not mean that you give up your right to insist that rent be paid on the due date. To bring this point home, Clause 6 states that you do not waive the right to insist on full payment of the rent on the date it is due. A late fee is simply one way to motivate tenants to pay on time. A few states have statutes that put precise limits on the amount of late fees or when they can be collected. For advice on setting a late charge policy, see Chapter 3.

How to Fill in Clause 6:

In the first blank, specify when you will start charging a late fee. You can charge a late fee the first day rent is late, but many landlords don't charge a late fee until the rent is two or three days late.

Next, fill in details on your late rent fee, such as the daily charge and any maximum fee.

Possible Modifications to Clause 6:

If you decide not to charge a late fee (something we consider highly unwise), you may simply delete this clause, or write the words "N/A" or "Not Applicable" on it.

Clause 7. Returned Check and Other Bank Charges

If any check offered by Tenant to Landlord in payment of rent or any other amount due under this Agreement is returned for lack of sufficient funds, a "stop payment," or any other reason, Tenant will pay Landlord a returned check charge of $_____.

As with late charges, any bounced-check charges you require must be reasonable. Generally, you should charge no more than the amount your bank charges you for a returned check, probably $10 to $20 per returned item, plus a few dollars for your trouble.

Chapter 3 covers returned check charges.

How to Fill in Clause 7:

In the blank, fill in the amount of the returned check charge. If you won't accept checks, fill in "N/A" or "Not Applicable."

Clause 8. Security Deposit

On signing this Agreement, Tenant will pay to Landlord the sum of $_____ as a security deposit. Tenant may not, without Landlord's prior written consent, apply this security deposit to the last month's rent or to any other sum due under this Agreement. Within _____ after Tenant has vacated the premises, returned keys, and provided Landlord with a forwarding address, Landlord will return the deposit in full or give Tenant an itemized written statement of the reasons for, and the dollar amount of, any of the security deposit retained by Landlord, along with a check for any deposit balance.

The use and return of security deposits is a frequent source of disputes between landlords and tenants. To avoid confusion and legal hassles, this clause is clear on the subject, including:

- the dollar amount of the deposit
- the fact that the deposit may not be used for the last month's rent without your prior written approval, and
- when the deposit will be returned, along with an itemized statement of deductions.

Chapters 4 and 15 cover the basic information you need to complete Clause 8, including state rules on how large a deposit you can require, when you must return it, and the type of itemization you must provide a tenant when deductions are made.

How to Fill in Clause 8:

Once you decide how much security deposit you can charge (see "State Laws on Security Deposit Limits" in Chapter 4), fill in the amount in the first blank. Unless there's a lower limit, we suggest about two months as your rent deposit, assuming your potential tenants can afford that much. In no case is it wise to charge much less than one month's rent.

Next, fill in the time period when you will return the deposit. (See "Deadlines for Landlords to Itemize and Return Deposit" in Chapter 15.) If there is no statutory deadline for returning the deposit, we recommend three to four weeks as a reasonable time to return a tenant's deposit. Establishing a fairly short period (even if the law of your state allows more time) will discourage anxious tenants from repeatedly bugging you or your manager for their deposit refund.

Possible Modifications to Clause 8:

The laws of several states require you to give tenants written information on various aspects of the security deposit, including where the security deposit is being held, interest payments, and the terms of and conditions under which the security deposit may be withheld. "State-Mandated Additions to Security Deposit Clause," below, lists specific clauses you should add to Clause 8. (See "How to Prepare Attachment Pages.") Also, Chapter 4 includes a list of states that require separate accounts for deposits or interest payments on deposits.

Even if it's not required, you may want to provide additional details on security deposits in your lease or rental agreement. Here are optional clauses you may add to the end of Clause 8.

The security deposit will be held at: (*name and address of financial institution*).

Landlord will pay Tenant interest on all security deposits at the prevailing bank rate.

Landlord may withhold only that portion of Tenant's security deposit necessary to: (1) remedy any default by Tenant in the payment of rent; (2) repair damage to the premises, except for ordinary wear and tear caused by Tenant; (3) clean the premises if necessary; and (4) compensate Landlord for any other losses as allowed by state law.

Nonrefundable Fees

We don't recommend nonrefundable fees—for one thing, they are illegal in many states. (See Chapter 4.) If you do collect a nonrefundable fee —for example, for cleaning or pets—be sure your lease or rental agreement is clear on the subject.

Clause 9. Utilities

Tenant will pay all utility charges, except for the following, which will be paid by Landlord: _____
_____
_____.

This clause helps prevent misunderstandings as to who's responsible for paying utilities. Normally, landlords pay for garbage (and sometimes water, if there is a yard) to help make sure that the premises are well-maintained. Tenants usually pay for other services, such as phone, gas, electricity, and cable TV.

How to Fill in Clause 9:

In the blank, fill in the utilities you—not the tenants—will be responsible for paying. If you will not be paying for any utilities, simply write in "N/A" or "Not Applicable."

State-Mandated Additions to Security Deposit Clause

State	Add this language to the Security Deposit clause:
Alaska	"Landlord will retain only that portion of Tenant's security deposit necessary to pay accrued rent or compensate Landlord for damages suffered by reason of Tenant's failure to maintain the dwelling unit."
Florida	"The security deposit will be held in [*a separate or Landlord's*] [*interest-bearing or non-interest-bearing*] account at: [*name and address of depository*]." "Interest will be paid on this account as follows: [*rate, time of payments*]." "A copy of Florida Statutes § 83.49(3), explaining how and when the security deposit will be returned, is attached as required by law." [*A copy for you to attach is included in Appendix A of this book.*]
Georgia	"The security deposit will be held in escrow account no. _____ at: [*name and address of depository*]."
Kentucky	"The security deposit will be held in account no. _____ at: [*name and address of depository*]."
Maryland	"Tenant has the right to receive from Landlord a written list of all existing damages if Tenant requests by certified mail within 15 days of Tenant's occupancy."
Michigan	"The security deposit will be held in an account at: [*name and address of depository*]." You must also add the following paragraph in 12-point boldface type or type that is at least four points larger than the body of the agreement: "To the Tenant: You must notify your landlord in writing within 4 days after you move of a forwarding address where you can be reached and where you will receive mail; otherwise your landlord shall be relieved of sending you an itemized list of damages and the penalties adherent to that failure."
North Carolina	"The security deposit will be held in account no. _____ at: [*name and address of depository*] or by [*name and address of insurance company providing bond for security deposit*]."
Tennessee	"The security deposit will be held at: [*name and address of depository*]."
Washington	"The security deposit will be held in an account at: [*name and address of depository*]." "Landlord may withhold only that portion of the security deposit necessary to (1) remedy any default in the payment of rent, (2) repair damage to the premises, except ordinary wear and tear, caused by Tenant, and (3) clean the premises if necessary."

Consider Water Submetering

For many years, the Environmental Protection Agency (EPA) classified landlords who billed tenants separately for water as sellers of public water. Landlords had to comply with the Safe Drinking Water Act, which requires water testing and treatment. Since residential landlords have no ability to store or treat drinking water destined for their tenants, they were naturally discouraged from installing submeters.

In December 2003, the EPA changed its rather illogical position. Landlords who bill separately by using submeters are no longer considered water sellers. But if, instead of using submeters, you divide your property's water bill among residents based on a ratio of floor space, the number of occupants, or some other quantitative measure, you will still be considered a seller. The EPA justifies this position not on the grounds that ratio billing somehow makes you capable of storing, testing, and treating the water, but on the theory that ratio billing does not encourage water conservation to the same extent as submetering. (Applicability of the Safe Drinking Water Act to Submetered Properties, 68 Code of Federal Regulations (CFR) 74,233 (2003).)

Evidence suggests that submetering may well be worth your time and trouble. A 1999 study of tenants who were charged for only their own water resulted in a usage drop of between 18% to 39%. (Ray Smith, "Brace Yourself for Another Monthly Bill," *Wall St. J.*, Oct. 23, 2003.) First, however, check your local ordinances for any restrictions on selling water. Some cities regulate owners who separately bill residents for water. (Source: *Overview of Retrofit Strategies*, prepared for the U.S. Department of Housing and Urban Development by Water Resources Engineering, Inc., 2002.)

Disclose Shared Utility Arrangements

If there are not separate gas and electric meters for each unit, or a tenant's meter measures gas or electricity used in areas outside his unit (such as a water heater that serves several apartments or lighting in a common area), you should disclose this in your lease or rental agreement. Simply add details to Clause 20, Disclosures, preparing an attachment page if necessary. This type of disclosure is required by law in some states (see "Selected State Disclosure Requirements," below), and is only fair in any case. The best solution is to put in a separate meter for the areas served outside the tenant's unit. If you don't do that, you should:

- pay for the utilities for the tenant's meter yourself by placing that utility in your name
- reduce the tenant's rent to compensate for payment of utility usage outside of their unit (this will probably cost you more in the long run than if you either added a new meter or simply paid for the utilities yourself), or
- sign a separate written agreement with the tenant, under which the tenant specifically agrees to pay for others' utilities, too.

Clause 10. Assignment and Subletting

Tenant will not sublet any part of the premises or assign this Agreement without the prior written consent of Landlord.

Clause 10 is an antisubletting clause, breach of which is grounds for eviction. It prevents a tenant from subleasing during a vacation—letting someone stay in his place and pay rent while he's gone for an extended period of time—or renting out a room to someone unless you specifically agree.

Clause 10 is also designed to prevent assignments, a legal term that means your tenant transfers her entire tenancy to someone else. Practically, you need this clause to prevent your tenant from leaving in the middle of the month or lease term and moving in a replacement—maybe someone you wouldn't choose to rent to—without your consent.

By including Clause 10 in your lease or rental agreement, you have the option not to accept the person your tenant proposes to take over the lease. Under the law of most states, however, you should realize that if a tenant who wishes to leave early provides you with another suitable tenant, you can't both unreasonably refuse to rent to this person and hold the tenant financially liable for breaking the lease.

Chapter 8 discusses sublets and assignments in detail. Chapter 14 discusses what happens when a tenant breaks a lease.

How to Fill in Clause 10:

You don't need to add anything to this clause in most situations. There may be local laws, however, that do apply, as discussed in Chapter 8.

Clause 11. Tenant's Maintenance Responsibilities

Tenant will: (1) keep the premises clean, sanitary, and in good condition and, upon termination of the tenancy, return the premises to Landlord in a condition identical to that which existed when Tenant took occupancy, except for ordinary wear and tear; (2) immediately notify Landlord of any defects or dangerous conditions in and about the premises of which Tenant becomes aware; and (3) reimburse Landlord, on demand by Landlord, for the cost of any repairs to the premises damaged by Tenant or Tenant's guests or business invitees through misuse or neglect.

Tenant has examined the premises, including appliances, fixtures, carpets, drapes, and paint, and has found them to be in good, safe, and clean condition and repair, except as noted in the Landlord-Tenant Checklist.

Clause 11 makes the tenant responsible for keeping the rental premises clean and sanitary. This clause also makes it clear that if the tenant damages the premises (for example, by breaking a window or scratching hardwood floors), it's his responsibility for the damage.

It is the law in some states (and wise in all) to notify tenants in writing of procedures for making complaints and repair requests. Clause 11 requires the tenant to alert you to defective or dangerous conditions.

Clause 11 also states that the tenant has examined the rental premises, including appliances, carpets, and paint, and found them to be safe and clean, except as noted in a separate form (the Landlord-Tenant Checklist, described in Chapter 7). Before the tenant moves in, you and the tenant should inspect the rental unit and fill out the Landlord-Tenant Checklist in Chapter 7, describing what is in the unit and noting any problems. Doing so will help you avoid disputes over security deposit deductions when the tenant moves out.

Chapter 9 provides details on landlords' and tenants' repair and maintenance responsibilities, recommends a system for tenants to request repairs, and offers practical advice on maintaining your rental property. Chapter 9 also covers tenant options (such as rent withholding) should you fail to maintain your property and keep it in good repair.

How to Fill in Clause 11:

You do not need to add anything to this clause.

⚠ Don't fail to maintain the property. In most states, language you stick in a lease or rental agreement saying a tenant gives up his right to habitable housing won't be effective. By law, you have to provide habitable housing, no matter what the agreement says. If your tenants or their guests suffer injury or property damage as a result of poorly maintained property, you may be held responsible for paying for the loss. See Chapters 10, 11, and 12 for liability-related issues.

Renters' Insurance

Landlords often require tenants to obtain renters' insurance, especially in high-end rentals. This covers losses to the tenant's belongings as a result of fire or theft, as well as injury to other people or property damage caused by the tenant's negligence. Besides protecting the tenant from personal liability, renters' insurance benefits you, too: If damage caused by the tenant could be covered by either his insurance policy or yours, a claim made on the tenant's policy will affect his premiums, not yours. Renters' insurance will not cover intentional damage by the tenant.

If you decide to require insurance, insert a clause like the following under Clause 22, Additional Provisions. This will help assure that the tenant carries renters' insurance throughout his tenancy. The average cost of renters' insurance is $12 per month for about $30,000 of property coverage and $100,000 of liability coverage, with a deductible of $250. Some carriers offer discounts of 10% or more if tenants already have another type of insurance with their companies, and additional discounts for tenants who can demonstrate they have risk-reduction measures such as smoke alarms, safes, alarm systems, or double-bolt locks.

Renters' Insurance

Within ten days of the signing of this Agreement, Tenant will obtain renters' insurance, and provide proof of purchase to Landlord. Tenant further agrees to maintain the policy throughout the duration of the tenancy, and to furnish proof of insurance on a ☐ yearly ☐ semiannual basis.

⚠ Landlords who are subject to rent regulation may not be able to require renters' insurance, because a court may interpret such a requirement as an illegal rent overcharge, if challenged by a tenant. Check with your rent control board for the law in your city. To play it safe, stop short of mandating renters' insurance and simply suggest that rent-regulated tenants purchase it.

Clause 12. Repairs and Alterations by Tenant

a. Except as provided by law, or as authorized by the prior written consent of Landlord, Tenant will not make any repairs or alterations to the premises, including nailing holes in the walls or painting the rental unit.

b. Tenant will not, without Landlord's prior written consent, alter, rekey, or install any locks to the premises or install or alter any burglar alarm system. Tenant will provide Landlord with a key or keys capable of unlocking all such rekeyed or new locks as well as instructions on how to disarm any altered or new burglar alarm system.

Clause 12 makes it clear that the tenant may not make alterations and repairs without your consent, including painting the unit or nailing holes in the walls.

And to make sure you can take advantage of your legal right of entry in an emergency situation, Clause 12 specifically forbids the tenant from rekeying the locks or installing a burglar alarm system without your consent. If you do grant permission, make sure your tenant gives you duplicate keys or the name and phone number of the alarm company or instructions on how to disarm the alarm system so that you can enter in case of emergency. (See Chapter 12 for more information on your responsibility to provide secure premises, and Chapter 13 for information on your right to enter rental property in an emergency.)

The "except as provided by law" language in Clause 12 is a reference to the fact that, in certain situations and in certain states, tenants have a narrowly defined right to alter or repair the premises, regardless of what you've said in the lease or rental agreement. Examples include:

- **Alterations by a disabled person, such as lowering countertops for a wheelchair-bound tenant.** Under the federal Fair Housing Acts, a disabled person may modify her living space to the extent necessary to make the space safe and comfortable, as long as the modifications will not make the unit unacceptable to the next tenant, or if the disabled tenant agrees to undo the modification when she leaves. (See Chapter 5 for details.)

- **Use of the "repair and deduct" procedure.** In most states, tenants have the right to repair defects or damage that make the premises uninhabitable or substantially interfere with the tenant's safe use or enjoyment of the premises. Usually, the tenant must first notify you of the problem and give you a reasonable amount of time to fix it. (See Chapter 9 for more on this topic.)

- **Installation of satellite dishes and antennas.** Federal law gives tenants limited rights to install wireless antennas and small satellite dishes. See Chapter 9, Section K, for details.

- **Specific alterations allowed by state statutes.** In Connecticut, for example, tenants may install removable interior storm windows or other energy conservation measures without the landlord's prior consent. (Conn. Gen. Stat. Ann. § 47a-13a.) In Virginia (Va. Code Ann. § 55-248.18(D)) and Texas (Tex. Prop. Code Ann. §§ 92.151 and following), tenants may install burglary prevention devices. California tenants may install statutorily required door and window locks if the landlord has refused to do so. (Cal. Civ. Code § 1941.3.) Texas also gives tenants this right. (Tex. Prop. Code § 92.164.) Check your state statutes or call your local rental property association for more information on these types of laws.

How to Fill in Clause 12:

If you do not want the tenant to make any repairs without your permission, you do not need to add anything to this clause.

You may, however, want to go further and specifically prohibit certain repairs or alterations by adding details in Clause 12. For example, you may want to make it clear that any "fixtures"—a legal term that describes any addition that is attached to the structure, such as bolted-on bookcases or built-in dishwashers—are your property and may not be removed by the tenant without your permission. See "How to Prepare Attachment Pages," above.

If you do authorize the tenant to make any repairs, provide enough detail so that the tenant knows exactly what is expected, how much repairs can cost, and who will pay. For example, if you decide to allow the tenant to take over the repair of any broken windows, routine plumbing jobs, or landscaping, give specific descriptions and limits to the tasks. Chapter 9 includes a detailed discussion of delegating repair and maintenance responsibilities and a sample agreement form regarding tenant alterations and improvements.

⚠ **If you want the tenant to perform maintenance work for you in exchange for reduced rent, don't write it into the lease or rental agreement.** Instead, use a separate employment agreement and pay the tenant for her services. That way, if she doesn't perform, you still have the full rent, and you can simply cancel the employment contract.

Clause 13. Violating Laws and Causing Disturbances

Tenant is entitled to quiet enjoyment of the premises. Tenant and guests or invitees will not use the premises or adjacent areas in such a way as to: (1) violate any law or ordinance, including laws prohibiting the use, possession, or sale of illegal drugs; (2) commit waste (severe property damage); or (3) create a nuisance by annoying, disturbing, inconveniencing, or interfering with the quiet enjoyment and peace and quiet of any other tenant or nearby resident.

This type of clause is found in most form leases and rental agreements. It prohibits tenants (and their guests) from violating the law, damaging your property, or disturbing other tenants or nearby residents. Although this clause contains some legal jargon, it's probably best to leave it as is, since courts have much experience in working with terms like waste and nuisance (defined below).

This clause also refers to tenants' right to "quiet enjoyment" of the premises. As courts define it, the "covenant of quiet enjoyment" amounts to an implied promise that you will not act (or fail to act) in a way that seriously interferes with or destroys the ability of the tenant to use the rented premises—for example, by allowing garbage to pile up, tolerating a major rodent infestation, or failing to control a tenant whose constant loud music makes it impossible for other tenants to sleep.

If you want more specific rules—for example, no loud music played after midnight—add them to Clause 18: Tenant Rules and Regulations, or to Clause 22: Additional Provisions.

Chapter 16 includes a detailed discussion of how to deal with noisy tenants.

How to Fill in Clause 13:

You do not need to add anything to this clause.

Waste and Nuisance: What Are They?

In legalese, committing **waste** means causing severe damage to real estate, including a house or an apartment unit—damage that goes way beyond ordinary wear and tear. Punching holes in walls, pulling out sinks and fixtures, and knocking down doors are examples of waste.

Nuisance means behavior that prevents tenants and neighbors from fully enjoying the use of their homes and results in a substantial danger to their health and safety. Continuous loud noise and foul odors are examples of legal nuisances that may disturb nearby neighbors and affect their "quiet enjoyment" of the premises. So, too, are selling drugs or engaging in other illegal activities that greatly disturb neighbors.

Clause 14. Pets

No animal, bird, or other pet will be kept on the premises, even temporarily, except properly trained service animals needed by blind, deaf, or disabled persons and under the following conditions: _____

_____

_____ .

This clause is designed to prevent tenants from keeping pets without your written permission. This is not necessarily to say that you will want to apply a flat "no pets" rule. (Many landlords, in fact, report that pet-owning tenants are more appreciative, stable, and responsible than the norm.) But it does provide you with a legal mechanism designed to keep your premises from being waist-deep in Irish wolfhounds. Without this sort of provision, particularly in a fixed-term lease that can't be terminated early save for a clear violation of one of its provisions, there's little to prevent your tenant from keeping dangerous or nonhousebroken pets on your property, except for city ordinances prohibiting tigers and the like.

You have the right to prohibit all pets, or to restrict the types of pets you allow, with the exception of trained dogs used by blind, deaf, or physically or mentally disabled people. This includes not only pets the tenant may have, but also pets of guests.

How to Fill in Clause 14:

If you do not allow pets, put the word "None" in the blanks.

If you allow pets, be sure to identify the type and number of pets in the first blank—for example, "one cat" or "one dog under 20 pounds." It's also wise to spell out your pet rules in the second blank, or in an attachment—for example, you may want to specify that the tenants will keep the grounds and street free of all animal waste, and that cats and dogs be spayed or neutered, licensed, and up-to-date on vaccinations. (Your Tenant Rules and Regulations may be another place to do this. See Clause 18.)

It is important to educate tenants from the start that you will not tolerate dangerous or even apparently dangerous pets; and that as soon as you learn of a worrisome situation, you have the option of insisting that the tenant get rid of the pet (or move). You may want to advise tenants that their pets must be well trained and nonthreatening in the second blank of Clause 14; or you could set out your policy in your Rules and Regulations (if any). Your policy might look something like this:

"Tenant's pet(s) will be well-behaved and under Tenant's control at all times and will not pose a threat or apparent threat to the safety of other tenants, their guests, or other people on or near the rental premises. If, in the opinion of Landlord, tenant's pet(s) pose such a threat, Landlord will serve Tenant with the appropriate notice to terminate the tenancy."

A policy against dangerous pets is only effective if it's enforced. To limit your liability if a tenant's pet injures someone on or even near your property, be sure that you or your manager follow through with your policy—by keeping an eye on your tenants' pets and by listening to and acting on any complaints from other tenants or neighbors. For more on landlord liability for dog bites and other animal attacks, see Chapter 10, Section A.

Should You Require a Separate Security Deposit for Pets?

Some landlords allow pets but require the tenant to pay a separate deposit to cover any damages caused by the pet. The laws of a few states specifically allow separate, nonrefundable pet deposits. In others, charging a designated pet deposit is legal only if the total amount you charge for deposits does not exceed the state maximum for all deposits. (See Chapter 4 for details on security deposits.)

Even where allowed, separate pet deposits can often be a bad idea because they limit how you can use that part of the security deposit. For example, if the pet is well-behaved, but the tenant trashes your unit, you can't use the pet portion of the deposit to clean up after the human. If you want to protect your property from damage done by a pet, you are probably better off charging a slightly higher rent or security deposit to start with (assuming you are not restricted by rent control or the upper security deposit limits).

It is illegal to charge an extra pet deposit for people with trained guide dogs, signal dogs, or service dogs.

Renting to Pet Owners

Project Open Door, an ambitious program of the San Francisco Society for the Prevention of Cruelty to Animals (SPCA), is one of several humane societies across the country that seeks to show landlords how to make renting to pet-owning tenants a satisfying and profitable experience. The SPCA offers landlords:

- checklists to help screen pet-owning tenants
- pet policies that can be incorporated into a lease or rental agreement
- free mediation if landlords and tenants have pet-related problems after moving in, such as neighbor complaints.

For more information, contact the San Francisco SPCA at 2500 16th Street, San Francisco, CA 94103, 415-554-3000, or check their website at www.sfspca.org/opendoor. For additional information, see the national Humane Society's website at www.rentwithpets.com.

Also, see *Every Dog's Legal Guide*, by Mary Randolph (Nolo), for more information on renting to pet owners.

Enforce no-pets clauses. When faced with tenants who violate no-pets clauses, landlords often ignore the situation for a long time, then try to enforce it later if friction develops over some other matter. This could backfire. In general, if you know a tenant has breached the lease or rental agreement (for example, by keeping a pet) and do nothing about it for a long time, you risk having legally waived your right to object. Better to adopt a policy you plan to stick to and then preserve your right to object, by promptly giving any offending tenant an informal written notice to get rid of the animal—see the warning letter in Chapter 16 for an example. Then follow through with a termination notice, subject to any rent control law requirements.

Clause 15. Landlord's Right to Access

Landlord or Landlord's agents may enter the premises in the event of an emergency, to make repairs or improvements, or to show the premises to prospective buyers or tenants. Landlord may also enter the premises to conduct an annual inspection to check for safety or maintenance problems. Except in cases of emergency, Tenant's abandonment of the premises, court order, or where it is impractical to do so, Landlord shall give Tenant _____ notice before entering.

Clause 15 makes it clear to the tenant that you have a legal right of access to the property to make repairs or to show the premises for sale or rental, provided you give the tenant reasonable notice. In most states, 24 hours is presumed to be a reasonable amount of notice. A few states require a longer notice period. (Chapter 13 provides details on landlord's right to enter rental property and notice requirements.)

How to Fill in Clause 15:

In the blank, indicate the amount of notice you will provide the tenant before entering, at least the minimum required in your state. If your state law simply requires "reasonable" notice or has no notice requirement, we suggest you provide at least 24 hours' notice.

 Be scrupulous in respecting your tenants' privacy. Deeply ingrained in almost every American is the idea that "My home is my castle." Landlords and managers, understandably concerned with efficiently managing their property, sometimes overlook how important privacy is. This is a mistake, since it often needlessly increases tensions with tenants and makes it harder to accomplish the long-term goal of cutting costs by retaining long-term tenants. Far better to go to a little extra time and trouble to truly respect tenants' privacy by giving them plenty of notice of your intent to enter.

Clause 16. Extended Absences by Tenant

Tenant will notify Landlord in advance if Tenant will be away from the premises for _____ or more consecutive days. During such absence, Landlord may enter the premises at times reasonably necessary to maintain the property and inspect for needed repairs.

This clause requires that the tenants notify you when leaving your property for an extended time. It gives you the authority to enter the rental unit during the tenant's absence to maintain the property as necessary and to inspect for damage and needed repairs. (Chapter 13 discusses your legal right to enter during a tenant's extended absence.)

How to Fill in Clause 16:

In the blank, fill in the time frame that you think is reasonable to provide the tenant for advance notice of entry. Ten or 14 days is common.

Clause 17. Possession of the Premises

a. *Tenant's failure to take possession.*

   If, after signing this Agreement, Tenant fails to take possession of the premises, Tenant will still be responsible for paying rent and complying with all other terms of this Agreement.

b. *Landlord's failure to deliver possession.*

   If Landlord is unable to deliver possession of the premises to Tenant for any reason not within Landlord's control, including, but not limited to, partial or complete destruction of the premises, Tenant will have the right to terminate this Agreement upon proper notice as required by law. In such event, Landlord's liability to Tenant will be limited to the return of all sums previously paid by Tenant to Landlord.

The first part of this clause (part a) explains that a tenant who chooses not to move in (take possession) after signing the lease or rental agreement will still be required to pay rent and satisfy other conditions of the agreement. This does not mean, however, that you can sit back and expect to collect rent for the entire lease or rental agreement term. As we explain in Chapter 14, you generally must take reasonably prompt steps to rerent the premises, and you must credit the rent you collect against the first tenant's rent obligation.

The second part of the clause (part b) protects you if you're unable, for reasons beyond your control, to turn over possession after having signed the agreement or lease—for example, if a fire spreads from next door and destroys the premises or contracted repairs aren't done on time. It limits your financial liability to the new tenant to the return of any prepaid rent and security deposits (the "sums previously paid" in the language of the clause).

⚠️ **Clause 17 may not limit your liability if you cannot deliver possession because the old tenant is still on the premises—even if he is the subject of an eviction which you ultimately win.** When a holdover tenant prevents the new tenant from moving in, landlords are often sued by the new tenant for not only the return of any prepaid rent and security deposits, but also the costs of temporary housing, storage costs, and other losses. In some states, an attempt in the lease to limit the new tenant's recovery to the return of prepaid sums alone would not hold up in court. To protect yourself, you will want to shift some of the financial liability to the holdover tenant. You'll have a stronger chance of doing this if the old tenant has given written notice of his intent to move out. (See Clause 4, above, which requires written notice.)

How to Fill in Clause 17:

You do not need to add anything to this clause.

💡 **Don't rerent until you are positive that the unit will be available.** If you have any reason to suspect that your current tenant will not vacate when the lease or rental agreement is up, think twice before signing a new lease or agreement or even promising the rental unit to the next tenant. If the current occupant is leaving of her own will or appears to have another dwelling lined up (perhaps you have received a query from the new landlord), chances are that she will leave as planned. On the other hand, if you declined to renew the lease or rental agreement and there are bad feelings between you, or you suspect that the tenant has fallen on hard times and has not obtained replacement housing—and certainly if she is the subject of an eviction—you are asking for trouble if you promise the unit to someone else.

Clause 18. Tenant Rules and Regulations

☐ Tenant acknowledges receipt of, and has read a copy of, tenant rules and regulations, which are attached to and incorporated into this Agreement by this reference.

Many landlords don't worry about detailed rules and regulations, especially when they rent single-family homes or duplexes. However, in large multi-tenant buildings, rules are usually important to control the use of common areas and equipment—both for the convenience, safety, and welfare of the tenants and as a way to protect your property from damage. Rules and regulations also help avoid confusion and misunderstandings about day-to-day issues such as garbage disposal, use of recreation areas, and lost key charges.

Not every minor rule needs to be incorporated in your lease or rental agreement. But it is a good idea to specifically incorporate important ones (especially those that are likely to be ignored by some tenants), such as no smoking in individual units or common areas. Doing so gives you the authority to evict a tenant who persists in seriously violating your code of tenant rules and regulations. Also, to avoid charges of illegal discrimination, rules and regulations should apply equally to all tenants in your rental property. And make sure your tenants know that these rules apply to guests as well.

Because tenant rules and regulations are often lengthy and may be revised occasionally, we suggest you prepare a separate attachment. (See "How to Prepare Attachment Pages," above.) Be sure the rules and regulations (including any revisions) are dated on each page and signed by both you and the tenant.

You can usually change your rules and regulations without waiting until the end of the rental (for leases) or without giving proper notice (for rental agreements)—but only if the change is minor and not apt to affect the tenant's use and enjoyment of his tenancy. Shortening the pool hours in the winter months is an example of a minor change. Closing all laundry facilities in an attempt to save on water and electrical bills is a major change that should be the subject of a proper notice (for month-to-month tenants); this may be a step that you can't take at all if your building has tenants with leases. (You'll have to wait until the longest lease is up for renewal.)

What's Covered in Tenant Rules and Regulations

Tenant rules and regulations typically cover issues such as:

- elevator use
- pool rules, including policies on guest use
- garbage disposal and recycling
- vehicles and parking regulations—for examples, restrictions of repairs on the premises, or types of vehicles (such as no RVs), or where guests can park
- lock-out and lost key charges
- pet rules
- security system use
- no smoking in common areas, including the hallways, lobby, garage, or walkways
- specific details on what's considered excessive noise and rules to limit noise—for example, carpets or rugs required on hardwood floors (which usually aren't soundproof)
- dangerous materials—nothing flammable or explosive should be on the premises
- storage of bikes, baby strollers, and other equipment in halls, stairways, and other common areas
- specific landlord and tenant maintenance responsibilities (such as stopped-up toilets or garbage disposals, broken windows, rodent and pest control, lawn and yard maintenance)
- use of the grounds
- maintenance of balconies and decks—for instance, no drying clothes on balconies
- display of signs in windows
- laundry room rules
- waterbeds.

How to Fill in Clause 18:

If you have a set of tenant rules and regulations, check the box. If you do not, simply delete this clause, or put a line through it or write the words "N/A" or "Not Applicable."

Clause 19. Payment of Court Costs and Attorney Fees in a Lawsuit

In any action or legal proceeding to enforce any part of this Agreement, the prevailing party
☐ shall not / ☐ shall recover reasonable attorney fees and court costs.

Many landlords assume that if they sue a tenant and win (or prevail, in legalese), the court will order the losing tenant to pay the landlord's court costs (filing fees, service of process charges, deposition costs, and so on) and attorney fees. In some states and under certain conditions, this is true. For example, an Arizona landlord who wins an eviction lawsuit is eligible to receive costs and fees even if the lease does not have a "costs and fees" clause in it. (Ariz. Rev. Stat. §§ 33-1315, 12-341.01.) But in most states, a court will order the losing tenant to pay your attorney fees and court costs only if a written agreement specifically provides for it.

If, however, you have an "attorney fees" clause in your lease, all this changes. If you hire a lawyer to bring a lawsuit concerning the lease and win, the judge will order your tenant to pay your court costs and attorney fees. (In rare instances, a court will order the loser to pay costs and fees on its own if it finds that the behavior of the losing party was particularly outrageous—for example, filing a totally frivolous lawsuit.)

But there's another important issue you may need to know about. By law in many states, an attorney fees clause in a lease or rental agreement works both ways, even if you haven't written it that way. That is, if the lease only states that you are entitled to attorney fees if you win a lawsuit, your tenants will be entitled to collect their attorney fees from

you if they prevail. The amount you would be ordered to pay would be whatever the judge decides is reasonable.

So, especially if you live in a state that will read a "one-way" attorney fees clause as a two-way street, give some thought to whether you want to bind both of you to paying for the winner's costs and fees. Remember, if you can't actually collect a judgment containing attorney fees from an evicted tenant (which often happens), the clause will not help you. But if the tenant prevails, you will be stuck paying his court costs and attorney fees. In addition, the presence of a two-way clause will make it easier for a tenant to secure a willing lawyer for even a doubtful claim, because the source of the lawyer's fee (you, if you lose) will often appear more financially solid than if the client were paying the bill himself.

Especially if you intend to do all or most of your own legal work in any potential eviction or other lawsuit, you will almost surely be better off not to allow for attorney fees. Why? Because if the tenant wins, you will have to pay her fees; but if you win, she will owe you nothing, since you didn't hire an attorney. You can't even recover for the long hours you spent preparing for and handling the case.

How to Fill in Clause 19:

If you don't want to allow for attorney fees, check the first box before the words "shall not" and cross out (or delete on the CD) the words "shall."

If you want to be entitled to attorney fees and costs if you win—and you're willing to pay them if you lose—check the second box before the words "shall recover" and cross out (or delete on the CD) the words "shall not."

⚠ **Attorney fee clauses don't cover all legal disputes.** They cover fees only for lawsuits that concern the meaning or implementation of a rental agreement or lease—for example, a dispute about rent, security deposits, or your right to access (assuming that the rental document includes these subjects). An attorney fee clause would not apply in a personal injury or discrimination lawsuit.

Clause 20. Disclosures

Tenant acknowledges that Landlord has made the following disclosures regarding the premises:

☐ Disclosure of Information on Lead-Based Paint and/or Lead-Based Paint Hazards

☐ Other disclosures: _____

_____

Under federal law, you must disclose any known lead-based paint hazards in rental premises constructed prior to 1978. (Chapter 11 provides complete details on disclosing environmental health hazards such as lead, including the specific form you must use.)

State and local laws may require you to make other disclosures before a new tenant signs a lease or rental agreement or moves in. Some disclosures that may be required include:

- the name of the owner and the person authorized to receive legal papers, such as a property manager (see Clause 21)
- the name and address of the bank where security deposits are held, and the rate of interest and its payment to the tenant (see Clause 8)
- details on installation and maintenance of smoke detectors and alarms (this is included on the Landlord-Tenant Checklist in Chapter 7)
- hidden (not obvious) aspects of the rental property that could cause injury or substantially interfere with tenants' safe enjoyment and use of the dwelling—for example, a warning that the building walls contain asbestos insulation, which could become dangerous if disturbed (Chapters 10, 11, and 12 discuss landlord's liability for dangerous conditions)
- planned condominium conversions (discussed in Chapter 14).
- the presence of a methamphetamine laboratory at the rental prior to the tenant's occupancy. Even if your state does not have a specific statutory disclosure requirement, you may need to disclose the information pursuant to your duty to notify tenants of nonobvious aspects of the rental that could cause injury.

See Chapter 12, Section B, for information on dealing with the remains of a meth lab.

See "Selected State Disclosure Requirements," below, for disclosures required by some states.

Rent control ordinances typically include additional disclosures, such as the name and address of the government agency or elected board that administers the ordinance. (Chapter 3 discusses rent control.)

How to Fill in Clause 20:

If your rental property was built before 1978, you must meet federal lead disclosure requirements, so check the first box and follow the advice in Chapter 11.

If you are legally required to make other disclosures as described above, check the second box and provide details in the blank space, adding additional details or pages as necessary. (See "How to Prepare Attachment Pages," above.)

Some problems need to be fixed, not merely disclosed. Warning your tenants about a hidden defect does not absolve you of legal responsibility if the condition makes the dwelling uninhabitable or unreasonably dangerous. For example, you are courting liability if you rent an apartment with a gas heater that you know might blow up, even if you warn the tenant that the heater is faulty. Nor can you simply warn your tenants about prior crime on the premises and then fail to do anything (like installing deadbolts or hiring security) to promote safety. Chapters 10, 11, and 12 discuss problems that are proper subjects of warnings and those that ought to be fixed.

Selected State Disclosure Requirements

Many states have statutes requiring specific disclosures. Here is a partial (not exhaustive) list.

State	Disclosure	Cite
California	Tenant's gas or electric meter serves areas outside of the rental unit	Cal. Civ. Code § 1940.9
	Property located near former military ordnance	Cal. Civ. Code § 1940.7
	Existence of a state Department of Justice database that the tenant can access to learn if an individual is a registered sexual offender living within a community and zip code	Cal. Civ. Code § 2079.10a
	Intention to demolish rental property	Cal. Civ. Code § 1940.6
	Notice of periodic pest control treatments	Cal. Civ. Code § 1940.8
	Presence of dangerous mold	Cal. Health & Safety Code § 26147
	Presence of any "controlled substances" releases, such as waste from illegal drug labs, on or under the residential property	Cal. Civ. Code § 1940.7.5
Florida	Availability of fire protection in a building over three stories high	Fla. Stat. Ann. § 83.50
Georgia	Rental unit has been flooded in the past five years	Ga. Code Ann. § 44-7-20
Hawaii	Landlord's excise tax number, so that tenants may file for a low-income tax credit	Haw. Rev. Stat. § 521-43
Illinois	Tenant's gas or electric meter serves areas outside of the rental unit	765 Ill. Comp. Stat. §§ 735/1.2 and 740/5
Iowa	Full explanation of utility rates, charges, and services	Iowa Code Ann. § 562A.13(4)
Minnesota	Outstanding inspection orders, condemnation orders, or declarations that the property is unfit. Citations for violations that do not involve threats to tenant health or safety must be summarized and posted in an obvious place, and the original must be available for review by the tenant	Minn. Stat. Ann. § 504B.195
Oklahoma	Rental unit has been flooded within the past five years	Okla. Stat. Ann. tit. 41, § 113a
Virginia	Apartment adjacent to a military air installation is located in a military noise or accident potential zone.	Va. Code Ann. § 55-248.12:1
Washington	Fire safety and protection information, including information about the smoke detector and, except for single-family rentals, existence of an evacuation plan	Wash. Rev. Code Ann. § 59.18.060

Clause 21.   Authority to Receive Legal Papers

The Landlord, any person managing the premises, and anyone designated by the Landlord are authorized to accept service of process and receive other notices and demands, which may be delivered to:

The Landlord, at the following address: _____

_____

The manager, at the following address: _____

_____

The following person, at the following address: _____

_____

It's the law in many states, and a good idea in all, to give your tenants information about everyone whom you have authorized to receive notices and legal papers, such as a tenant's notice that she is ending the tenancy or a tenant's court documents as part of an eviction defense. Of course, you may want to handle all of this yourself or delegate it to a manager or management company. Make sure the person you designate to receive legal papers is almost always available to receive tenant notices and legal papers. In some states, such as Virginia and Hawaii, any nonresident owner must designate an agent who is a resident of or has a business office in the state (island in Hawaii's case).

Be sure to keep your tenants up to date on any changes in this information.

How to Fill in Clause 21:

Provide your name and street address or the name and address of someone else you authorize to receive notices and legal papers on your behalf, such as a property manager.

Do you trust your manager? It's unwise to have a manager you wouldn't trust to receive legal papers on your behalf. You don't, for example, want a careless apartment manager to throw away notice of a lawsuit against you without informing you. That could result in a judgment against you and a lien against your property in a lawsuit you didn't even know about. (For more information on using property managers, see Chapter 6.)

Clause 22. Additional Provisions

Additional provisions are as follows: _____

_____

_____.

In this clause, you may list any additional provisions or agreements that are unique to you and the particular tenant signing the lease or rental agreement, such as a provision that prohibits smoking in the tenant's apartment or in the common areas. (For more information on restrictions on smoking, see Chapter 9, Section B.)

If you don't have a separate Tenant Rules and Regulations clause (see Clause 18, above), you may spell out a few rules under this clause—for example, regarding lost key charges or use of a pool on the property.

How to Fill in Clause 22:

List additional provisions or rules here or in an attachment. (See "How to Prepare Attachment Pages," above.) If there are no additional provisions, delete this clause or write "N/A" or "Not Applicable."

 There is no legal or practical imperative to put every small detail you want to communicate to the tenant into your lease or rental agreement. Instead, prepare a welcoming, but no-nonsense, "move-in letter" that dovetails with the lease or rental agreement and highlights important terms of the tenancy—for example, how and where to report maintenance problems. You may also use a move-in letter to cover issues not included in the lease or rental agreement—for example, rules for use of a laundry room. (Chapter 7 covers move-in letters.)

Do not include exculpatory clauses or hold-harmless clauses. Many form leases include provisions which attempt to absolve you in advance from responsibility for all damages, injuries, or losses, including those caused by your legal misdeeds. These clauses come in two varieties:

- Exculpatory: "If there's a problem, you won't hold me responsible," and

- Hold-harmless: "If there's a problem traceable to me, you're responsible."

Many exculpatory clauses are blatantly illegal and will not be upheld in court. (Chapter 10 discusses exculpatory clauses.) If a tenant is injured because of a dangerous condition you failed to fix for several months, no boilerplate lease language will protect you from civil and possibly even criminal charges.

Clause 23. Validity of Each Part

If any portion of this Agreement is held to be invalid, its invalidity will not affect the validity or enforceability of any other provision of this Agreement.

This clause is known as a "savings" clause, and it is commonly used in contracts. It means that, in the unlikely event that one of the other clauses in this lease or rental agreement is found to be invalid by a court, the remainder of the agreement will remain in force.

How to Fill in Clause 23:

You do not need to add anything to this clause.

Clause 24. Grounds for Termination of Tenancy

The failure of Tenant or Tenant's guests or invitees to comply with any term of this Agreement, or the misrepresentation of any material fact on Tenant's Rental Application, is grounds for termination of the tenancy, with appropriate notice to Tenant and procedures as required by law.

This clause states that any violation of the lease or rental agreement by the tenant, or by the tenant's business or social guests, is grounds for terminating the tenancy, according to the procedures established by your state or local laws. Making the tenant responsible for the actions of his guests can be extremely important—for example, if you discover that the tenant's family or friends are dealing illegal

drugs on the premises, have damaged the property, or have brought a dog to visit a no-pets apartment. Chapter 17 discusses terminations and evictions for tenant violation of a lease or rental agreement.

This clause also tells the tenant that if he has made false statements on the rental application concerning an important fact—such as his prior criminal history—you may terminate the tenancy and evict if necessary.

How to Fill in Clause 24:

You do not need to add anything to this clause.

Clause 25. Entire Agreement

This document constitutes the entire Agreement between the parties, and no promises or representations, other than those contained here and those implied by law, have been made by Landlord or Tenant. Any modifications to this Agreement must be in writing signed by Landlord and Tenant.

This clause establishes that the lease or rental agreement and any attachments (such as rules and regulations) constitute the entire agreement between you and your tenant. It means that oral promises (by you or the tenant) to do something different with respect to any aspect of the rental are not binding. Any changes or additions must be in writing. (Chapter 14 discusses how to modify signed rental agreements and leases.)

How to Fill in Clause 25:

You do not need to add anything to this clause.

D. Changing a Lease or Rental Agreement

If you want to make minor changes to your lease or rental agreement, the process is simple. To add or delete language, all you do is write in the desired changes or cross out the unwanted portion, and have everyone who is going to sign the document initial and date the changes. If you use the Forms CD, you should enter the changes and print out a clean copy for everyone to sign.

If the proposed changes are fairly lengthy, however, and you don't use the Forms CD, you will need to prepare an attachment page as described at the beginning of this section.

Chapter 14, Section A, provides details on notice and procedures for changing a lease or rental agreement after the tenancy has begun.

Don't sign a lease until all terms are final and the tenant understands what's expected. All of your expectations should be written into the lease or rental agreement (or any attachments, such as Tenant Rules and Regulations) before you and the tenant sign the document. Never sign an incomplete document assuming last-minute changes can be made later. And be sure your tenant clearly understands the lease or rental agreement before signing (this may mean you'll need to review it clause by clause). Chapter 7 discusses how to get your new tenancy off to the right start.

E. Signing a Lease or Rental Agreement

Prepare two identical copies of the lease or rental agreement to sign, including all attachments. You and each tenant should sign both copies. At the end of the lease or rental agreement, there's space to include your signature, street address, and phone number, or that of the person you authorize as your agent, such as a property manager. There's also space for the tenants' signatures and phone numbers. Again, as stressed in Clause 1, make sure all adults living in the rental unit, including both members of a couple, sign the lease or rental agreement. And check that the tenant's name and signature match his or her driver's license or other legal document.

If the tenant has a cosigner, you'll need to add a line for the cosigner's signature or use a separate form. (Cosigners are discussed below.)

If you alter our form by writing or typing in changes, be sure that you and all tenants initial the changes when you sign the document, so as to forestall any possibility that a tenant will claim you unilaterally inserted changes after he or she signed. (See Section D, above.)

Give one copy of the signed lease or rental agreement to the tenant(s) and keep the other one for your files. (If you are renting to more than one tenant, you don't need to prepare a separate agreement for each cotenant. After the agreement is signed, cotenants may make their own copies of the signed document.)

F. About Cosigners

Some landlords require cosigners (sometimes known as guarantors) on rental agreements and leases, especially when renting to students who depend on parents for much of their income. The cosigner signs a separate agreement or the rental agreement or lease, under which she agrees to be jointly and severally liable with the tenant for the tenant's obligations—that is, to cover any rent or damage-repair costs the tenant fails to pay. (Clause 1 discusses the concept of joint and several liability.) The cosigner retains responsibility regardless of whether the tenant sublets or assigns his agreement. (Clause 11 discusses sublets and assignments, and Chapter 8 covers these issues in detail.)

In practice, a cosigner's promise to guarantee the tenant's rent obligation may have less value than at first you might think. This is because the threat of eviction is the primary factor that motivates a tenant to pay the rent, and obviously you cannot evict a cosigner. Also, since the cosigner must be sued separately in either a regular civil lawsuit or in small claims court, actually doing so—for example, if a tenant stiffs you for a month's rent—may be more trouble than it's worth.

Clause 5 of the cosigner agreement designates the tenant as the cosigner's "agent for service of process." This bit of legal jargon will save you some time and aggravation if you decide to sue the cosigner—it means that you won't have to find the cosigner and serve him personally with notification of your lawsuit. Instead, you can serve the legal papers meant for the cosigner on the tenant (who will be easier to locate). It's then up to the tenant to get in touch with the cosigner. If the cosigner fails to show up, you will be able to win by default. Of course, you still have to collect, and that may involve hiring a lawyer (particularly if the cosigner lives in another state). You can always assign the judgment to a collection agency and resign yourself to giving them a cut of any recovery.

In sum, the benefits of having a lease or rental agreement cosigned by someone who won't be living on the property are largely psychological. But these benefits may still be worth something: A tenant who thinks you can (and will) sue the cosigner—who is usually a relative or close friend—may be less likely to default on the rent. Similarly, a cosigner asked to pay the tenant's debts may persuade the tenant to pay. In addition, the cosigner agreement cautions the tenant and cosigner that you can go directly to the cosigner without having to give the cosigner notice, or warning, that the tenant has failed to perform a financial obligation; and you can make this demand without first dipping into the tenant's security deposit.

Because of the practical difficulties associated with cosigners, many landlords refuse to consider them, which is legal in every situation but one: If a disabled tenant who has insufficient income (but is otherwise suitable) asks you to accept a cosigner who will cover the rent if needed, you must relax your blanket rule at least to the extent of investigating the suitability of the proposed cosigner. If that person is solvent and stable, federal law requires you to accommodate the applicant by accepting the cosigner, in spite of your general policy. (*Giebeler v. M & B Associates*, 343 F.3d 1143 (9th Cir. 2003).)

If you decide to accept a cosigner, you may want to have that person fill out a separate rental application and agree to a credit check—after all, a cosigner who has no resources or connection to the tenant will be completely useless. Should the tenant and her prospective cosigner object to these inquiries and costs, you may wonder how serious they are about the guarantor's willingness to stand behind the tenant. Once you are satisfied that the cosigner can genuinely back up the tenant, add a line at the end of the lease for the dated signature, phone, and address of the cosigner, or use the cosigner agreement form we provide here.

A sample Cosigner Agreement is shown below. Simply fill in your name and your tenant's and cosigner's names, the address of the rental unit, and the date you signed the agreement with the tenant.

 The Forms CD includes a Cosigner Agreement form, and Appendix C includes a blank tear-out version of this form.

If you later amend the rental agreement or lease, have the cosigner sign the new version. Generally speaking, a cosigner is bound only to the terms of the exact lease or rental agreement he cosigns. If you later change a significant term, add a new tenant, or otherwise create a new contract, the original cosigner will probably be off the hook, unless you again get him to sign.

Month-to-Month Residential Rental Agreement

Clause 1. Identification of Landlord and Tenant

This Agreement is entered into between ___Marty Nelson_____

_____ [Tenant] and

___Alex Stevens_____ [Landlord].

Each Tenant is jointly and severally liable for the payment of rent and performance of all other terms of this Agreement.

Clause 2. Identification of Premises

Subject to the terms and conditions in this Agreement, Landlord rents to Tenant, and Tenant rents from Landlord, for residential purposes only, the premises located at ___137 Howell St., Houston, Texas___

_____[the premises],

together with the following furnishings and appliances: _____

_____.

Rental of the premises also includes _____

_____.

Clause 3. Limits on Use and Occupancy

The premises are to be used only as a private residence for Tenant(s) listed in Clause 1 of this Agreement, and their minor children. Occupancy by guests for more than ___ten days every six months___

is prohibited without Landlord's written consent and will be considered a breach of this Agreement.

Clause 4. Term of the Tenancy

The rental will begin on ___September 15, 200X_____, and continue on a month-to-month basis. Landlord may terminate the tenancy or modify the terms of this Agreement by giving the Tenant

_____30_____ days' written notice. Tenant may terminate the tenancy by giving the Landlord

_____30_____ days' written notice.

Clause 5. Payment of Rent

Regular monthly rent

Tenant will pay to Landlord a monthly rent of $___900_____ , payable in advance on the first day of each month, except when that day falls on a weekend or legal holiday, in which case rent is due on the next business day. Rent will be paid in the following manner unless Landlord designates otherwise:

Delivery of payment.

Rent will be paid:

☑ by mail, to ___Alex Stevens, 28 Franklin St., Houston, Texas 77002___

☐ in person, at _____

Form of payment.

Landlord will accept payment in these forms:

☑ personal check made payable to ___Alex Stevens___

☑ cashier's check made payable to ___Alex Stevens___

☐ credit card

☑ money order

☐ cash

Prorated first month's rent.

For the period from Tenant's move-in date, ___September 15, 200X___, through the end of the

month, Tenant will pay to Landlord the prorated monthly rent of $___450___. This amount

will be paid on or before the date the Tenant moves in.

Clause 6. Late Charges

If Tenant fails to pay the rent in full before the end of the ___third___ day after it's due, Tenant will

pay Landlord a late charge as follows: ___$10 plus $5 for each additional day that the rent remains___

___unpaid. The total late charge for any one month will not exceed $45___.

Landlord does not waive the right to insist on payment of the rent in full on the date it is due.

Clause 7. Returned Check and Other Bank Charges

If any check offered by Tenant to Landlord in payment of rent or any other amount due under this

Agreement is returned for lack of sufficient funds, a "stop payment," or any other reason, Tenant will pay

Landlord a returned check charge of $___15___.

Clause 8. Security Deposit

On signing this Agreement, Tenant will pay to Landlord the sum of $___1,800___ as a security

deposit. Tenant may not, without Landlord's prior written consent, apply this security deposit to the last

month's rent or to any other sum due under this Agreement. Within ___30 days___

after Tenant has vacated the premises, returned keys, and provided Landlord with a forwarding address,

Landlord will return the deposit in full or give Tenant an itemized written statement of the reasons for, and

the dollar amount of, any of the security deposit retained by Landlord, along with a check for any deposit

balance.

[optional clauses here, if any]

Clause 9. Utilities

Tenant will pay all utility charges, except for the following, which will be paid by Landlord:

garbage and water

Clause 10. Assignment and Subletting

Tenant will not sublet any part of the premises or assign this Agreement without the prior written consent of Landlord.

Clause 11. Tenant's Maintenance Responsibilities

Tenant will: (1) keep the premises clean, sanitary, and in good condition and, upon termination of the tenancy, return the premises to Landlord in a condition identical to that which existed when Tenant took occupancy, except for ordinary wear and tear; (2) immediately notify Landlord of any defects or dangerous conditions in and about the premises of which Tenant becomes aware; and (3) reimburse Landlord, on demand by Landlord, for the cost of any repairs to the premises damaged by Tenant or Tenant's guests or business invitees through misuse or neglect.

Tenant has examined the premises, including appliances, fixtures, carpets, drapes, and paint, and has found them to be in good, safe, and clean condition and repair, except as noted in the Landlord-Tenant Checklist.

Clause 12. Repairs and Alterations by Tenant

a.   Except as provided by law, or as authorized by the prior written consent of Landlord, Tenant will not make any repairs or alterations to the premises, including nailing holes in the walls or painting the rental unit.

b.   Tenant will not, without Landlord's prior written consent, alter, rekey, or install any locks to the premises or install or alter any burglar alarm system. Tenant will provide Landlord with a key or keys capable of unlocking all such rekeyed or new locks as well as instructions on how to disarm any altered or new burglar alarm system.

Clause 13. Violating Laws and Causing Disturbances

Tenant is entitled to quiet enjoyment of the premises. Tenant and guests or invitees will not use the premises or adjacent areas in such a way as to: (1) violate any law or ordinance, including laws prohibiting the use, possession, or sale of illegal drugs; (2) commit waste (severe property damage); or (3) create a nuisance by annoying, disturbing, inconveniencing, or interfering with the quiet enjoyment and peace and quiet of any other tenant or nearby resident.

Clause 14. Pets

No animal, bird, or other pet will be kept on the premises, even temporarily, except properly trained service animals needed by blind, deaf, or disabled persons and _____ under the following conditions: _____

_____

_____.

Clause 15. Landlord's Right to Access

Landlord or Landlord's agents may enter the premises in the event of an emergency, to make repairs or improvements, or to show the premises to prospective buyers or tenants. Landlord may also enter the premises to conduct an annual inspection to check for safety or maintenance problems. Except in cases of emergency, Tenant's abandonment of the premises, court order, or where it is impractical to do so, Landlord shall give Tenant _____ 24 hours' _____ notice before entering.

Clause 16. Extended Absences by Tenant

Tenant will notify Landlord in advance if Tenant will be away from the premises for _____ seven _____ or more consecutive days. During such absence, Landlord may enter the premises at times reasonably necessary to maintain the property and inspect for needed repairs.

Clause 17. Possession of the Premises

a.   *Tenant's failure to take possession.*

If, after signing this Agreement, Tenant fails to take possession of the premises, Tenant will still be responsible for paying rent and complying with all other terms of this Agreement.

b.   *Landlord's failure to deliver possession.*

If Landlord is unable to deliver possession of the premises to Tenant for any reason not within Landlord's control, including, but not limited to, partial or complete destruction of the premises, Tenant will have the right to terminate this Agreement upon proper notice as required by law. In such event, Landlord's liability to Tenant will be limited to the return of all sums previously paid by Tenant to Landlord.

Clause 18. Tenant Rules and Regulations

☐   Tenant acknowledges receipt of, and has read a copy of, tenant rules and regulations, which are attached to and incorporated into this Agreement by this reference.

Clause 19. Payment of Court Costs and Attorney Fees in a Lawsuit

In any action or legal proceeding to enforce any part of this Agreement, the prevailing party ☐ shall not / ☑ shall recover reasonable attorney fees and court costs.

Clause 20. Disclosures

Tenant acknowledges that Landlord has made the following disclosures regarding the premises:

☑   Disclosure of Information on Lead-Based Paint and/or Lead-Based Paint Hazards

☐   Other disclosures: _____

_____

_____

_____

_____ .

Clause 21. Authority to Receive Legal Papers

The Landlord, any person managing the premises, and anyone designated by the Landlord are authorized to accept service of process and receive other notices and demands, which may be delivered to:

☑   The Landlord, at the following address: _28 Franklin St., Houston, Texas 77002_____

_____ .

☐   The manager, at the following address: _____

_____ .

☐   The following person, at the following address: _____

_____ .

Clause 22. Additional Provisions

Additional provisions are as follows: _____

_____

_____

_____

_____

_____

_____

_____

Clause 23. Validity of Each Part

If any portion of this Agreement is held to be invalid, its invalidity will not affect the validity or enforceability of any other provision of this Agreement.

Clause 24. Grounds for Termination of Tenancy

The failure of Tenant or Tenant's guests or invitees to comply with any term of this Agreement, or the misrepresentation of any material fact on Tenant's Rental Application, is grounds for termination of the tenancy, with appropriate notice to Tenant and procedures as required by law.

Clause 25. Entire Agreement

This document constitutes the entire Agreement between the parties, and no promises or representations, other than those contained here and those implied by law, have been made by Landlord or Tenant. Any modifications to this Agreement must be in writing signed by Landlord and Tenant.

Sept. 1, 200X	*Alex Stevens*	Landlord
Date	Landlord or Landlord's Agent	Title

28 Franklin Street		
Street Address		

Houston	Texas	77002 713-555-1578
City	State	Zip Code Phone

Sept. 1, 200X	*Marty Nelson*	713-555-8751
Date	Tenant	Phone

Date	Tenant	Phone

Date	Tenant	Phone

Cosigner Agreement

1. This Cosigner Agreement [Agreement] is entered into on _September 1_, _200X_, between

    Marty Nelson [Tenant],

    Alex Stevens [Landlord],

    and _Sandy Cole_ [Cosigner].

2. Tenant has leased from Landlord the premises located at _137 Howell Street, Houston, TX_ _[Premises]._

    Landlord and Tenant signed a lease or rental agreement specifying the terms and conditions of this rental

    on _September 1_, _200X_. A copy of the lease or rental agreement is attached to

    this Agreement.

3. Cosigner agrees to be jointly and severally liable with Tenant for Tenant's obligations arising out of the

    lease or rental agreement described in Paragraph 2, including but not limited to unpaid rent, property

    damage, and cleaning and repair costs. Cosigner further agrees that Landlord will have no obligation to

    give notice to Cosigner should Tenant fail to abide by the terms of the lease or rental agreement. Landlord

    may demand that Cosigner perform as promised under this Agreement without first using Tenant's

    security deposit.

4. If Tenant assigns or subleases the Premises, Cosigner will remain liable under the terms of this Agreement

    for the performance of the assignee or sublessee, unless Landlord relieves Cosigner by written

    termination of this Agreement.

5. Cosigner appoints Tenant as his or her agent for service of process in the event of any lawsuit arising out

    of this Agreement.

6. If Landlord and Cosigner are involved in any legal proceeding arising out of this Agreement, the prevailing

    party will recover reasonable attorney fees, court costs, and any costs reasonably necessary to collect a

    judgment.

Alex Stevens _____

Landlord/Manager

September 1, 200X _____

Date

Marty Nelson _____

Tenant

September 1, 200X _____

Date

Sandy Cole _____

Cosigner

September 1, 200X _____

Date

Basic Rent Rules

A. How Much Can You Charge? 72

B. Rent Control 72

    1. Property Subject to Rent Control 73

    2. Limits on Rent 73

    3. Legal or "Just Cause" Evictions 74

    4. Registration of Rental Units 75

    5. Deposits and Notice Requirements 75

C. When Rent Is Due 76

    1. First Day, Last Day, or In-Between? 76

    2. When the Due Date Falls on a Weekend or Holiday 76

    3. Grace Periods for Late Rent 76

D. Where and How Rent Is Due 77

    1. Where Rent Must Be Paid 77

    2. Form of Rent Payment 78

    3. Changing Where and How Rent Is Due 78

E. Late Charges and Discounts for Early Payments 79

F. Returned Check Charges 81

G. Partial or Delayed Rent Payments 81

H. Raising the Rent 82

    1. When You Can Raise Rent 82

    2. How Much Can You Raise the Rent? 83

    3. Avoiding Tenant Charges of Retaliation or Discrimination 83

To state the obvious, one of your foremost concerns as a landlord is receiving your rent—on time and without hassle. It follows that you need a good grasp of the legal rules governing rent. This chapter outlines basic state and local rent laws affecting how much you can charge, as well as where, when, and how rent is due. It also covers rules regarding grace periods, late rent, returned check charges, and rent increases.

Avoiding Rent Disputes

Here are three guidelines that can help you and your tenants have a smooth relationship when it comes to an area of utmost interest to both of you: rent.

- Clearly spell out rent rules in your lease or rental agreement as well as in a move-in letter to new tenants.
- Be fair and consistent about enforcing your rent rules.
- If rent isn't paid on time, follow through with a legal notice telling the tenant to pay or move—the first legal step in a possible eviction—as soon as possible.

 Related topics covered in this book include:
- Lease and rental agreement provisions relating to rent: Chapter 2
- Collecting deposits and potential problems with calling a deposit "last month's rent": Chapter 4
- Compensating a manager with reduced rent: Chapter 6
- Highlighting rent rules in a move-in letter to new tenants and collecting the first month's rent: Chapter 7
- Cotenants' obligations for rent: Chapter 8
- How a landlord's responsibility to maintain the premises in good condition relates to a tenant's duty to pay rent: Chapter 9
- Tenants' obligation to pay rent when breaking a lease: Chapter 14
- Accepting rent after a 30-day notice is given: Chapter 14

- Evicting a tenant for nonpayment of rent: Chapter 17.

A. How Much Can You Charge?

In most states, the law doesn't limit how much rent you can charge; you are free to charge what the market will bear. However, in some cities and counties, rent control ordinances do closely govern how much rent a landlord can legally charge. (Rent control is discussed in Section B, below.) And in Connecticut, which does not have rent control, tenants may challenge a rent that they believe is excessive. (Conn. Gen. State. Ann. §§ 7-148B and following.)

If you aren't subject to rent control, it's up to you to determine how much your rental unit is worth. To do this, you may wish to check newspaper want ads for rents of comparable properties in your area, and perhaps visit a few places that sound similar to yours. Local property management companies, real estate offices that handle rental property, and apartment-finding services can also provide useful advice. In addition, local apartment associations—or other landlords you meet at association functions—are a good source of pricing information.

Many wise landlords choose to charge just slightly less than the going rate as part of a policy designed to find and keep excellent tenants. As with any business arrangement, it usually pays in the long run to have your tenants feel they are getting a good deal. In exchange, you hope the tenants will be responsive to your business needs. This doesn't always work, of course, but tenants who feel their rent is fair are less likely to complain over trifling matters and more likely to stay for an extended period. Certainly, tenants who think you are trying to squeeze every last nickel out of them won't think twice before calling you about a clogged toilet at 11 p.m.

B. Rent Control

 Unless you own property in California; the District of Columbia; Takoma Park, Maryland;

Newark, New Jersey; or New York, you aren't affected by rent control. You can skip ahead to Section C.

Communities in only five states—California, the District of Columbia, Maryland, New Jersey, and New York—have laws that limit the amount of rent landlords may charge. Typically, only a few cities or counties in each state have enacted local rent control ordinances (also called rent stabilization, maximum rent regulation, or a similar term), but often these are some of the state's largest cities—for example, San Francisco, Los Angeles, New York City, and Newark all have some form of rent control. For contact information on rent control agencies and ordinances in California; New York; Washington, DC; Newark, New Jersey; and Takoma Park, Maryland, see "Rent Control Resources" in Appendix A.

Rent regulations for California are not covered here. California landlords should consult *The California Landlord's Law Book: Rights & Responsibilities*, by David Brown and Janet Portman; and *The California Landlord's Law Book: Evictions*, by David Brown. These books are published by Nolo and are available at bookstores and public libraries. They may also be ordered directly from Nolo's website, www.nolo.com, or by calling 800-728-3555.

The Rent Control Board

In most cities, rent control rests in the hands of a rent control board of five to ten people. Board members often decide annual rent increases, fines, and other important issues. (In many areas, the law itself limits how and when the rent may be raised.) In some cities, members are elected by voters; in others, the mayor or city council appoints them.

The actual rent control ordinance is a product of the local legislative body—the city council or county board of supervisors. But the rent control board is in charge of interpreting the provisions of the law, which can give the board significant power over landlords and tenants.

Rent control laws commonly regulate much more than rent. For example, owners of rent-controlled properties must follow specific eviction procedures. Because local ordinances are often quite complicated and vary widely, this book cannot provide details on each city's program. Instead, we provide a general description of what rent control ordinances cover.

If you own rental property in a city that has rent control, you should always have a current copy of the ordinance and any regulations interpreting it. And be sure to keep up to date; cities change their rent control laws frequently, and court decisions also affect them. It's a good idea to subscribe to publications of the local property owners' association, and pay attention to local politics to keep abreast of changes in your rent control ordinance and court decisions that may affect you.

Know the law or pay the price. Local governments typically levy fines—sometimes heavy ones—for rent control violations. Violation of a rent control law may also give a tenant a legal ground on which to win an eviction lawsuit. Depending on the circumstances, tenants may also be able to sue you.

1. Property Subject to Rent Control

Not all rental housing within a rent-controlled city is subject to rent control. Generally, new buildings as well as owner-occupied buildings with two (or sometimes even three or four) units or fewer are exempt from rent control ordinances. Some cities also exempt rentals in single-family houses and luxury units that rent for more than a certain amount. For example, in Los Angeles, a one-bedroom apartment that rents for over a specified rent per month is not subject to rent control, and in San Francisco, tenants in a landlord-occupied single-family home are not covered by the ordinance's protections.

2. Limits on Rent

Rent control ordinances typically set a base rent for each rental unit. The base rent usually takes into account several different factors, including the rent that was charged before rent control took effect, operation and upkeep expenses, inflation, and housing supply and demand. The ordinances allow the base rent to be increased under certain circumstances or at certain times.

a. Rent Increases for Existing Tenants

Most local ordinances build in some mechanism for rent increases. Here are just a few common examples:

Annual increases. Some ordinances automatically allow a specific percentage rent increase each year. The amount of the increase may be set by the rent control board or may be a fixed percentage or a percentage tied to a local or national consumer price index.

Increased expenses. Some rent control boards have the power to adjust rents of individual units based on certain cost factors, such as increased taxes or maintenance or capital improvements. The landlord may need to request permission from the rent control board before upping the rent.

The tenant's consent. In some cities, landlords may increase rent under certain circumstances only if the tenants voluntarily agree to the increase—or don't protest it.

A word of caution: Even if you are otherwise entitled to raise the rent under the terms of your rent control ordinance, the rent board may be able to deny you permission if you haven't adequately repaired and maintained your rental units.

b. Rent Increases When a Tenant Moves

In most rent control areas, landlords may raise rent—either as much as they want or by a specified percentage—when a tenant moves out (and a new one moves in) or when a tenant renews a lease. This feature, called "vacancy decontrol," "vacancy rent ceiling adjustment," or a similar term, is built into many local ordinances.

In practice, it means that rent control applies to a particular rental unit only as long as a particular tenant (or tenants) stays there. If that tenant voluntarily leaves or, in some cities, is evicted for a legal or "just" cause (discussed below), the rental

unit is subject to rent control again after the new (and presumably higher) rent is established.

EXAMPLE: Marla has lived in Edward's apartment building for seven years. During that time, Edward has been allowed to raise the rent only by the modest amount authorized by the local rent board each year. Meanwhile, the market value of the apartment has gone up significantly. When Marla finally moves out, Edward is free to charge the next tenant the market rate. But once set, that tenant's rent will also be subject to the rent control rules, and Edward will again be limited to small annual increases as approved by the rent control board.

In some cities, no rent increase is allowed at all, even when a tenant moves out. Check your ordinance.

3. Legal or "Just Cause" Evictions

For rent control to work—especially if the ordinance allows rents to rise when a tenant leaves—it must place some restrictions on tenancy terminations. Otherwise, landlords who wanted to create a vacancy so they could raise the rent would be free to throw out tenants, undermining the whole system. Recognizing this, many local ordinances require landlords to have a legal or just cause—that is, a good reason—to terminate and, if the tenant doesn't leave on his own, evict.

Just cause is usually limited to a few reasons provided in the ordinance. If you really need to evict a tenant, you should have no problem finding your reason on the approved list. Here are a few typical examples of a legal or just cause to evict a tenant:

- The tenant violates a significant term of the lease or rental agreement—for example, by failing to pay rent or causing substantial damage to the premises. However, in many situations, you're legally required to first give the tenant a chance to correct the problem. (See Chapter 17.)
- The landlord wants to move into the rental unit or give it to an immediate family member.

- The landlord wants to substantially remodel the property, which requires the tenant to move out.
- The tenant creates a nuisance—for example, by repeatedly disturbing other tenants or engaging in illegal activity, such as drug dealing, on the premises.

Rent control ordinances often affect renewals as well as terminations midway through the rental term. Unless you can point to a just cause for tossing a tenant out, you may need to renew a lease or rental agreement under the same terms and conditions.

Your Right to Go Out of Business

It's not uncommon for landlords in rent-controlled cities to decide to get out of the residential rental business entirely. To do so, however, they must evict tenants, who will protest that the eviction violates the rent control ordinance.

No rent control ordinance can force you to continue with your business against your will. However, if you withdraw rental units from the market, you must typically meet strict standards regarding the necessity of doing so. Rent control boards do not want landlords to use going out of business as a ruse for evicting long-term tenants, only to start up again with a fresh batch of tenants whose rents will invariably be substantially higher.

If you decide to go out of business and must evict tenants, check your ordinance carefully. It may require you to give tenants a lengthy notice period or offer tenants relocation assistance, and may impose a minimum time period during which you may not resume business. If you own multiple units, the rent control ordinance may prohibit you from withdrawing more than a specified number of units; and if the premises are torn down and new units constructed, the ordinance may insist that you offer former tenants a right of first refusal. State law may also address these issues. Contact your local landlords' association or rent control board for details on the specifics.

Where to Get Information About Rent Control

- **Your city rent control board.** It can supply you with a copy of the current local ordinance, and possibly also with a brochure explaining the ordinance. Check your phone book for the address and phone number of your local rent control board, or contact your mayor or city manager's office. See "Rent Control Resources" in Appendix A for more information.
- **Your state or local apartment owners' association.** Virtually every city with a rent control ordinance has an active property owners' association. The New York City Rent Stabilization Association, for example, gives members information and help on rent matters and offers mediation for tenant complaints.
- **Local attorneys who specialize in landlord-tenant law.** Check the Yellow Pages, search online, or ask another landlord. (Chapter 18 discusses how to find and work with a lawyer.)

4. Registration of Rental Units

Some rent control ordinances require landlords to register their properties with the local rent control agency. This allows the rent board to keep track of the city's rental units, and the registration fees provide operating funds.

5. Deposits and Notice Requirements

Rent control ordinances may impose rules regarding security deposits or interest payments and the type of notice you must give tenants when you want to raise the rent or terminate a tenancy. The requirements of these local ordinances are in addition to any state law requirements. For example, state law may require a 30-day notice for a rent increase. A local rent control law might also require the notice to tell the tenant that the rent control board can verify that the new rental amount is legal under the ordinance.

C. When Rent Is Due

Most leases and rental agreements, including the ones in this book, call for rent to be paid monthly, in advance, on the first day of the month. (See Clause 5 of the form agreements in Chapter 2.)

1. First Day, Last Day, or In-Between?

The first of the month is a customary and convenient due date for rent, at least in part because many tenants get their paychecks on the last workday of the month. Also, the approach of a new month can, in itself, help remind people to pay monthly bills due on the first. With luck, your tenant will learn to associate flipping the calendar page with paying the rent on time.

It is perfectly legal to require rent to be paid on a different day of the month, and may make sense if the tenant is paid at odd times. Some landlords make the rent payable each month on the date the tenant first moved in. Generally, it's easier to prorate rent for a short first month and then require that rent be paid on the first of the next month. But if you have only a few tenants, and don't mind having different tenants paying you on different days of the month, it makes no legal difference.

Special rules for tenants who receive public assistance. Some states make special provisions for rent due dates for public assistance recipients. Public assistance recipients in Hawaii, for example, may choose to establish a due date that is on or before the third day after the day they usually receive their public assistance check.

Whatever rent due date you chose, be sure to put it in your lease or rental agreement. If you don't, state law may do it for you. In several states, for month-to-month rental agreements, rent is due in equal monthly installments at the beginning of each month, unless otherwise agreed.

In a few states, however, rent is not due until the end of the term unless the lease or rental agreement says otherwise. You would probably never deliberately allow a tenant who moved in on the first day of the month to wait to pay rent until the 31st. Nor would you want tenants to continue to pay at the end of the month. By specifying that rent is due on the first of the month in your lease or rental agreement, you won't have to worry.

> **Collecting Rent More Than Once a Month**
>
> If you wish, you and the tenant can agree that the rent be paid twice a month, each week, or on whatever schedule suits you. The most common variation on the standard monthly payment arrangement is having rent paid twice a month. This is a particularly good idea if you have tenants who have relatively low-paying jobs and get paid twice a month, because they may have difficulty saving the needed portion of their midmonth check until the first of the month.

---

2. When the Due Date Falls on a Weekend or Holiday

The lease and rental agreements in this book state that when the rent due date falls on a weekend day or legal holiday, the tenant must pay it by the next business day. (See Clause 5 of the form agreements in Chapter 2.)

This is legally required in some states; it is the general rule in most. If you want to insist that the tenant always get the rent check to you on the first, no matter what, you'll have to check the law in your state to make sure it's allowed. It's probably not worth the trouble.

3. Grace Periods for Late Rent

Lots of tenants are absolutely convinced that if rent is due on the first, but they pay by the 5th (or sometimes the 7th or even the 10th) of the month, they have legally paid their rent on time because they are within a legal grace period. This is simply not true. It is your legal right to insist that rent be paid on the day it is due, and you should use your lease or rental agreement and move-in letter to disabuse tenants of this bogus notion.

In practice, many landlords do not get upset about late rent or charge a late fee (discussed in Section E, below) until the rent is a few days past due. And your state law may require you to give tenants a few days to come up with the rent before you can send a termination notice. (This is discussed in Chapter 17.) Even so, your best approach is to consistently stress to tenants that rent must be paid on the due date.

In our opinion, if you wait more than three or five days to collect your rent, you are running your business unwisely, and just extending the time a nonpaying tenant can stay. Be firm, but fair. Any other policy will get you into a morass of special cases and exceptions and will cost you a bundle in the long run. If you allow exceptions only in extreme circumstances (see Section G, below), tenants will learn not to try and sell you sob stories.

Evictions for Nonpayment of Rent

Failure to pay rent on time is by far the most common reason landlords go to court and evict tenants. First, however, a landlord must give the tenant a written notice, demanding that the tenant either pay within a few days or move out. How long the tenant is allowed to stay depends on state law; in most places, it's about three to five days.

In most instances, the tenant who receives this kind of notice pays up, and that's the end of it. But if the tenant doesn't pay the rent (or move), you can file an eviction lawsuit. (Chapter 17 explains the kinds of termination notices that landlords must use when tenants are behind on the rent, and includes a brief summary of evictions. Appendix A includes details on state laws on termination for nonpayment of rent.)

If you find yourself delivering too many pay-the-rent-or-leave notices to a particular tenant, you may want to end the tenancy—even if the tenant always comes up with the rent at the last minute.

D. Where and How Rent Is Due

You should specify in your lease or rental agreement where the tenant should pay the rent and how you want it paid—for example, by check or money order only. (See Clause 5 of the form agreements in Chapter 2.)

1. Where Rent Must Be Paid

You have several options for where the tenant pays you rent.

By mail. Allowing tenants to mail you the rent check is the most common method of payment, by a long shot. It's pretty convenient for everyone, and you can make it even easier by giving tenants pre-addressed (and stamped, if you're feeling generous) envelopes. The small amount you spend on postage and supplies may save you money in the long run, because you'll get paid more quickly.

At home. You can send someone to each unit, every month, to pick up the rent. But this more old-fashioned way of collecting the rent isn't well-suited to modern life, when in most households it's hard to find someone at home during the day. It may be useful, however, if you think face-to-face contact might prompt a tenant to come up with the rent more quickly.

At your office. Requiring the rent to be paid personally at your place of business or manager's office is feasible (and, in some states, legal) only if you have an on-site office. Asking tenants to drive across town is both unreasonable and counter-productive, because inevitably some of them just won't get around to it. This approach does have certain advantages. It makes the tenant responsible for getting the rent to you at a certain time or place, and avoids issues such as whether or not a rent check was lost or delayed in the mail. It also guarantees at least a bit of personal contact with your tenants, and a chance to air little problems before they become big ones.

If your lease or rental agreement doesn't specify where you want tenants to pay you rent, state law may decide. Under statutes in several states rent is payable at the dwelling unit unless otherwise agreed. This is yet another reason to specify in your rental agreement or lease that your tenant may pay by check or at your on-site office.

2. Form of Rent Payment

You should also specify in your lease or rental agreement how rent must be paid: by cash, check, credit card, or money order. (See Clause 5 of the form agreements in Chapter 2.)

For most landlords, rental checks are routine. You can eliminate the time spent mailing or walking a check to the bank by sending it right to the bank electronically, if you have check-scanning equipment (an option made available since October 2005, courtesy of the federal Check Clearing for the 21st Century Act). If a tenant doesn't have a checking account or has bounced too many checks, you may want to require a certified check or money order.

You should never accept postdated checks. The most obvious reason is that the check may never be good. You have absolutely no assurance that necessary funds will ever be deposited in the account. In addition, a postdated check may, legally, be considered a "note" promising to pay on a certain date. In some states, if you accept such a note (check), you have no right to bring an eviction action while the note is pending. Far better to tell the tenant that rent must be paid in full on time and to give the tenant a late notice if it isn't.

> ⚠ **Don't accept cash unless you have no choice.** You are a likely target for robbery if word gets out that you are taking in large amounts of cash once or twice a month. And if you accept cash knowing that the tenant earned it from an illegal act, such as drug dealing, the government could seize it from you. (Chapter 12 discusses federal and state forfeiture laws.) If you do accept cash, be sure to provide a written, dated receipt stating the tenant's name and rental unit and the amount of rent and time period for which rent is paid. Such a receipt is required by law in a few states, and it's a good idea everywhere.

3. Changing Where and How Rent Is Due

If you've been burned by bounced checks from a particular tenant, you may want to decree that, from now on, you'll accept nothing less than a certified check or money order, and that rent may be paid only during certain hours at the manager's office.

Be careful. It may be illegal to suddenly change your terms for payment of rent without proper notice to the tenant—unless you are simply enforcing an existing term. For example, if your rental agreement states that you accept only money orders, you are on solid ground when you tell a check-bouncing tenant that you'll no longer accept her checks, and that your previous practice of doing so was merely an accommodation not required under the rental agreement.

If, however, your lease or rental agreement doesn't say where and how rent is to be paid, your past practice may legally control how rent is paid until you properly notify the tenant of a change. If you want to require tenants to pay rent at your office, for example, you must formally change a month-to-month rental agreement, typically with a written 30-day notice. If you rent under a lease, you will have to wait until the lease runs out.

New Ways to Pay the Rent

More and more owners, especially those with large numbers of rental units, are looking for ways to ensure that rent payments are quick and reliable. Here are two common methods.

Credit card. If you have enough tenants to make it worthwhile, explore the option of accepting credit cards. You must pay a fee—a percentage of the amount charged—for the privilege, but the cost may be justified if it results in more on-time payments and less hassle for you and your tenants. Keep in mind that you'll need to have someone in your on-site office to process the credit card payments and give tenants receipts. And if your tenant population is affluent enough, consider requiring automatic credit card debits.

Automatic debit. You can get tenants' permission to have rent payments debited automatically each month from the tenant's bank account and transferred into your account. Tenants may be leery of this idea, however, and it's not worth insisting on.

E. Late Charges and Discounts for Early Payments

If you're faced with a tenant who hasn't paid rent on the due date, you probably don't want to immediately hand out a formal notice telling the tenant to pay the rent or leave. After all, it's not going to do anything positive for your relationship with the tenant, who may have just forgotten to drop the check in a mailbox. But how else can you motivate tenants to pay rent on time?

A fairly common and sensible practice is to charge a reasonable late fee and highlight your late fee policy in your lease or rental agreement and move-in letter to new tenants. (See Clause 6 of the form agreements in Chapter 2.)

Some states have statutes that put precise limits on late fees. (See "State Law Restrictions on Late Fees," below.) But even if your state doesn't have specific rules, you are still bound by general legal principles that prohibit unreasonably high fees. Courts in some states have ruled that contracts that provide for unreasonably high late charges are not enforceable—which means that if a tenant fights you in court (either in an eviction lawsuit or a separate case brought by the tenant), you could lose. And, obviously, excessive late fees generate tenant hostility, anyway.

Some rent control ordinances also regulate late fees. Check any rent control ordinances applicable to your properties.

Unless your state imposes more specific statutory rules on late fees, you should be on safe ground if you adhere to these principles.

The late fee should not apply until at least three to five days after the due date. Imposing a stiff late charge if the rent is only one or two days late may not be upheld in court.

The total late charge should not exceed 4%–5% of the rent. That's $30 to $38 on a $750-per-month rental. State law in Maine sets a 4% limit, and Maryland and North Carolina both set 5% limits on late charges. Even in states with no statutory limits, a higher late charge, such as 10%, might not be upheld in court.

If the late fee increases each day the rent is late, it should be moderate and have an upper limit. A late charge that increases without limit each day could be considered interest charged at an illegal ("usurious") rate. State laws set the maximum allowable rate of interest, typically less than 10%, that may be charged for a debt. (Ten dollars a day on a $1,000-per-month rent is 3,650% annual interest.) A more acceptable late charge would be $10 for the first day rent is late, plus $5 for each

State Law Restrictions on Late Fees	
Arizona	Reasonable late fees are allowed if set forth in a written rental agreement or lease.
California	A late fee must closely approximate the landlord's real losses, and will be enforced only if the lease or rental document includes a clause like this: "Because landlord and tenant agree that actual damages for late rent payments are very difficult or impossible to determine, landlord and tenant agree to the following stated late charge as liquidated damages."
Connecticut	Landlords may not charge late fee until nine days after rent is due.
Delaware	To charge a late fee, landlord must maintain an office in the county where the rental unit is located at which tenants can pay rent. If a landlord doesn't have a local office for this purpose, tenant has three extra days (beyond the due date) to pay rent before the landlord can charge a late fee. Late fee cannot exceed 5% of rent and cannot be imposed until the rent is more than five days late.
Iowa	Late fees cannot exceed $10 per day or $40 per month.
Maine	Late fees cannot exceed 4% of the amount due for 30 days. Landlord must notify tenants, in writing, of any late fee at the start of the tenancy, and cannot impose it until rent is 15 days late.
Maryland	Late fees can't exceed 5% of the rent due.
Massachusetts	Late fees, including interest on late rent, may not be imposed until the rent is 30 days late.
Nevada	If a landlord's written rental agreement does not mention late fees, a court will presume that there is no late fee policy, unless convinced otherwise by evidence supplied by the landlord.
New Jersey	Landlord must wait five days before charging a late fee.
New Mexico	Late fee may not exceed 10% of the rent specified per rental period. Landlord must notify the tenant of the charge no later than the end of the next rental period.
North Carolina	Late fee cannot be higher than $15 or 5% of the rental payment, whichever is greater, and may not be imposed until the tenant is five days late paying rent.
Oklahoma	Reasonable late fee of $20 is permissible; $5 per day in addition is not.
Oregon	Landlord must wait four days after the rent due date to assess late fee, and must disclose the late fee policy in the rental agreement. A flat late fee must be the customary amount charged for that rental market. A daily late fee may not be more than 6% of a reasonable flat late fee, and cannot add up to more than 5% of the monthly rent.
Tennessee	Landlord can't charge late fee until five days have passed. If day five is a Saturday, Sunday, or legal holiday, landlord cannot impose a fee if the rent is paid on the next business day. Fee can't exceed 10% of the amount past due.

Citations to these state laws on late rent fees are in "State Rent Rules" in Appendix A. States not listed here do not have statutes governing late rent charges, but case law may address the issue.

additional day, up to a maximum of 5% of the rental amount.

Don't try to disguise excessive late charges by giving a "discount" for early payment. For one thing, this kind of "discount" is illegal in some states. One landlord we know concluded he couldn't get away with charging a $100 late charge on an $850 rent payment, so, instead, he designed a rental agreement calling for a rent of $950 with a $100 discount if the rent was not more than three days late. Ingenious as this ploy sounds, it is unlikely to stand up in court, unless the discount for timely payment is very modest. Giving a relatively large discount is in effect the same as charging an excessive late fee, and a judge is likely to see it as such.

Anyway, fooling around with late charges is wasted energy. If you want more rent for your unit, raise the rent (unless you live in a rent control area). If you are concerned about tenants paying on time—and who isn't?—put your energy into choosing responsible tenants. (See Chapter 1 for advice.)

If you have a tenant with a month-to-month tenancy who drives you nuts with late rent payments, and a reasonable late charge doesn't resolve the situation, terminate the tenancy with the appropriate notice.

F. Returned Check Charges

It's legal to charge the tenant an extra fee if a rent check bounces. (See Clause 7 of the form agreements in Chapter 2.) If you're having a lot of trouble with bounced checks, you may want to change your policy to accept only money orders for rent. (See Section D, above.)

Like late charges, bounced check charges must be reasonable. You should charge no more than the amount your bank charges you for a returned check charge, probably $10 to $20 per returned item, plus a few dollars for your trouble.

It is a poor idea to let your bank redeposit rent checks that bounce. Instead, tell the bank to return bad checks to you immediately. Getting a bounced check back quickly alerts you to the fact that the rent is unpaid much sooner than if the check is

resubmitted and returned for nonpayment a second time. You can use this time to ask the tenant to make the check good immediately. If the tenant doesn't come through, you can promptly serve the necessary paperwork to end the tenancy.

If a tenant habitually gives you bad checks, give the tenant a notice demanding that he pay the rent or move. If the tenant doesn't make the check good by the deadline, you can start eviction proceedings.

 Laws in some states allow landlords to charge interest on a bounced check, regardless of whether your lease or rental agreement says anything about late check charges. For example, California landlords may charge 10% per year interest on a bounced check—thus, on a $1,000 rent check that isn't made good for a month, a California landlord can demand an additional $8.34. (Cal. Civ. Code § 3289(b).) Your state's consumer protection office should be able to tell you whether your state has a similar law. For a list of state consumer protection agencies, go to the Consumer Action website maintained by the Federal Citizen Information Center at www.consumeraction. gov.

G. Partial or Delayed Rent Payments

On occasion, a tenant suffering a temporary financial setback will offer something less than the full month's rent, with a promise to catch up as the month proceeds, or at the first of the next month. Although generally this is a bad business practice, you may nevertheless wish to make an exception where the tenant's financial problems truly appear to be temporary and you have known the person for a long time.

If you do give a tenant a little more time to pay some or all of the rent, establish a schedule, in writing, for when the rent will be paid. Then monitor the situation carefully. Otherwise, the tenant may try to delay payment indefinitely, or make such small and infrequent payments that the account is never brought current. A signed agreement—say for a one-week extension—lets both you and the tenant know what's expected. If you give the tenant two weeks to catch up and she doesn't, the written agreement precludes any argument that you had really said "two to three weeks." A sample Agreement for Delayed or Partial Rent Payments is shown below.

The Forms CD includes the Agreement for Delayed or Partial Rent Payments. A blank tear-out copy is in Appendix C.

If the tenant does not pay the rest of the rent when promised, you can, and should, follow through with the appropriate steps to terminate the tenancy, as discussed in Chapter 17.

H. Raising the Rent

Except in cities with rent control, your freedom to raise rent depends primarily on whether the tenant has a lease or a month-to-month rental agreement.

1. When You Can Raise Rent

For the most part, a lease fixes the terms of tenancy for the length of the lease. You can't change the terms of the lease until the end of the lease period unless the lease itself allows it or the tenant agrees. When the lease expires, you can present the tenant with a new lease that has a higher rent or other

---

Agreement for Delayed or Partial Rent Payments

This Agreement is made between ____Betty Wong_____

_____ [Tenant(s)]

and __John Lewis_____, [Landlord/Manager].

1. ____Betty Wong_____

_____ [Tenant(s)]

has/have paid ____one-half of her $1,000 rent for apartment #2 at 111 Billy St., Phoenix,____

____Arizona_____

on _____March 1, 200X_____, which was due ___March 1, 200X_____.

2. ____John Lewis_____(Landlord/Manager)

agrees to accept all the remainder of the rent on or before ____March 15, 200X_____,

and to hold off on any legal proceeding to evict ____Betty Wong_____

_____ (Tenant(s)) until that date.

John Lewis	_March 2, 200X_
Landlord/Manager	Date
Betty Wong	**March 2, 200X**
Tenant	Date
Tenant	Date
Tenant	Date

changed terms. It's always safest to give tenants at least a month or two notice of any rent increase before negotiating a new lease.

In contrast, you can raise the rent in a periodic tenancy just by giving the tenant proper written notice, typically 30 days for a month-to-month tenancy. (If you collect rent every 15 days, you probably have to give your tenant only 15 days' notice.) State law may override these general rules, however. In a few states, landlords must provide 45 or 60 days' notice to raise the rent for a month-to-month tenancy. See "Notice Required to Change or Terminate a Month-to-Month Tenancy" in Appendix A and the Chapter 14 discussion of changing terms during the tenancy. You'll need to consult your state statutes for the specific information you must provide in a rent increase notice, how you must deliver it to the tenant, and any rights tenants have to dispute rent increases.

 Local rent control laws also affect rent increase notices.

2. How Much Can You Raise the Rent?

In areas without rent control, there is no limit on the amount you can increase the rent of a month-to-month or other periodic tenant. Also, as noted in Section A, above, tenants in Connecticut can challenge rent increases they feel are excessive. Similarly, there is no restriction on the period of time between rent increases. You can legally raise the rent as much and as often as good business dictates. Of course, common sense should tell you that if your tenants think your increases are unfair, you may end up with vacant units or a hostile group of tenants looking for ways to make you miserable. As a courtesy, you may wish to tell your tenants of the rent increase personally, perhaps explaining the reasons—although reasons aren't legally necessary, except in areas covered by rent control.

3. Avoiding Tenant Charges of Retaliation or Discrimination

You can't legally raise a tenant's rent as retaliation—for example, in response to a legitimate complaint

or rent-withholding action (see Chapter 9) or in a discriminatory manner (see Chapter 5). The laws in many states actually presume retaliation if you increase rent soon—typically, within three to six months—after a tenant's complaint of defective conditions. See the Chapter 16 discussion of general ways to avoid tenant charges of retaliation. "State Laws Prohibiting Landlord Retaliation" in Appendix A lists state-by-state details.

One way to protect yourself from charges that ordinary rent increases are retaliatory or discriminatory is to adopt a sensible rent increase policy and stick to it.

For example, many landlords raise rent once a year in an amount that more or less reflects the increase in the Consumer Price Index. Other landlords use a more complicated formula that takes into account other rents in the area, as well as such factors as increased costs of maintenance or rehabilitation. They make sure to inform their tenants about the rent increase in advance and apply the increase uniformly to all their tenants. Usually, this protects the landlord against any claim of a retaliatory rent increase by a tenant who has coincidentally made a legitimate complaint about the condition of the premises.

> **EXAMPLE:** Lois owns two multiunit complexes. In one of them, she raises rents uniformly, at the same time, for all tenants. In the other apartment building, where she fears tenants hit with rent increases all at once will organize and generate unrest, Lois does things differently: She raises each tenant's rent in accordance with the Consumer Price Index on the yearly anniversary of the date each tenant moved in. Either way, Lois is safe from being judged to have retaliatorily increased rents, even if a rent increase to a particular tenant follows on the heels of a complaint.

Of course, any rent increase given to a tenant who has made a complaint should be reasonable—in relation to the previous rent, what you charge other similarly situated tenants, and rents for comparable property in the area—or you are asking for legal trouble.

EXAMPLE: Lonnie has no organized plan for increasing rents in his 20-unit building, but simply raises them when he needs money. On November 1, he raises the rent for one of his tenants, Teresa, without remembering her recent complaint about her heater. Teresa is the only one to receive a rent increase in November.

She has a strong retaliatory rent increase case against Lonnie, simply because an increase that seemed to single her out coincided with her exercise of a legal right. If the increase made her rent higher than those for comparable units in the building, she will have an even better case.

■

Security Deposits

A. Purpose and Use of Security Deposits 86

B. Dollar Limits on Deposits 87

C. How Much Deposit Should You Charge? 88

D. Last Month's Rent 90

    1. Applying Last Month's Rent to Damage or Cleaning 90

    2. If You Increase Rent 91

    3. How to Avoid Problems 91

E. Interest and Accounts on Deposits 91

    1. Separate Accounts 91

    2. Interest 92

F. Nonrefundable Deposits and Fees 93

G. How to Increase Deposits 94

H. Handling Deposits When You Buy or Sell Rental Property 94

ost landlords quite sensibly ask for a security deposit before entrusting hundreds of thousands of dollars' worth of real estate to a tenant. But it's easy to get into legal trouble over deposits, because they are strictly regulated by state law, and sometimes also by city ordinance.

The law of most states dictates how large a deposit you can require, how you can use it, when you must return it, and more. Many states require you to put deposits in a separate account and pay interest on them. You cannot escape these requirements by putting different terms in a lease or rental agreement. You may face substantial financial penalties for violating state laws on security deposits.

This chapter explains how to set up a clear, fair system of setting, collecting, and holding deposits. It may exceed the minimum legal requirements affecting your property, but it will ultimately work to your advantage, resulting in easier turnovers, better tenant relations, and fewer legal hassles.

Where to Get More Information on Security Deposits

If you have any questions of what's allowed in your state, you should get a current copy of your state's security deposit law (statute) or an up-to-date summary from a landlords' association. Start by referring to "State Security Deposit Rules" in Appendix A. Then read the statute at a public library, at a law library, or online. (See Chapter 18 for information on using the law library and accessing state statutes online.)

In addition, be sure to check local ordinances in all areas where you own property. Cities, particularly those with rent control, may add their own rules on security deposits, such as a limit on the amount you can charge or a requirement that you pay interest on deposits.

 This discussion is limited to security deposit statutes. Some states—Alabama and West

Virginia—do not have statutes on security deposits. That doesn't mean that there is no law on the subject. Court decisions (what lawyers call "case law") in your state may set out quite specific requirements for refundability of deposits, whether they should be held in interest-bearing accounts, and the like. This book doesn't cover all this case law, but you may need to check it out yourself. To find out whether courts in your state have made decisions you need to be aware of, contact your state or local property owners' association or do some legal research on your own.

 Related topics covered in this book include:
- Charging prospective tenants credit check fees, finder's fees, or holding deposits: Chapter 1
- Writing clear lease and rental agreement provisions on security deposits: Chapter 2
- Highlighting security deposit rules and procedures in move-in and move-out letters to the tenant: Chapters 7 and 15
- Returning deposits and deducting for cleaning, damage, and unpaid rent; how to handle legal disputes involving deposits: Chapter 15.

A. Purpose and Use of Security Deposits

All states allow you to collect a security deposit when a tenant moves in and hold it until the tenant leaves. The general purpose of a security deposit is to assure that a tenant pays rent when due and keeps the rental unit in good condition. Rent you collect in advance for the first month is not considered part of the security deposit.

State laws typically control the amount you can charge (see Section B, below) and how and when you must return security deposits. When a tenant moves out, you will have a set amount of time (usually from 14 to 30 days, depending on the state) to either return the tenant's entire deposit or provide an itemized statement of deductions and refund any deposit balance.

Although state laws vary, you can generally withhold all or part of the deposit to pay for:

- unpaid rent
- repairing damage to the premises (except for "ordinary wear and tear") caused by the tenant, a family member, or a guest
- cleaning necessary to restore the rental unit to its level of cleanliness at the beginning of the tenancy (taking into consideration "ordinary wear and tear")
- restoring or replacing rental unit property taken by the tenant.

States typically also allow you to use a deposit to cover the tenant's obligations under the lease or rental agreement, which may include payment of utility charges.

You don't necessarily need to wait until a tenant moves out to tap into their security deposit. You may, for example, use some of the tenant's security deposit during the tenancy—for example, because the tenant broke something and didn't fix it or pay for it. In this case, you should require the tenant to replenish the security deposit.

> **EXAMPLE:** Millie pays her landlord Maury a $1,000 security deposit when she moves in. Six months later, Millie goes on vacation, leaving the water running. By the time Maury is notified, the overflow has damaged the paint on the ceiling below. Maury repaints the ceiling at a cost of $250, taking the money out of Millie's security deposit. Maury is entitled to ask Millie to replace that money, so that her deposit remains $1,000.

To protect yourself and avoid misunderstandings with tenants, make sure your lease or rental agreement is clear on the use of security deposits and the tenant's obligations. (See Clause 8 of the form agreements in Chapter 2.)

B. Dollar Limits on Deposits

Many states limit the amount you can collect as a deposit to an amount equal to one or two months of rent. And the limit within each state sometimes varies depending on various factors such as:

Security Deposit Exemptions for Landlords with Few Rentals	
Alaska	No deposit limit for units where the rent exceeds $2,000 per month.
Arkansas	No regulation of deposit where landlord owns five or fewer units, unless they are managed by a third party for a fee.
Georgia	Landlords who are natural persons (not corporations, LLCs, or any other legal entity) need not put deposits into escrow, inspect at move-out, or provide itemized deductions.
Illinois	Landlord with four or fewer units on the same property need not itemize deductions.
Maine	No regulation of deposit for unit that is part of a structure with five or fewer units, one of which is occupied by landlord.
New Hampshire	No deposit regulation for single-family rental when landlord owns no other rental property, or for unit in owner-occupied building of five or fewer units (does not apply when any occupant is 60 or more years old).
New Jersey	No interest required for unit in owner-occupied building of two or fewer units unless tenant sends landlord written notice demanding interest (interest begins accruing in 30 days).
New York	No deposit limits or specific return procedures for non-regulated units in buildings with five or fewer units.
Tennessee	Landlords whose properties are in counties with populations, according to the federal census, of between 80,000 and 83,000, 92,000 and 92,500, 118,400 and 118,700, and 140,000 and 145,000, need not disclose the location of the separate account required for the security deposit.

- age of the tenant (senior citizens may have a lower deposit ceiling)
- whether the rental unit is furnished
- whether you have a month-to-month rental agreement or a long-term lease, and
- whether the tenant has a pet or waterbed.

For details, see "State Laws on Security Deposit Limits," below.

In some states, the rent you collect in advance for the last month is not considered part of the security deposit limit, while in others it is. (Section D, below, covers last month's rent.) Also, see Section F, below which covers nonrefundable fees you may charge in addition to security deposits.

⚠ **An inconsistent security deposit policy is an invitation to a lawsuit.** Even if your motives are good—for example, you require a smaller deposit from a student tenant—you risk a charge of illegal discrimination by other tenants who did not get the same break. Chapter 5 explains fair housing laws and their impact on your business practices.

C. How Much Deposit Should You Charge?

Normally, the best advice is to charge as much as the market will bear, within any legal limits. The more the tenant has at stake, the better the chance your property will be respected. And, the larger the deposit, the more financial protection you will have if a tenant leaves owing you rent.

The market, however, often keeps the practical limit on deposits lower than the maximum allowed by law. Your common sense and your business sense need to work together in setting security deposits. Here are a number of considerations to keep in mind:

- **Charge the full limit in high-risk situations**—for example, where there's a lot of tenant turnover, if the tenant has a pet and you're concerned about damage, or if the tenant's credit is shaky and you're worried about unpaid rent.
- **Consider the psychological advantage of a higher rent rather than a high deposit.** Many tenants would rather pay a slightly higher rent than an enormous deposit. Also, many acceptable, solvent tenants have a hard time coming up with several months' rent, especially if they are still in a rental and are awaiting the return of a previous security deposit. And remember, unlike the security deposit, the extra rent is not refundable.

EXAMPLE: Lenora rents out a three-bedroom furnished house in San Francisco for $6,000 a month. Because total deposits on furnished property in California can legally be three times the monthly rent, Lenora could charge up to $18,000. This is in addition to the first month's rent of $6,000 that Lenora can (and should) insist on before turning the property over to a tenant. But, realistically, Lenora would probably have difficulty finding a tenant if she insisted on receiving an $18,000 deposit plus the first month's rent, for a total of $24,000. So she decides to charge only one month's rent for the deposit but to increase the monthly rent. That gives Lenora the protection she feels she needs without imposing an enormous initial financial burden on her tenants.

- **Single-family homes call for a bigger deposit.** Unlike multiunit residences, where close-by neighbors or a manager can spot, report, and quickly stop any destruction of the premises, the single-family home is somewhat of an island. The condition of the interior and even the exterior may be hard to assess. And, of course, the cost of repairing damage to a house is likely to be higher than for an apartment. Unless you live next door or can frequently check the condition of a single-family rental, a substantial security deposit is a good idea.
- **Gain a marketing advantage by allowing a deposit to be paid in installments.** If rentals are plentiful in your area, with comparable units renting at about the same price, you might give yourself a competitive edge by allowing the tenant to pay the deposit in several installments over a few months, rather than one lump sum.

State Laws on Security Deposit Limits

Many states have set limits on amount of security deposits. "No statutory limit" means that the state statute does not specify a limit. See "State Security Deposit Rules" in Appendix A for citation to these laws.

State	Limit	State	Limit
Alabama	No security deposit law	Montana	No statutory limit
Alaska	Two months' rent, except where rent exceeds $2,000 per month	Nebraska	One month's rent (no pets); one and one-quarter months' rent (pets)
Arizona	One and one-half month's rent (unless tenant voluntarily agrees to pay more)	Nevada	Three months' rent
Arkansas	Two months' rent	New Hampshire	One month's rent or $100, whichever is greater; no limit when landlord and tenant share facilities
California	Two months' rent (unfurnished); three months' rent (furnished); add 1/2 month's rent for waterbed	New Jersey	One and one-half months' rent
		New Mexico	One month's rent (for rental agreement less than one year); no limit for leases of one year or more
Colorado	No statutory limit		
Connecticut	Two months' rent (tenant under 62 years of age); one month's rent (tenant 62 years of age or older)	New York	No statutory limit for nonregulated units
		North Carolina	One and one-half months' rent for month-to-month rental agreements; two months' rent if term is longer than two months
Delaware	One month's rent on leases for one year or more; no limit for month-to-month rental agreements (may require additional pet deposit of up to one month's rent)		
		North Dakota	One month's rent (or $1,500 if tenant has a pet)
DC	One month's rent	Ohio	No statutory limit
Florida	No statutory limit	Oklahoma	No statutory limit
Georgia	No statutory limit	Oregon	No statutory limit
Hawaii	One month's rent	Pennsylvania	Two months' rent for first year of renting; one month's rent during the second and subsequent years of renting
Idaho	No statutory limit		
Illinois	No statutory limit		
Indiana	No statutory limit	Rhode Island	One month's rent
Iowa	Two months' rent	South Carolina	No statutory limit
Kansas	One month's rent (unfurnished); one and one-half months' rent (furnished with no pets); add 1/2 month's rent for pets	South Dakota	One month's rent (higher deposit may be charged if special conditions pose a danger to maintenance of the premises)
Kentucky	No statutory limit	Tennessee	No statutory limit
Louisiana	No statutory limit	Texas	No statutory limit
Maine	Two months' rent	Utah	No statutory limit
Maryland	Two months' rent	Vermont	No statutory limit
Massachusetts	One month's rent	Virginia	Two months' rent
Michigan	One and one-half months' rent	Washington	No statutory limit
Minnesota	No statutory limit	West Virginia	No security deposit law
Mississippi	No statutory limit	Wisconsin	No statutory limit
Missouri	Two months' rent	Wyoming	No statutory limit

Require renters' insurance as an alternative to a high security deposit. If you're worried about damage but don't think you can raise the deposit any higher, require renters' insurance. Chapter 2 contains an optional clause that you add to your lease or rental agreement requiring the tenant to maintain renters' insurance. Renters' insurance, which may cover damage done by the tenant or guests, gives your property an extra measure of protection. While you're at it, evaluate your own insurance policy to make sure it is adequate. Insurance is discussed in Chapter 10. If the tenant's security deposit is inadequate to cover any damage and there is no renters' insurance (or it won't cover the loss), you may be able to collect from your own carrier.

D. Last Month's Rent

It's a common—but often unwise—practice to collect a sum of money called "last month's rent" from a tenant who's moving in. Landlords tend to treat this money as just another security deposit, and use it to cover not only the last month's rent but also other expenses such as repairs or cleaning.

Problems can arise when:

- you try to use the last month's rent to cover repairs or cleaning, or
- the rent has gone up during the tenancy—and you want to top off the last month's rent.

We'll look at these situations below.

1. Applying Last Month's Rent to Damage or Cleaning

If you collect a sum of money labeled last month's rent and your tenant is leaving (voluntarily or involuntarily), chances are that he will not write a rent check for the last month. After all, he's already paid for that last month, right? Surprisingly, many tenants do pay for the last month anyway, often forgetting that they have prepaid. What happens to that last month's rent?

Ideally, the tenant will leave the place clean and in good repair, enabling you to refund the entire last month's rent and all or most of the tenant's security deposit. But if the tenant leaves the place a mess, most states allow you to treat "last month's rent" as part of the security deposit and use all or part of it for cleaning or to repair or replace damaged items.

EXAMPLE: Katie required her tenant Joe to pay a security deposit of one month's rent, plus last month's rent. Her state law allowed a landlord to use all advance deposits to cover a tenant's unpaid rent or damage, regardless of what the landlord called the deposit. When Joe moved out, he didn't owe any back rent, but he left his apartment a shambles. Katie was entitled to use the entire deposit, including that labeled last month's rent, to cover the damage.

A few states, such as Massachusetts (M.G.L.A. 186 § 15B) and New York (GOL § 7-103(1)), restrict the use of money labeled as "last month's rent" to its stated purpose: the rent for the last month of your occupancy. In these states, if you use any of the last month's rent to repair the cabinet the tenant broke, you're violating the law.

EXAMPLE: Mike collected a security deposit of one month's rent, plus last month's rent, from his tenant Amy. Mike's state required that landlords use money collected for the last month as last month's rent only, not for cleaning or repairs. When Amy moved out, she didn't owe any rent but she, too, left her apartment a mess. Mike had to refund Amy's last month's rent and, when the remaining security deposit proved too little to cover the damage Amy had caused, Mike had to sue Amy in small claims court for the excess.

In general, it's a bad idea to call any part of the deposit "last month's rent." Why? Because if your state restricts your use of the money, you've unnecessarily hobbled yourself. And if your state considers last month's rent part of the security deposit, you haven't gained anything. You may have even put yourself at a disadvantage, because you've given the tenant the impression that the last month's rent is taken care of. You would be better off if the tenant paid the last month's rent when it came due, leaving the entire security deposit available to cover cleaning and repairs.

EXAMPLE 1: Fernando rents out a $600-per-month apartment in a state where the security deposit limit is two months' rent. Fernando charged his tenant, Liz, a total deposit of $1,200, calling $600 a security deposit and $600 last month's rent. Liz used this last month's rent for the last month when she gave her notice to Fernando. This left Fernando with the $600 security deposit. Unfortunately, when Liz moved out, she left $700 worth of damages, sticking Fernando with a $100 loss.

EXAMPLE 2: Learning something from this unhappy experience, Fernando charged his next tenant a simple $1,200 security deposit, not limiting any part of it to last month's rent. This time, when the tenant moved out, after paying his last month's rent as legally required, the whole $1,200 was available to cover the cost of any repairs or cleaning.

2. If You Increase Rent

Avoiding the term "last month's rent" also keeps things simpler if you raise the rent, but not the deposit, before the tenant's last month of occupancy. If you have collected the last month's rent in advance, and the rent at the end of your tenancy is the same as when your tenant moved in, your tenant is paid up. However, if the rent has increased, but you have not asked your tenant to top off the last month's rent, questions arise. Does the tenant owe you for the difference? If so, can you take money from the tenant's security deposit to make it up?

Unfortunately, there are no clear answers. But because landlords in every state are allowed to ask tenants to top off the last month's rent at the time they increase the rent, judges would probably allow you to go after it at the end of the tenancy, too. Whether you get the difference from your security deposit or sue the tenant in small claims court is somewhat academic.

EXAMPLE: When Rose moved in, the rent was $800 a month, and she paid this much in advance as last month's rent, plus an additional $800 security deposit. Over the years the landlord, Artie, has raised the rent to $1,000. Rose does not pay any rent during the last month of her tenancy, figuring that the $800 she paid up front will cover it. Artie, however, thinks that Rose should pay the $200 difference. Artie and Rose may end up in small claims court fighting over who owes what. They could have avoided the problem by discussing the issue of last month's rent when Rose's tenancy began.

3. How to Avoid Problems

To minimize confusion and disputes, we suggest that you avoid labeling any part of the security deposit last month's rent and get issues involving last month's rent straight with your tenant at the outset.

Clause 8 of the form agreements in Chapter 2 makes it clear that the tenant may not apply the security deposit to the last month's rent. Even with this type of clause, a tenant who's leaving may ask to use the security deposit for the last month's rent. Chapter 15 discusses how to handle these types of requests.

E. Interest and Accounts on Deposits

In most states, you don't have to pay tenants interest on deposits or put them in a separate bank account. In other words, you can simply put the money in your personal bank account and use it, as long as you have it available when the tenant moves out.

1. Separate Accounts

Several states require you to put security deposits in a separate account, sometimes called a "trust" account, rather than mixing the funds with your personal or business accounts. Some states require landlords to give tenants information on the location of this separate trust account at the start of the tenancy, usually as part of the lease or rental agreement. The idea is that by isolating these funds, it is more likely that you will have the money available whenever the tenant moves out and becomes entitled to it. In addition, separating these deposits makes it easier to trace them if a tenant claims that they were not handled properly. You are not required to set up separate accounts for every tenant. If you keep one account, be sure to maintain careful records of each tenant's contribution.

2. Interest

Several states require landlords to pay tenants interest on security deposits. Of course, you may find that it helps your relationship with your tenants to pay interest on deposits even if this is not a legal requirement. It's up to you.

Even among the states that require interest, there are many variations. A few states, such as Illinois, don't require small landlords (less than 25 rental units) to pay interest on deposits. Others, such as Iowa, allow the landlord to keep the interest earned during the first five years of tenancy.

State laws typically establish detailed requirements, including:

- **The interest rate to be paid.** Usually it's a little lower than the bank actually pays, so the landlord's costs and trouble of setting up the account are covered.

- **When interest payments must be made.** The most common laws require payments to be made annually, and also at termination of tenancy.

- **Notification landlords must give tenants as to where and how the security deposit is being held and the rate of interest.** (See Clause 8 of the form agreements in Chapter 2 for details on states that require this type of notification.)

Chicago, Los Angeles, and several other cities (typically those with rent control) require landlords to pay or credit tenants with interest on security deposits, even if the state law does not impose this duty. A few cities require that the funds be kept in separate interest-bearing accounts.

States That Require Landlords to Pay Interest on Deposits	
Connecticut	New Hampshire[4]
District of Columbia	New Jersey[5]
Minnesota	New Mexico
Florida[1]	New York[6]
Illinois[2]	North Dakota
Iowa[3]	Ohio
Maryland	Pennsylvania
Massachusetts	Virginia

For details, see "States That Require Landlords to Pay Interest on Deposits" in Appendix A.

[1] Interest payments are not required, but when they are made, certain conditions apply

[2] Applies to landlords with 25 or more units

[3] Landlord can keep interest earned during first five years

[4] When landlord holds deposit for one year or more

[5] Does not apply when landlord owns less than ten units, unless required by the Commissioner of Banking and Insurance

[6] Interest required only if unit is rent controlled, rent stabilized, or located within a building containing six or more units

States That Require Landlords to Maintain a Separate Account for Security Deposits	
Alaska	"Wherever practicable," deposit must be held in trust account or by escrow agent.
Connecticut	
Delaware	
District of Columbia	
Florida*	Instead of keeping separate account, landlord can post surety bond.
Georgia*	Instead of keeping separate account, landlord can post surety bond.
Iowa	
Kentucky*	
Maine	Deposit must be unavailable to landlord's creditors.
Maryland	Deposit must be held in Maryland banking or savings institution.
Massachusetts	Deposit must be held in Massachusetts and be unavailable to landlord's creditors.
Michigan*	
New Hampshire	
New Jersey	
New York*	
North Carolina*	
North Dakota	
Oklahoma	
Pennsylvania	
Tennessee*	
Washington	

* Landlords must give tenants written information on where the security deposit is being held.

F. Nonrefundable Deposits and Fees

In general, state laws are often muddled on the subject of nonrefundable deposits and fees. A few states, such as California, specifically prohibit landlords from charging any fee or deposit that is not refundable. Some states specifically allow landlords to collect a fee that is not refundable—such as for pets or cleaning. (See "States That Allow Nonrefundable Fees," below.) While most of these states don't require terms to be spelled out in the lease or rental agreement, it's still a good idea to do so, in order to avoid disputes with your tenant.

Generally, it's best to avoid the legal uncertainties and not try to collect any nonrefundable fees from tenants. It's much simpler just to consider the expenses these fees cover as part of your overhead, and figure them into the rent. By avoiding nonrefundable fees, you'll prevent a lot of time-consuming disputes with tenants.

If you have a specific concern about a particular tenant—for example, you're afraid a tenant's pet will damage the carpets or furniture—just ask for a higher security deposit. That way, you're covered if the pet causes damage, and, if it doesn't, the tenant won't have to shell out unnecessarily.

Charging a set fee can actually backfire. If you collect $100 for cleaning, for example, but when the tenant moves out the unit needs $200 worth of cleaning, you're stuck. You've already charged for cleaning, and the tenant could make a good argument that you're not entitled to take anything more out of the security deposit for cleaning.

If, despite our advice, you want to charge a nonrefundable fee, check your state's law to find what (if any) kinds of nonrefundable fees are allowed. Then, make sure your lease or rental agreement is clear on the subject.

States That Allow Nonrefundable Fees

The following states have statutes that permit at least certain types of nonrefundable fees, such as for cleaning or pets:

Arizona	New Jersey	Washington
Florida	North Carolina	Wisconsin
Georgia	Oregon	Wyoming
Nevada	Utah	

Citations to these statutes are in "State Security Deposit Rules" in Appendix A.

In addition, most states allow landlords to charge prospective tenants a nonrefundable fee for the cost of a credit report and related screening expenses (discussed in Chapter 1, Section E).

In states that have no statute on the subject, the legality of nonrefundable fees and deposits is determined in court. For example, courts in Texas and Michigan have ruled that a landlord and tenant may agree that certain fees will be nonrefundable. *Holmes v. Canlen Management Corp.*, 542 S.W.2d 199 (1976); *Stutelberg v. Practical Management Co.*, 245 N.W.2d 737 (1976).

G. How to Increase Deposits

Especially if you rent to a tenant for many years, you may want to increase the amount of the security deposit. The legality of doing this depends on the situation:

- **Leases.** If you have a fixed-term lease, you may not raise the security deposit during the term of the lease, unless the lease allows it. Security deposits may be increased, however, when the lease is renewed or becomes a month-to-month tenancy.

- **Written rental agreements.** With a month-to-month tenancy, you can increase a security deposit the same way you raise the rent, typically by giving the tenant a written notice 30 days in advance of the change. (See the discussion in Chapter 3.) Of course, you can increase the security deposit without also increasing the rent as long as you don't exceed the maximum legal amount.

EXAMPLE: Jules rents out an apartment for $750 a month in a state that limits security deposits to one month's rent. If he raises the rent to $1,000, the maximum deposit he may collect goes up to $1,000. But the deposit does not go up automatically. To raise the deposit amount, Jules must give the tenant the required notice.

Local rent control ordinances typically restrict your right to raise deposits as well as to raise rents. (See Chapter 3, Section B, for more on rent control.)

H. Handling Deposits When You Buy or Sell Rental Property

When you sell rental property, what should you do with the deposits you've already collected? After all, when the tenant moves out, she'll be entitled to her deposit back. Who owes her the money? In most states, whoever happens to be the landlord at the time a tenancy ends is legally responsible for complying with state laws requiring the return of security deposits. That means that you may need to hand over the deposits to the new owner. Read your state's statutes carefully as to how this transfer is handled, including any requirements that tenants be notified of the new owner's name, address, and phone number.

If you buy rental property, make sure you know the total dollar amount of security deposits. For a multiunit building, it could be tens of thousands of dollars.

Discrimination

A. Legal Reasons for Rejecting a Rental Applicant 96

    1. Poor Credit Record or Income 97

    2. Negative References From Previous Landlords 98

    3. Evictions and Civil Lawsuits Involving a Tenant 98

    4. Criminal Records 98

    5. Incomplete or Inaccurate Rental Application 99

    6. Inability to Meet Legal Terms of Lease or Rental Agreement 99

    7. Pets 99

B. Sources of Antidiscrimination Laws 99

    1. The Federal Fair Housing Acts 100

    2. State and Local Antidiscrimination Laws 102

C. Types of Illegal Discrimination 102

    1. Race or Religion 102

    2. National Origin 104

    3. Familial Status 105

    4. Disability 105

    5. Sex and Sexual Harassment 111

    6. Age 112

    7. Marital Status 113

    8. Sexual Orientation 114

    9. Source of Income 114

    10. Arbitrary Discrimination 114

D. Valid Occupancy Limits 116

    1. The Federal Occupancy Standard 117

    2. Common State and Local Occupancy Standards 118

    3. Legitimate Reasons for a More Restrictive Occupancy Policy 119

E. Managers and Discrimination 120

F. Unlawful Discrimination Complaints 121

    1. When a Tenant Complains to a Fair Housing Agency 121

    2. When a Tenant Sues in Federal or State Court 121

    3. Penalties for Discrimination 122

G. Insurance Coverage in Discrimination Claims 122

    1. Definition of "Bodily Injury" 123

    2. Definition of "Personal Injury" 123

    3. Definition of "Occurrence" 124

Not so long ago, a landlord could refuse to rent to an applicant, or could evict a tenant, for almost any reason—because of skin color or religion, or because the tenant had children or was elderly or disabled. Some landlords even discriminated against single women, believing that they would be incapable of paying the rent or would have too many overnight guests.

So that all Americans would have the right to live where they chose, Congress and state legislatures passed laws prohibiting housing discrimination. Most notable of these are the federal Fair Housing Acts, which outlaw discrimination based on race or color, national origin, religion, sex, familial status, or disability. Many states and cities have laws making it illegal to discriminate based on additional factors, such as marital status or sexual orientation. Courts play a role, too, by interpreting and applying antidiscrimination laws. It is safe to say that unless you have a legitimate business reason to reject a prospective tenant (for example, poor credit history), you risk a fair housing complaint and a potentially costly lawsuit.

While most modern landlords would never intentionally violate an antidiscrimination law, it's not always easy to determine what's legal or illegal, especially in the area of advertising, where well-meaning attempts to appeal to potential renters may have the unintended effect of alienating others, resulting in an unfair housing complaint. Also, your well-intentioned attempts to accommodate the needs or wishes of your tenants can sometimes, ironically, be used as the basis for an unfair housing complaint. (For example, a landlord who advertised the presence of a toddlers' wading pool, but who did not make it clear that children were also welcome at the full-sized pool, found himself fighting and eventually settling a complaint that he discriminated against families.)

The discussion in this chapter is intended not only to explain the law, but to steer you away from hidden discrimination traps. It explains:

- legal reasons to turn down prospective tenants, such as a bad credit history or too many people for the size of the rental unit (Sections A and D)
- protected categories (such as race and religion) identified by federal and state laws prohibiting housing discrimination (Sections B and C)

- precautions to ensure that managers don't violate housing discrimination laws (Section E)
- legal penalties for housing discrimination, including tenant lawsuits in state and federal courts (Section F), and
- whether your insurance policy is likely to cover the cost of defending a discrimination claim, and the cost of the judgment if you lose the case (Section G).

Chapter 1 also discusses how to avoid discrimination in advertising your property, accepting applications, and screening potential tenants.

A. Legal Reasons for Rejecting a Rental Applicant

The most important decision you make, save possibly for deciding whether to purchase rental property in the first place, is your choice of tenants. Chapter 1 recommends a system for carefully screening potential tenants in order to select people who will pay rent on time, maintain your property, and not cause you any problems. Here we focus more closely on making sure that your screening process does not precipitate a costly charge of discrimination.

Remember that only certain kinds of discrimination in rental housing are illegal, such as selecting tenants on the basis of religion or race. (See Section C, below.) You are legally free to choose among prospective tenants as long as your decisions are based on valid and objective business criteria, such as the applicant's ability to pay the rent and properly maintain the property. For example, you may legally refuse to rent to prospective tenants with bad credit histories, unsteady employment histories, or even low incomes that you reasonably regard as insufficient to pay the rent. Why? Because these criteria for tenant selection are reasonably related to your right to run your business in a competent, profitable manner (sometimes called your "legitimate business interests"). And if a person who fits one or more obvious "bad tenant risk" criteria happens to be a member of a minority group, you are still on safe legal ground as long as:

- You are consistent in your screening and treat all tenants more or less equally—for example, you always require a credit report for prospective tenants.
- You are not applying a generalization about people of a certain group to an individual.
- You can document your legal reasons for not renting to a prospective tenant.

But pay attention to the fact that judges, tenants' lawyers, and government agencies that administer and enforce fair housing laws know full well that some landlords try to make up and document legal reasons to discriminate, when the real reason is that they just don't like people with a particular racial, ethnic, or religious background. So, if you refuse to rent to a person who happens to be African-American, has children, or speaks only Spanish, be sure you document your legitimate business reason specific to that individual (such as insufficient income or a history of eviction for nonpayment of rent). Be prepared to show that your tenant advertising, screening, and selection processes have been based on objective criteria and that a more qualified applicant has always gotten the rental unit.

This section discusses some of the common legal reasons you may use to choose or reject applicants based on your business interests. A valid occupancy limitation (such as overcrowding) can also be a legal basis for a refusal, but since this issue is fairly complicated, we have devoted a separate section to the subject. (See Section D, below.)

 To protect yourself in advance, always note your reasons for rejecting a tenant on the application. A tenant you properly reject may nevertheless file a discrimination complaint with a fair housing agency. (See Section F, below, for details on the complaint procedure.) Recognizing this, you want to be able to prove that you had a valid business reason for refusing to rent to the particular person, such as negative references from a previous landlord. This means you need to routinely document your good reasons for rejecting all potential tenants before anyone files a discrimination claim. (We discuss how to document why you chose—or rejected—a particular tenant in Chapter 1.)

Objective Criteria— What Do They Look Like?

"Objective criteria" are tenancy requirements that are established before the applicant even walks in the door, and are unaffected by the personal value judgments of the person asking the question. For example, a requirement that an applicant must never have been evicted for nonpayment of rent is "objective," because it is a matter of history and can be satisfied by a clear "yes" or "no." "Subjective criteria," on the other hand, have no preestablished correct answers, and the results of the questions will vary depending on the person who poses the question—for example, a requirement that the applicant present "a good appearance" has no predetermined "right" answer and will be answered differently by each person who asks the question. Subjective criteria are always suspicious in a housing context because their very looseness allows them to mask deliberate illegal discrimination.

So much for theory. Here are a few examples of allowable, objective criteria for choosing tenants:

- no prior bankruptcies
- two positive references from previous landlords
- sufficient income to pay the rent—for example, an income that is at least three times the rent
- signed waiver allowing you to investigate applicant's credit history.

1. Poor Credit Record or Income

You can legitimately refuse to rent to a prospective tenant who has a history of nonpayment of rent or you reasonably believe would be unable to pay rent in the future.

Here's some advice on how to avoid charges of discrimination when choosing tenants on the basis of income or credit history.

Do a credit check on every prospective tenant, and base your selection on the results of that credit check. Accepting or rejecting tenants based on objective criteria tied to a credit report is the best way to protect yourself against an accusation that you're using a bad credit history as an excuse to illegally discriminate against certain prospective tenants. For example, if you establish rules saying you won't rent to someone with bad credit or who is evicted by a previous landlord for nonpayment of rent (information commonly found in credit reports), be sure you apply this policy to all tenants. Chapter 1 shows you how to check a prospective tenant's credit history and find out whether an applicant has ever been evicted, gone through bankruptcy, or been convicted of a crime.

Avoid rigid point systems that rank prospective tenants on the basis of financial stability and other factors. Some landlords evaluate prospective tenants by giving each one a certain number of points at the outset, with deductions for bad credit and negative references and additional points for extremely good ones. Points are also awarded based on length of employment and income. The person with the highest score gets the nod. Point systems give the illusion of objectivity, but because the weight you give each factor is, after all, subjective, they can still leave you open to charges of discrimination.

Don't discriminate against married or unmarried couples by counting only one spouse's or partner's income. Always consider the income of persons living together, married or unmarried, in order to avoid the accusation of marital status discrimination (discussed in Section C7, below) or sex discrimination (discussed in Section C5, below).

If your state prohibits discrimination based on personal characteristics or traits, don't give too much weight to years spent at the same job, which can arguably discriminate against certain occupations. For example, software designers and programmers commonly move from one employer to another.

2. Negative References From Previous Landlords

You can legally refuse to rent to someone based on what a previous landlord or manager has to say—for example, that the tenant was consistently late paying rent, broke the lease, or left the place a shambles. (Chapter 1 discusses how to check references with previous landlords and managers.)

3. Evictions and Civil Lawsuits Involving a Tenant

Credit reports typically indicate whether the applicant has been involved in civil lawsuits, such as an eviction or breach of contract suit. For many landlords, an eviction lawsuit is a red flag. Can you reject a tenant on this basis? It depends.

If a former landlord has filed—and won—an eviction lawsuit against the applicant, you have solid grounds to reject this person. Be careful, however, if the credit report indicates that the applicant, not the former landlord, won the eviction suit: A tenant who has been vindicated in a court of law has not done anything wrong, even though you may suspect that the person is a troublemaker who just got lucky. If you reject someone simply because an eviction lawsuit was filed against them, and if you live in a state that prohibits discrimination on the basis of someone's personal characteristic or trait, you are risking a charge that you are discriminating. In most situations, however, if the applicant is truly a poor prospect, the information you get from prior landlords and employers will confirm your suspicions, and you can reject the applicant on these more solid grounds (negative references).

The credit report may also indicate that the applicant is now, or has been, involved in another type of civil lawsuit—for example, a custody fight, a personal injury claim, or a dispute with an auto repair shop. If the legal matter has nothing to do with the applicant's rental history, ability to pay the rent, or satisfy your other tenancy requirements, you may be on shaky ground if you base a rejection solely on that basis.

4. Criminal Records

Understandably, many landlords wish to check an applicant's criminal history, and credit reports will often include this information. Can you reject an applicant because of a conviction for drunk driving, or murder or drug use? What if there was an arrest but no conviction?

Convictions. If an applicant has been convicted for criminal offenses, you are probably entitled to reject him on that basis. After all, a conviction indicates that the applicant was not, at least in that instance, a law-abiding individual, which is a legitimate criterion for prospective tenants or managers. For example, you may reject someone with convictions for crimes against children as discussed in Chapter 1, Section E6 (Megan's Law).

There is one exception, however, and this involves convictions for past drug use: As explained in Section C4, below, past drug addiction is considered a disability under the Fair Housing Amendments Act, and you may not refuse to rent to someone on that basis—even if the addiction resulted in a conviction. People with convictions for the sale or manufacture of drugs or current drug users are not, however, protected under federal law.

Arrests. A more difficult problem is posed by the person who has an arrest record but no conviction. Under our legal system, a person is presumed not guilty until the prosecution proves its case or the arrestee pleads guilty. So, is it illegal to deny housing to someone whose arrest did not result in a conviction? Because "arrestees" are not, unlike members of a race or religion, protected under federal or state law, you could probably reject an applicant with an arrest history without too much fear of legal consequences. But there is an easy way to avoid even the slightest risk: Chances are that a previously arrested applicant who is *truly* a bad risk will have plenty of other facts in his or her background (like poor credit or negative references) that will clearly justify your rejection. In short, if you do a thorough check on each applicant, you'll get enough information on which to base your decision.

5. Incomplete or Inaccurate Rental Application

A carefully designed rental application form is a key tool in choosing tenants, and we include a rental application in Chapter 1. This (or any other) application will do its job only if the applicant provides you with all the necessary information.

Obviously, if you can reject applicants on the basis of negative references or a bad credit history, you can reject them for failing to allow you to check their background, or if you catch them in a lie.

6. Inability to Meet Legal Terms of Lease or Rental Agreement

It goes without saying that you may legally refuse to rent to someone who can can't come up with the security deposit or meet some other valid condition of the tenancy, such as the length of the lease.

7. Pets

You can legally refuse to rent to people with pets, and you can restrict the types or size of pets you accept. You can also, strictly speaking, let some tenants keep a pet and say no to others—because pet owners, unlike members of a religion or race, are not as a group protected by antidiscrimination laws. However, from a practical point of view, an inconsistent pet policy is a bad idea, because it can only result in angry, resentful tenants. Also, if the pet owner you reject is someone in a protected category and you have let someone outside of that category rent with a pet, you are courting a discrimination lawsuit.

Keep in mind that you cannot refuse to rent to someone with an animal if that animal is a service animal—for example, a properly trained dog for a blind, deaf, or physically or mentally disabled person. (42 U.S. Code § 3604(f)(3)(B).) (Clause 14 of the form lease and rental agreements in Chapter 2 discusses pet policies and legal issues.)

B. Sources of Antidiscrimination Laws

This section reviews the sources of antidiscrimination laws: the federal Fair Housing Act of 1968 and the federal Fair Housing Amendments Act of 1988 (throughout this chapter, we refer to these laws as the federal Acts), and state and local antidiscrimination laws. Section C, which follows, discusses specific types of discrimination that will almost surely get you into trouble with a federal, state, or local housing agency.

1. The Federal Fair Housing Acts

The Fair Housing Act and Fair Housing Amendments Act (42 U.S. Code §§ 3601-3619, 3631), which are enforced by the U.S. Department of Housing and Urban Development (HUD), address many types of housing discrimination. They apply to all aspects of the landlord-tenant relationship throughout the U.S.

How Fair Housing Groups Uncover Discrimination

Landlords who turn away prospective tenants on the basis of race, ethnic background, or other group characteristics obviously never come out and admit what they're doing. Commonly, a landlord falsely tells a person who's a member of a racial minority that no rentals are available, or that the prospective tenant's income and credit history aren't good enough. From a legal point of view, this can be a dangerous—and potentially expensive—tactic. Here's why: Both HUD and private fair housing groups are adept at uncovering this discriminatory practice by having "testers" apply to landlords for vacant housing. Typically, a tester who is African-American or Hispanic will fill out a rental application, listing certain occupational, income, and credit information. Then, a white tester will apply for the same housing, listing information very similar to—or sometimes not as good as—that given by the minority applicant.

A landlord who offers to rent to a white tester, and rejects—without valid reason—a minority applicant who has the same (or better) qualifications, is very likely to be found to be guilty of discrimination. Such incidents have resulted in many hefty lawsuit settlements. Fortunately, it's possible to avoid the morass of legal liability for discrimination by adopting tenant screening policies that don't discriminate, and applying them evenhandedly.

---

a. Types of Discrimination Prohibited

The Fair Housing Act prohibits discrimination on the following grounds (called protected categories):

- Race or color or religion (Section C1)
- National origin (Section C2)
- Familial status—includes families with children under the age of 18 and pregnant women (Section C3) and elderly persons (Section C6)
- Disability or handicap (Section C4)
- Sex, including sexual harassment (Section C5).

Although the federal Acts use certain words to describe illegal discrimination (such as "national origin"), the Department of Housing and Urban Development and the courts are not limited to the precise language of the Acts. For instance, sexual harassment is a violation of law because it qualifies as discrimination on the basis of sex—even though the term "sexual harassment" is not used in the text of the law itself.

b. Aspects of Landlord-Tenant Relationship Covered

The federal Acts essentially prohibit landlords from taking any of the following actions based on race, color, religion, national origin, familial status, disability, or sex:

- advertising or making any statement that indicates a limitation or preference based on race, religion, or any other protected category
- falsely denying that a rental unit is available
- setting more restrictive standards for selecting tenants
- refusing to rent to members of certain groups
- before or during the tenancy, setting different terms, conditions, or privileges for rental of a dwelling unit, such as requiring larger deposits of some tenants, or adopting an inconsistent policy of responding to late rent payments
- during the tenancy, providing different housing services or facilities, such as making a community center or other common area available only to selected tenants, or
- terminating a tenancy for a discriminatory reason.

An individual who suspects discrimination may file a complaint with HUD or a state or local fair housing agency, or sue you in federal or state court. (See Section F, below.) Guests of tenants may also sue landlords for housing discrimination under the federal Acts, according to one federal trial court. (*Lane v. Cole*, 88 F.Supp. 2d 402, E.D. Pa., 2000.) Landlords may always, however, impose reasonable restrictions on guest stays as discussed in Chapter 8, Section D.

⚠ Failure to stop a tenant from making discriminatory or harassing comments to another tenant may also get you into legal trouble. If one tenant reports that another is making ethnic or racial slurs or threatening violence because of their race, religion, ethnicity, or other characteristic that is considered a protected category, act promptly. A simple oral warning may stop the problem, but if not, a warning letter may be in order. (See Chapter 16, Section B, for advice on writing warning letters.) Depending on the situation, an eviction for tenant violation of the lease clause on quiet enjoyment of the premises may be warranted. If violence is involved, you'll need to act quickly and call the police. As with all tenant complaints, keep good records of conversations to protect yourself from tenant complaints that you acted illegally by failing to stop discrimination or harassment or that an eviction was illegal. See Chapter 12, Section C, for advice on dealing with tenants' disruptive behavior.

c. Exempt Property

The following types of property are exempt from the federal Acts:

- owner-occupied buildings with four or fewer units
- single-family housing rented without the use of discriminatory advertising or without a real estate broker
- certain types of housing operated by religious organizations and private clubs that limit occupancy to their own members, and
- with respect to age discrimination only, housing geared toward seniors. See "Seniors' Housing," below.

Seniors' Housing

If you have a multifamily property and decide you'd like to rent exclusively to seniors, you can do so as long as you follow federal guidelines. You have two options:

- **Housing for tenants 55 and older.** 80% of your residents must be 55 or older. You must make it known to the public, through your advertising, that you offer senior housing, and must verify applicants' ages. Once you've reached the 80% mark, you can set any other age restriction as long as it does not violate any state or local bans on age discrimination. For example, you could require the remaining 20% of tenants to be over 18 years of age, as long as no state or local law forbids such a policy.
- **Housing for tenants 62 and older.** All of your residents must be 62 or older. This includes spouses and adult children, but excludes caregivers and on-site employees.

⚠ State and local laws may cover federally exempt units. Even though your property may be exempt under federal law, similar state or local anti-housing-discrimination laws may nevertheless cover

your rental units. For example, owner-occupied buildings with four or fewer units are exempt under federal law, but not under California law.

More Information From HUD and State Agencies

For more information about the Fair Housing Act, free copies of federal fair housing posters, and technical assistance on accessibility requirements, contact one of HUD's many local offices. You'll find a list of local offices on the HUD website at www.hud.gov/local/index.cfm. You can also call the agency's Housing Discrimination Hotline at 800-669-9777 (or 800-927-9275 TTY).

Your state consumer protection agency can provide more general information and referrals to state law. Many also publish free brochures on landlord-tenant law. For a list of state consumer protection agencies, go to the Consumer Action website maintained by the Federal Citizen Information Center at www.consumeraction.gov.

Display Fair Housing Posters in Rental Office

Federal regulations require you to put up special fair housing posters wherever you normally conduct housing-related business. You must display a HUD-approved poster saying that you rent apartments in accordance with federal fair housing law (24 Code of Federal Regulations (CFR) §§ 110 and following). Many state laws have similar requirements.

Hang the fair housing posters in a prominent spot in the office or area where you greet prospective tenants and take applications. If you have a model apartment, it's a smart idea to hang a poster there, too. To get free posters, available in English and Spanish, contact the U.S. Department of Housing and Urban Development.

---

2. State and Local Antidiscrimination Laws

Most state and local laws prohibiting housing discrimination echo federal antidiscrimination law in that they outlaw discrimination based on race or color, national origin, religion, familial status, disability, and sex. (If your state law doesn't track federal law group by group, it makes little difference—you're still bound by the more-inclusive federal law.) But state and local laws often go in the other direction—they may provide more detail and may also forbid some kinds of discrimination—such as discrimination based on marital status—that aren't covered by federal law. For example, in states that prohibit discrimination based on marital status, it would be illegal to refuse to rent to divorced people. And some cities have very specific rules. For example, New York City landlords may not reject prospective tenants because of their chosen occupation (as long as it's a lawful occupation), and may not discriminate against registered domestic partners (either same-sex or heterosexual).

For information on state and local housing discrimination laws, contact your state fair housing agency. You'll find a list of state and local agencies, with contact information, at www.fairhousing.org, a website maintained by the National Fair Housing Alliance.

C. Types of Illegal Discrimination

In the sections that follow, we'll look at each of the categories of illegal discrimination and explore their obvious and not-so-obvious meaning.

1. Race or Religion

Fortunately, the amount of overt racial and religious discrimination has lessened over the last several decades. This is not to say, however, that discrimination doesn't exist, especially in subtle forms. And, unfortunately, HUD may see "discrimination" where your intent was completely well intentioned. Below, we'll look at some of the common examples of both intentional (but subtle) discrimination and unintended discrimination.

a.   Intentional, Subtle Discrimination

It goes without saying that you should not overtly treat tenants differently because of their race or religion—for example, renting only to members of your own religion or race is obviously illegal. Deliberate discrimination should not be cavalierly dismissed, however, as a thing of the past practiced by insensitive oafs. Unexpected situations can test your willingness to comply with equal treatment laws and can reveal subtle forms of intentional discrimination that are just as illegal as blatant discrimination. Consider the following scenario.

> **EXAMPLE:** Several tenants in Creekside Apartments reserved the common room for a religious occasion. Creekside management learned that the tenants were members of a white supremacist religion that believes in the inferiority of all nonwhites and non-Christians. Creekside was appalled at the thought of these ideas being discussed on its premises, and denied the group the use of the common room. The tenants who were members of this group filed a discrimination complaint with HUD on the basis of freedom of religion. HUD supported the religious group and forced Creekside to make the common room available. Creekside wisely sent all tenants a memo stating that making the common room available reflects management's intent to comply with fair housing laws and not their endorsement of the principles urged by any group that uses the room.

As the above example illustrates, religions that are outside the mainstream are protected under the federal Acts.

⚠ Don't discriminate on the basis of how applicants sound over the phone. Academic studies have shown that people can often identify a person's ethnic background based on short phone conversations. Researchers have tested this theory on unsuspecting landlords, some of whom rejected large numbers of African-American applicants compared to equally qualified white callers. Fair housing advocacy groups, described in "How Fair Housing Groups Uncover Discrimination," above, can be expected to use this tactic as a way to build a case against landlords whom they suspect of regular, illegal discrimination.

b.   Unintended Discrimination

In Chapter 1, we discussed the unintended discriminatory messages that are conveyed when advertisements feature statements such as "safe Christian community" or "Sunday quiet times enforced." (Both ads may be understood as suggesting that only Christians are welcome as tenants.) The same considerations apply to your dealings with your tenants after they have moved in. Conscientious landlords should carefully review tenant rules, signs, newsletters, and all communications to make sure that they cannot be construed in any way to benefit, support, or discriminate against any racial or religious group. The examples and advice we give below may seem "politically correct" in the extreme, but take our word for it, they are based on actual fair housing complaints and deserve to be taken seriously.

- The apartment complex newsletter invites everyone to a "Christmas party" held by the management. Non-Christian tenants might feel that this event is not intended for them and therefore that they have been discriminated against. A better approach: Call it a "Holiday Party" and invite everyone.
- Management extends the use of the common room to tenants for "birthday parties, anniversaries, and Christmas and Easter parties." A better idea: Invite your tenants to use the common room for special celebrations, rather than list specific Christian holidays.
- In an effort to accommodate your Spanish-speaking tenants, you translate your move-in letter and house rules into Spanish. Regarding the use of alcohol in the common areas, the Spanish version begins, "Unlike Mexico, where drinking is practiced in public places, alcoholic beverages may not be consumed in common areas ...." Because to many people this phrase

implies an ethnic generalization, it may well become the basis for a fair housing complaint.

- The metropolitan area where you own residential rental property contains large numbers of both Spanish-speaking and Cantonese-speaking people. Advertising in only Spanish, or translating your lease into only Cantonese, will likely constitute a fair housing violation because it suggests that members of the other group are not welcome. Of course, if you advertise only in English, you are not violating fair housing laws.

2. National Origin

Like discrimination based on race or religion, discrimination based on national origin is illegal, whether it's practiced openly and deliberately or unintentionally.

Even if you are motivated by a valid business concern, but choose tenants in a way that singles out people of a particular nationality, it's still illegal. Say, for instance, that two Hispanic tenants recently skipped out on you, owing you unpaid rent. So you decide to make it a practice to conduct credit checks only on Hispanics. An Hispanic applicant may interpret your actions as sending a negative message to Hispanics in general: Hispanics are not welcome because you assume all of them skip out on debts. A fair housing agency or a court of law would probably agree that this sort of selective policy is illegal discrimination.

On the other hand, if you require all prospective tenants to consent to a credit check (as well as meeting other objective criteria as discussed in Section A, above), you will get the needed information, but in a nondiscriminatory way.

Discriminatory comments as well as policies can get you in trouble, too, as one New York owner learned the hard way. The landlord told a Honduran applicant that she couldn't rent an apartment because "Spanish people ... like to have loud music." The applicant sued the landlord for the discriminatory statement. A federal court ordered the landlord to pay $24,847 in damages: $7,000 to compensate her for her losses; $9,736 for attorneys' fees; $2,111 for court costs; and $6,000 to penalize the landlord for making the discriminatory comment. (*Gonzales v. Rakkas*, 1995 WL 451034 (E.D. N.Y., 1995).)

If you ask one person a question, ask everyone. It cannot be emphasized enough that questions on a prospective tenant's legal status must be put to all applicants, not just the ones whom you suspect are illegal, and not just the ones who are applying to live in one of your buildings in a certain part of town.

Discrimination on the Basis of Immigration Status

Until recently, it was not clear whether landlords could inquire as to their applicants' immigration status (and in New York City, landlords are prohibited from asking such questions). HUD has clarified this issue, at least with respect to federal law, pointing out that discrimination based solely on a person's immigration status is not illegal. Therefore, asking applicants to provide documentation of their citizenship or immigration status during the screening process does not violate the federal Fair Housing Act. ("Rights and Responsibilities of Landlords and Residents in Preventing Housing Discrimination Based on Race, Religion, or National Origin in the wake of the Events of September 11, 2001," posted on the HUD website at www.hud.gov. Use the site's advance search function and type the document title into the query box.) Chapter 1, Section D3, describes what type of information to request, using Form I-9 (Employment Eligibility Verification) of the U.S. Citizenship and Immigration Services (USCIS). This is the same immigration document that employers must use.

We suggest that, if you question applicants about their immigration status, be sure to demand proof from *all* applicants, not just those whom you suspect might come from countries that harbor terrorists. Otherwise, if you single out people of a particular race, religion, or nationality, you may find yourself facing a discrimination charge.

3. Familial Status

Discrimination on the basis of familial status includes not only openly refusing to rent to families with children or to pregnant women, but also trying to accomplish the same goal by setting overly restrictive space requirements (limiting the maximum number of people permitted to occupy a rental unit), thereby preventing families with children from occupying smaller units.

Section D, below, discusses how to establish reasonable occupancy standards. The fact that you can legally adopt occupancy standards, however, doesn't mean you can use "overcrowding" as a euphemism for refusing to rent to tenants with children, if you would rent to the same number of adults. A few landlords have adopted criteria that for all practical purposes forbid children under the guise of preventing overcrowding—for example, allowing only one person per bedroom, with a couple counting as one person. Under these criteria, a landlord would rent a two-bedroom unit to a husband and wife and their one child, but would not rent the same unit to a mother with two children. This practice, which has the effect of keeping all (or most) children out of a landlord's property, would surely be found illegal in court and would result in monetary penalties.

It would also be illegal to allow children to occupy ground floor units only, or to designate certain apartments or buildings within an apartment community as "family" units.

It is essential to maintain a consistent occupancy policy. If you allow three adults to live in a two-bedroom apartment, you had better let a couple with a child (or a single mother with two children) live in the same type of unit, or you leave yourself open to charges that you are illegally discriminating.

EXAMPLE: Jackson owned and managed two identical one-bedroom units in a duplex, one of which he rented out to three flight attendants who were rarely there at the same time. When the other unit became vacant, Jackson advertised it as a one-bedroom, two-person apartment. Harry and Sue Jones and their teenage daughter were turned away because they exceeded Jackson's occupancy limit of two people. The Jones family, learning that the companion unit was rented to three people, filed a complaint with HUD, whose investigator questioned Jackson regarding the inconsistency of his occupancy policy. Jackson was convinced that he was in the wrong, and agreed to rent to the Jones family and to compensate them for the humiliation they had suffered as a result of being refused.

Finally, do not inquire as to the age and sex of any children who will be sharing the same bedroom. This is their parents' business, not yours.

4. Disability

The Fair Housing Amendments Act prohibits discrimination against people who:

- have a physical or mental disability that substantially limits one or more major life activities—including, but not limited to, hearing, mobility and visual impairments, chronic alcoholism (but only if it is being addressed through a recovery program), mental illness, HIV positive, AIDS, AIDS-Related Complex, and mental retardation
- have a history or record of such a disability, or
- are regarded by others as though they have such a disability.

The law also protects those who are "associated with" someone who is disabled, such as a family member, cotenant, or caregiver who lives with the tenant or makes house visits.

You may be shocked to see what is—and what is not—considered a disability. Although it may seem odd, alcoholism is classed as a protected disability. Does this mean that you must rent to a drunk? What about past, and current, drug addiction? Let's look at each of these issues.

a. Recovering Alcoholics

You may encounter an applicant, let's call him Ted, who passes all your criteria for selecting tenants but whose personal history includes a disquieting note: Employers and past landlords let you know that Ted has a serious drinking problem that he is dealing with by attending AA meetings. As far as you can tell, Ted has not lost a job or a place to live due to his drinking problem. Can you refuse to rent to Ted for fear that he will drink away the rent, exhibit loud or inappropriate behavior, or damage your property? No, you cannot, unless you can point to specific acts of misbehavior or financial shakiness that would sink any applicant, regardless of the underlying cause. Your fear alone that this might happen (however well-founded) will not legally support your refusal to rent to Ted.

In a nutshell, you may not refuse to rent to what HUD calls a "recovering alcoholic" simply because of his status as an alcoholic—you must be able to point to specific facts other than his status as an alcoholic in recovery that render him unfit as a tenant.

EXAMPLE: Patsy applied for an apartment one morning and spoke with Carol, the manager. Patsy said she would have to return that afternoon to complete the application form because she was due at her regular Alcoholics Anonymous meeting. Carol decided on the spot that she did not want Patsy for a tenant, and she told Patsy that the unit "had just been rented," which was a lie. (Patsy continued to see the newspaper ad for the unit.) Patsy filed a complaint with HUD, alleging that she was an alcoholic who had been discriminated against. Because Carol could not point to any reason for turning Patsy away other than her assumption that Patsy, as a recovering alcoholic, would be a bad tenant, the judge awarded Patsy several thousand dollars in damages.

Unfortunately, HUD has not been very helpful in explaining what steps an alcoholic must take in order to quality as "recovering." Regular attendance at AA meetings and counseling probably qualify, but an alcoholic who is less conscientious may not make the grade. In any event, you as the landlord are hardly in a position to investigate and verify an applicant's personal habits and medical history. So how can you choose tenants without risking a violation of law?

The answer lies in putting your energies into thorough reference checking that will yield information that can unquestionably support a rejection at the rental office. If the applicant, recovering or not, is truly a bad risk, you'll discover facts (like job firings, bad credit, or past rental property damage) independent of the thorny problem of whether the person has entered the "recovery" stage of his alcoholism. And if you have a current tenant whom you suspect of alcoholism, use the same approach —focus on his behavior as a tenant, regardless of his status as an alcoholic. If the tenant damages your property or interferes with your other tenants' ability to quietly enjoy their property, he is a candidate for eviction regardless of whether he is in or out of recovery, just as would be any tenant who exhibited this behavior. Consider the following scenario, which is what Carol should have done.

EXAMPLE: Same facts as above, except that Carol went ahead and took an application from Patsy later that day and checked her references. Patsy's former landlord told Carol that Patsy had refused to pay for damage from a fire she had negligently caused; Patsy's employment history showed a pattern of short-lived jobs and decreasing wages. Carol noted this information on Patsy's application form and, as she would have done for any applicant with a similar background, Carol rejected Patsy. Patsy filed a complaint with HUD, again claiming discrimination on the basis of her alcoholism. When the HUD investigator asked to see Patsy's application and questioned Carol about her application criteria for all applicants, he concluded that the rejection had been based on legally sound business reasons and was not, therefore, a fair housing violation.

b. Drug Users

Under the Fair Housing Amendments Act, a person who has a past drug addiction is classed as someone who has a record of a disability and, as such, is protected under the fair housing law. You may not refuse to rent to someone solely because he is an ex-addict, even if that person has felony convictions for drug use. Put another way, your fear that the person will resume his illegal drug use is not sufficient grounds to reject the applicant. If you do a thorough background check, however, and discover a rental or employment history that would defeat any applicant, you may reject the person as long as it is clear that the rejection is based on these legal reasons.

On the other hand, someone who currently and illegally uses drugs is breaking the law, and you may certainly refuse to rent to him—particularly if you suspect the person is dealing drugs. (See Chapter 12 for a discussion of legal problems you face by allowing current drug dealers to live in your property.) Also, if the applicant has felony convictions for dealing or manufacturing illegal drugs, as distinct from convictions for possession of drugs for personal use, you may use that history as a basis of refusal.

c. Mental or Emotional Impairments

Like alcoholics or past drug users, applicants and tenants who had, or have (or appear to have) mental or emotional impairments must be evaluated and treated by the landlord and manager on the basis of their financial stability and histories as tenants, not on the basis of their mental health status. Unless you can point to specific instances of past behavior that would make a prospective tenant dangerous to others, such as assaults on tenants or destruction of property, or you have other valid business criteria for rejecting the person, a refusal to rent or a special requirement such as cosigner on the lease could result in a fair housing complaint.

d. No "Approved List" of Disabilities

The physical and mental disabilities that are covered by the Fair Housing Acts range from the obvious (wheelchair use and sensory disabilities) to those that may not be so apparent. The law reaches to past drug users and to those who are HIV positive. (*Bragdon v. Abbott*, 118 U.S. 2196 (1998).)

The list of groups protected by the law is not, however, set in stone. What may seem to you like an individual's hypochondria or personal quirk may become a legally accepted disability if tested in court. For example, tenants with hypertension (which may lead to more serious medical problems) have been known to ask for protection under the fair housing laws, as have tenants suffering from "building material sensitivity" (sensitivities to vapors emitted from paint, upholstery, and rugs). Similarly, tenants who have a sensitivity or problem that is widespread throughout the population, such as asthma or allergies, may also win coverage under the fair housing laws. Contact your local HUD office to find out whether the courts have extended fair housing protections in these situations.

e. Questions and Actions That May Be Considered to Discriminate Against the Disabled

You may not ask an applicant or tenant if she has a disability or illness, and may not ask to see medical records, inquire about the type of medication the person takes, or ask about their ability to live independently. If it is obvious that someone is disabled—for example, the person is in a wheelchair or wears a hearing aid—it is illegal to inquire how severely he is disabled. Subsection h, below, gives you details on how to verify a claimed disability.

Unfortunately, even the most innocuous, well-meaning question or remark can get you into trouble, especially if you decide not to rent to the person. What you might consider polite conversation may be taken as a probing question designed to discourage an applicant.

> **EXAMPLE:** Sam, a Vietnam veteran, was the owner of Belleview Apartments. Jim, who appeared to be the same age as Sam and who used a wheelchair, applied for an apartment. Thinking that Jim might have been injured in the Vietnam War, Sam questioned Jim about the circumstances of his disability, intending only to pass the time and put Jim at ease. When Jim was not offered the apartment—he did not meet the financial criteria that Sam applied to all applicants—he filed a complaint with HUD, alleging discrimination based on his disability. Sam was unable to convince the HUD investi-

gator that his questions were not intended to be discriminatory, and, on the advice of his attorney, Sam settled the case for several thousand dollars.

Your well-intentioned actions, as well as your words, can become the basis of a fair housing complaint. You are not allowed to "steer" applicants to units that you, however innocently, think would be more appropriate. For example, if you have two units for rent—one on the ground floor and one three stories up—do not fail to show both units to the applicant who is movement-impaired, however reasonable you think it would be for the person to consider only the ground floor unit.

f.   The Rights of Disabled Tenants to Enter and Live in an Accessible Place

Your legal obligations toward disabled applicants and tenants extend beyond the questions you may ask or conversations you may have. The physical layout of your leasing office and other areas open to the public (where applicants will go to inquire about vacancies, for example) must be wheelchair-accessible.

You must also concern yourself with the fair housing laws after you have rented a home to a disabled person. The Fair Housing Amendments Act requires that landlords:

- **accommodate** the needs of disabled tenants, at the landlord's own expense (42 U.S. Code § 3604(f)(3)(B)), and
- allow disabled tenants to make reasonable **modifications** of their living unit or common areas at their expense if that is what is needed for the person to comfortably and safely live in the unit. (42 U.S. Code § 3604(f)(3)(A).)

We'll look briefly at each of these requirements.

Accommodations. You are expected to adjust your rules, procedures, or services in order to give a person with a disability an equal opportunity to use and enjoy a dwelling unit or a common space. Accommodations include such things as:

- Parking—if you provide parking in the first place, providing a close-in, spacious parking space for a wheelchair-bound tenant

- Service or companion animals—allowing a guide dog, hearing dog, or service dog in a residence that otherwise disallows pets
- Rent payment—allowing a special rent payment plan for a tenant whose finances are managed by someone else or by a government agency
- Reading problems—arranging to read all communications from management to a blind tenant, and
- Phobias—for example, providing a tub and clothesline for a mentally ill tenant whose anxiety about machines makes her unable to use the washer and dryer.

Does your duty to accommodate disabled tenants mean that you must bend every rule and change every procedure at the tenant's request? Generally speaking, the answer is no. You are expected to accommodate "reasonable" requests, but need not undertake changes that would seriously impair your ability to run your business. For example, if a wheelchair-bound applicant prefers the third-story apartment in a walk-up building constructed in 1926 to the one on the ground floor, you do not have to rip the building apart to install an elevator.

Do You Need to Accommodate Disabled Tenants Who Are Dangerous?

You do not have to accommodate a disabled tenant who poses a direct threat to others' safety, or who is likely to commit serious property damage. You must rely on objective evidence, such as current conduct or a recent history of disruptive behavior, before concluding that someone poses a threat. In particular, consider:

- the nature, severity, and duration of the risk of injury. For example, someone whose behavior is merely annoying is not as worrisome as someone who is prone to physical confrontations.
- the probability that injury will actually occur. Here, you must take into account to what extent the person is likely to follow through with worrisome acts, and
- whether there are any reasonable accommodations that will eliminate the direct threat. For example, if you can diffuse a situation by changing a rule or procedure, you may need to.

Applying the three criteria mentioned above can be challenging. For example, suppose residents tell you about a tenant who has threatened them with a baseball bat on several occasions. In keeping with your policy to enforce your "no threats" policy, you terminate the tenant's lease. The tenant's lawyer contacts you and suggests that as soon as his client resumes appropriate medication, the behavior will stop. Must you give this a try?

The answer is yes, though you can ask for satisfactory assurance that the tenant will receive appropriate counseling and periodic medication monitoring so that he will no longer pose a direct threat. To be sure, receiving such assurances, such as periodic letters from counselors or therapists, puts you uncomfortably in the thick of your tenant's personal problems, but there is no other way to meet your obligations to other tenants (to maintain a safe environment). You'd be on solid ground to continue with the termination if the tenant refused to work with you in this way.

Modifications. Where your duty to accommodate the needs of disabled tenants ends, your obligation to allow the tenant to modify living space may begin. A disabled person has the right to modify his living space to the extent necessary to make it safe and comfortable, as long as the modifications will not make the unit unacceptable to the next tenant, or the disabled tenant agrees to undo the modification when he leaves. Examples of modifications undertaken by a disabled tenant include:

- lowering countertops for a wheelchair-bound tenant
- installing special faucets or door handles for persons with limited hand use
- modifying kitchen appliances to accommodate a blind tenant, and
- installing a ramp to allow a wheelchair-bound tenant to negotiate two steps up to a raised lobby or corridor.

You are not obliged to allow a disabled tenant to modify his unit at will, without prior approval. You are entitled to ask for a reasonable description of the proposed modifications, proof that they will be done in a workmanlike manner, and evidence that the tenant is obtaining any necessary building permits. Moreover, if a tenant proposes to modify the unit in such a way that will require restoration when the tenant leaves (such as the repositioning of lowered kitchen counters), you may require that the tenant pay into an interest-bearing escrow account the amount estimated for the restoration. (The interest belongs to the tenant.) Finally, if your building opened for occupancy on or after March 13, 1991, and the modification should have been made to comply with HUD's accessibility requirements (see "New Buildings and the Disabled," below), you must pay for the requested modification.

New Buildings and the Disabled

The Fair Housing Amendments Act (42 U.S. Code §§ 3604(f)(3)(C) and 3604(f)(7)) imposes requirements on new buildings of four or more units that were first occupied after March 13, 1991. All ground floor units and every unit in an elevator building must be designed or constructed so that:

- the main building is accessible and on an accessible route
- the "primary entrance" of each rental unit is accessible
- any stair landing shared by more than one rental unit is handicapped accessible (*U.S. v. Edward Rose & Sons*, 384 F.3d 258 (6th Cir. 2004))
- the public and common areas are "readily accessible to and usable by" the disabled, including parking areas (a good rule of thumb is to reserve 2% of the spaces)
- entryway doorways have 36" of free space *plus* shoulder and elbow room; and interior doorways are at least 32" wide
- interior living spaces have wheelchair-accessible routes throughout, with changes in floor height of no more than 1/4"
- light switches, outlets, thermostats, and other environmental controls are within the legal "reach range" (15" to 48" from the ground)
- bathroom walls are sufficiently reinforced to allow the safe installation of "grab bars," and
- kitchens and bathrooms are large enough to allow a wheelchair to maneuver within the room (40" turning radius minimum) and have sinks and appliances positioned to allow side or front use.

⚠️ **Don't insist that tenants or applicants make written requests or use a specific form when asking for modifications or accommodations.** Your duty to evaluate any request begins when you learn of it, even if it's oral or communicated through a third party, such as an applicant's friend or family member.

g. Verification of Disabled Status

When a tenant or applicant asks for a modification or accommodation, it may be obvious that the person falls within the legal definition of a disabled person, and that the request addresses that disability. In those cases—think of a blind applicant who asks to keep a seeing eye dog—it would be pointless for you to demand proof that the person is disabled and needs the accommodation. (Indeed, doing so might result in a harassment lawsuit.) However, many times the claimed disability, and the appropriateness of the request, are not so clear. You're entitled to ask for verification, but you must do so carefully.

For years, landlords asked for a doctor's letter. Now, according to a HUD and Department of Justice guidance memo, you must be willing to listen to less formal sources. (*Reasonable Accommodations Under the Fair Housing Act*, Joint Statement of the Department of Housing and Urban Development and the Department of Justice, May 17, 2004.) Sources of reliable information include:

- **The individual himself.** A person can prove that he is disabled (and that a modification or accommodation addresses that disability) by giving you a "credible statement." Unfortunately, the guidance memo does not define this term.
- **Documents.** A person who is under 65 years of age and receives Supplemental Security Income or Social Security Disability Insurance benefits is legally disabled. Someone could establish disability by showing you relevant identification cards. Likewise, license plates showing the universal accessibility logo, or a driver's license reflecting the existence of a disability, are sufficient proof.
- **Doctors or other medical professionals, peer support groups, nonmedical service agencies.**

Information from these sources might come through letters, phone calls, or personal visits.

- **Reliable third parties.** This wide-open source of information could include friends, associates, and roommates, though some fair housing experts interpret this phrase as meaning any "third party professional who is familiar with the disability." We don't know whether this definition will become the standard used by courts.

How to Respond to Unreasonable Requests for Accommodations or Modifications

The law requires you to agree to "reasonable" requests for accommodations or modifications. You don't have to go along with unreasonable ones, but you can't simply say "No" and shut the door. You must engage in what HUD calls an "interactive process" with the disabled person. In essence, this means you have to get together and try to reach an acceptable compromise. For example, suppose you require tenants to pay rent in person at the manager's office. A disabled tenant asks that the manager collect the rent at her apartment. Since this would leave the office unstaffed, you suggest instead that the tenant mail the rent check. This is a reasonable compromise.

---

5. Sex and Sexual Harassment

You may not refuse to rent to a person on the basis of gender—for example, you cannot refuse to rent to a single woman solely because she is female. Neither may you impose special rules on someone because of their gender—for example, limiting upper-story apartments to single females.

Illegal sex discrimination also includes sexual harassment—refusing to rent to a person who resists your sexual advances, or making life difficult for a tenant who has resisted such advances.

What is sexual harassment in a rental housing context? Courts have defined it as:

- a pattern of persistent, unwanted attention of a sexual nature, including the making of sexual remarks and physical advances, or a single instance of highly egregious behavior. A manager's persistent requests for social contact, or constant remarks concerning a tenant's appearance or behavior, could constitute sexual harassment, as could a single extraordinarily offensive remark, or
- a situation in which a tenant's rights are conditioned upon the acceptance of the owner's or manager's attentions. For example, a manager who refuses to fix the plumbing until the tenant agrees to a date is guilty of sexual harassment. This type of harassment may be established on the basis of only one incident.

EXAMPLE: Oscar, the resident manager of Northside Apartments, was attracted to Martha, his tenant, and asked her repeatedly for a date. Martha always turned Oscar down and asked that he leave her alone. Oscar didn't back off, and began hanging around the pool whenever Martha used it. Oscar watched Martha intently and made suggestive remarks about her to the other tenants. Martha stopped using the pool and filed a sexual harassment complaint with HUD, claiming that Oscar's unwanted attentions made it impossible for her to use and enjoy the pool and even to comfortably live at Northside. Oscar refused to consider a settlement when the HUD investigator spoke to him and Martha about his actions. As a result, HUD pursued the case in court, where a federal judge ordered Oscar to leave Martha alone and awarded several thousand dollars in damages to Martha.

 Sexual harassment awards under the Civil Rights Act have no limits. Owners and managers who engage in sexual harassment risk being found liable under either the Fair Housing Act or Title VII of the 1964 Civil Rights Act, which also prohibits sexual discrimination. The Fair Housing Act limits the dollar amount of damages that can be levied against the defendant (see Section F, below), but there are no limits to the amount of punitive damages that can be awarded in Title VII actions. Punitive damages are generally not covered by insurance, and it is far from clear whether even actual damages in a discrimination case (that is, nonpunitive damages such as pain and suffering) will be covered, either. See Section G, below, for a discussion of insurance coverage in discrimination cases.

6. Age

The federal fair housing law does not expressly use the word "age," but, nevertheless, discrimination on the basis of age is definitely included within the ban against discrimination on the basis of familial status. Many states and localities, however, have laws that directly address the issue of age.

We are reminded often that ours is an aging society. With the increase in the number of older adults comes the need for appropriate housing. Some older tenants may not, however, be able to live completely independently—for example, they may rely on the regular assistance of a nearby adult child or friend. Can you, as the landlord, refuse to rent to an older person solely because you fear that her frailty or dimming memory will pose a threat to the health or safety of the rest of your tenants? Or, can you favor younger tenants over equally qualified elderly tenants because you would like your property to have a youthful appearance?

The answer to these questions is no. You may feel that your worry about elderly tenants is well-founded, but unless you can point to an actual incident or to facts that will substantiate your concern, you cannot reject an elderly applicant on the basis of your fears alone. For example, you could turn away an older applicant if you learned from a prior landlord or employer that the person regularly forgot to lock the doors, failed to manage his income so that he was often late in paying rent, or demonstrated an inability to undertake basic housekeeping chores. In other words, if the applicant has demonstrated that he or she is unable to live alone, your regular and thorough background check should supply you with those facts, which are

legally defensible reasons to refuse to rent. As for your stylistic preference for youthful tenants, this is age discrimination in its purest form, and it will never survive a fair housing complaint.

> **EXAMPLE:** Nora's 80-year-old mother Ethel decided that it was time to find a smaller place and move closer to her daughter. Ethel sold her home and applied for a one-bedroom apartment at Coral Shores. Ethel had impeccable references from neighbors and employers and an outstanding credit history. Nonetheless, Mike, the manager of Coral Shores, was concerned about Ethel's age. Fearful that Ethel might forget to turn off the stove, lose her key, or do any number of other dangerous things, Mike decided on the spot not to rent to her. Ethel filed a fair housing complaint, which she won on the basis of age discrimination.

Learning from his experience with Ethel, Mike, the manager at Coral Shores, became more conscientious in screening tenants. The following example shows how he avoided another lawsuit on age discrimination.

> **EXAMPLE:** William was an elderly gentleman who decided to sell the family home and rent an apartment after his wife passed away. He applied for an apartment at Coral Shores. Since William had no "prior rental history," Mike, the manager, drove to William's old neighborhood and spoke with several of his former neighbors. Mike also called William's personal references. From these sources, Mike learned that William had been unable to take care of himself the last few years, having been completely dependent on his wife. Mike also learned that, since his wife's death, William had made several desperate calls to neighbors and family when he had been unable to extinguish a negligently started kitchen fire, find his keys, and maintain basic levels of cleanliness in his house. Mike noted these findings on William's application and declined to rent to him on the basis of these specific facts.

The issue of age discrimination may also arise during a well-established tenancy. You may have a tenant who has lived alone competently for years but who, with advancing age, appears to be gradually losing the ability to live safely by himself. Determining the point when the tenant should no longer live alone is a judgment call that will vary with every situation, and we cannot provide a checklist of "failings" that will suffice for everyone. There is, however, one universal ground rule that will, by now, sound pretty familiar: You cannot take action merely on the basis of the person's age or because you fear what that person might do. You must be able to point to real, serious violations of the criteria that apply to all tenants before you can evict or take action against an elderly tenant.

⚠️ **Elderly tenants may also qualify as disabled tenants, who are entitled to accommodation under the law.** An elderly tenant who, because of her age, cannot meet one of your policies may be entitled to special treatment because she also qualifies as a disabled person. (See the discussion of discrimination on the basis of disability in Section C4, above.) In other words, you may not be able to use an elderly tenant's inability to abide by one of the terms of the tenancy as the basis of an eviction—instead, you may be expected to adjust your policy in order to accommodate her disability. For example, an elderly tenant who is chronically late with the rent because of her sporadic disorientation might be entitled to a grace period, or a friendly reminder when the rent is due; whereas a non-disabled tenant who is chronically late with the rent is not entitled to such special treatment. And if an elderly tenant can't negotiate the stairs, the legal solution is a ramp (assuming the cost is not unreasonable), not an eviction notice.

Renting to Minors

You may wonder whether the prohibition against age discrimination applies to minors (in most states, people under age 18). A minor applicant who is legally "emancipated"—is legally married, or has a court order of emancipation or is in the military—has the same status as an adult. This means you will need to treat the applicant like any other adult. In short, if the applicant satisfies the rental criteria that you apply to everyone, a refusal to rent to a minor could form the basis of a fair housing complaint. On the other hand, if the applicant is not emancipated, she lacks the legal capacity to enter into a legally binding rental agreement with you.

7. Marital Status

Federal law does not prohibit discrimination on the basis of marital status (oddly, being married isn't included within the federal concept of "familial status"). Consequently, in most states you may legally refuse to rent to applicants on the grounds that they are (or are not) married. The issue comes up when a landlord chooses a married couple over a single applicant, or when an unmarried couple applies for a rental (or a current tenant wants to move in a special friend).

Some states have addressed these situations. About 20 states ban discrimination on the basis of marital status, but most of these extend protection to married couples only. In these states, landlords cannot legally prefer single, platonic roommates (or one-person tenancies) over married couples. What about the reverse—preferring married couples over single roommates or a single tenant? Courts in Maryland, Minnesota, New York, and Wisconsin have ruled that the term "marital status" only protects married people from being treated differently from single people, not vice versa.

Now then, what about the remaining possibility—an unmarried couple? In only a few states—Alaska, California, Massachusetts, and New Jersey—does the term "marital status" include unmarried couples. If you own rental property in these four states, can you reject unmarried couples solely because they aren't married? It depends on your reasons. If you refuse to rent to unmarried couples on the grounds that cohabitation violates your religious beliefs and you live in California, Massachusetts, Michigan, or New Jersey, the answer is no.

 Unmarried tenants may be protected by a city or county ordinance prohibiting discrimination on the basis of sexual orientation. Although usually passed to protect the housing rights of gay and lesbian tenants, most local laws forbidding discrimination based on sexual orientation also protect unmarried heterosexual couples as well. In addition, unmarried people may be able to challenge a landlord's refusal to rent to them on the basis of sex discrimination, which is covered by the federal Acts.

8. Sexual Orientation

Federal law doesn't specifically prohibit housing discrimination based on sexual orientation, but several states have such laws, including California, Connecticut, the District of Columbia, Hawaii, Maryland, Massachusetts, Minnesota, New Hampshire, New Jersey, New Mexico, New York, Rhode Island, Vermont, and Wisconsin. (California, Connecticut, Minnesota, New Mexico, and Rhode Island also protect transgendered persons, as does New York City.) In addition, many cities prohibit discrimination against gays and lesbians, including Atlanta, Chicago, Detroit, Miami, New York, Pittsburgh, St. Louis, and Seattle. For more information, contact Lambda Legal at 212-809-8585 or check out its website at www.lambda.legal.org.

9. Source of Income

In a several states, including California, Connecticut, the District of Columbia, Maine, Maryland, Massachusetts, Minnesota, New Jersey, North Dakota, Oklahoma, Oregon, Utah, Vermont, and Wisconsin, you may not refuse to rent to a person simply because he is receiving public assistance. (Many localities in other states have similar laws.) You may, however, refuse to rent to persons whose available incomes fall below a certain level, as long as you apply that standard across the board. (See Section A1, above, for advice on choosing tenants on the basis of income.)

Understand that the prohibition against discriminating on the basis of source of income does not necessarily mean that you must participate in the Section 8 program. In the states that ban discrimination based on the source of income, tenants' lawyers have argued that the ban supports their theory that landlords should not be free to decline to participate in government-subsidized programs; but these cases have not been universally successful. As noted in "Section 8 and Low-Income Housing Programs," below, if you don't want to participate in a Section 8 program, seek legal counsel.

10. Arbitrary Discrimination

After reading the above material outlining the types of illegal discrimination, you may be tempted to assume that it is legal to discriminate for any reason not mentioned by name in a state or federal law. For example, because none of the civil rights laws specifically prohibit discrimination against men with beards or long hair, you might conclude that such discrimination is permissible. This is not always true.

For example, even though California's Unruh Civil Rights Act (Cal. Civ. Code §§ 51-53, 54.1-54.8) contains only the words "sex, race, color, religion, ancestry, or national origin" to describe types of discrimination that are illegal, the courts have ruled that these categories are just examples of illegal discrimination. The courts in California have construed the Unruh Act to forbid all discrimination on the basis of one's personal characteristic or trait.

Even if you live in a state that does not specifically outlaw arbitrary discrimination, there is a very strong practical reason why you should not engage in arbitrary discrimination—for example, based an obesity, occupation, or style of dress. Because fair housing law includes numerous protected categories —race, sex, religion, and so on—chances are that a disappointed applicant can fit himself or herself into at least one of the protected categories and

Section 8 and Low-Income Housing Programs

Many tenants with low incomes qualify for federally subsidized housing assistance, the most common being the tenant-based Section 8 program of the federal Department of Housing and Urban Development (HUD). ("Section 8" refers to Section 8 of the United States Housing Act of 1937, 42 U.S. Code § 1437f.) That program pays part of the rent directly to you. The local public housing agency, you, and the tenant enter into a one-year agreement, which includes a written lease addendum supplied by the local public housing agency. The tenant pays a percentage of his monthly income to you, and the housing agency pays you the difference between the tenant's contribution and what it determines is the market rent each month.

The Pros and Cons of Section 8 Participation

Section 8 is a mixed bag for landlords. It offers several advantages:

- The housing agency pays the larger part of the rent on time every month, and the tenant's portion is low enough that he shouldn't have too much trouble paying on time, either.
- If the tenant doesn't pay the rent and you have to evict him, the housing agency guarantees the tenant's unpaid portion, and also guarantees payment for damage to the property by the tenant, up to a certain limit.
- You'll have a full house if your neighborhood or area is populated by low-income tenants.

Section 8's disadvantages are legion, however. They include:

- The housing agency's determination of what is market rent is often low, and the program caps the security deposit (which may be lower than your state's maximum).
- You are locked into a tenancy agreement for one year, and can't terminate the tenancy except for nonpayment of rent or other serious breach of the lease. (Evictions based on grounds other than nonpayment of rent or other serious breaches are difficult.)
- When HUD experiences a budget crunch, it cuts the public housing agencies' budgets. As a result, the housing agencies are likely to lower the landlords' allotments. Though this practice is legally iffy, it's done anyway.
- New Section 8 landlords must often wait up to a month or longer for a qualifying, mandatory inspection—during which they see no rent. These inspections often reveal picky, minor violations that state inspectors wouldn't cite for.

Call your local public housing agency if you wish to participate in the Section 8 program. They will refer eligible applicants to you, arrange for an inspection, and prepare the necessary documents (including the lease addendum) if you decide to rent to an eligible applicant. Be sure to get a copy from HUD of the Section 8 rules and procedures that all participating landlords must use. Often, they vary significantly from your state or local law.

Must Landlords Participate in Section 8?

Landlords have traditionally been able to choose not to participate in the Section 8 program without fear of violating the federal fair housing laws. However, as the federal government's ability to provide sufficient low-income housing diminishes, some legislators and courts are looking to the private sector to fill the void—and one way to do this is to require landlords to accept Section 8. In New Jersey, if an existing tenant becomes eligible for Section 8 assistance, you may not refuse to accept the vouchers—you must participate in the program as to this tenant, at least. (*Franklin Tower One v. N.M.*, 157 N.J. 602; 725 A.2d 1104 (1999).) In Connecticut, landlords may not refuse to rent to existing or new tenants who will be paying with Section 8 vouchers. (*Commission on Human Rights and Opportunities v. Sullivan Associates*, 250 Conn. 763; 739 A.2d 238 (1999).) Similar directives are appearing in many other states and even in cities whose state laws don't require participation.

If you do not participate in the Section 8 program and don't wish to do so, and live anywhere except New Jersey and Connecticut, be prepared to get some legal advice if you're asked by current tenants to accept their newly acquired Section 8 vouchers, or if applicants make the same request.

file a discrimination claim. Even if the applicant does not ultimately win his or her claim, the time, aggravation, and expense caused by his attempt will be costly to the landlord.

EXAMPLE: Jane, a lawyer, applied for an apartment and returned her application to Lee, the landlord. Lee had spent the better part of the last year fighting a frivolous lawsuit brought by a former tenant (who was also a lawyer), and the thought of renting to another lawyer was more than Lee could bear. Jane's credit, rental, and personal references were excellent, but she was turned away.

One of Lee's tenants told Jane that Lee had refused her solely because she was a lawyer. This made Jane angry, and she decided to get even. Although her state did not have a law prohibiting arbitrary discrimination, that didn't stop Jane. She filed a fair housing complaint alleging that she had been turned away because she was single, female, and Jewish. The complaint was ultimately dismissed, but not before it had cost Lee a bundle of time and energy to defend.

D. Valid Occupancy Limits

Your ability to limit the number of people per rental unit is one of the most hotly debated issues in the rental housing industry. Like most controversial topics, it has two sides, each with a valid point. No one disputes the wisdom of enforcing building codes that specify minimum square footage per occupant for reasons of health and safety. But it is another matter altogether when even relatively small families— especially those with children—are excluded from a large segment of the rental market because landlords arbitrarily set unreasonable occupancy policies.

The law allows you to establish an occupancy policy that is truly tied to health and safety needs. In addition, you can adopt standards that are driven by a legitimate business reason or necessity, such as the capacities of your plumbing or electrical systems. (See Section 3, below.) Your personal preferences (such as an exaggerated desire to reduce wear and

tear by limiting the number of occupants, or to ensure a quiet uncrowded environment for upscale older tenants), however, do not constitute a legitimate business reason.

If your occupancy policy limits the number of tenants for any reason other than health, safety, and legitimate business needs, you risk charges of discrimination against families, known in legalese as "familial status" discrimination. (Occupancy policies that cross over the line into discrimination towards families are discussed in Section C, above.)

The federal government has taken the lead in establishing occupancy standards through passage of the Fair Housing Amendments Act. But states and localities may also set their own occupancy standards, and many have. And this is where things get tricky: Ordinarily, when the federal government legislates on a particular subject, states and localities are free to pass laws on the subject, too, as long as they're equally (or more) protective of the targeted group. But the federal government's guidance (a mere memo to regional HUD directors) specifically reminded its readers that Congress didn't intend to develop "a national occupancy code." ("Fair Housing Enforcement—Occupancy Standards Notice of Statement of Policy," CFR Vol. 63, No. 243, Dec. 18, 1998.) The memo practically invited states and localities to set their own occupancy standards, and didn't make it clear whether those standards had to be at least as generous (to tenants) as the federal guidance. As a result, some states developed occupancy standards that, when applied, resulted in fewer people allowed in the rental. Landlords were perplexed: Which standard did they need to follow? Their policy might be legal when examined in a state court, using state occupancy standards, but illegal when tested in a federal court, using the HUD guidance. And some states, like California, developed standards that resulted in more occupants than the federal guidance.

The way out of this morass is, fortunately, rather commonsense. To avoid lawsuits, you need to adopt an occupancy policy that is at least as generous as the federal standard, which is explained just below. And just in case your state or locality has legislated more generous standards, you'll have to follow them. If they're less generous, don't take a chance, because you can be sure that a tenant's lawyer will choose to sue you using the federal standard.

Minimum and Maximum Numbers of Occupants

Two kinds of laws affect your occupancy standards:

- **Minimum occupancy standards.** Federal, state, and local occupancy standards establish the minimum number of occupants you must allow in a particular unit. If you set a lower occupancy limit, you may be accused of violating a fair housing law.
- **Maximum occupancy limits.** State and local health and safety codes may set maximum limits on the number of tenants, based purely on the size of the unit and number of bedrooms and bathrooms.

Finding out whether your occupancy policy is legal is not always a simple matter. You must answer three questions for each rental situation:

- How many people must you allow in that particular unit under the federal standard?
- How many people must you allow in that unit under the state standard?
- How many people must you allow in that unit under the local standard?

Once you know the answers to each of these questions, the rest is easy: To avoid a federal, state, or local fair housing complaint, simply apply the occupancy standard that is the least restrictive—that is, the one that allows the most people. If you don't follow the least restrictive standard, be prepared to show that your policy (allowing fewer people) is motivated by reasons of health or safety or a legitimate business reason.

Unfortunately, getting the answers to the three questions is often difficult. This section will attempt to guide you through the process. It covers:

- federal occupancy standards (Section D1)
- common state occupancy standards and local laws on the subject (Section D2)

- how to calculate the number of occupants that must be allowed for each rental unit (Section D3), and
- "legitimate business reasons" that might support a more restrictive policy than the law allows (Section D3).

1. The Federal Occupancy Standard

Federal law allows you to establish "reasonable" restrictions on the number of persons per dwelling. These restrictions must be motivated by legitimate business reasons or the need to preserve the health and safety of the occupants.

The Department of Housing and Urban Development, or HUD, interprets federal law by means of memos, guidelines, and regulations. Unfortunately, HUD has never been very helpful when it comes to explaining what a "reasonable" restriction on persons per dwelling might be. HUD has simply said that a policy of two persons per bedroom will, as a general rule, be considered reasonable, but that other factors will also be considered when determining whether a landlord was illegally discriminating by limiting the number of people in a rental unit. Because the number of bedrooms is not the only factor, the federal test has become known as the "two-per-bedroom-plus" standard. These other factors include:

- the size of the bedrooms and rental unit—if the unit or the bedrooms are small, you may take that into account
- age of the children—babies do not have the same space requirements as teenagers, and you may take that into account
- configuration of the rental unit—if a room could serve as a bedroom, but there is no access to a bathroom except through another bedroom, you might be able to designate that room a "nonbedroom" and limit the number of occupants accordingly
- physical limitations of the building—for example, limitation of the sewerage or electrical system
- state and local building codes that impose their own set of minimum space requirements per occupant, and

- prior discrimination complaints against the landlord—if you must respond to a fair housing complaint, you will be at a disadvantage if you are known to repeatedly violate antidiscrimination laws.

The flexibility of the federal standard helps landlords because it lets them take into account all the particulars of a given situation. But it also means that you cannot set an occupancy limit for a unit and know for certain that it will pass the federal test. The legal occupancy maximum cannot be determined until you analyze every applicant. For example, if you decide that the family with a newborn needs less space than one with a teenager, the occupancy limit for the same unit will be different for each family.

As you might imagine, a federal "standard" that changes according to the makeup of every applicant has proven very difficult and confusing to apply. HUD once discarded the test for a few months, but now the standard is definitely in place, and you must do your best to apply it conscientiously.

Begin by multiplying the number of bedrooms times two, and then think about the factors listed above. For example, is one of the bedrooms so small as to be unsuitable for two people? On the other hand, could a room that you might think of as a den be usable as another bedroom? Could a couple with a baby in a bassinet comfortably occupy a bedroom that would be unsuitable for three adults? As you can see, use of the two-per-bedroom-plus standard may result in an occupancy limit that might be below or above twice the number of bedrooms.

> **EXAMPLE:** Murray owned a large, old house that had been remodeled into two apartments. The upstairs unit had large rooms, two bedrooms, and two bathrooms. The lower apartment was considerably smaller, with one bedroom and one bath.
>
> *The Upstairs.* Murray was approached by a family of five: three young children and two adults. He realized that the large bedroom could safely sleep three children, so he figured that the five people in this family came within the federal standards.

The Downstairs. The first applicants for the lower apartment were three adults. Murray told them that the occupancy limit was two. Later, a couple with a newborn applied for the apartment. Realizing that a bassinet could easily fit into the bedroom, Murray adjusted his occupancy limit and rented to the couple.

2. Common State and Local Occupancy Standards

Even if you are okay under the federal standard, you can't relax just yet. Remember, states and localities can set their own occupancy standards, as long as they are more generous than the federal government. You must comply with any state or local standard or (if a complaint is filed) risk prosecution by the state or local agency that administers the standard.

It is crucial to check whether any state or local standard applies to you. Contact your local and state housing authority for information, or call the U.S. Department of Housing and Urban Development (HUD) office. (Section B, above, includes contact information.)

New York landlords, for example, must comply with the "Unlawful Restrictions on Occupancy" law, commonly known as the "Roommate Law." (N.Y. RPL § 235-f.) The Roommate Law prohibits New York landlords from limiting occupancy of a rental unit to just the tenant named on the lease or rental agreement. It permits tenants to share their rental units with their immediate family members, and, in many cases, with unrelated, nontenant occupants, too, so long as a tenant (or tenant's spouse) occupies the unit as a primary residence. The number of total occupants is still restricted, however, by local laws governing overcrowding.

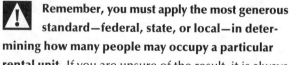 **Remember, you must apply the most generous standard—federal, state, or local—in determining how many people may occupy a particular rental unit.** If you are unsure of the result, it is always safer to err on the side of more, rather than fewer, occupants.

3. Legitimate Reasons for a More Restrictive Occupancy Policy

What if you decide that your particular rental unit ought to be occupied by fewer than the most generous number you got when you calculated the occupancy under the federal, state, and local laws? If you set an occupancy limit that is lower than the legal standard, you must be prepared to defend it with a legitimate business reason. This term is impossible to describe in the abstract, since its meaning will vary with the circumstances of every rental property. Here are some examples of legitimate business reasons that have been advanced by landlords who have established occupancy limits lower than the government standard:

- **Limitations of the infrastructure.** The plumbing or electrical systems cannot accommodate more than a certain amount of use. (*U.S. v. Weiss*, 847 F.Supp 819 (1994).)
- **Limitations of the facilities.** Common areas and facilities (such as laundry rooms and hallways) would be overcrowded if more occupants were allowed.
- **Dilapidation that common sense tells you would result from more people living in the structure.** The house is so small that allowing more occupants would result in unreasonable wear and tear. (*Pfaff v. U.S. Department of Housing and Urban Development,* 88 F.3d 739 (1996).)

If your occupancy policy is lower than the most generous applicable legal standard, be prepared for an uphill fight. It is very difficult to establish a "winning" legitimate business reason that justifies a lower occupancy standard. You'd be wise to hire a neutral professional, such as an engineer, to evaluate and report on the limiting factor in light of your community's needs (for example, you'll want a report that measures your boilers' limited hot water delivery against the number of residents whom you think should reasonably live there). Get that report *before* imposing a restrictive occupancy policy, and make sure it really justifies your decision to use more restrictive occupancy standards.

You will need to carefully assess whether it's worth your time and money to fight a complaint. (Section F, below, describes the complaint process.)

In order to establish that your lower occupancy policy is based upon legitimate business reasons and is therefore legal, you'll need to convince a fair housing judge that:

- changing the limiting factor (such as rewiring the rental unit's electrical system to accommodate more use) is impractical from a business perspective, or
- common sense, your business experience, and the practice of landlords in your area support your lower number, and
- limiting the number of occupants is the only practical way to address the limiting factor.

Here are some examples of situations in which landlords have argued that their occupancy policy, which was lower than that allowed by the most generous applicable law, should nonetheless survive a fair housing challenge. In both cases, the landlord argued that the limitations of the septic system justified a more restrictive occupancy standard. In the first example, the landlord prevailed. In the second example, the landlord failed to establish that his occupancy policy was based upon legitimate business reasons.

EXAMPLE 1: John and Mary Evans advertised the small two-bedroom cottage on their property as suitable for two people only. Their occupancy limit was based on the limitations of the septic system, which could legally accommodate no more than four people (the Evanses and two tenants in the cottage). John and Mary declined to rent to a family of four, who then filed a fair housing complaint. At the conciliation meeting

arranged by the housing authority, John and Mary presented an engineer's report on the limitations of the septic system. The report estimated that it would cost many thousands of dollars to expand the septic system to accommodate more than four people on the property. The hearing officer accepted the Evanses' explanation and decided not to take the complaint further.

EXAMPLE 2: The occupancy policy for all the units at Westside Terrace was three persons per apartment, even for the two-bedroom units. A family of four applied for one of the two-bedrooms and was turned down. When the family filed a complaint with HUD, the owner of Westside Terrace justified the policy on the grounds that the building's infrastructure—its sewage capacities, pipes, and common areas—could not support as many people as would result from allowing four persons in the two-bedroom apartment units. Westside also presented evidence that it would be prohibitively expensive to upgrade these facilities. The judge heard evidence from structural and sanitary engineers which indicated that these facilities were capable of handling that number of people and had done so many times in the past. HUD decided that Westside's restrictive occupancy policy was not based on legitimate business needs, and ruled against it.

E. Managers and Discrimination

If you hire a manager, particularly one who selects tenants, make certain that he fully understands and abides by laws against housing discrimination. On the other hand, if you use an independent management company (which is a true independent contractor, rather than an employee such as a resident manager), the possibility that you will be liable for their discriminatory acts is greatly decreased. (See Chapter 6 on landlord liability for a manager's conduct and strategies for avoiding problems in this area.)

You should always let your tenants know that you, as well as your manager, intend to abide by the law, and that you want to know about and will address any fair housing problems that may arise. While this will not shield you from liability if you are sued due to your manager's conduct, it might (if you are lucky) result in the tenant's initial complaint being made to you, not a fair housing agency. If you hear about a manager's discriminatory act and can resolve a complaint before it gets into "official channels," you will have saved yourself a lot of time, trouble, and money.

One way to alert your tenants and prospective tenants to your commitment to the fair housing laws is to write all ads, applications, and other material given to prospective tenants to include a section containing your antidiscrimination stance. Prepare a written policy statement as to the law and your intention to abide by it. See the following sample statement.

Sample Statement on Equal Opportunity in Housing

FROM: Shady Dell Apartments

TO: All Tenants and Applicants

It is the policy of the owner and manager of Shady Dell Apartments to rent our units without regard to a tenant's race, ethnic background, sex, age, religion, marital or family status, physical disability, or sexual orientation. As part of our commitment to provide equal opportunity in housing, we comply with all federal, state, and local laws prohibiting discrimination. If you have any questions or complaints regarding our rental policy, call the owner at (phone number).

Also, be sure to display fair housing posters on the premises, as described earlier in the chapter.

If, despite your best efforts, you even suspect your manager may use unlawful discriminatory practices to select or deal with tenants—whether on purpose or inadvertently—you should immediately resume control of the situation yourself.

Alternatively, this may be the time to shield yourself from potential liability and engage the services of an independent management company, which in most cases will be responsible for its employees' actions.

⚠️ **Never give managers or rental agents the authority to offer their own rent concessions or "deals" to selected tenants or applicants.** If you want to offer inducements—a discount for signing an extended lease or one free month for tenants who begin renting in the month of March—do so on a consistent basis. Make sure offers are available to all tenants who meet the requirements of the special deal. Otherwise, a tenant who gets a worse deal from your manager than his identically situated neighbor is sure to complain—and if he is a member of a group protected by fair housing laws, he's got the makings of a case against you.

F. Unlawful Discrimination Complaints

A landlord accused of unlawfully discriminating against a prospective or current tenant may end up before a state, federal, or local housing agency, or in state or federal court. According to HUD, the number of fair housing complaints (most involving rentals) has increased every year, and in 2004, 31% involved claims concerning disability discrimination (the first year that such claims overtook race-based complaints). This section gives you a brief description of the legal process involved in each arena and the consequences of discrimination charges.

💼 **Get expert help to defend a housing discrimination lawsuit.** With the exception of a suit brought in small claims court, you should see an attorney if a tenant sues you or files an administrative complaint against you for discrimination. For more information on small claims courts, see *Everybody's Guide to Small Claims Court* (National Edition), by Ralph Warner (Nolo). For advice on finding and working with an attorney or doing your own legal research, see Chapter 18.

1. When a Tenant Complains to a Fair Housing Agency

A prospective or current tenant may file a discrimination complaint with either HUD or the state or local agency charged with overseeing fair housing complaints. A federal HUD complaint must be filed within one year of the alleged violation, but state statutes or local ordinances may set shorter time periods. If the complaint is filed with HUD, the agency should (but doesn't always) conduct an investigation within 180 days. (Time periods for state housing agencies vary.)

After HUD investigates the complaint (and this is true of most state agencies as well), it will either dismiss the complaint or attempt to reach a conciliation agreement (compromise) between you and the person filing the complaint. For example, a tenant might agree to drop his complaint in exchange for a sum of money or your written promise to rent him an apartment or, if he's a current tenant, to stop discriminatory practices.

If conciliation is unsuccessful, the fair housing agency will hold an administrative hearing (a trial before a judge but without a jury) to determine whether discrimination has occurred. If the administrative law judge decides that a fair housing violation occurred, he or she will direct that the violation be corrected in the ways described below in Section F3.

HUD litigation is typically long and laborious. It is not unusual for cases to take up to ten years before they are concluded.

2. When a Tenant Sues in Federal or State Court

A tenant may also file suit in federal court or state court. This can be done even after filing an administrative complaint (as long as he has not signed a conciliation agreement or a HUD administrative hearing has not started). If the tenant goes to federal court, he must do so within two years of the alleged violation.

In a typical federal lawsuit, the aggrieved tenant (or would-be tenant) has gone to a private lawyer immediately after the alleged discriminatory incident.

The attorney prepares a complaint and also asks the court for an expedited hearing, hoping to get an order from the court directing the landlord to cease the discriminatory practice. These orders are called "temporary restraining orders," and they are granted if the plaintiff (the tenant) can convince the judge that he has a good chance of winning and will suffer irreparable harm if immediate relief isn't granted. The order remains in place until a more formal hearing is held. Open-and-shut cases of discrimination often settle at the temporary restraining order stage.

3. Penalties for Discrimination

If a state or federal court or housing agency finds that discrimination has taken place, it may order you to:

- rent a particular unit to the person who was discriminated against
- pay the tenant for "actual" or "compensating" damages, including any additional rent the tenant had to pay elsewhere as a result of being turned down, and damages for humiliation or emotional distress
- pay the tenant punitive damages (extra money as punishment for especially outrageous discrimination) and the tenant's attorney fees
- in the case of a disability violation, retrofit your property or set up an escrow fund to be used for retrofitting in the future
- pay a civil penalty to the federal government. The maximum penalty under the federal Fair Housing Acts is $50,000. (42 U.S. Code § 3612(g)(3).) Many states have comparable penalties.

Even if you are ultimately vindicated, the costs of defending a discrimination claim can be devastating. Your insurance policy may cover the dollar costs, but it cannot compensate you for lost time and aggravation. Careful attention to the discrimination rules described in this chapter and Chapter 1 will, we hope, save you from this fate.

If you are the subject of a fair housing complaint, do not take the matter "into your own hands." It is illegal to retaliate against, threaten, coerce, intimidate, or interfere with anyone who either files a complaint with HUD, cooperates in the investigation of such a complaint, or exercises a fair housing right.

G. Insurance Coverage in Discrimination Claims

Even the most conscientious landlords may find themselves facing a fair housing claim or a discrimination lawsuit. If this happens to you, will your insurance policy cover the cost of defending the claim and, if you lose, the cost of the settlement or judgment? The answers to these questions depend entirely on two highly variable factors: the wording of your insurance policy and the decisions of the courts in your state in similar cases. In short, there are no answers that will apply to everyone, but we can alert you to the issues that arise in every situation. At the very least, knowing how insurance companies are likely to approve or deny defense and judgment costs in discrimination claims should help you as you evaluate your own policy.

Chapter 10, Section E, discusses broad types of liability insurance, coverage for managers and other employees, and coverage for injuries suffered as a result of defective conditions on the property. The advice in that chapter on choosing property insurance is also relevant to choosing liability coverage for discrimination claims.

Most owners of residential rental property carry a comprehensive liability insurance policy, which typically includes business liability coverage. With this type of coverage, the insurance company agrees to pay on your behalf all sums that you are legally obligated to pay as damages "for bodily injury, property damage, or personal injury caused by an occurrence to which this insurance applies." The policy will generally define the three key terms "bodily injury," "occurrence," and "personal injury." The definitions will determine whether the insurance company will help you with a discrimination claim.

⚠ **Find out if your policy covers administrative claims (complaints to fair housing agencies such as HUD).** Insurance companies in several states, including Colorado, Delaware, Illinois, Louisiana, Wisconsin, and elsewhere have successfully argued that their duties to defend and cover you extend only to lawsuits, not fair housing agency claims. Ask your agent.

The Insurance Company's Duty to Defend: Broader Than the Duty to Cover

When you purchase liability insurance, you buy two things: the promise of the insurance company to defend you if you are sued for an act that arguably falls within the coverage of the policy, and its promise to pay the settlement or damage award if you lose. But sometimes (as is the case in fair housing claims) it is unclear whether, assuming you lose the case, your policy covers the conduct that gave rise to the claim. When this happens, your insurance company will usually defend you, but it may reserve the right to argue about whether it is obligated to pay the damages if the case is lost. Before you purchase insurance, find out exactly what's covered, including punitive damages in discrimination cases.

---

1. Definition of "Bodily Injury"

Discrimination complaints rarely include a claim that the victim suffered a physical injury at the hands of the landlord or manager. It is far more likely that the tenant or applicant will sue for the emotional distress caused by the humiliation of the discriminatory act.

"Bodily injury" does not usually include emotional distress. Courts in a few states, however, including Louisiana, Maryland, and New Jersey have held that bodily injury does include emotional distress. If your state does not include emotional distress in the concept of bodily injury, an insurance company may

be able to successfully argue that a discrimination complaint is not covered by the policy.

2. Definition of "Personal Injury"

Insurance policies also typically provide coverage for "personal injury," or an injury that arises out of the conduct of your business. Personal injuries typically include false arrest, libel, slander, and violation of privacy rights; they also include "wrongful entry or eviction or other invasions of the right of private occupancy." As you can see from this definition, personal injuries include items that are neither bodily injuries nor accidental. And the definition includes some offenses, like libel, that seem somewhat similar to discrimination.

Nevertheless, an insurance company may argue that a discrimination claim isn't covered under a policy's definition of "personal injury."

Very few courts have addressed this question, let alone answered it, but in those that have, the answers have been quite mixed. For example, coverage has been denied on the grounds that "discrimination" is a specific wrong and, had the insurance company intended to cover discrimination, it would have specifically mentioned it. Coverage for discrimination claims by prospective tenants (such as applicants who have been turned away) has been denied on the theory that "the right of private occupancy" is a right enjoyed only by current, not would-be, tenants. Still other courts, realizing that the language in the policy is far from clear, have been willing to resolve the question in favor of the insured, and have ordered the insurance company to at least defend the lawsuit.

In sum, there are at least three ways that insurance companies can deny coverage, if not also the defense of a fair housing claim and award: They can claim that the discriminatory act resulted in emotional distress, which is not a type of bodily injury; they can argue that an act of discrimination was intentional, and thus not an accidental occurrence to which the policy applies; and they can argue that discrimination is not one of the personal injuries that are covered by the policy. We suggest that you give the matter some thought when choosing a broker and negotiating your policy—but by far the best use of your energy is to make sure that your business practices do not expose you to these claims in the first place.

Discrimination and Public Policy

An insurance company will occasionally argue that it should not have to cover a landlord's intentional acts of discrimination because discrimination is an evil act that someone should not be able to insure against. While this argument has some persuasive aspects—discrimination is, indeed, contrary to public policy—it falls apart when you acknowledge that all sorts of other intentional bad acts (like libel and slander) are perfectly insurable. Courts have not been persuaded by the "public policy" argument. Be sure to check with your insurance broker whether your policy covers intentional acts of discrimination.

3. Definition of "Occurrence"

Your insurance company will defend and pay out on a claim if it is caused by an occurrence to which the policy applies. An "occurrence" is typically defined as an accident, whose results are neither expected nor intended from the standpoint of the insured (the property owner).

It doesn't take much brainwork to see how an insurance company can argue that an act of discrimination—like turning away a minority applicant—cannot be considered an "occurrence," because it is by definition intentional, not accidental. Courts in a few states, including Louisiana, Oregon, and South Dakota, have ruled in favor of insurance companies on this issue, and courts in other states have ruled similarly when the question has come up in employment discrimination cases.

Insurance Coverage You Can Count On

Insurance companies have, predictably, denied that general business liability policies cover discrimination and sexual harassment claims. But all the major insurers now offer separate policies that cover discrimination and harassment claims.

These "Employment Related Practices" policies are quite expensive, especially in California and Texas (where most claims are filed). You can, however, get a significantly lower rate if you show the company that you have taken steps to reduce the risk that you will be sued—such as instituting an affirmative action program, employing a human resources adviser, or preparing and abiding by a fair housing employee handbook.

Another, less-expensive route is to buy defense coverage only. That covers the cost of hiring a lawyer to defend you against a fair housing claim, but doesn't pay the cost of any settlement you make or a jury award against you. Ask your broker for details.

Property Managers

A. Hiring Your Own Resident Manager 127

    1. Decide the Manager's Duties, Hours, and Pay 127

    2. Advertise the Job 128

    3. Screen Potential Managers Over the Phone 128

    4. Interview Strong Candidates 129

    5. Get a Completed Application 130

    6. Check References 130

    7. Check Credit History and Background 130

    8. Check Criminal and Driving Records 131

    9. Offer the Position and Put Your Agreement in Writing 131

B. How to Prepare a Property Manager Agreement 133

    1. Parties 133

    2. Beginning Date 133

    3. Responsibilities 133

    4. Hours and Schedule 133

    5. Payment Terms 133

    6. Ending the Manager's Employment 133

    7. Additional Agreements and Amendments 138

    8. Place of Execution 138

C. Your Legal Obligations as an Employer 138

    1. Employer Identification Number 138

    2. Income Taxes 139

    3. Social Security and Medicare Taxes 139

    4. Unemployment Taxes 139

    5. Minimum Wage and Overtime 140

    6. Workers' Compensation Insurance 140

    7. Immigration Laws 141

    8. New Hire Reporting Form 141

D. Management Companies 141

    1. Pros and Cons of Management Companies 141

    2. Management Company Contracts 142

    3. Special Issues Involving Leases and Insurance 142

E. Your Liability for a Manager's Acts 145

F. Notifying Tenants of the Manager 147

G. Firing a Manager 147

H. Evicting a Manager 148

Many landlords hire a resident manager to handle all the day-to-day details of running an apartment building, including fielding tenants' routine repair requests and collecting the rent. Landlords who own several rental properties (large or small) may contract with a property management firm in addition to, or in place of, a resident manager. Hiring a manager can free you from many of the time-consuming (and tiresome) aspects of being a residential landlord. But it can also create some headaches of its own: lots of paperwork for the IRS; worries about liability for a manager's acts; and the responsibility of finding, hiring, and supervising an employee. This chapter explains how to weigh all these factors and how to minimize complications if you do decide to get some management help.

In some states, you may not have a choice—you may be required, by law, to hire a manager. California, for example, requires a resident manager on the premises of any apartment complex with sixteen or more units. (Cal. Code of Regulations, Title 25, § 42.) New York City has similar requirements for buildings with nine or more units. Check with your state or local rental property owners' association to see if your state requires resident managers, or do your own research on the subject. (Chapter 18 shows how to do legal research.)

Several other Nolo books provide useful information on hiring, managing, and firing employees:

- *The Employer's Legal Handbook*, by Fred S. Steingold, is a complete guide to the latest workplace laws and regulations. It covers everything you need to know about hiring and firing employees, drug tests of employees, personnel policies, employee benefits, discrimination, and other laws affecting small business practices.
- *The Manager's Legal Handbook*, by Lisa Guerin and Amy DelPo, has excellent information about hiring employees.
- *Federal Employment Laws*, by Lisa Guerin and Amy DelPo, has extensive discussions on relevant federal laws, including the Fair Labor Standards Act, Americans With Disabilities Act, Equal Pay Act, Immigration Reform and Control Act, Fair Credit Reporting Act, and Occupational Safety and Health Act, as well as state and federal employment discrimination laws.
- *Dealing With Problem Employees: A Legal Guide*, by Amy DelPo and Lisa Guerin, includes chapters on hiring, evaluating, disciplining, and firing employees.
- *Workplace Investigations*, by Lisa Guerin, gives employers practical information on how to investigate and resolve workplace problems.

These Nolo books are available at bookstores and public libraries. They may also be ordered directly from Nolo's website, www.nolo.com, or by calling 800-728-3555.

For free general information on employment law, see Nolo's Legal Encyclopedia at www.nolo.com.

Property Managers and Building Supers

The focus in this chapter is on property managers, not supers (which are more common in places like New York City). While there aren't any hard and fast rules, here's the difference between a building superintendent (super) and a manager.

Property managers usually have more tenant-relations responsibilities than supers do, such as taking apartment applications, accepting rent, and responding to tenant problems and complaints. You might also authorize a trusted manager to purchase building supplies and hire outside contractors for specialized repairs—up to an agreed-upon spending limit, of course.

Building supers, on the other hand, usually concentrate on building repairs and maintenance tasks. They often possess special skills and are experienced at running complicated heating plants and air conditioning systems. Customarily, supers don't collect rent or take rental applications.

The legal issues as to hiring and compensating managers and supers are generally the same.

A. Hiring Your Own Resident Manager

If you put some thought into writing a job description, and some effort into recruiting and hiring a good manager, you'll avoid problems down the road. Don't hurry the process, or jump into an informal arrangement with a tenant who offers to help out if you'll take a little off the rent—you'll almost surely regret it.

1. Decide the Manager's Duties, Hours, and Pay

Why do you want to hire a manager? You need to answer this question in some detail as your first step in the hiring process. Here are the key issues you need to decide.

What are the manager's responsibilities? The Property Manager Agreement (see Section B, below) includes a list of duties you may want to delegate, such as selecting tenants, collecting rents, and hiring and paying repair people. Finding an on-site manager who can handle all these aspects of the job, however, is a tall order—so tall that many owners restrict the on-site manager's job to handling routine repairs and maintenance chores. Listing the job duties and skills you're looking for in a manager will make the hiring process more objective and will give you ready standards to measure which applicants are most qualified.

Is the job full- or part-time? How many hours do you anticipate the manager working? What hours do you expect the manager to be on the rental property or available (for example, by pager or cell phone)?

Will the manager live on the rental property or out? If you just want someone to collect the rent and handle minor repairs, they don't necessarily need to live in. Obviously, you need a vacant apartment for a resident manager.

How much do you plan to pay the manager? You may pay an hourly wage, generally ranging from $10 to $25 per hour, or a flat salary. How much you pay depends on the manager's responsibilities, the number of hours, time of day and regularity of the schedule, benefits, and the going rate in your community. You can get an idea how much

managers are paid by asking other landlords or checking want ads for managers. (See Section C5, below, for guidance on minimum wage requirements.) Offering slightly above the going rate in your area should allow you to hire the best, most experienced candidates. If you do this, you might want to try and tap into the local grapevine of experienced managers to see if maybe you can snag someone who wants to move up.

Should you give the manager reduced rent? Some landlords prefer giving a resident manager reduced rent in exchange for management services, rather than paying a separate salary. This isn't a good idea—for one thing, reduced rent alone won't work for a full-time manager. Reduced rent in exchange for being a manager can be a particular problem in rent control areas, since you may not be able to adjust rent easily. If you later have to fire a manager who is compensated by reduced rent, you may run into problems when you insist that the ex-manager go back to paying the full rent. But if the tenant-manager pays the full rent and receives a separate

salary, there will be no question that he is still obligated to pay the full rent, as he has done all along. (See Sections G and H, below, for advice on firing or evicting a manager.)

Your obligations as an employer are the same whether you compensate the manager with reduced rent or a paycheck—for example, you must still pay Social Security and payroll taxes, as discussed in Section C, below. However, paying the manager by reducing rent can create problems under wages and hours and overtime laws.

Illegal Discrimination in Hiring

Federal, state, and local laws prohibit many kinds of discrimination in hiring. The Equal Pay Act applies to every employer, regardless of size; the Immigration Reform and Control Act of 1986 (IRCA) applies to employers with four or more employees. Title VII of the Civil Rights Act and the Americans With Disabilities Act, apply only if you employ 15 or more people. Some state laws apply even if you have only one employee, such as California's prohibition on worker harassment.

Pay attention to these laws even if they do not specifically bind your business. Doing so will not hinder you from making a decision based on sound business reasons: skills, experience, references. The laws only forbid making a decision based on a factor that isn't reasonably related to the applicant's ability to do the job. Following them will protect you from accusations of discrimination.

Here are some of the factors on which these laws make it illegal to discriminate: race, color, gender, religious beliefs, national origin, age (if the person is 40 or older), and disability. Several states and cities also prohibit discrimination based on marital status, sexual orientation, or other factors. Contact your state fair employment office for details.

Much of the advice in Chapter 5, which deals with illegal discrimination against tenants, will also be of help when you're hiring a manager.

2. Advertise the Job

If you already know someone, such as a current tenant, who you think will be perfect for the manager's job, skip ahead to Section 5.

Next, determine the best way to advertise the position. Some landlords find great managers via word of mouth by talking to tenants, friends, and relatives. Others run a newspaper ad, use an employment agency, or advertise online. What will work best depends on your particular property and needs. In writing an ad, stick to the job skills needed and the basic responsibilities—for example, "Fifty-unit apartment complex seeks full-time resident manager with experience in selecting tenants, collecting rent, and apartment maintenance."

If you do advertise, it's usually best to have interested applicants call for information, rather than come in for an interview without prior screening.

3. Screen Potential Managers Over the Phone

When people call about the manager's job, be ready to describe the responsibilities, pay, and hours. Then ask some questions yourself—you'll be able to quickly eliminate unlikely candidates and avoid wasting time interviewing inappropriate people. Use the phone call to get information on potential employees, including their:

- experience and qualifications
- interest in the position and type of work
- current employment, and
- ability to work at the proposed pay and schedule.

Jot notes of your conversation so you can follow up later in a personal interview.

4. Interview Strong Candidates

Limit your interviews to people you're really interested in hiring as manager. There's no point meeting with someone who's unqualified or unsuitable for the job. When setting interviews, ask potential managers to bring a resume with relevant experience and names and phone numbers of four or five references.

A face-to-face meeting provides the opportunity to get in-depth information about a person's background, work experience, and ability to handle the manager's job, and allows you to assess an individual's personality and style.

Before you begin interviewing, write down questions focusing on the job duties and the applicant's skills and experience. To avoid potential charges of discrimination, ask everyone the same questions, and don't ask questions that are not clearly job-related—for example, the applicant's medical condition, religion, or plans for having children.

Here are some examples of questions that are appropriate to ask potential managers:

- "Tell me about your previous jobs managing rental properties."
- "How much experience do you have collecting rents? Doing general repairs? Keeping records of tenants' complaints of repair problems?"
- "What have you liked most about previous manager jobs? What have you liked least?"
- "What kinds of problems have you encountered as a property manager? How did you solve them?"
- "Why do you want this job?"

You might also ask some more direct questions, like:

- "What would you do if a tenant who had paid rent on time for six months asked for a ten-day extension because money was short as a result of a family problem?"
- "What would you do if a tenant called you at 11 p.m. with a complaint about a clogged sink?"

Character Traits of a Good Manager

Look for a person who is:

- **Honest and responsible.** This is specially important if the manager will be entitled to receive legal documents and papers on your behalf. (See Section F, below.)
- **Patient.** Predictably, dealing with tenants, repair people, and guests will have its share of hassles. A person with a short fuse is a definite liability.
- **Financially responsible.** This should be demonstrated by a good credit history.
- **Personable yet professional.** Good communication skills are a must, both with you and your current and prospective tenants and any other workers the manager may supervise (for example, a cleaning crew).
- **Fastidious.** One of the manager's responsibilities will be to keep the building and common areas neat, clean, and secure.
- **Meticulous about maintaining records.** This is particularly important if collecting rent will be part of the job.
- **Fair and free of biases.** This is a must if the manager will be showing apartments, taking rental applications, or selecting tenants.
- **Unafraid of minor confrontations with tenants.** This is particularly important if the manager will be collecting overdue rents and delivering eviction notices, and handling disputes between tenants (for example, complaints over noise).

Don't offer the job yet. Even if an applicant seems perfect, hold off on making an offer. You'll need at least to review his or her application and check references. These issues are covered in Sections 6, 7, and 8, below.

5. Get a Completed Application

If your manager will also be a tenant, make sure he or she (like all other tenants) completes a rental application (as discussed in Chapter 1) and that you check references and other information carefully. Be sure the applicant signs a form authorizing you to check credit history and references. This can be either part of the application form itself or a separate document, such as the Consent to Contact References and Perform Credit Check form in Chapter 1.

If your manager is not also a tenant, prepare your own application (you can use the Rental Application in Chapter 1 and cross out what's not relevant) or ask prospective managers to bring a resume with their employment and educational background.

When you check a prospective manager's application or resume, be sure to look for holes—dates when the person didn't indicate an employer. The applicant may be covering up a bad reference. Insist that the applicant explain any gaps in employment history.

6. Check References

No matter how wonderful someone appears in person or on paper, it's essential to contact former employers. Ideally, you should talk with at least two former employers or supervisors with whom the applicant held similar positions.

Before calling any references, make a list of key questions. Ask about the applicant's previous job responsibilities, character and personality traits, strengths and weaknesses, and reasons for leaving the job. Review your interview notes for issues you want to explore more—for example, if you sense that the potential manager really doesn't seem organized enough to handle all the details of the manager's job, ask about it. Take your time and get all the information you need to determine whether the applicant is the best person for the job.

Employers are often reluctant to say anything negative about a former employee for fear of being hit by a lawsuit for defamation. Many may refuse to give any information other than the dates the person worked and the position held. It may be helpful to send the former employer a copy of the applicant's signed consent to disclosure of employment information. If a former employer is not forthcoming, you'll need to learn to read between the lines. (See our advice in Chapter 1.) If a former employer is neutral, offers only faint praise, or overpraises a person for one aspect of a job only—"always on time"—he may be hiding negative information. Ask former employers: "Would you hire this person back if you could?" The response may be telling. If a reference isn't glowing and doesn't cover all aspects of the job, check several other references—or hire someone else.

7. Check Credit History and Background

Checking an individual's credit history is especially important if you want a manager to handle money. Someone with large debts may be especially tempted to skim money from your business. And a prospective manager with sloppy personal finances is probably not a good choice for managing rental property. Before you order a credit report, be sure you get the applicant's consent.

You may also wish to ask a credit bureau or tenant screening company to do a background report. Investigators will talk to friends, neighbors, and employers and get information about the applicant's character, reputation, and lifestyle. A report like this is considered an "investigative consumer report" under the Fair Credit Reporting Act, 15 U.S. Code §§ 1681 and following. If you decide to order a background report, you must:

- inform the applicant, in writing, within three days of your requesting the report
- include a statement of the applicant's right to make a written request—to you or the credit agency—for a description of the nature and scope of the investigation you have requested, and
- provide that description within five days of receiving the applicant's request.

Chapter 1, Section E3, provides more information on investigative reports.

⚠️ **Handle credit reports carefully.** Federal law requires you to keep only needed information, and to discard the rest. See Chapter 7, Section E, for precise information.

8. Check Criminal and Driving Records

A property manager occupies a position of trust, often having access to tenants' apartments as well as to your money. Obviously, it's essential that the manager not present a danger to tenants. You may want to check an applicant's criminal history; credit reports often include this information. Depending on your state's laws concerning use of Megan's Law databases, you may want to use the database to check for registered sex offenders as explained in Chapter 1, Section E6.

Another reason for thoroughness is your personal liability—if a manager commits a crime, you may be held responsible. (See Chapter 12.)

Our best advice is check carefully and consider the type, seriousness, and dates of any prior convictions and how they relate to the job. *The Employer's Legal Handbook*, by Fred S. Steingold (Nolo), includes information on state laws on obtaining and using information on arrest and conviction records when making employment decisions.

If a manager will be driving your car or truck, be sure your insurance covers someone driving your vehicle as part of their employment. (Chapter 10 covers insurance.)

Drugs and Managers

You have a legal right to fire a manager or reject an applicant who uses, possesses, or distributes illegal drugs. You do not, however, have the right to discriminate against someone who has successfully completed—or who is currently participating in—a drug rehabilitation program. This would violate the federal Americans With Disabilities Act (and possibly your state law as well). Furthermore, testing to weed out drug users may conflict with workers' rights to privacy. The laws on drug testing vary widely from state to state and are changing quickly as legislators and judges struggle to strike a balance between workers' rights and the legitimate needs of business.

For information on how to set up a drug testing program, contact the Institute for a Drug-Free Workplace at 202-842-7400, or check their website at www.drugfreeworkplace.org.

---

9. Offer the Position and Put Your Agreement in Writing

Once you make your decision and offer someone the manager's job, you may need to do some negotiations. The potential employee may, for example, want a higher salary, different hours, more vacation, a different rental unit, or a later starting date than you offer. It may take some compromises to establish mutually agreeable work arrangements. When all terms and conditions of employment are mutually agreed upon, you and the manager should complete a Property Manager Agreement (discussed in Section B, below).

We recommend that when you hire a tenant as a manager, you sign two separate agreements:

- An employment agreement that covers manager responsibilities, hours, and pay that can be terminated at any time for any reason by either party. See Section B, below.
- A month-to-month rental agreement that can be terminated by either of you with the amount of written notice, typically 30 days, required under state law.

Why Do You Need a Written Agreement?

Landlords and resident managers often agree orally on the manager's responsibilities and compensation, never signing a written agreement.

Even though oral agreements are usually legal and binding, they are not advisable. Memories fade, and you and your employee may have different recollections of what you've agreed to. If a dispute arises between you and the manager, the exact terms of an oral agreement are difficult or impossible to prove if you end up arguing about them in court. It is a far better business practice to put your understanding in writing.

! **Don't promise long-term job security.** When you hire someone, don't give assurances that you may not be able to honor and that may give an applicant a false sense of security. Your best protection is to make sure your Property Manager Agreement emphasizes your right to fire an employee at will—and have the applicant acknowledge this in writing. (See Clause 6 of the agreement in Section B, below.) This means you'll have the right to terminate the employment at any time for any reason that doesn't violate the law. (See Section G, below, for information on how to fire a manager.)

How to Reject Applicants for the Manager's Job

It used to be a matter of simple courtesy to inform unsuccessful applicants sending a quick but civil rejection letter, which cut down on postinterview calls, too. You didn't owe them an explanation, however, and were usually better off saying as little as possible.

Is this approach still legal? It depends on why you have rejected the applicant. If your reasons come from information that the applicant has provided, or if the applicant doesn't have the qualifications for the job, you can still use the courteous-but-minimalist approach. For example, if the applicant tells you that she has never managed real estate property, or if the interview reveals that the applicant doesn't have the necessary "people skills," you can simply say that someone more qualified got the job.

However, if your rejection is based on information from a credit reporting agency that collects and sells credit files or other information about consumers, you must comply with the Fair Credit Reporting Act (15 U.S. Code §§ 1681 and following).

This requires that your rejection letter include:

- the name, address, and phone number of the credit bureau you used
- a statement that the credit bureau did not make the rejection decision and cannot provide the reasons for the rejection
- a statement of the applicant's right to obtain a free copy of the report from the credit bureau if he requests it within 60 days of your rejection (or if the applicant has not already asked for a free copy within the past year), and
- a statement telling the applicant that he can dispute the accuracy of the report as provided by § 1681 of the Act (he can demand a reinvestigation and the insertion of a statement of dispute).

See Chapter 1, Section F for more details, including a sample Notice of Denial Based on Credit Report or Other Information form.

B. How to Prepare a Property Manager Agreement

Below is an example of a sound written agreement that spells out the manager's responsibilities, hourly wage or salary, hours, schedule, and other terms. The step-by-step instructions that follow take you through the process of completing your own agreement.

 The Forms CD includes a copy of the Property Manager Agreement, which you can modify to fit your exact needs. Appendix C includes a blank tear-out form.

1. Parties

Here, you provide details about you and the manager and the location of the rental property, and state that the rental agreement is a separate document.

2. Beginning Date

Fill in the month, day, and year of the manager's first day of work.

3. Responsibilities

This form includes a broad checklist of managerial duties, such as rent collection, maintenance, and repair. Check all the boxes that apply to your situation. In the space provided, spell out what is required, with as much detail as possible, particularly regarding maintenance responsibilities. (Read Chapter 9 for details on your repair and maintenance responsibilities.)

To make sure your manager doesn't act illegally on the job, also prepare a more detailed set of instructions to give to the manager when he or she starts work. We show a sample in Section D, below, which you can tailor to your particular situation and state laws (for example, on discrimination and notice of entry requirements).

4. Hours and Schedule

Before filling this section in, check with your state department of labor or employment for wage and hour laws that may affect the number of hours you can schedule a manager to work in a day or days in a week. Don't expect a manager to be on call 24 hours a day. In most circumstances, you must pay overtime after 40 hours per week. (Section C5, below, covers overtime.)

5. Payment Terms

Here you state how much and when you pay your manager. Specify the interval and dates on which you will pay the manager. For example, if the payment is weekly, specify the day. If payment is once each month, state the date, such as "the first of the month." If the payment is twice each month, indicate the dates, such as *"the 15th and the 30th, or the last previous weekday if either date falls on a weekend."*

Should You Pay Benefits?

No law requires you to pay a manager for vacations, holiday, and sick pay; premium pay for weekend or holiday work (unless it's for overtime); or fringe benefits such as health insurance. You may, however, want to provide your manager with some extras, if you can afford to do so.

---

6. Ending the Manager's Employment

This clause gives you the right to fire a manager any time for any legal reason. It makes clear that you are not guaranteeing a year's, or even a month's, employment to your new hire. You can legally fire your manager any time for any or no reason—as long as it's not for an illegal reason. In return, your manager can quit at any time, for any reason—with or without notice. (See Section G, below.)

Property Manager Agreement

1. Parties

This Agreement is between ___Jacqueline Marsh___

Owner of residential real property at ___175 Donner Avenue, Brooklyn, New York___

_____

and _____Bradley Finch_____

Manager of the property. Manager will be renting unit ___Number 5___ of the property under a separate

written rental agreement that is in no way contingent upon or related to this Agreement.

2. Beginning Date

Manager will begin work on ___April 10, 200X___

3. Responsibilities

Manager's duties are set forth below:

Renting Units

- ☑ answer phone inquiries about vacancies
- ☑ show vacant units
- ☑ accept rental applications
- ☐ select tenants
- ☑ accept initial rents and deposits
- ☐ other (specify) _____
- ☐ _____
- ☐ _____

Vacant Apartments

- ☑ inspect unit when tenant moves in
- ☑ inspect unit when tenant moves out
- ☐ clean unit after tenant moves out, including:
    - ☐ floors, carpets, and rugs
    - ☐ walls, baseboards, ceilings, lights, and built-in shelves
    - ☐ kitchen cabinets, countertops, sinks, stove, oven, and refrigerator
    - ☐ bathtubs, showers, toilets, and plumbing fixtures
    - ☐ doors, windows, window coverings, and miniblinds
    - ☐ other (specify)
    - ☐ _____

Rent Collection

- ☑ collect rents when due
- ☑ sign rent receipts
- ☑ maintain rent collection records
- ☑ collect late rents and charges
- ☑ inform Owner of late rents
- ☑ prepare late rent notices
- ☑ serve late rent notices on tenants
- ☑ serve rent increase and tenancy termination notices
- ☑ deposit rent collections in bank
- ☑ other (specify) _____
- ☐ _____

Maintenance

- ☐ vacuum and clean hallways and entryways
- ☑ replace lightbulbs in common areas
- ☐ drain water heaters
- ☑ clean stairs, decks, patios, facade, and sidewalks
- ☑ clean garage oils on pavement
- ☐ mow lawns
- ☐ rake leaves
- ☐ trim bushes
- ☑ clean up garbage and debris on grounds
- ☑ shovel snow from sidewalks and driveways or arrange for snow removal
- ☐ other (specify) _____
- ☐ _____

Repairs

- ☑ accept tenant complaints and repair requests
- ☑ inform Owner of maintenance and repair needs
- ☑ maintain written log of tenant complaints
- ☑ handle routine maintenance and repairs, including:
    - ☑ plumbing stoppages
    - ☑ garbage disposal stoppages/repairs
    - ☑ faucet leaks/washer replacement
    - ☑ toilet tank repairs
    - ☑ toilet seat replacement

☑ stove burner repair/replacement

☑ stove hinges/knobs replacement

☑ dishwasher repair

☑ light switch and outlet repair/replacement

☐ heater thermostat repair

☐ window repair/replacement

☐ painting (interior)

☐ painting (exterior)

☑ replacement of keys

☐ other (specify) _____

☐ _____

Other Responsibilities

_____

_____

_____

_____

_____

_____

4. Hours and Schedule

Manager will be available to tenants during the following days and times: ___Monday through Friday,___ ___3 p.m.-6 p.m___ . If the hours required to carry

out any duties may reasonably be expected to exceed ____20____ hours in any week, Manager shall

notify Owner and obtain Owner's consent before working such extra hours, except in the event of an

emergency. Extra hours worked due to an emergency must be reported to Owner within 24 hours.

5. Payment Terms

a.   Manager will be paid:

☐ $ _____ per hour

☑ $__1,200__ per week

☐ $_____ per month

☐ Other: _____

b. Manager will be paid on the specified intervals and dates:

☐ Once a week on every _____

☑ Twice a month on ___the first of the month___

☐ Once a month on _____

☐ Other (specify) _____

6. **Ending the Manager's Employment**

   Owner may terminate Manager's employment at any time, for any reason that isn't unlawful, with or without notice. Manager may quit at any time, for any reason, with or without notice.

7. **Additional Agreements and Amendments**

   a. Owner and Manager additionally agree that: _____

   _____

   _____

   _____

   _____

   _____

   _____

   _____

   _____

   _____

   _____

   _____ .

   b. All agreements between Owner and Manager relating to the work specified in this Agreement are incorporated in this Agreement. Any modification to the Agreement must be in writing and signed by both parties.

8. **Place of Execution**

   Signed at _Brooklyn_____ , _New York_____
   City   State

   _Jacqueline Marsh_____   _April 3, 200X_____
   Owner   Date

   _Bradley Finch_____   _April 3, 200X_____
   Manager   Date

7. Additional Agreements and Amendments

Here you provide details about any areas of the manager's employment that weren't covered elsewhere in the agreement, such as the number of vacation or sick days, or any paid holidays the manager is entitled to each year, or how you plan to reimburse managers for the cost of materials they purchase for repairs.

The last part of this section is fairly standard in written agreements. It states that this is your entire agreement about the manager's employment, and that any changes to the agreement must be in writing.

Together, these provisions prevent you or your manager from later claiming that additional oral or written promises were made, but just not included in the written agreement.

> **Make changes in writing.** If you later change the terms of your agreement, write the new terms down and have each person sign.

8. Place of Execution

Here you specify the city and state in which you signed the agreement. If there's any legal problem with the agreement later, it may be resolved by the courts where it was signed. Be advised, however, that the laws where the work is to be performed may be applied instead. So if, for example, you sign the Property Manager Agreement at your office in Maryland, but your rental property and the manager's workplace is in nearby Washington, DC, the different laws of Washington, DC, may be applied by a court.

C. Your Legal Obligations as an Employer

Whether or not you compensate a manager with reduced rent or a regular salary, you have specific legal obligations as an employer, such as following laws governing minimum wage and overtime. If you don't pay Social Security and meet your other legal obligations as an employer, you may face substantial financial penalties.

> **Start out by getting IRS Circular E, *Employer's Tax Guide*, which provides details about your tax and record-keeping obligations.** Contact the IRS at 800-829-4933 or www.irs.gov to obtain a free copy of this and other IRS publications and forms. *Tax Savvy for Small Business*, by Frederick W. Daily (Nolo), covers strategies that will help you minimize taxes and stay out of legal trouble, including how to deduct business expenses, write off or depreciate long-term business assets, keep the kinds of records that will satisfy the IRS, get a tax break from business losses, and handle a small business audit.

Most Resident Managers Are Employees, Not Independent Contractors

A resident manager will probably be considered your employee by the IRS and other government agencies. Employees are guaranteed a number of workplace rights that are not guaranteed to people who work as independent contractors. To be considered an independent contractor, a person must offer services to the public at large and work under an arrangement in which he or she controls the means and methods of accomplishing a job. Most tenant-managers are legally considered to be employees because the property owner who hires them sets the hours and responsibilities and determines the particulars of the job. Only if a manager works for several different landlords might he or she qualify for independent contractor status.

---

1. Employer Identification Number

As an employer, you need a federal identification number for tax purposes. If you are a sole proprietor without employees, you can use your Social Security number. Otherwise, you need to get an "employer identification number" (EIN) from the IRS. To obtain an EIN, complete Form SS-4 (*Application for Employer Identification Number*). Use the IRS website to apply online (go to www.irs.gov, click "Businesses," then select "Employer ID Number"). You can also apply by phone (800-829-4933).

2. Income Taxes

The IRS considers the manager's compensation as taxable income to the manager. For that reason, your manager must fill out a federal W-4 form (*Employee Withholding Allowance Certificate*) when hired. You must deduct federal taxes from each paycheck (and state taxes if required), and turn over the withheld funds each quarter to the IRS and the appropriate state tax agency. You must provide the manager with a W-2 form (*Wage and Tax Statement*) for the previous year's earnings by January 31. The W-2 form lists the employee's gross wages and provides a breakdown of any taxes that you withheld.

3. Social Security and Medicare Taxes

Every employer must pay to the IRS a "payroll tax," currently equal to 7.65% of the employee's gross compensation—that is, paycheck amount before deductions. You must also deduct an additional 7.65% from the employee's wages and turn it over (with the payroll tax) to the IRS quarterly. These Federal Insurance Contributions Act (FICA) taxes go toward the employee's future Social Security and Medicare benefits.

If you compensate your manager with reduced rent, you must still pay the FICA payroll tax, unless you meet certain conditions, explained below. For example, an apartment owner who compensates a manager with a rent-free $500/month apartment must pay 7.65% of $500, or $38.25, in payroll taxes each month. The manager is responsible for paying another 7.65% ($38.25) to the IRS.

You do not have to pay FICA taxes on the value of the reduced rent if the following conditions are met:

- the manager's unit is on your rental property
- you provide the unit for your convenience (or to comply with state law, since some states require on-site managers for properties of a certain size).

- your manager must actually work as a manager, and
- the manager accepts the unit as a condition of employment—in other words, he must live in the unit in order to be your resident manager.

⚠ **Always pay payroll taxes on time.** If you don't, the IRS will find you—and you could be forced out of business by the huge penalties and interest charges it will add to the delinquent bill. And unlike most other debts, you must pay back payroll taxes even if you go through bankruptcy.

Help With Paperwork

Employers are responsible for a certain amount of paperwork and record keeping such as time and pay records. If you hate paperwork, your accountant or bookkeeper can probably handle it for you. Or, a reputable payroll tax service that offers a tax notification service will calculate the correct amount of Social Security, unemployment, workers' compensation, and other taxes due; produce the check to pay your manager; and calculate the taxes and notify you when the taxes are due.

Payroll services can be cost-effective even if you employ only one or two people. But when you look for one, it pays to shop around. To get cost quotes, check the Web or your Yellow Pages under Payroll Service or Bookkeeping Service. Avoid services that charge set-up fees—basically, a fee for putting your information into the computer—or extra fees to prepare W-2 forms or quarterly and annual tax returns.

4. Unemployment Taxes

A manager who is laid off, quits for good reason, or is fired for anything less than gross incompetence or dishonesty is entitled to unemployment benefits. These benefits are financed by unemployment taxes paid by employers. You must pay a federal unemployment tax (FUTA) at a rate of 6.2% of the first $7,000 of the employee's wages for the year. (The actual FUTA tax rate will be lower if you pay state unemployment taxes for your employee.) In addition to contributing to FUTA, you may also be responsible for contributing to an unemployment insurance fund in your state.

 Contact the IRS for information on FUTA and a local office of your state department of labor or employment or the government agency that oversees your state income tax program for state tax requirements.

5. Minimum Wage and Overtime

However you pay your manager—by the hour, with a regular salary, or by a rent reduction—you should monitor the number of hours worked to make sure you're complying with the federal Fair Labor Standards Act (FLSA; 29 U.S. Code §§ 201 and following) and any state minimum wage laws.

The federal minimum hourly wage is currently $5.15. If your state's minimum wage is higher than the federal rate, you must pay the higher rate.

If you compensate your manager by a rent reduction, you may not be able to count the full amount of the rent reduction in complying with minimum wage laws.

Federal wage and hour laws also require employers to pay time-and-a-half if an employee works more than 40 hours a week (with a few exceptions). Some states (most notably California) require you to pay overtime if an employee works more than eight hours in a day, even if the employee works less than 40 hours in a week.

 For information on minimum wage laws, overtime rules, and record-keeping requirements, see the U.S. Department of Labor's website at www.dol.gov. Also see IRS Publication 15-B, "Employer's Tax Guide to Fringe Benefits," available at www.irs.gov. You can also contact the nearest office of the U.S. Labor Department's Wage and Hour Division or a local office of your state's department of labor or employment.

Equal Pay for Equal Work

You must provide equal pay and benefits to men and women who do the same job or jobs that require equal skills, effort, and responsibility. This is required by the Equal Pay Act, an amendment to the FLSA.

---

6. Workers' Compensation Insurance

Workers' compensation provides replacement income and pays medical expenses for employees who are injured or become ill as a result of their job. It's a no-fault system—an injured employee is entitled to receive benefits whether or not you provided a safe workplace and whether or not the manager's own carelessness contributed to the injury. (You are, of course, required by federal and state laws to provide a reasonably safe workplace.) But you, too, receive some protection, because the manager, in most cases, cannot sue you for damages over the injury. In addition, the manager is limited to fixed types of compensation—basically, partial wage replacement and payment of medical bills. Employees may also get money for retraining or special equipment if they are "permanently disabled." The manager can't get paid for pain and suffering or mental anguish.

To cover the costs of workers' compensation benefits for employees, you'll need to purchase a special insurance policy—either through a state fund or a private insurance company. Each state has its own workers' compensation statute. Most states set a minimum number of employees (generally five or more) before coverage is required.

Most wise landlords obtain workers' compensation insurance, whether or not it's required. If you don't, and you're sued by a manager who is injured on the job—for example, by falling down the stairs while performing maintenance—or even by a violent tenant, you face the possibility of a lawsuit for a large amount of money.

Workers' comp doesn't apply to intentional acts. Workers' compensation won't cover you from employee lawsuits for injuries caused by your reckless behavior—for example, if you know of a dangerous condition but refuse to fix it, resulting in an injury.

 Contact your state workers' compensation office for information on coverage and costs.

7. Immigration Laws

When you hire someone, even someone who was born and raised in the city where your rental property is located, you must review documents such as a passport or birth certificate that prove the employee's identity and employment eligibility. You and each new employee are required to complete USCIS Form I-9, *Employment Eligibility Verification*. These rules come from the Immigration Reform and Control Act (IRCA), a federal law that prohibits hiring undocumented workers. The law, enforced by the U.S. Citizenship and Immigration Service (USCIS), prohibits hiring workers who don't have government authorization to work in the U.S.

For more information, contact the nearest office of the U.S. Citizenship and Immigration Services, listed in the telephone book under U.S. Department of Homeland Security, or call 800-375-5283. You can also check the USCIS website at http://uscis.gov.

8. New Hire Reporting Form

Within a short time after you hire someone—20 days or less—you must file a New Hire Reporting Form with a designated state agency. The information on the form becomes part of the National Directory of New Hires, used primarily to locate parents so that child support orders can be enforced. Government agencies also use the data to prevent improper payment of workers' compensation and unemployment benefits or public assistance benefits. Your state department of labor

or employment should be able to tell you how to get the forms and where to send them. Also, see www.americanpayroll.org for advice on hiring new employees.

D. Management Companies

Property management companies are often used by owners of large apartment complexes and by absentee owners too far away from the property to be directly involved in everyday details. Property management companies generally take care of renting units, collecting rent, taking tenant complaints, arranging repairs and maintenance, and evicting troublesome tenants. Of course, some of these responsibilities may be shared with or delegated to resident managers who, in some instances, may work for the management company.

A variety of relationships between owners and management companies is possible, depending on your wishes and how the particular management company chooses to do business. For example, if you own one or more big buildings, the management company will probably recommend hiring a resident manager. But if your rental property has only a few units, or you own a number of small buildings spread over a good-sized geographical area, the management company will probably suggest simply responding to tenant requests and complaints from its central office.

1. Pros and Cons of Management Companies

One advantage of working with a management company is that you avoid all the legal hassles of being an employer: paying payroll taxes, buying workers' compensation insurance, withholding income tax. The management company is an independent contractor, not an employee. It hires and pays the people who do the work. Typically, you sign a contract spelling out the management company's duties and fees. Most companies charge a fixed percentage—about 5% to 10%—of the total rent collected. (The salary of any resident manager is additional.) This gives the company a good incentive to keep the building filled with rent-paying tenants.

Another advantage is that management companies are usually well-informed about the law, keep good records, and are adept at staying out of legal hot water in such areas as discrimination, invasion of privacy, and returning deposits.

The primary disadvantage of hiring a management company is the expense. For example, if you pay a management company 10% of the $14,000 you collect in rent each month from tenants in a 20-unit building, this amounts to $1,400 a month and $16,800 per year. While many companies charge less than 10%, it's still quite an expense. Also, if the management company works from a central office with no one on-site, tenants may feel that management is too distant and unconcerned with their day-to-day needs.

2. Management Company Contracts

Management companies have their own contracts, which you should read thoroughly and understand before signing. Be sure you understand how the company is paid and its exact responsibilities.

A management contract is not a take it or leave it deal. You should negotiate the company's fee, obviously, as well as any extra charges you can expect to pay during the length of the contract. You may also specify spending limits for ordinary repairs. And if you are picky about who works on your property, you may be able to specify that certain repair persons or firms should be called before others are used.

Policies on screening tenants, maintenance and repairs, and letting contracts aren't usually part of the management contract itself, but should be clearly communicated, so that the management company knows what you expect.

It's a good idea to write down these understandings and attach them to the contract as an addendum or attachment. For the mechanics on how to effectively attach your page of additional understandings, follow the suggestions in Chapter 2 regarding attachments to leases.

Questions to Ask When You Hire a Management Company

- Who are its clients: owners of single-family houses, small apartments, or large apartment complexes? Look for a company with experience handling property like yours. Also ask for client references, and check to see whether other landlords are satisfied with the management company. (Don't forget to ask these landlords how their tenants feel about the service they get. Unhappy tenants are bad business.)
- What services are provided?
- What are the costs? What services cost extra?
- Will the management company take tenant calls 24 hours a day, seven days a week?
- Will there be an individual property manager assigned to your property? How frequently will the property manager visit and inspect your building?
- Is the company located fairly close to your property?
- Are employees trained in landlord-tenant law? Will the company consult an attorney qualified in landlord-tenant matters if problems arise, such as disputes over rent?
- If your property is under rent control, are company personnel familiar with the rent control law?
- Can you terminate the management agreement without cause on reasonable notice?

---

3. Special Issues Involving Leases and Insurance

The contract with your management company will usually address the issues of leases and insurance.

a. Leases

Many management companies will insist on using their own leases. Since they are the ones who will deal with problems, management companies often

Sample Instructions to Manager

Dear New Manager:

Welcome to your new position as resident manager. Here are important instructions to guide you as you perform your duties under our management agreement. Please read them carefully and keep them for future reference.

1. Discrimination in rental housing on the basis of race, religion, sex, familial status, age, national or ethnic origin, or disability is illegal—whether you are accepting rental applications for vacant apartments or dealing with current residents. Your duties are to advertise and accept rental applications in a non-discriminatory manner. This includes allowing all individuals to fill out applications and offering the unit on the same terms to all applicants. After you have collected all applications, please notify me at the phone number listed below. I will sort through the applications, set up interviews, and decide whom to accept.

2. Tenants have a right to feel comfortable and relaxed in and near their homes. To be sure all do, please avoid any comments, actions, or physical contact that could be considered offensive, even by those whom you might see as being overly sensitive on the issue. Remember, harassment is against the law and will not be tolerated.

3. Do not issue any rent increase or termination notices without my prior approval.

4. Treat all tenants who complain about defects, even trivial defects or ones you believe to be nonexistent, with respect. Enter all tenant complaints into the logbook I have supplied to you on the day they are made. Respond to tenant complaints about the building or apartment units immediately in emergencies or if the complaint involves security, and respond to other complaints within 24 hours. If you cannot correct (or arrange to correct) any problem or defect yourself, please telephone me immediately.

5. Except in serious life- or property-threatening emergencies, never enter (or allow anyone else to enter) a tenant's apartment without consent or in his or her absence, unless you have given written notice at least 24 hours in advance, either delivered personally or, if that's not possible, posted on the door. If you have given the tenant 24-hour written notice, you may enter in the tenant's absence during ordinary business hours to do repairs or maintenance work, unless the tenant objects. If the tenant objects, do not enter, but instead call me.

6. When a tenant moves in, and again when he or she moves out, inspect the unit. If possible, have the tenant accompany you. On each occasion, both you and the tenant should complete and sign a Landlord-Tenant Checklist form. Take digital pictures or make a video during both walkthroughs.

7. If you think a tenant has moved out and abandoned the apartment, do not enter it. Telephone me first.

Sample Instructions to Manager (continued)

8. Once a tenant has vacated an apartment and given you the key, keep track of all costs necessary to repair damages in excess of ordinary wear and tear. Give me a copy of this list, along with a notation of the amount of any back rent, the before and after Landlord-Tenant Checklist forms, and the departing tenant's forwarding address. Please make sure I see this material within a week after the tenant moves out, preferably sooner. I will mail the itemization and any security deposit balance to the tenant.

9. If you have any other problems or questions, please do not hesitate to call me on my cell phone or at home. Leave a message on my voicemail if I am not at available.

Sincerely,

Terry Herendeen

Terry Herendeen, Owner

1111 Maiden Lane, Omaha, Nebraska 54001

402-555-1234 (cell phone)

402-555-5678 (home)

I have received a copy of this memorandum and have read and understood it.

Dated: April 7, 200X

Barbara Louis

Barbara Louis, Manager

want to be the ones who will set the rules. You may find that the company's lease is acceptable—but you may also find that it is not. For example, it's common to see late fee policies that exceed a fair and legal limit. (Late fees are explained in Chapter 3.) No surprise—the more money collected by the management company, the more money it earns for itself.

If the management company uses a lease that is legally amiss, it's clearly a sign to look elsewhere. Now, what about other clauses in the company lease that are legal but not to your liking, such as a prohibition against pets? Again, no surprise—most management companies assume that pets equal more work, and they prefer not to have to deal with them. If the company will not negotiate with you over changing their "standard" lease, you may want to talk to other management companies that will be more flexible.

b. Insurance

As discussed in Chapter 10, Section E, all landlords need a comprehensive liability insurance policy. Special issues arise when you hire a management company. Most important, both you and the management company need to show proof that you are each insured—and you each should be added to the other's policy as an "additional insured." Here's how it works.

You should require proof that the management company is insured under a comprehensive general liability policy, with extra coverage for "errors and omissions" and employee dishonesty. When you are added as an "additional insured," you get the benefit of that policy. If you are named in a lawsuit over something that the management company allegedly did or didn't do, you will be covered by the management company's insurer. They will defend you and pay out any settlement or verdict that results against you. Your insurance broker should be able to recommend how much insurance is adequate.

The management company will demand proof that you, too, carry adequate amounts of liability insurance, and they will also want to be named as an additional insured in your policy. If you don't currently have enough insurance coverage, the

management company may refuse to take your business.

Fortunately, adding a landlord or a management company as an additional insured is not a big deal. Insurance companies do it all the time, generally at no additional cost. Simply contact your broker and ask that the management company be added. Ask the broker to send a certificate of insurance to the management company. And don't forget to demand the same of the management company—you, too, want a certificate of insurance safely in your files.

E. Your Liability for a Manager's Acts

Depending on the circumstances, you may be legally responsible for the acts of a manager or management company. For example, you could be sued and found liable if your manager or management company:

- refuses to rent to a qualified tenant (who is a member of a minority group or has children, for example) or otherwise violates antidiscrimination laws (see Chapter 5)
- sexually harasses a tenant (see Chapter 5)
- makes illegal deductions from the security deposit of a tenant who has moved out, or does not return the departing tenant's deposit within the time limit set by your state law (see Chapters 4 and 15)
- ignores a dangerous condition, such as substandard wiring that results in an electrical fire, causing injury or damage to the tenant (see Chapter 10), or security problems that result in a criminal assault on a tenant (see Chapter 12), or
- invades a tenant's privacy by flagrant and damaging gossip or trespass (see Chapter 13).

Also see Chapter 12 for a discussion of your responsibilities for your manager's criminal acts.

In short, a landlord who knows the law but has a manager (or management company) who doesn't could wind up in a lawsuit brought by prospective or former tenants.

Here's how to protect your tenants and yourself.

Choose your manager carefully. Legally, you have a duty to protect your tenants from injury caused by employees you know or should know pose a risk of harm to others. If someone gets hurt or has property stolen or damaged by a manager whose background you didn't check carefully, you could be sued, so it's crucial that you be especially vigilant when hiring a manager who will have easy access to rental units. (See Section A, above, for advice on checking references and background of prospective managers.)

Make sure your manager is familiar with the basics of landlord-tenant law, especially if your manager will be selecting tenants or serving eviction notices. One approach is to give your manager a copy of this book to read and refer to. In addition, you'll want to provide detailed instructions that cover likely trouble areas, such as the legal rules prohibiting discrimination in tenant selection. Above is a sample set of instructions for a manager with fairly broad authority; you can tailor them to fit your situation. You'll also need to add any requirements that are imposed by the laws in your state—for example, stricter notice requirements to enter rental property than are outlined in the sample instructions. Have the manager sign a copy of the instructions and give it to you.

Keep an eye on your manager, and listen to tenants' concerns and complaints. Encourage your tenants to report problems to you. If you hear about or suspect problems—for example, poor maintenance of the building or sexual harassment—do your own investigating. For example, when you have a vacancy, have someone you suspect the manager might discriminate against apply for a vacancy. How does your manager treat the applicant? Would you want to defend a lawsuit brought by the prospective tenant? Try to resolve problems and get rid of a bad manager before problems accelerate and you end up with an expensive tenants' lawsuit.

Make sure your insurance covers illegal acts of your employees. No matter how thorough your precautions, you may still be liable for your manager's illegal acts—even if your manager commits an illegal act in direct violation of your instructions. To really protect yourself, purchase a good landlord's insurance policy. (See Chapter 10.)

The High Cost of a Bad Manager: Sexual Harassment in Housing

If tenants complain about illegal acts by a manager, pay attention. The owners of a Fairfield, California, apartment complex learned this lesson the hard way—by paying more than a million dollars to settle a tenants' lawsuit.

The tenants, mostly single mothers, were tormented by an apartment manager who spied on them, opened their mail, and sexually harassed them. They were afraid to complain, for fear of eviction. When they did complain to the building's owners, the owners refused to take any action—and the manager stepped up his harassment in retaliation.

Finally, tenants banded together and sued, and the details of the manager's outrageous and illegal conduct were exposed. The owners settled the case before trial for $1.6 million.

Emergency Contacts and Procedures for Your Employees

It's an excellent idea to prepare a written set of emergency procedures for the manager, including:

- owner's name and emergency phone number, so your employee can contact you in case of emergency
- names and phone numbers of nearest hospital and poison control center
- ambulance, police and fire departments, and a local taxi company
- names and phone numbers of contractors who can respond to a building emergency on a 24-hour basis, including any licensed plumber, electrician, locksmith, boiler mechanic, elevator service company, and air conditioner maintenance company with whom you have set up an account
- procedures to follow in case of a fire, flood, hurricane, tornado, or other disaster, including how to safely shut down elevators, water, electricity, and gas.

F. Notifying Tenants of the Manager

In many states, you are legally required to give tenants the manager's name and address and tell them that the manager is authorized to accept legal documents on your behalf, such as termination of tenancy notices or court documents in an eviction lawsuit.

We recommend that you give tenants this information in writing, whether or not your state's law requires it. It is included in our lease and rental agreements (see Clause 21 in Chapter 2), but don't forget to notify tenants who moved in before you hired the manager.

Two sample disclosure notices are shown below. You should give each tenant a copy and post another in a prominent place in the building.

Be sure your Property Manager Agreement, discussed in Section B, above, notes the manager's authority in this regard. You can put details in the last section, Additional Agreements and Amendments.

Sample Disclosure Notices

Notice: Address of Manager of Premises

Muhammad Azziz, 1234 Market Street, Apartment 1, Boston, Mass., is authorized to manage the residential premises at 1234 Market Street, Boston, Mass. If you have any complaints about the condition of your unit or common areas, please notify Mr. Azziz immediately at 555-1200. He is authorized to act for and on behalf of the owner of the premises for the purpose of receiving all notices and demands from you, including legal papers (process).

Notice: Address of Owner of Premises

Rebecca Epstein, 12345 Embarcadero Road, Boston, Mass., is the owner of the premises at 1234 Market Street, Boston, Mass.

G. Firing a Manager

Unless you have made a commitment (oral or written contract) to employ a manager for a specific period of time, you have the right to terminate her employment at any time. But you cannot do it for an illegal reason, such as:

- race, age, gender, or other prohibited forms of discrimination, or
- retaliation against the manager for calling your illegal acts to the attention of authorities.

EXAMPLE: You order your manager to dump 20 gallons of fuel oil at the back of your property. Instead, the manager complains to a local environmental regulatory agency, which fines you. If you now fire the manager, you will be vulnerable to a lawsuit for illegal termination.

To head off the possibility of a wrongful termination lawsuit, be prepared to show a good business-related reason for the firing. It's almost essential to back up a firing with written records documenting your reasons. Reasons that may support a firing include:

- performing poorly on the job—for example, not depositing rent checks promptly, or continually failing to respond to tenant complaints
- refusing to follow instructions—for example, allowing tenants to pay rent late, despite your instructions to the contrary
- possessing a weapon at work
- being dishonest or stealing money or property from you or your tenants
- endangering the health or safety of tenants
- engaging in criminal activity, such as drug dealing
- arguing or fighting with tenants
- behaving violently at work, or
- unlawfully discriminating against or harassing prospective or current tenants.

Ideally, a firing shouldn't come suddenly or as a surprise. Give your manager ongoing feedback about job performance and impose progressive discipline, such as an oral or written warning, before termination. Do a six-month performance review (and more often, if necessary) and keep copies. Solicit comments from tenants twice a year (as mentioned earlier) and, if comments are negative, keep copies.

Handling Requests for References

One of your biggest problems after a manager quits or has been fired may be what to tell other landlords or employers who inquire about the former manager. You may be tugged in several directions:

- You want to tell the truth—good, bad, or neutral—about the former manager.
- You want to help the former manager find another job for which he is better suited.
- You don't want to be sued for libel or slander because you say something negative.

Legally, you're better off saying as little as possible, rather than saying anything negative. Just say that it's your policy not to comment on former managers. Besides, if you politely say, "I would rather not discuss Mr. Jones," the caller will get the idea.

H. Evicting a Manager

If you fire a manager, you may often want the ex-employee to move out of your property, particularly if there is a special manager's unit or the firing has generated (or resulted from) ill will. How easy it will be to get the fired manager out depends primarily on whether or not you have separate management and rental agreements.

In many cases, you'll want the eviction lawsuit to be handled by an attorney who specializes in landlord-tenant law.

If you and the tenant-manager signed separate management and rental agreements (discussed in Section A, above), firing the manager does not affect the tenancy. The ex-manager will have to keep paying rent but will no longer work as manager. Evicting the former manager is just like evicting any other tenant. You will have to give a normal termination notice, typically 30 days for month-to-month tenancies, subject to any applicable rent control restrictions. If the tenant has a separate fixed-term lease, you cannot terminate the tenancy until the lease expires.

We do not recommend using a single management/rental agreement. Among other reasons, it may be difficult to evict the ex-manager in this situation.

Getting the Tenant Moved In

A. Inspect the Rental Unit 150

    1. Use a Landlord-Tenant Checklist 150

    2. How to Fill Out the Checklist 155

    3. Sign the Checklist 156

B. Photograph the Rental Unit 156

C. Send New Tenants a Move-In Letter 156

D. Cash Rent and Security Deposit Checks 159

E. Organize Your Tenant Records 159

    1. How to Establish a Filing System 159

    2. How to Handle Credit Reports 160

    3. How to Respond to Security Breaches 160

F. Organize Income and Expenses for Schedule E 161

Legal disputes between landlords and tenants can be almost as emotional as divorce court battles. Many disputes are unnecessary and could be avoided if—right from the very beginning—tenants knew their legal rights and responsibilities. A clearly written lease or rental agreement, signed by all adult occupants, is the key to starting a tenancy. (See Chapter 2.) But there's more to establishing a positive attitude when new tenants move in. You should also:

- inspect the property, fill out a landlord-tenant checklist with the tenant, and photograph the rental unit and

- prepare a move-in letter highlighting important terms of the tenancy and your expectations, such as how to report repair problems.

States That Require a Landlord-Tenant Checklist

Several states require landlords to give new tenants a written statement on the condition of the rental premises at move-in time, including a comprehensive list of existing damages. Tenants in these states often have the right to inspect the premises to verify the accuracy of the landlord's list and to note any problems.

The following are among the states that require initial inspections. Check the statutes for the exact requirements in your state, including the type of inspection required at the end of the tenancy. (For citations, see "State Security Deposit Rules" in Appendix A.)

Arizona	Maryland	Nevada
Georgia	Massachusetts	North Dakota
Hawaii	Michigan	Virginia
Kansas	Montana	Washington
Kentucky		

A. Inspect the Rental Unit

To eliminate the possibility of all sorts of future arguments, it is absolutely essential that you (or your representative) and prospective tenants (together, if possible) check the place over for damage and obvious wear and tear before the tenant moves in. The best way to document what you find is to jointly fill out a Landlord-Tenant Checklist form.

In some states, the law requires you to give new tenants a written statement on the condition of the premises at move-in time, including a comprehensive list of existing damage. (See "States That Require a Landlord-Tenant Checklist," above.) Tenants in many of these states have the right to inspect the premises as to the accuracy of the landlord's list, and to note any problems. But even if this procedure is not legally required, you should follow it to avert later problems.

1. Use a Landlord-Tenant Checklist

A Landlord-Tenant Checklist, inventorying the condition of the rental property at the beginning and end of the tenancy, is an excellent device to protect both you and your tenant when the tenant moves out and wants the security deposit returned. Without some record as to the condition of the unit, you and the tenant are all too likely to get into arguments about things like whether the kitchen linoleum was already stained, the garbage disposal was broken, the stove was filthy, or the bathroom mirror was already cracked when the tenant moved in.

The checklist provides good evidence as to why you withheld all or part of a security deposit. And, coupled with a system to regularly keep track of the rental property's condition, the checklist will also be extremely useful to you if a tenant withholds rent, breaks the lease and moves out, or sues you outright, claiming the unit needs substantial repairs. (See Chapter 9 for instructions and forms that will let you stay updated on the condition of your rental properties.)

A sample Landlord-Tenant Checklist is shown below.

 The Forms CD includes the Landlord-Tenant Checklist. A blank tear-out copy is in Appendix C.

Landlord-Tenant Checklist

GENERAL CONDITION OF RENTAL UNIT AND PREMISES

572 Fourth St.   Apt. 11   Washington, D.C.
Street Address   Unit No.   City

	Condition on Arrival	Condition on Departure	Estimated Cost of Repair/Replacement
Living Room	OK		
Floors & Floor Coverings	Miniblinds discolored		
Drapes & Window Coverings	OK		
Walls & Ceilings	OK		
Light Fixtures	Window rattles		
Windows, Screens, & Doors	OK		
Front Door & Locks	N/A		
Fireplace			
Other			
Other			
Kitchen	Cigarette burn hole		
Floors & Floor Coverings	OK		
Walls & Ceilings	OK		
Light Fixtures	OK		
Cabinets	Stained		
Counters	Burners filthy (grease)		
Stove/Oven	OK		
Refrigerator	OK		
Dishwasher	N/A		
Garbage Disposal	OK		
Sink & Plumbing	OK		
Windows, Screens, & Doors	OK		
Other			
Other			
Dining Room	Crack in ceiling		
Floors & Floor Covering	OK		
Walls & Ceilings	OK		
Light Fixtures			
Windows, Screens, & Doors			
Other			

	Condition on Arrival		Condition on Departure		Estimated Cost of Repair/Replacement
Bathroom(s)	Bath #1	Bath #2	Bath #1	Bath #2	
Floors & Floor Coverings	OK				
Walls & Ceilings	Mold on the ceiling				
Windows, Screens, & Doors	OK				
Light Fixtures	OK				
Bathtub/Shower	Tub chipped				
Sink & Counters	OK				
Toilet	Base of toilet very dirty				
Other					
Other					

	Bdrm #1	Bdrm #2	Bdrm #3	Bdrm #1	Bdrm #2	Bdrm #3	
Bedroom(s)							
Floors & Floor Coverings	OK	OK					
Windows, Screens, & Doors	OK	OK					
Walls & Ceilings	OK	OK					
Light Fixtures	Dented	OK					
Other	Mildew in closet						
Other							
Other							
Other							

Other Areas				
Heating System	OK			
Air Conditioning	OK			
Lawn/Garden	OK			
Stairs and Hallway	OK			
Patio, Terrace, Deck, etc.	N/A			
Basement	OK			
Parking Area	OK			
Other				
Other				
Other				
Other				
Other				

☑ Tenants acknowledge that all smoke detectors and fire extinguishers were tested in their presence and found to be in working order, and that the testing procedure was explained to them. Tenants agree to test all detectors at least once a month and to report any problems to Landlord/Manager in writing. Tenants agree to replace all smoke detector batteries as necessary.

FURNISHED PROPERTY

	Condition on Arrival			Condition on Departure			Estimated Cost of Repair/Replacement
Living Room							
Coffee Table	Two scratches on top						
End Tables	OK						
Lamps	OK						
Chairs	OK						
Sofa	OK						
Other							
Other							
Kitchen							
Broiler Pan	N/A						
Ice Trays	N/A						
Other							
Other							
Dining Room							
Chairs	OK						
Stools	N/A						
Table	Leg bent slightly						
Other							
Other							
Bathroom(s)	Bath #1	Bath #2		Bath #1	Bath #2		
Mirrors	OK						
Shower Curtain	Torn						
Hamper	N/A						
Other							
Bedroom(s)	Bdrm #1	Bdrm #2	Bdrm #3	Bdrm #1	Bdrm #2	Bdrm #3	
Beds (single)	OK	N/A					
Beds (double)	N/A	OK					
Chairs	OK	OK					
Chests	N/A	N/A					
Dressing Tables	OK	N/A					
Lamps	OK	OK					
Mirrors	OK	OK					
Night Tables	OK	N/A					

	Condition on Arrival	Condition on Departure	Estimated Cost of Repair/Replacement
Other			
Other			
Other Areas			
Bookcases	N/A		
Desks	N/A		
Pictures	Hallway picture frame chipped		
Other			
Other			

Use this space to provide any additional explanation:

_____

_____

_____

_____

_____

_____

_____

_____

_____

_____

_____

_____

_____

Landlord-Tenant Checklist completed on moving in on ___ May 1, 200X ___ and approved by:

_Bernard Cohen_____ and ___ _Maria Crouse_____
Landlord/Manager   Tenant

                                         ___ _Sandra Martino_____
                                              Tenant

                                         _____
                                              Tenant

Landlord-Tenant Checklist completed on moving out on _____ and approved by:

_____ and _____
Landlord/Manager   Tenant

                                         _____
                                              Tenant

                                         _____
                                              Tenant

2. How to Fill Out the Checklist

You and the tenant should fill out the checklist together. If that's impossible, complete the form and then give it to the tenant to review. The tenant should note any disagreement and return it to you.

The checklist is in two parts. The first side covers the general condition of each room. The second side covers furnishings, such as a living room lamp or bathroom shower curtain.

You will be filling out the first column—*Condition on Arrival*—before the tenant moves in. The last two columns—*Condition on Departure* and *Estimated Cost of Repair or Replacement*—are for use when the tenant moves out and you inspect the unit again. At that time the checklist will document your need to make deductions from the security deposit for repairs or cleaning, or to replace missing items. (See Chapter 15 for details on returning security deposits.)

When you look at the checklist included here, you'll see that we have filled out the first column (*Condition on Arrival*) with rooms and elements in these rooms. If you happen to be renting a one-bedroom, one-bath unit, our preprinted form will work just fine. However, chances are that your rental has a different number of rooms or elements in those rooms than those on the checklist form. Changes are no problem if you use the CD-ROM that comes with this book. You can change the entries in the *Condition on Arrival* column of the checklist, and you can add or delete rows. For example, you may want to add a row for another bedroom or a service porch, or add room elements such as a trash compactor or fireplace. You may also delete items, such as a dishwasher. See the instructions for your word processing program for advice on how to edit a table.

If you want to use the checklist form as is but make just a few changes, make a copy of the tear-out form in Appendix C. Simply handwrite in changes or put "N/A" (not applicable) in the appropriate section. If necessary, you can attach a separate sheet of paper with additional items, such as furnishings, and staple it to the checklist. See our advice on preparing attachments in Chapter 2, Section C.

The following sections explain how to complete the checklist.

a. General Condition of Rental Unit and Premises

In the *Condition on Arrival* column, make a note—as specific as possible—on items that are not working or are dirty, scratched, or simply in bad condition. For example, don't simply note that the refrigerator "needs fixing" if an ice maker doesn't work—it's just as easy to write "ice maker broken, should not be used." If the tenant uses the ice maker anyway and causes water damage, he cannot claim that you failed to tell him. Be sure to note any mildew, pest, or rodent problems.

Mark "OK" next to items that are in satisfactory condition—basically, clean, safe, sanitary, and in good working order.

Make repairs and clean thoroughly before a new tenant moves in. To get the tenancy off to the best start and avoid all kinds of hassles over repairs, handle problems before the start of a new tenancy. You must fix certain defects—such as a broken heater or leaking roof—under state and local housing codes. (Chapter 9 discusses landlords' repair and maintenance responsibilities.) You may often be able to cover your repair and cleaning costs by deducting expenses from the outgoing tenant's security deposit (assuming the tenant is responsible for the problem.) Chapter 15 discusses how you may use security deposits for this purpose.

b. Furnishings

The second part of the checklist covers furnishings, such as lamps or shower curtains. Obviously, you can simply delete this section of the checklist if your unit is not furnished.

If your rental property has rooms or furnishings not listed on the checklist, edit the form as explained above. If you are renting out a large house or apartment or providing many furnishings, be sure to include this information.

3. Sign the Checklist

After you and your new tenant agree on all of the particulars of the rental unit, you each should sign and date every page of the checklist, including any attachments. Keep the original and give the tenant a copy. If the tenant filled out the checklist on his own, make sure you review his comments, note any disagreement, and return a copy to him. You should make the checklist part of your lease or rental agreement, as we recommend in Chapter 2, Section C, Clause 11.

Be sure the tenant also checks the box on the bottom of the second page of the checklist stating that the smoke detector and fire extinguisher—required for new occupancies in many states and cities—were tested in his presence and shown to be in working order. This section on the checklist also requires the tenant to test the smoke detector monthly and to replace the battery when necessary. By doing this, you'll limit your liability if the smoke detector fails and results in fire damage or injury. (See Chapter 9 for details on your responsibility to maintain the property, and Chapter 10 for a discussion of your liability for injuries to tenants.)

Be sure to keep the checklist up-to-date if you repair, replace, add, or remove items or furnishings after the tenant moves in. Both you and the tenant should initial and date any changes.

B. Photograph the Rental Unit

Taking photos or videotapes of the unit before a new tenant moves in is another excellent way to avoid disputes over security deposit deductions. In addition to the checklist, you'll be able to compare "before" and "after" pictures when the tenant leaves. This should help refresh your tenant's memory, which may result in her being more reasonable. Certainly, if you end up in mediation or court for not returning the full security deposit, being able to document your point of view with photos will be invaluable. In addition, photos or a video can also help if you have to sue a former tenant for cleaning and repair costs above the deposit amount.

Both you and the tenant should date and sign the pictures, each keeping a set. If you make a video, get the tenant on tape stating the date and time so that you can prove when the video was made.

You should repeat this process when the tenant leaves, as part of your standard move-out procedure. Chapter 15 discusses inspecting the unit when a tenant leaves.

C. Send New Tenants a Move-In Letter

A move-in letter should dovetail with the lease or rental agreement and provide basic information such as the manager's phone numbers (day and night) and office hours. You can also use a move-in letter to explain any procedures and rules that are too detailed or numerous to include in your lease or rental agreement—for example, how and where to report maintenance problems, details on garbage disposal and recycling, and location and use of laundry rooms. Consider including a brief list of maintenance do's and don'ts as part of the move-in letter—for example, how to avoid overloading circuits and proper use of the garbage disposal. (Alternatively, large landlords may use a set of Rules and Regulations to cover some of these issues. See Clause 18 of the form agreements in Chapter 2.)

Because every situation is different, we cannot supply you with a generic move-in letter that will work for everyone. We can, however, give you a template for a move-in letter that you can easily fill in with your own details, using the Forms CD. You can use the sample shown below as a model in preparing your own move-in letter.

We recommend that you make a copy of each tenant's move-in letter for yourself and ask him to sign the last page, indicating that he has read it. (As an extra precaution, ask him to initial each page.) Although this step may seem paranoid now, you won't think so if you get in a dispute with a tenant who claims you never told him something important (like the need to purchase renters' insurance).

Be sure to update the move-in letter from time to time as necessary.

Move-In Letter

September 1, 200X
_____
Date

Frank O'Hara
_____
Tenant

139 Porter Street
_____
Street Address

Madison, Wisconsin 53704
_____
City and State

Dear Frank
_____ ,
         Tenant

Welcome to Apartment 45 B at Happy Hill Apartments
_____

_____ (address of rental unit). We hope you will enjoy living here.

This letter is to explain what you can expect from the management and what we'll be looking for from you.

1. **Rent:** Rent is due on the first day of the month. There is no grace period for the payment of rent. (See Clauses 5 and 6 of your rental agreement for details, including late charges.) Also, we don't accept postdated checks.

2. **New Roommates:** If you want someone to move in as a roommate, please contact us first. If your rental unit is big enough to accommodate another person, we will arrange for the new person to fill out a rental application. If it's approved, all of you will need to sign a new rental agreement. Depending on the situation, there may be a rent increase to add a roommate.

3. **Notice to End Tenancy:** To terminate your month-to-month tenancy, you must give at least 30 days' written notice. We have a written form available for this purpose. We may also terminate the tenancy, or change its terms, on 30 days' written notice. If you give less than 30 days' notice, you will still be financially responsible for rent for the balance of the 30-day period.

4. **Deposits:** Your security deposit will be applied to costs of cleaning, damages, or unpaid rent after you move out. You may not apply any part of the deposit toward any part of your rent in the last month of your tenancy. (See Clause 8 of your rental agreement.)

5. **Manager:** Sophie Beauchamp (Apartment #15, phone 555-1234) is your resident manager. You should pay your rent to her and promptly let her know of any maintenance or repair problems (see #7, below) and any other questions or problems. She's in her office every day from 8 a.m. to 10 a.m. and from 4 p.m. to 6 p.m. and can be reached by phone at other times.

6. **Landlord-Tenant Checklist:** By now, Sophie Beauchamp should have taken you on a walk-through of your apartment to check the condition of all walls, drapes, carpets, and appliances and to test the smoke alarms and fire extinguisher. These are all listed on the Landlord-Tenant Checklist, which you should have reviewed carefully and signed. When you move out, we will ask you to check each item against its original condition as described on the Checklist.

7. Maintenance/Repair Problems: We are determined to maintain a clean, safe building in which all systems are in good repair. To help us make repairs promptly, we will give you Maintenance/Repair Request forms to report to the manager any problems in your apartment, such as a broken garbage disposal, or on the building or grounds, such a burned-out light in the garage. (Extra copies are available from the manager.) In an emergency, or when it's not convenient to use this form, please call the manager at 555-1234.

8. Semiannual Safety and Maintenance Update: To help us keep your unit and the common areas in excellent condition, we'll ask you to fill out a form every six months updating any problems on the premises or in your rental unit. This will allow you to report any potential safety hazards or other problems that otherwise might be overlooked.

9. Annual Safety Inspection: Once a year, we will ask to inspect the condition and furnishings of your rental unit and update the Landlord-Tenant Checklist. In keeping with state law, we will give you reasonable notice before the inspection, and you are encouraged to be present for it.

10. Insurance: We highly recommend that you purchase renters' insurance. The building property insurance policy will not cover the replacement of your personal belongings if they are lost due to fire, theft, or accident. In addition, you could be found liable if someone is injured on the premises you rent as a result of your negligence. If you damage the building itself—for example, if you start a fire in the kitchen and it spreads—you could be responsible for large repair bills.

11. Moving Out: It's a little early to bring up moving out, but please be aware that we have a list of items that should be cleaned before we conduct a move-out inspection. If you decide to move, please ask the manager for a copy of our Move-Out Letter, explaining our procedures for inspection and returning your deposit.

12. Telephone Number Changes: Please notify us if your home or work phone number changes, so we can reach you promptly in an emergency.

Please let us know if you have any questions.

Sincerely,

Tom Guiliano
Landlord/Manager

September 1, 200X
Date

I have read and received a copy of this statement.

Frank O'Hara
Tenant

September 1, 200X
Date

D. Cash Rent and Security Deposit Checks

Every landlord's nightmare is a new tenant whose first rent or deposit check bounces and who must be dislodged with time-consuming and expensive legal proceedings.

To avoid this, never sign a rental agreement, or let a tenant move furniture into your property or take a key, until you have the tenant's cash, certified check, or money order for the first month's rent and security deposit. An alternative is to cash the tenant's check at the bank before the move-in date. (While you have the tenant's first check, photocopy it for your records. The information on it can be helpful if you ever need to sue to collect a judgment from the tenant.) Be sure to give the tenant a signed receipt for the deposit.

Clause 5 of the form lease and rental agreements in Chapter 2 requires tenants to pay rent on the first day of each month. If the move-in date is other than the first day of the month, rent is prorated between that day and the end of that month.

E. Organize Your Tenant Records

A good system to record all significant tenant complaints and repair requests will provide a valuable paper trail should disputes develop later—for example, regarding your right to enter a tenant's unit to make repairs or the time it took for you to fix a problem. Without good records, the outcome of a dispute may come down to your word against your tenant's—always a precarious situation.

1. How to Establish a Filing System

Set up a file folder on each property with individual files for each tenant. Include the following documents:

- tenant's rental application, references, credit report, and background information, including information about any cosigners
- a signed lease or rental agreement, plus any changes made along the way

- Landlord-Tenant Checklist and photos or video made at move-in, and
- signed move-in letter.

After a tenant moves in, add these documents to the individual's file:

- your written requests for entry
- rent increase notices
- records of repair requests, and details of how and when they were handled—if you keep repair records on the computer, you should regularly print out and save files from past months; if you have a master system to record all requests and complaints in one log, you would save that log separately, not necessarily put it in every tenant's file
- safety and maintenance updates and inspection reports, and
- correspondence and other relevant information.

 Good records are especially important if you end up suing a tenant who breaks the lease. Chapter 14, Section D, explains the kinds of records to keep, such as receipts for advertising the property.

Your computer can also be a valuable tool to keep track of tenants. Set up a simple database for each tenant with spaces for the following information:

- address or unit number
- move-in date
- home phone number
- name, address, and phone number of employer
- credit information, including up-to-date information as to where tenant banks
- monthly rent amount and rent due date
- amount and purpose of deposits plus any information your state requires on location of deposit and interest payments
- vehicle make, model, color, year, and license plate number
- emergency contacts, and
- whatever else is important to you.

Once you enter the information into your database, you can sort the list by address or other variables and easily print labels for rent increases or other notices.

There are several commercial computer programs that allow you to keep track of every aspect of your business, from the tracking of rents to the follow-up on repair requests. Especially if you own many rental properties, these programs are well worth the cost.

2. How to Handle Credit Reports

Under federal law, you must take special care that credit reports (and any information stored elsewhere that is derived from credit reports) are stored in a secure place where no one but those who "need to know" has access. ("Disposal Rule" of the Fair and Accurate Credit Transactions Act of 2003, known as the FACT Act, 69 Fed. Reg. 68690.) In addition, you must dispose of such records when you're done with them, by burning them or using a shredder. This portion of the FACT Act was passed in order to combat the increasing reports of identity theft. It applies to every landlord who pulls a credit report, no matter how small your operation. The Federal Trade Commission, which interprets the Act, encourages you to similarly safeguard and dispose of *any* record that contains a tenant's or applicant's personal or financial information. This would include the rental application itself, as well as any notes you make that include such information.

Implementing the Disposal Rule will require some effort and follow-through, though it need not be a burdensome chore. Follow these suggestions:

- **Maintain applicant, tenant, and employee files in a locked cabinet.** This is a good practice for many reasons. Only you and your manager should have access to these files.

- **Determine when you no longer have a legitimate business reason to keep an applicant's credit report.** The Act requires you to dispose of credit reports or any information taken from them when you no longer need them. Unfortunately, you may need these reports long after you've rejected or accepted an applicant—they may be essential in refuting a fair housing claim. Under federal law, such claims must be filed within two years of the claimed discrimination, but some states set longer periods. Keep the records at least two

years, and longer if your state gives plaintiffs extra time.

- **Establish a system for purging old credit reports.** Don't rely on haphazard file purges to keep you legal when it comes to destroying old reports. Establish a purge date for every applicant for whom you pull a report and use a tickle system.

- **Choose an effective purging method.** The Disposal Rule requires you to choose a level of document destruction that is reasonable in the context of your business. For example, a landlord with a few rentals would do just fine with an inexpensive shredder, but a multi-property operation might want to contract with a shredding service.

- **Don't forget computer files.** Reports stored on your computer or PDA (such as a BlackBerry), or information derived from them, must also be kept secure and deleted when no longer needed. Purchase a utility that will "wipe" the data completely—that is, a program that will delete not only the directory, but the text as well.

The Disposal Rule comes with teeth for those who willfully disregard it—that is, for those who know about the law and how to comply but who deliberately refuse to do so. You could be liable for a tenant's actual damages (say, the cost of covering a portion of a credit card's unauthorized use), or damages per violation of between $100 and $1,000, plus the tenant's attorney fees and costs of suit, plus punitive damages. The FTC and state counterparts can also enforce the Act and impose fines.

3. How to Respond to Security Breaches

Despite your best efforts, information about your tenants may become lost or stolen. If you lose a laptop, become prey to a computer hacker, or suffer the consequences of a dishonest employee, sensitive identifying information about residents and applicants may result in their identify theft. About half the states require landlords (and anyone keeping consumers' sensitive information) to promptly notify consumers when a theft or loss of Social Security numbers, drivers' license numbers, or account details occurs, so that the victims can take prompt action. Similar federal legislation is in the works. Even if your state does not impose disclosure requirements, it's good business practice to do so.

The Federal Trade Commission gives excellent guidance on how to alert applicants and residents if you experience a security breach. Go to www.consumer.gov/idtheft, and look for the article, "Information Compromise and the Risk of Identity Theft." (Or, just type that title into your browser's search box.) You'll also find a model notification letter to send tenants. If your state has its own notification requirements, you'll need to comply with them, too. Contact your state's office of consumer affairs. You can find yours at www.consumeraction.gov.

F. Organize Income and Expenses for Schedule E

If you file IRS Form 1040 to pay your taxes, you'll report your rental property income and expenses on Schedule E. The Schedule is relatively simple: For each address (which may include multiple rental units), you report the year's rent and list enumerated expenses (Schedule E is reproduced below). You can download a fillable version of Schedule E by going to the IRS website (www.irs.gov) and typing "Schedule E" in the Forms and Publications search box.

A quick glance at the schedule suggests how you might keep track of rental income and expenses so that you can complete it easily at tax time. If you're partial to paper and file folders, gather one folder for every rental property address. If you have many properties, identify each as Property A, Property B, and so on, to correspond to the columns on Schedule E. Inside, place a ledger, with column headers corresponding to the lines on Schedule E. For example, the first column will be "3: Rent," the second, "5: Advertising," and so on. Use the rows to place your dated entries. When you prepare your taxes, you can sum up the entries in your columns and easily transfer the information. A portion of a sample ledger is shown below.

You can accomplish the same end by using your computer. Design a master spreadsheet with interior sheets for each rental property address. Again, label the columns according to the lines on Schedule E, and add the information as it comes along.

For detailed information on completing Schedule E, and valuable tax advice in general for landlords, see *Every Landlord's Tax Deduction Guide*, by Stephen Fishman (Nolo).

Sample Schedule E Ledger

Rental Property: 1256 Fourteenth Street, San Ardo, Arizona (Units 1 and 2)
Schedule E Property: A

Date	3: Rent	5: Advertising	6: Auto & Travel	7: Cleaning & Maintenance
May 5, 200x		$45.50		
June 1, 200x	$1,200			
December 2, 200x				$500

SCHEDULE E
(Form 1040)

Department of the Treasury
Internal Revenue Service (99)

Supplemental Income and Loss

(From rental real estate, royalties, partnerships,
S corporations, estates, trusts, REMICs, etc.)

► **Attach to Form 1040 or Form 1041.**   ► **See Instructions for Schedule E (Form 1040).**

OMB No. 1545-0074

2005

Attachment
Sequence No. **13**

Name(s) shown on return

Your social security number

Part I   **Income or Loss From Rental Real Estate and Royalties**   **Note.** If you are in the business of renting personal property, use **Schedule C** or **C-EZ** (see page E-3). Report farm rental income or loss from **Form 4835** on page 2, line 40.

1 List the type and location of each **rental real estate property:**

A ....

B ....

C ....

2 For each rental real estate property listed on line 1, did you or your family use it during the tax year for personal purposes for more than the greater of:
- 14 days **or**
- 10% of the total days rented at fair rental value?
(See page E-3.)

	Yes	No
A		
B		
C		

Income:

			Properties			Totals
			A	B	C	(Add columns A, B, and C.)
3	Rents received	3				3
4	Royalties received	4				4

Expenses:

5	Advertising	5				
6	Auto and travel (see page E-4). .	6				
7	Cleaning and maintenance . . .	7				
8	Commissions	8				
9	Insurance	9				
10	Legal and other professional fees	10				
11	Management fees	11				
12	Mortgage interest paid to banks, etc. (see page E-4)	12				12
13	Other interest	13				
14	Repairs	14				
15	Supplies	15				
16	Taxes	16				
17	Utilities	17				
18	Other (list) ►.............	18				
19	Add lines 5 through 18	19				19
20	Depreciation expense or depletion (see page E-4)	20				20
21	Total expenses. Add lines 19 and 20	21				
22	Income or (loss) from rental real estate or royalty properties. Subtract line 21 from line 3 (rents) or line 4 (royalties). If the result is a (loss), see page E-5 to find out if you must file **Form 6198** . .	22				
23	Deductible rental real estate loss. **Caution.** Your rental real estate loss on line 22 may be limited. See page E-5 to find out if you must file **Form 8582.** Real estate professionals must complete line 43 on page 2	23	( )( )( )			
24	**Income.** Add positive amounts shown on line 22. **Do not** include any losses				24	
25	**Losses.** Add royalty losses from line 22 and rental real estate losses from line 23. Enter total losses here				25	( )
26	**Total rental real estate and royalty income or (loss).** Combine lines 24 and 25. Enter the result here. If Parts II, III, IV, and line 40 on page 2 do not apply to you, also enter this amount on Form 1040, line 17. Otherwise, include this amount in the total on line 41 on page 2				26	

For Paperwork Reduction Act Notice, see page E-7 of the instructions.   Cat. No. 11344L   **Schedule E (Form 1040) 2005**

Cotenants, Sublets, and Assignments

A. Cotenants 164

    1. Obligation for Rent... 164

    2. Violations of the Lease or Rental Agreement 165

    3. Disagreements Among Cotenants... 166

    4. Domestic Violence Situations 168

    5. When a Cotenant Leaves 168

B. What to Do When a Tenant Wants to Sublet or Assign 169

    1. Create a New Tenancy 169

    2. Allow a Sublet or Assignment 171

C. When a Tenant Brings in a Roommate 175

    1. Giving Permission for a New Roommate 175

    2. Preparing a New Rental Agreement or Lease 175

    3. Raising the Rent... 175

D. Guests and New Occupants You Haven't Approved 178

Conscientious landlords go to a lot of trouble to screen prospective tenants. However, all your sensible precautions will be of little avail if unapproved tenants simply move in at the invitation of existing tenants. Not only is it possible that you'll have difficulty getting these tenants to pay rent or maintain the rental unit, but if they fail to do so, you may have an extra tough time evicting them.

This chapter helps you analyze your options when your tenant asks questions like these:

- "Can I sublet my apartment?"
- "May I get someone else to take over the rest of my lease?"
- "Is it okay if I move in a roommate?"

We also advise you on what to do when your tenant attempts to do any of the above *without* consulting you. Because, as with so many of life's problematic situations, the best defense is a good offense, we prepare you in advance for these situations by suggesting that you protect your interests from the outset by using lease clauses that limit occupants and require your permission for subleasing or assigning. In particular, this chapter explains:

- why everyone living in a rental unit should sign a lease or rental agreement
- the legal differences between sublets and assignments
- your right (and legal and practical limitations) to prohibit sublets and assignments
- how to add a tenant to an existing tenancy, and
- how to deal with repeated overnight guests.

Related topics covered in this book include:

- Limiting how long tenants' guests may stay: Chapter 2 (Clause 3)
- Requiring your written consent in advance for any sublet or assignment of the lease or rental agreement, or for any additional people to move in: Chapter 2 (Clauses 1, 3, and 10)

- Your duty to rerent the property if a tenant neither sublets nor assigns, but simply breaks the lease: Chapter 14
- Returning security deposits when one tenant leaves but the others stay: Chapter 15.

New York tenants have special rights. By virtue of New York's Roommates Law (RPL § 235-f), New York tenants have the right to bring in certain additional roommates without obtaining the landlord's prior approval and subject only to any applicable local laws on overcrowding. If you own rental property in New York, be sure you understand this law before setting restrictions on tenants and roommates.

A. Cotenants

When two or more people rent property together, and all sign the same rental agreement or lease—or enter into the same oral rental agreement and move in at the same time—they are cotenants. Each cotenant shares the same rights and responsibilities for the rent and other terms of the lease or rental agreement. In addition, each cotenant is legally responsible to the landlord to carry out all of the terms of the lease, including being obligated to pay the entire rent and 100% of any damages to the premises if the others fail to pay their share.

1. Obligation for Rent

Among themselves, cotenants may split the rent equally or unequally, depending on their own personal arrangement. However, any cotenant who signs a lease or rental agreement with you is independently liable for all of the rent. Landlords often remind cotenants of this obligation by inserting into the lease a chunk of legalese which says that the tenants are "jointly and severally" liable for paying rent and adhering to terms of the agreement (see "Joint and Several Liability," below). If one tenant can't pay his share a particular month or simply moves out, the other tenant(s) must still pay the full rent during the rental period.

Joint and Several Liability

"Joint and several" refers to the sharing of obligations and liabilities among two or more people—both as a group and as individuals. When two or more tenants are "jointly and severally liable," you can choose to hold all of them, or just one of them, responsible to pay rent and to abide by the rules of the tenancy.

That means you may demand the entire rent from just one tenant should the others skip out, or evict all of the tenants even if just one has broken the terms of the lease.

Clause 1 of the form lease and rental agreements in Chapter 2 makes cotenants jointly and severally liable. Cotenants are jointly and severally liable for rent and other obligations—even if your lease or rental agreement does not include this clause. Nonetheless, we recommend you include a "jointly and severally liable" clause to alert tenants to this responsibility.

EXAMPLE: James and Helen sign a month-to-month rental agreement for an $800 apartment rented by Blue Oak Properties. They agree between themselves to each pay half of the rent. After three months, James moves out without notifying Helen or Blue Oak. As one of two cotenants, Helen is still legally obligated to pay Blue Oak all the rent (although she might be able to recover James's share by suing him).

Blue Oak has four options if Helen can't pay the rent:

- Blue Oak can give Helen a written notice to pay up or leave (called a Notice to Pay Rent or Quit in most states), and follow through with an eviction lawsuit if Helen fails to pay the entire rent or move within the required amount of time (usually three to five days).
- If Helen offers to pay part of the rent, Blue Oak can legally accept it, but should make it clear that Helen is still responsible for the entire rent. It's important to make this clear, since it's common for one cotenant to offer only "my portion" of the rent, when in fact each cotenant (roommate) is liable for the entire rent. (See Chapter 3 for a discussion of accepting partial rent payments.)
- If Helen wants to stay and finds a new cotenant with a decent credit history, Blue Oak may not be able to withhold its approval of the new person and still hold Helen to her obligation to pay 100% of the rent. If Blue Oak accepts a new person, it should, however, have him become a cotenant by signing a rental agreement. (See Section B, below.)
- If Helen wants to stay and proposes a cotenant who proves to be unacceptable to Blue Oak (because the applicant does not meet Blue Oak's usual credit or income specifications for every new tenant), Blue Oak may say "No" and evict Helen if Helen is unable to pay the entire rent.

2. Violations of the Lease or Rental Agreement

In addition to paying rent, each tenant is responsible for any cotenant's action that violates any term of the lease or rental agreement—for example, each cotenant is liable if one of them seriously damages the property or moves in an extra roommate or a dog contrary to the lease or rental agreement. This means you can hold all cotenants responsible and can terminate the entire tenancy with the appropriate notice, even though some of the cotenants objected to the dog or weren't consulted by the prime offender.

If you must evict a tenant for a breach other than for nonpayment of rent (in which case you would evict all the tenants), you must decide whether to evict only the offending cotenant or all of them. Your decision will depend on the circumstances. You have no legal obligation to evict a blameless cotenant (for example, one who has no control over a dog-owning cotenant). Practically, of course, you'll want to be sure the innocent tenant can still shoulder the rent after his problem roommate is gone. On the other hand, because cotenants are "jointly and severally liable" (see Section 1, above) you also have the legal right to evict all cotenants (even those who claim not to have caused the difficulty) and start over. Chapter 17 provides an overview of evictions.

Special Rules for Married Couples

We strongly recommend that everyone who lives in a rental unit—including both members of a married couple—be required to sign the lease or rental agreement. This underscores your expectation that each individual is responsible ("jointly and severally liable") for the rent and the proper use of the rental property.

If, however, you neglect to have either the husband or wife sign the lease, that person may still be directly responsible to you. That's because, in some states, a spouse is financially responsible for the necessities of life of the other, including rent.

But rather than counting on your state's law for protection, just put both names on the lease or rental agreement and make them each cotenants. (And, if one of your tenants gets married during the lease term, prepare a new agreement and have both bride and groom sign it.)

3. Disagreements Among Cotenants

Usually, cotenants make only an oral agreement among themselves concerning how they will split the rent, occupy bedrooms, and generally share their joint living space. For all sorts of reasons, roommate arrangements may go awry. If you have been a landlord for a while, you surely know all about cotenants who play the stereo too loud, are slobs, pay their share of the rent late, have too many overnight guests or create some other problem that their roommates can't abide. If the situation gets bad enough, the tenants may start arguing about who should leave, whether one cotenant can keep

another out of the apartment, or who is responsible for what part of the rent.

The best advice we can give landlords who face serious disagreements among cotenants is this: Don't get involved in spats between cotenants, as a mediator or otherwise. The reasons for our advice are both practical and legal.

On the practical side, you probably do not have the time to get to the bottom of financial or personal disputes; and, even if you do, you have no ability to enforce any decisions among your tenants. (How could you enforce a ruling that one tenant must occupy the smaller of the two bedrooms?)

On the legal side, too, you are largely helpless. For example, you cannot threaten eviction if a tenant violates an agreement with the other tenant and occupies the larger bedroom, unless you put that particular "offense" into the lease as a ground for eviction. And since it's impossible to design a lease that will predict and list every possible roommate disagreement, attempting to use a legal solution will be of little help.

If one or more cotenants approach you about a dispute, explain that they must resolve any disagreements among themselves. Remind them that they are each legally obligated to pay the entire rent, and that you are not affected by any rent-sharing agreements they have made among themselves. If one cotenant asks you to change the locks to keep another cotenant out, tell the tenant that you cannot legally do that—unless a court has issued an order that the particular tenant stay out.

The wisdom of remaining aloof during tenants' squabbles stops at the point that you fear for the physical safety of one of your tenants. Call the police immediately if you hear or witness violence between tenants, or if a reliable source tells you about it. If you have any reasonable factual basis to believe that a tenant intends to harm another tenant, you may also have a legal duty to warn the intended victim (who probably already knows) and begin proceedings to evict the aggressor. Failure to sensibly intervene where violence is threatened might result in a finding of liability if the aggressor carries through with the threat. (See a related discussion of assaults by one tenant against another tenant in Chapter 12. The fact that the parties are cotenants instead of

When Couples Separate

Landlords need to be alert to the special emotional and possibly legal situations presented by a couple who rent the premises together and undergo a nasty break-up. Whether they are married or living together, dealing with feuding lovers is never easy. Here are some issues to consider:

- Especially if the couple is married, one tenant may not have the legal right to deprive the other of a place to live without a court order. If violence—or even the threat of it—is involved, the fearful spouse (usually the woman) is entitled to get a quick court order restraining the other partner from coming near her, either as part of a divorce filing or, in some states, separately. To help facilitate this, you might check out how to get a restraining order (there is usually a nonlawyer procedure) and make this information available to affected tenants. For advice, call the police department, your local courthouse, a women's shelter, or an advocacy organization for women.

- If one married tenant changes the locks without your consent to keep the other out, you probably have no legal liability. (If your lease or rental agreement—like the one in this book—prohibits changing the locks without the landlord's permission, you probably have grounds for eviction.) But you should not normally participate in acts that will keep one member of a married couple out (say, by changing the locks yourself) without a court restraining order, which specifically bars the other member of the couple from coming near the remaining tenant.

- When it comes to unmarried couples, you should know if your state or municipality grants any legal status to long-term relationships between people who are not married (these can take the form of either common law marriages or domestic partner laws). If so, the law may treat people in these relationships similarly to married couples.

- When unmarried couples—whether of the same or opposite sex—separate, the law treats them as roommates. But in many states, a fearful member of an unmarried couple can qualify for a civil restraining order banning the other from the joint home, using a procedure similar to that available to married couples.

tenants in different rental units would be immaterial to a court when determining liability.)

In the meantime, if one tenant fears violence from a cotenant, consider taking the following steps:

- Suggest mediation if you think there is a potential for a reasoned resolution. (Chapter 16 discusses how to find low-cost local mediation services.)

- Contact the local police department or court clerk's office on behalf of the intended victim for information on obtaining a temporary restraining order, and urge the victim to apply for one. If the judge decides that the situation merits it, he or she will issue an order forbidding the aggressor tenant from coming near the other.

- Evict the aggressor or all cotenants on the lease. If you choose to allow a blameless tenant to stay, keep in mind that the remaining tenant's ability to pay the rent may be severely curtailed by the absence of a paying cotenant.

EXAMPLE: Andy and his roommate Bill began their tenancy on friendly terms. Unfortunately, it soon became clear that their personal habits were completely at odds. Their arguments regarding housekeeping, guests, and their financial obligations to contribute to the rent escalated to a physical fight. As a result, they each asked their landlord, Anita, to evict the other.

After listening to Andy's and Bill's complaints, Anita referred them to a local mediation service, and they agreed to participate. The mediator's influence worked for a while, but Andy and Bill were soon back at loud, unpleasant shouting matches. Anita initiated eviction proceedings against both, on the grounds that their disruptive behavior interfered with the rights of the other tenants to the quiet enjoyment of their homes.

4. Domestic Violence Situations

States have begun to extend special protections to victims of domestic violence. If you are responding to a problematic rental situation that involves domestic violence, proceed cautiously and check first with local law enforcement or a battered women's shelter regarding special laws that may apply. You may find rules like the following:

- **Antidiscrimination status.** Rhode Island has made it illegal to discriminate against someone who is a victim of domestic violence. (R.I. Gen. Laws § 34-37-2.4.) This means that landlords cannot refuse to rent (or terminate) solely because the person is a victim of domestic violence. (See Chapter 5 for complete information on discrimination.)

- **Early termination rights.** In Washington, tenant victims who have reported domestic violence, stalking, or sexual assaults (or who have protective orders) may terminate without giving the usual amount of notice. (Wash. Rev. Code Ann. §§ 59.18.600 and following.) In Oregon, they can terminate with 14 days' notice. (Ore. Rev. Stat. Ann. §§ 90.453 and following.) In North Carolina, landlords must change the locks to protect a resident tenant when shown a court order directing a perpetrator to stay away. (N.C. Gen. Stat. § 42-42-3.)

- **Limits on rental clauses.** In Arizona, landlords cannot include clauses providing for termination in the event of a tenant's call for police help in a domestic violence situation, nor can landlords make tenants pay for the cost of such calls. (Ariz. Rev. Stat. § 33-1315.) Colorado also prohibits such clauses. (Col. Rev. Stat. § 38-12-402.)

- **Three-day notice exceptions.** Iowa gives victims who have secured a restraining order (or reported the violence) some relief from a three-day termination notice. (Iowa Code Ann. § 562A/27A.1.)

5. When a Cotenant Leaves

When a cotenant leaves and someone is proposed as a substitute, you want three things to happen:

- The departing tenant should sign a Landlord-Tenant Agreement to Terminate Lease (shown below).
- You should investigate the proposed new tenant, beginning with the application process (like any new tenancy).
- The remaining tenant(s), including the replacement tenant, should sign a new lease or rental agreement.

These steps are all discussed in Section B, below.

There are three reasons for formally "resetting the stage" this way: (1) to ensure that you continue to receive the entire rent, (2) to ensure that any new tenant meets your criteria for selecting tenants, and (3) to avoid the specter of the return—or attempted return—of the departed tenant who claims that he never *really* intended to leave.

The rent. Although the departing tenant will still be technically liable for the rent until you formally release him from the lease or rental agreement (except where he has given timely written notice), this may not be worth much if he has left for parts unknown. And, although the remaining tenants (individually and as a group) are liable for the rent, too, they may not be able (or willing) to pay the departing tenant's share. You are almost always better off signing a lease with a new tenant if he is acceptable. (Section B, below, discusses this in detail.)

Who is entitled to live in the rental unit. As an added advantage, formally terminating a cotenant's lease or rental agreement and preparing a new one, signed by the remaining tenant(s) and any replacement tenant, will make it clear that the outgoing tenant is no longer entitled to possession of the property. Although you do not want to become entangled in your tenants' personal lives, you also want to avoid being dragged into disputes regarding who is entitled to a key and the use of your rental property.

But what happens if, despite your vigilance, a new tenant moves in without your permission who isn't acceptable to you? Assuming you see no reason to change your mind, you have a right to evict all cotenants under the terms of the clause in your lease or rental agreement that prohibits unauthorized sublets. (See Section D, below.)

B. What to Do When a Tenant Wants to Sublet or Assign

Ideally, you want to rent to tenants who will stay a long time, or at least the entire term of the lease. But, despite your best efforts, you will encounter tenants who, for various reasons such as a job-related move, will want to leave before the expiration of their lease. Sometimes, of course, these tenants simply disappear. Other tenants, out of regard for their promise, or to recover as much as possible of their deposit, or maybe just out of concern that you will pursue them or damage their credit rating, will want to leave "legally" by supplying a stand-in for the balance of the term.

What should you do if a tenant approaches you with a request to move out, substituting another tenant in her place? Because our lease and rental agreements (Clause 10) prohibit sublets or assignments without your written consent, you have some flexibility. This section discusses your options.

1. Create a New Tenancy

In most situations, your best bet when confronted with a tenant who wants to sublease or assign is to simply insist that the tenancy terminate and a new one begin—with the proposed "subtenant" or "assignee" as the new prime tenant.

Suppose a tenant wants to sublet her apartment for six months while she is out of the area, or assign the last four months of her lease because she has to move for employment reasons. If the proposed new tenant passes your standard screening process, agree to take the tenant—on the condition that the proposed new tenant sign a new lease and become a prime tenant. This gives you the most direct legal relationship with the substitute. In other words, simply treat your tenant's wish to sublet or assign as a wish to get out from under the lease early, with a candidate for the next occupant at the ready.

The way to accomplish this is to first release your original tenant from her obligations under the lease (see the sample Landlord-Tenant Agreement to Terminate Lease, below). Then, begin the new tenancy with the substitute in the same way that you begin any tenancy: sign a lease, present a move-in letter, and so on.

What are the pros and cons of this approach as compared to accepting a subtenancy or assignment? Here are a few:

- **Subtenancy.** If you allow a subtenancy, you have no direct legal relationship with the new tenant. (See Section 2, below.) Practically, this means that if you should need to sue her for damage to the property or failure to pay rent, you cannot do it directly; you must involve the original tenant.

- **Assignment.** If you allow the tenant to assign the lease, the new tenant (the assignee) steps into the original tenant's legal shoes and (unlike a subtenant) has a complete legal relationship with you. In short, you can take legal action directly against the assignee in any dispute. In addition, you get one significant advantage: If the new tenant fails to pay the rent, the old one is still legally responsible to do so. (See Section 2, below.) So why prefer a new tenancy? Simply because insisting on a regular tenancy will do away with any misunderstanding about who is liable. If disagreements later arise concerning liability for damages or rent, the new tenant knows exactly where she stands.

The sample Landlord-Tenant Agreement to Terminate Lease below will terminate the original tenancy so that you can rent the property to the new tenant. Then, if and when the first tenant wants to return and the second voluntarily leaves, you can again rent to the first, using a new lease.

You will find a Landlord-Tenant Agreement to Terminate Lease on the Forms CD and a blank tear-out copy in Appendix C.

In most cases, tenants should be happy that you're letting them off the hook. But what if the original tenant really does want to return and is uneasy about having you rent to the new tenant directly, because he fears the second person may not honor her promise to leave? Your answer should normally be a polite version of "That's your problem." Think of it this way: Your tenant is admitting that he doesn't completely trust the new tenant to move out on

demand, even though he selected her. You don't want to be in the middle of this type of situation. It's better that the original tenant bear the brunt of any problem—if there is one—than you.

Only Landlords Can Evict Tenants

A cotenant may not terminate another cotenant's tenancy. Termination and eviction are available only to landlords.

But a tenant who rents out part of his premises to another (called a subtenant) has considerably more power. If you allow this kind of subtenancy, realize that you have allowed your tenant to be a "landlord" as well (he's your tenant *and* the subtenant's landlord). And in his role as landlord to a subtenant, he *does* have the right to terminate and evict the subtenant.

Most owners want to control when and if the local police show up on their property to enforce eviction decrees. For this reason alone, it behooves you to prohibit "tenancies within tenancies" by insisting that every occupant become a full-fledged cotenant.

Landlord-Tenant Agreement to Terminate Lease

Robert Chin _____ [Landlord]

and _Carl Mosk_ _____

[Tenant] agree that the lease they entered into on _November 1, 200X_ _____, for premises at

56 Alpine Terrace, Hamilton, Tennessee _____, will terminate on

January 5, 200X _____.

Robert Chin _____   _December 28, 200X_ _____
Landlord/Manager   Date

Carl Mosk _____   _December 28, 200X_ _____
Tenant   Date

Common Terms

Prime tenant. We use this term to refer to the original tenant—someone you chose from a pool of applicants and who has signed a lease or rental agreement. This is our shortcut term—it has no legal meaning.

Here are common terms that do have accepted, legal meaning.

Tenant. Someone who has signed a lease or a rental contract, or who has gained the status of a tenant because the landlord has accepted his presence on the property or has accepted rent from him. A tenant has a legal relationship with the landlord that creates various rights and responsibilities for both parties.

Cotenants. Two or more tenants who rent the same property under the same lease or rental agreement. As far as the landlord is concerned, each is 100% responsible for carrying out the agreement (in legal slang, "jointly and severally liable"), including paying all the rent. (See Section A, above.)

Subtenant. Someone who subleases (rents) all or part of the premises from a tenant (not from the landlord).

Assignment. The transfer by a tenant of all his rights of tenancy to another tenant (the "assignee"). Unlike a subtenant, an assignee rents directly from the landlord.

Roommates. Two or more people, usually unrelated, living under the same roof and sharing rent and expenses. (See Section C, below.) A roommate is usually a cotenant, but in some situations may be a subtenant.

2. Allow a Sublet or Assignment

Although you are almost always better off starting a new, independent tenancy with a proposed stand-in tenant, there are situations in which you may want to agree to a subtenancy or assignment.

Cotenants Can Sublet and Assign, Too

The legal principles that apply to tenants who want to sublet or assign also apply to a cotenant who wants to do the same thing. For example, it is not unusual for one of several roommates to want to sublet for a period of time, or assign the remainder of the lease. If you followed our advice and insisted that all roommates be official cotenants on the lease, you are well-positioned to react to the cotenant's request, just as you would if the request came from a lone tenant.

You might, for example, want to accommodate—and keep—an exceptional, long-term tenant who has every intention of returning and whose judgment and integrity you have always trusted. If the proposed stand-in meets your normal tenant criteria, you may decide that it is worth the risk of a subtenancy or assignment in order to keep the prime tenant.

Another good reason is a desire to have a sure source of funds in the background. This might come up if you have a prime tenant who is financially sound and trustworthy, but a proposed stand-in who is less secure but acceptable in every other respect. By agreeing to a sublet or assignment, you have someone in the background (the prime tenant) still responsible for the rent. The risk you incur by agreeing to set up a subtenancy or assignment and the hassle that comes with dealing with more than one person may be worth what you gain in keeping a sure and reliable source of funds on the hook.

EXAMPLE: The Smith family rented a duplex for a term of two years but, after 18 months, the father's employer transferred him to another city. Mr. Smith asked Bob, the landlord, to agree to an assignment of the balance of the lease to Mr. Smith's 19-year-old son, who wanted to finish out his school year at the local college. Knowing that the son was a decent and conscientious young man, Bob agreed, but did not insist that Mr. Smith terminate his tenancy.

Bob realized that keeping Dad in the picture was insurance against the unlikely but possible event that the son would not be able to keep up with the rental payments. Another way Bob could accomplish this same goal would be to end the old lease and create a new one with Mr. Smith's son, but require that Dad also sign it as a guarantor. (See discussion of cosigners in Chapter 2.)

If you would prefer not to allow a subtenancy or assignment, but the original tenant presses you, don't reject a proposed subtenant or assignee unless you have a good business reason. In a few states, including California and Florida, you may not unreasonably withhold your consent when asked to allow a sublet or assignment, no matter what the lease or rental agreement says. In broad terms, this requirement means that you must use the same criteria in evaluating the proposed stand-in that you used when choosing the prime tenant.

You can stay out of trouble by evaluating the proposed tenant by exactly the same standards that you use in evaluating any other new tenant: financial stability, credit history, references, and other criteria described in Chapter 1. If the would-be subtenant or assignee passes your tests, great; rent to him or her. If he fails the test that you apply to all potential tenants, you will be legally justified in saying no.

Then, if the prime tenant goes ahead and breaks the lease, leaving you with lost rents and rerental expenses, you can sue. You should be able to show a judge that you fairly considered (but objectively rejected) the proposed new tenant as part of your duty to try to limit (mitigate) your losses. But if the prime tenant convinces the judge that you unreasonably turned down an acceptable substitute tenant, chances are you'll lose.

Don't discriminate illegally. If you turn down a proposed subtenant or assignee for an illegal reason (racial discrimination, for example), you are vulnerable to a lawsuit under federal laws and some state and local laws. (See Chapter 5 for an extended discussion of illegal discrimination.)

Comparing Subleases and Assignments		
	Sublease	**Assignment**
Rent	New tenant (subtenant) is liable to the prime tenant, not to the landlord. Prime tenant is liable to landlord.	New tenant (assignee) is liable to the landlord. Old tenant is liable if new tenant doesn't pay.
Damage to premises	Prime tenant is liable for damage caused by new tenant.	Absent an agreement to the contrary, prime tenant is not liable for damage caused by new tenant.
Violations of lease	Landlord can't sue new tenant for money losses caused by violating lease, because new tenant never signed lease. New tenant can't sue landlord for lease violations, either.	New tenant and landlord are bound by all terms in lease except those that were purely personal to the landlord or old tenant.
Eviction	Landlord can sue to evict new tenant for any reason old tenant could have been evicted. But to evict subtenant, landlord must also evict old tenant.	Landlord can sue to evict new tenant for any reason old tenant could have been evicted.

a. Sublets

A *subtenant* is someone who rents all or part of the property from a tenant and does not sign a rental agreement or lease with you. A subtenant either:

- rents (sublets) an entire dwelling from a tenant who moves out temporarily—for example, for the summer, or
- rents one or more rooms from the tenant, who continues to live in the unit. (See Section C discussion of roommates, below.)

The key to subtenant relationships is that the original tenant retains the primary relationship with you and continues to exercise some control over the rental property, either by occupying part of the unit or by reserving the right to retake possession at a later date. The prime tenant functions as the subtenant's landlord. The subtenant is responsible to the prime tenant for the rent, which is usually whatever figure they have agreed to between themselves. The prime tenant, in turn, is responsible to the landlord for the rent. The written or oral agreement by which a tenant rents to a subtenant is called a *sublease*, because it is under the primary lease.

Subtenancies are often a pain in the neck for landlords. Besides the obvious hassles of dealing with people coming and going, landlords in some states are limited by law to the kinds of lawsuits they can bring against subtenants. In these states, and for reasons that stretch back to age-old principles of English law, landlords and subtenants can sue each other to correct behavior that is contrary to the lease, but they cannot sue for money damages. This means, for instance, that a subtenant may go to court to force you to maintain habitable housing, but you could not sue that subtenant for money damages if he left the place a mess and the security deposit was insufficient to cover your loss (you would have to sue the original tenant). If you have an excellent long-term tenant who really wants to return after subleasing for a few months, you may want to risk it.

! **Don't accept rent from a subtenant.** Repeatedly taking rent from a subtenant, plus taking other actions that indicate that you have basically forgotten about the prime tenant, might turn a subtenancy into a tenancy—and take the prime tenant off the hook for rent.

Leases vs. Rental Agreements

Our discussion of subleasing and assigning assumes that there is an underlying lease for a term of one year or more. If there is a long amount of time remaining on a lease, both landlord and tenant will be very concerned about a number of issues, including a tenant's obligation for remaining rent and the landlord's duty to find a new tenant and limit (mitigate) his losses.

By contrast, a month-to-month tenancy lasts no more than 30 days. When a tenant wants to leave before the end of the 30 days (to sublet and return, say, on day 28, or to assign the rental agreement and not return at all), the short amount of time (and rent money) remaining on the rental agreement may make a landlord less willing to accept the substitute.

You should not be any less thorough in checking the background of a proposed subtenant or assignee of a rental agreement, however. In theory, the amount of money at stake may be less than that involved in a lease, since the tenancy usually can be terminated with 30 days' notice for any reason. In reality, however, other considerations (such as the health and safety of other tenants, or the possibility of accepting a tenacious bad apple who proves difficult and expensive to evict) suggest the need for the same background checking that is used in evaluating any new tenant. (Chapter 1 discusses how to screen tenants.)

b. Assignments

From a landlord's point of view, assignments are usually preferable to subleases. With an assignment, you have more control over the tenant, because you have a direct legal relationship with the assignee.

An *assignee* is a person to whom the prime tenant has turned over the entire lease. In most states, this means simply that the prime tenant has moved out permanently. The assignee not only moves into the premises formerly occupied by the prime tenant, but into her legal shoes, as well. Unlike a subtenant, whose legal relationship is with the prime tenant, not you, the assignee rents directly from you. If things go wrong with respect to behavior or money matters under the lease, the assignee can sue or be sued by the landlord.

Assignment doesn't, however, completely sever the legal relationship between you and the original tenant. Oddly enough, the original tenant remains responsible for the rent if the assignee fails to pay. Absent an agreement to the contrary, however, the prime tenant is not liable for damage to the premises caused by the assignee. (The Consent to Assignment of Lease form, discussed below, protects you by incorporating this promise.)

Generally, the landlord and assignee are bound by promises made in the lease signed by the original tenant. For example, the lease provision in which the landlord agreed to return the security deposit in a certain manner is still in effect; it now benefits the assignee. And the assignee must honor the previous tenant's promise to abide by the lease's noise rules and use restrictions. Only in very unusual situations, where a lease provision is purely personal, is it not transferred. For example, a promise by a tenant to do a landlord's housekeeping in exchange for a rent reduction would not automatically pass to an assignee.

Liability for injuries remains the same. If a subtenant or assignee is injured on your property, the question of whether you are liable will be the same as if the injured person were the original tenant. Chapters 10, 11, and 12 discuss liability-related issues.

Laws That Lock In the Tenant

Legislatures in some states have tried to protect landlords from tenants who want to break a lease. In California, for example, the landlord can "lock in" the tenant—that is, continue to legally expect rent to be paid as it comes due without the duty to look for another tenant. (During this time, the landlord must not "retake" the property, so that the original tenant can, at any time during the lease term, come back.)

Two conditions are necessary before a California landlord may "lock in" a tenant:

- The lease must include a provision that the landlord will not unreasonably withhold consent to an assignment.
- The tenant must have abandoned the lease without producing an acceptable substitute.

While this sounds good, it has big practical limitations. The biggest one is leaving the property vacant while you track down, sue, and collect from the departing tenant. Most owners would rather collect rent from a good current tenant than someone far away, who may be difficult, if not impossible, to sue. So, despite this law, a lease-breaking tenant usually escapes with everything but the deposit.

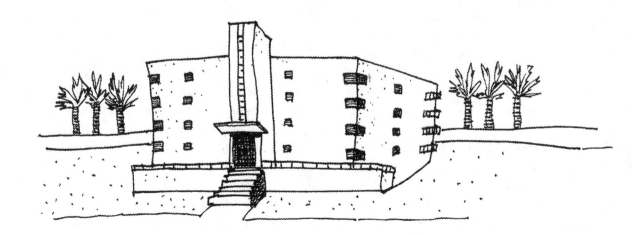

How to Assign a Lease

Typically, to accomplish an assignment the landlord and the tenant write "Assigned to John Doe" on the lease at each place where the prime tenant's name appears. The new tenant, John Doe, then signs at each place where the original tenant signed. If this is all that's done, the prime tenant remains liable for the rent, but not for damage to the property.

We suggest that a formal "Consent to Assignment of Lease" document also be used, such as the sample shown below. Using this form protects you in two additional respects:

- It educates the prime tenant to the fact that he will remain liable for the rent if the assignee defaults.
- It obligates the prime tenant to cover damages to the property beyond normal wear and tear if the assignee refuses or is unable to do so.

You will find a Consent to Assignment of Lease form on the Forms CD and a blank tear-out copy in Appendix C.

C. When a Tenant Brings in a Roommate

Suppose now that love (or poverty) strikes your tenant and he wants to move in a roommate. Assuming your lease or rental agreement restricts the number of people who can occupy the unit (as ours does in Clause 3), the tenant must get your written permission for additional tenants.

1. Giving Permission for a New Roommate

Although you may be motivated to accommodate your tenant's friend, your decision to allow a new cotenant should be based principally on whether or not you believe the new person will be a decent tenant. After all, if the original tenant moves out

at some later date (maybe even because the new person is so awful), you will remain stuck with this person. So, always have the proposed new tenant complete a rental application (see Chapter 1), and follow your normal screening procedures. If the new person meets your standards (a good credit record and references), and there is enough space in the unit, you will probably want to say yes. (See Chapter 5 for overcrowding standards that you may lawfully impose.)

Don't give spouses the third degree. The one exception to the rule of checking new tenants carefully has to do with spouses. If the new tenant is a spouse and there's no problem with overcrowding, be very careful before you say no. Refusal without a good, solid reason could be considered illegal discrimination based on marital status. (See Chapter 5 discussion of discrimination.) In short, it's fine to check the person out, but say no only if you discover a real problem.

2. Preparing a New Rental Agreement or Lease

If you allow a new person to move in, make sure he becomes a full cotenant by preparing a new lease or rental agreement—possibly with some changed terms, such as the amount of rent—for signature by all tenants. (Chapter 14 discusses how.) Do this before the new person moves in to avoid the possibility of a legally confused situation. (See Section B discussion of subtenants, above.)

We suggest that you send a letter to the original tenant and the new tenant as soon as you decide to allow the newcomer to move in. A sample Letter to Original Tenant and New Cotenant is shown below.

You will find a Letter to Original Tenant and New Cotenant on the Forms CD, and a blank tear-out copy in Appendix C.

3. Raising the Rent

When an additional tenant comes in, it is both reasonable and legal (in either a lease or a rental

Consent to Assignment of Lease

_____Carolyn Friedman_____ [Landlord] and

_____Joel Oliver_____ [Tenant] and

_____Sam Parker_____ [Assignee]

agree as follows:

1. Tenant has leased the premises at ___5 Fulton, Indianapolis, Indiana_____

    _____ from Landlord.

2. The lease was signed on ___April 1, 200X_____ and will expire on

    ___March 31, 200X_____.

3. Tenant is assigning the balance of Tenant's lease to Assignee, beginning on ___November 1, 200X___

    _____, and ending on ___March 31, 200X_____.

4. Tenant's financial responsibilities under the terms of the lease are not ended by virtue of this

    assignment. Specifically, Tenant understands that:

    a. If Assignee defaults and fails to pay the rent as provided in the lease, namely on ___the first of the___

        ___month___, Tenant will be obligated to do so within ___three___ days of being notified by

        Landlord; and

    b. If Assignee damages the property beyond normal wear and tear and fails or refuses to pay for

        repairs or replacement, Tenant will be obligated to do so.

5. As of the effective date of the assignment, Tenant permanently gives up the right to occupy the

    premises.

6. Assignee is bound by every term and condition in the lease that is the subject of this assignment.

_Carolyn Friedman_____   _October 1, 200X_____
Landlord/Manager   Date

_Joel Oliver_____   _October 1, 200X_____
Tenant   Date

_Sam Parker_____   _October 1, 200X_____
Assignee   Date

Letter to Original Tenant and New Cotenant

July 22, 200X
Date

Dear   Abby Rivas   and
New Cotenant

Phoebe Viorst   ,
Original Tenant or Tenants

As the landlord of   239 Maple Street

_____ (address) , I am pleased that

Abby   (new cotenant)

has proved to be an acceptable applicant and will be joining   Phoebe

Abby   (original tenant or tenants) as a cotenant. Before

_____ (new cotenant)

moves in, everyone must sign a new lease that will cover your rights and responsibilities. Please contact me at

the address or phone number below at your earliest convenience so that we can arrange a time for us to meet

and sign a new lease. Do not begin the process of moving in until we have signed a lease.

Sincerely yours,

Sam Stone
Landlord

1234 Central Avenue
Street Address

Sun City, Minnesota
City and State

612-555-4567
Phone

agreement situation) for you to raise the rent (and/ or the security deposit), unless you live in an area covered by a rent control law that prohibits you from doing so. (Chapter 3 discusses rent rules and rent control.) Obviously, from your point of view, more people living in a residence means more wear and tear and higher maintenance costs in the long run. Also, as long as your increase is reasonable, it should not be a big issue with existing occupants, who, after all, will now have someone else to pay part of the total rent.

Make rent policy clear in advance. To avoid making tenants feel that you invented a rent increase policy at the last minute to unfairly extract extra money, it's a good idea to establish in advance your rent policies for units occupied by more than one person. A move-in letter (see Chapter 7) is a good place to do this. That way, your request for higher rent when an additional roommate moves in will simply be in line with what you charge everyone who occupies a unit of a certain size with a certain number of people.

Just as you may want to take this opportunity to raise the rent, you may also want to increase the amount of the security deposit. (Chapter 4 discusses security deposits.) Again, however, if the property is subject to rent control, you may need to petition the local rent control board for permission to increase the rent based on an increased number of occupants.

D. Guests and New Occupants You Haven't Approved

Our form rental agreement and lease include a clause requiring your written consent for guests to stay overnight more than a reasonable amount of time. We recommend that you allow guests to stay up to ten days in any six-month period without your written permission. (See Clause 3 of the form lease and rental agreements in Chapter 2.) The value of this clause is that a tenant who tries to move someone in for a longer period has clearly violated a defined standard, which gives you grounds for eviction.

When deciding when and whether to enforce a clause restricting guest stays, you'll need to use a good amount of common sense. Obviously, the tenant whose boyfriend regularly spends two or three nights a week will quickly use up the ten-day allotment. However, it would be unrealistic to expect the boyfriend (assuming he has his own apartment) to become a cotenant, and you may not object to the arrangement at all. In short, you'll want to turn a blind eye.

At the same time, you may well want to keep your lease or rental agreement clause restricting guests, in the event that an occasional arrangement starts to become too permanent. But don't be surprised if a tenant claims that your prior willingness to disregard the clause limiting guests means you gave up the right to enforce it. The best way to counter this claim is to be as consistent as you can. (Don't let one tenant have a guest five nights a week and balk when another does so for two.) As long as you are reasonably consistent, a court will likely side with you if push comes to shove and you decide to evict a tenant who completely refuses to obey your rules.

Remind tenants that they are responsible for their guests' behavior and that guests must also comply with the lease or rental agreement provisions—for example, pet rules, noise limits, use of parking spaces, and the like. See Clause 24 of the form lease and rental agreements in Chapter 2.

Avoid discrimination against guests. In many states and cities, you cannot legally object to a tenant's frequent overnight guests based on your religious or moral views. (See Chapter 5.) For example, it is illegal to discriminate against unmarried couples, including gay or lesbian couples, in many states and cities. It is also illegal to discriminate against tenants' guests because of their race or other protected category discussed in Chapter 5.

If a tenant simply moves a roommate in on the sly—despite the fact that your lease or rental agreement prohibits it—or it appears that a "guest" has moved in clothing and furniture and begun to receive mail at your property, it's best to take decisive action right away. If you think your tenant is reasonable, send a letter telling the tenant that the new roommate or longtime guest must move out immediately. (You can use the Warning Letter for Lease or Rental Agreement Violation in Chapter 16 for this purpose.) But if you feel that the tenant will not respond to an informal notice, use a formal termination notice as explained in Chapter 17. If you allow the situation to continue, the danger is strong that the roommate will turn into a subtenant—one you obviously haven't screened or approved of. This can have significant negative consequences: While a subtenant doesn't have all the rights of a tenant, she is entitled, in an eviction proceeding, to the same legal protection as a tenant. (See Section B2, above.) And she may even turn into a de facto prime tenant if the original tenant suddenly moves out.

Again, your best choice is to insist that the roommate or guest fill out a formal application. Assuming he checks out, you may also increase the rent or the security deposit, unless that's prohibited by any applicable rent control ordinance.

If you do not want to rent to the guest or roommate, and if that person remains on the premises, make it immediately clear in writing that you will evict all occupants based on breach of the occupancy terms of the lease if the person doesn't leave immediately.

Get help to evict unwanted occupants. If you want to get rid of an unacceptable new occupant, initiate legal proceedings quickly. The longer you wait, the easier it will be for unauthorized occupants to claim that—if only by inaction alone—you have consented to their presence, giving them the status of a tenant. Technically, these proceedings are not an eviction (only tenants can be evicted), but are instead either a criminal complaint for trespassing or a civil suit aimed at ridding the property of a squatter. If you are faced with this situation, contact the local police and ask for assistance. If they refuse to act (which is common, since they will be worried that the trespasser may have attained the status of a tenant), you will probably need to consult a lawyer for advice.

Housesitters Are Subtenants

Many tenants, particularly with pets, have house-sitters (typically unpaid) stay in their apartment while they're away for a long vacation or business trip. Even if your tenant doesn't collect rent from a housesitter, that person is still legally a subtenant. Treat a housesitter the way you'd treat any proposed subtenant, and remind the tenant that your written consent is required as explained in Section B, above.

Landlord's Duty to Repair and Maintain the Premises

A. The Implied Warranty of Habitability 183

    1. Legal Basis of the Implied Warranty of Habitability 184

    2. Local or State Housing Laws as Basis of Implied Warranty 184

    3. Court Decisions as the Basis of the Implied Warranty 185

B. How to Meet Your Legal Responsibilities 186

    1. Know and Comply With Local Housing Codes 186

    2. Know and Comply With State Housing Laws 188

    3. Understand the Covenant of Quiet Enjoyment 190

    4. Don't Try to Evade Your Legal Responsibilities 190

    5. Make Sure You—And Your Tenant—Know the Tenant's Obligations 191

    6. Repair What You Provide or Promise 191

    7. Set Up a Responsive Maintenance System—And Stick to It 192

C. Tenant Responses to Unfit Premises: Paying Less Rent 193

    1. Rent Withholding 194

    2. Repair and Deduct 197

    3. Your Options If a Tenant Withholds, Reduces, or Repairs and Deducts Rent 199

D. Tenant Responses: Calling Inspectors, Filing Lawsuits, and Moving Out 201

    1. Reporting Code Violations to Housing Inspectors 201

    2. Lawsuits by the Tenant 203

    3. Moving Out 203

E. Minor Repairs 205

    1. Building Codes 206

    2. Landlord-Tenant Laws 206

    3. Promises in the Lease or Rental Agreement 206

    4. Promises in Ads 207

    5. Promises Made Before You Rented the Unit 207

    6. Implied Promises 207

    7. The Consequences of Refusing to Attend to Minor Repairs 208

F. Delegating Landlord's Responsibilities to Tenants 209

    1. Do Not Delegate Responsibility for Major Repairs and Maintenance to the Tenant 209

    2. How to Delegate Minor Repairs and Maintenance to Tenants 210

    3. Compensating a Tenant for Repair and Maintenance Work 211

    4. Landlord Liability for Tenant Repair and Maintenance Work 212

G. Avoiding Problems by Adopting a Good Maintenance and Repair System 212

1. Recommended Repair and Maintenance System 212

2. Benefits of Establishing a Repair and Maintenance System 214

3. Resident's Maintenance/Repair Request Form 215

4. Tracking Tenant Complaints 215

5. Responding to Tenant Complaints 215

H. Tenant Updates and Landlord's Regular Safety and Maintenance Inspections 217

1. Tenant's Semiannual Safety and Maintenance Update 219

2. Landlord's Annual Safety Inspection 219

I. Tenants' Alterations and Improvements 222

1. Improvements That Become Part of the Property 222

2. Responding to Improvement and Alteration Requests 223

J. Cable TV Access 224

1. Previously Unwired Buildings 224

2. Buildings With Existing Contracts for Cable 224

3. Hosting Competing Cable Companies in Multiunit Buildings 224

K. Satellite Dishes and Antennas 227

1. Devices Covered by the FCC Rule 228

2. Permissible Installation of Satellite Dishes and Antennas 228

3. Restrictions on Installation Techniques 228

4. Placement and Orientation of Antennas and Reception Devices 229

5. How to Set a Reasonable Policy on Satellite Dishes and Antennas 230

6. Supplying a Central Antenna or Satellite Dish for all Tenants 230

7. How to Handle Disputes About the Use and Placement of Antennas and
   Satellite Dishes 230

Landlords in virtually every state are required by law to provide rental property that meets basic structural, health, and safety standards—although some states set more stringent requirements than others. Every landlord needs to know that if he doesn't meet his duties, tenants may legally respond in a variety of ways. Depending on the state, tenants may have the legal right to:

- reduce or withhold rent
- pay for repairs themselves and deduct the cost from the rent
- sue you, or
- move out without notice.

This chapter describes landlords' and tenants' rights and responsibilities for repair and maintenance under state and local housing laws and judicial decisions. It also provides practical advice on how to stay on top of your repair and maintenance needs and minimize financial losses and legal problems with tenants.

The recommendations in this chapter reflect our belief that you will be better off in the long run if you offer and maintain housing in excellent condition—that is, you go beyond satisfying the letter of the law. Those of you in states with less stringent repair and maintenance responsibilities may question our advice that you meet higher standards. Although from a purely legal standpoint you may have a point, it's important to understand that our reasons for suggesting that you do an excellent job of maintaining your property are eminently practical. Here's why:

- For most landlords, particularly those in urban areas or in larger states, chances are a state or local housing code sets high standards. Comfortably exceeding these standards will help you avoid expensive legal trouble.
- Tenants who are given an added measure of care are likely to be more satisfied—and, as a result, easier to deal with. More important, happy tenants are likely to stay longer, resulting in fewer turnovers and interruptions of your stream of income.
- Landlords who know that they are well within their state's legal requirements can be confident that their housing is not likely to be found wanting if they are challenged by

a disgruntled tenant. You can negotiate from a position of strength (and get more sleep at night), since you know you are likely to win if a dispute ends up in court.

- Landlords who maintain their property well are far less likely to face the risk of tenant lawsuits based on habitability problems or injuries resulting from defective conditions. A good record in this regard can, of course, translate into lower insurance premiums.

 Related topics in this book include:

- Writing clear lease and rental agreement provisions for repair and maintenance: Chapter 2
- Setting valid occupancy limits: Chapter 5
- Delegating maintenance and repair responsibilities to a manager: Chapter 6
- Highlighting repair and maintenance procedures in a move-in letter to new tenants and using a Landlord-Tenant Checklist to keep track of the condition of the premises before and after the tenant moves in: Chapter 7
- Landlord's liability for a tenant's injuries caused by defective housing conditions: Chapter 10
- Landlord's responsibility for cleaning up environmental hazards, such as asbestos, lead, and mold: Chapter 11
- Landlord's responsibilities to protect tenants from criminal assault, and to protect neighbors from illegal activities of tenants: Chapter 12
- Conducting a final inspection of the rental unit for cleaning and damage repair before the tenant moves out: Chapter 15
- How to research state laws, local ordinances, and court cases on landlord repair and maintenance responsibilities: Chapter 18.

A. The Implied Warranty of Habitability

The cornerstone of landlord responsibility for repairing and maintaining rental premises is a legal doctrine called the implied warranty of habitability. Landlords who are subject to the implied warranty are legally required to offer livable premises when and to maintain them in that condition throughout the tenancy term.

Nearly every state has, by judicial decision or statute, adopted the implied warranty of habitability. Only Alabama, Arkansas, and Colorado have not adopted this warranty. (When this book went to press, the Alabama legislature had passed a bill establishing the warranty, but it had not been signed. See Nolo's website for an update.) Landlords in these states retain some repair and maintenance responsibilities, however, because of the covenant of quiet enjoyment, a common law requirement discussed in Section B, below. In addition, local laws in these three states, particularly those in urban areas, may specify health and safety requirements that amount to requiring habitable housing.

We begin our discussion of your obligations to repair and maintain by explaining the content of the implied warranty of habitability. Later on in this chapter, we explain consequences to landlords who have not lived up to its requirements. (Tenant remedies, such as rent withholding and termination of the lease, are discussed in Sections C and D, below.)

1. Legal Basis of the Implied Warranty of Habitability

The implied warranty of habitability has its origins in a court case decided in 1970 in Washington, DC (*Javins v. First National Realty Corp.*, 428 F.2d 1071 (D.C. Cir. 1970)). In the *Javins* case, a landlord sued to evict his tenants for nonpayment of rent, and the tenants countered by pointing to 1,500 housing code violations that the landlord had refused to fix. The court ruled in favor of the tenants, by allowing the amount of their unpaid rent to be applied to repairs of the building, and refusing to let the landlord evict the tenants. In making his decision, the judge pointed to two sources for the notion that landlords should offer and maintain their property in a habitable way:

- local building codes that specify minimum requirements for heat, water, plumbing, and other essential services, and
- widely held common law notions of what constitutes decent housing.

All of the states that have adopted the implied warranty of habitability, either by court action or statute, have apparently done so using one or the other of these two approaches. Unfortunately, however, many states have not made it clear which source (building codes or court decisions) was the basis for the implied warranty. This has important consequences for the landlord, since the source of the warranty determines the landlord's responsibilities and the legal remedies available to tenants.

2. Local or State Housing Laws as Basis of Implied Warranty

Cities and counties (and sometimes entire states) adopt building or housing codes to protect the health and safety of residential tenants. These codes regulate structural aspects of buildings and usually set specific space and occupancy standards, such as the minimum size of sleeping rooms. They also establish minimum requirements for light and ventilation, sanitation and sewage disposal, heating, water supply (such as how hot the water must be), fire protection, and wiring (such as the number of electrical outlets per room).

In addition, housing codes typically make property owners responsible for keeping common areas (or parts of the premises which the owner controls) in a clean, sanitary, and safe condition.

Courts in some states, including the District of Columbia, Idaho, and West Virginia and have decided that the implied warranty of habitability requires no more (or less) than the requirements specified in the state and local housing codes. Landlords who live in states with this approach enjoy the luxury of knowing that they can find out the exact details of their repair and maintenance responsibilities. In states taking this approach, substantial compliance with the housing codes (rather than literal, 100% compliance) is generally viewed as being sufficient. In short, the tenant may usually withhold rent (as did the defendants in the *Javins* case), successfully defend against an eviction action, and pursue other remedies discussed in Sections C and D, below, only for significant violations of the codes that affect their health and welfare.

Who's Responsible for Habitability Problems?

It is important to understand the difference between being legally obligated for the habitability of rental property and financially responsible to keep it fit. In most situations—for example, when a unit is rented in the first place—the owner is on the hook for both responsibilities. What happens, however, if the tenant does something to make the property unfit—for example, by negligently breaking the water main? If damage beyond regular wear and tear is caused by a tenant or his guest, the financial burden of fixing it properly falls on the tenant. The landlord, however, remains responsible for seeing that the work gets done and the property returned to a habitable state. In this situation, the landlord could rightly bill the tenant for the repair. (Clause 11 of the form lease and rental agreements in Chapter 2 alerts the tenant to this responsibility.) If, however, the damage is done by a third party (such as a vandal or burglar), or if it is the result of normal wear and tear, the landlord bears the burden of fixing and paying for the damage. (See Section B, below, for more details on tenants' repair and maintenance responsibilities.)

3. Court Decisions as the Basis of the Implied Warranty

In many states, including California, Iowa, New York, and Vermont, the implied warranty of habitability is considered by courts to be independent of any housing code. Under this approach, the legal question is not merely whether the building meets specific state or local housing codes, but whether it is "fit for human occupation" or "fit and habitable." Although a breach of the housing code does not automatically determine that a unit is uninhabitable (nor does compliance alone mean that it is habitable), usually a substantial housing code violation will also qualify as a breach of the warranty of habitability.

The independence of the implied warranty of habitability from the housing code has particular importance to landlords because it:

- imposes duties of maintenance or repair on the landlord in situations where the housing or building codes are poorly written or non-existent, and
- allows a court to require more of a landlord than the letter of the law as contained in the housing or building codes.

EXAMPLE: The city building code where Russell owned a few small apartment buildings required residential rental properties to have a kitchen sink, but said nothing about a separate kitchen. Russell assumed that he would not have to provide a separate room or other kitchen facilities, except for the sink. He was dismayed to learn that the law in his state, developed in court cases over the years, also required that, to be habitable, a unit must contain a separate and sanitary cooking area.

As you might expect, understanding how courts have interpreted the "fit" and "habitable" concepts is much more difficult than understanding the code-specified square footage requirements or minimum hot water temperatures typical of housing codes. Nevertheless, it's possible to identify key requirements, as follows.

a. Basic Definition of "Fit" and "Habitable"

There are some aspects of rental housing that are covered by virtually every implied warranty law based on court decisions. These include:

- the maintenance of all common areas, such as hallways and stairways, in a safe and clean condition
- the maintenance of electrical, plumbing, sanitary, heating, ventilating, air-conditioning, and other facilities and systems including elevators that are supplied by the landlord or that are required to be supplied by him
- supplying water, hot water, and heat in reasonable amounts at reasonable times, and

• providing trash receptacles and arranging for their removal.

b. Geographic Variations

Whether housing is "fit" and "habitable" depends substantially on the weather, the terrain, and where the rental property is located. Thus, features or services that might be considered nonessential extras in some parts of the country are legally viewed as components of fit and habitable housing in others. For example:

• In climates that experience severe winters, storm windows or shutters may be considered basic equipment.

• Housing in wet, rainy areas needs to be protected from the damp. In Oregon, for example, courts have specifically made the landlord responsible for waterproofing.

• In areas especially prone to insect infestations, landlords may be required to provide extermination services. In Florida, the landlord must exterminate bedbugs, mice, roaches, and ants.

c. Habitability Is an Evolving Concept

Having its roots in the decisions of judges, the implied warranty of habitability is obviously not a frozen legal idea. The meaning of the phrase has evolved significantly even in the 30 years since its widespread adoption, as living conditions have changed and technology has advanced. Here are two recent trends:

• Courts are likely to consider the prevalence of crime in urban areas when determining what constitutes habitable housing. Good locks, security personnel, exterior lighting, and secure common areas may, in some cities, be seen as an absolute necessity, as important to the tenants as are water and heat. Chapter 12 discusses your need to provide adequate security, and the consequences for failure to do so.

• The discovery that lead-based paint and asbestos building materials pose significant health hazards has suggested to some courts that buildings containing these materials are not fit for habitation. And the presence of mold may make some dwellings unfit. (See Chapter 11 for a detailed discussion of landlord liability for environmental health hazards, including mold.)

B. How to Meet Your Legal Responsibilities

A conscientious landlord, no matter where he lives, can meet repair and maintenance responsibilities by following the steps outlined below.

1. Know and Comply With Local Housing Codes

Every landlord needs to know what the local housing codes call for in the way of structural requirements, facilities, and essential services such as plumbing and heat. Your local building or housing authority, and health or fire department, can provide this information. Also, Chapter 18 explains how to research local ordinances.

Be sure to find out about all ordinances affecting your repair and maintenance responsibilities—for example, many cities require the installation of smoke detectors in residential units, or security items such as viewing devices in doors that open onto a hallway. Some cities also make owners responsible for the prevention of infestation and, if necessary, the extermination of insects, rodents, and other pests.

a. Local Housing Codes and Nuisances

Local housing codes prohibit something called "nuisances," broadly defined by statutes as whatever is dangerous to human life or detrimental to health, as determined by the public health officer—for example, overcrowding a room with occupants, providing insufficient ventilation or illumination or inadequate sewage or plumbing facilities, or allowing drug dealing on the premises. A landlord found to have created or tolerated a nuisance will be subject to the code's enforcement and penalty provisions.

The local ordinances also prohibit "attractive nuisances." These are conditions that would tend to attract inquisitive children, such as abandoned vehicles; wells and shafts; basements; abandoned equipment or appliances; excavations; and unsafe fences, structures, or foliage. If children are hurt while playing in or on an attractive nuisance, you may be held liable.

Some localities have established legal standards on excessive noise.

b. The Nuisance of Noise

Landlords often hear complaints from tenants about noisy behavior of other tenants—for example, an upstairs neighbor who arises every morning at five a.m. and clumps about in heavy work boots. While such annoying behavior will generally not violate the warranty of habitability, it may still create legal headaches. Landlords who ignore tenant noise complaints (for example, regarding noisy neighbors or pets) can get hit with code violations, court-ordered rent reductions, and even punitive damages.

In one case, a tenant in a New York City building complained about loud noise from a neighboring apartment in the late night and early morning hours. But neither the owner nor manager took any effective steps to stop it. A court ruled that the continuous, excessive noise violated the warranty of habitability, and entitled the tenant to a 50% rent abatement. (*Nostrand Gardens Co-Op v. Howard*, 221 A.D.2d 637, 634 N.Y.S.2d 505 (2d Dept., 1995).)

Rather than risk a good tenant moving out or an expensive court battle because you failed to quiet a noisy neighbor, address tenants' noise complaints quickly and reasonably using the complaint handling system we recommend in Section G, below. If problems persist, you may need to evict the noisy tenant. For more advice on dealing with noisy tenants, including how to write an effective warning letter, see Chapter 16, Section B.

Clause 13 of our form lease and rental agreements in Chapter 2 prohibits tenants from causing disturbances or creating a nuisance—that is, behavior (such as excessive noise) that prevents neighbors from enjoying the use of their own homes.

Exemptions for Older Buildings

When a housing code changes, it doesn't necessarily mean that all existing buildings are illegal because they are not "up to code." Especially when it comes to items that would involve major structural changes, lawmakers will often exempt certain older buildings. They do it by writing a "grandfather clause" into the code, exempting all buildings constructed before a certain date (sometimes that date is the same as when the new code takes effect, but not always). Such exemptions will often not apply to renovations or remodeling, meaning that, over the years, you may eventually have to comply with these new rules. Contact your local housing authority for information on any "grandfather clauses" that may apply to your rental property.

There are, however, many types of code changes—for example, those involving locks, peepholes, and smoke detectors—that must be made regardless of the age of the building and irrespective of the fact that the owner wasn't intending to remodel or renovate.

c. The Nuisance of Smoke

The ill effects from second-hand smoke are well known, leading many rental property owners to make common areas smoke-free zones. Smoke also damages furnishings and paint, which prompts landlords to designate rental units themselves as non-smoking only. If you decide, for whatever reason, that no one will smoke on your rental property, in common areas or in rental units, there's nothing to stop you from setting these rules in your leases or rental agreements.

Until recently, however, most landlords felt their hands were tied when tenants in multiunit buildings complained of smoke coming from other units that were not designated smoke-free. Neighboring tenants complained of fumes wafting up from outside balconies, through adjacent windows, under door jambs, or through the ventilation and heating systems. Landlords replied that what tenants do in the privacy of their homes is beyond their control. An increasing number of frustrated neighbors have advanced creative and successful arguments based on three legal theories:

- **Nuisance.** Tenants have argued that the presence of smoke, like any noxious fume or noise, constitutes a legal nuisance in that it exposes others to a serious health risk. When courts buy this argument, the fact that the smoker did not have a no-smoking clause in his lease or rental agreement is immaterial.

- **Covenant of quiet enjoyment.** Neighbors have also claimed that their ability to use and enjoy their homes has been significantly diminished by the presence of smoke.

- **Warranty of habitability.** Some neighbors have persuaded judges that the smoke is so pervasive and noxious that it renders their rental unfit. In many states, this allows affected neighbors to break their leases (see Section C for permissible tenant responses to unfit rentals).

Whether you allow smoking, like allowing pets, is a personal and business decision. But be aware that if you do, you may face complaints and more from your nonsmoking tenants.

2. Know and Comply With State Housing Laws

Legislatures in most states have also enacted general laws governing landlords' repair and maintenance responsibilities, which in many instances require you to make all repairs and do whatever is necessary to put and keep the premises in a fit and habitable condition. In addition, some state legislatures have written more detailed laws in response to geographic and weather conditions as described above. And, as with local housing laws, some state laws require smoke detectors and the extermination of rodents and insects or specify security measures involving locks and keys.

You should get a copy of and carefully read your state housing laws, because landlords who fail to comply with state housing laws face problems similar to those resulting from violating local housing codes. Appendix A includes citations for the major state laws affecting landlords. You'll need to look through these statutes in a law library or online, where most states have posted their codes. (See Chapter 18 for advice on doing legal research.) If you're using an index, check your statutes under headings such as Landlord Obligations to Maintain Premises. You might also contact your state consumer protection agency for pamphlets or brochures that describe landlords' repair and maintenance responsibilities in less legalistic terms. For a list of state consumer protection agencies, go to the Consumer Action website maintained by the Federal Citizen Information Center at www. consumeraction.gov.

Rural property owners alert. Checking state housing laws is particularly important to landlords who live in communities—such as some rural and unincorporated areas—where there may be no local ordinance (or a very limited one). In these areas, state law, and court cases decided under state law, will be the only guide to the implied warranty of habitability.

Enforcement of Housing Codes

Local housing authorities, such as a building, health, or fire department, may discover code violations through routine inspections or in response to a tenant complaint. If title to a property changes hands, an inspection will often accompany the sale; and if the property is used as collateral for a loan, the lender will usually require an inspection. Local authorities may cite rental properties that are unsafe, dangerous, or hazardous—for example, due to lack of adequate heating facilities, trash in the hallways, hazardous electrical wiring, leaking roof, broken toilet, or other defective conditions.

The local enforcement agency typically requires the property owner to remedy (within a certain amount of time, such as five business days) all violations found. If you fail to make any repairs demanded by local officials within the time allowed, the city or county may bring a civil lawsuit against you. Moreover, in many cities, failure to comply with cited violations of local housing laws is a criminal misdemeanor punishable by hefty fines or even imprisonment. In some cases, local officials may require that the building be vacated, with the landlord providing tenants with temporary housing, until the violation is corrected.

Tenants may also point to a violation of a local code if they do not pay the rent, or attempt to pay less, on the grounds that the premises are substandard. If you sue a tenant for eviction on the basis of nonpayment of rent, the tenant may use housing code violations as the justification for her action.

Common Myths About Repairs and Maintenance

Many landlords (and tenants) are under the mistaken impression that every time a rental unit turns over, certain cosmetic changes, such as a new paint job, are required. The actual condition of the rental unit determines what's necessary in terms of repair and maintenance. Some changes may be called for during the tenancy, rather than at the end.

Paint. No state law requires you to repaint the interior every so often (local ordinances may, however, such as those in New York City). So long as the paint isn't creating a habitability problem—for example, paint that's so thick around a window that the window can't be opened—it should comply with the law. Lead-based paint, however, may create all sorts of legal problems—for example, if a child becomes ill from eating lead-based paint chips, a court may find you liable because of your carelessness. (We discuss negligence and liability for lead poisoning in Chapter 11.)

Drapes and carpets. So long as drapes and carpets are not sufficiently damp or mildewy to constitute a health hazard, and so long as carpets don't have dangerous holes that could cause someone to trip and fall, you aren't legally required to replace them.

Windows. A tenant is responsible for a broken window only if she or her guest intentionally or carelessly broke it. If a burglar, vandal, or neighborhood child broke a window, however, you are responsible for fixing it.

Keys. You may need to rekey every rental unit for each new tenant. In fact, this is the law in Texas and in many cities. Regardless of whether it's legally required, rekeying ought to be the practice of every careful rental property owner in order to reduce the chances of break-ins. See Chapter 12 for a thorough discussion of liability for crime on the premises.

Checking out state law and local housing ordinances, and complying with all requirements, should adequately protect landlords from any tenant claim of uninhabitability. (Sections C and D of this chapter, below, discuss tenant remedies for violation of state housing laws.) But if such a claim is raised, you may want to do further research by looking at how courts have interpreted housing law in your state. See Chapter 18 for legal research tips.

3. Understand the Covenant of Quiet Enjoyment

Only Alabama, Arkansas, and Colorado have not legally embraced the implied warranty of habitability, either by judicial decision or statute. Landlords in these three states are not required to offer housing that is fit and habitable at the time it is rented. But they are not completely off the hook as to repair and maintenance responsibilities. First, as noted above, there may be local ordinances or state building or safety laws that impose duties similar to the implied warranty. Second, landlords in all 50 states are subject to the age-old common law requirement that the landlord not breach the "covenant of quiet enjoyment." As courts define it, this amounts to an implied promise that you will not act (or fail to act) in a way that interferes with or destroys the ability of the tenant to use the rented premises.

Examples of violations of the covenant of quiet enjoyment include:

- tolerating a nuisance, such as allowing garbage to pile up or a major rodent infestation
- failing to provide sufficient working electrical outlets, so that tenants cannot use appliances, and
- failing to fix a leaky roof, which deprives a tenant of the use of his rented space.

Although the covenant of quiet enjoyment is not as far-reaching as the implied warranty of habitability—that is, landlords can get away with more in Alabama, Arkansas, and Colorado—the remedies available to tenants are substantially the same in both cases. Moreover, the tenant who can show that the covenant has been broken can simply refuse to pay rent and move out, claiming that the interference was tantamount to eviction. This is called "constructive eviction." Sections C and D, below, discuss tenant remedies.

4. Don't Try to Evade Your Legal Responsibilities

Some landlords have attempted to get around the implied warranty of habitability by advancing one or both of the following theories:

- **Tenant waiver.** Landlords may argue that, if the housing was substandard when the lease or rental agreement began, or it became so during the tenancy, the fact that the tenant nevertheless moved in (or stayed) indicated that he *waived* the protections of the implied warranty.
- **Landlord disclaimer.** Some lease or rental agreements include a clause stating that the landlord will not satisfy the implied warranty's requirements. You may argue that a tenant who signs a lease with this type of clause has effectively absolved you from the responsibility of the implied warranty of habitability.

In a rare showing of unanimity, courts almost everywhere have rejected these two legal theories. Except for a handful of states, including Maine and Texas, neither a tenant waiver (at the beginning of the tenancy or during its life) nor disclaimer in the lease will relieve you of the responsibility to provide housing that begins—and remains—fit and habitable.

You may, however, legally delegate some repair and maintenance responsibilities to tenants. Many states have specific rules regarding the types of repairs that can be delegated, and you need to use common sense when deciding whether to entrust particular jobs to tenants. (See Section F, below.)

Choose your lease or rental agreement carefully. Be especially leery of preprinted "form" leases available in stationery stores or generic software programs. They are usually not designed for the laws of each state, and as a result they often include clauses that are illegal in many states and localities. To be on solid ground, consult your state and local laws and use the lease or rental agreement included in this book. (See Chapter 2.)

5. Make Sure You—And Your Tenant— Know the Tenant's Obligations

Cities and states that impose landlord maintenance and repair responsibilities typically specify tenant obligations to maintain a dwelling unit. If a dwelling is rendered uninhabitable due to the tenant's failure to keep up his end of the bargain, the tenant will have a difficult, if not impossible, time convincing a judge that he is not a suitable candidate for eviction and the repair bill. (If the tenant won't pay up, you can deduct the expense from the security deposit.)

State and local housing laws generally require the tenant to do the following.

Keep the rental unit as clean and safe as the condition of the premises permits. For example, if the kitchen has a rough, unfinished wooden floor that is hard to keep clean, you should not expect it to be shiny and spotless—but a tenant with a new tile floor would be expected to do a decent job. If she doesn't, and you have to do a major clean-up when she moves out, you may legitimately deduct its cost from her security deposit.

Dispose of garbage, rubbish, and other waste in a clean and safe manner. For instance, if mice or ants invaded the kitchen because your tenant forgot to take out the garbage before he left on a two-week vacation, the tenant would be responsible for paying any necessary extermination costs.

Keep plumbing fixtures as clean as their condition permits. For example, bathtub caulking that has sprouted mold and mildew will render the tub unusable (or at least disgusting). Since it could have been prevented by proper cleaning, the tenant is responsible. On the other hand, if the bathroom has no fan and the window has been painted shut, the bathroom will be hard to air out; resulting mildew might be your responsibility.

Use electrical, plumbing, sanitary, heating, ventilating, air-conditioning, and other facilities and other systems, including elevators, properly.

Examples of abuse by tenants include overloading electrical outlets and flushing large objects down the toilet.

Fix things the tenant breaks or damages. If a tenant causes a serious habitability problem on your property—for example, carelessly breaking the heater—she is responsible. You can insist that she pay for the repair. Legally, she can't just decide to live without heat for a while to save money. If she drags her feet, you can use her security deposit to pay for it and, if that isn't enough, sue her besides. You can't, however, charge her for problems caused by normal wear and tear—for example, a carpet that has worn out from use.

Report problems in the rental. In addition to these basics, some states set additional tenant responsibilities, such as requiring that tenants inform the landlord, as soon as practicable, of defective conditions of the premises that the tenant believes to be unknown to the landlord and that the tenant believes are the landlord's duty to repair.

To protect yourself (and to notify your tenant of what's required), make sure your lease or rental agreement spells out these basic tenant obligations— to maintain the dwelling unit and notify the landlord of defects—regardless of whether or not they are required by law in your state. (See Clause 11 of the form agreements in Chapter 2. Also, see Clause 13, which specifically prohibits tenant's damage to the property and disturbing neighbors.)

6. Repair What You Provide or Promise

State and local housing laws typically deal with basic living conditions only—heat, water, and plumbing, for example. They do not usually deal with "amenities"—features that are not essential but make living a little easier. Examples are drapes, washing machines, swimming pools, saunas, parking places, intercoms, and dishwashers. Although housing laws clearly do not require you to furnish these things, a landlord who does may nevertheless be legally required to maintain or repair them. The reason for this is simple: By providing amenities, the law concludes that you promise to maintain them. This promise might be express (in the lease) or implied.

When the lease or rental agreement says that you will repair or maintain certain items, such as appliances, the promise is express. When you (or a manager or rental agent) says something that seems to indicate that you will be responsible for repairing or maintaining an item or facility, the promise is implied. Implied promises are also found where you have, over time, repeatedly repaired or maintained certain aspects of the rental, thus establishing a practice of repair that the tenant may rely upon. Here are some typical examples of implied promises.

EXAMPLE 1: Tina sees Joel's ad for an apartment, which says "heated swimming pool." After Tina moves in, Joel stops heating the pool regularly, because his utility costs have risen. Joel has violated his implied promise to keep the pool heated. Joel might want to avoid ad language that commits him to such things if he wants more flexibility.

EXAMPLE 2: When Joel's rental agent shows Tom around the building, she goes out of her way to show off the laundry room, saying, "Here's the terrific laundry room—it's for the use of all the tenants." Tom rents the apartment. Later, all the washing machines break down, but Joel won't fix them. Joel has violated his implied promise to maintain the laundry room appliances in working order.

EXAMPLE 3: Tina's apartment has a built-in dishwasher. When she rented the apartment, neither the lease nor the landlord said anything about the dishwasher or who was responsible for repairing it. The dishwasher has broken down a few times and whenever Tina asked Joel to fix it, he did. By doing so, Joel has established a "usage" or "practice" that the landlord—not the tenant—is responsible for repairing the dishwasher.

If you violate an express or implied promise relating to the condition of the premises, the tenant may sue you (usually in small claims court) for money damages for breach of contract, and may be able to pursue other legal remedies discussed below.

Make the Tenant Financially Liable for Damage to Your Property

Be sure your lease or rental agreement makes the tenant financially responsible for repair of damage caused by the tenant's negligence or misuse. (See Clause 11 of the form agreements in Chapter 2.) That means that where the tenant or his friends or family cause damage—for example, a broken window, a toilet clogged with children's toys, or a freezer that no longer works because the tenant defrosted it with a carving knife—it's the tenant's responsibility to make the repairs or to reimburse you for doing so. If a tenant refuses to repair or pay for the damage he caused, you can use the security deposit to cover the bill, then demand that the tenant bring the deposit up to its original level (if he refuses, he's a candidate for termination and eviction). Or you can sue, perhaps in small claims court, for the cost of the repairs. Chapter 16 discusses small claims court.

---

7. Set Up a Responsive Maintenance System—And Stick to It

Landlords who fail to maintain the premises face various financial losses and legal problems, both from tenants—who may withhold rent and pursue other legal remedies—and from government agencies that enforce housing codes. Your best bet to avoid problems in the first place is to design a maintenance program that meets housing laws *and* satisfies the question, "Is this building safe, sound, and fit for people to live in?" And in doing so, you should be mindful of your larger goal: to attract and keep reliable tenants who will stay as long as possible. Viewed this way, excellent repair and maintenance policies that go far beyond what the law requires may nevertheless be a bargain.

Sections G and H, below, recommend a system for tenants to regularly report on repair and maintenance problems, and explain how your prompt response and good record keeping will keep you out of legal trouble.

Your Contractor's Insurance Policy Should Cover You

As you go about maintaining your rental property, you'll be using outside workers to do everything from fixing minor problems to renovating entire rental units. If you hire a contractor to do extensive work, you should make sure that the contractor has insurance and that it covers you, too. Minor jobs, such as calling a plumber to install a new sink, don't require this level of attention.

Here's the problem you will avoid: Suppose your contractor does a poor job that results in an injury to a tenant or guest. The injured person may sue you, and unless your own insurance policy covers contractors' negligence, you won't be covered. Even if your policy will cover, you'll be better off if you can shift coverage onto the contractor (the fewer claims you make on your policy, the better). The way to do this is to require contractors to do the following:

- Before work begins (and ideally before you sign a contract with the contractor), have the contractor add you as an "additional insured" to the contractor's commercial general liability policy. As an additional insured, you will be covered in case someone makes a claim on the policy based on actions of the contractor at your work site.

- Require the contractor to give you a "certificate of insurance," which will prove that the contractor has the insurance and that you were added. Ask for an "ACORD 25" form, which the insurance company should supply.

- Get a copy of the policy and make sure that the work you're having the contractor do is covered by the policy. Be sure that the name on the policy is the same name the contractor is using on the work contract with you.

- In your written contract with the contractor, include a clause like the following: "Contractor will have a commercial general liability insurance policy of at least [dollar amount] per occurrence and [dollar amount] aggregate in effect as of the date contractor begins work. Contractor will maintain the policy throughout the duration of the job, and will promptly notify [owner's name] of any diminution in coverage or cancellation. In the event of any claim, this policy will apply as primary insurance. Contractor will provide additional insurance for any work that requires additional insurance. Contractor will not begin work until Contractor has given [owner's name] a satisfactory certificate of insurance."

C. Tenant Responses to Unfit Premises: Paying Less Rent

If you fail to live up to your legal duty to maintain your property, your tenants may have a variety of legal responses, each one designed to pressure you into compliance. Hopefully, you will run your business in such a way that your tenants will have no reason to take legal action. But even the most conscientious landlord may encounter a tenant who attempts to avoid his responsibility to pay the rent by claiming that the premises are unfit. If you are a victim of a scam like this, you'll need to know how to defend yourself.

Your tenants' options will probably include one or more of what we call the "big sticks" in a tenant's self-help arsenal. These include:

- withholding the rent
- repairing the problem (or having it repaired by a professional) and deducting the cost from the rent
- calling state or local building or health inspectors
- moving out, or
- paying the rent and then suing you for the difference between the rent the tenant paid and the value of the defective premises.

If you haven't fixed a serious problem that truly makes the rental unit uninhabitable—rats in the kitchen, for example—you can expect that a savvy tenant will use one or more of these options. In this section, we'll explain the two options that involve paying less rent; in Section D, below, we'll explain the others.

When a tenant pays you less than the stated rent, it can make an enormous impact on your business. Accordingly, tenants cannot use these options unless three conditions are met:

- **The problem is serious, not just annoying, and imperils the tenant's health or safety.** Not every building code violation or annoying defect in a rental home (like the water heater's ability to reach only 107 degrees F, short of the code-specified 110 degrees) justifies use of a "big stick" against the landlord.
- **The tenant told you about the problem and gave you a reasonable opportunity to get it fixed, or the minimum amount of time required by state law, but you failed to fix it.** In some states, you are given a statutorily specified amount of time (ten days to three weeks is common); in others, you must respond within a reasonable time under the circumstances.
- **The tenant (or a guest) did not cause the problem, either deliberately or through carelessness or neglect.** If so, the tenant's use of one of the self-help options won't be upheld.

1. Rent Withholding

If you have not met the responsibility of keeping your property livable, your tenant may be able to stop paying rent until the repairs are made. Called rent withholding or rent escrowing, most states have established this option by statute or have authorized the same by court decision; some cities also have ordinances allowing it. (See "Tenants' Repair Remedies," below.) Rent withholding can be done *only* in states or cities that have specifically embraced it.

The term "withholding" is actually a bit misleading, since in some states and cities a tenant can't simply keep the rent money until you fix the problem.

Instead, tenants often have to deposit the withheld rent with a court or a neutral third party or escrow account set up by a local court or housing agency until the repairs are accomplished.

Before a tenant can properly withhold the rent, three requirements must be met:

- The lack of maintenance or repair has made the dwelling unlivable.
- The problems were not caused by the tenant or his guest, either deliberately or through neglect.
- You've been told about the problem and haven't fixed it within a reasonable time or the minimum amount required by state law.

In addition, under most rent withholding laws, tenants cannot withhold rent if they are behind in the rent or in violation of an important lease clause. In short, tenants who use this drastic measure need to be squeaky clean.

Illegal Lease Clauses: Don't Limit Your Tenant's Right to Withhold the Rent Under State Law

Some landlords insert clauses in their leases and rental agreements purporting to prohibit a tenant from withholding the rent, even if a property is uninhabitable. In many states, the rent withholding law itself makes this practice flatly illegal. But even where a state statute or court decision does not specifically disallow this side-step, these clauses may be tossed out if a tenant nevertheless withholds rent and you attempt to evict him for nonpayment of rent. Why? Because a judge will approve a tenant's waiver of his right to withhold rent only if his "waiver" has been the subject of real negotiations between him and you, and not something you have insisted upon unilaterally. If you gave your tenant a preprinted lease (with a habitability waiver) and told him to take it or leave it, a judge is likely to decide that the so-called "waiver" was in fact imposed by you and, consequently, invalid. In short, your attempt to take away the right to use this option may be worthless.

Tenants' Repair Remedies

In every state, tenants can call the housing or building inspector and sue the landlord in small claims court if the rental unit does not conform to state or local housing codes. In every state but Alabama, Arkansas, and Colorado, tenants have the option of moving out. This table lists states that give tenants additional options. Citations to the state statutes are listed in "State Laws on Rent Withholding and Repair and Deduct Remedies" in Appendix A. Additional rules and decisions from local governments and courts, not reflected in this table, may authorize methods similar to these.

State	Withhold the rent	Repair and deduct	State	Withhold the rent	Repair and deduct
Alabama			Missouri	✓	✓
Alaska	✓	✓	Montana	✓	✓
Arizona	✓	✓	Nebraska	✓	✓
Arkansas			Nevada	✓	✓
California	✓	✓	New Hampshire	✓	
Colorado			New Jersey	✓	✓
Connecticut	✓	✓	New Mexico	✓	
Delaware	✓	✓	New York	✓	✓
District of Columbia	✓	✓ [1]	North Carolina	✓	
Florida	✓		North Dakota		✓
Georgia			Ohio	✓	
Hawaii	✓	✓	Oklahoma	✓	✓
Idaho			Oregon	✓	✓
Illinois	✓	✓	Pennsylvania	✓	✓
Indiana			Rhode Island	✓	✓
Iowa	✓	✓	South Carolina	✓	✓
Kansas	✓		South Dakota	✓	✓
Kentucky	✓	✓	Tennessee	✓	✓
Louisiana		✓	Texas		✓
Maine	✓	✓	Utah		
Maryland	✓		Vermont	✓	✓
Massachusetts	✓	✓	Virginia	✓	
Michigan	✓	✓	Washington	✓	✓
Minnesota	✓	✓	West Virginia		✓
Mississippi		✓	Wisconsin	✓	
			Wyoming	✓	

[1] For installation of fire alarms only

a.   Typical Rent Withholding Requirements

If rent withholding is allowed in your state or city, read the law to find out:

- what circumstances justify rent withholding (normally, only significant health and safety problems justify the use of the remedy, but statutes vary as to the particulars)
- whether the tenant must give you a certain amount of notice (ten to 30 days is typical) and time to fix the defect, or whether the notice and response time simply be "reasonable" under the circumstances
- whether the tenant must ask a local court for permission to withhold rent, provide compelling reasons why the rental is not livable, and follow specific procedures, and
- whether the tenant must place the unpaid rent in a separate bank account or deposit it with a court or local housing agency, and how this is done.

We explain how to find and look up your state's law in the library and online in Chapter 18.

b.   What Happens to the Rent?

While repairs are being made, the tenant may continue to pay the entire rent to the court or housing authority or may be directed to pay some rent to you and the balance to the court or housing authority. If the rent money is being held by a court or housing authority, you can sometimes ask for release of some of the withheld rent to pay for repairs. When the dwelling is certified as fit by the local housing inspectors or the court, any money in the account is returned to you, minus court costs and inspection fees.

If your state's withholding law does not require the tenant to escrow the rent and a court has not been involved, the tenant may make his own arrangements as to what to do with the money. Careful tenants (who want to prove that they are not withholding rent simply because they do not have the money) will devise their own escrow set-up, by placing the rent in an attorney's trust account or a separate bank account dedicated solely for that purpose.

Once you have made the repairs, you'll undoubtedly expect full payment of the withheld rent. But don't be surprised if your tenant argues that he should be compensated for having had to live in substandard conditions. He may want a retroactive reduction in rent, starting from the time that the premises became uninhabitable. (Some states limit tenants to a reduction starting from the time you were notified of the problem.) Reducing the rent is also known in legalese as rent "abatement" or "recoupment."

Your tenant may press for a retroactive rent abatement through a court process or through negotiation with you. The following section describes how a judge will determine how much you should compensate your tenant for the inconvenience of having lived in a substandard rental unit. If a court is not involved, you and the tenant can use this same system in your own negotiations.

c.   Determining the Value of a Defective Rental Unit

How does a judge determine the difference between the withheld rent and what a defective, unlivable unit was really worth? There are two widely used ways.

Figuring the market value. In some states, statutes or court cases say that if you've left the unit in a defective condition, all you're entitled to is the fair market value of the premises in that condition. For example, if an apartment with a broken heater normally rented for $1,200 per month, but was worth only $600 without operable heating, you would be entitled to only $600 a month from the escrowed funds. Of course, the difficulty with this approach—as with many things in law—is that it is staggeringly unrealistic. An apartment with no heat in winter has *no* market value, because no one would rent it. As you can see, how much a unit is worth in a defective condition is extremely hard to determine.

By percentage reduction. Another slightly more sensible approach is to start by asking what part of the unit is affected by the defect, and then to calculate the percentage of the rent attributable to that part. For example, if the roof leaked into the living room of a $900-a-month apartment, rendering the room unusable, a tenant might reduce the rent by the percentage of the rent attributable to the living room. If the living room were the main living space and the other rooms were too small to live in comfortably, the percentage of loss would be much greater than it would be in more spacious apartments. Obviously, this approach is far from an exact science, either.

EXAMPLE: When Henry and Sue moved into their apartment, it was neat and well-maintained. Soon after, the building was sold to an out-of-state owner, who hired an off-site manager to handle repairs and maintenance. Gradually, the premises began to deteriorate. At the beginning of May, 15 months into their two-year lease, Henry and Sue could count several violations of the building code, including the landlord's failure to maintain the common areas, remove the garbage promptly, and fix a broken water heater.

Henry and Sue sent numerous requests for repairs to their landlord over a two-month period, during which they gritted their teeth and put up with the situation. Finally they had enough and checked out their state's rent withholding law. They learned a tenant could pay rent into an escrow account set up by their local court. Henry and Sue went ahead and deposited their rent into this account.

- During the time that they lived in these uninhabitable conditions, Henry and Sue were not required to pay full rent. Using the "market value" approach, the court decided that their defective rental was worth half its stated rent. Accordingly, since the landlord owed them a refund for portions of their rent for May and June, Henry and Sue would be paid this amount from the escrow account.
- The balance of the rent in the account would be released to the landlord (less the costs of the escrow and the tenants' attorney fees), but only when the building inspector certified to the court that the building was up to code and fit for human habitation.
- Henry and Sue could continue to pay 50% of the rent until needed repairs were made and certified by the building inspector.

Rogue Rent Withholding: Without Legal Authority

In states that don't permit withholding by either statute or court decision, tenants may nevertheless attempt to reduce the rent on their own. For example, if the water heater is broken and you haven't fixed it despite repeated requests, your tenant may decide to pay a few hundred dollars less per month, figuring that a cold-water flat is only worth that much.

Can you terminate and evict a tenant who gives you a short rent check in a state that has not authorized rent withholding? In some states, the answer is yes. In others, however, a tenant's partial withholding may survive an eviction lawsuit, especially if the defects were significant and your failure to fix them flagrant and long-standing. The wise course is not to gamble—if you lose the eviction lawsuit, you may get hit with the tenant's court costs and attorney fees. Attend to maintenance problems before they escalate into rent wars.

---

2. Repair and Deduct

If you let your rental property fall below the fit and habitable standard, tenants in many states may be able to use a legal procedure called "repair and deduct." It works like this: Under certain conditions the tenant can, without your permission and without filing a lawsuit, have the defect repaired and subtract the cost of the repairs from the following month's rent. The repair and deduct remedy is available only if state or local law has authorized it. (See "Tenants' Repair Remedies," above.)

Like the rent withholding option described above, the repair and deduct remedy cannot be invoked at whim. Instead, most states have established specific criteria a tenant must meet before legally qualifying to use the repair and deduct procedures: The defect must either be inexpensive, involve an essential service, or both (depending on the wording of the statute); and the subject of the repair must clearly be the landlord's responsibility. Let's look more closely at these requirements.

a. Repairs Must Qualify

A few states allow the repair and deduct remedy for minor repairs only, such as a leaky faucet or stopped-up sink. In most states there is a dollar limit or a specific percentage of the month's rent—for example, $300 or less than one-half the monthly rent, whichever is greater.

Most states allow tenants to use the repair and deduct remedy only for essential services, such as the procuring of heat and water or for conditions that materially affect the habitability of the premises, safety of the tenant, or terms of the lease. For example, in Massachusetts, a tenant can spend up to four months' rent, but only for health code violations certified by an inspector. (Mass. Gen. Laws ch. 111, § 127L.) Some states allow the remedy to be used in either situation.

> **EXAMPLE:** On a chilly November evening, the pilot light for Larry's heater failed. He called his building manager, who promised to fix it soon. After calling the manager several more times to no avail and suffering through three frigid days with no heat, Larry called a heater repair person, who came promptly and replaced the broken mechanism for $150. Since Larry lives in a state that allows the repair and deduct remedy, Larry deducted $150 from his next rent check and gave his manager the repair bill.

b. Repairs Must Be Your Responsibility

A tenant cannot use the rent deduction method to fix a defect or problem that was caused by the careless or intentional act of the tenant or a guest of the tenant. Thus, a tenant cannot use this remedy to replace a window he broke himself. Also, since in most states the tenant is required to keep the dwelling as clean and orderly as the premises permit, he cannot use the remedy if the problem is traceable to his carelessness or unreasonable use of the property.

c. You Must Be Notified of the Problem

Before using the repair and deduct remedy, the tenant must notify you of the problem. He need not, however, inform you that he intends to utilize the remedy if you fail to respond. Each state has its own procedures and timeline for notification. Generally, the tenant's notice must be in writing. However, in some states the law simply requires that the tenant give the landlord or manager "reasonable" notice of the problem (this could be orally or in writing).

d. You Must Be Given Time to Fix the Problem

Statutes often give you a specified amount of time to make needed repairs before a tenant can legally use the repair and deduct remedy. For nonemergency repairs, this is typically within ten to 14 days of being notified by the tenant in writing. In the case of an emergency (such as a hole in the roof or a defective heater in winter), you must respond promptly. However, in some states no time limits are given; instead, you must make the repairs in a reasonable time.

e. How Much Rent Can the Tenant Deduct?

In states that allow the repair and deduct remedy, the amount the tenant deducts is always limited to the actual and reasonable amount spent on the repair. In addition, many states impose a dollar limit on tenants' repairs. In Hawaii, for example, the tenant may withhold up to $500 or up to one month's rent; in Arizona, the amount the tenant withholds must be less than $300 or an amount equal to one-half the periodic rent, whichever is greater. And in California, a tenant is limited to deducting one month's rent to make repairs. In most states, tenants must present an itemized accounting for the work when using this remedy and presenting less than a full month's rent.

f. Repeated Use of the Repair and Deduct Remedy

Many states limit how often tenants may pursue this option—for example, no more than once or twice in any 12-month period. Just because a tenant has used up his ability to utilize the remedy does not mean, however, that a landlord who has refused to fix a problem can ignore it. The tenant can still invoke any of the other remedies described in this chapter: rent withholding, filing a lawsuit in small claims court, or moving out.

g. The Price of Repair and Deduct

A tenant's use of the repair and deduct remedy can have unpleasant consequences. The tenant may not hire a skilled, reasonably priced repair person who does the job just as you would have done. Consequently, the chances for a needlessly expensive job or a shoddy one are great. Careful adherence to the high quality maintenance system described below in Sections G and H should help you avoid this fate.

EXAMPLE: When Matt opened the cupboard underneath his bathroom sink, he saw that the flexible hose connecting the pipe nipple to the sink was leaking. He turned off the water and called his landlord, Lee, who promised to attend to the problem right away. After three days without a bathroom sink, Matt called a plumber, who replaced the hose for $100. Matt deducted this amount from his next rent check. Lee thought no more about this until he got a frantic call from the tenant in the apartment beneath Matt's. She described her ceiling as looking like a giant, dripping sponge. Lee called his regular plumber to check the problem out. His plumber told Lee that the repair on Matt's sink had been done negligently, resulting in a major leak into the walls. If Lee had called his own plumber, the job would have been done right in the first place, saving Lee lots of money and hassle.

A tenant's use of repair and deduct will also complicate (or frustrate) your accounts. You should be tracking maintenance costs in order to itemize them on your Schedule E tax return. But when tenants use repair and deduct, you have no receipt (with your name on it), and no direct way to prove the expense (short of arguing that the lowered rent reflects that expense). Keep things straightforward by paying for repairs yourself.

3. Your Options If a Tenant Withholds, Reduces, or Repairs and Deducts Rent

When confronted with a tenant who does not pay all or part of the rent, many landlords almost reflexively turn to a lawyer to bring an eviction lawsuit. But even if you eventually get the tenant evicted (and you may not, if the judge finds the tenant's rent withholding was justified), it is usually only after considerable cost. This is appropriate in some circumstances, especially when the tenant is clearly wrong and simply throwing legal sand in the air in an effort to obscure the fact that he can't or won't pay rent. But it's important to realize that tenants can fall into at least two other categories:

- tenants who have some right on their side— that is, the needed repairs or maintenance should have been done more promptly, and
- tenants who sincerely thought they had the right to withhold or repair and deduct rent, but who overreacted to the problem or just did the wrong thing under the law.

How you react when a tenant reduces, repairs and deducts or withholds rent should depend on which category the tenant fits into. The following sections look at your options depending on the three categories: obvious troublemakers, mistaken but sincere tenants who are worth salvaging, and tenants who had some justification for using the remedy they chose.

a. Obvious Troublemakers

If you keep your rental properties in good shape and properly handle repair and maintenance problems, your best bet may be to promptly and legally terminate the tenancy of any tenant who pays you less or no rent. (Chapter 17 provides an overview of evictions in these situations.)

If you're heading for court, you may need to consult a lawyer or do some legal research first on your state's laws on evictions. If you do end up in court, be prepared to prove the following:

- The claimed defect was nonexistent, and nothing justified the tenant's failure to pay the rent.
- The tenant caused the defect himself in order to avoid paying rent.
- The claimed defect was not really serious or substantial enough to give the tenant the right to pursue a particular remedy, such as rent withholding.
- Even if the defect was substantial, you were never given adequate notice and a chance to fix it. (At this point you should present a detailed complaint procedure to the court as we recommend in Section G, below. You should show, if possible, that the tenant didn't follow your complaint procedure.)
- The tenant failed to comply with some other aspect of the rent withholding law. For example, in states that require the tenant to place the withheld rent in escrow with the court, a tenant's failure to do so may defeat her attempt to use the procedure at all. A tenant who repeatedly failed to use the escrow procedure might be a candidate for eviction.

If in doubt, hold off on eviction. Sometimes it's hard to know if a tenant is truly a bad apple or just badly confused as to her legal rights. Until you are sure the tenant fits into the first category (had absolutely no good reason to reduce, withhold, or repair and deduct rent), don't try to evict the tenant. Under the law of virtually every state, retaliatory evictions are penalized, often severely—that is, you may not evict a tenant in retaliation for his asserting a particular right, such as the right to withhold rent or complain to governmental authorities about health or safety problems. See Chapter 16 for a discussion of how to avoid tenant charges of retaliation.

b. Mistaken But Sincere Tenants

If you think the tenant is wrong, but sincere—that is, she probably isn't trying to make up an excuse for not paying rent, but nevertheless is clearly not legally eligible to abate, withhold rent, or repair and deduct—your best course is usually to try and work things out with the tenant in a face-to-face meeting. If, for example, the tenant used the repair and deduct remedy, but you were never given adequate legal notice (and would have had the problem fixed for $50 less if you had been), it may make sense to accept the tenant's solution but make sure the tenant knows how to notify you of the problems in the future. It may be painful to make this sort of compromise, but it is not nearly as bad as trying to evict the tenant and risking that a judge might even agree with her course of action.

The chances for resolving a conflict will be greater if you have a compromise system in place when you need it. When you find yourself dealing with a tenant who is not an obvious candidate for eviction (and especially if the tenant has some right on her side, as discussed below), consider taking the following steps:

1. Meet with the tenant (or tenants) and negotiate. You should be interested in establishing a good solution to avoid problems in the future and not in determining who was "right."
2. If negotiation fails, suggest mediation by a neutral third party. Check out how this works in advance so you can move quickly should the need arise again.
3. Put your solution in writing.
4. If the process indicates a larger problem with tenant dissatisfaction, encourage the tenant or tenants to meet with you regularly to solve it.

In many cases, it may be possible for you and the tenant to come to a mutually acceptable agreement using this system. On your end, this might mean promptly having the necessary work done and better maintaining the unit in the future. You might also give the tenant a prorated reduction in rent for the period between the time the tenant notified you of the defect and the time it was corrected. In exchange, the tenant might promise to promptly notify you of problems before resorting to the same tactic in the future.

> **EXAMPLE:** A leaky roof during a rainy month deprives a tenant, Steve, of the use of one of his two bedrooms. If Steve gave his landlord, Joe, notice of the leak, and Joe did not take care of the problem quickly, Steve might be justified in deducting $300 from the $800 rent for that month. However, if Steve didn't tell Joe of the problem until the next month's rent was due, a compromise might be reached where Steve bears part of the responsibility, by agreeing to deduct only $100 from the rent.

The first step in working toward a compromise with the tenant who uses rent abatement, withholding, or repair and deduct is to call him. If you're reluctant to call, you might want to try a letter. See the sample letter below suggesting a compromise on rent withholding.

 Chapter 16 recommends ways to negotiate with tenants over legal disputes such as rent withholding. Chapter 16 includes a section on mediation and covers other options, such as small claims court, if you can't work something out with the tenant.

c.   Tenants Who Are Partially Right

Sometimes, despite your best efforts to keep on top of repair and maintenance issues, a repair job falls through the cracks. It could happen while you are on vacation and your backup system doesn't work, or maybe you simply need a better manager. If, in all fairness, a tenant was justified in using rent withholding or repair and deduct, admit it and take steps to rectify the situation. For example, after getting the necessary work done, you might try to make use of the compromise procedure outlined above. Once the immediate problem is behind you, treat what happened as an opportunity to review, revise, and improve your maintenance and repair procedures:

- **Complaint procedure.** Do you have a complaint system that makes it easy for tenants to communicate their concerns? Are complaint forms readily available and easy to use?
- **Tenant education.** Do your tenants know that you intend to respond quickly to repair and maintenance problems? Do you need to remind all tenants, via a tenant notice or newsletter, of your complaint procedure?
- **Management response.** Does management respond reasonably quickly to a tenant's request for repairs?

In Section G, below, we give detailed suggestions for how to set up and implement a maintenance program designed to identify repair needs before they become repair problems.

D. Tenant Responses: Calling Inspectors, Filing Lawsuits, and Moving Out

Tenants who are faced with unfit rentals are not limited to withholding rent or repairing the defects themselves. Other options that do not involve paying less rent include calling government inspectors, breaking the lease and moving out, and suing in small claims court.

1.   Reporting Code Violations to Housing Inspectors

A tenant may complain to a local building, health, or fire department about problems such as inoperable plumbing, a leaky roof, or bad wiring. If an inspector comes out and discovers code violations, you will be given an order to correct the problem. Fines and penalties usually follow if you fail to comply within a certain amount of time (often five to 30 business days). If there's still no response, the city or county may sue you. In many cities, your failure to promptly fix cited violations of local housing laws is a misdemeanor (minor crime) punishable by hefty fines or even imprisonment. In rare cases, especially if tenants' health is imperiled, local officials may even require that the building be vacated.

Sample Letter Suggesting Compromise on Rent Withholding

May 3, 200X

Tyrone McNab
Villa Arms, Apt. 4
123 Main Street
Cleveland, Ohio 44130

Dear Mr. McNab:

I am writing you in the hope that we can work out a fair compromise to the problems that led you to withhold rent. You have rented a unit at the Villa Arms for the last three years, and we have never had a problem before. Let's try to resolve it.

To review briefly, on May 1, Marvin, my resident manager at Villa Arms, told me that you were temporarily withholding your rent because of several defective conditions in your apartment. Marvin said you had asked him to correct these problems a week ago, but he hasn't as yet attended to them. Marvin states that you listed these defects as some peeling paint on the interior wall of your bedroom, a leaky kitchen water faucet, a running toilet, a small hole in the living room carpet, and a cracked kitchen window.

I have instructed Marvin to promptly arrange with you for a convenient time to allow him into your apartment to repair all these problems. I am sure these repairs would already have been accomplished by now except for the fact that Hank, our regular repair person, has been out sick for the last ten days.

I understand that these problems are annoying and significant to you, and I acknowledge that they should have been attended to more promptly. However, I do not believe that they justify rent withholding under state law. Rent withholding is allowed only when the defects make the premises unfit for habitation. I do not think, however, that in the long run either one of us would be well served by stubbornly standing on our rights or resorting to a court fight. My first wish is to come to an amicable understanding with you that we can live with and use to avoid problems like this in the future.

Because of the inconvenience you have suffered as a result of the problems in your apartment, I am prepared to offer you a prorated rebate on your rent for ten days, this being the estimated length of time it will have taken Marvin to remedy the problems from the day of your complaint. As your monthly rent is $900, equal to $30 per day, I am agreeable to your paying only $600 rent this month.

If this is not acceptable to you, please call me at 555-1234 during the day. If you would like to discuss any aspect of the situation in more detail, I would be pleased to meet with you at your convenience. I will expect to receive your check for $600, or a call from you, before May 10.

Sincerely,

Sandra Schmidt

Sandra Schmidt
Owner, Villa Arms

In many areas, getting reported to a building inspector is a very big deal—an inspector who finds lots of problems can force you to clear them up immediately. But there is wide variation as to the effectiveness of building inspectors. In some cities, there are very few inspectors compared to the number of tenant complaints, and courts are largely unable to follow up on the properties that are cited. But chances are that if the complaint procedure proves ineffective, your tenant will turn to a more effective option, such as one of the ones listed below.

Severe Code Violations Will Close Your Building

If a judge decides that a building's condition substantially endangers the health and safety of its tenants, and repairs are so extensive they can't be made while tenants inhabit the building, the result may be an order to vacate the building. You usually won't have a chance to come to the court hearing to object to this dire consequence—your tenants will simply be told to get out, sometimes within hours.

In some states, you must pay for comparable temporary housing nearby. Some statutes also make you cover moving expenses and utility connection charges and give the original tenant the first chance to move back in when the repairs are completed. To find out whether you'll be liable for relocation expenses, check your state statutes (listed in "State Landlord-Tenant Statutes" in Appendix A). Look in the index to your state's codes under "Landlord-Tenant" for subheadings such as "Relocation Assistance" or "Padlock Orders." (See Chapter 18 for general advice on legal research.)

2. Lawsuits by the Tenant

A consumer who purchases a defective product—be it a car, a hair dryer, or a steak dinner—is justified in expecting a minimum level of quality, and is entitled to compensation if the product is seriously flawed. Tenants are consumers, too, and may remain in possession of the premises and still sue you for the following:

- partial or total refund of rent paid while the housing conditions were substandard
- the value, or repair costs, of property lost or damaged as a result of the defect—for example, furniture ruined by water leaking through the roof
- compensation for personal injuries—including pain and suffering—caused by the defect (Chapter 10 discusses liability), and
- attorney fees (Chapter 18 discusses attorney fees).

In some states, tenants may also seek a court order—similar to a rent withholding scheme—directing you to repair the defects, with rent reduced until you show proof to the court that the defects have been remedied.

 You may not retaliate against a tenant who files a lawsuit and stays on the property. (See Chapter 16 for a discussion of retaliatory eviction.) It may seem inconsistent for a tenant to take the extreme step of suing you and expecting to remain on the property. Nevertheless, a tenant who sues and stays is exercising a legal right. Retaliation, such as delivering a rent increase or a termination notice, is illegal and will give the tenant yet another ground on which to sue.

3. Moving Out

If a tenant's dwelling isn't habitable and you haven't fixed it, he also has the right to move out—either temporarily or permanently. These drastic measures are justified only when there are truly serious problems, such as the lack of essential services or the total or partial destruction of the premises. Tenants may also use these options if environmental health hazards such as lead paint dust (discussed in Chapter 11) make the unit uninhabitable.

a.   Failure to Keep the Unit Habitable

The 47 states (and the District of Columbia) that require you to provide habitable housing allow tenants to move out if you don't do your job. Depending on the circumstances, tenants may move out permanently, by terminating the lease or rental agreement, or temporarily. This approach is borrowed directly from consumer protection laws. Just as the purchaser of a seriously defective car may sue to undo the contract or return the car for a refund, tenants can consider the housing contract terminated and simply return the rental unit to you if the housing is unlivable.

The law, of course, has a convoluted phrase to describe this simple concept. It's called "constructive eviction," which means that, by supplying unlivable housing, you have for all practical purposes "evicted" the tenant. A tenant who has been constructively evicted (that is, he has a valid reason to move out) has no further responsibility for rent.

Your state statute may have specific details, such as the type of notice tenants must provide before moving out because of a major repair problem. You may have anywhere from five to 21 days to fix the problem, depending on the state and, sometimes, the seriousness of the situation. Check your state law for details.

Temporary moves. In many states, if you fail to provide heat or other essential services, tenants may procure reasonable substitute housing during the period of your noncompliance. They may recover the costs (as long as they're reasonable) of substitute housing up to an amount equal to the rent.

Permanent moves. A tenant who moves out permanently because of habitability problems may also be entitled to money from you to compensate them for out-of-pocket losses. For example, the tenant may be able to recover for moving expenses and the cost of a hotel for a few days until they find a new place. Also, if the conditions were substandard during prior months when the tenant did pay the full rent, you may be sued for the difference between the value of the defective dwelling and the rent paid. In addition, if the tenant is unable to find comparable housing for the same rent, and ends up paying more rent than they would have

under the old lease, you may be on the hook for the difference.

EXAMPLE: Susan signed a one-year lease for a beachfront apartment. She thought it was a great deal because the monthly rent of $700 was considerably less than similar properties in the neighborhood. Susan's dream of an apartment began to turn into a nightmare when she discovered, soon after moving in, that the bedroom was full of mildew that attacked every surface and interfered with her breathing. After numerous complaints to the landlord, which were ignored, Susan moved out at the end of four months and rented a comparable apartment nearby for $800. She then sued the landlord for the following:

- *Compensation for the months she had endured the defective conditions.* Susan asked for the difference between the agreed-upon rent and the real value of the apartment (the apartment with its defects), times four (the number of months she paid rent).

- *The benefit of her bargain.* Susan pointed out that the rent for the first apartment was a real bargain, and that she had been unable to find a similar apartment for anything less than $800 per month. She asked for the added rent she will have to pay ($100) times eight, the number of months left on her original lease.

- *Moving costs.* Susan asked for the $250 cost of hiring a moving company to transport her belongings to her new home.

After hearing Susan's arguments and the landlord's feeble defense, the judge decided that Susan was entitled to:

- *Compensation for past problems.* The mildew problem, which had forced Susan to sleep in the living room, had essentially reduced the one-bedroom apartment to a studio apartment, which would have rented for $400 per month. Accordingly, Susan was entitled to a refund of $300 for each of the four months, or $1,200.

- *The benefit of her bargain.* The judge acknowledged that a similar apartment, such as the one she rented when she moved out, cost $100 more per month than the one she had originally rented, and awarded her that amount per month times eight, or $800.
- *Moving costs.* The judge ruled that Susan's moving costs of $250 were reasonable, and ordered the landlord to pay them.

b.   Damage to the Premises

A tenant whose home is significantly damaged—either by natural disaster or any other reason beyond his responsibility or control—has the right to consider the lease at an end and to move out. Depending on the circumstances of the damage and the language in your lease or rental agreement, however, everyone may not be able to simply walk away from the lease or rental agreement with no financial consequences. A tenant may have the legal right to your assistance with substitute housing or living expenses. Obviously, the tenant whose rental unit is destroyed by a natural disaster has less reason to expect resettlement assistance from you than one whose home is destroyed by fire caused by your botching an electrical repair job. And the tenant whose home burns down because he left the stove on all night will probably find himself at the other end of a lawsuit.

Natural or third-party disasters. State laws vary on the extent of your responsibility depending on the cause of the damage. If a fire, flood, tornado, earthquake, or other natural disaster renders the dwelling unlivable, or if a third party is the cause of the destruction (for instance, a fire due to an arsonist), your best bet is to look to your insurance policy for help in repairing or rebuilding the unit and to assist your tenants in resettlement. While waiting for the insurance coverage to kick in, give month-to-month tenants a termination notice (typically 30 days' notice is required). In some cases, you may be required by law to pay the tenant for substitute housing for 30 days. With tenants who have a lease, you may be obligated to pay for substitute housing for a longer period

until the tenant finds a comparable replacement. To be prudent, raise the issue of tenant assistance with your insurance broker at the time the policy is purchased so that you know exactly where you stand if a disaster strikes.

Destruction that is traceable to the landlord. If it can be shown that you or your employees were even partially responsible for the damage, your legal responsibility to the tenant is likely to increase. You may be expected to cover a longer period of temporary housing, and, if the substitute housing is more expensive, you may be stuck with paying the difference between the new rent and the old rent. The insurance issue will also take on a different cast: Some policies exclude coverage for natural disasters, but include (as is standard) coverage for the owner's negligent acts. The facts surrounding the property damage or destruction, applicable state law, and the wording of your insurance policy will determine how each situation is handled.

If a tenant moves out due to damage or destruction of the premises, for whatever cause, it will be important for you and the tenant to sign a written termination of the rental agreement or lease once the tenant is relocated. (See the sample Landlord-Tenant Agreement to Terminate Lease in Chapter 8.) This allows you to proceed with the repair or rebuilding without the pressure of tenants waiting to move in immediately. If you want to rerent to the same tenant, a new lease or rental agreement can be drawn up at that time.

E.   Minor Repairs

If you're like most landlords, what really drives you nuts are hassles over leaky faucets, temperamental appliances, worn carpets, noisy heaters, hot water heaters that produce too little hot water, and dozens of other aggravating complaints. You are much more likely to face tenants' minor complaints than major problems that make a unit unlivable. To avoid hassles with tenants over minor repairs, you may delegate responsibility to a tenant—particularly one who is especially reliable and handy. (Section F, below, shows how to delegate minor repairs and maintenance.)

You have different legal duties depending on whether a problem is major (affecting the habitability of the rental unit) or minor. Major jobs are yours, period. Minor repair and maintenance includes:

- small plumbing jobs, like replacing washers and cleaning drains
- system upkeep, like changing heating filters
- structural upkeep, like replacing excessively worn flooring
- small repair jobs, like fixing broken light fixtures or replacing the grout around bathtub tile, and
- routine repairs to and maintenance of common areas, such as pools, spas, and laundry rooms.

Most often, minor repairs are your job. But you are not required to keep the rental premises looking just like new—ordinary wear and tear does not have to be repaired during a tenancy. (When the tenant moves out, however, the cost of dealing with ordinary wear and tear will fall on you and cannot come out of the security deposit. See Chapter 15.) And if the tenant or one of his guests caused a minor repair problem, carelessly or intentionally, the tenant is responsible for repairing it—or, if your lease or rental agreement prohibits him from doing so, paying you to do it.

If the tenant had nothing to do with the repair problem, and it's not a cosmetic issue, chances go way up that you are responsible, for one of the following reasons:

- A state or local building code requires you to keep the damaged item (for example, a kitchen sink) in good repair.
- A state or local law specifically makes it your responsibility.
- Your lease or rental agreement provision or advertisement describes or lists particular items, such as hot tubs, trash compactors, and air conditioners; by implication, this makes you responsible for maintaining or repairing them.
- You made explicit promises when showing the unit—for example, regarding the security or air conditioning system.
- You made an implied promise to provide a particular feature, such as a whirlpool bathtub, because you have fixed or maintained it in the past.

Each of these reasons is discussed below. If you're not sure whether or not a minor repair or maintenance problem is your responsibility, scan the discussion to find out.

1. Building Codes

States (and sometimes cities) write building codes that cover structural requirements, such as roofs, flooring, and windows, and essential services, such as hot water and heat. If your tenant's repair request involves a violation of the building code, you may be facing a habitability problem, as discussed above in Section A. But building codes often cover other, less essential, details as well. For example, codes may specify a minimum number of electrical outlets per room; if a broken circuit breaker means that there are fewer working outlets, the consequence is probably not an unfit dwelling, but you are still legally required to fix the problem.

2. Landlord-Tenant Laws

Some state laws place responsibility for specific minor repairs and maintenance on the landlord. A common example is providing garbage receptacles and arranging for garbage pick-up. Many states have their own special rules. In Alaska, for example, the law makes landlords responsible for maintaining appliances supplied by them. (Alaska Stat. § 34.03.100.)

In many states, renters of single-family residences may agree to take on responsibilities that would otherwise belong to the landlord, such as disposing of garbage. For details, check your state's landlord-tenant codes under "Landlord-Tenant Statutes," which are listed in Appendix A.

3. Promises in the Lease or Rental Agreement

When it comes to legal responsibility for repairs, your own lease or rental agreement is often just as important (or more so) than building codes or state laws. If your written agreement describes or lists items such as drapes, washing machines, swimming pools, saunas, parking places, intercoms, or dishwashers, you must provide them in decent repair. And the promise to provide them carries with it the implied promise to maintain them.

4. Promises in Ads

If an advertisement for your unit described or listed a feature, such as a cable TV hookup, especially if the feature is emphasized, you must follow through with these promises, even if your written rental agreement says nothing about the feature. Items such as dishwashers, clothes washers and dryers, garbage disposals, microwave ovens, security gates, and Jacuzzis must be repaired by you if they break through no fault of the tenant.

> **EXAMPLE:** Tina sees Joel's ad for an apartment, which says "heated swimming pool." After Tina moves in, Joel stops heating the pool regularly, because his utility costs have risen. Joel has violated his promise to keep the pool heated.

The promise doesn't have to be in words.

> **EXAMPLE:** Tom's real estate agent showed him a glossy color photo of an available apartment, which featured a smiling resident using an intercom to welcome a guest. The apartment Tom rented did not have a working intercom, and he complained to the management, arguing that the advertisement implied that all units were so equipped. The landlord realized that he would have to fix the intercom.

5. Promises Made Before You Rented the Unit

It's a rare landlord or manager who refrains from even the slightest bit of puffing when showing a rental to a prospective tenant. It's hard to refrain from announcing rosy plans for amenities or services that haven't yet materialized ("We plan to redo this kitchen—you'll love the snappy way that trash compactor will work!"). Whenever you make promises like these, even if they're not in writing, your tenant can legally hold you to them.

> **EXAMPLE:** When Joel's rental agent shows Tom around the building, she goes out of her way to show off the laundry room, saying, "Here's the laundry room—we have two machines now, but will be adding two more soon." Tom rents the apartment. Two months go by, and Joel still hasn't added the new machines. Joel has violated his promise to equip the laundry room with four machines.

6. Implied Promises

Suppose your rental agreement doesn't mention a garbage disposal, and neither did any of your advertising. And you never pointed it out when showing the unit. But there is a garbage disposal, and it was working when the tenant moved in. Now the garbage disposal is broken—do you have to fix it? Many courts will hold you legally responsible for maintaining all significant aspects of the rental unit. If you offer a unit that *already has* certain features—light fixtures that work, doors that open and close smoothly, faucets that don't leak, tile that doesn't fall off the wall—many judges reason that you have made an implied contract to keep them in workable order throughout the tenancy.

The flip side of this principle is that when your tenant has paid for a hamburger, the waiter—you—doesn't have to deliver a steak. In other words, if the rental was shabby when the tenant moved in, and you never gave the tenant reason to believe that it would be spruced up, he has no legal right to demand improvements—unless, of course, he can point to health hazards or code violations. As when you offer secondhand goods "as is" for a low price, legally your buyer/tenant is stuck with the deal.

Another factor that is evidence of an implied contract is your past conduct. If you have consistently fixed or maintained a particular feature of a rental, you have an implied obligation to continue doing so.

> **EXAMPLE:** Tina's apartment has a built-in dishwasher. When she rented the apartment, neither the lease nor the landlord said anything about the dishwasher or who was

responsible for repairing it. The dishwasher has broken down a few times, and whenever Tina asked Joel to fix it, he did. By doing so, Joel has established a "practice" that he—not the tenant—is responsible for repairing the dishwasher.

7. The Consequences of Refusing to Attend to Minor Repairs

If you have determined that the repair problem is minor and falls fairly in your lap, it's wise to attend to it promptly. Although your tenant's health and safety may not be immediately imperiled (as is true with major repairs), you don't want to court disaster. For example, the repair may be minor now but have the potential to become major and expensive; there may be a potential for injury and liability; or the problem may affect other renters, presenting the unpleasant possibility of a cadre of disgruntled tenants.

If you refuse to fix a minor problem that is your responsibility, your tenant has several options. He may

- fix it himself
- report you to the housing inspectors, if the problem involves a code violation
- attempt to use one of the legal options designed for habitability problems, such as rent withholding or repair and deduct
- break the lease and move out, or
- sue you, usually in small claims court.

Some of these responses are appropriate, and others may not be—we'll explain why below. But keep in mind that even if a tenant improperly responds, your being in the right may be an illusory victory. Legal disputes—in court or out—are expensive and time-consuming. Unless the tenant is a whining prima donna who demands constant, unnecessary repairs, it's usually wiser to fix the problem and nip the issue in the bud.

a. Tenants Who Fix It Themselves

Your exasperated tenant might strap on his tool belt and fix the minor problem himself. If he's handy and has used the proper procedures and materials,

you may come out ahead. But you have no way of gauging his expertise, and there is always the possibility that the tenant will do a slipshod job, either negligently or through spite.

EXAMPLE: Colin decided to replace a window that was broken by his son's basketball. He removed the shards of glass, fitted a new pane in place and caulked the circumference. He did not, however, paint the caulk; a year later it had cracked, allowing rainwater to seep onto the windowsill and down the wall. His landlord Sarina was furious when she realized that she would have to replace the sill and the drywall, simply because Colin had not done a workmanlike job. The cost of these repairs exceeded Colin's security deposit, and Sarina had to sue him in small claims court for the balance, which she had a hard time collecting.

b. Reporting Code Violations

If the minor repair problem constitutes a code violation, such as inadequate electrical outlets or low water pressure, your tenant may find an ally in the building or housing agency in charge of enforcing the code. Whether the tenant will get an effective response from the agency will depend on the seriousness of the violation, the workload of the agency, and its ability to enforce its compliance orders. Since by definition the problem is minor, it's unlikely to get much action, especially if code enforcement officials are already overworked. But his complaint will remain on file, which is a public record that may come back to haunt you.

EXAMPLE: Randall was a successful landlord who owned several properties. A rotten and poorly supported deck at one of his apartment houses collapsed, killing one tenant and injuring several others. Randall was sued by the injured tenants and the family of the deceased for intentionally violating building codes when constructing the deck. Local news coverage made much of the fact that he had been cited numerous times for minor code violations; this publicity made it extremely difficult for him to get a fair trial. The jury found in favor of the plaintiffs and awarded them several million dollars. Because this tragedy was not the result of Randall's negligence, but rather an expected consequence of deliberately ignoring proper building procedures, Randall's insurance company refused to cover the award. Randall was forced to declare bankruptcy.

c. Using Rent Withholding or Repair and Deduct

Tenants often make the mistake of using these powerful remedies, usually reserved for major habitability problems, for minor repairs. If your tenant has done so, you should be able to terminate and evict for nonpayment of rent. (Terminations and evictions are covered in Chapter 17.) Be sure to read your state's statute or other authority carefully to make sure that there's no way your tenant can justify his action under your state's withholding or repair and deduct laws.

d. Breaking the Lease

A disgruntled tenant may decide it's not worth putting up with your unwillingness to handle regarding minor repairs and may simply break the lease and move out. A defect that is truly minor does not justify this extreme step. But being in the right does you little good here—in most states, you'll have to take reasonable steps to rerent and credit the new rent to the departed tenant's responsibility for the balance of the rent. The fact that he left because he didn't like the squeaky closet door does not relieve you of this duty. (Your duty to "mitigate damages" is explained in Chapter 14.)

e. Suing in Small Claims Court

Be it ever so minor, your tenant is entitled to get what he paid for—and if he doesn't, he might decide to sue in small claims court. Small claims court judges usually won't order you to paint, fix the dishwasher, or repair the intercom. The judge may, however, order that the tenant be compensated in dollars for living in a rental unit with repair problems, on the theory that the tenant is not getting the benefit of what he's paying rent for—for example, a functioning dishwasher, presentable paint, or a working air conditioner. You may be ordered to pay the tenant an amount that reflects the difference between his rent and the value of the unit with repair problems. (To calculate this amount, the judge will use one of the methods described above in Section C.)

How much of a threat is a small claims suit likely to be? A judge is not going to adjust the rent because a little grout is missing from the bathroom tile. But if the dishwasher is broken, three faucets leak noisily, and the bathroom door won't close, your tenant's chances of winning go way up.

F. Delegating Landlord's Responsibilities to Tenants

You may want to delegate some repair and maintenance responsibilities to the tenants themselves—perhaps you live at a distance and the tenant is particularly responsible and handy. Is this legal? Courts in each state have faced this question and have come to several different conclusions. While we cannot offer a countrywide analysis of each state's position, here are the basics.

Consider hiring a resident manager. Many landlords hire a tenant-manager to handle day-to-day details of running their rental property. Chapter 6 covers all aspects of hiring and working with a property manager, including setting repair and maintenance responsibilities.

1. Do Not Delegate Responsibility for Major Repairs and Maintenance to the Tenant

By law, housing must be habitable, because society has decided that it is unacceptable for landlords to offer substandard dwellings. For this reason, the implied warranty of habitability and the covenant of quiet enjoyment cannot be waived by a tenant in most states. In other words, even though the tenant may be willing to live in substandard housing, society has decided that it will not tolerate such conditions.

It is a small but logical step to the next question of whether you can delegate to the tenant the responsibility of keeping the premises fit for habitation. Many courts have held that you cannot, fearing that the tenant will rarely be in the position, either practically or financially, to do the kinds of repairs that are often needed to bring a structure up to par.

Even if you do have the legal right, it is always a mistake to try and delegate to a tenant your responsibility for major maintenance of essential services, such as heat, plumbing, or electricity, or repairs involving the roof or other parts of the building structure. And remember, even inexpensive jobs can have enormous repercussions if done poorly. For instance, replacing an electrical outlet seems simple, but the results of an improper job (fire or electrocution) can be devastating. Think twice before entrusting sensitive jobs to people who are not experts.

2. How to Delegate Minor Repairs and Maintenance to Tenants

Delegating minor repairs is usually a different issue. Under the law of some states, and as a matter of sensible practice in all states, you may delegate minor repairs and maintenance responsibilities to the tenant—such as mowing the lawn, trimming the bushes, and sweeping the lobby—without making the tenant responsible for keeping the structure habitable. Practically speaking, however, you must be willing to check to see if the work is done properly. If you wish to delegate responsibilities to a tenant, be advised that, as far as any *other* tenants are concerned (and probably with respect to the living space of the tenant-repairperson, too), your delegation of certain maintenance and repair duties to one tenant does not relieve you of the ultimate responsibility for meeting state and local health and safety laws.

Always remember that the implied warranty of habitability makes you responsible for maintenance of common areas—for example, cleaning hallways and mowing the lawn. If you transfer this duty to someone who fails to do it, the transfer will not shield you if you are hauled into court for failure to maintain the premises. On the other hand, if you monitor the manner in which the job is being done and step in and get it done right if the tenant does a poor job, there should be no practical problems.

Repair and maintenance arrangements between landlords and tenants often lead to dissatisfaction—typically, the landlord feels that the tenant has neglected certain tasks, or the tenant feels that there is too much work for the money. When a court is asked to step in, the validity of the arrangement will typically be judged along the following lines:

- **Was it in writing?** Any agreement as to repairs or maintenance should be written and signed, either as part of the lease or rental agreement (see Clause 12 of the form agreements in Chapter 2), or as a separate employment agreement (see Section F3, below).
- **Was it a fair bargain?** You must adequately pay the tenant for the services provided. Often, this payment consists of a reduction in rent. A judge may look askance at a $50 reduction in monthly rent for 20 hours of work, which represents a pay scale well below the minimum wage.
- **Is it fair to other tenants?** Some courts will also inquire as to whether your agreement adversely affects your obligations to other tenants. For example, if your tenant-maintenance person does his job poorly or only now and then, the other tenants will have to live with his spotty performance.
- **Have you treated the delegation separately from your other duties as the landlord?** The agreement you have with your tenant has nothing to do with your other responsibilities. For example, if you and your tenant agree that she will do gardening work in exchange for a reduction in rent, and you feel that she is not doing a proper job, you may not respond by shutting off her water. (See discussion of retaliation and other prohibited landlord actions in Chapter 16.) The proper recourse is to discuss the problem with the tenant and, if it persists, to cancel the arrangement.

⚠️ **Be careful delegating repairs involving hazardous materials.** The simplest repair may actually create an environmental health hazard, which may open you to liability on three fronts: You may be sued by the exposed tenant, sued by other tenants who might also be affected, and cited by the relevant regulating agency for allowing an untrained or uncertified person to work on toxic materials. For example, preparing a surface for a seemingly innocuous paint job may actually involve the creation of lead-based paint dust, and the quick installation of a smoke alarm could involve the disturbance of an asbestos-filled ceiling. Handling and disposal of toxic materials is highly regulated, and violations may subject you to significant fines. See Chapter 11 for more information on your responsibility for environmental hazards.

Landlords May Be Able to Delegate More Repair Responsibilities to Single-Family Residences

In several states, including Alaska, Arizona, Florida, Hawaii, Iowa, Kansas, Kentucky, Montana, Nebraska, New Mexico, North Carolina, North Dakota, Oklahoma, Oregon, Rhode Island, South Carolina, and Virginia, the landlord and tenant of a single-family dwelling may agree in writing that the tenant is to perform some of the landlord's statutory duties—to arrange for garbage receptacles and garbage disposal, running water, hot water, and heat—in addition to making other specified repairs. States allowing this type of delegation typically require that the transaction be entered into in good faith—meaning that each side completely understands their rights and responsibilities, and neither pressures the other. In addition, the work must usually not be necessary to cure the landlord's failure to substantially comply with health and safety codes.

Although the possibility for delegation is greater in some single-family rental situations than it is in a multiunit context, we caution owners of single-family rental properties to think carefully before entering into an arrangement of this type. Unless you are very sure about the skill and integrity of your tenant, the possibilities for shoddy work and disagreements are as great as they are in any rental situation, and indeed the consequences (poor work done to an entire house) may be greater.

3. Compensating a Tenant for Repair and Maintenance Work

Paying an on-site tenant to do repair and maintenance tasks, such as keeping hallways, elevators, or a laundry room clean or maintaining the landscaping, is preferable to giving the tenant a reduction in rent for work performed. Why? Because if the job is not done right, you can simply cancel the employment arrangement, rather than having to amend the lease or rental agreement in order to reestablish the original rent. By paying the tenant separately, there will be no question that he is still obligated to pay the full rent as he has done all along.

You May Have to Pay Federal and State Tax on Your Tenant-Repair Person

Paying your handy tenant $100 per month, or reducing his rent by this amount, in exchange for maintenance and repair duties may have important tax consequences for you. That person may be considered your "employee" (as distinguished from an independent contractor). If you "pay" the person more than a certain amount per year, either in cash or in the form of a rent reduction, you may be obliged to pay Social Security and meet other legal obligations as an employer. These obligations are covered in the Chapter 6 discussion of compensating a tenant-manager.

---

4. Landlord Liability for Tenant Repair and Maintenance Work

The delegation of basic repair and maintenance work to a tenant may not relieve you of liability if the repair is done poorly and someone is injured or property is damaged as a result. (Chapter 10 discusses your responsibility for injuries on the property.)

Of course, you could always try to recoup your losses by suing that tenant (called "seeking indemnity" in legalese), but your chances of recovery will be slim unless your tenant has sufficient monetary assets. On the other hand, a maintenance or repair service will generally carry its own insurance (you should confirm this before you engage their services), and your manager should be a named insured on your insurance policy.

The cruelest cut of all could be the ability of the tenant-repair person to sue you if he is injured performing the repair tasks. The tenant could argue

that you had no business entrusting a dangerous job to someone whose expertise was not proven—and, in some courts and in front of some juries, he might prevail. A carefully written exculpatory clause might shield you from liability in some situations, but you can never be 100% sure that the clause will be upheld in court. (Exculpatory clauses are explained in Chapter 10.)

> **EXAMPLE:** Clem, the landlord, hired Tom, the teenage son of a long-time tenant, for yard work. Part of Tom's job consisted of mowing the two front lawns, which were separated by a gravel walkway. Tom cut the first lawn and, without turning off the mower, pushed it over the gravel to the second lawn. Pieces of gravel were picked up by the blades and fired to the side, where they struck and partially blinded a child playing in the next yard. Clem was sued and faced an uphill battle with his insurance company as to whether Tom's negligence was covered under Clem's policy.

G. Avoiding Problems by Adopting a Good Maintenance and Repair System

Your best defense against rent withholding hassles and other disputes with tenants is to establish and communicate a clear, easy-to-follow procedure for tenants to ask for repairs and to document all complaints, respond quickly when complaints are made, and schedule annual safety inspections. And, if you employ a manager or management company, make sure they follow your guidelines as well.

1. Recommended Repair and Maintenance System

Follow these steps to avoid maintenance and repair problems with tenants:

1. Clearly set out the tenant's responsibilities for repair and maintenance in your lease or rental agreement. (See Clauses 11, 12, and 13 of the form agreements in Chapter 2.)

2. Use the written Landlord-Tenant Checklist form in Chapter 7 to check over the premises and fix any problems before new tenants move in.

3. Don't assume your tenants know how to handle routine maintenance problems such as a clogged toilet or drain. Make it a point to explain the basics when the tenant moves into the unit. In addition, include a brief list of maintenance do's and don'ts as part of your move-in materials. For example:
   • how to avoid overloading circuits
   • proper use of garbage disposal
   • location and use of fire extinguisher
   • problems tenant should definitely not try to handle, such as electrical repairs.

4. Encourage tenants to immediately report plumbing, heating, weatherproofing, or other defects or safety or security problems—whether in the tenant's unit or in common areas such as hallways and parking garages. A Maintenance/ Repair Request form (discussed in Section 3, below) is often useful in this regard.

5. Keep a written log (or have your property manager keep one) of all complaints (including those made orally). This should include a box to indicate your immediate and any follow-up responses (and subsequent tenant communications), as well as a space to enter the date and brief details of when the problem was fixed. The Maintenance/Repair Request form, below, can serve this purpose.

6. Keep a file for each rental unit with copies of all complaints and repair requests from tenants and your response. As a general rule, you should respond in writing to every tenant repair request (even if you also do so orally).

7. Handle repairs (especially urgent ones) as soon as possible, but definitely within the time any state law requires. (See Section 5, below.) Notify the tenant by phone and follow up in writing if repairs will take more than 48 hours, excluding weekends. Keep the tenant informed—for example, if you have problems scheduling a plumber, let your tenant know with a phone call or a note.

8. Twice a year, give your tenants a checklist on which to report any potential safety hazards or maintenance problems that might have been overlooked. See the Semiannual Safety and Maintenance Update, described in Section H, below. Respond promptly and in writing to all requests, keeping copies in your file.

9. Once a year, inspect all rental units, using the Landlord-Tenant Checklist as a guide as discussed in Section H, below. (Keep copies of the filled-in checklist in your file.)

10. Especially for multiunit projects, place conspicuous notices in several places around your property about your determination to operate a safe, well-maintained building, and list phone numbers for tenants to call with maintenance requests.

11. Remind tenants of your policies and procedures to keep your building in good repair in every written communication by printing it at the bottom of all routine notices, rent increases, and other communications.

Sample Notice to Tenants Regarding Complaint Procedure

Tenants will be more likely to keep you apprised of maintenance and repair problems if you remind them that you are truly interested. A notice such as the following will be helpful:

> Fair View Apartments wants to maintain all apartment units and common areas in excellent condition so that tenants enjoy safe and comfortable housing. If you have any questions, suggestions, or requests regarding your unit or the building, please direct them to the manager between 9 a.m. and 6 p.m., Monday through Saturday, either by calling 555-9876 or by dropping off a completed Maintenance/Repair Request form at the manager's office. In case of an emergency, please call 555-1234 at any time.

⚠ Be on the lookout for methamphetamine labs. Apartments are the most common place for illegal meth production, since the process can be done easily in a residential kitchen. Even "nice" apartments aren't immune—in fact, they're preferred, since the criminals are banking on your assumption that no one on your property would do such a thing. See "Watch for Signs of Meth Labs" in Chapter 12, Section B, for information on warning signs and procedures to follow.

2. Benefits of Establishing a Repair and Maintenance System

In addition to a thorough and prompt system for responding to problems after they have been brought to your attention, you should establish a good, nonintrusive system of frequent and periodic maintenance inspections. In short, encouraging your tenants to report problems and following the guidelines we suggest here will give you several advantages:

- **Prevention.** First, the system we recommend allows you to fix little problems before they grow into big ones. For example, you would want to replace the washer in the upstairs bathtub before the washer fails, the faucet can't be turned off, and the tub overflows, ruining the floor and the ceiling of the lower unit.

- **Good tenant relations.** Communication with tenants who have legitimate concerns with the property creates a climate of cooperation and trust that can work wonders in the long run. Making tenants happy and keeping them is really an investment in your business.

- **Rent withholding defense.** At least as important as damage prevention and good tenant relations, a responsive communication system provides you with an excellent defense when it comes to those few unreasonable tenants who seek to withhold or reduce rent for no reason other than their disinclination to pay. (In addition, if you need to establish as part of an eviction procedure that a claimed repair problem is phony, you may want to have the repair person who looked at the supposed "defect" come to court to testify as to why it was phony.) In short, you may still have to go to court to evict the tenant, but your carefully documented procedures will constitute a "paper trail" to help you accomplish this with a minimum of time and expense. And, a tenant who doesn't pay the rent because you "failed" to fix a problem will have a hard time making his case if you can show that he never availed himself of your repair procedures. If you make it your normal business practice to save all repair requests from tenants, the absence of a request is evidence that the tenant has made no complaints.

- **Limit legal liability.** Finally, an aggressive repair policy backed up by an excellent record-keeping system can help reduce your potential liability to your tenants in lawsuits based on injuries suffered as a result of defective conditions on your property. There are two reasons for this: First, it is less likely that there will be injuries in the first place if your property is well-maintained. Second, in many situations an injured person must prove not only that they were hurt but also that you were negligent (careless) in allowing the situation to develop. You may be able to defeat this claim by demonstrating that you actively sought out and quickly fixed all defects. (Landlord liability for injuries is discussed in Chapter 10.)

EXAMPLE: Geeta owns a 12-unit apartment complex and regularly encourages her tenants to request repairs in writing on a special form she's prepared. Several prominent signs, as well as reminders on all routine communications with tenants, urge tenants to report all problems. Most tenants do so. One month, Ravi simply doesn't pay his rent. After her phone calls are not answered, Geeta serves a Notice to Pay Rent or Quit. Still Ravi says nothing.

When Geeta files an eviction suit, Ravi claims he withheld rent because of a leaky roof and defective heater Geeta supposedly refused to repair. At trial, Geeta testifies that she routinely saves all tenants' filled-out forms for at least one year, and that she has no record of ever receiving a complaint from Ravi, even though she supplied him with blank forms and sent notices twice a year asking to be informed of any problems. She also submits her complaint log, which has a space to record oral requests. The judge has reason to doubt Ravi ever complained, and rules in Geeta's favor.

3. Resident's Maintenance/Repair Request Form

One way to assure that defects in the premises will be reported by conscientious tenants—while helping to refute bogus tenant claims about lack of repairs—is to include a clause in your lease or rental agreement requiring that tenants notify you of repair and maintenance needs. Make the point again and describe your process for handling repairs in your move-in letter to new tenants. (See Chapter 7.)

Many tenants will find it easiest (and most practical) to call you or your manager with a repair problem or complaint, particularly in urgent cases. Make sure you have an answering machine, voicemail, or other service available at all times to accommodate tenant calls. Check your messages frequently when you're not available by phone.

We also suggest you provide all tenants with a Maintenance/Repair Request form. Give each tenant five or ten copies when they move in and explain how the form should be used to request specific repairs. (See the sample, below.) Be sure that tenants know to describe the problem in detail and to indicate the best time to make repairs. Make sure tenants know how to get more copies. Your manager (if any) should keep an ample supply of the Maintenance/Repair Request form in her rental unit or office.

You (or your manager) should complete the entire Maintenance/Repair Request form or keep a separate log for every tenant complaint, including those made by phone. (See the discussion below.) Keep a copy of this form or your log in the tenant's file, along with any other written communication. Be sure to keep good records of how and when you handled tenant complaints, including reasons for any delays and notes on conversations with tenants.

For a sample, see the bottom of the Maintenance/ Repair Request form (labeled For Management Use, shown below). You might also jot down any other comments regarding repair or maintenance problems you observed while handling the tenant's complaint.

 The Forms CD includes a copy of the Resident's Maintenance/Repair Request form, and Appendix C includes a blank tear-out copy of the form.

4. Tracking Tenant Complaints

Most tenants will simply call you when they have a problem or complaint, rather than fill out a Maintenance/Repair Request form. For record-keeping purposes we suggest you always fill out this form, regardless of whether the tenant does. In addition, it's also a good idea to keep a separate chronological log or calendar with similar information on tenant complaints. A faithfully kept log will qualify as a "business record," admissible as evidence in court, that you can use to establish that you normally record tenant communications when they are made. By implication, the *absence* of an entry is evidence that a complaint was *not* made. This argument can be important if your tenant has reduced or withheld rent or broken the lease on the bogus claim that requests for maintenance or repairs went unanswered.

5. Responding to Tenant Complaints

You should respond almost immediately to all complaints about defective conditions by talking to the tenant and following up (preferably in writing). Explain when repairs can be made or, if you don't yet know, tell the tenant that you will be back in touch promptly. This doesn't mean you have to jump through hoops to fix things that don't need fixing or to engage in heroic efforts to make routine repairs. It does mean you should take prompt action under the circumstances—for example, immediate action should normally be taken to cope with broken door locks or security problems. Similarly, a lack of heat or hot water (especially in winter in cold

Resident's Maintenance/Repair Request

Date: _August 29, 200X_

Address: _392 Main St., #402, Houston, Texas_

Resident's name: _Mary Griffin_

Phone (home): _555-4321_   Phone (work): _555-5679_

Problem (be as specific as possible): _Garbage disposal doesn't work_

_____

_____

_____

_____

Best time to make repairs: _After 6 p.m. or Saturday morning_

_____

Other comments: _____

_____

_____

_____

I authorize entry into my unit to perform the maintenance or repair requested above, in my absence, unless stated otherwise above.

Mary Griffin
Resident

....

FOR MANAGEMENT USE

Work done: _Fixed garbage disposal (removed spoon)_

Time spent: _1/2_ hours

Date completed: _August 30, 200X_   By: _Paulie_

Unable to complete on: _____, because: _____

_____

Notes and comments: _____

_____

Hal Ortiz   _August 30, 200X_
Landlord/Manager   Date

areas) and safety hazards such as broken steps or exposed electrical wires should be dealt with on an emergency basis.

One way to think about how to respond to repair problems is to classify them according to their consequences. Once you consider the results of *inaction,* your response time will be clear:

- **Personal security and safety problems = injured tenants = lawsuits.** Respond and get work done immediately if the potential for harm is very serious, even if this means calling a 24-hour repair service or having you or your manager get up in the middle of the night to put a piece of plywood over a broken ground floor window.

- **Major inconvenience to tenant = seriously unhappy tenant = tenant's self-help remedies (such as rent withholding) and vacancies.** Respond and attempt to get work done as soon as possible, or within 24 hours, if the problem is a major inconvenience to tenant, such as a plumbing or heating problem.

- **Minor problem = slightly annoyed tenant = bad feelings.** Respond in 48 hours (on business days) if not too serious.

Yes, these deadlines may seem tight and, occasionally, meeting them will cost you a few dollars extra, but, in the long run, you'll be way ahead.

If you're unable to take care of a repair right away, such as a dripping faucet, and if it isn't so serious that it requires immediate action, let the tenant know when the repair will be made. It's often best to do this orally (a message on the tenant's answering machine should serve), and follow up in writing by leaving a notice under the tenant's door. If there's a delay in handling the problem (maybe the part you need to fix the oven has to be ordered), explain why you won't be able to act immediately.

Respect tenant's privacy. To gain access to make repairs, the landlord can enter the rental premises only with the tenant's consent, or after having given reasonable notice or the specific amount of notice required by state law, usually 24 hours. See Chapter 13 for rules and procedures for entering a tenant's home to make repairs and how to deal with tenants who make access inconvenient for you or your maintenance personnel.

 The Forms CD includes a copy of the Time Estimate for Repair form, and Appendix C includes a blank tear-out copy of the form.

If you can't attend to a repair right away, avoid possible rent withholding. Some landlords voluntarily offer a "rent rebate" if a problem can't be corrected in a timely fashion, especially if it's serious, such as a major heating or plumbing problem. A rebate builds good will and avoids rent withholding.

If, despite all your efforts to conscientiously find out about and make needed repairs on a timely basis, a tenant threatens to withhold rent, move out, or pursue another legal remedy discussed in Sections C and D, above, you should respond promptly in writing, telling him either:

- when the repair will be made and the reasons why it is being delayed—for example, a replacement part may have to be ordered to correct the running sound in a bathroom toilet, or

- why you do not feel there is a legitimate problem that justifies rent withholding or other tenant action—for example, point out that the running sound may be annoying, but the toilet still flushes and is usable.

At this point, if you feel the tenant is sincere, you might also consider suggesting that you and the tenant mediate the dispute. (See Section C, above.) If you feel the tenant is trying to concoct a phony complaint to justify not paying the rent, take action to evict him.

H. Tenant Updates and Landlord's Regular Safety and Maintenance Inspections

In addition to a thorough and prompt system for responding to problems after they have been brought to your attention, you should establish a good, nonintrusive system of frequent and periodic maintenance inspections. In short, encouraging your

Time Estimate for Repair

Stately Manor Apartments

August 30, 200X
Date

Mary Griffin
Tenant

392 Main St., #402
Street Address

Houston, Texas
City and State

Dear _Mary Griffin_,
            Tenant

Thank you for promptly notifying us of the following problem with your unit: _____

Garbage disposal doesn't work

_____

_____

_____

_____

_____

We expect to have the problem corrected on ___ _September 3, 200X_ ___ due to the

following:

Garbage disposal part is out of stock locally, but has been ordered and will be delivered in a day or two.

_____

_____

_____

We regret any inconvenience this delay may cause. Please do not hesitate to point out any other problems that

may arise.

Sincerely,

Hal Ortiz
Landlord/Manager

tenants to promptly report problems as they occur should not be your *sole* means of handling your maintenance and repair responsibilities. Here's why: If the tenant is not conscientious, or if he simply doesn't notice that something needs to be fixed, the best reporting system will not do you much good. To back it up, you need to force the tenant (and yourself) to take stock at specified intervals. In the sections below, we'll explain the tenant update system and the landlord's annual safety inspection. Make sure your lease or rental agreement and move-in letter cover these updates and inspections as well.

1. Tenant's Semiannual Safety and Maintenance Update

You can (nicely) insist that your tenants think about and report needed repairs by giving them a Semiannual Safety and Maintenance Update on which to list any problems in the rental unit or on the premises—whether it's low water pressure in the shower, peeling paint, or noisy neighbors. Asking tenants to return this Update twice a year should also help you in court if you are up against a tenant who is raising a false implied warranty of habitability defense, particularly if the tenant did not note any problems on his most recently completed Update. As with the Maintenance/Repair Request form, be sure to note how you handled the problem on the bottom of the form. (See the sample Update below.)

 The Forms CD includes a copy of the Semiannual Safety and Maintenance Update form, and Appendix C includes a blank tear-out copy.

2. Landlord's Annual Safety Inspection

Sometimes, even your pointed reminder (by use of the Semiannual Update) that safety and maintenance issues need to be brought to your attention will not do the trick: If your tenant can't recognize a problem even if it stares him in the face, you'll never hear about it, either. In the end, you must get into the unit and inspect for yourself.

You should perform an annual "safety and maintenance inspection" as part of your system for repairing and maintaining the property. For example, you might make sure that items listed on the Semiannual Safety and Maintenance Update— such as smoke detectors, heating and plumbing systems, and major appliances—are in fact safe and in working order. If a problem develops with one of these items, causing injury to a tenant, you may be able to defeat a claim that you were negligent by arguing that your periodic and recent inspection of the item was all that a landlord should reasonably be expected to do. (Chapter 10 discusses in detail the consequences to a landlord if a tenant or guest is injured on the property.)

In many states, you have the right to enter a tenant's home for the purpose of a safety inspection. (See Chapter 13 discussion of landlord's right to entry and tenant privacy rules.) This does not mean, however, that you can just let yourself in unannounced. All states that allow for inspections require advance notice; some specify 24 hours, others simply state that the landlord must give "reasonable notice." To be on the safe side, check your state's statutes and, if all that is required is "reasonable notice," allow 24 hours at least.

What should you do if your tenant objects to your safety inspection? If your state allows landlords to enter for this purpose (and if you have given adequate notice and have not otherwise abused your right of entry by needlessly scheduling repeated inspections), the tenant's refusal is grounds for eviction. If your state does not allow the landlord to enter and inspect the dwelling against the tenant's will, you have a problem. Even if your own lease or rental agreement provision allows for inspections, the provision may be considered illegal and unenforceable. Also, evicting a tenant because she refused to allow such an inspection might constitute illegal retaliatory eviction.

There may be, however, a practical way around the uncooperative tenant who bars the door. Point out that you take your responsibility to maintain the property very seriously. Remind her that you'll be checking for plumbing, heating, electrical, and structural problems that she might not notice, which could develop into bigger problems later if you're

Semiannual Safety and Maintenance Update

Please complete the following checklist and note any safety or maintenance problems in your unit or on the premises.

Please describe the specific problems and the rooms or areas involved. Here are some examples of the types of things we want to know about: garage roof leaks, excessive mildew in rear bedroom closet, fuses blow out frequently, door lock sticks, water comes out too hot in shower, exhaust fan above stove doesn't work, smoke alarm malfunctions, peeling paint, and mice in basement. Please point out any potential safety and security problems in the neighborhood and anything you consider a serious nuisance.

Please indicate the approximate date when you first noticed the problem and list any other recommendations or suggestions for improvement.

Please return this form with this month's rent check. Thank you.

—The Management

Name: _____ Mary Griffin _____

Address: _____ 392 Main St., #402 _____

_____ Houston, Texas _____

Please indicate (and explain below) problems with:

☐ Floors and floor coverings _____

☐ Walls and ceilings _____

☐ Windows, screens, and doors _____

☐ Window coverings (drapes, miniblinds, etc.) _____

☐ Electrical system and light fixtures _____

☑ Plumbing (sinks, bathtub, shower, or toilet) __Water pressure low in shower__

☐ Heating or air conditioning system_____

☑ Major appliances (stove, oven, dishwasher, refrigerator) __Exhaust fan doesn't work__

☐ Basement or attic _____

☑ Locks or security system _____ Front door lock sticks _____

☐ Smoke detector _____

☐ Fireplace _____

☐ Cupboards, cabinets, and closets _____

☐ Furnishings (table, bed, mirrors, chairs) _____

☐ Laundry facilities _____

☐ Elevator _____

☐ Stairs and handrails _____

☐ Hallway, lobby, and common areas _____

☐ Garage _____

☐ Patio, terrace, or deck _____

☑ Lawn, fences, and grounds____Shrubs near back stairway need pruning_____

☐ Pool and recreational facilities _____

☐ Roof, exterior walls, and other structural elements _____

☐ Driveway and sidewalks_____

☐ Neighborhood _____

☑ Nuisances _____Tenant in #501 often plays stereo too loud_____

☐ Other _____
_____

Specifics of problems: _____
_____
_____
_____
_____
_____

Other comments: _____
_____
_____
_____
_____

_Mary Griffin_____   _February 1, 200X_____
Tenant   Date

....

FOR MANAGEMENT USE

Action/Response: _____Fixed shower exhaust fan and sticking front door lock on February 15. Pruned shrubs_
_on February 21. Spoke with tenant in #501 about keeping stereo low on February 2._____
_____
_____
_____
_____
_____
_____

_Terri Zimet_____   _February 22, 200X_____
Landlord/Manager   Date

not allowed to check them out. Most tenants will not object to yearly safety inspections if you're courteous about it—giving plenty of notice and trying to conduct the inspection at a time convenient for the tenant. (You might offer to inspect at a time when she is home, so that she can see for herself that you will not be nosing about her personal items.)

I. Tenants' Alterations and Improvements

Your lease or rental agreement probably includes a clause prohibiting tenants from making any alterations or improvements without your express, written consent. (See Clause 12 of our lease or rental agreement forms in Chapter 2.) For good reason, you'll want to make sure tenants don't change the light fixtures, replace the window coverings, or install a built-in dishwasher unless you agree first.

But in spite of your wish that your tenants leave well enough alone, you're bound to encounter the tenant who goes ahead without your knowledge or consent. On the other hand, you may also hear from an upstanding tenant that she would, indeed, like your consent to her plan to install a bookshelf or closet system. To know how to deal with unauthorized alterations or straightforward requests, you'll need to understand some basic rules.

Disabled tenants have rights to modify their living space that may override your ban against alterations without your consent. See Chapter 5 for details.

1. Improvements That Become Part of the Property

Anything your tenant attaches to a building, fence, or deck or the ground itself (lawyers call such items "fixtures") belongs to you, absent an agreement saying it's the tenant's. This is an age-old legal principle, and, for good measure, it's wise to spell it out in your lease or rental agreement. This means when the tenant moves out, you are legally entitled

to refuse her offer to remove the fixture and return the premises to its original state.

When a landlord and departing tenant haven't decided ahead of time as to who will own the fixture, the dispute often ends up in court. Judges use a variety of legal rules to determine whether an object—an appliance, flooring, shelving, or plumbing—is something that the tenant can take with her or is a permanent fixture belonging to you. Here are some of the questions judges ask when separating portable from nonportable additions:

- **Did your tenant get your permission?** If the tenant never asked you for permission to install a closet organizer, or she did and got no for an answer, a judge is likely to rule for you—particularly if your lease or rental agreement prohibits alterations or improvements.

- **Did the tenant make any structural changes that affect the use or appearance of the property?** If so, chances are that the item will be deemed yours, because removing it will often leave an unsightly area or alter use of part of the property. For example, if a tenant modifies the kitchen counter to accommodate a built-in dishwasher and then takes the dishwasher with her, you will have to install another dishwasher of the same dimensions or rebuild the space. The law doesn't impose this extra work on landlords, nor does it force you to let tenants do the return-to-original work themselves.

- **Is the object firmly attached to the property?** In general, additions and improvements that are nailed, screwed, or cemented to the building are likely to be deemed "fixtures." For example, hollow-wall screws that anchor a bookcase might convert an otherwise free-standing unit belonging to the tenant to a fixture belonging to you. Similarly, closet rods bolted to the wall become part of the structure and would usually be counted as fixtures. On the other hand, shelving systems that are secured by isometric pressure (spring-loaded rods that press against the ceiling and floor) involve no actual attachment to the wall and, for that reason, are not likely to be classified as fixtures.

- **What did you and the tenant intend?** Courts will look at statements made by you and the tenant to determine whether there was any understanding as to her right to remove an improvement. In some circumstances, courts will even infer an agreement from your actions—for instance, if you stopped by and gave permission for her to install what you referred to as a portable air conditioner, or helped her lift it into place. By contrast, if the tenant removes light fixtures and, without your knowledge, installs a custom-made fixture that could not be used in any other space, it is unlikely that the tenant could convince a judge that she reasonably expected to take it with her at the end of her tenancy.

Improvements That Plug or Screw In

The act of plugging in an appliance doesn't make the appliance a part of the premises. The same is true for simple connectors or fittings that join an appliance to an electrical or water source. For example, a refrigerator or freestanding stove remains the property of the tenant. Similarly, portable dishwashers that connect to the kitchen faucet by means of a coupling may be removed.

2. Responding to Improvement and Alteration Requests

If a tenant approaches you with a request to alter your property or install a new feature, chances are that your impulse will be to say no. Don't be too hasty—as you'll see in Sections J and K, below, requests for telecommunications access (cable access, satellite dishes, and antennas) are governed by special rules. As for other types of requests, perhaps the question comes from an outstanding tenant whom you would like to accommodate and would hate to lose. Instead of adopting a rigid approach, consider these alternatives.

Option One. Is the improvement or alteration one that is easily undone? For example, if your tenant has a year's lease and you plan to repaint when she leaves, you can easily fill and paint any small holes left behind when she removes the bookshelf bolted to the wall (and you can bill her for the spackling costs, as explained below). Knocking out a wall to install a wine closet is a more permanent change and not one you're likely to agree to.

Option Two. Is the improvement or alteration an enhancement to your property? For example, a wine closet might actually add value to your property. If so, depending on the terms of the agreement you reach with your tenant, you may actually come out ahead.

Before you accommodate your tenant's requests, decide which option makes sense in the circumstances and which you prefer. For example, you may have no use for an air conditioner attached to the window frame, and your tenant may want to take it with her. You'll need to make sure that she understands that she is responsible for restoring the window frame to its original condition, and that if her restoration attempts are less than acceptable, you will be justified in deducting from her security deposit the amount of money necessary to do the job right. (And if the deposit is insufficient, you can sue her in small claims court for the excess.) On the other hand, a custom-made window insulation system may enhance your property (and justify a higher rent later on) and won't do your tenant any good if she takes it with her. Be prepared to hear your tenant ask you to pay for at least some of it.

If you and the tenant reach an understanding, put it in writing. As shown in the sample agreement regarding tenant alterations below, you will want to carefully describe the project and materials, including:

- whether the improvement or alteration is permanent or portable
- the terms of the reimbursement, if any, and
- how and when you'll pay the tenant, if at all, for labor and materials.

Our agreement makes it clear that the tenant's failure to properly restore the premises, or removal of an alteration that was to be permanent, will result in deductions from her security deposit or further legal action if necessary.

The Forms CD includes a copy of the Agree-ment Regarding Tenant Alterations to Rental Unit, and Appendix C includes a blank tear-out copy.

J. Cable TV Access

Major changes in technology have expanded enter-tainment information services available from cable TV. Tenants are often eager to take advantage of the offerings, but do not always realize that doing so usually involves the installation of a wire, cable, or other piece of hardware.

The wonders of cable TV may already be in your rental property through coaxial cables that are strung along telephone poles or underground and into your building, with a single "plug" on the exterior of the building and branches to individual units. Tenants who want to sign up need only call the cable provider to activate the existing cable line to their unit. But what happens if you do *not* have cable access available already? And what are your options if you have a contract with one provider, but your tenant wants another?

Providing cable access is a bit more complicated than the situation you face when a tenant asks to install bookshelves or paint a room. The federal government has something to say under the Federal Telecommunications Act of 1996 (47 U.S.C. §§ 151 and following). In this Act, Congress decreed that all Americans should have as much access as possible to information that comes through a cable or over the air on wireless transmissions. The Act makes it very difficult for state and local governments, zoning commissions, homeowners' associations, and landlords to impose restrictions that hamper a person's ability to take advantage of these new types of communications.

1. Previously Unwired Buildings

Most residential rental properties are already wired for cable. In competitive markets especially, you'll have a hard time attracting tenants if you do not give them the option of signing up for cable. However, in the event that your property does not have cable, you may continue to resist modernity

and say no to tenants who ask you for access. Don't be surprised if, in response, your tenant mounts a satellite dish on the balcony, wall, or roof. See Section K, below, for your ability to regulate these devices.

2. Buildings With Existing Contracts for Cable

Many multifamily buildings are already wired for cable. In competitive markets, landlords have been able to secure attractive deals with the service providers, passing savings on to tenants. Many landlords have signed "exclusive" contracts, in which they promise the cable provider that they will not allow other providers into the building.

Here is where things get a bit tricky. In the residential context, federal law allows landlords to enter into exclusive deals with cable providers, as do most states. Even if you don't have an exclusive contract, in most states you're under no obligation to allow other companies into your property. Although an incumbent cable company can in theory share its wires with other providers, they typically don't want to make their hardware available to competitors. You are not obliged to allow a hodgepodge of wires throughout your building, either. (*Cable Arizona v. Coxcom, Inc.*, 261 F.3d 871 (9th Cir. (2001).)

3. Hosting Competing Cable Companies in Multiunit Buildings

Several cable companies may be competing for your tenants' business. If you want, you can sign an exclusive contract with one provider and leave it at that. But suppose you wish to give tenants a choice of providers, which might give your property a nice marketing edge. Until recently, adding a cable provider meant letting that company run cable from the street all the way to each rental unit that signed up for the provider's service. The initial section of that cable run, a large cable called the riser, runs from the street to a ground-level utility closet and up to the utility closets on each floor. Adding this cable is not a big deal. But the second leg, called the "home run" portion, consists of wires that run from the riser through hallway ceilings on each floor

Agreement Regarding Tenant Alterations to Rental Unit

_____Iona Lott_____ [Landlord]

and _____Doug Diep_____ [Tenant]

agree as follows:

1. Tenant may make the following alterations to the rental unit at: ____75A Cherry Street, Pleasantville,

    North Dakota_____

    1. Plant three rose bushes along walkway at side of residence._____

    2. Install track lighting along west (ten-foot) kitchen wall._____

2. Tenant will accomplish the work described in Paragraph 1 by using the following materials and

    procedures: _____1. Three bare-root roses, hybrid teas, purchased from Jackson-Perky and planted in

    ___March._____

    2. "Wallbright" track lighting system purchased from "Lamps and More," plus necessary attachment

    ___hardware._____

3. Tenant will do only the work outlined in Paragraph 1 using only the materials and procedures outlined in
    Paragraph 2.

4. The alterations carried out by Tenant:

    ☑   will become Landlord's property and are not to be removed by Tenant during or at the end of the

        tenancy, or

    ☐   will be considered Tenant's personal property, and as such may be removed by Tenant at any time up

        to the end of the tenancy. Tenant promises to return the premises to their original condition upon

        removing the improvement.

5. Landlord will reimburse Tenant only for the costs checked below:

    ☑   the cost of materials listed in Paragraph 2

    ☑   labor costs at the rate of $ _____10_____ per hour for work done in a workmanlike manner

        acceptable to Landlord, up to _____10_____ hours.

6. After receiving appropriate documentation of the cost of materials and labor, Landlord shall make any payment called for under Paragraph 5 by:

☑ lump sum payment, within _____10_____ days of receiving documentation of costs, or

☐ by reducing Tenant's rent by $ _____ per month for the number of months necessary to cover the total amounts under the terms of this agreement.

7. If under Paragraph 4 of this contract the alterations are Tenant's personal property, Tenant must return the premises to their original condition upon removing the alterations. If Tenant fails to do this, Landlord will deduct the cost to restore the premises to their original condition from Tenant's security deposit. If the security deposit is insufficient to cover the costs of restoration, Landlord may take legal action, if necessary, to collect the balance.

8. If Tenant fails to remove an improvement that is his or her personal property on or before the end of the tenancy, it will be considered the property of Landlord, who may choose to keep the improvement (with no financial liability to Tenant), or remove it and charge Tenant for the costs of removal and restoration. Landlord may deduct any costs of removal and restoration from Tenant's security deposit. If the security deposit is insufficient to cover the costs of removal and restoration, Landlord may take legal action, if necessary, to collect the balance.

9. If Tenant removes an item that is Landlord's property, Tenant will owe Landlord the fair market value of the item removed plus any costs incurred by Landlord to restore the premises to their original condition.

10. If Landlord and Tenant are involved in any legal proceeding arising out of this agreement, the prevailing party shall recover reasonable attorney fees, court costs, and any costs reasonably necessary to collect a judgment.

Iona Lott
Landlord

February 10, 200X
Date

Doug Diep
Tenant

February 10, 200X
Date

and toward each individual apartment (the last 12 inches are called "home wires"). Adding a second set of home run wires is expensive and sometimes impossible. For this reason, many owners decided that they could not allow more than one provider in their building.

Now, however, you may be able offer the home run part of existing cable to a different cable provider when a tenant decides to switch providers. A federal appellate case covering Colorado, Kansas, New Mexico, Oklahoma, Utah, and Wyoming has held that when a cable company no longer services a customer in a multiunit building, the building owner has the right to ask the provider to share the home run portion of their cable with a competitor, unless the owner's contract with the cable company gives the company the right to maintain unused cable. (*Time Warner Entertainment Co., L.P. v. Everest*, 381 F.3d 1039 (2004).) Courts in other states will probably follow this ruling, though technically they are not bound by it.

If you have a contract with a cable provider and would like to invite competitors to service tenants who want alternate service, check the contract carefully for language covering maintenance of the cables the provider installed. Look for clauses that give the company the right to maintain and control cables irrespective of whether they're currently used. You may want to review the contract with your attorney. When you negotiate future contracts, keep these points in mind:

- Get rid of language that gives the provider the right to control or maintain inside wiring (including home run wiring) after the contract with you or any individual tenant expires.
- Be sure that you get control of unused home run wiring at the expiration of your contract or when a tenant decides to discontinue service. This will explicitly give you the right to offer it to a competitor. If the cable provider really wants your business, it may agree that unused home run wires will be deemed abandoned. Or, you may have to buy the wires from the provider.

 Don't confuse "forced access" with your rights as a landlord. "Forced access" refers to the technology that lets consumers choose from among several Internet Service Providers (ISPs) when they subscribe to a cable modem-based broadband service. The argument around forced access is between cable providers and ISPs. Some 15 states require cable companies to provide open access to ISPs, but these laws typically do not mean that landlords must open their buildings to any cable provider.

 Require telecom companies to label their cables when they bring them into your building. Under the new National Electrical Code and FCC regulations, telecoms must remove, abandon, or sell their cables when their license with you is up. If they refuse to do so—or if they're bankrupt—you'll have to do it. To make sure you can identify the abandoned risers (the large cables that run from the street to utility closets) and don't mistakenly cut current risers, require companies to label them with permanent, weatherproof tags, and to give you an as-built diagram that will be amended if the company does any further work during the license term.

K. Satellite Dishes and Antennas

Wireless communications have the potential to reach more people with less hardware than any cable system. But there is one, essential piece of equipment: A satellite dish with wires connecting it to the television set or computer.

You may be familiar with the car-sized dishes often seen in backyards or on roofs of houses—the pink flamingo of the new age. Recently, however, smaller and cheaper dishes, two feet or less in diameter, have shown up in appliance stores. Wires from the dishes can easily be run under a door or through an open window to an individual TV or computer. Predictably, tenants have bought dishes and attached them to roofs, windowsills, balconies, and railings. Landlords have reacted strongly, citing their unsightly looks and the potential for liability should a satellite dish fall and injure someone below.

Fortunately, the Federal Communications Commission (FCC) has provided considerable guidance on residential use of satellite dishes and antennas

("Over-the-Air Reception Devices Rule," 47 CFR § 1.4000, further explained in the FCC's Fact Sheet, "Over-the-Air Reception Devices Rule"). Basically, the FCC prohibits landlords from imposing restrictions that unreasonably impair your tenants' abilities to install, maintain, or use an antenna or dish that meet criteria described below. Here's a brief overview of the FCC rule.

For complete details on the FCC's rule on satellite dishes and antennas, see www.fcc.gov/mb/facts/otard.html or call the FCC at 888-CALLFCC (toll free; 888-TELL-FC for TTY). The FCC's rule was upheld in *Building Owners and Managers Assn. v. FCC*, 254 F.3d 89 (D.C. Cir. 2001).

1. Devices Covered by the FCC Rule

The FCC's rule applies to video antennas, including direct-to-home satellite dishes that are less than one meter (39.37 inches) in diameter (or any size in Alaska); TV antennas; and wireless cable antennas. These pieces of equipment receive video programming signals from direct broadcast satellites, wireless cable providers, and television broadcast stations. Antennas up to 18 inches in diameter that transmit as well as receive fixed wireless telecom signals (not just video) are also included.

Exceptions: Antennas used for AM/FM radio, amateur ("ham") and Citizen's Band ("CB") radio, or Digital Audio Radio Services ("DARS") are excluded from the FCC's rule. You may restrict the installation of these types of antennas, in the same way that you can restrict any modification or alteration of rented space.

2. Permissible Installation of Satellite Dishes and Antennas

Tenants may place antennas or dishes only in their own, exclusive rented space, such as inside the rental unit or on a balcony, terrace, deck, or patio. The device must be wholly within the rented space (if it overhangs the balcony, you may prohibit that placement). Also, you may prohibit tenants from drilling through exterior walls, even if that wall is also part of their rented space.

Tenants *cannot* place their reception devices in common areas, such as roofs, hallways, walkways, or the exterior walls of the building. Exterior windows are no different from exterior walls—for this reason, placing a dish or antenna on a window by means of a series of suction cups is impermissible under the FCC rule (obviously, such an installation is also unsafe). Tenants who rent single-family homes, however, may install devices in the home itself or on patios, yards, gardens, or similar areas.

3. Restrictions on Installation Techniques

Landlords are free to set restrictions on how the devices are installed, as long as the restrictions are not unreasonably expensive, or if the restrictions are imposed for safety reasons or to preserve historic aspects of the structure. You cannot insist that your maintenance personnel (or professional installers) do the work.

a. Expense

Landlords may not impose a flat fee or charge additional rent to tenants who want to erect an antenna or dish. On the other hand, you may be able to insist on certain installation techniques that will add expense—as long as the cost isn't excessive and reception will not be impaired. Examples of acceptable expenses include:

- insisting that an antenna be painted green in order to blend into the landscaping, or
- requiring the use of a universal bracket which future tenants could use, saving wear and tear on your building.

Be consistent in setting rules for tenant improvements. Rules for mounting satellite dishes or antennas shouldn't be more restrictive than those you establish for artwork, flags, clotheslines, or similar items. After all, attaching these telecommunications items is no more intrusive or invasive than bolting a sundial to the porch, screwing a thermometer to the wall, or nailing a rain gauge to a railing. For general guidance, see the discussion in Section I, above, of tenants' alterations and improvements.

b. Safety Concerns

You can insist that tenants place and install devices in a way that will minimize the chances of accidents and will not violate safety or fire codes. For example, you may prohibit placement of a satellite dish on a fire escape, near a power plant, or near a walkway where passersby might accidentally hit their heads. You may also insist on proper installation techniques, such as those explained in the instructions that come with most devices. What if proper installation (attaching a dish to a wall) means that you will have to eventually patch and paint a wall? Can you use this as a reason for preventing installation? No— unless you have legitimate reasons for prohibiting the installation, such as a safety concern. You can, however, charge the tenant for the cost of repairing surfaces when the tenant moves out and removes the device.

 Require tenants who install antennas or dishes to carry renters' insurance. If a device falls or otherwise causes personal injury, the policy will cover a claim.

c. Preserving Your Building's Historical Integrity

It won't be easy to prevent installation on the grounds that doing so is needed to preserve the historical integrity of your property. You can use this argument only if your property is included in (or eligible for) the National Register of Historic Places, the nation's official list of buildings, structures, objects, sites, and districts worthy of preservation for their significance in American history, architecture, archaeology, and culture. For more information on how to qualify for the Register, see www.cr.nps. gov/nr.

4. Placement and Orientation of Antennas and Reception Devices

Tenants have the right to place an antenna where they'll receive an "acceptable quality" signal. As long as the tenant's chosen spot is within the exclusive rented space, not on an exterior wall or in a common area as discussed in Section 2, above, you may not set rules on placement—for example, you cannot require that an antenna be placed only in the rear of the rental property if this results in the tenant's receiving a "substantially degraded" signal or no signal at all.

Reception devices that need to maintain line-of-sight contact with a transmitter or view a satellite may not work if they're stuck behind a wall or below the roofline. In particular, a dish must be on a south wall, since satellites are in the southern hemisphere. Faced with a reception problem, a tenant may want to move the device to another location or mount it on a pole, so that it clears the obstructing roof or wall. Tenants who have no other workable exclusive space may want to mount their devices on a mast, in hopes of clearing the obstacle. They may do so, depending on the situation:

- **Single-family rentals.** Tenants may erect a mast that's 12 feet above the roofline or less without asking your permission first—and you must allow it if the mast is installed in a safe manner. If the mast is taller than 12 feet, you may require the tenant to obtain your permission before erecting it—but if the installation meets reasonable safety requirements, you should allow its use.
- **Multifamily rentals.** Tenants may use a mast as long as it does not extend beyond their exclusive rented space. For example, in a two-story rental a mast that is attached to the ground-floor patio and extends into the air space opposite the tenant's own second floor would be permissible. On the other hand, a mast attached to a top-story deck, that extends above the roofline or outward over the railing, would not be protected by the FCC's rule—a landlord could prohibit this installation because it extends beyond the tenant's exclusive rented space.

5.   How to Set a Reasonable Policy on Satellite Dishes and Antennas

Although it's not entirely clear, the FCC appears to have ruled that tenants do not need your permission before installing their antennas or dishes—as long as they have placed them within their exclusive rented space and otherwise abided by the rules explained above. This means that you won't get to review a tenant's plans before the tenant installs a dish or antenna—though you can certainly react if you find that the FCC's standards have not been met.

The smart thing to do is to educate your tenants beforehand, in keeping with the FCC's guidelines, so that you don't end up ripping out an antenna or satellite dish that has been placed in the wrong spot or attached in an unsafe manner. In fact, the FCC directs landlords to give tenants written notice of safety restrictions, so that tenants will know in advance how to comply. We suggest that you include guidelines in your Rules and Regulations, or as an attachment to your lease or rental agreement. For guidance on developing sound policies, see the FCC's website at www.fcc.gov/mb/facts/otard.html.

6.   Supplying a Central Antenna or Satellite Dish for all Tenants

Faced with the prospect of many dishes and antennas adorning an otherwise clean set of balconies, you may want to install a central antenna or dish for use by all.

You may install a central antenna, and may restrict the use of antennas by individual tenants, only if your device provides all of the following:

- **Equal access.** The tenant must be able to get the same programming or fixed wireless service that he could receive with his own antenna.
- **Equal quality.** The signal quality to and from the tenant's home via your antenna must be as good or better than what he could get using his own device.
- **Equal value.** The costs of using your device must be the same as or less than the cost of installing, maintaining, and using an individual antenna.

- **Equal readiness.** You can't prohibit individual devices if installation of a central antenna will unreasonably delay the tenant's ability to receive programming or fixed wireless services—for example, when your central antenna won't be available for months.

If you install a central antenna after tenants have installed their own, you may require removal of the individual antennas, as long as your device meets the above requirements. In addition, you must pay for the removal of the tenant's device and compensate the tenant for the value of the antenna.

7.   How to Handle Disputes About the Use and Placement of Antennas and Satellite Dishes

In spite of the FCC's attempts to clarify tenants' rights to reception and landlords' rights to control what happens on their property, there are many possibilities for disagreements. For example, what exactly is "acceptable" reception? If you require antennas to be painted, at what point is the expense considered "unreasonable"?

Ideally, you can try to avoid disputes in the first place by setting reasonable policies. But, if all else fails, here are some tips to help you resolve the problem with a minimum of fuss and expense.

a.   Discussion, Mediation, and Help From the FCC

First, approach the problem the way you would any dispute—talk it out and try to reach an acceptable conclusion. Follow our advice in Chapter 16 for settling disputes on your own—for example, through negotiation or mediation. You'll find the information on the FCC website very helpful. The direct broadcast satellite company, multichannel distribution service, TV broadcast station, or fixed wireless company may also be able to suggest alternatives that are safe and acceptable to both you and your tenant.

b.   Get the FCC Involved

If your own attempts don't resolve the problem, you can call the FCC and ask for oral guidance.

You may also formally ask the FCC for a written opinion, called a Declaratory Ruling. For information on obtaining oral or written guidance from the FCC, follow the directions as shown on the FCC website at www.fcc.gov/csb/mb. Keep in mind that unless your objections concern safety or historic preservation, you must allow the device to remain pending the FCC's ruling.

c. Go to Court

When all else fails, you can head for court. If the antenna or satellite dish hasn't been installed yet and you and the tenant are arguing about the reasonableness of your policies or the tenant's plans, you can ask a court to rule on who's right (just as you would when seeking the FCC's opinion). You'll have to go to a regular trial court for a resolution of your dispute, where you'll ask for an order called

a "Declaratory Judgment." Similarly, if the antenna or dish *has* been installed and you want a judge to order it removed, you'll have to go to a regular trial court and ask for such an order. (Unfortunately, the simpler option of small claims court will not usually be available in these situations, because most small courts handle only disputes that can be settled or decided with money, not court opinions about whether it's acceptable to do—or not do—a particular task.)

Needless to say, going to regular trial court means that the case will be drawn-out and expensive. You could handle it yourself, but be forewarned—you'll need to be adept at arguing about First Amendment law and Congressional intent and be willing to spend long hours in the library preparing your case. In the end, you may decide that it would have been cheaper to provide a building-wide dish (or good cable access) for all tenants to use.

■

A. Landlord Liability for Tenant Injuries 234

   1. Negligence... 234

   2. Violation of a Health or Safety Law 239

   3. Failure to Make Certain Repairs... 239

   4. Failure to Keep the Premises Habitable 240

   5. Reckless or Intentional Acts 241

   6. Intentional Harm.. 241

   7. The Law Makes Landlords Liable 242

B. If a Tenant Is at Fault, Too.. 243

   1. Tenant Carelessness 243

   2. Tenant Risk-Taking 243

C. How Much Money the Tenant May Be Entitled To 243

D. How to Prevent Liability Problems 244

E. Liability and Other Types of Property Insurance.. 247

   1. Choosing Liability Insurance Coverage 247

   2. Punitive Damages and Other Common Insurance Exclusions 248

   3. Some General Tips on Choosing Property Insurance 249

   4. Working With an Insurance Agent.. 250

   5. Saving Money on Insurance 250

As a property owner, you are responsible for keeping your premises safe for tenants and guests. For example, you may be liable (legally responsible) for physical injuries caused by a broken step or defective wiring. Injured tenants can seek financial recovery for medical bills, lost earnings, pain and other physical suffering, permanent physical disability and disfigurement, and emotional distress. Tenants can also look to you for the costs of property damage that results from faulty or unsafe conditions. In extreme cases, a single personal injury verdict against your business has the potential to wipe you out.

Contact your insurance company as soon as you know about a tenant's injury (your policy probably requires you to "immediately tender" any claim or expected claim). Your agent will tell you what to do, such as preparing a report on details of the accident.

A tenant who is injured on your property may have a good legal claim against you. That doesn't necessarily mean you'll end up in court. The majority of tenant claims against landlords are settled without trial—usually though negotiations with your insurance company. If your tenant does end up filing a personal injury lawsuit, you'll need to hire a lawyer.

So you can head off problems before they occur, this chapter provides an overview of the legal and practical issues involving landlord liability for tenant injuries, such as those suffered in slip or trip accidents. Most important, it offers suggestions on how to avoid injuries and liability through defensive and preventive repair and maintenance procedures.

 Related topics covered in this book include:
- Lease and rental agreement provisions covering landlords' and tenants' responsibilities for repairs, damage to premises, and liability-related issues, such as disclosure of hidden defects: Chapter 2
- How to minimize your liability for your property manager's mistakes or illegal acts: Chapter 6
- How to comply with state and local housing laws and avoid safety and maintenance problems and potentially dangerous situations on your rental property: Chapter 9
- Your liability for environmental health hazards: Chapter 11

- Your liability for crime on the premises, including injuries or losses to tenants by strangers or other tenants, and liability for drug dealing on rental property: Chapter 12
- Your liability for nonphysical injuries caused by intentional discrimination (Chapter 5), invasion of privacy (Chapter 13), and retaliatory conduct against the tenant (Chapter 16)
- How to choose a lawyer and pay for legal services: Chapter 18.

A. Landlord Liability for Tenant Injuries

It isn't always easy to determine whether or not you are legally responsible for a tenant's injury. Basically, you may be liable for injuries resulting from your:
- negligence or unreasonably careless conduct
- violation of a health or safety law
- failure to make certain repairs
- failure to keep the premises habitable, or
- reckless or intentional acts.

And, in rare instances, you may be liable because courts or the legislature in your state have decided that landlords are automatically liable for certain kinds of injuries, even though you haven't been careless.

Keep in mind that several of these legal theories may apply in your situation, and a tenant (and his lawyer) can use all of them when pressing a claim. The more plausible reasons a tenant can give for your liability, the better the tenant will do when negotiating with your insurance company or making a compelling case in court.

1. Negligence

A tenant who files a personal injury claim will most likely charge that you acted negligently—that is, acted carelessly, in a way that wasn't reasonable under the circumstances—and that the injury was caused by your carelessness.

Negligence is always determined in light of the unique facts of each situation. For example, it may be reasonable to put adequate lights in a dark, remote stairwell. If you don't, and a tenant is hurt because she couldn't see the steps and fell, your failure to install the lights might be negligence. On the other hand, extra lights in a lobby that's already well-lit would not be a reasonable expectation.

Whether or not you were negligent and are likely to be held responsible for a tenant's injury depends on answers to six questions. Your insurance adjuster (or a judge or jury, if the case goes to court) will consider these same questions when evaluating a tenant's claim.

Question 1: Did you control the area where the tenant was hurt or the thing that hurt the tenant?

In most cases, you will be held responsible for an injury if you were legally obligated to maintain and repair the injury-causing factor. For example, you normally have control over a stairway in a common area, and if its disrepair causes a tenant to fall, you will likely be held liable. You also have control over the building's utility systems. If a malfunction causes injury (like boiling water in a tenant's sink because of a broken thermostat), you will likewise be held responsible. On the other hand, if a tenant is hurt when his own bookcase falls on him, you won't be held responsible, because you do not control how the bookcase was built, set up, or maintained.

Question 2: How likely was it that an accident would occur?

You may be responsible for an injury if a tenant can show that an accident was foreseeable. For example, common sense would tell anyone that loose handrails or stairs are likely to lead to accidents, but it would be unusual for injuries to result from peeling wallpaper or a thumbtack that's fallen from a bulletin board. If a freak accident does happen, chances are you will not be held liable.

Question 3: How difficult or expensive would it have been for you to reduce the risk of injury?

The chances that you will be held responsible for an accident are greater if a reasonably priced response could have averted the accident. In other words, could something as simple as warning signs, a bright light, or caution tape have prevented people from

tripping over an unexpected step leading to the patio, or would major structural remodeling have been necessary to reduce the likelihood of injury? But if there is a great risk of very serious injury, you will be expected to spend money to avert it. For example, a high-rise deck with rotten support beams must be repaired, regardless of the cost, since there is a great risk of collapse and dreadful injuries to anyone on the deck. If you knew about the condition of the deck and failed to repair it, you would surely be held liable if an accident did occur.

Question 4: Was a serious injury likely to result from the problem?

The amount of time and money you are expected to spend on making rental premises safe will also depend on the seriousness of the probable injury if you fail to do so. For example, if the umbrella on a poolside table wouldn't open, no one would expect it to cause serious injury. If a tenant is sunburned at the pool as a result, it's not likely that a judge would rule that you had the duty of keeping the tenant from getting burned. But if a major injury is the likely result of a dangerous situation—the pool ladder was broken, making it likely a tenant would fall as he climbed out—you are expected to take the situation more seriously and fix it faster.

The answers to these four questions should tell you (or an insurance adjuster or judge) whether or not there was a dangerous condition on your property that you had a legal duty to deal with. Lawyers call this having a "duty of due care."

Let's look at how these first four questions would get answered in a few possible scenarios.

> **EXAMPLE 1:** Mark broke his leg when he tripped on a loose step on the stairway from the lobby to the first floor. Since the step had been loose for several months, chances are his landlord's insurance company would settle a claim like this.
>
> Mark's position is strong because of the answers to the four questions:
>
> 1. Landlords are legally responsible for (in control of) the condition of the common stairways.

2. It was highly foreseeable to any reasonable person that someone would slip on a loose step.

3. Securing the step would have been simple and inexpensive.

4. The probable result of leaving the stair loose—falling and injuring oneself on the stairs—is a serious matter.

EXAMPLE 2: Lee slipped on a marble that had been dropped on the public sidewalk outside his apartment by another tenant's child just a few minutes earlier. Lee twisted his ankle and lost two weeks' work. Lee will have a tough time establishing that his landlord had a duty to protect him from this injury. Here's what the questions turn up:

1. Landlords have little control over the public sidewalk.

2. The likelihood of injury from something a tenant drops is fairly low.

3. The burden on a landlord to eliminate all possible problems at all times by constantly inspecting or sweeping the sidewalk is unreasonable.

4. Finally, the seriousness of any likely injury resulting from not checking constantly is open to great debate.

EXAMPLE 3: James suffered a concussion when he hit his head on a dull-colored overhead beam in the apartment garage. When the injury occurred, he was standing on a stool, loading items onto the roof rack of his SUV. Did his landlord have a duty to take precautions in this situation? Probably not, but the answers to the four questions are not so easy.

1. Landlords exercise control over the garage, and certainly have a responsibility to reasonably protect tenants from harm there.

2. The likelihood of injury from a beam is fairly slim, since most people don't stand on stools in the garage, and those who do have the opportunity to see the beam and avoid it.

3. As to eliminating the condition that led to the injury, it's highly unlikely anyone would expect a landlord to rebuild the garage. But it's possible that a judge might think it reasonable to paint the beams a bright color and post warning signs, especially if lots of people put trucks and other large vehicles in the garage.

4. As to the seriousness of probable harm, injury from low beams is likely to be to the head, which is a serious matter.

In short, this situation is too close to call, but if an insurance adjuster or jury considered the case, they might decide that James was partially at fault (for not watching out for the beams) and reduce any award accordingly. (See Section B, below.)

If, based on these first four questions, you had a legal duty to deal with a condition on the premises that posed a danger to tenants, keep going. There are two more questions to consider.

Question 5: Did you fail to take reasonable steps to prevent an accident?

The law won't expect you to take Herculean measures to shield tenants from a condition that poses some risk. Instead, landlords are required to take only reasonable precautions. For example, if a stair was in a dangerous condition, was your failure to fix it unreasonable in the circumstances? Let's take the broken step that Mark (Example 1, above) tripped over. Obviously, leaving it broken for months is unreasonably careless—that is, negligent—under the circumstances.

But what if the step had torn loose only an hour earlier, when another tenant dragged a heavy footlocker up the staircase? Mark's landlord would probably concede that he had a duty to maintain the stairways, but would argue that the manager's daily sweeping and inspection of the stairs that same morning met that burden. In the absence of being notified of the problem, the landlord would probably claim that his inspection routine met his duty of keeping the stairs safe. If a jury agreed, Mark would not be able to establish that the landlord acted unreasonably under the circumstances.

Question 6: Did your failure to take reasonable steps to keep tenants safe cause an injury?

This last question establishes the crucial link between your negligence and a tenant's injury. Not every dangerous situation results in an accident. A tenant has to prove that his injury was the result of your carelessness, and not some other reason. Sometimes this is self-evident: One minute a tenant is fine, and the next minute she's slipped on a freshly waxed floor and has a broken arm. But it's not always so simple. For example, in the case of the loose stair, the landlord might be able to show that the tenant barely lost his balance because of the loose stair and that he had really injured his ankle during a touch football game he'd just played.

Here's a final example, applying all six questions to a tenant's injury.

EXAMPLE: Scotty's apartment complex had a pool bordered by a concrete deck. On his way to the pool, Scotty slipped and fell, breaking his arm. The concrete where he fell was slick because the landlord had cleaned the pool and spilled some of the cleaning solution earlier that morning. The landlord's liability for Scotty's injury will depend on the answers to these six questions:

1. Did the landlord control the pool area and the cleaning solution? Absolutely. The pool was part of a common area, and the landlord had done the cleaning.
2. Was an accident like Scotty's foreseeable? Certainly. It's likely that a barefoot person heading for the pool would slip on slick cement.
3. Could the landlord have eliminated the dangerous condition without much effort or money? Of course. All that was necessary was to hose the deck down.
4. How serious was the probable injury? Falling on cement presents a high likelihood of broken bones, a serious injury.

The answers to these four questions established that the landlord owed Scotty a duty of care.

5. Had his landlord also breached this duty? A jury would probably answer yes—and conclude that leaving spilled cleaning solution on the deck was an unreasonable thing to do.
6. Did the spilled cleaning solution cause Scotty's fall? This one is easy, because several people saw the accident and others could describe Scotty's robust fitness before the fall. Since Scotty himself hadn't been careless (see Section B, below), he had a pretty good case.

Examples of Injuries From Landlord Negligence

Here are some examples of injuries for which tenants have recovered money damages due to the landlord's negligence:

- Tenant falls down a staircase due to a defective handrail.
- Tenant trips over a hole in the carpet on a common stairway not properly maintained by the landlord.
- Tenant injured and property damaged by fire resulting from an obviously defective heater or wiring.
- Tenant gets sick from pesticide sprayed in common areas and on exterior walls without advance notice.
- Tenant's child is scalded by water from a water heater with a broken thermostat.
- Tenant slips and falls on a puddle of oil-slicked rainwater in the garage.
- Tenant's guest injured when she slips on ultraslick floor wax applied by the landlord's cleaning service.
- Tenant receives electrical burns when attempting to insert the stove's damaged plug into the wall outlet.
- Tenant slips and falls on wet grass cuttings left on a common walkway.

Landlord Liability for Dog Bites and Other Animal Attacks

You may be liable for the injuries caused by your tenants' animals, be they common household pets or more exotic, wild animals.

Dangerous domestic pets. Landlords who are aware that their tenants are keeping vicious or dangerous domestic pets, such as a vicious pit bull, may be held liable if the animal injures another person on the property. An injured person would have to show two things:

- that the landlord actually knew (or, in view of the circumstances, must have known) of the animal's dangerous propensities, and
- that the landlord could have prevented the injury. For example, the landlord could have evicted the tenant with the dangerous pet for breach of a lease clause disallowing all or some types of pets.

To add insult to injury, a landlord's liability insurance policy may not cover him if the tenant had posted a "Beware of Dog" sign. Some insurance carriers have successfully argued that this type of warning sign indicates that the tenant expected (or even intended) that the dog would cause injury. Intentional assaults are not covered by insurance.

Dangerous exotic pets. The situation is a little different with respect to wild animals kept as pets: Unlike the accepted practice of keeping conventional pets, which need not be dangerous, the keeping of wild animals is generally considered an "ultrahazardous activity," which the law considers always dangerous. While the landlord needs to know about the vicious tendencies of domestic animals before he will be held liable, the landlord will be presumed to know of the dangerous aspects of a wild animal as soon as he learns that the animal is on the property. Thus, if your tenant keeps a monkey and you know about it (or, in the exercise of reasonable care, should know about it), a court will assume that you understood the dangers presented, and you may be liable if the animal causes injury and you failed to take steps to prevent it.

You may wonder how your responsibility to prevent tenants from keeping wild animals squares with your inability to enter your tenant's home without his consent in order to inspect. (See Chapter 13 for legal rules regarding tenants' privacy rights.) If a wild animal is kept without your knowledge, you probably will not be held liable.

Landlord Liability for Injuries to Guests and Trespassers

If you have acted negligently and a tenant's guest or even a trespasser is injured, will you be liable? The precise answer to these questions varies with each state. In a few states, you're liable no matter why the injured person was on your property. As a general rule, however, you have a reduced duty of care when it comes to nontenants, especially trespassers. For example, a tenant who is injured when falling from an unfenced porch will have a fairly strong case for charging you with negligence; but a trespasser, even an innocent one who has come to the wrong address, who falls off the same porch might have a harder time recovering from you.

While your state may require less of a duty of care to guests or trespassers, we recommend you consistently maintain high standards for the condition of your property. You have to maintain the highest standard for tenants, anyway.

2. Violation of a Health or Safety Law

Many state and local governments have enacted health and safety laws requiring smoke detectors, sprinklers, inside-release security bars on windows, childproof fences around swimming pools, and so on. To put real teeth behind these important laws, legislators (and sometimes the courts) have decided that a landlord who doesn't take reasonable steps to comply with certain health or safety statutes will be legally considered negligent. And, if that negligence results in an injury, the landlord is liable for it. A tenant doesn't need to prove that an accident was foreseeable or likely to be serious; nor does a tenant have to show that complying with the law would have been relatively inexpensive. The legal term for this rule is "negligence per se."

EXAMPLE: A local housing code specifies that all kitchens must have grounded power plugs. There are no grounded plugs in the kitchen of one of your rental units. As a result, a tenant is injured when using an appliance in an otherwise safe manner. In many states, the law would presume negligence on your part. If a tenant can show that the ungrounded plug caused injury, you will be held liable.

Bear in mind that you are only expected to take reasonable steps to comply with safety and health laws that fall within the negligence *per se* realm. For example, most states require landlords to supply smoke detectors. If you have supplied one but your tenant has disabled it, you won't be held responsible if a tenant is hurt by a fire that could have been stopped had the detector been left alone.

Your violation of a health or safety law may also indirectly cause an injury. For example, if you let the furnace deteriorate in violation of local law and a tenant is injured trying to repair it, you will probably be liable, unless the tenant's repair efforts are extremely careless themselves.

EXAMPLE: The state housing code requires landlords to provide hot water. In the middle of the winter, a tenant's hot water heater has been broken for a week, despite his repeated complaints to the landlord. Finally, to give a sick child a hot bath, a tenant carries pots of steaming water from the stove to the bathtub. Doing this, he spills the hot water and burns himself seriously.

The tenant sues the landlord for failure to provide hot water as required by state law. If the case goes to court, it will be up to the jury to decide whether or not the landlord's failure to provide hot water caused the tenant's injury. Many juries would think that the tenant's response to the lack of hot water was a foreseeable one, and, knowing this, the landlord's insurance company would probably be willing to offer a fair settlement.

3. Failure to Make Certain Repairs

For perfectly sensible reasons, many landlords do not want tenants to undertake even relatively simple tasks like painting, plastering, or unclogging a drain. Leases and rental agreements (including the ones in this book) often prohibit tenants from making any repairs or alterations without the landlord's consent, or limit what a tenant can do. (If you do decide to allow tenants to perform maintenance tasks, be sure to do so with a clear, written agreement, as explained in Chapter 9.)

But in exchange for reserving the right to make all these repairs yourself, the law imposes a responsibility. If, after being told about a problem, you don't maintain or repair something a tenant is not to touch—for example, an electrical switch—and the tenant is injured as a result, you could be held liable. The legal reason is that you breached the contract (the lease) by not making the repairs. (You may be negligent, as well; remember, there is nothing to stop a tenant from presenting multiple reasons why you should be held liable.)

> **EXAMPLE:** The sash cords that opened the living room window in Shanna's apartment broke, making it necessary to support the entire weight of the window while raising or lowering it and securing it with a block of wood. Since Shanna's lease included a clause forbidding repairs of any nature, she reported the problem to Len, the owner. Despite his promises to repair the window, Len never got around to it. One hot summer evening Shanna attempted to raise the heavy window, but her hands slipped and the window came crashing down on her arm, breaking it. Shanna threatened to sue Len, claiming that he had negligently delayed the repair of the window, and furthermore that the lease clause forbidding any repairs by the tenant contractually obligated Len to attend to the problem in a reasonably prompt manner. Mindful of the strength of Shanna's arguments, and fearful that the jury would side with Shanna and give her a large award, Len's insurance company settled the case for several thousand dollars.

⚠️ **A landlord's duty to maintain premises can be a big factor in lawsuits based on security problems or environmental hazards.** Liability based on the landlord's retained control over aspects of the tenant's space is commonly seen in lawsuits over environmental hazards, such as those based on lead paint, asbestos, and radon. For example, if you forbid repainting without your consent, you thereby obligate yourself to maintain the paint—and if it's lead paint that you either fail to monitor or handle negligently, you will be liable for the health problems that follow. (See Chapter 11.) Also, your control over door and window locks within a tenant's leased space can obligate you to provide truly secure and effective equipment, and can result in liability if a crime occurs because of the failure of these features. (See Chapter 12.)

4. Failure to Keep the Premises Habitable

One of a landlord's basic responsibilities is to keep the rental property in a "habitable" condition. (Chapter 9 discusses the implied warranty of habitability.)

Failure to maintain a habitable dwelling may make you liable for injuries caused by the substandard conditions. For example, a tenant who is bitten by a rat in a vermin-infested building may argue that your failure to maintain a rat-free building constituted a breach of your duty to keep the place habitable, which in turn led to the injury. The tenant must show that you knew of the defect and had a reasonable amount of time to fix it.

This theory applies only when the defect is so serious that the rental unit is unfit for human habitation. For example, a large, jagged broken picture window would make the premises unfit for habitation in North Dakota in winter, but a torn screen door in southern California obviously would not. The North Dakota tenant who cut herself trying to cover the window with cardboard might sue under negligence and a violation of the implied warranty of habitability, while the California tenant would be limited to a theory of negligence.

> **EXAMPLE:** Jose notified his landlord about the mice that he had seen several times in his kitchen. Despite Jose's repeated complaints, the landlord did nothing to eliminate the problem. When Jose reached into his cupboard for a

box of cereal, he was bitten by a mouse. Jose sued his landlord for the medical treatment he required, including extremely painful rabies shots. He alleged that the landlord's failure to eradicate the rodent problem constituted a breach of the implied warranty of habitability, and that this breach was responsible for his injury. The jury agreed and gave Jose a large monetary award.

The injury sustained by Jose in the example above could also justify a claim that the injury resulted from the landlord's negligence. And, if Jose's landlord had failed to take reasonable steps to comply with a state or local statute concerning rodent control, the landlord might automatically be considered negligent. Finally, the owner may also be liable if the lease forbade Jose from making repairs, such as repairing improper sewage connections or changing the way garbage was stored. As you can see, sometimes there are several legal theories that will fit the facts and support a tenant's claim for damages.

5. Reckless or Intentional Acts

In the legal sense of the word, "recklessness" usually means extreme carelessness regarding an obvious defect or problem. A landlord who is aware of a long-existing and obviously dangerous defect but neglects to correct it may be guilty of recklessness, not just ordinary carelessness.

If you or an employee acted recklessly, a tenant's monetary recovery could be significant. This is because a jury has the power to award not only actual damages (which, as discussed in Section C, below, include medical bills, loss of earnings, and pain and suffering) but also extra, "punitive" damages for outrageous or extremely careless behavior. Punitive damages are almost never given in simple negligence cases, but are given to punish recklessness and to send a sobering message to others who might behave similarly. In any situation, the line between ordinary negligence and recklessness is wherever the unpredictable American jury thinks it should be. The size of the punitive award is likewise up to the jury and can often be reduced later by a judge or appellate court.

The very unpredictability of punitive damage awards should be considered when you (or, more likely, your insurance company) are negotiating with a tenant. You might prefer to settle the tenant's claim rather than risk letting an indignant jury award punitive damages.

EXAMPLE: The handrail along the stairs to the first floor of the apartment house Jack owned had been hanging loose for several months. Jack attempted to fix it two or three times by taping the supports to the wall. The tape did no good, however, and the railing was literally flapping in the breeze. One dark night when Hilda, one of Jack's tenants, reached for the railing, the entire thing came off in her hand, causing her to fall and break her hip.

Hilda sued Jack for her injuries. In her lawsuit, she pointed to the ridiculously ineffective measures that Jack had taken to deal with a clearly dangerous situation, and charged that he had acted with reckless disregard for the safety of his tenants. (Hilda also argued that Jack was negligent because of his unreasonable behavior and because he had violated a local ordinance regarding maintenance of handrails.) The jury agreed with Hilda and awarded her punitive damages.

Better yet, avoid situations that give rise to punitive damages, especially because many insurance companies do not cover punitive damages, as discussed in Section E, below.

6. Intentional Harm

If you or your manager struck and injured a tenant during an argument, that would be an intentional act for which you would be liable.

Less obvious, but no less serious, are emotional or psychological injuries which can, in extreme circumstances, also be inflicted intentionally. Intentional infliction of emotional distress may arise in these situations:

- **Sexual harassment.** Repeated, disturbing attentions of a sexual nature which leave a tenant fearful, humiliated, and upset can form the basis for a claim of intentional harm. (Chapter 5 discusses sexual harassment as a form of sex discrimination.)

EXAMPLE: Rita's landlord Mike took advantage of every opportunity to make suggestive comments about her looks and social life. When she asked him to stop, he replied that he was "just looking out for her," and he stepped up his unwanted attentions. Rita finally had enough, broke the lease, and moved out. When Mike sued her for unpaid rent, she turned around and sued him for the emotional distress caused by his harassment. To his surprise, Mike was slapped with a multi-thousand-dollar judgment, including punitive damages.

- **Assault.** Threatening or menacing someone without actually touching them is an assault, which can be enormously frightening and lead to psychological damage.
- **Repeated invasions of privacy.** Deliberately invading a tenant's privacy—by unauthorized entries, for example—may cause extreme worry and distress. (Chapter 13 covers tenants' privacy rights.)

7. The Law Makes Landlords Liable

In rare circumstances, you may be responsible for a tenant's injury even though you did your best to create and maintain a safe environment. In other words, even if you did your best to provide a safe premises—you were not negligent—you may be held responsible for a tenant's injuries. This legal principle is called "strict liability," or liability without fault. It's a very similar concept to "no fault" auto insurance—a person may collect without having to prove that the accident was the other person's fault.

In most states, strict liability is imposed by courts or lawmakers only when a hidden defect poses an unreasonably dangerous risk of harm to a group of persons unable to detect or avoid the danger. For example, Massachusetts landlords are subject to strict liability if tenants are poisoned by lead-based paint. In New York, strict liability has been applied to injuries from radon.

Louisiana is the only state that makes strict liability available for a wide range of tenant injuries, but the quirkiness of the law (a tenant must have been injured by an "original aspect" of the structure that has succumbed to "ruin" or significant damage) makes it little used in practice. Most injured Louisiana tenants sue their landlords for negligence.

Incorporating or Forming a Limited Liability Company May Limit Your Personal Liability

The most important feature of a corporation or a limited liability company (known as an "LLC") is that, legally, they're a separate entity from the individuals who own or operate them. You may own all the stock of your corporation or LLC, and you may be its only employee, but—if you follow sensible organizational and operating procedures—you and your corporation or LLC are separate legal entities. This means that the corporation or LLC—not your personal bank account—is liable for any awards or settlements won by injured tenants. (If you are successfully sued for discrimination committed by one of your employees or managers, however, your status as a corporation or an LLC may not protect you from being personally liable.)

An LLC may not be everyone: You may encounter disadvantagous tax consequences. If you do not form an LLC or corporation, you can protect personal assets to a large degree by purchasing adequate insurance.

Whether to incorporate or form an LLC is not a simple choice. *Legal Guide for Starting & Running a Small Business*, by Fred Steingold (Nolo), covers how to choose the best way to structure your business. *Form Your Own Limited Liability Company*, by Anthony Mancuso (Nolo), explains LLCs and shows you how to form one in your state.

B. If a Tenant Is at Fault, Too

If the tenant is partially to blame for his injury, your liability for the tenant's losses will be reduced accordingly.

1. Tenant Carelessness

If a tenant is also guilty of unreasonable carelessness—for example, he was drunk and, as a result, didn't (or couldn't) watch his step when he tripped on a loose tread on a poorly maintained stairway—he may not be able to collect damages from the landlord (or may not collect as much as he would have if he hadn't been careless). Some states, however, don't take tenant carelessness into consideration at all. Here's the range:

- In a number of states, tenants can collect according to the percent of blame attributed to the landlord, no matter how careless the tenant was, too. For example, a tenant can collect 75% of his damages if the landlord was 75% to blame.
- Some states allow tenants to recover a portion of their damages only if their carelessness was equal to or lower than the landlord's. In these states, for example, if the tenant and landlord were equally blameworthy, the tenant could collect only half of his damages. If the tenant was 51% at fault, he couldn't collect at all.
- In other states, tenants will recover a portion of their damages only if their carelessness was less than the landlord's. If the tenant and landlord were equally at fault, the tenant gets nothing; and if the tenant was 25% at fault, he gets only 75% of his damages.
- Finally, some states don't allow a tenant to collect a dime if he was at all careless, even 1%.

Where does your state fall? The answer can be fairly tricky legal call. More important, does it matter to you now? When you discuss insurance coverage with your broker, you might want to ask about and factor in your state's approach. But obviously, since you can't count on tenant carelessness playing a part in any injury-causing event, you'll want to concentrate on preventing these accidents in the first place.

2. Tenant Risk-Taking

A tenant's carelessness is not the only factor affecting the outcome of a personal injury case. If a tenant deliberately chose to act in a way that caused or worsened his injury, another doctrine may apply. Called "assumption of risk," it refers to a tenant who knows the danger of a certain action and decides to take the chance anyway.

> **EXAMPLE:** In a hurry to get to work, a tenant takes a shortcut to the garage by using a walkway that he knows has uneven, broken pavement. The tenant disregards the sign posted by his landlord: "Use Front Walkway Only." If the tenant trips and hurts his knee, he'll have a hard time pinning blame on his landlord, because he deliberately chose a known, dangerous route to the garage.

In some states, a tenant who is injured as a result of putting himself in harm's way may not be entitled to recover anything, even if your negligence contributed to the injury. In other states, a tenant's recovery will be diminished according to the extent that he appreciated the danger involved.

C. How Much Money the Tenant May Be Entitled To

A tenant who was injured on your property and has convinced an insurance adjuster or jury that you are responsible, at least in part, can ask for monetary compensation, called "compensatory damages." Injured tenants can recover the money they have lost (wages) and spent (doctors' bills), plus compensation for physical pain and suffering, mental anguish, and lost opportunities. Given the often quirky nature of American juries, these costs can be enormous.

Medical care and related expenses. A injured tenant can recover for doctors' and physical therapists' bills, including future care.

Missed work time. A tenant can sue for lost wages and income while out of work and undergoing medical treatment for injuries. He can also recover for expected losses due to continuing care.

Pain and other physical suffering. The type of injury the tenant has suffered and its expected duration will affect the amount awarded for pain and suffering. Insurance adjusters require objective corroboration of a tenant's level of discomfort, such as a doctor's prescription of strong antipain medication. And the longer a tenant's recovery period, the greater the pain and suffering.

Permanent physical disability or disfigurement. If the tenant's injury has clear long-lasting or permanent effects—such as scars, back or joint stiffness, or a significant reduction in mobility—the amount of damages goes way up.

Loss of family, social, career, and educational experiences or opportunities. A tenant who can demonstrate that the injury prevented a promotion or better job can ask for compensation representing the lost income.

Emotional damages resulting from any of the above. Emotional pain, including stress, embarrassment, depression, and strains on family relationships, may be compensated. Like pain and suffering, however, insurance adjusters require proof, such as evaluations from a therapist, physician, or counselor.

Punitive damages. In some cases, injured tenants can collect more than compensatory damages. Punitive damages are awarded if a judge or jury decides that the landlord acted outrageously, either intentionally or with extreme carelessness (recklessness). As a general rule, you won't be liable for punitive damages if you refrain from extreme neglect and intentional wrongs against tenants and others. (See Section A5, above, for more details on punitive damages.)

Injuries Without Impact: Legal Nuisances

If you maintain a legal nuisance—a serious and persistent health or safety condition that adversely affects a tenant's (or neighbor's) enjoyment of the property—a tenant can seek damages, even if no physical injury occurs. For example, a tenant who is repeatedly plagued by the stench of garbage scattered about because you haven't provided enough garbage cans for the apartment building can sue for the annoyance and inconvenience of putting up with the smell. Similarly, a tenant or neighbor—or a group of them—may sue if you do nothing to evict a notorious drug-dealing tenant whose dangerous associates genuinely frighten them. And as discussed in Chapter 5, a landlord may also be sued for the nonphysical distress caused by illegal discrimination or harassment.

D. How to Prevent Liability Problems

There are specific steps you can take to protect yourself from lawsuits and hefty insurance settlements and at the same time make your tenants' lives safer and happier.

1. Regularly look for dangerous conditions on the property and fix them promptly—whether it's a structural problem, an environmental health hazard, or any other dangerous condition. Keep good records on the dates and details of your property inspections and any follow-up repairs done. Ask your tenants, manager, employees, and insurance company to help you spot problems. When you become aware of a repair problem with an obvious potential for injury, put it on the top of your "to do" list. (Chapter 9 discusses inspections.)

2. Scrupulously keep up to date on, and comply with, all state and local health, safety, and building codes. Once you establish basic compliance with these rules, you can't just forget about them. Since they change occasionally, you can stay current by reviewing them once a year. If your structure and operation are "up to code," you should avoid most lawsuits based on your violation of a statute. (Chapter 9 explains how to find all the relevant codes.)

3. Maintain your rental property and reduce risk exposure as much as possible—for example, by providing sufficient lighting in hallways, parking garages, and other common areas. If there are problems that you cannot completely control and eliminate, such as the presence of environmental hazards, educate your tenants to the dangers and their need to follow safety procedures. (See Chapter 11.)

4. Warn of dangers you can't fix. Landlords have a duty to warn tenants and others about naturally occurring dangers (such as loose soil) and man-made dangers (like low doorways or steep stairs) that are hidden but which you know (or should know) about. Disclose hidden defects in your lease or rental agreement (see Clause 20 of the form agreements in Chapter 2), or include a section in a move-in letter (see Chapter 7), so that it can never be claimed that a tenant was not warned of a potentially dangerous condition. If appropriate, also post warning signs near the hazard.

EXAMPLE 1: Towering eucalyptus trees lined the side and back yards of the duplex owned by Jack and Edna. During windy weather, the trees often dropped entire strips of bark and even some branches. Realizing this, Jack and Edna warned their tenants to steer clear of the trees during windy spells. As an extra precaution, Jack and Edna included a written warning to this effect in a move-in letter to new tenants and posted signs near the trees.

EXAMPLE 2: The sidewalk ramp leading to the front door of Sandra's duplex was painted white. The paint was nonporous and became extremely slippery when wet. The owner provided a railing and a warning sign, at both ends of the ramp, telling users that the surface was "Slippery When Wet" and directing them to use the handrail.

5. Adopt a policy of soliciting and responding quickly to tenant complaints about potential safety problems and nuisances. Back your policy up with a good record-keeping system. (See Chapter 9 for advice.)

6. Install and maintain basic security features, such as deadbolt locks, smoke detectors, fire extinguishers, window locks, and outside lighting. Candidly appraise the security situation around your property, and provide heightened protection if the conditions warrant it. (See Chapter 12.)

7. Be especially vigilant about dangers to children. If children are drawn onto your property due to an irresistibly interesting (to children) but dangerous feature, such as a stack of building materials or an abandoned refrigerator or well (known in legal jargon as an "attractive nuisance"), you must exercise special care. Because young children can't read and all children tend to ignore warnings, you should place physical barriers between the children and the attractive feature. And if the danger is of the type that can be cleaned up or removed (like a pile of junk or an abandoned refrigerator), you should do so.

Laws sometimes regulate activities and conditions that have proved attractive and dangerous to children. By far the most common are local laws that require fencing around swimming pools and impose construction and height requirements on pool fences. It is very common for landlords to be found liable for tragic drownings when they have failed to comply with fencing requirements.

Ordinances requiring the removal of doors from unused refrigerators and the fencing or removal of abandoned cars or piles of junk are also typical. These are prime examples of negligence *per se* (negligence that is presumed because the violation of the safety law allowed the injury), which is discussed in Section A, above.

Landlord Liability for Play Structures Made by the Tenant

If you don't create a dangerous situation yourself, but allow a tenant to do so, you may also be legally liable. For example, a tree house that your tenant builds in the backyard, or a play structure that parents buy for their own children, might also attract other tenants' children or children from the neighborhood. If one of the neighborhood kids falls from the tree (or play structure) and is injured, you may be liable. The fact that the attractive nuisance, though not created by you, was allowed to remain on your property with your tacit consent may be grounds for your liability.

Be sure to inform tenants of your concerns regarding specific aspects of your property that might be dangerous to children.

EXAMPLE: An apartment building owner took great pride in the fishpond in the courtyard. The yard was accessible to the general public, and neighborhood children frequently came to watch the fish. When one child fell in and nearly drowned, the child's parents sued the landlord. The landlord was found liable for the child's accident on the grounds of negligence—the landlord should have known that the fishpond was dangerous and that unsupervised children would come onto his property and could be injured by falling into the pond. In hindsight, the landlord should have gotten rid of the pond or fenced it off so that small children were kept out.

Swimming Pools Can Mean Deep Trouble

If your property includes a swimming pool, you must take special care to make sure your tenants and their guests appreciate the dangers involved. Let tenants know that they are also responsible for proper supervision of their children. All the fencing in the world, for example, will not protect a young child who is left unattended inside a pool enclosure. Obviously, rules requiring adult supervision of young children and the need to walk carefully on wet, slippery surfaces should be part of any move-in letter and rules and regulations that are part of your lease or rental agreement. (Clause 18 of the form agreements in Chapter 2 discusses rules and regulations. Chapter 7 discusses move-in letters.) The rules (including a reminder that there is no lifeguard on duty) should be repeated on signs posted near the pool. Pool supply stores are a good source of preprinted, easy-to-read signs.

---

8. Be aware of threats to tenants' safety and security from third parties and other tenants. Evict any tenant who is a serious nuisance to other tenants or neighbors. (See Chapter 12.)

9. Educate your manager as to his or her responsibilities. You may face substantial financial liability for your manager's actions. (See Chapter 6 for how to protect yourself from your manager's and management company's mistakes and illegal acts.)

10. Supervise contractors. If construction work is done on your property, make sure that the contractor in charge secures the site and removes or locks up dangerous tools or equipment when the site is left unattended. Remember, a pile of sand or a stack of sheet rock might look like work to an adult, but fun to a child. You might consider sending your tenants written notice of the intended project, suggesting that they take care during the construction period.

11. Get a good liability insurance policy. (See Section E, below.)

Don't Use Exculpatory Clauses to Shield Yourself From Liability

Landlords used to be able to protect themselves from most lawsuits brought by tenants by using a lease clause that absolved the landlord of responsibility for injuries suffered by a tenant, even those caused by the landlord's negligence. Known as "exculpatory clauses," these blanket provisions are now rarely enforced by courts.

Because courts are so wary of exculpatory clauses, our general advice is not to use them. But there may be unusual situations when a narrowly worded exculpatory clause would be appropriate—for example, if you have delegated appropriate repair and maintenance duties to a tenant (see Chapter 9 for tips on delegation of repairs), you may want to make it clear that the tenant is not to look to you if he injures himself in the course of his duties. (Remember, however, that an exculpatory clause will *not* shield you from liability if your tenant injures a third party.)

EXAMPLE: Sadie and Hal lived in one half of their duplex and rented out the second half. They offered Fred, their tenant, a trade-off whereby he would be responsible for the upkeep of the lawn in exchange for a reduction in rent. As part of the bargain, Fred agreed to absolve Sadie and Hal of any liability if a defect in the lawn caused him an injury. Because this agreement was the result of good-faith negotiations on both sides, each party received a benefit from the deal, and the landlords' delegated duties (gardening on a small piece of property affecting only them and their one tenant) could safely and reasonably be performed by their tenant, the agreement would likely be upheld if either side challenged it later in court.

When Fred tripped on a sprinkler and hurt his ankle, he was bound by the exculpatory clause and could not sue Sadie and Hal for his injury. But when Mac, a delivery person, slipped on wet grass cuttings that Fred left carelessly on the walkway, Fred, Sadie, and Hal found themselves at the other end of Mac's personal injury claim.

E. Liability and Other Types of Property Insurance

A well-designed insurance program can protect your rental property from losses caused by many types of perils, including damage to the property caused by fire, storms, burglary, and vandalism. A comprehensive policy will also include liability insurance, covering injuries or losses suffered by others as the result of defective conditions on the property. Equally important, liability insurance covers the cost of settling personal injury claims, including lawyers' bills for defending personal injury lawsuits.

This section provides advice on choosing liability and other property insurance. For a more detailed discussion on insuring your rental property business, see *Legal Guide for Starting & Running a Small Business*, by Fred Steingold (Nolo). Also, see Chapter 9, Section B, which explains how to make sure that you're covered by the insurance policy of any contractor you work with. Finally, see Chapter 5, Section G, for a discussion of insurance coverage in discrimination claims.

1. Choosing Liability Insurance Coverage

Here are some specific tips on choosing liability insurance, something all landlords should buy. Advice on property insurance in general and working with an insurance agent are covered in the sections below.

a. Purchase High Levels of Liability Coverage

Liability policies are designed to cover you against lawsuit settlements and judgments up to the amount of the policy limit, including the cost of defending the lawsuit. They provide coverage for a host of common perils, such as tenants falling and getting injured on a defective staircase. Liability policies usually state a dollar limit per occurrence and an aggregate dollar limit for the policy year. For example, your policy may say that it will pay

$300,000 per occurrence for personal injury or a total of $1 million in any one policy year.

Depending on the value of your property and the value of the assets you are seeking to protect, buying more coverage is a very good idea, especially in large metropolitan areas, where personal injury damage awards can be very high.

Terrorism Insurance

The huge losses caused by the events of September 11, 2001 produced a predictable response from insurance companies: They began writing liability and property policies that specifically excluded coverage for losses due to acts of terrorism. Congress reacted by passing the Terrorism Risk Insurance Act (15 U. S. Code §§ 6701 and following) to help ensure that property owners have access to adequate terrorism insurance at affordable rates. Much like the federal flood insurance program, the law requires insurance companies to offer coverage (for an additional premium) for losses due to acts of terrorism, and to void any clauses in existing policies that exclude coverage. (If you want coverage under an existing policy, you are now entitled to buy it.) Up to $100 billion in federal funds will be available to cover up to 90% of any loss (this is known as "gap" insurance), giving you a deep pocket (the federal government) in case of a catastrophic loss due to acts of terrorism affecting your rental property. Equally important, the new federal law protects you from punitive damages unless the injured person can prove that you encouraged the act of terrorism.

b.   Purchase Commercial Liability Coverage

Make sure your liability policy covers not only physical injury but also lists libel, slander, discrimination, unlawful and retaliatory eviction, and invasion of privacy suffered by tenants and guests.

As explained in Chapter 5, this kind of coverage can be very important in discrimination claims.

c.   Purchase Nonowned Auto Liability Insurance

Be sure to carry liability insurance not only on your own vehicles but also on your manager's car or truck if it will be used for business purposes. Non-owned auto insurance will protect you from liability for accidents and injuries caused by your manager or other employee while running errands for you in their own vehicle.

2.   Punitive Damages and Other Common Insurance Exclusions

Punitive damages are monetary awards that are intended to punish you for willful or malicious behavior, rather than to compensate the injured person.

As you might expect, the insurance industry would like to be able to exclude punitive damages from coverage, but they have never adopted a standard-form exclusion clause. (Insurance policies are typically made up of canned, commonly used clauses that are used by virtually every insurance company.) If an insurance policy does not specifically state whether punitive damages will be covered (and most do not), it will be up to the courts of the state where the policyholder lives to decide whether standard policy language covers punitive awards.

Not surprisingly, states have not been consistent in their treatment of this issue. Courts in some states have held that punitive damages are not included within standard comprehensive liability policies, while others have reached the opposite conclusion. Your insurance agent should be able to tell you whether the courts in your states have held that punitive damages are understood as falling within the standard language in your policy.

It's clear, however, that intentional harms or violations of penal statutes are not covered. Unfortunately, the inquiry does not end here, for it is often a matter of debate as to whether a particular act was intended (and therefore not insurable). While illegal discrimination, physical assaults, harassment, or re-taliation (by you or your manager) are often treated by insurers as intentional acts not covered by the policy, most liability insurers will at least pay for the defense of such lawsuits.

3. Some General Tips on Choosing Property Insurance

In choosing property coverage, there are four main questions to consider.

a. What Business Property Is Insured?

Be sure your insurance covers all the property you want protected. In addition to the entire building, does your insurance cover additions under construction? Outdoor fixtures, such as pole lights? Washing machines and other appliances? Property used to maintain the building, such as gardening equipment and tools? Boilers and heavy equipment? Personal business property such as computers used in managing your rental business?

 Make sure your tenants know that your insurance does not cover loss or damage (caused by theft or fire) to their personal property. Your tenants will need to purchase their own renters' insurance to cover their personal property. (See the discussion of renters' insurance in Chapter 2.) This does not mean, however, that you cannot be sued by your tenant (or his insurance company) if your negligence caused his loss. In this event, your insurance won't cover the loss of the tenant's personal belongings.

b. What Perils Will Be Insured Against?

Be sure you know what kind of losses the policy covers. Coverage for damage caused by fire is common in the most basic policies, while damage from mud slides, windstorms, and the weight of snow may be excluded. Earthquake insurance on the building itself and flood insurance are typically separate. They are often expensive and have a very high deductible, but they still are a good option if

your building is highly susceptible to earthquake or flood damage. Whatever policy you decide on, read it carefully before you pay for it—not just when you've suffered a loss.

 Be sure to check out "loss of rents" insurance. This will reimburse you for the loss of rents from rental units that have been sidelined—for example, due to a fire or other calamity. This coverage will kick in even if you are able to move the tenant to another, vacant unit.

c. How Much Insurance Should You Buy?

Obviously, the higher the amount of coverage, the higher the premiums. You don't want to waste money on insurance, but you do want to carry enough so that a loss wouldn't jeopardize your business.

Be sure to carry enough insurance on the building to rebuild it. But there's no need to insure the total value of your real property (the legal term that includes land and buildings), because land doesn't burn. Especially if you're in an area where land is very valuable, this is a big consideration. If you're in doubt as to how much it would cost you to rebuild, have an appraisal made so you know that your idea of value is realistic. Because the value of the building and other property may increase, it's wise to get a new appraisal every few years. Your insurance agent should be able to help you do this.

d. Should You Buy Coverage for Replacement Cost?

Historically, in the event of a loss a basic fire insurance contract covered the actual cash value of the property, not its full replacement value. Today, policies are routinely available with replacement cost coverage. This is the coverage you want.

 Consider purchasing insurance to cover "code upgrades." Plain "cost of replacement" coverage, which replaces the existing building should it be destroyed, won't be adequate should you need to bring an older building up to code after a fire or other damage. The problem is that legal requirements adopted since the building was constructed will normally require that a stronger, safer, more fire-resistant building be constructed. Doing this can cost far more than simply replacing the old building. To cope with this possibility, you want a policy that will not only replace the building but pay for all legally required upgrades. This coverage is called "Ordinance of Law Coverage," and it is almost never included in standard policies. You must ask for it.

4. Working With an Insurance Agent

Here are some tips for choosing an insurance agent.

Find and work with a knowledgeable insurance agent—one who takes the time to analyze your business operations and come up with a sensible program for your business. Get recommendations from people who own property similar to yours, or from real estate people with several years' experience—they will know who comes through and who doesn't. Working with an agent who knows your business is advantageous because that person is already a fair way along the learning curve when it comes to helping you select affordable and appropriate insurance.

Steer clear of an agent who, without learning the specifics of your property and business, whips out a package policy and claims it will solve all your problems. While there are some excellent packages available that may meet your needs, neither you nor your insurance agent will know for sure until the agent asks you a lot of questions and thoroughly understands your business. If the agent is unable or unwilling to tailor your coverage to your particular business, find someone else.

Be frank with your agent when discussing your business. Reveal all areas of unusual risk. If you fail to disclose all the facts, you may not get the coverage you need. Or, in some circumstances, the insurance company may later take the position that you misrepresented the nature of your operation and, for that reason, deny you coverage.

Make sure you have a clear understanding of what your insurance policy covers and what's excluded. Does the policy exclude damage from a leaking

sprinkler system? From a boiler explosion? From an earthquake? If so, and these are risks you face, find out if they can be covered by paying a small extra premium.

Insist on a highly rated carrier. Insurance companies are rated according to their financial condition and size. The most recognized rater is the A.M. Best Company, which assigns letter ratings according to financial stability (A++ is the highest) and Roman numeral ratings reflecting the size of a company's surplus (XV is the best). Since 80% of American companies receive an A rating or higher, you wouldn't want to choose a company rated less than that. As to surplus, you will be on solid ground to require an "X." Your local public library's business section or reference desk will likely have the *Best's Key Rating Guide*.

 Consider insuring for the cost of rubble removal and engineering surveys. Ruined buildings don't just disappear—they have to be completely demolished, carted away, and disposed of—and you might have to hire an engineer to oversee the whole process. Your standard policy won't cover these costs, which can be astonishing—for example, you may have to comply with costly disposal procedures if there is lead paint or asbestos in the debris. You can buy an endorsement for a reasonable sum that will protect you.

 Landlords with managers and other employees may need workers' compensation insurance. See Chapter 6 for a discussion of workers' compensation.

5. Saving Money on Insurance

Few landlords can really afford to adequately insure themselves against every possible risk. You need to decide what types of insurance are really essential and how much coverage to buy. Many factors affect this decision, including the condition and location of the rental property. While choosing insurance is not always an easy task, here are some guidelines that should help.

a. Set Priorities

Beyond any required coverage for your business, ask these questions: What insurance do I really need? What types of property losses would threaten the viability of my business? What kinds of liability lawsuits might wipe me out? Use your answers to tailor your coverage to protect against these potentially disastrous losses. Get enough property and liability coverage to protect yourself from common claims. Buy insurance against serious risks where the insurance is reasonably priced.

b. Select High Deductibles

Deductibles (the amount of money you must pay out of pocket before insurance coverage kicks in) are used primarily for real and personal property insurance, including motor vehicle collision coverage. The difference between the cost of a policy with a $250 deductible and one with a $500 or $1,000 or even higher deductible is significant—particularly if you add up the premium savings for five or ten years. Consider using money saved with a higher deductible to buy other types of insurance where it's really needed. For example, the amount you save by having a higher deductible might pay for loss of rents coverage.

c. Reduce the Likelihood of Insurance Claims Through Preventive Measures

Good safety and security measures, such as regular property inspections, special fire prevention measures, or requiring that tenants purchase renters' insurance, may eliminate the need for some types of insurance or lead to lower insurance rates. In addition to following the steps we recommend in Section D, above, ask your insurance agent what you can do to get a better rate.

Although how to protect against some types of risks may be obvious to you, how to protect against many others won't be. Get help from people who are experienced in identifying and dealing with risks. One excellent resource is your insurance company's safety inspector; your insurance agent

can tell you whom to contact. Another good approach is to ask your tenants to identify all safety risks, no matter how small.

d. Comparison Shop

No two companies charge exactly the same rates; you may be able to save a significant amount by shopping around. But be wary of unusually low prices—it may be a sign of a shaky company. Or it may be that you're unfairly comparing policies that provide very different types of coverage. Make sure you know what you're buying, and review your coverage and rates periodically.

 For more information on choosing business insurance, see the Insurance Information Institute's website at www.iii.org.

 Several other Nolo books provide useful information on liability-related issues:

How to Win Your Personal Injury Claim, by Joseph Matthews, explains personal injury cases and how to work out a fair settlement without going to court.

Everybody's Guide to Small Claims Court, by Ralph Warner, provides detailed advice on small claims court, which, in most states, allows lawsuits for about $3,000 to $7,500.

The Lawsuit Survival Guide: A Client's Companion to Litigation, by Joseph Matthews, explains key steps in legal proceedings and how to work with an attorney and keep costs down.

Represent Yourself in Court, by Paul Bergman and Sara Berman-Barrett, will help you prepare and present your case should you end up in court.

Mediate, Don't Litigate: Strategies for Successful Mediation, by Peter Lovenheim and Lisa Guerin, gives detailed information on the mediation process.

These Nolo books are available at bookstores and public libraries. They may also be ordered directly from Nolo's website, www.nolo.com, or by calling 800-728-3555.

For free general information on legal issues regarding liability and insurance, see Nolo's legal articles and FAQs at www.nolo.com.

Landlord's Liability for Environmental Health Hazards

A. Asbestos 254

   1. Landlord Liability for Asbestos Exposure: OSHA Regulations 254

   2. How You Can Limit Liability for Asbestos 256

B. Lead 257

   1. Federal Law: Disclosing Lead Paint Hazards to New and Renewal Tenants 257

   2. Federal Law: "Renovators" Must Give Tenants Lead Information

      When Renovating Units or Common Areas 260

   3. State Laws on Lead Affecting Landlords 262

   4. Why You Should Test for Lead 263

   5. How to Clean Up Lead-Based Paint 265

C. Radon 266

D. Carbon Monoxide 267

   1. Sources of Carbon Monoxide 267

   2. Preventing Carbon Monoxide Problems 267

   3. Responsibility for Carbon Monoxide 267

E. Mold 268

   1. Where Mold Is Found 268

   2. Laws on Mold Affecting Landlords 269

   3. Landlord Liability for Tenant Exposure to Mold 269

   4. Prevention: The Best Way to Avoid Mold Problems 270

   5. How to Clean Up Mold 271

   6. Testing for Toxicity 271

   7. Insurance Coverage of Mold Problems 271

In 1863, an English judge could write that "Fraud apart, there is no law against letting [leasing] a tumble-down house." But in 21st century America, it's no longer legal to be a slumlord. Landlords must exercise a duty of due care towards tenants and guests alike. As discussed in Chapter 9, this duty requires you to maintain the structural integrity of the rental property. If needed repairs are not made and, as a result of defective conditions, a tenant is injured, you may be found liable. (See Chapter 10.)

Here we focus on an additional responsibility that has been imposed on landlords in the last few decades: the duty to divulge and remedy environmental health hazards, including some not caused by you. Put bluntly, landlords are increasingly likely to be held liable for tenant health problems resulting from exposure to environmental hazards in the rental premises. This liability is based on many of the same legal theories discussed in Chapter 10, such as negligence and negligence *per se* (negligence that is automatic when a statute is broken).

This chapter provides an overview of the legal and practical issues involving landlord liability for environmental health hazards, specifically asbestos, lead, radon, carbon monoxide, and mold.

Related topics covered in this book include:
- How to make legally required disclosures of environmental hazards to tenants: Chapter 2
- Maintaining habitable property by complying with state and local housing laws and avoiding safety and maintenance problems: Chapter 9
- Landlord's liability for tenant's injuries from defective housing conditions: Chapter 10.

A. Asbestos

Exposure to asbestos has long and definitively been linked to an increased risk of cancer, particularly for workers in the asbestos manufacturing industry or in construction jobs involving the use of asbestos materials. More recently, the danger of asbestos in people's homes has also been acknowledged.

Homes built before the mid-1970s often contain asbestos insulation around heating systems, in ceilings, and in other areas. Until 1981, asbestos was also widely used in many other building materials, such as vinyl flooring and tiles. Asbestos that has begun to break down and enter the air— for example, when it is disturbed during regular maintenance or renovation work—has the potential to become a significant health problem to tenants.

Until quite recently, however, private owners of residential rental property had no legal obligation to test for the presence of asbestos. A landlord whose tenant developed an asbestos-related disease could successfully defend himself if he could convince the judge or jury that he did not know of the presence of asbestos on his rental property.

Landlords' protection from liability for asbestos exposure all but evaporated in 1995, when the U.S. Occupational Safety and Health Administration (OSHA) issued a 200-page regulation setting strict workplace standards for the testing, maintenance, and disclosure of asbestos.

1. Landlord Liability for Asbestos Exposure: OSHA Regulations

OSHA's regulations require property owners in general industry, construction work, and shipyards to install warning labels, train staff, and notify people who work in areas that might contain asbestos. In certain situations, owners must actually test for asbestos.

Rental property owners are considered to be part of "general industry" as understood by OSHA, and must adhere to the regulations for general industry in their role as *employers of maintenance personnel*. This includes large landlords who employ maintenance staff (or managers who do maintenance work) and small-scale landlords who have no employees, but who do hire outside contractors for repair and maintenance jobs.

OSHA regulations apply to any building constructed before 1981, and apply even if the property owner doesn't plan to remodel or otherwise disturb the structure. Unless the owner rules out the presence of asbestos by having a licensed inspector test the property, it will be *presumed* that asbestos is present, and the regulations will apply.

a.   Levels of OSHA's Protective Requirements

OSHA protections vary according to the level of asbestos disturbed by the activity being done. For example, workers who are involved in the removal of large amounts of asbestos receive maximum protection, whereas those who merely perform superficial custodial tasks need less.

- **Asbestos exposure in custodial work.** Employees and contractors whose work involves direct contact with asbestos or materials that are presumed to include it—for example, certain types of floors and ceilings—or who clean in areas near asbestos are subject to OSHA regulations designed for "general industry." The cleaning service that washes asbestos tiles in the lobby of a pre-1981 building, or the handyman who installs smoke alarms that are embedded in acoustic-tile ceilings made with asbestos, would both fall within the custodial work category. OSHA's general industry regulations require custodial workers to receive two hours of instruction (including appropriate cleaning techniques) and to use special work procedures under the supervision of a trained superior. The "general industry" standard does not require testing for asbestos. Of course, if it is known that high levels of asbestos are present, even custodial tasks must be performed with appropriately higher levels of protection, such as special masks and clothing.

- **Asbestos exposure in renovation or repair work.** A stricter set of procedures is triggered by any intentional disturbance of asbestos or asbestos-containing materials (for example, in heating systems or ceilings). This invariably happens when asbestos materials are subject to repair or renovation. At this level of activity, the landlord must test for the presence of asbestos. OSHA's "construction standard" requires exposure assessment (air monitoring for asbestos), 16 hours of worker training per year, oversight by a specially trained person,

and respiratory protection in some situations. In addition, employers must conduct medical surveillance of certain employees and maintain specified records for many years. So, for example, your decision to replace that ugly, stained acoustic-tile ceiling would require, first, that the material be tested for asbestos, followed by worker training and protection measures that are appropriate to the level of exposure.

b.   How OSHA Regulations Affect Tenants

You may still be wondering what OSHA's workplace regulations for asbestos have to do with your obligations to your tenants, who are not, after all, your employees or hired contractors. The answer, simply put, is that once the pesky genie is out of the bottle, you cannot put him back in. When you comply with OSHA's testing and maintenance requirements for your employees or contractors, and your professional tester discovers that asbestos is either airborne or is about to become so, you cannot pretend that you do not know that a potential health hazard is present with respect to your tenants as well. The presence of asbestos, regardless of how you found out about it, becomes simply an undisclosed, hidden, and dangerous defect that you are obligated to disclose to tenants and remedy under everyday common law principles. (The landlord's duty to disclose dangerous defects is discussed in Chapter 10.)

If asbestos is present on your property and can be shown to be the cause of a tenant's illness, you may be found liable on legal theories other than failing to disclose a known hidden defect. For example, landlords in Louisiana may be held liable under the theory of strict liability. Some states may consider the presence of airborne asbestos to be a breach of the implied warranty of habitability, which (depending on the state) would give the tenant the right to break the lease and move out without notice, pay less rent, withhold the entire rent, or sue to force the landlord to bring the dwelling up to a habitable level. (Chapter 10 discusses various legal theories of landlord liability for tenant injuries.)

Key Aspects of OSHA Asbestos Regulations

Our discussion of the impact of the OSHA regulations on residential rental property owners won't give you all the necessary information to make renovations and otherwise conduct your business safely and within the requirements of the regulations. You'll need to get a copy of the actual regulations for that. (See "Asbestos Resources," below.) Briefly, however, you should at least know:

Which buildings are affected. The regulations apply to pre-1981 structures, and if a newer structure is found to contain asbestos, the regulations apply to it as well.

Where asbestos is likely to be found. The regulations cover two classes of materials: those that definitely contain asbestos (such as certain kinds of flooring and ceilings) and those that the law *presumes* to contain asbestos. The second class is extremely inclusive, describing, among other things, any surfacing material that is "sprayed, troweled on, or otherwise applied." Under this definition, virtually every dwelling built before 1980 must be suspected of containing asbestos.

What work is covered. The regulations apply to custodial work and to renovation and repair work. Mere custodial work does not typically require the stringent training and precautions triggered by renovation work.

! **There is no escaping OSHA's asbestos regulations under the theory that what you don't know about can't cause legal problems.** You may think that you can escape the clutches of OSHA's asbestos regulations by personally doing minor repair and maintenance and hiring independent contractors to do the major jobs. This may work for a while, until you hire a law-abiding contractor who acknowledges his independent duty to protect his employees and

performs asbestos testing. The results of the tests will, of course, become known to you, because you'll see the report and pay the bill.

2. How You Can Limit Liability for Asbestos

Limiting your liability for asbestos-related injuries (to tenants and workers alike) begins with your understanding a fundamental point: Unless you perform detailed testing to rule out the presence of asbestos, every pre-1981 structure must be treated as if it does contain asbestos. Acknowledging that you must follow the OSHA procedures for custodial and renovation/repair work should trigger the following actions:

- Get a copy of the OSHA regulations, which explain in detail what we have touched upon here. (See "Asbestos resources," below.)
- Realize that almost any repair and maintenance work you do—no matter how small—may involve asbestos materials. Test for the presence of asbestos in advance for the benefit of workers and tenants.
- Make disclosures to tenants if you learn of the presence of asbestos. (See Chapter 2.) For example, if there is asbestos in the walls but it is not a health problem, point out that it is not likely to pose a danger, and that you will monitor the situation.
- Where possible, don't disturb asbestos. The conventional wisdom is that unless the asbestos material has begun to break down and enter the air, it is usually best to leave it alone and monitor it. This may mean that it simply may not make economic sense to do certain types of remodeling jobs. Seek an expert's opinion before taking action.
- If you must disturb asbestos—for example, when stripping floor tiles in the lobby—warn all tenants before the work is started, giving them an opportunity to avoid the area. Use written notices to alert tenants, and place cones and caution tape around the area. You

might even consider temporarily relocating your tenants. The costs of a few days or weeks in alternate housing will pale compared to the expense, monetary and human, of responding to a personal injury lawsuit by an exposed tenant.

- If you learn that asbestos material is airborne (or is about to be), thus posing a health hazard, seek an expert's advice on how to remedy the situation. When removal is necessary, hire trained asbestos removal specialists, and check to make sure the debris is legally disposed of in approved hazardous waste disposal sites.

- Make sure tenants don't make repairs to or otherwise invade any spaces containing asbestos, such as walls and ceilings. This might consist of prohibiting tenants from hanging planters from the ceiling or otherwise making holes in the ceiling. (See Clause 12 of the form lease and rental agreement in Chapter 2, which prohibits tenant repairs.)

- Require your tenants to report any deterioration to you—for example, in sprayed-on acoustical plaster ceilings. (Chapter 9 discusses tenant repair and maintenance responsibilities and systems for tenants to report defective conditions on the property.)

- Monitor the asbestos situation as part of regular safety and maintenance procedures, discussed in Chapter 9.

Asbestos resources. For further information on asbestos rules, inspections, and control, contact the nearest office of the U.S. Occupational Safety and Health Administration (OSHA), see their website at www.osha.gov, or call 800-321-OSHA.

Be sure to check into OSHA interactive computer software, called "Asbestos Advisor" (available free on the OSHA website), that will walk you through questions designed to help identify asbestos in your property and suggest the most sensible solution.

For additional information on asbestos, including negative health effects, see the EPA website at www. epa.gov/asbestos.

B. Lead

As we all know, exposure to lead-based paint and lead water pipes may lead to serious health problems, particularly in children. Brain damage, attention disorders, and hyperactivity have all been associated with lead poisoning. Landlords who are found responsible for lead poisoning (even if they did not know of the presence of the lead) may face liability for a child's lifelong disability. Jury awards and settlements for lead poisoning are typically enormous, because they cover remedial treatment and education of a child for the rest of his life, and include an award for the estimated "loss of earning" capacity caused by the injury. The cost of a typical "slip and fall" injury pales in comparison to some of the multimillion dollar jury awards and settlements for lead poisoning.

Buildings constructed before 1978 are likely to contain some source of lead, be it lead-based paint, lead pipes, or lead-based solder used on copper pipes. (In 1978, the federal government required the reduction of lead in house paint; lead pipes are generally only found in homes built before 1930, and lead-based solder in home plumbing systems was banned in 1988.) Pre-1950 housing in poor and urban neighborhoods that has been allowed to age and deteriorate is by far the greatest source of lead-based paint poisonings.

1. Federal Law: Disclosing Lead Paint Hazards to New and Renewal Tenants

Because of the health problems caused by lead-paint poisoning, the Residential Lead-Based Paint Hazard Reduction Act was enacted in 1992. (42 U.S. Code § 4852d.) It is commonly referred to as Title X [Ten]. The goal of Title X is "lead hazard reduction," which means evaluating the risk of poisoning in each housing situation and taking the appropriate steps to reduce the hazard. The Occupational Safety and Health Administration (OSHA) and the Environmental Protection Agency (EPA) have written regulations explaining the law. (24 Code of Federal Regulations Part 35, and 40 Code of Federal Regulations Part 745.) Compliance with Title X became the law for all landlords as of December 6, 1996. Most states have also enacted similar laws.

a. Disclosure

To comply with Title X, you must inform tenants, before they sign or renew a lease or rental agreement, of any information you possess on lead paint hazards on the property, including individual rental units, common areas and garages, tool sheds, other outbuildings, signs, fences, and play areas. If you have had your property tested (testing must be done only by state-certified lead inspectors; see "Lead hazard resources," in Section B4, below), a copy of the report, or a summary written by the inspector, must be shown to tenants.

With certain exceptions (listed below), every lease and rental agreement must include a disclosure page, even if you have not tested. You can use the one developed by the EPA, or you can design your own, as long as it meets the EPA requirements (these are specified in the Code of Federal Regulations cited above).

What about tenants who were your tenants before December 6, 1996—must you fill out a disclosure form for them, too? Your compliance obligations depend on whether that tenant has a lease or is renting month to month:

- **Tenants with leases.** You need not comply until the lease ends and the tenant renews or stays on as a month-to-month tenant.
- **Month-to-month tenants.** You should have given month-to-month tenants a disclosure statement when you collected your first rent check dated on or after December 6, 1996.

The Forms CD includes the Disclosure of Information on Lead-Based Paint or Lead-Based Paint Hazards form, and Appendix C includes a blank tear-out copy of the form (in Spanish and English). This form meets EPA requirements.

As you'll see, the disclosure form has a place for the tenant to initial, indicating that the tenant has received the form. Be sure to note the time you received it, too, if you and the tenant are also signing the lease or rental agreement on the same day (and on that document enter the time you signed it, too). If you're ever challenged, you'll be able to prove that the tenant received the disclosure form before signing the rental documents.

Make a copy of the initialed form, and keep it safely in your records for at least three years. If a federal or state agency questions whether you're complying with the lead disclosure law, you'll have a cabinet full of signed forms as evidence. And, if a tenant claims to have developed symptoms of lead poisoning from living in your rental property, you'll have proof that you disclosed what you knew.

Lead Inspections

While inspections are not required by federal law, you may voluntarily arrange an inspection in order to certify on the disclosure form that the property is lead-free and exempt from federal regulations. (See list of exemptions, below.) Also, if you take out a loan or buy insurance, your bank or insurance company may require a lead inspection.

Professional lead inspectors don't always inspect every unit in large, multifamily properties. Instead, they inspect a sampling of the units and apply their conclusions to the property as a whole. Giving your tenants the results and conclusions of a building-wide evaluation satisfies the law, even if a particular unit was not tested. If, however, you have specific information regarding a unit that is inconsistent with the building-wide evaluation, you must disclose it to the tenant.

b. Information

You must give all tenants the lead hazard information booklet *Protect Your Family From Lead in Your Home,* written by the Environmental Protection Agency (EPA). (See "Lead Hazard Resources," below.) Appendix C includes a tear-out copy of the pamphlet (both in English and Spanish) that you may reproduce and attach to the lease. The graphics in the original pamphlet must be included.

State agencies may develop their own pamphlets that you can use, but they may not be used in place of the EPA version unless the EPA has approved them. California's pamphlet, *Environmental Hazards: A Guide for Homeowners, Homebuyers, Landlords, and Tenants*, has been approved.

c. Enforcement and Penalties

HUD and the EPA enforce renters' rights to know about the presence of lead-based paint by using "testers," as they do when looking for illegal discrimination. (See Chapter 5.) Posing as applicants, testers who get the rental document look to see whether landlords disclosed lead paint information when the lease or rental agreement was signed.

Landlords who fail to distribute the required information booklet, or who do not give tenants the disclosure statement, may receive one or more of the following penalties:

- a notice of noncompliance, the mildest form of reprimand
- a civil penalty, which can include fines of up to $11,000 per violation for willful and continuing noncompliance
- an order to pay an injured tenant up to three times his actual damages, or
- a criminal fine of up to $11,000 per violation.

Government testers are also on the lookout for property owners who falsely claim that they have no knowledge of lead-based paint hazards on their property. Here's how it often comes up: A tenant complains to HUD if he becomes ill with lead poisoning after you told him that you knew of no lead-based paint hazards on your premises. If HUD decides to investigate whether, in fact, you knew about the hazard and failed to tell tenants, their investigators get access to your records. They comb leasing, maintenance, and repair files—virtually your entire business records. If HUD finds evidence that you knew (or had reason to know) of lead paint hazards, such as a contract from a painting firm that includes costs for lead paint removal or a loan document indicating the presence of lead paint, you will be hard-pressed to explain why you've checked

the box on the disclosure form stating that you have no reports or records regarding the presence of lead-based paint on your property.

The EPA, HUD, and the Department of Justice have brought dozens of cases against landlords across the country. For example, in May 2004 they settled lawsuits against major property owners and managers who had failed to warn tenants of lead paint hazards. Combined, the $1.8 million settlements will result in the complete removal of all lead-based paint in nearly 4,500 apartments in four states in the upper Midwest—Minnesota, Wisconsin, South Dakota, and Indiana.

The Residential Lead-Based Paint Hazard Reduction Act was enacted in 1992 to reduce the danger from lead paint. It is commonly referred to as Title X [Ten]. (42 U.S. Code § 4852d.) The Environmental Protection Agency (EPA) has written regulations that explain how landlords should implement lead hazard reduction. (24 Code of Federal Regulations Part 35 and 40 Code of Federal Regulations Part 745.) For more information, see "Lead Hazard Resources," below.

Rental Properties Exempt From Federal Regulations

These rental properties are exempt from the federal lead paint disclosure regulations and the renovation regulations. State law may still apply:

- Housing for which a construction permit was obtained, or on which construction was started, after January 1, 1978. Older buildings that have been completely renovated since 1978 are *not* exempt, even if every painted surface was removed or replaced.
- Housing certified as lead-free by a state-accredited lead inspector. Lead-free means the absence of any lead paint, even paint that has been completely painted over and encapsulated.
- Lofts, efficiencies, studios, and other "zero-bedroom" units, including dormitory housing and rentals in sorority and fraternity houses. University-owned apartments and married student housing are not exempted.
- Short-term vacation rentals of 100 days or less.
- A single room rented in a residential home.
- Housing designed for persons with disabilities (as explained in HUD's Fair Housing Accessibility Guidelines, 56 Code of Federal Regulations 9472, 3/6/91), *unless* any child less than six years old resides there or is expected to reside there.
- Retirement communities (housing designed for seniors, where one or more tenant is at least 62 years old), unless children under the age of six are present or expected to live there.

2. Federal Law: "Renovators" Must Give Tenants Lead Information When Renovating Units or Common Areas

When you renovate occupied rental units or common areas in buildings constructed before 1978, EPA regulations require that current tenants receive lead hazard information before the renovation work begins. (40 CFR §§ 745.80-88.) The regulations were developed under the federal Toxic Substances Control Act (15 U.S. Code §§ 2681-2692) and became effective on June 1, 1999.

The obligation to distribute lead information rests with the "renovator." If you hire an outside contractor to perform renovation work, the contractor is the renovator. But if you or your property manager, superintendent, or other employees perform the renovation work, the landlord is the renovator and is obliged to give out the required information.

The type of information that the renovator must give to tenants depends on where the renovation is taking place. If an occupied rental unit is being worked on, you must give the tenant a copy of the EPA pamphlet *Protect Your Family From Lead in Your Home*. If common areas will be affected, you will have to distribute a notice to every rental unit in the building.

a. What Qualifies as a Renovation?

According to EPA regulations, a "renovation" is any change to an occupied rental unit or common area of your building that disturbs painted surfaces. Here are some examples:

- removing or modifying a painted door, wall, baseboard, or ceiling
- scraping or sanding paint, or
- removing a large structure like a wall, partition, or window.

Not every renovation triggers the federal law, though. There are four big exceptions.

Emergency renovations. If a sudden or unexpected event, such as a fire or flood, requires you make emergency repairs to a rental unit or to your property's common areas, there's no need to distribute lead hazard information to tenants before work begins.

Minor repairs or maintenance. Minor work that affects two square feet or less of a painted surface is also exempt. Minor repairs include routine electrical and plumbing work, so long as no more than two square feet of the wall, ceiling, or other painted surface gets disturbed by the work.

Renovations in lead-free properties. If the rental unit or building in which the renovation takes place has been certified as containing no lead paint, you're not required to give out the required information.

Common area renovations in buildings with three or fewer units. Only buildings with four or more units are required to give tenants information about common area renovations.

Repainting a rental unit in preparation for a new tenant doesn't qualify as a "renovation" unless accompanied by sanding, scraping, or other surface preparation activities that may generate paint dust. Minor "spot" scraping or sanding can qualify for the "minor repairs and maintenance" exception if no more than two square feet of paint is disturbed on any surface to be painted. (EPA Interpretive Guidance, Part I, May 28, 1999.)

b. Give Out EPA Pamphlet When Renovating Occupied Rental Units

Before starting a renovation to an occupied rental unit, the renovator must give the EPA pamphlet *Protect Your Family From Lead in Your Home* to at least one adult occupant of the unit being occupied, preferably the tenant. This is the same one you gave new tenants when they signed their lease or rental agreement. (See Section 1, above.) This requirement applies to all rental properties, including single-family homes and duplexes, unless the property has been certified lead-free by an inspector.

You may mail or hand-deliver the pamphlet to the tenant. If you mail it, you must get a "certificate of mailing" from the post office dated at least seven days before the renovation work begins. If you hand-deliver it, have the tenant sign and date a receipt acknowledging that the pamphlet was received before renovation work began in the unit.

Make sure the tenant will receive the pamphlet 60 days (or less) before the work begins (delivering the pamphlet more than 60 days in advance won't do).

c. Give Out Notice When Renovating Common Areas

If your building has four or more units, the renovator—you or your contractor—must notify tenants of all "affected units" about the renovation and tell them how to obtain a free copy of the EPA pamphlet *Protect Your Family From Lead in Your Home*. (CFR § 745.85(b)(2).) In most cases, common area renovations will affect all units in your property, meaning that all tenants must be notified about the renovation. But when renovating a "limited use common area" in a large apartment building, such as the 16th floor hallway, you need only notify those units serviced by, or in close proximity to, the limited use common area. The EPA defines large buildings as those having 50 or more units.

To comply, the renovator must deliver a notice to every affected unit describing the nature and location of the renovation work, its location, and the dates you expect to begin and finish work (See a sample "Common Area Renovations Notice," below.) If you can't provide specific dates, you may use terms like "on or about," "in early June," or "in late July" to describe expected starting and ending dates for the renovation. The notices *must be delivered within 60 days before work begins.* The notices may be slipped under apartment doors or given to any adult occupant of the rental unit. (You may not mail the notices, however.) After the notices are delivered, keep a copy in your file, together with a note describing the date and manner in which you delivered the notices to rental units.

Common Area Renovations Notice

March 1, 200X

Dear Tenant,

Please be advised that we will begin renovating the hallways on or about March 15, 200x. Specifically, we will be removing and replacing the baseboards, wallpaper, and trim in the 2nd, 3rd, and 4th floor corridors, and sanding and repainting the ceilings. We expect the work to be completed in early May 200x.

You may obtain a free copy of the pamphlet "Protect Your Family From Lead in Your Home" from Paul Hogan, the building manager. Paul may be reached at 212-555-1212.

We will make every attempt to minimize inconvenience to tenants during the renovation process. If you have questions about the proposed renovation work, feel free to contact Mr. Hogan or me.

Very truly yours,

Lawrence Levy

Lawrence Levy, Manager

 Require renovation contractors to give out required information. The federal disclosure requirements apply to "renovators." When you hire an outside contractor to perform renovations in rental units or common areas, the contractor is responsible for giving out the required information. To avoid any misunderstandings, make sure your renovation contract or work agreement specifically requires the contractor to provide all required lead hazard information to tenants as provided under federal law and regulations.

d.   Penalties

Failing to give tenants the required information about renovation lead hazards can result in harsh penalties. Renovators who knowingly violate the regulations can get hit with a penalty of up to $27,500 per day for each violation. Willful violations can also result in imprisonment.

3.   State Laws on Lead Affecting Landlords

Many states have also addressed the lead issue by prohibiting the use of lead-based paint in residences and requiring the careful maintenance of existing lead paint and lead-based building materials. Some states require property owners to disclose lead hazards to prospective tenants. If you are subject to a state statute, you must comply with it as well as the federal law.

If your state has its own lead hazard reduction law, you'll see that, like its federal cousin, it does not directly require you to test for lead. Does this mean that you need not conduct inspections? Not necessarily. In New York City, for example, landlords must perform annual visual inspections of rental units where a child under age six resides. Landlords must inspect for "lead-based paint hazards," defined as peeling paint or deteriorated subsurfaces. New York City landlords must also visually inspect any apartments that become vacant on or after November 12, 1999 before the unit may be reoccupied.

States With Lead Hazard Reduction Laws

The following states have laws on lead-based paint and hazards:

Alabama	Kentucky	North Dakota
Arizona	Louisiana	Ohio
Arkansas	Maine	Oklahoma
California	Maryland	Oregon
Colorado	Massachusetts	Pennsylvania
Connecticut	Michigan	Rhode Island
Delaware	Minnesota	South Carolina
DC	Mississippi	Tennessee
Georgia	Missouri	Texas
Hawaii	Nebraska	Vermont
Illinois	New Hampshire	Virginia
Indiana	New Jersey	Washington
Iowa	New York	West Virginia
Kansas	North Carolina	Wisconsin

Leaded Miniblinds

Some imported miniblinds from China, Taiwan, Indonesia, and Mexico are likely to contain lead, but are not banned by the Consumer Product Safety Commission. If your property has leaded miniblinds, you do not have to disclose this fact unless you know that the blinds have begun to deteriorate and produce lead dust. To avoid problems, use miniblinds from other sources or different kinds of window coverings.

4. Why You Should Test for Lead

If you suspect that there might be lead lurking in your rental property's paint or water, you face a difficult choice:

- If you have the property tested and learn that lead is present, you'll know that your property has a hidden and dangerous defect. As a result, you must tell tenants and deal with the expensive lead problem or risk liability for injuries.

- On the other hand, if you don't test for lead you'll live with the nagging suspicion that your property might be making your tenants sick and damaging the development of their children.

It may be tempting to adopt the second, ostrich-like approach, and hope that all will work out okay. The odds may be with you for a while, but eventually this will prove to be a short-sighted solution. Here are seven reasons why:

- Lead hazard control (see Section 5, below) is much less burdensome than going through a lawsuit, let alone living with the knowledge that a child's health has been damaged.

- Even though the federal regulations do not require testing, ignorance of the condition of your property may not shield you from liability. At some point, some court is bound to rule that the danger of lead paint in older housing is so well known that owners of older housing will be presumed to know of the danger. Should this "imputed knowledge" of the hazard ever be attributed to you, a jury will have a difficult time believing that you were truly ignorant. Moreover, an injured tenant may be able to show the court that it was likely that you were, in fact, apprised of the lead problem—through your attendance at seminars for landlords, subscriptions to periodicals aimed at property owners, and even reading this book!

- State law may make the question of knowledge a done deal. By law in many states, pre-1978 houses are presumed to contain lead paint. If your state law were to require testing, the issue of knowledge will be resolved against you, the property owner: Once it can be shown that, in fact, your property does contain lead paint, you will be presumed to have known this fact, period. This puts the landlord in the position of failing to disclose a hidden defect—a garden-variety basis for recovery by an injured tenant.

- Recognizing that children are the ones most at risk for lead poisoning, you cannot simply refuse to rent to tenants with children—this is illegal discrimination in all states. (See Chapter 5.)

- You cannot count on a clause in your lease or rental agreement attempting to shift responsibility for lead-based injuries from you to the tenant to protect you. This type of clause (called an "exculpatory clause," in legalese) is viewed with disfavor by many states, especially when the intent is to avoid a policy of strong public concern. (See Chapter 10 for a discussion of exculpatory clauses.) Ironically, if you make liability for lead poisoning a subject of an exculpatory clause, and the clause is not upheld in court, you will have effectively established that you were aware of the lead problem. (Why else would you have written such a clause?)

- If you attempt to refinance or sell your rental property, you will find that most major lenders will require lead testing before a loan is approved.

- You can expect that your own insurance company may soon require lead testing as a condition of issuing a policy. Lead poisoning cases are incredibly expensive—for example, in two New York cases recently, injured tenants were awarded seven and ten million dollars. It is only a matter of time before the insurance industry nationwide realizes that it cannot continue to blindly insure all properties against lead poisoning. (Consider the reaction of the insurance industry to earthquakes and wildfires in California, where coverage for these disasters is now often difficult to procure.)

In sum, as with many landlord problems discussed in this book, there is no effective way to hide a serious lead problem over the long run. Your best bet is to tackle it directly on your own terms, before you are forced to do so. The next section explains how to go about getting information on testing and reducing one of the most serious lead hazard risks: lead-based paint.

Your Insurance Policy May Not Cover Lead-Paint Poisoning Lawsuits

If you are hit with a lead poisoning lawsuit, you can't presume that your insurance company will be there to defend you or pay money damages to the victim. Depending on the terms of your policy, your insurer may be able to deny coverage for lead exposure claims—even if the suit is without merit. If you know (or presume) that your property contains lead-based paint, review your lead paint liability coverage with your insurance broker.

In the late 1980s, insurance companies began to deny lead liability claims based on a "pollution exclusion clause" that's buried in the fine print of many liability insurance policies. Fortunately for landlords, courts have held that lead paint liability claims as a result of lead paint exposure do not fall within the definition of pollution. So insurers may not legally use the pollution exclusion clause as a reason to deny coverage.

But since lead liability lawsuits are so expensive, some insurance companies have simply stopped writing general liability insurance on older buildings where there is a presumed lead paint exposure. Others have added lead-based paint liability "exclusions" to their policies, excluding coverage for these types of claims. While you can still get coverage, it might be limited or come at a higher premium.

Lead hazard resources. Information on the evaluation and control of lead dust, disclosure forms, copies of the "Protect Your Family From Lead in Your Home" pamphlet, and lists of EPA-certified lead paint professionals may be obtained from the National Lead Information Center by calling 800-424-LEAD or checking the Center's website at www.epa.gov/lead/nlic.htm. The EPA also provides pamphlets, documents, forms, and information on all lead paint hazards and federal laws and regulations on its website, www.epa.gov/lead.

HUD issues a pamphlet entitled "Guidance on the Lead-Based Paint Disclosure Rule, Parts I and II," which may be obtained by contacting your nearest HUD office. (Chapter 5, Section B explains how.) You can also get this information online from the HUD lead office website at www.hud.gov/lea/leahome.html.

HUD also maintains a "Lead Listing" of names, addresses, and phone numbers of trained lead paint contractors (for testing and abatement) in every state. You can access the list on the Web at www.leadlisting.org. For other HUD information on lead hazards, visit www.hud.gov/lea.

State housing departments will have information on state laws and regulations. Start by calling your state consumer protection agency. For a list of state consumer protection agencies, go to the Consumer Action website maintained by the Federal Citizen Information Center at www.consumeraction.gov.

5. How to Clean Up Lead-Based Paint

Lead is relatively easy to detect—you can buy home use kits that contain a simple swab, which turns color when drawn over a lead-based surface. Knowing how much lead is present, and how to best clean it up, however, are subjects for the experts. It is beyond the scope of this book to present detailed remediation or clean-up instructions, if only because each situation will require a specific response. We can, however, give you an overview of the current thinking on the issue.

The most important thing to understand when faced with a lead paint problem is that sometimes the wholesale removal of the paint, or even sanding and repainting, may not be the best solution. This is because these types of renovations often create and release tremendous amounts of lead dust, the deadliest vector for poisoning. Unless the job is done by trained personnel, the well-intentioned removal of lead paint may actually create a far bigger problem than originally existed. In most states you cannot legally perform lead abatement work without a special license. Most states offer training and certification programs. To be on the safe side, become licensed yourself or only hire certified people.

Drastic measures may be needed when the underlying structure itself is so deteriorated that safety requires a from-the-bottom-up approach, but this is rarely the case. The most effective response to lead-based paint is usually a program consisting of these steps:

1. **Inspect for deteriorated paint.** Pay close attention to areas that get the most use (floors and window channels), and determine whether lead is present. An environmental engineer will be able to tell you how much lead is present at floor level and above, which will alert you as to whether your property exceeds the amounts allowable by law.

2. **Clean up lead-contaminated dust with a good vacuum cleaner and detergent that is specifically designed to pick up lead.** Regular household cleaners, even TSP, do not do a very effective job of capturing lead, nor will a standard vacuum cleaner be able to filter out the microscopic lead particles. Consider using a phosphate-based cleaner (Leadisolve is one such product) and buying or renting a "HEPA" vacuum (a "high efficiency particle arresting" vacuum, often available for rent from hardware stores or equipment rental agencies). If you are dealing with lead dust, wear a mask and disposable protective clothing.

3. **Repaint with non-lead-based paint to provide a strong, cleanable surface.**

4. **Educate your tenants on how to identify, control, and clean up any lead dust that might still be present.** The EPA's lead hazard information booklet you are required to give to each resident under Title X will help you in this respect.

5. **Monitor lead dust situations.** Design your periodic safety inspections (discussed in Chapter 9) so that you keep on top of any deterioration of lead-based surfaces.

6. **Do as much as possible, within the recommendations of your experts, to prevent the accumulation of lead dust.** Theoretically, some lead dust problems might be containable by frequent, lead-specific, and thorough cleaning, rather than repainting. There are some professional cleaning companies that specialize in lead dust cleaning. It is risky, however, to entrust that specialized

housecleaning job to your tenants, even if you are prepared to give them the appropriate vacuum cleaners and detergents. You cannot, from a practical point of view, adequately monitor their housekeeping practices. Instead, prevent the accumulation of lead dust by painting over lead paint, if possible, even if this solution appears more costly than dust maintenance. It will certainly cost less than a lawsuit.

C. Radon

Radon is a naturally occurring radioactive gas that is associated with lung cancer. It can enter and contaminate a house built on soil and rock containing uranium deposits or enter through water from private wells drilled in uranium-rich soil. Radon becomes a lethal health threat when it is trapped in tightly sealed homes that have been insulated to keep in heat or have poor ventilation, when it escapes from building materials that have incorporated uranium-filled rocks and soils (like certain types of composite tiles or bricks), or when it is released into the air from aerated household water that has passed through underground concentrations of uranium. Problems occur most frequently in areas where rocky soil is relatively rich in uranium and in climates where occupants keep their windows tightly shut—to maintain heat in the winter and air conditioning in the summer.

The U.S. Environmental Protection Agency estimates that about six million American homes have unacceptably high levels of radon. Fortunately, there are usually simple, inexpensive ways to measure radon levels in buildings. Ventilation measures will effectively disperse the gas in most situations. These measures range from the obvious (open the windows and provide cross-ventilation) to the somewhat complex (sealing cracks in the foundation, or sucking radon out of the soil before it enters the foundation and venting it into the air above the door through a pipe). According to the EPA, a typical household radon problem can be solved for $500 to $2,500.

State Laws on Radon

New Jersey and Florida have been at the forefront in addressing the radon problem. New Jersey has an extensive program that includes an information and outreach program. (N.J. Ann. Stat. §§ 26:2d-61, 26:2d-70, and 26:2d-71f.) Florida taxes new construction to raise funds for the development of a radon-resistant construction code, and it requires landlords to warn tenants about the known presence of radon. (Fla. Stat. Ann. § 404.056.)

Do you have to inspect for radon contamination? There are currently no laws that require a private landlord to detect and remedy the presence of radon. This does not necessarily mean, however, that under certain circumstances you would not be found liable for radon poisoning. For example, a trial court in New York has held a landlord strictly liable for radon poisoning—meaning that he was held responsible for the injury regardless of whether he tested or not. (*Kaplan v. Coulston,* 381 N.Y.S.2d 634 (1976).) (See Chapter 10 for a fuller explanation of the theory of strict liability.)

Whether to test for radon depends on the circumstances of each rental property. Your city planning department or your insurance broker may know about local geology and radon dangers. Certainly, owners of rental property in areas where radon levels are generally known to be dangerously high should test rental property. For the most professional results, hire an inspector certified by the EPA. Testing takes at least three days, and sometimes months. Do-it-yourself testing kits are also available. If you use one of these, make sure it says "Meets EPA Requirements."

If testing indicates high radon levels, be sure to warn tenants and correct the problem. Start by giving them the EPA booklet *A Radon Guide for Tenants* (see "Radon resources," below.) If you own rental property in an area known to have radon problems but don't test, warn tenants, or take action, you may be sued on any number of legal theories, including negligence and a violation of the implied warranty of habitability.

 Radon resources. For information on the detection and removal of radon, contact the U.S. Environmental Protection Agency Radon Information Line at 800-767-7236, or visit the EPA website (www.epa.gov/iaq/radon). The EPA site has links to state agencies that regulate radon and gives information on finding a qualified radon reduction provider. You can also download a copy of the booklet "A Radon Guide for Tenants" and other publications, including "Consumer's Guide to Radon Reduction."

D. Carbon Monoxide

Carbon monoxide (CO) is a colorless, odorless, lethal gas. Unlike radon, whose deadly effects work over time, CO can build up and kill within a matter of hours. And, unlike any of the environmental hazards discussed so far, CO cannot be covered up or managed.

When CO is inhaled, it enters the bloodstream and replaces oxygen. Dizziness, nausea, confusion, and tiredness can result; high concentrations bring on unconsciousness, brain damage, and death. It is possible for someone to be poisoned from CO while sleeping, without waking up. Needless to say, a CO problem must be dealt with immediately.

1. Sources of Carbon Monoxide

Carbon monoxide is a byproduct of fuel combustion; electric appliances cannot produce it. Common home appliances, such as gas dryers, refrigerators, ranges, water heaters or space heaters; oil furnaces; fireplaces; charcoal grills; and wood stoves all produce CO. Automobiles and gas gardening equipment also produce CO. If appliances or fireplaces are not vented properly, CO can build up within a home and poison the occupants. In tight, "energy-efficient" apartments, indoor accumulations are especially dangerous.

2. Preventing Carbon Monoxide Problems

If you have a regular maintenance program, you should be able to spot and fix the common malfunctions that cause CO buildup.

Here's how to avoid problems:

- Check chimneys and appliance vents for blockages.
- In your rules and regulations, prohibit the indoor use of portable gas grills or charcoal grills.
- Warn tenants never to use a gas range, clothes dryer, or oven for heating.
- Prohibit nonelectric space heaters, or specify that they must be inspected annually. Tenants can get recommendations from fuel suppliers.
- Check the pilot lights of gas appliances as part of your regular maintenance routine. They should show a clear blue flame; a yellow or orange flame may indicate a problem.

But even the most careful service program cannot rule out unexpected problems like the blocking of a chimney by a bird's nest or the sudden failure of a machine part. In these cases, you'll want a way to detect CO problems from the start. Fortunately, relatively inexpensive devices, similar to smoke detectors, can monitor CO levels and sound an alarm if they get too high. If you install one, make sure it is UL certified.

Unlike smoke detectors, which are required by many local ordinances, CO detectors are not legally required. But that doesn't mean that you wouldn't be wise to install one. Detectors that are connected to the interior wiring of the building and backed up with emergency batteries are best.

3. Responsibility for Carbon Monoxide

Most CO hazards are caused by a malfunctioning appliance or a clogged vent, flue, or chimney. It follows that the responsibility for preventing a CO buildup depends on who is responsible for the upkeep of the appliance.

Appliances. Appliances that are part of the rental, especially built-in units, are typically your responsibility, although the tenant is responsible for intentional or unreasonably careless damage. For example, if the pilot light on the gas stove that came with the rental is improperly calibrated and emits high amounts of CO, you must fix it. On the other hand, if your tenant brings in a portable oil space heater that malfunctions, that is his responsibility.

Vents. Vents, chimneys, and flues are part of the structure, and their maintenance is typically your job. In single-family houses, however, it is not unusual for landlords and tenants to agree to shift maintenance responsibility to the tenant. As always, write down any maintenance jobs that you have delegated—if an accident occurs, you'll be able to prove that responsibility had been shifted to and accepted by the tenant. (Chapter 9 discusses the pros and cons of delegating repairs to tenants.)

Carbon monoxide resources. The EPA website offers useful instructional material, including downloadable educational pamphlets, at www.epa.gov.iaq/co.html. Local natural gas utility companies often have consumer information brochures available to their customers. You can also contact the American Gas Association for consumer pamphlets on carbon monoxide. It can be reached by calling 202-824-7000 or visiting the Association's website at www.aga.org.

E. Mold

Mold is the newest environmental hazard driving lawsuits against rental property owners. Across the country, tenants have won multimillion dollar cases against landlords for significant health problems—such as rashes, chronic fatigue, nausea, cognitive losses, hemorrhaging, and asthma—allegedly caused by exposure to "toxic molds" in their building. In a typical case, the Delaware Supreme Court in May 2001 upheld a $1.4 million award to two tenants who suffered asthma and other health problems caused by mold that grew when the landlord refused to fix leaks in their apartment.

Mold is also among the most controversial of environmental hazards now in the news. There is considerable debate within the scientific and medical community about which molds, and what situations, pose serious health risks to people in their homes.

There is no such debate among plaintiff's lawyers, however, and courts have increasingly found landlords legally liable for tenant health problems associated with exposure to mold. As a result, it is crucial that you understand how to identify and avoid problems with mold in your rental property—before you find yourself in court.

1. Where Mold Is Found

Mold comes in various colors and shapes. The villains—with names like stachybotrys, penicillium, aspergillus, paecilomyces, and fusarium—are black, white, green, or gray. Some are powdery, others shiny. Some molds look and smell disgusting; others are barely seen—hidden between walls, under floors and ceilings, or in less-accessible spots such as basements and attics.

Mold often grows on water-soaked materials, such as wall paneling, paint, fabric, ceiling tiles, newspapers, or cardboard boxes. However, all that's really needed is an organic food source, water, and time. Throw in a little warmth and the organism will grow very quickly, sometimes spreading within 24 hours.

Humidity sets up prime growing conditions for mold. Buildings in naturally humid climates of Texas, California, and the South have experienced more mold problems than residences in drier climates. But mold can grow irrespective of the natural climate when moisture is present. Here's how:

- Floods, leaking pipes, windows, or roofs may introduce moisture that will lead to mold growth in any structure—in fact, these are the leading causes of mold.
- Tightly sealed buildings (common with new construction) may trap mold-producing moisture inside.
- Overcrowding, poor ventilation, numerous over-watered houseplants, and poor housekeeping may also contribute to the spread of mold.

Unsightly as it may be, not all mold is harmful to tenants' health—for example, the mold that grows on shower tiles is not dangerous. It takes an expert to know whether a particular mold is harmful or just annoying. Your first response to discovering mold shouldn't be to call in the folks with the white suits and ventilators. Most of the time, proper clean-up and maintenance will remove mold. Better yet, focus on early detection and prevention of mold, as discussed below.

2. Laws on Mold Affecting Landlords

Unlike other environmental hazards, such as lead, landlord responsibilities regarding mold have been not clearly spelled out in building codes, ordinances, statutes, and regulations. The main reason for the lack of standards is that the problem has only recently been acknowledged. Some states have responded to mold problems in schools, but addressing residential issues has been slow to come. This is bound to change as state legislators and federal regulators begin to study mold more closely.

To do your own research on state or local ordinances covering mold, see the advice on doing legal research in Chapter 18, Section G.

a. Federal Law

No federal law sets permissible exposure limits or building tolerance standards for mold.

b. State Law

California is the first state to take steps towards establishing permissible mold standards. The "Toxic Mold Protection Act of 2001" authorizes the state's Department of Health Services (DHS) to adopt, if feasible, permissible exposure levels ("PELs") for indoor mold for sensitive populations, such as children and people with compromised immune systems or respiratory problems. If this is not feasible, the DHS may develop guidelines for determining when the presence of mold is a health threat. In addition, the California DHS will develop identification and remediation standards, which will guide contractors, owners, and landlords in how to inspect for mold and safely remove it (to date, the DHS has still not published its findings). California's law also requires landlords to disclose to current and prospective tenants the presence of any known

or suspected mold. (Cal. Health & Safety Code §§ 26100 and following.) (See the DHS website, given below in "Mold resources.")

Several other states, including Indiana, Maryland, New Jersey, and Texas, have passed similar legislation aimed specifically at the development of guidelines and regulations for mold in indoor air. Similar laws are sure to develop in more states in this fast-changing area of the law.

c. Local Law

A few cities have enacted ordinances related to mold:

- New York City's Department of Health has developed guidelines for indoor air quality, which landlords in New York City should follow. In fact, any landlord would be wise to consult them. You can read them online at www.ci.nyc.ny.us (use the site's search function and enter the word "mold").
- San Francisco has added mold to its list of nuisances, thereby allowing tenants to sue landlords under private and public nuisance laws if they fail to clean up serious outbreaks. (San Francisco Health Code § 581.) See Chapter 12, Section E, for information on nuisance laws.

3. Landlord Liability for Tenant Exposure to Mold

With little law on the specific subject of mold, landlords must look to their general responsibility to maintain and repair rental property (the subject of Chapter 9) for guidance. Your legal duty to provide and maintain habitable premises naturally extends to fixing leaking pipes, windows, and roofs—the causes of most mold. If you don't take care of leaks and mold grows as a result, you may be held responsible if a tenant can convince a judge or jury that the mold has caused a health problem. Your position, legally, is really no different from what happens if you fail to deal with any health or safety hazard on your property. For example, if you know about (but fail to fix) a loose step, you'll foot the bill if someone is injured as a result of tripping on the step.

The picture changes when mold grows as the result of your tenant's behavior, such as keeping the apartment tightly shut, creating high humidity, and failing to maintain necessary cleanliness. You cannot be expected to police your tenant's lifestyle (and in many states, privacy statutes prevent you from unannounced inspections, as explained in Chapter 13). When a tenant's own negligence is the sole cause of injury, the landlord is not liable.

4. Prevention: The Best Way to Avoid Mold Problems

As we've stressed many times in this book, the issue for landlords is not who will win in court, but how you can avoid getting dragged into a lawsuit, even one that you would probably win. Your efforts should be directed squarely at preventing the conditions that lead to the growth of mold. This requires maintaining the structural integrity of your property (the roof, plumbing, and windows) and adopting a thorough and prompt system for detecting and handling problems. (Chapter 9 explains how in great detail.)

The following steps are especially important if you live in a humid environment or have spotted mold problems in the past:

1. **Check over the premises and fix mold problems before new tenants move in.** Fill out the Landlord-Tenant Checklist form in Chapter 7, and follow the advice on inspecting rental property at the start of a tenancy.

2. **Make sure that every tenant understands the risks of poor housekeeping practices and recognizes the factors that contribute to the growth of mold.** Use your lease or house rules to educate tenants about sensible practices to reduce the chances of mold—or to fix problems should they arise. Give tenants specific advice, such as how to:
    * ventilate the rental unit
    * avoid creating areas of standing water—for example, by emptying saucers under houseplants, and
    * clean vulnerable areas, such as bathrooms, with cleaning solutions that will discourage the growth of mold.

The EPA website, mentioned below, includes lots of practical tips for discouraging the appearance of mold in residential settings.

3. **Encourage tenants to immediately report specific signs of mold,** or conditions that may lead to mold such as plumbing leaks and weatherproofing problems.

4. **Make all necessary repairs and maintenance to clean up or reduce mold**—for example:
    * Consider installing exhaust fans in rooms with high humidity (bathrooms, kitchens, and service porches), especially if window ventilation is poor in these areas.
    * Provide tenants with dehumidifiers in chronically damp climates.
    * Reduce the amount of window condensation by using storm windows or double-glazed windows.
    * Quickly respond to tenant complaints and clean up mold as discussed in Section 5, below.

These preventive steps will do more than decrease the chances that mold will begin to grow. They will also reduce the ability of tenants to make you liable for health problems resulting from mold caused by the tenants' poor housekeeping or failure to alert you to problems.

EXAMPLE: The shower tray in Jay's bathroom begins to leak, allowing water to penetrate walls, floors, and ceilings below. Sydney, Jay's landlord, has repeatedly stressed the need for ventilation and proper housekeeping and encouraged all his tenants, including Jay, to promptly report maintenance problems. Jay ignores Sydney's recommendations, and mold grows in the bathroom. Jay develops a bad rash which he claims is a direct result of his exposure to the bathroom mold. Jay will have a tough time holding Sydney legally responsible for his health problems, simply because he failed to take advantage of Sydney's proven readiness to address the problem, which would have avoided the harm.

5. How to Clean Up Mold

Although reports of legal settlements and jury verdicts are alarming, the fact is that most mold is relatively harmless and easily dealt with. Most of the time, a weak bleach solution (one cup of bleach per gallon of water) will remove mold from nonporous materials. You and your tenants should follow these commonsense steps to clean up mold. Use gloves and avoid exposing eyes and lungs to airborne mold dust (if you disturb mold and cause it to enter the air, use masks). Allow for frequent work breaks in areas with plenty of fresh air.

- Clean or remove all infested areas, such as a bathroom or closet wall. Begin work on a small patch and watch to see if workers develop adverse health reactions, such as nausea or headaches. If so, call in a construction professional who is familiar with working with hazardous substances.
- Don't try removing mold from fabrics such as towels, linens, drapes, carpets, and clothing—you'll have to dispose of these infested items.
- Contain the work space by using plastic sheeting and enclosing debris in plastic bags.

If the mold is extensive, you should consider hiring an experienced mold remediation company with excellent references. For more information, check out the sites noted in "Mold resources," below.

⚠ People with respiratory problems, fragile health, or compromised immune systems should not participate in clean-up activities. If your tenant raises health concerns and asks for clean-up assistance, provide it—it's a lot cheaper than responding to a lawsuit.

6. Testing for Toxicity

If you or your tenants discover mold on the property, should you test it to determine the nature of the mold and its harmfulness? Most of the time, no. You're much better off directing your efforts to speedy clean up and replacement of damaged areas. Knowing the type of mold present and whether it produces toxins will not, in most cases, affect the appropriate method of clean-up.

Properly testing for mold is also extremely costly. Unlike detecting lead paint by using a swab kit, you cannot perform a reliable mold test yourself. (Over-the-counter kits, which cost around $30, provide questionable results.) A professional's basic investigation for a single-family home can cost $1,000 or more. And, to further complicate matters, there are relatively few competent professionals in this new field—unlike lead and asbestos inspectors, who must meet state requirements for training and competence, there are no state or federal certification programs for mold busters.

This said, it will be necessary to call in the testers if you are sued. In that event, your insurance company will hire lawyers who will be in charge of arranging for experts. If you are facing the threat of a tenant's lawsuit, it's time to contact your insurance broker.

7. Insurance Coverage of Mold Problems

If structural aspects of your property have been ruined by mold and must be replaced, especially if there's a lawsuit on the horizon brought by ill tenants, contact your insurance broker immediately. Your property insurance may cover the cost of the clean-up and repairs, but only if the damage is from an unexpected and accidental event, such as a burst pipe, wind-driven rain, sewerage backup, or unanticipated roof leak. Damage due to mold in a chronically damp basement will probably not be covered under your policy. If mold grows as a result of a flood, you may also be out of luck—flooding is normally excluded from most insurance coverage.

Your liability policy may also cover you if you are sued by ill tenants. But watch for the insurance industry to try to wiggle out as the amount of litigation grows (and their claims rise). Carriers have claimed that mold falls within the "pollution exclusion" (most policies will not cover you if you commit or allow pollution—for example, there's no coverage if you are sued by a tenant who is hurt by your deliberate dumping of solvents onto the property). Unfortunately, many insurers are now simply exempting damage due to mold in new or renewal property insurance polices. Read your policy (and check with your broker) to learn whether mold-related claims are allowable under your policies.

Mold resources. For information on the detection, removal, and prevention of mold, see the EPA website at www.epa.gov/iaq/molds. See its documents "Mold Remediation in Schools and Commercial Buildings" (which includes multifamily properties) and "A Brief Guide to Mold, Moisture, and Your Home." Publications written with the homeowner in mind are available from the California Department of Health Services at www.cal-iaq.org. This site includes many helpful links to other states' health departments and to academic and scientific studies on the subject of mold. For an excellent study on the health effects of mold (and one that landlords may use in defending tenants' claims that mold accounts for their health issues), see the study "Damp Indoor Spaces and Health," commissioned by the U.S. Centers for Disease Control and Prevention and conducted by the Institute of Medicine. You can read it at the website of the National Academies Press at www.nap.edu (type the title into the search box).

Electromagnetic Fields

Electromagnetic fields (EMFs) are another one of the household "environmental hazards" that concern landlords.

Power lines, electrical wiring, and appliances emit low-level electric and magnetic fields. The intensity of both fields are thousands of times lower than the natural fields generated by the electrical activity of the human heart, brain, and muscles. The farther away you are from the source of these fields, the weaker their force.

The controversy surrounding EMFs concerns whether or not exposure to them increases a person's chances of getting certain cancers—specifically, childhood leukemia. Although some early research raised the possibility of a link, recent studies have discounted it. For example, a 1999 review by the U.S. National Institutes of Health concluded that the scientific evidence suggesting that EMF exposures pose any health risk was weak. The same conclusion was reached in 2001 by the U.K. National Radiation Protection Board. Interestingly, the scientific inquiry on the effects of EMFs has now shifted to the effects of cell phone reception and use.

Your tenants probably have nothing to worry about regarding EMF exposure, even if your rental property sits under or near a set of power lines. Besides, since you cannot insist that the power companies move their transmitters or block the emissions, you are not responsible for EMFs or their effect—if any—on your tenants. But these realities won't stop some tenants from complaining. Does a worried tenant have any legal recourse against you?

Practically speaking, a tenant's only option is to move. If the tenant has a month-to-month rental agreement or the lease is up, she can easily move on without legal repercussions. But what about a tenant who decides midlease that the EMFs are intolerable? Legally, she would be justified in breaking a lease or rental agreement only if the property presents a significant threat to her health or safety. (Breaking a lease when the property is unfit is explained at length in Chapter 9.) Given the professional debate regarding the danger from EMFs, it is unclear whether that a court would decide that their presence makes your property unlivable.

Electromagnetic fields resources. The National Institute of Environmental Health Sciences has useful resources on EMFs. To find these, simply do a search on their website at www. niehs.nih.gov.

Landlord's Liability for Criminal Acts and Activities

A. Your Responsibility to Keep Tenants Safe 275

    1. Basic Security Duties Imposed by State and Local Laws 275

    2. Your General Responsibility of Due Care 277

    3. Your Promises 281

B. How to Protect Your Tenants From Criminal Acts 283

    1. Provide Adequate Security Measures 284

    2. Initiate Good Management Practices 289

    3. Educate Your Tenants About Security Problems and Crime Prevention 289

    4. Maintain Your Property and Conduct Regular Inspections 291

    5. Respond to Your Tenants' Complaints Immediately 291

C. Protecting Tenants From Each Other 292

    1. Your Responsibility for Tenants' Criminal Acts 293

    2. How to Protect Tenants From Each Other 294

D. Landlords and the Fight Against Terrorism 295

E. Your Responsibility for an Employee's Criminal Acts 297

    1. Checking Your Manager's Background 297

    2. Supervising Your Manager 297

F. Protecting Neighbors From Drug-Dealing Tenants 298

    1. The Cost of Renting to Drug-Dealing Tenants 298

    2. Government Lawsuits Against Landlords 299

    3. Governmental Use of Public Nuisance Abatement Laws 299

    4. Your Neighbors' Rights 300

    5. Federal and State Forfeiture Laws 300

    6. What You Can Do to Prevent Drug Lawsuits and Seizures 303

With crime—especially urban crime—on the increase in recent years, the public has clamored for more and better police protection and longer prison terms for those convicted of crimes. At the same time, it's become clear that the criminal justice system—the police, courts, and prisons—primarily deals with crime after it takes place, and that fundamental crime prevention depends on an active, concerned citizenry.

But crime prevention isn't something that people only worry about in personal terms. Crime has also become a big issue for many rental property owners—and with good reason, since landlords in most states now have at least some degree of legal responsibility to provide secure housing. This means you must take reasonable steps to:

- protect tenants from would-be assailants, thieves, and other criminals
- protect tenants from the criminal acts of fellow tenants
- warn tenants about dangerous situations you are aware of but cannot eliminate, and
- protect the neighborhood from tenants' illegal and noxious activities, such as drug dealing.

If you don't live up to these responsibilities, you may be liable for any injuries or losses that occur as a result.

This chapter discusses your legal duties under building codes, ordinances, statutes, and, most frequently, court decisions to protect your tenants and the larger neighborhood. It also discusses special issues regarding terrorism that concern landlords and rental property. It is our goal to provide practical advice on how to protect your tenants and the neighborhood from crime, limit your liability, and avoid trouble before it finds you.

We can't overstate the importance of reading this chapter carefully. Landlords are sued more than any other group of business owners in the country, and the legal subspecialty of "premises liability" for criminal acts (suing landlords for injuries suffered by tenants at the hands of third-party criminals) is one of the fastest-growing areas of law. Why are lawyers so eager to try to pin responsibility for the acts of criminals on landlords? The not-so-surprising answer is money: Horrific crimes such as rape and assault result in tremendous monetary awards and settlements, of which the plaintiffs' attorneys take a sizable chunk. The average settlement paid by the landlord's insurance company is $600,000, and the average jury award (when cases do go to trial) is $1.2 million. Only liability for lead poisoning (discussed in Chapter 11) rivals premises liability for astronomical settlement and jury award costs.

In short, if this book motivates you to do only two things, it should be to assess and address the security situation on your rental property and to make sure your insurance policy provides maximum protection against the acts of criminals.

Troubled Property: Is It Time to Cut Your Losses?

Owners of property in high-crime areas may find it impossible to raise rents to cover the costs of providing secure housing and purchasing comprehensive insurance. Landlords often have a choice: operate a potentially dangerous building or sell out cheap. Although landlords seldom want to face it, the truth is that you may be better off selling troubled property at a loss than courting an excessive risk that you will be sued for criminal acts beyond your control. If you do continue to own high-crime property, consider ways to legally separate it from your other assets—for example, by establishing a separate corporation or limited liability company.

 Related topics covered in this book include:

- How to choose the best tenants and avoid legal problems: Chapter 1
- Lease and rental agreement provisions prohibiting tenants' illegal activities and disturbances: Chapter 2
- How to avoid renting to convicted criminals without violating privacy and antidiscrimination laws: Chapter 5
- How to minimize danger to tenants from a manager by carefully checking applicants' backgrounds and references: Chapter 6

- Highlighting security procedures in a move-in letter to new tenants: Chapter 7
- Landlords' and tenants' responsibilities for repair and maintenance under state and local housing laws: Chapter 9
- Landlord's liability for a tenant's injuries from defective housing conditions: Chapter 10
- Landlord's right of entry and tenant's privacy: Chapter 13
- Evicting a tenant for drug dealing and other illegal activity: Chapter 17
- How to choose a lawyer and do legal research: Chapter 18.

A. Your Responsibility to Keep Tenants Safe

In virtually every state, landlords are expected to take reasonable precautions to protect tenants from foreseeable harm. No one expects you to build a moat around your rental property and provide round-the-clock armed security. But it's also true that, increasingly, you cannot simply turn over your keys and trust to the local constable and fate to assure your tenants' safety.

1. Basic Security Duties Imposed by State and Local Laws

In many areas of the country, local building and housing codes are rich with specific rules designed to protect tenants. For example, some city ordinances require peepholes, intercom systems, deadbolt locks, and specific types of lighting on the rental property.

Only a few states have specific laws as to landlords' responsibilities to provide secure premises. For example:

- Under Florida law, landlords must provide locks and keep common areas in a "safe condition." A Florida tenant who was assaulted by someone who entered because of a broken back door lock was allowed to argue to a jury that the landlord was partially responsible. (*Paterson v. Deeb,* 472 So.2d 1210 (Fla. Dist. Ct. 1985).)

- Texas was one of the first of several states to have a stringent law regarding locks. All Texas rental units must be equipped with keyless bolts and peepholes on all exterior doors and pin locks on sliding glass doors, as well as a handle latch or security bar. If a landlord doesn't supply this equipment, the tenant may do so and deduct the cost from the rent, or legally break the lease and move out. (Tex. Prop. Code § 92.151-170.)

On the other hand, many state and local laws offer little specific guidance. For example, they may require "clean and safe" or "secure" housing, without defining these terms. Courts in several states have ruled that these requirements apply only to the condition of the physical structure. In other words, "safe" stairways are those that will not collapse or otherwise cause injury, not those that are well-lit, protected, and unlikely to be the site of a criminal incident.

But as the following examples show, some courts have taken a broader view of the term "safe."

EXAMPLE 1: The housing code in the city where Andrew owned rental property set minimum standards for apartment houses, including a requirement that all areas of rental property be kept clean and safe. The garage in Andrew's apartment house was poorly lit and accessible from the street because the automatic door worked excruciatingly slowly. Andrew added a few lights, but the garage was still far from bright. Andrew would be wise to spend the money to do the lighting job right and fix the garage door, since courts in Andrew's state have consistently held that conditions like these constituted a violation of the "clean and safe" requirement of the local housing code. If a tenant was assaulted by someone who gained entry through the substandard garage door, Andrew would likely be sued and found partially liable for the tenant's injuries.

EXAMPLE 2: Martin lived in a state that required rental housing to be maintained in a fit and habitable condition. Courts in his state have interpreted "fit and habitable" to mean, among other things, that dwellings should be reasonably secure from unwanted intrusions by people other than tenants or their guests. One evening Martin was assaulted in the elevator by someone who got into the building through the unlocked front door. Martin sued his landlord, Jim, and was able to show that the front door lock had been broken for a long time and that Jim had failed to fix it. The jury decided that Jim's failure to provide a secure front door violated the implied warranty of habitability (discussed in Chapter 9), that he was aware of the problem and had plenty of time to fix it, and that the unsecured front door played a significant role in the assault. The jury awarded Martin several thousand dollars for his injuries, lost wages, and pain and suffering.

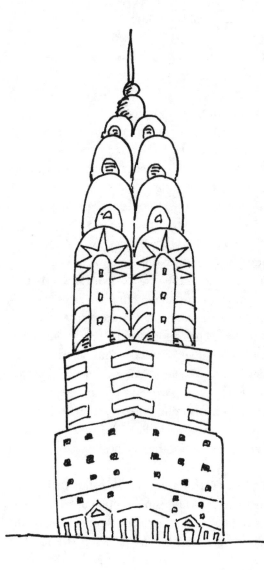

How the courts in your state will interpret the tenant safety laws that apply to your rental property is difficult to predict, since courts inevitably have some discretion in their rulings and each situation presents unique facts. Some courts will interpret tenant safety laws more strictly than others. To be on the safe side, we recommend that you find and comply with all security laws that apply to you. For more information on the presence (or absence) of mandatory security regulations, contact your state or local housing agency (see Chapter 9) or rental property owners' association. In fact, carry your responsibilities out as generously as possible. A careful approach will protect your tenants *and* you, by helping to avoid a situation where you end up in court trying to explain why you cut corners when it came to taking steps to prevent crime.

Violation of a Safety Statute May Be Negligence Per Se

If you violate a law designed to protect tenants' safety—like a local ordinance requiring the installation of deadbolts—the violation may constitute negligence per se. As we explain in Chapter 10, this is devastating for the landlord who is sued when a crime occurs: Unlike the landlord who is sued under a general negligence theory, the landlord who is sued under a negligence per se theory cannot argue that it was unreasonable to expect him to provide the security measure in question. (Section A2 of this chapter, below, discusses negligence in general and its relation to crime on the premises.)

If you do not comply with specific equipment requirements, your tenants can complain to the agency in charge of enforcing the codes, often a local building or housing authority. If a tenant is injured as a result of your violation of a safety law—for example, an intruder enters the apartment building because of a lock that's been broken for weeks—you may be liable for tenant injuries. Your liability in this situation is explained in Chapter 10.

The Implied Warranty of Habitability

State and local statutes and their interpretation by the courts are not the only source of security requirements for landlords. Many states recognize the implied warranty of habitability, a legal standard that requires landlords to offer and maintain housing that is "fit and habitable." (See Chapter 9 for a discussion of the implied warranty.) If you breach the implied warranty of habitability and the defect contributes substantially to the ability of an assailant to commit a crime against a tenant, you may be held liable for the resulting injuries.

2. Your General Responsibility of Due Care

In addition to complying with local and state laws that require basic security measures, you have a general duty to act reasonably under the circumstances—or, expressed in legal jargon, to "act with due care." If you don't take reasonable steps to maintain your premises, be it repairing an unsafe handrail or replacing a faulty thermostat, you will be considered negligent and may be liable for tenant injuries if they result from your carelessness. When it comes to security, too, courts in most states have ruled that landlords must take reasonable precautions to protect tenants from foreseeable criminal assaults and property crimes.

What precautions are reasonable depends on the situation. What does remain constant, however, are the six key questions discussed in Chapter 10 that explain how an insurance adjuster or court evaluates your negligence and assesses responsibility when a tenant suffers accidental injury:

1. Did you control the area where the crime occurred? You aren't expected to police the entire world. For example, a lobby, hallway, or other common area is an area of high landlord control, which heightens your responsibility. However, you exert much less control over the sidewalk outside the front door, so it may be more difficult to minimize the chances of a crime occurring there.

2. How likely was it that a crime would occur? You are duty-bound to respond to the foreseeable, not the improbable. Have there been prior criminal incidents at a particular spot in the building? Elsewhere in the neighborhood? If you know that an offense is likely (because of a rash of break-ins or prior crime on the property), you have a heightened legal responsibility in most states to take reasonable steps to guard against future crime.

3. How difficult or expensive would it have been to reduce the risk of crime? If relatively cheap or simple measures could significantly lower the risk of crime, it is likely that a court would find that you had a duty to undertake them if their absence facilitated a crime, especially in an area where criminal activity is high. For instance, would reasonably inexpensive new locks and better lighting discourage thieves? How about better management practices, such as strict key control, locked tenant files, scrupulous employee screening, and trained, alert on-site personnel? However, if the only solution to the problem is costly, such as structural remodeling or hiring a full-time doorman, it is doubtful that a court would expect it of you.

4. How serious an injury was likely to result from the crime? The consequences of a criminal incident (break-in, robbery, rape, or murder) may be horrific.

Let's look at how these first four questions might be answered in three crime situations.

EXAMPLE 1: Sam was accosted outside the entryway to his duplex by a stranger who was lurking in the tall, overgrown bushes in the front yard next to the sidewalk. There had been many previous assaults in the area. Both the bushes and the lack of exterior floodlights near the entryway prevented Sam from seeing his assailant until it was too late. If Sam filed a claim with the landlord's liability insurance company or sued the landlord, an adjuster or judge would probably conclude that the landlord was bound to take measures to protect Sam's safety, because:

   1. The landlord controlled the common areas outside the duplex.

2. It was foreseeable that an assailant would lurk in the bushes and that another assault would occur.

3. The burden of trimming the shrubbery and installing lights was small in comparison to the risk of injury.

4. There are usually serious consequences from a criminal assault.

EXAMPLE 2: Caroline was assaulted in the house she rented by someone whom she let in, thinking that he was a gas company repairperson. There was a peephole in the front door, as required by law, which she could have used had she asked to see proof of his identification. When Caroline sued her landlord, the judge tossed the case out. Her case collapsed on question 1: The landlord had no control over Caroline foolishly opening the door to someone whom she could have safely questioned (and excluded) from inside.

EXAMPLE 3: Max was assaulted and robbed in the open parking lot next to his apartment house when he came home from work late one night. The landlord knew that several muggings had recently been reported in the neighborhood. The parking lot was thoroughly lit by bright floodlights, but it was not fenced and gated. Here's how the four questions got answered:

1. The lot was under the landlord's control.

2. An assault seemed reasonably foreseeable in view of the recent nearby muggings.

3. However, the burden of totally eliminating the danger (fencing the lot) would have been very expensive.

4. The seriousness of the probable injury was great.

When Max sued, the judge ruled in favor of the landlord, concluding that it wasn't reasonable to expect the landlord to fence and lock the parking lot. In a high-crime area in another state or where tenants had previously been assaulted in the parking lot, a judge's decision might be different.

If, based on these first four questions, you think you had a legal duty to deal with a condition on the premises that exposed tenants to the risk of crime, keep going. You have two more questions to answer:

5. Did you fail to take reasonable steps to prevent a crime? As ever, "reasonableness" is evaluated within the context of each situation. For example, returning to Sam (Example 1, above), the fact that the landlord let the bushes grow high and didn't replace the lights clearly was unreasonable. But suppose the landlord had cut the bushes back halfway and installed one light. Would that have been enough? It would be up to an insurance adjuster or a jury to decide.

"Reasonable precautions" in a crime-free neighborhood are not the same as those called for when three apartments in your building have been burglarized within the past month.

The greater the danger, the more you must do. If there is a risk of crime in the neighborhood of your rental property, and conditions on your property increase that risk to tenants, you may be held liable for damage and injuries caused by a criminal act. Your duty to keep tenants safe (and your liability) may be particularly enhanced if there have been prior criminal incidents on the property and you haven't taken steps to reduce the risk of future crimes.

EXAMPLE: Allison rented an apartment in Manor Arms after being shown the building by the resident manager. Nothing was said about recent criminal activity in the building. A month after moving in, Allison was assaulted by a man who stopped her in the hallway, claiming to be a building inspector. Unbeknownst to Allison, similar assaults had occurred in the building in the past six months, and the manager even had a composite drawing of the suspect done by the local police. Allison's assailant was captured and proved to be the person responsible for the earlier crimes.

Allison sued the building owners after their insurance carrier refused to offer her a reasonable settlement. In her lawsuit, Allison claimed that the owners were negligent (unreasonably careless) in failing to warn her of the specific danger posed by the repeat assailant and in failing to beef up their security (such as hiring a guard service) after the first assault. The jury agreed and awarded Allison a large sum of money.

Many courts have ruled that prior criminal activity in the neighborhood increases a landlord's duty to tenants only if the prior crimes were similar to the current one. For example, a string of car break-ins in the neighborhood will probably not obligate you to provide extra security measures to prevent apartment break-ins.

EXAMPLE: In New Jersey, a fight between two tenants in a downstairs apartment knocked loose their light fixture; later, another altercation between the same tenants resulted in a shotgun blast through the ceiling, injuring the upstairs tenant. The trial court found that the landlord was not negligent for failing to evict the rowdy tenants, and was not liable for the neighbor's injuries, because the second incident was not reasonably foreseeable as a result of the first. (*Williams v. Gorman,* 214 N.J. Super. 517 (1986).) Similar limitations on a landlord's liability have been drawn in other states.

How much alike do two criminal incidents have to be in order to qualify as "similar?" What about a daytime burglary at a neighboring building followed by a nighttime rape in your building—in retrospect, will a judge decide that the rape was foreseeable because of the "similar" prior burglary? Who knows —the only thing we can say for sure is that you'll be more likely to avoid tragedy and liability by erring liberally on the side of caution and prevention.

6. Did your failure to take reasonable steps to keep tenants safe contribute to the crime? A tenant must be able to connect your failure to provide reasonable security with the criminal incident. It is often very difficult for tenants to convince a jury that the landlord's breach caused (or contributed to) the assault or burglary.

Think of it this way: If a tenant falls because the rotten front step on your apartment building

collapsed, the collapse can be traced directly to your failure to maintain the property. But when an intruder enters through an unsecured front door, there's another ingredient: the burglar's independent decision to commit the crime. You are not responsible for the criminal's determination to break the law, and many juries simply won't place any responsibility on you, even if, for example, your failure to install a lock made the entry possible. To convince a jury otherwise, a tenant must emphasize that a crime of this nature was highly foreseeable and would probably have been prevented had you taken appropriate measures.

If a jury decides that you didn't meet the duty to keep tenants safe, and that this failure facilitated the crime, it will typically split the responsibility for the crime between you and the criminal. For example, jurors might decide that you were 60% at fault and the criminal 40%. You must compensate the injured tenant accordingly. Not surprisingly, the criminal's share is usually never collected.

In Sam's case (Example 1, above), he convinced the jury that, had the bushes been properly trimmed and the area well-lit, he could have seen the assailant or, more likely, the assailant wouldn't have chosen this exposed place to commit a crime. The jury found that the landlord was 70% at fault for Sam's injuries.

How Much Money a Tenant Is Entitled To

To get financial compensation, an injured tenant must show that she was harmed by the criminal incident. Tragically, this is often quite obvious, and the only issue that lawyers argue about is the worth, in dollars, of dreadful injuries. Compensation may also be awarded for mental anguish and continuing psychological effects of the encounter. See Chapter 10 for more details on tenant compensation for injuries and losses.

Now let's look at two final, realistic cases, applying all six questions.

EXAMPLE 1: Elaine was assaulted and robbed by an intruder who entered her apartment through a sliding window that was closed but could not be locked. To determine whether or not the landlord would be liable, Elaine asked herself the six questions and came up with these answers:

1. The landlord controlled the window and was responsible for its operation.
2. This burglary was foreseeable, since there had been break-ins at the building in the past.
3. Installing a window lock was a minor burden.
4. The seriousness of foreseeable injury was high.
5. The landlord had done nothing to secure the window or otherwise prevent an intrusion.
6. The intruder could not have entered so easily and silently had the window been locked.

Putting these answers together, she concluded that the landlord owed her the duty to take reasonable steps to fix the problem. She filed a claim with the landlord's insurance company, but it failed to offer a fair settlement and Elaine's case went to trial. The jury decided that the landlord should have installed a window lock and that since the burglar might not have entered at all through a properly secured window, the landlord was partially responsible for Elaine's injuries. The jury fixed the value of her injuries at $500,000 and decided that the landlord was 80% responsible.

EXAMPLE 2: Nick was assaulted in the underground garage of his apartment building by someone who hid in the shadows. Nick's neighborhood had recently experienced several muggings and assaults. Nick couldn't identify the assailant, who was never caught. The automatic garage gate was broken and wouldn't close completely, allowing anyone to slip inside.

Nick decided that:

1. The landlord controlled the garage.

2. In view of the recent similar crimes in the neighborhood, an assault was foreseeable.
3. Fixing the broken gate wouldn't have been a great financial burden.
4. The likelihood of injury from an assault was high.

Nick concluded that the landlord owed him a duty of care in this situation. Nick then considered the last two questions. The garage door was broken, which constituted a breach of the landlord's duty. But the garage was also accessible from the interior of the building, making it possible that the assailant had been another tenant or a guest. Nick's case fell apart because the landlord's failure to provide a secure outside door hadn't necessarily contributed to the crime. If the assailant were another tenant or guest, the landlord's failure to fix the gate would have been completely unconnected to the crime. Nick probably would have had a winning case if he could have proved that the assailant got in through the broken gate.

Install Basic Security and Use It Correctly

Your duty to provide basic security under the circumstances does not stop with the mere installation of appropriate equipment. Not only must the equipment work, but it must be used intelligently, as the following case illustrates:

A landlord in Indiana provided locking exterior and interior doors for a tenant's rental unit. The landlord regularly left a front door key for the mailman in an unlocked box at the entrance. The landlord was found liable for his tenant's injuries when an assailant used the key to enter the building and attack her on a stairwell. The court reasoned that, having provided a fair measure of security (the locks on the doors), the landlord was obligated to refrain from negligently allowing a criminal to enter locked doors. In other words, he had failed in his duty of due care by leaving a key in a place where an intruder could easily have found it. (*Nalls v. Blank*, 571 N.E.2d 1321 (Ind. App. 1991).)

3. Your Promises

Knowing the security requirements of your local and state law and being generally familiar with how the courts in your state have ruled on cases holding landlords responsible for criminal acts against their tenants is a good start. Your next step is to understand how your responsibilities may be increased both by your own acts and promises.

a. Be Careful What You Advertise or Promise

The desire for secure housing is often foremost in the minds of prospective tenants, and landlords know that the promise of a safe environment is often a powerful marketing tool. In ads or during discussions with interested renters, you will naturally be inclined to point out security locks, outdoor lighting, and burglar alarms, since these features may be as important to prospective tenants as a fine view or a swimming pool.

Take care, however, that your written or oral description of security measures are not exaggerated. Not only will you have begun the landlord-tenant relationship on a note of insincerity, but your descriptions of security may legally obligate you to actually provide what you have portrayed. If you fail to do so, or fail to conscientiously maintain promised security measures in working order (such as outdoor lighting or an electronic gate on the parking garage), a court or jury may find this lack of security to be a material factor in a crime on the premises. In this case, you may well be held liable for a tenant's losses or injuries. And this is true even though you might not have been liable if you hadn't promised the specific security measures in the first place.

If you promise specific security features—such as a doorman, security patrols, interior cameras, or an alarm system—you must either provide them or be liable (at least partially) for any criminal act that they would have prevented.

You won't be liable for failing to provide what was promised, however, unless this failure caused or contributed to the crime. Burned-out light bulbs in the parking lot won't mean anything if the burglar got in through an unlocked trap door on the roof.

EXAMPLE: The manager of Jeff's apartment building gave him a thorough tour of the "highly secure" building before he decided to move in. Jeff was particularly impressed with the security locks on the gates of the high fences at the front and rear of the property. Confident that the interior of the property was accessible only to tenants and their guests, Jeff didn't hesitate to take his kitchen garbage to the dumpsters at the rear of the building late one evening. There he was accosted by an intruder who got in through a rear gate which had a broken lock. Jeff's landlord was held liable, because he had failed to maintain the sophisticated, effective locks that had been promised.

Ads That Invite Lawsuits

Advertisements like the following will come back to haunt you if a crime occurs on your rental property:

- "No one gets past our mega-security systems. A highly trained guard is on duty at all times."
- "We provide highly safe, highly secure buildings."
- "You can count on us. We maintain the highest apartment security standards in the business."

---

b. Be Especially Careful What Your Written Lease or Rental Agreement Promises

The simple rule of following through with what you promise, discussed above in the context of ads and oral promises, is even more crucial when it comes to written provisions in your lease or accompanying documents. Why? Your lease is a contract, and if it includes a "24-hour security" promise or a commitment to have a doorman on duty at night, your tenants have a right to expect it. The fact that you have made the promise is preserved in black and white, in your own lease. If you have failed to follow through with the written promise, you will likely find that a court will hold you liable for criminal acts that injure your tenants or their property.

EXAMPLE: The information packet given to Mai when she moved into her apartment stressed the need to keep careful track of door keys: "If you lose your keys, call the management, and the lock will be changed immediately." When Mai lost her purse containing her keys, she immediately called the management company but couldn't reach them, because it was after 5 p.m. and there was no after-hours emergency procedure. That evening, Mai was assaulted by someone who got into her apartment by using her lost key. Mai sued the owner and management company on the grounds that they had completely disregarded their own standard (to change the locks promptly) and so were partially responsible (along with the criminal) for the assailant's entry. The jury agreed and awarded Mai a large sum.

⚠️ **Don't go overboard by specifying in your lease or rental agreement all the security measures you don't provide.** Some people believe that if they provide no security and say that a tenant is completely on her own, they can eliminate liability for the acts of criminals. True, making it clear that you provide little or no security probably can reduce your potential liability for tenant injuries as a result of criminal activity, but only as long as you have not attempted to excuse yourself from providing what is required by law. For example, if the local ordinance provides that exterior doors must have locks, you will increase—not decrease—your potential liability by failing to provide a front door lock.

c. Be Careful to Maintain What You Have Already Provided

Sometimes your actions can obligate you as much as an oral or written statement. If you "silently" provide enhanced security measures (such as security locks

or a nighttime guard)—that is, you make these features available without mentioning them in the lease, in advertisements, or through oral promises—you may be bound to continue and maintain these features, even though you never explicitly promised to do so. Many landlords react with understandable frustration when their well-meaning (and expensive) efforts to protect their tenants actually have the effect of *increasing* their level of liability. But the answer to this frustration is not to cut back to the bare minimum for security. Instead, be practical and keep your eye on the long run: Over time, you are better off (legally safer) using proven security measures (thereby ensuring contented, long-term tenants and fewer legal hassles) than you would be by offering the bare minimum and trusting to fate, the police, and hopefully the savviness of the tenants to keep crime at bay. But at least from the point of view of future liability for criminal acts, the less you brag about your security measures, the better.

d. Be Careful How You Handle Complaints

Complaints about a dangerous situation or a broken security item should be handled immediately, even if the problem occurs in the middle of the night or at some other inconvenient time. Failing to do this may saddle you with a higher level of legal liability should a tenant be injured by a criminal act while the security system is out of service or the window or door lock broken. Some courts will even see your receipt of the complaint as an implicit promise to do something about it. In short, if you get a complaint about a broken security item—even one you didn't advertise—you should act immediately to:

1. Fix it, or,
2. If it's impossible to fix it for a few days or weeks, alert tenants to the problem and take other measures. For example, you might hire a security officer and close off other entrances for a few days if your front door security system fails and a necessary part is not immediately available.

Section B, below, provides more advice on how to respond to tenants' complaints about security.

Keep Your Promises

Regardless of the exact wording of your promise, an offer to provide effective security can result in a finding of liability if you don't deliver and an assailant gains access as a result. In California, Idaho, Illinois, Indiana, New York, Ohio, Virginia, and a number of other states, tenants have been able to successfully argue in court that since the failures of the promised security measures contributed significantly to the criminals' ability to gain entrance to the building, the landlord was partially responsible for their resulting injuries and losses.

B. How to Protect Your Tenants From Criminal Acts

The job of maintaining rental units that are free from crime—both from the outside and, in the case of multiunit buildings, from within—can be a monumental task. Sometimes, your duty to protect your tenants can even seem to conflict with your duty to respect your tenants' rights to privacy and autonomy. How will you know if the premises are safe unless you perform frequent inspections of individual rental units and the common areas? How will you know about the activities of your tenants unless you question them thoroughly regarding their background and livelihoods, or unless you watch them carefully?

Effective preventive measures are, in the long run, your best response to possible liabilities for tenant injuries and losses from criminal acts and activities. The most successful prevention techniques are not necessarily the most expensive—the cost of proper lighting, good locks, criminal-unfriendly landscaping designs, and well-trained on-site personnel does not compare with the maintenance of a private security force. It should be noted, however, that sometimes more expensive measures are necessary—beyond the minimum response currently required by the

laws or court decisions in your state. Nevertheless, it is our belief that a cost-cutting, minimalist response to security that skirts the letter of the law (or perhaps even falls short of meeting legal minimums) is likely to be more costly in the long run.

We can't overstate the value of prevention. The effort and money you spend today on effective crime-prevention measures will pale in comparison to the costs that may result from crime on the premises. These costs can include increased insurance premiums, jury verdicts in excess of your insurance coverage, expensive attorney fees, low morale among tenants, and lost income due to rapid turnover of tenants. Of course, there is no way to measure the sorrow and guilt that will come with knowing that you, as the landlord, may share responsibility for a crime because you did not take reasonable steps to prevent its occurrence.

We recommend an eight-step preventive approach to effectively and reasonably protect your tenants and, at the same time, reconcile your need to see and know (and thus to protect) with your duty to respect tenants' privacy:

Step 1: Meet or exceed basic legal requirements for safety devices, such as deadbolt locks, good lighting, and window locks imposed by state and local housing codes. Keep your oral and written promises regarding security measures—such as an advertisement promising garage parking or security personnel—to a truthful minimum. (Section A, above, discusses these crucial first steps.)

Step 2: Provide and maintain adequate security measures based on an analysis of the vulnerability of your property and neighborhood. (See Section B1, below.) If your tenants will pay more rent if you make the building safer, you are foolish not to do it.

Step 3: Tighten up management practices to make your tenants and property safer—for example, practice strict key control as described below. (See Section B2, below.)

Step 4: Educate your tenants about crime problems and prevention strategies. Make it absolutely clear that they—not you—are primarily responsible for their own protection. (See Section B3, below.)

Step 5: Don't hype your security measures. Provide a safe building, but don't brag about it. (Section B3, below, discusses the importance of being candid with your tenants. Section A, above, covers the dangers of failing to deliver on your security promises.)

Step 6: Conduct regular inspections of your rental properties to spot any security problems, and ask tenants for their suggestions. Quickly respond to your tenants' suggestions and complaints. If an important component of your security systems breaks, be prepared to fix it on an emergency basis and provide appropriate alternative security. (See Section B5, below.)

Step 7: Be aware of threats to tenants' security from the manager or other tenants and handle safety and security problems pronto, especially those involving drug dealing. (See Sections D and E, below.)

Step 8: Purchase adequate liability insurance to protect you from lawsuits related to crime on your rental property. (See the discussion of liability insurance in Chapter 10.)

These steps will not only limit the likelihood that criminal activity will occur on your property, but also reduce the risk that you will be found responsible if a criminal assault or robbery does occur there.

1. Provide Adequate Security Measures

If you want to improve the security of your property, approach the problem the way you would if you wanted to improve the way your property looks. For example, you might start a cosmetic face-lift by studying the property and making a list of possible improvements. (Tenants might also have good ideas at this stage of the process.) Next, you might hire a professional designer or landscaper as a consultant to help you copy other properties that have achieved the look you are after. Finally, before spending a fortune, you would measure the cost of any potential improvement project against both your available funds and any increase in the property's rental or sales value.

Personal inspection, attention to what has worked in nearby properties, professional advice (including input from the local police and your insurance company), and a cost/benefit analysis will also result in a sensible approach to providing safe housing. The steps are the same for all kinds of housing and neighborhoods—whether you rent a duplex or single-family home in a low-crime suburban area or a multiunit apartment building in a dangerous part of town.

a. Start With Your Own Personal Inspection

Walk around your property and, as you assess the different areas, ask yourself two questions:

- Would I, or a member of my family, feel reasonably safe here, at night or alone?
- If I were a thief or assailant, how difficult would it be to get into the building or individual rental unit?

Schedule your assessment walks at different times of the day and night—you might see something at 11 p.m. that you wouldn't notice at 11 a.m.

At the very least, we recommend the following sensible security measures for every multiunit rental property:

- Exterior lighting directed at entranceways and walkways should be activated by motion or on a timer. Do not rely on managers or tenants to manually operate exterior lights. The absence or failure of exterior lights is regarded by many security experts as the single most common failing that facilitates break-ins and crime.
- Make sure you have good, strong interior lights in hallways, stairwells, doorways, and parking garages.
- Sturdy deadbolt door locks on individual rental units and solid window and patio door locks are essential, as are peepholes (with a wide-angle lens for viewing) at the front door of each unit. (Best to install two peepholes—one at eye level for an adult and another at a level appropriate for a child.) Lobby doors should have deadbolt locks.
- Solid metal window bars or grills over ground floor windows are often a good idea in higher-

crime neighborhoods, but you may not always be able to install them because of restrictions of local fire codes. All grills or bars should have a release mechanism, allowing the tenant to open them from inside. Too many tenants have tragically died in fires because they could not escape an apartment with window bars or grills that had no release mechanism.

- Intercom and buzzer systems that allow the tenant to control the opening of the front door from the safety of his apartment are also obviously a good idea for many types of buildings.

- Landscaping needs to be designed and maintained so that it is neat and compact. Shrubs should be no higher than three feet and trees cleared to seven feet from the ground. Trees and shrubbery should not obscure entryways nor afford easy hiding places adjacent to doorways or windows.

- In some areas, a 24-hour doorman is essential and may do more to reduce crime outside your building than anything else. Spread over a large number of units, a doorman may cost less than you think. (See "Should You Use a Doorman or Security Guard?" below.)

Watch for Signs of Meth Labs

Apartment owners are increasingly encountering signs of clandestine methamphetamine (crystal meth) labs on their properties. Meth is easily made by cooking common products such as cold remedies, salt, lighter fluid, gas, drain cleaners, and iodine on a stove or hot plate. Explosions and fires are common, and the byproducts of meth production pose an extreme health hazard.

Your residents may be running a meth operation (or may have left one behind) if you detect:

- chemical odors (some akin to the smell of urine) coming from the apartment
- red stains around sinks, bathtubs, and toilets
- blue burn marks on walls or floors from chemical spills, or
- persistent stains on ceilings or walls.

If you think there's a meth lab in an occupied apartment, contact law enforcement and explain the basis of your suspicions. The police will investigate if they can conclude that there's a "reasonable suspicion" of illegal activity. Assuming the police intervene and cart off the malefactors, here's what to do next:

- **Lock up and stay out.** Entering and turning on the lights can precipitate an explosion.

Inhaling the fumes is very dangerous. Leave everything to the experts (see below).

- **Notify your insurance company.** Your policy may cover the cleanup costs.

- **In case they don't know already, notify the police and fire department.** They will send a hazardous materials team to deal with the mess.

- **More cleaning.** You'll need to hire a company that specializes in meth lab cleanups to deal with the carpeting, walls, fixtures—basically, everything in the unit needs to be cleaned. Hire a licensed company if your state issues such licenses (contact the local health department to find out).

- **Test the apartment and get the official okay.** Use a different company to perform the test, and comply with any state- or local-mandated clearance requirements, including securing a certificate.

- **Find out if you must notify future tenants.** Some states require landlords to tell applicants that the unit was a former meth lab. Your state health department or health inspectors will be able to tell you what your disclosure duties are.

- Driveways, garages, and underground parking need to be well-lit and as secure (inaccessible to unauthorized entrants) as possible. Fences and automatic gates may be a virtual necessity in some areas.
- Elevators, where people are confined to a small space, are an ideal space for a fast-acting assailant. Limiting access to the elevators by requiring a passkey and installing closed-circuit monitoring reduce the chances that an assailant will choose this site.
- A 24-hour internal security system with cameras and someone monitoring them is an effective crime detector. Though these systems are expensive, in high-crime areas many reasonably affluent tenants will bear the extra costs in exchange for the added protection. Also, keep in mind that these kinds of security systems may not deter a determined (or simply crazy) criminal.

b. Consider the Neighborhood

The extent of your security measures depends somewhat on the nature of the neighborhood as well as the property itself. Keep up-to-date on crime in the area of your rental property. If there have been no incidents of crime in the neighborhood, you have less reason to equip your property with extensive security devices. On the other hand, residential crime is a spreading, not receding, problem, and you certainly do not want one of your tenants to be the first to be raped or robbed on your block. Especially if there have been criminal incidents in the neighborhood, talk to the neighbors and the police department about what measures have proven to be effective.

The physical aspects of the neighborhood, as well as its history, can be important indicators of the risk of crime on your property. Properties adjacent to late-night bars and convenience stores often experience more burglaries and assaults than housing that is removed from such establishments. In some cities, proximity to a freeway on-ramp (an effective avenue of escape) may increase the risk of crime.

c. Get Advice From the Police, Your Insurance Company, and Other Security Professionals

Increasingly, as the problems of urban crime escalate, the police will work with you to develop a sound security approach and educate tenants. Some local police departments will send an officer out to assess the vulnerability of your property and recommend security measures. Many police departments will train tenants in neighborhood watch techniques, such as how to recognize and report suspicious behavior.

Another professional resource that may not immediately come to mind is your own insurance company. Some companies will consult with their clients for free on ways to deter crime, having figured out that in the long run it is cheaper to offer preventive consultation services than to pay out huge awards to injured clients. For example, drawing on its experience with prior claims generated by security breaches, your insurance company might be able to tell you which equipment has (and has not!) proven to be effective in preventing break-ins and assaults.

Another resource for advice is the private "security industry." As the amount of residential crime has gone up, so, too, have the number of companies that specialize in providing security services. Listed in the telephone book under "Security Systems," these firms will typically provide an analysis of your situation before recommending specific equipment—whether it be bars on windows or an internal electronic surveillance system. Even if you do not ultimately engage their services, a professional evaluation may prove quite valuable as you design your own approach. As with other professional services, be sure to get several estimates and check references before selecting any security firm.

Be aware that security companies have a vested interest in getting you to buy products and services that may not be needed. If you own lots of rental properties, it may be worth your while to hire an independent security consultant for a disinterested evaluation. Call the International Association of Professional Security Consultants at 515-282-8192, or check their website at www.iapsc.org.

Do Not Rely on "Courtesy Officers"

Some rental property owners attempt to provide on-site security by renting to police officers who, in exchange for a reduction in rent, agree to be the resident "courtesy officer." The idea is to provide a professional "presence" on the property while not having to pay for a regular security service. While well-intentioned, using an officer/tenant in this way is a poor idea for these reasons:

- The fact that you have labeled the officer/tenant a "courtesy" officer does not change the fact that your tenants will look to him to provide real, consistent security protection. (In fact, since you are giving the officer a rent reduction, he is not working as a "courtesy" at all.) Moreover, a court will hold the police officer (and you) to the same standard of conduct as that applied to professional guard services, meaning that if this person falls short, your liability may even be higher than if you had no "courtesy officer."

- Since your officer/tenant can only provide "security" when he is home, the protection he supplies will obviously be episodic and unpredictable. Tenants will have no way of knowing when they can (and cannot) count on security coverage, and consequently may do things (like coming home late at night) under the mistaken impression that the officer/tenant is on the property.

- The value of your officer/tenant's services will be as good as his level of wakefulness and attention. You are essentially asking him to assume a second job when, in fact, he may be doing other things. For example, what if he wants to unwind after a hard day with a few beers? How good will his judgment and response time be under these circumstances?

Relying on a tenant who is paid to provide intermittent security makes you his employer, regardless of what you call him, meaning you'll have to pay Social Security taxes and meet other employer obligations. (See the Chapter 6 discussion regarding tax issues and resident managers.) A security service, on the other hand, will typically be considered an independent contractor and take care of these bookkeeping details. More important, if a court finds your officer/tenant partially responsible for crime on the premises (by failing in his duties and allowing unauthorized access, for example), you will be liable as his employer. Independent contractors are generally responsible for their own lapses and should be insured (be sure you check). Of course, you may still be sued, but the chances of your being held liable will be reduced if an independent contractor provided the security service.

Key Control

The security of your rental property depends in large part on the locks on rental unit doors and the keys to those doors. Don't let keys get into the wrong hands:

- Keep all duplicate keys in a locked area, identified by a code that only you and your manager know. Several types of locking key drawers and sophisticated key safes are available. Check ads in magazines that cater to the residential rental industry, or contact local locksmiths and security firms.

- Don't label keys with the rental unit number or name and address of the apartment building, and advise your tenants to take the same precaution.

- Strictly limit access to master keys by allowing only you and your manager to have them.

- Keep strict track of all keys provided to tenants and, if necessary, to your employees.

- Require tenants to return all keys at move-out.

- Rekey every time a new tenant moves in or loses a key.

- Give careful thought to the security problem of the front door lock: If the lock opens by an easy-to-copy key, there is no way to prevent a tenant from copying the key and giving it to others or using it after he moves out. Consider using locks that have hard-to-copy keys, or (with rental houses or small properties) rekey the front door when a tenant moves. There are also easy-to-alter card systems that allow you to change front door access on a regular basis or when a tenant moves. Again, locksmiths and security firms can advise you on options available.

- Only give keys to people you know and trust. If you have hired a contractor whom you do not know personally, open the unit for him and return to close up when he is done. Keep in mind that often even known and trusted contractors hire day laborers whose honesty is yet to be proven.

Should You Use a Doorman or Security Guard?

Security guards, or doormen, are appropriate in some situations—in big cities such as New York, they are practically essential. The presence of an alert human can make an empty lobby more inviting to a tenant and less attractive to a prospective criminal. But bear in mind that the security provided is only as good as the individual doing the job. If you hire a firm, choose carefully, and insist on letters of reference and proof of insurance. You can also hire your own guard, but this tends to get complicated very quickly, since you will be responsible for his or her training and weapons used (if any). It is essential to remember that, even with the best-trained and most visible security personnel, you must continue to pay attention to other aspects of security.

EXAMPLE: An assailant studied an upscale apartment complex and waited until it was clear that large numbers of people were arriving for a party. When he entered the lobby, he told the guard that he, too, was headed for the party upstairs. Because the guard had not been given a list of invited guests and told to ask for identification from every partygoer, the assailant was allowed into the building, where he assaulted a tenant in the laundry room. Had the owner or manager instructed his tenants to supply the guard with lists of guests, and told the guard that no one should be admitted without confirmation, the unfortunate incident would not have happened. The landlord was held partially liable for the assaulted tenant's injuries.

2. Initiate Good Management Practices

Physical safety devices and improvements aren't the only way you can improve security and decrease the chances of liability. Your business practices, including personnel policies, are crucial. They include:

- **Tenant information.** Keep tenant files in a locked cabinet. As an added precaution, identify tenant residences by your own code, so that no one but you and your manager can read a tenant's file and learn where he or she lives.

- **Employee discretion.** Impress upon your employees the need to preserve your tenants' privacy. If your tenant wants friends, family, or bill collectors to know where she lives, she'll tell them, not you.

- **Train employees to avoid dangerous situations and correct worrisome ones.** Your prevention approach is only as good as the people who implement it. Managers and employees should be taught to rigorously abide by your safety rules and to report areas of concern. Consider sending employees to management courses on security offered by many landlords' associations.

- **Protect yourself and your employees when showing a unit.** Ask for a photo ID and make a photocopy, which you should store in the office in a secure place. At the end of the tour, return the copy to the applicant or destroy it in the applicant's presence. Apply this practice to all applicants, not just those you think might pose a problem (selective enforcement invites fair housing claims).

3. Educate Your Tenants About Security Problems and Crime Prevention

After you have identified the vulnerabilities of your particular neighborhood—for example, by talking to the police—don't keep this information to yourself, but make your tenants savvy to the realities of life in your neighborhood. It's best to do this at the start, when you first show the rental unit to prospective tenants. We recommend a two-step process:

- Alert tenants to the specific risks associated with living in your neighborhood (problems are worst Friday and Saturday night between 10 p.m. and 1 a.m.) and what they can do to minimize the chances of assault or theft (avoid being alone on the street or in outside parking lots late at night), and

- No matter how secure your building, warn tenants of the limitations of the security measures you have provided.

EXAMPLE: Paul recently moved into his apartment and had been told by the manager that doormen were on duty from 6 p.m. to 6 a.m. One afternoon, someone knocked on Paul's door and identified himself as a "building inspector" who needed to check his heating system. Realizing that the doorman was not on duty at this time to screen visitors, Paul demanded identification. When the alleged "building inspector" refused to show ID, Paul wouldn't open the door. Paul later found out someone in the neighborhood had been robbed, falling for the same ruse.

This twofold approach allows you to cover your legal bases by both disclosing the risks and frankly informing the tenants that you have not (and cannot) ensure their safety in all possible situations. If, despite your best efforts, a criminal incident does occur on your property, your candid disclosures regarding the safety problems of your neighborhood and the limitations of the existing security measures may help shield you from liability.

From the tenant's point of view, such disclosures serve to alert her to the need to be vigilant and to assume some responsibility for her own safety. If you do not disclose the limitations of the security you provide (or if you exaggerate) and a crime does occur, one of the first things your tenant will say (to the police, his lawyer, and the jury) is that he was simply relying upon the protection you had assured him would be in place. (Section A, above, discusses the pitfalls of failing to deliver on your security promises.)

When a Tenant Wants to Supply Additional Security

Some tenants may be dissatisfied with your security measures and may want to install additional locks or an alarm system to their rental unit or house at their expense. Clause 12 of the form lease and rental agreements (Chapter 2) forbids the tenant from rekeying or adding locks or a burglar alarm system without your written consent. Think carefully before you refuse your tenant permission to install extra protection: If a crime occurs that would have been foiled had the security item been in place, you will obviously be at a disadvantage before a judge or jury. If you allow a tenant to add additional security measures, make sure the tenant gives you duplicate keys or instructions on how to disarm the alarm system and the name and phone number of the alarm company, so that you can enter in case of emergency.

loitering, large numbers of late-night guests, or broken locks. (Chapter 9 recommends a system for handling tenant complaints.)

Security for a House or Duplex

Single-family housing and duplexes require many of the same security measures as multiunit rental property—for example, effective exterior lighting, strong door and window locks, and secure parking. Houses and duplexes also present different opportunities to provide security than are usually appropriate in apartment buildings and other multifamily residences. For example, it may be wise to install a burglar alarm in a house or duplex that is hooked up to a security service.

Also, though yard maintenance may be the tenants' responsibility in a single-family house, you may need to supervise the job to make sure that bushes and trees are trimmed so as not to obscure entryways or provide convenient hiding spots for would-be criminals.

a. Identify Specific Crime Problems and Issues

Give tenants information specific to your rental property. Here are some ideas:

- If there have been incidents of crime in the area (and especially in your building), inform your tenants (but be careful not to disclose the identity of the victim).
- Update your information on the security situation as necessary. For example, let tenants know if there has been an assault in or near the building by sending them a note and post a notice in the lobby, including the physical description of the assailant.
- If you have hired a professional security firm to evaluate your rental property, share the results of their investigation with your tenants.
- Encourage tenants to set up a neighborhood watch program. Many local police departments will come out and meet with citizens attempting to organize such a program.
- Encourage tenants to report any suspicious activities or security problems to you, such as

b. Explain the Limitations of Your Security Measures

An important component of your disclosures to tenants involves disabusing them of any notion that you are their guardian angel. Let them know where your security efforts end, and where their own good sense (and the local police force) must take over. Specifically:

- Point out each security measure—such as locking exterior gates, key locks on windows, and peepholes in every front door—and explain how each measure works. It's best to do this in writing—either as part of a move-in letter to new tenants (see Chapter 7) or at the time a new security item is installed.
- Highlight particular aspects of the property that are, despite your efforts, vulnerable to the presence of would-be assailants or thieves. Say, for example, your apartment parking garage has a self-closing door. When you explain

how this door works, you might also point out that it's not instantaneous. For example, a fast-moving person could, in most situations, slip into the garage behind an entering car despite the self-closing door. Pointing this out to your tenant may result in more careful attention to the rearview mirror.

- Place signs in any potentially dangerous locations that will remind tenants of possible dangers and the need to be vigilant. For example, you might post a notice in the lobby asking tenants to securely lock the front door behind them.
- Suggest safety measures. For example, tenants arriving home after dark might call ahead and ask a neighbor to be an escort.

Giving your tenants information on how they, too, can take steps to protect themselves will also help if you are sued. If a tenant argues that you failed to inform him of a dangerous condition, you will be able to show that you have done all that could be expected of a reasonably conscientious landlord.

4. Maintain Your Property and Conduct Regular Inspections

Landlords are most often found liable for crime on their property when the criminal gained access through broken doors or locks. Not only is the best security equipment in the world useless if it has deteriorated or is broken, but the very fact that it's not working can be enough to result in a finding of landlord liability. By contrast, a jury is far less likely to fault a landlord who can show that reasonable security measures were in place and operational, but were unable to stop a determined criminal.

Inspect your property frequently, so that you discover and fix problems before an opportunistic criminal comes along. At the top of your list should be fixing burned-out exterior floodlights and broken locks and cutting back overgrown shrubbery that provides a convenient lurking spot for criminals.

Enlist your tenants to help you spot and correct security problems—both in their own rental unit and in common areas such as parking garages. Remember that the people who actually live in

your rental property will generally know first about security hazards. One good approach is to post several notices in central locations, such as elevators and main lobbies, asking tenants to promptly report any security problems, such as broken locks or windows. If you rent a duplex or house, periodically meet with your tenants and discuss any changes in the neighborhood or the structure of the building.

Chapter 9 provides a detailed system for inspecting rental property and staying on top of repair and maintenance needs.

5. Respond to Your Tenants' Complaints Immediately

Respond immediately to your tenants' complaints about broken locks or concerns about security problems and suspicious activities. Keep in mind that a serious breach in your security measures has much greater potential liability consequences than a garden-variety maintenance problem. That's why we recommend a truly fast response when tenant safety is in question. For example, a stopped-up sink is certainly inconvenient to the tenant, and may result in rent withholding or repair and deduct measures if not fixed for a period of days or weeks (see Chapter 9), but it rarely justifies a four-alarm response by the landlord. On the other hand, a broken lock or disabled intercom system is an invitation to crime and needs to be addressed pronto. If you fail to do so, and a crime occurs, your chances of being held liable increase dramatically.

Consider the following all-too-common scenarios, and our suggested response:

- The glass panel next to the front door is accidentally broken late one afternoon by a departing workman. Conscious of the fact that this creates a major security problem, you call a 24-hour glass replacement service to get it replaced immediately.
- The intercom system fails due to a power surge following an electrical storm. You hire a 24-hour guard for the two days it takes to repair the circuitry.
- Several exterior floodlights are knocked out by vandals throwing rocks at 6 p.m. A tenant

who had been encouraged by management to immediately report problems of this nature calls you. You alert the police and ask for an extra drive-by during the night, post signs in the lobby and the elevator, close off the darkened entrance, and advise tenants to use an alternate, lighted entryway instead. The floodlights are repaired the next day and equipped with wire mesh screen protection.

Establishing complaint procedures will help prevent crime on your rental property by alerting you to security problems. Such procedures will also be of considerable value to you in limiting your liability, should you be sued by a tenant whose assailant gained access via a broken window lock that the tenant never told you about.

The Mesa Project: Team Approach to Security

Landlords, tenants, and the police have teamed up in cities throughout the country, including ten cities in Arizona alone, to rid their apartment communities of crime. Called the "Mesa Project" after Mesa, Arizona, its city of origin, the program consists of an intensive training program for apartment managers, strict security requirements for participating properties, and resident crime prevention education programs. A community that fulfills the Mesa Project requirements is certified as a Crime Free Multi-Housing Property, and owners can proudly display the colorful signs attesting to this fact. Moreover, management is allowed to use the police department logo on ads, business cards, and letterheads. Communities that have participated in the program have reported a decided increase in stable tenants and a decrease in the number of police calls and criminal incidents. For information about the Mesa Crime-Free Multi-Housing Program, contact the Mesa, Arizona, Police Department at 480-644-2090 or check their website at www.ci.mesa.az.us/police.

Protect Yourself, Too

Landlords and managers need to take precautions for their own personal safety as well as for the safety of tenants. In addition to being subject to many of the same risks tenants face, there are added special considerations that come with your job. Regardless of whether or not you live on the rental property:

- Promptly deposit rent checks and money orders. If possible, do not accept cash.
- When you show a vacant apartment, consider bringing someone with you. A would-be assailant may be deterred by the presence of another person who could either overpower or identify him later. If you must show apartments by yourself, at least alert a family member or friend to the fact that you are showing a vacant unit, and when you expect to be done.
- Especially if your building is in a relatively high crime area, carry a small alarm device (such as beeper-sized box that emits a piercing alarm when its pin is removed), and consider carrying a cellular phone. Many cellular service providers offer "emergency only" service that is relatively inexpensive.
- Work on vacant units during the day and be alert to the fact that, although keeping the front door open (to the building or the unit) may be convenient as you go to and fro for materials and equipment, it is also an invitation to someone to walk right into the building.

C. Protecting Tenants From Each Other

The sections above focus on your duty to take reasonable measures to avert foreseeable crime on the premises by unknown, third-party criminals. This section will explore your responsibility when one of the tenants themselves is responsible for criminal activity on the premises. (A related topic—a tenant's claim of illegal discrimination or harassment by another tenant—is discussed in Chapter 5. Also, physical disputes between tenants in the same household, or domestic disturbances within a family, are discussed in Chapter 8.)

Section E, below, discusses your liability for the criminal acts of a manager or other employee.

1. Your Responsibility for Tenants' Criminal Acts

Sometimes danger lurks within as well as beyond the gate. You have a duty to take reasonable steps to protect tenants if another resident on the property threatens harm or property damage.

You should respond to a troublesome tenant in essentially the same way you would respond to a loose stair or broken front-door lock. If you know about a problem (or should know about it), you are expected to take reasonable steps to prevent foreseeable harm to other tenants. If you fail to do that, and a tenant is injured or robbed by another tenant, you may be sued and pay a hefty judgment.

a. When You Must Act

Your liability for a tenant's illegal acts will likely increase if the problem tenant had done or threatened similar criminal conduct in the recent past and you knew about it. In short, a tenant who is injured or robbed by another tenant will need to convince an insurance adjuster, judge, or jury that:

- it was reasonable to expect you to know or discover the details of a tenant's past, and
- once known, you could have taken steps to control or evict the troublemaker.

Unless there's a clear history of serious problems with the offending tenant, landlords often win these cases.

EXAMPLE 1: Evelyn decided to rent an apartment to David, although she knew that he had been convicted of spousal abuse some years earlier. For several months David appeared to be a model tenant, until he hit another tenant, Chuck, in the laundry room over a disagreement as to who was next in line for the dryer. Chuck was unable to convince the jury that Evelyn should bear some responsibility for his injuries, because he could not show that the incident was foreseeable.

EXAMPLE 2: Mary rented an apartment to Carl, who appeared to be a nice young man with adequate references. Carl stated that he had no criminal convictions when he answered this standard question on the rental application. Several months later, Carl was arrested for the burglary and assault of another tenant in the building. At trial, it came out that Carl had recently been released from state prison for burglary and rape. Because Mary had no knowledge of his criminal past, she was not held liable for his actions.

On the other hand, tenants sometimes win if they can show that the landlord knew about a resident's tendency towards violence and failed to take reasonable precautions to safeguard the other tenants.

EXAMPLE: Bill received several complaints from his tenants about Carol, a tenant who had pushed another resident out of the elevator, slapped a child for making too much noise, and verbally abused a tenant's guest for parking in Carol's space. Despite these warning signs, Bill didn't terminate Carol's tenancy or even speak with her about her behavior. When Carol picked a fight with a resident whom she accused of reading her newspaper and badly beat her up, Bill was held partly liable on the grounds that he knew of a potentially dangerous situation and failed to take appropriate steps to safeguard his tenants.

b. Using Megan's Law Information

Your state's version of "Megan's Law" requires certain convicted sexual offenders to register with local law enforcement, who keep a database on their whereabouts. As explained in Chapter 1, Section E, some states make it easy to get this information, while others restrict it to certain individuals and situations.

If you learn that a current tenant has a conviction for a sexual offense, you may want to terminate the tenancy. Your actual ability to do this is explained at length in Chapter 17, Section D. But suppose you have no legal grounds to evict? What are your obligations to your other tenants? And, even if you are eventually able to evict, what should you do in the meantime?

Your response to this information should be governed by your answer to the now-familiar questions: How foreseeable is it that this tenant, with this past, will be a danger to my tenants? How difficult will it be to take steps to warn others of this danger? If the risk of danger is great—the tenant has recent and multiple burglary and rape convictions—your worry level will be higher than if, say, the conviction is old and involves conduct that might not be prosecuted today (for example, convictions for consensual intercourse between minors). How to warn other tenants is covered below in Subsection c.

c.   What You Must Do

If you know about the potential for danger from another tenant you must do something about the problem tenant, such as warn other tenants or evict the troublemaker.

For example, suppose a tenant complains about his neighbor who bangs on the walls every time the tenant practices the violin during the afternoon—and the pounding is getting louder. The tenant can reasonably expect you to intervene and attempt to broker a solution—perhaps an adjustment of the violin-playing tenant's practice schedule or some heavy-duty earplugs for the neighbor. If the circumstances are more threatening—for example, one tenant brandishes a gun—you might be legally expected to call the police, post a security guard, and warn other tenants pending the speedy eviction of the dangerous tenant.

To make this legal responsibility easier for landlords to meet, many states now make it

relatively simple for landlords to evict troublemakers. These laws specify that harm or the threat of harm to other persons justifies a quick eviction. (See Chapter 17 for details on expedited eviction.)

Intervention and eviction of the troublemaker are the usual ways that landlords meet the duty to take care that residents don't harm other residents. But the law doesn't require you to have a crystal ball.

If you learn through your state's Megan's Law (discussed in Chapter 1) that a tenant has a conviction for a serious sexual offense, and you are unable to evict (as explained in Chapter 17, Section D) or eviction is pending, your warnings to other tenants should be as factual and noninflammatory as possible. The last thing you want is an angry mob gathering outside a tenant's door, demanding that he leave town (unfortunately, such scenes have happened). One approach might be to offer a financial incentive to encourage the tenant to vacate voluntarily. Quite frankly, there is no perfect answer, except to repeat again (as we do throughout this book) that careful screening of applicants (where many of these problems will surface) is the most important part of your business.

2.   How to Protect Tenants From Each Other

As with your duty to protect tenants from crime at the hands of unknown, third-party assailants, your duty to keep the peace among your tenants is limited to what is *reasonably* foreseeable and to what a *reasonable* person in your position would do.

There are several practical steps that you can take both to avoid trouble among your tenants and, in the event that hostilities do erupt, to limit your exposure to lawsuits.

a.   Screen Tenants Carefully

You need to be especially aware of your potential liability if you know about a tenant's criminal past yet fail to warn other tenants (who could reasonably be expected to be future victims) about the potential for danger.

Careful tenant selection is by far the best approach to choosing tenants who are likely to be law-abiding and peaceful citizens. Chapter 1 recommends a comprehensive system for screening prospective tenants, including checking applicants' credit reports, calling past landlords and employers, and accessing information on "Megan's Law" state databases of sexual offenders where possible.

Thorough screening will give you a fairly complete idea as to a prospective tenant's legitimate source of income and his or her temperament, and will help you select tenants who are not likely to cause you any legal or practical problems later.

Your questions about a tenant's past criminal activity, drug use, or mental illness may be limited both legally and practically.

For details on questions that are legal—and illegal—to ask prospective tenants, see Chapter 5.

⚠ **Screen subtenants, too.** To avoid problems by anyone subletting the rental, apply the same standards to evaluate subtenants. And limit guest stays, too, to prevent unapproved subtenants living in your rental. Chapter 8, Section B, discusses legal and practical issues regarding subtenants and guests.

b. Encourage Tenants to Report Suspicious or Illegal Activity by Other Tenants

In addition to choosing tenants carefully, be sure you establish a system to respond to tenants' complaints and concerns about other tenants or the manager, the way you handle repair complaints. (See Chapter 9.) A system of this kind will enable you to respond quickly to inappropriate tenant or manager behavior, and it will serve an additional, perhaps unexpected function: If a manager or tenant does, despite your best selection efforts, prove suddenly to be dangerous or unreliable and you are sued, and if you have complete business records that show that there were no prior complaints regarding his behavior, the absence of any complaints will bolster your claim that you acted reasonably under the circumstances (by continuing to rent to or hire the individual), because you had no inkling that trouble was likely.

c. Do Not Tolerate Tenants' Disruptive Behavior

If a tenant does cause trouble, act swiftly. You do not want to establish a police state, but you do want to emphasize your expectation that all tenants (and their families and guests) will conduct themselves in a law-abiding manner, or face the threat of prompt eviction. An explicit provision in your lease or rental agreement is the most effective way to make this point. (See Clause 13 of the form agreements in Chapter 2.)

Your response to a disruptive tenant should be carefully designed to fit the problem. If violence or drugs are involved, contact the police immediately. Some situations call for prompt efforts to evict the troublemaker. If the tenant causes problems before you are able to get him out and you are sued, you can at least argue that you acted as quickly as possible to get rid of him. On the other hand, if the behavior is disruptive, but not serious enough to sustain an eviction, a warning notice or mediation might be warranted as a first step—particularly if the tenant has not created other problems. In each situation, you will have to consider the seriousness of the risk and the likelihood that a court will uphold your attempt to evict. See Chapter 16 for information on handling disputes with tenants and Chapter 17 for an overview of eviction lawsuits.

D. Landlords and the Fight Against Terrorism

In May 2002, the FBI told their field offices to alert local law enforcement, housing authorities, landlords, and management personnel of a possible threat against residential rental properties from terrorists. Apparently, the FBI had vague information that terrorists had discussed rigging apartments with explosives. In particular, landlords were asked to be on the lookout for tenants who pay the entire rent in advance or who break a lease under suspicious circumstances and leave no forwarding address.

This and subsequent government advisories on possible terrorist attacks on apartment buildings have naturally engendered concern and lots of

Limits to the Landlord's Ability to Anticipate Trouble Among Tenants

Three cases illustrate the limits that courts have placed on landlord liability for crimes by tenants against other tenants.

One case concerned a schizophrenic youth who attacked another tenant in the hallway of the building where they both lived. The assailant had been repeatedly hospitalized and was regularly medicated for his schizophrenia. At the time of the attack, he was living with his parents and had gone off medication. The injured tenant sued the landlord for injuries he sustained during the assault. The court found that, although the landlord owed a duty to protect his tenants, it did not extend to protecting them from the type of injury involved. The court held that it would be "intolerable" to subject the schizophrenic tenant to scrutiny about his private affairs, and that, in any event, the landlord could hardly be in the position of guaranteeing that the man took his medication. (*Gill v. N.Y. Housing Authority*, 519 N.Y.S.2d 364 (1987).)

In a second New York case, in which two boys playing with BB guns injured a third, a court made a similar decision absolving the landlord of liability. The court ruled that, even if the landlord had known about the boys' activities, he could not be expected to monitor and police them. (*Johnson v. Slocum Realty Corporation*, 595 N.Y.S.2d 244 (1993).)

In Minnesota, a landlord rented a trailer to a man whom he knew (from a local newspaper article) was on parole for sexually molesting a minor. The landlord then rented a nearby house to a family with young children. He did not tell this family about their neighbor's past. When one of the children was molested by the tenant in the trailer, the family sued but did not collect. A very troubled judge wrote that the landlord did not have a duty to warn, because the landlord did not know of an intended specific victim. (*N.W. by J.W. v. Anderson*, 478 N.W.2d 542 (1991).) In other states or before other judges, the outcome might not have been the same.

questions as to how to reduce the chances that terrorists may live in your properties. Careful tenant screening, as recommended in Chapter 1, is obviously the best strategy to weed out potentially dangerous tenants. As we've stressed many times in this book, however, you must not violate fair housing laws by targeting certain ethnicities—for example, people you perceive to be Muslim or from the Middle East. Chapter 5 discusses antidiscrimination laws and practices that apply to both potential and current tenants.

You should also keep a careful eye on your property and tenants and encourage residents and employees to report suspicious activity or materials (such as items that can be used for pipe bombs) to the local FBI, as well as to you. At the same time, you should avoid violating your tenants' right to privacy as discussed in Chapter 13—unless you have been contacted by law enforcement. The U.S.A. PATRIOT Act (PL 107-56), signed in 2001, authorizes the FBI to obtain "tangible things," including books, records, or other documents, for use in terrorism investigations. The FBI must, however, have an order issued by a U.S. magistrate. You may not be sued if you cooperate in good faith pursuant to this section. However, you may not disclose to anyone else that the FBI has gathered this information.

Landlords have even broader immunity against suits by tenants when they cooperate with law enforcement's antiterrorism efforts. The PATRIOT Act also amended the Foreign Intelligence Surveillance Act of 1978 (50 U.S. Code § 1805) to specifically assure landlords that they may not be sued by tenants when they "[furnish] any information, facilities, or technical assistance in accordance with a court order or request for emergency assistance under this Act." (U.S.A. PATRIOT Act, Title II, § 225.) While careful landlords will ask for a subpoena or warrant before they turn over tenant records or otherwise make their rental property or tenant belongings available to law enforcement, you need not do so if your only fear is a lawsuit from the affected tenants.

 For more information on terrorism and rental properties, contact the local office of the

FBI; a list is available at the FBI website www.fbi.gov/contact/fo/fo.htm, or by calling the FBI headquarters in Washington, DC, at 202-324-3000.

The National Multi-Housing Council (NMHC), a national landlords' membership organization, has recommendations on specific steps landlords can take to protect tenants and rental property from terrorist-related threats. These include guidelines on resident communications; rental unit inspections; screening and evaluating tenants, contractors, and employees; cooperating with law enforcement; and community security measures such as keeping vacant units secured and reviewing parking lots for unattended or unauthorized vehicles. These guidelines are available to the public (not just NMHC members) at the NMHC website, www.nmhc.org/ContentServeContent.cfm?ContentItemID=1441. If you have trouble finding this section of the NMHC website, you can call the National Multi-Housing Council at 202-974-2300.

For additional information on preparing tenants for possible terrorist attacks, including issues for high-rise buildings, see the U.S. Department of Homeland Security website, www.ready.gov.

E. Your Responsibility for an Employee's Criminal Acts

The person you hire as your manager will occupy a critical position in your business. Your manager will interact with every tenant, and will often have access to their personal files *and* their homes. If your manager commits a crime—especially if you had any warning that this might occur—you are likely to be held liable. It follows that extreme caution must be exercised in your choice of a manager.

Whether you will be held legally liable for a manager's crimes will usually turn on whether you acted "reasonably under the circumstances" in hiring and supervising the manager. Let's take a closer look at what this means.

1. Checking Your Manager's Background

As we explained earlier in Chapter 6, it is essential to thoroughly check the background of your potential manager. If a manager commits a crime—for example, he robs or assaults a tenant—you are likely to be sued for negligent hiring. You may be found liable if all of the following are true:

- You failed to investigate your manager's background to the full extent allowed by the privacy laws in your state.
- It can be shown that a proper investigation would have revealed a past criminal conviction that would have rendered the applicant unsuitable for the job.
- The manager's offense against the tenant is one that is reasonably related to the past conviction.

EXAMPLE: Martin needed to hire a new manager for his large apartment complex when Sandy, his longtime manager, suddenly left. Pressured by the need to replace Sandy fast, Martin hired Jack without checking his background and information provided on the application form. Martin took Jack at his word when he said that he had no felony convictions. Several months later, Jack was arrested for stealing stereo equipment from a tenant's home that he had entered using the master key. Martin was successfully sued when the tenant learned that Jack had two prior felony convictions for burglary and grand theft.

2. Supervising Your Manager

As the manager's employer, you may also be held liable if your manager's negligence makes it possible for another person to commit a crime against a tenant. For example, if your manager develops lax key management practices, which results in the ability of a criminal to obtain and use a tenant's key, you will be held responsible on the grounds that you failed to properly supervise the manager.

Establishing a system for tenants to express concerns about the manager is one way to keep tabs on the situation. See Chapter 6 for further advice on the subject.

F. Protecting Neighbors From Drug-Dealing Tenants

It's an understatement to say that tenants who engage in illegal activity on your property—by dealing drugs, storing stolen property, engaging in prostitution, or participating in gang-related activity—present you with a host of problems. In this section, we focus on the most common problem (drug dealing), but our discussion applies equally to the other illegal activities.

1. The Cost of Renting to Drug-Dealing Tenants

Increasingly over the last decade, stricter laws and court decisions have made landlords liable when they fail to sufficiently monitor the activities of their tenants, especially if a tenant is found to be engaging in a continuing illegal activity such as drug dealing. In addition, your failure to act quickly—for example, by failing to evict drug-dealing tenants—can result in these practical and legal problems:

- Good tenants who pay rent on time and maintain the rental property may be difficult to find and keep, and the value of your property will plummet.
- Good tenants, trying to avoid drug-dealing tenants, may be able to legally move out without notice and before a lease runs out. They will argue that the presence of the illegal activity has, for all practical purposes, evicted them, in that the problems associated with drug dealing prevent them from the "quiet enjoyment" of their home or violate the implied warranty of habitability. In many states, the tenant will have a very strong case to break their lease. (See Clause 13 of the form agreements in Chapter 2 for a fuller discussion of the tenant's right to quiet enjoyment of the premises and Chapter 9 for details on the implied warranty of habitability.)
- Tenants injured or annoyed by drug dealers, both in the building and neighborhood, may sue you for violating antinuisance laws and building codes.

- Local, state, or federal authorities may levy stiff fines and padlock penalties against you for allowing the illegal activity to continue.
- Law enforcement authorities may choose to pursue criminal penalties against both the tenants *and* you as landlord for knowingly allowing the activities to continue.
- As an extreme but relatively uncommon consequence, the presence of drug dealers may result in your rental property being confiscated under one of two powerful tools developed by society to deal with crime: public nuisance abatement laws and forfeiture laws.

Nice Properties Are Not Immune

If your rental property is in a safe neighborhood, you may think that drug crime is largely a problem in seedy neighborhoods. Think again. A study by the Crime Control Institute, a nonprofit group in Washington, DC, found that smaller apartment complexes with some measure of security are preferred by drug dealers over large, unprotected housing units. The reason may surprise you: A drug dealer, as much as a law-abiding tenant, is interested in a safe, controlled environment. Also, remember that illegal drug use is spread widely throughout American society—the notion that drug use is a ghetto phenomenon is just plain wrong.

Be vigilant or be sorry. In some situations, fines are levied and property is seized with only the barest of knowledge on the landlord's part as to the nefarious activities of his tenants. Some landlords may suspect—or even know full well—that illegal drug dealing is taking place on their rental property, but do nothing—either out of inertia, fear of reprisals from drug dealers, or the attitude that they're unlikely to get in trouble. It clearly behooves landlords to learn how to avoid substantial fines or the risk of losing rental property by acting very quickly and decisively to eliminate drug dealing and other illegal activities on their property.

2. Government Lawsuits Against Landlords

The legal meaning of "nuisance" bears only a little resemblance to its meaning in everyday life. A legal nuisance is a pervasive, continuing, and serious condition—like a pile of stinking garbage or a group of drug dealers—that threatens public health, safety, or morals. In some states, it also includes obnoxious activity that is simply offensive (like excessive noise or open sexual conduct).

Every state has some type of abatement law, which allows the government, and sometimes the neighbors, to step in and stop the nuisance, often by court order and fines against the landlord. Using public nuisance abatement laws against crime-tolerant landlords is increasingly common in large cities with pervasive drug problems. In extreme cases, where the conduct giving rise to the nuisance complaint is illegal (drug dealing or prostitution, for example), landlords themselves face civil fines or criminal punishment for tolerating the behavior.

Public nuisance laws come in two forms: civil and criminal. The table below explains the differences between the two types.

Of special concern is the fact that even though it's the tenant's conduct that causes the nuisance, the punishment may be directed *at you, as the landlord*. Put another way, although you are not the drug dealer, you may be fined, deprived of the use of your property, and even assessed criminal penalties. The best approach to the threat of nuisance lawsuits is vigilance and constant prevention. Section 6, below, suggests how you can accomplish these ends.

3. Governmental Use of Public Nuisance Abatement Laws

Not surprisingly, the use of public nuisance abatement statutes is most common in large cities plagued with pervasive drug problems. The basis for legal action against a property owner is that the owner is liable for creating a nuisance by allowing property to be used as a drug house, which injures and interferes with the rights of neighbors to use and enjoy their property. A drug house easily qualifies as a legal nuisance, given the crime problems it creates for people who live nearby.

EXAMPLE: Alma owned a duplex in Wisconsin. Despite repeated complaints from the neighbors that one of her tenants was conducting a drug operation in his home (and in spite of the tenant's two arrests for dealing from that address), Alma did nothing about the problem. Responding to pressure from fed-up neighbors, the local police finally took action and sued Alma to evict the tenant and close the duplex. Alma learned to her dismay that Wisconsin law actually defines drug houses as nuisances. (Wisconsin Statutes Annotated § 823.113.) Her tenants were evicted by the state police and the property was padlocked.

Each state has had to answer the question, "How involved in tenants' illegal activities must the landlord be in order to be found responsible under the nuisance law?" On a theoretical legal level, the answers vary significantly:

- In Texas, landowners are held "strictly liable" for the nuisance activities of their tenants—that is, landlords will be held responsible (and will face the consequences) of drug-dealing tenants even if they did not know about the illegal activity. (Chapter 10 discusses the concept of strict liability.)
- In most states, however, the government must show that the landlord had *some* knowledge of the illegal activity before his property can be seized. Generally, landlords are given a short time in which to cure the problem before the ax falls and the property is seized.

In reality, since most landlords are acutely aware of their tenants' illegal behavior—having been informed by disgusted neighbors and overwhelmed law enforcement—even in states that require that you have clear actual knowledge of the situation, this "knowledge" standard is usually met. Or, put another way, it's a rare situation in which you can realistically claim that you didn't know about drug-dealing tenants.

Know the Law

It is important to know the nuisance laws in your state. At the very least, this will alert you to the standard by which your actions (or inaction) will be judged should there be proceedings brought against you or your property. Chapter 18 gives tips on how to unearth the laws that apply to you.

---

4. Your Neighbors' Rights

Overworked and understaffed police and health departments are often unable to make a real dent in problem-plagued neighborhoods.

Determined tenants and neighbors have stepped into the breach, bringing their own lawsuits seeking the elimination of the offensive behavior. Basically, tenants and neighbors may sue a landlord for failing to take steps to clean up the property, and seek:

- Monetary compensation for each of them for having put up with the situation. Each neighbor generally sues for the maximum allowed in state small claims court ($3,000 to $7,500 in most states), and the landlord often pays the maximum to *each* one. (See the discussion of small claims courts in Chapter 16.)
- An order from the judge directing the landlord to evict the troublemakers, install security, and repair the premises. Such orders are not available in all states.

Private use of nuisance abatement laws is not as common as governmental use, but the practice will probably grow as neighbors learn of the remedy and read about successful cases in the press. Landlords are not entirely defenseless when faced with these charges, since most statutes require that the owner have some knowledge, however slight, of the offending activity. However, common sense tells you that it will be quite difficult to assert your ignorance in the face of festering problems, repeated complaints, and ineffective police raids. The best approach to the threat of nuisance lawsuits is vigilance and consistent prevention.

Many laws proscribing nuisances are "neighbor friendly"—that is, an offended neighbor doesn't need to have the resources of Scotland Yard to successfully use them. For example, in New York City a local ordinance allows neighbors within 200 feet of property used as a "bawdy house" or for other illegal activity to begin summary eviction proceedings against the tenants if the owner does not take steps to correct the problem after being given five days' notice. (New York City Administrative Code §§ C16 and following.) A notable aspect of the ordinance is that the neighbors need not prove specific acts of illegality; all they need show is the ill repute of the premises or of those renting or using it. (*Kellner v. Cappellini,* 516 N.Y.S.2d 827 (N.Y. City Civ. Ct. 1986).)

Small (But Sometimes Mighty) Claims Court

The private enforcement of public nuisance laws has been creatively and successfully pursued in small claims courts in California and several other states, where groups of affected neighbors have brought multiple lawsuits targeted at drug houses.

In one case in Berkeley, California, after failing to get the police and city council to close down a crack house, neighbors sought damages stemming from the noxious activities associated with a crack house. Each of the 18 plaintiffs collected the maximum amount allowed in small claims court ($3,500 at the time), avoided the expense of hiring counsel, and sent the landlord a very clear and expensive message. The problem was solved within a few weeks.

---

5. Federal and State Forfeiture Laws

Federal and state forfeiture proceedings—where the government *takes* your property because of the illegal activities of one or more tenants—are

Civil and Criminal Nuisance Laws		
	Civil Nuisance Laws	**Criminal Nuisance Laws**
Activities the laws target	Unhealthy, immoral, or obnoxious behavior which may be, but is not necessarily, a violation of the criminal law as well	Criminal behavior
Examples of targeted activities	Excessive noise, piles of garbage and trash, and inordinate amounts of foot or car traffic	Drug dealing, prostitution, gambling, and gang activities
Who can sue	Public agencies such as city health departments, law enforcement agencies , and, in many states, affected neighbors, who may band together and sue for large sums in small claims court	Law enforcement agencies only
How landlord's liability is determined	"Preponderance of evidence" shows landlord intentionally tolerated the illegal activity, or was negligent or reckless in allowing it to occur	Prosecutor must prove guilt "beyond a reasonable doubt" and usually must show landlord had some knowledge of illegal activity
Possible consequences to the landlord	A court ordering the offending tenant, and sometimes the landlord, to compensate other tenants. If a health, fire, or other enforcement agency brings the nuisance action based on many violations, it can result in a court order closing down the entire building.	Liability for money damages plus fines and imprisonment. Government may also close the property.

the most dramatic and devastating consequence of owning crime-ridden rental property. Forfeitures are relatively rare and not something you are likely to encounter if you have followed the suggestions in this book for choosing decent tenants and maintaining safe and secure rental property. Nonetheless, you definitely need to understand what is involved, since the effects of a successful forfeiture proceeding are final and devastating: The government now owns your property. Compare this result to the other consequences we have discussed in this book: While damage awards in individual lawsuits may be significant and even astronomical, they do not deprive the owner of title to his property; and even abatement actions are generally temporary in effect.

Unlike the nuisance abatement laws, which depend upon the establishment of a pervasive and continuing pattern of illegal activity, forfeitures may be accomplished on the basis of a single incident. Also, unlike nuisance abatement laws, which temporarily deprive the you of the use of your property, the consequence of a forfeiture is the complete and final transfer of title to the government.

Most forfeiture laws extend to both the site of the illegal activity and the proceeds from the activity. If you know, or have reason to know, that a tenant's rent has been "earned" in the course of an illegal act, the rent money is itself forfeitable, irrespective of the site of the illegal act. A clever dealer may live in your nice, respectable building and conduct his trade elsewhere—but if he pays the rent with the money received in his drug transactions, the rent money will be forfeited if the government can show that you knew (or had reason to know) of its source.

It is harder for the government to prove that you knew of the source of the rental payments than it is to show that you knew that the premises had become a site for illegal activity—but it is not impossible. To protect yourself against a charge that you knew (or should have known) of the "dirty" source of your tenant's rental payments, your best bet is to be able to point to your careful background check (regarding the tenant's job, credit, and bank account) that you performed before renting to the tenant. (See Chapter 1.) If you can show that there appeared to be a legitimate and sufficient source of income to cover the rent, it will be harder for the government to argue that it should have been obvious that the rent constituted ill-gotten gain. Your refusal to accept cash rent may help protect you from an assertion that the rent was the fruit of a drug transaction. Of course, if you do perform the background checks recommended in Chapter 1, you reduce the chances that you will unwittingly rent to a professional drug dealer.

> **EXAMPLE:** Sterling Properties hired a management firm to run several apartment buildings it owned in a high-crime area. At one of the complexes, there were repeated drug arrests and complaints from neighbors regarding incessant comings and goings of strange people at all hours. The government initiated forfeiture proceedings. Sterling opposed the forfeiture on the grounds that it had not been informed by its management company of the situation, and therefore it had no knowledge of the illegal activities of the tenants. The court held that the neighborhood was a virtual "anthill" of illegality, that any reasonable person would know of the involvement of the tenants, and that the knowledge of the management company could be imputed to the owners. The building was forfeited and became the property of the United States government.

a. Federal Forfeiture Laws

On the federal level, the Comprehensive Drug Abuse Prevention and Control Act of 1970 (21 U.S. Code § 881) allows the government to seize property that has "facilitated" an illegal drug transaction, or that has been purchased or maintained with funds, such as rent payments, gained through illegal drug dealing.

The power of the federal government's forfeiture law must give any landlord pause. To initiate the proceedings, the government need only show that it is *reasonably probable* that illegal activities are occurring on the premises, and may do so by relying on circumstantial evidence and hearsay. You must then prove either that the property did not facilitate the crime, or that the tenants' activities were done without your knowledge or consent. Your deliberate blindness will be of no avail. To survive a forfeiture proceeding, you must show that you have done *all* that reasonably could be expected to prevent the illegal use of your property.

b. State Forfeiture Laws

Every state has adopted the Uniform Controlled Substances Act, modifying it to specify when property involved in crime can be seized.

The Uniform Controlled Substances Act specifies that land involved in drug transactions is *not* forfeitable. However, the statute provides that "containers" of drugs are forfeitable, and some states have interpreted that term to include property interests—for example, the rental property where the drugs were kept. In many states, the Act has been changed to include rental or other property that has "facilitated" the illegal act.

Under every state's version of the Act, you must be shown to have "knowledge" of the illegal activity in order for forfeiture to occur, but statutes and court decisions have resulted in tremendous variation in the meaning of that term. In some states, the prosecutor need only show constructive knowledge of drug dealing—that is, what a reasonable person in the circumstances would conclude—whereas in others, the state must prove that you actually knew of the drug problem. In a few states, landowners are held accountable if it can be shown that they were negligent in not knowing of the drug-related activities of their tenants. In Texas, even a non-negligent, truly innocent landowner has no defense if his property is put to illegal use.

6. What You Can Do to Prevent Drug Lawsuits and Seizures

Carefully managing your property so as to minimize the possibility that tenants will be burglarized or assaulted (by strangers or other tenants) will go a long way toward preventing the development of situations that lead to abatement and nuisance actions. If you follow these steps, it is unlikely that a tenancy will deteriorate to the point that neighbors or the government feel it is necessary to step in and take over:

- Carefully screen potential renters.
- Keep the results of your background checks that show that your tenants' rent appeared to come from legitimate sources (jobs and bank accounts).
- Don't accept cash rental payments.

- Include a clause in your lease or rental agreement prohibiting drug dealing and other illegal activity, and promptly evict tenants who violate the clause. Chapter 17 discusses expedited eviction procedures that make it easier to evict drug-dealing tenants.
- Make your presence and interest in keeping drug dealing out of the building or neighborhood known among your renters.
- Respond to tenant and neighbor complaints about drug dealing on the rental property.
- Be aware of heavy traffic in and out of the rental premises.
- Inspect rental premises, and improve lighting and security.
- Get advice from police and security professionals *immediately* upon learning of a problem.
- Consult with security experts to determine whether you have done all that one could reasonably expect to discover and prevent illegal activity on your property.

■

Landlord's Right of Entry and Tenants' Privacy

A. General Rules of Entry 306

    1. Allowable Reasons for Entry 306

    2. Notice Requirements 306

    3. The Best Approach 308

B. Entry in Case of Emergency 308

C. Entry With the Permission of the Tenant 309

D. Entry to Make Repairs or Inspect the Property 310

    1. Entry to Make Repairs 310

    2. How to Give Tenants Notice of Entry 310

    3. Entry to Inspect for Needed Repairs 311

    4. Entry During Tenant's Extended Absence 311

E. Entry to Show Property to Prospective Tenants or Buyers 313

    1. Showing Property to Prospective New Tenants 313

    2. Showing Property to Prospective Buyers 313

    3. Putting For Sale or For Rent Signs on the Property 314

    4. Getting the Tenant's Cooperation 314

F. Entry After the Tenant Has Moved Out 314

G. Entry by Others 315

    1. Health, Safety, or Building Inspections 315

    2. Police and Law Enforcement 316

    3. Your Right to Let Others In 316

H. Other Types of Invasions of Privacy 316

    1. Giving Information About the Tenant to Strangers 316

    2. Calling or Visiting Tenants at Work 317

    3. Undue Restrictions on Guests 317

    4. Spying on a Tenant 318

    5. "Self-Help" Evictions 318

I. What to Do When Tenants Unreasonably Deny Entry 318

J. Tenants' Remedies If a Landlord Acts Illegally 319

Next to disputes over rent or security deposits, one of the most common—and emotion-filled—misunderstandings between landlords and tenants involves conflicts between your right to enter the rental property and a tenant's right to be left alone at home. What is so unfortunate is that many of these problems are unnecessary. Most can be avoided if you adopt fair—and, of course, legal—policies to enter the tenant's unit and then clearly explain these policies to the tenant from the first day of your relationship. (And, if you employ a manager or management company, make sure they also follow your guidelines.)

This chapter recommends a practical approach that should keep you out of legal hot water. If you want to go further and find out exactly how courts in your state have ruled on landlord's rights of entry, see the discussion of how to research court decisions in Chapter 18.

To make sure you and your tenant are operating on the same wavelengths, be sure your lease or rental agreement includes a clause explaining your rights and responsibilities regarding access to the property. (See Clause 15 of the form agreements in Chapter 2.)

 Related topics covered in this book include:

- Recommended lease and rental agreement clause for landlord's access to rental property: Chapter 2
- How to make sure your manager doesn't violate tenants' right of privacy: Chapter 6
- How to highlight access procedures in a move-in letter to new tenants: Chapter 7
- Tenants' right of privacy and landlord's policy on guests: Chapter 8
- Procedures for respecting tenants' right of privacy while handling tenant complaints about safety and maintenance problems and conducting an annual safety inspection: Chapter 9
- How to protect the confidentiality of tenants' credit reports and notify tenants of any breach in your security: Chapter 9

- How to handle disputes with tenants through negotiation, mediation, and other means: Chapter 16.
- Tenants' right of privacy if terrorist activity suspected: Chapter 12

A. General Rules of Entry

In most states, the tenant's duty to pay rent is conditioned on your proper repair and maintenance of the premises. This means that, of necessity, you have a legal responsibility to keep fairly close tabs on the condition of the property. For this reason, and because it makes good sense to allow landlords reasonable access to their property, nearly every state has, by judicial decision or statute, clearly recognized the right of a landlord to legally enter rented premises while a tenant is still in residence under certain broad circumstances, such as to deal with an emergency and when the tenant gives permission. (See Sections B and C, below.)

1. Allowable Reasons for Entry

About half the states have access laws specifying the circumstances under which landlords may legally enter rented premises. (See "State Laws on Landlord's Access to Rental Property" in Appendix A.) Most access laws allow landlords to enter rental units to make repairs and inspect the property (see Section D, below) and to show property to prospective tenants or buyers (see Section E, below).

2. Notice Requirements

State access laws typically specify the amount of notice required for landlord entry—usually 24 hours or two days (unless it is impracticable to do so—for example, in cases of emergency). A few states simply require the landlord to provide "reasonable" notice, often presumed to be 24 hours. (See "Notice Required Before Landlord May Enter," below.)

Notice Required Before Landlord May Enter

This is a synopsis of state laws on the amount of notice landlords must give tenants before they enter. For details on the reasons landlords may enter and citations for state privacy laws, see "State Laws on Landlord's Access to Rental Property" in Appendix A.

State	Amount of notice required in nonemergency situations
Alabama	No statute
Alaska	24 hours
Arizona	Two days
Arkansas	No statute
California	24 hours
Colorado	No statute
Connecticut	Reasonable notice
Delaware	Two days
DC	No statute
Florida	12 hours
Georgia	No statute
Hawaii	Two days
Idaho	No statute
Illinois	No statute
Indiana	No statute
Iowa	24 hours
Kansas	Reasonable notice
Kentucky	Two days
Louisiana	No statute
Maine	24 hours
Maryland	No statute
Massachusetts	No notice requirements in statute
Michigan	No statute
Minnesota	Reasonable notice
Mississippi	No statute
Missouri	No statute

State	Amount of notice required in nonemergency situations
Montana	24 hours
Nebraska	One day
Nevada	24 hours
New Hampshire	Notice which is adequate under the circumstances
New Jersey	No statute
New Mexico	24 hours
New York	No statute
North Carolina	No statute
North Dakota	Reasonable notice
Ohio	24 hours
Oklahoma	One day
Oregon	24 hours
Pennsylvania	No statute
Rhode Island	Two days
South Carolina	24 hours
South Dakota	No statute
Tennessee	No notice requirements in statute
Texas	No statute
Utah	No notice requirements in statute
Vermont	48 hours
Virginia	24 hours
Washington	Two days
West Virginia	No statute
Wisconsin	Advance notice
Wyoming	No statute

How to Respect Tenants' Privacy Rights

Step 1:   Know and comply with your state's law on landlord's access to rental property.

Step 2:   Include a lease or rental agreement clause that complies with the law and gives you reasonable rights of entry.

Step 3:   To avoid any uncertainty, highlight your policies on entry in a move-in letter to new tenants and other periodic communications.

Step 4:   Notify tenants whenever you plan to enter their rental unit.

Step 5:   Provide as much notice as possible before you enter, or, at a minimum, the amount of time required by state law.

Step 6:   Keep written records of your requests to enter rental units.

Step 7:   Protect yourself from a tenant's claim that you or your employee or independent contractor is a thief—for example, try to arrange repairs only when the tenant is home.

Step 8:   Meet—and possibly mediate—with any tenants who object to your reasonable access policies to come up with a mutual agreement regarding your entry.

Step 9:   Never force entry, short of a true emergency.

Step 10:   Consider terminating the tenancy of any tenant who unreasonably restricts your right to enter the rental unit.

a.   Must Notice Be in Writing?

State access laws do not uniformly require that notice be in writing, but it's a good idea to give written notice. If the tenant later claims that you didn't follow legal procedures regarding right to entry, your copy of a written notice that you mailed, left in the tenant's mailbox, or posted on his door is proof that you notified him in advance of your intention to enter. (It's also wise to document all oral requests for entry.) A sample letter requesting entry and a formal notice of intent to enter a dwelling unit are included in Section D, below.

b.   Time of Day You May Enter

Most state access laws either do not specify the hours when a landlord may enter or simply allow entry at "reasonable" times, without setting specific hours and days. Weekdays between 9 a.m. and 6 p.m. would seem to be reasonable times, and perhaps Saturday mornings between 10 a.m. and 1 p.m. On the other hand, some statutes are more specific, such as Florida (between 7:30 a.m. and 8 p.m.) and Delaware (between 8 a.m. and 9 p.m.).

3.   The Best Approach

If your state does not set specific rules regarding landlords' entry, this doesn't mean you can—or should—enter a tenant's home at any time for any reason. Once you rent residential property, you must respect it as your tenant's home. We recommend you provide as much notice as possible (in writing), try to arrange a mutually convenient time, and only enter for clearly legitimate business reasons, such as to make necessary repairs. Section D, below, provides an expanded discussion of the best approach to entry. If it's not an emergency or clearly impractical, try to give at least 24 hours' notice, especially when entering a rental unit when the tenant is likely to be home. In some circumstances, less notice (say, ten or 15 hours) might be fine—for example, if you find out Thursday evening that an electrician is available Friday morning to put extra outlets in the tenant's apartment. Except for an emergency, less than four hours' notice is not ordinarily considered reasonable. Common sense suggests that you be considerate of your tenants' privacy and do your best to accommodate their schedules. You'll go a long way toward keeping tenants and avoiding disputes and legal problems by doing so.

B.   Entry in Case of Emergency

In all states, you can enter a rental unit without giving notice to respond to a true emergency—such as a fire or gas leak—that threatens life or property if not corrected immediately.

Here are some examples of emergency situations when it would be legal to enter without giving the tenant notice:

- Smoke is pouring out the tenant's window. You call the fire department and use your master key—or even break in if necessary—to try to deal with the fire.
- You see water coming out of the bottom of a tenant's back door. It's okay to enter and find the water leak.
- Your on-site manager hears screams coming from the apartment next door. He knocks on the apartment door, but no one answers. After calling the police, he uses his pass key to enter and see what's wrong.

On the other hand, your urge to repair a problem that's important but doesn't threaten life or property —say, a stopped-up drain that is not causing any damage—isn't a true emergency that would allow entry without proper notice.

If you do have to enter a tenant's apartment in an emergency, be sure to leave a note or call the tenant explaining the circumstances and the date and time you entered. Here's an example:

September 2, 200X

Dear Tammy,

Due to your oven being left on, I had to enter your apartment this afternoon around 3 o'clock. Apparently, you left your apartment while bread was still in the oven, and didn't return in time to take it out. Joe, your upstairs neighbor, called me and reported smoke and a strong burning smell coming from your kitchen window, which is below his. I entered your apartment and turned the oven off and removed the bread. Please be more careful next time.

Sincerely,

Herb Layton

Herb Layton

To facilitate your right of entry in an emergency, make sure your lease or rental agreement forbids tenants from rekeying, adding additional locks, or installing a security system without your permission. (See Clause 12 of the form agreements in Chapter 2.) If you grant permission to change or add locks, make sure your tenant gives you duplicate keys. If you allow the tenant to install a security system, make sure you get the name and phone number of the alarm company or instructions on how to disarm the system in an emergency.

Don't change locks. If your tenant installs a lock without your permission, don't change the lock, even if you immediately give the tenant a key. This invites a lawsuit and false claims that you tried to lock the tenant out or stole the tenant's possessions. Section I, below, discusses how to deal with tenants who unreasonably deny entry.

C. Entry With the Permission of the Tenant

You can always enter rental property, even without notice, if the tenant agrees. If your need to enter is only occasional, you can probably rely on a friendly telephone call to the tenant asking for permission.

> **EXAMPLE:** Because of corrosion problems with the pipes leading to water heaters, you want to check out all apartments in your building. You call your tenants, explain the situation, and arrange a mutually convenient date and time to inspect the pipes.

If the tenant agrees to let you enter his apartment or rental unit but has been difficult and not always reliable in the past, you might even want to cover yourself by documenting the tenant's apparent cooperation. Send him a confirmatory thank-you note and keep a copy for yourself. If this note is met with unease or outright hostility, you should send the tenant a formal notice of your intent to enter. (See Section D, below.)

If you have a maintenance problem that needs regular attention—for example, a fussy heater or temperamental plumbing—you might want to work out a detailed agreement with the tenant covering entry.

⚠️ **Don't be too insistent on entry.** If you pressure a tenant for permission to enter, perhaps implying or even threatening eviction if the tenant doesn't allow immediate or virtually unrestricted access, you may face a lawsuit for invasion of privacy.

D. Entry to Make Repairs or Inspect the Property

Many states, either by statute or court decision, allow you and your repair person to enter the tenant's home to make necessary or agreed-upon repairs, alterations, or improvements or to inspect the rental property.

1. Entry to Make Repairs

If you need to make a repair—for example, to fix a broken oven, replace the carpet, or check the point of entry of a persistent ant infestation—you generally must enter only at reasonable times, and you must give at least the required amount of notice, usually 24 hours. However, if this is impracticable—for example, a repair person is available on a few hours' notice—you will probably be on solid ground if you explain the situation to your tenant and then give shorter notice. Of course, if your tenant agrees to a shorter notice period, you have no problem. (See Section C, above.)

> **EXAMPLE:** Amy told her landlord Tom that her bathroom sink was stopped up and draining very slowly. Tom called the plumber, who said that he had several large jobs in progress but would be able to squeeze in Amy's repair at some point within the next few days. The plumber promised to call Tom before he came over. Tom relayed this information to Amy, telling her he would give her at least four hours' notice before the plumber came.

2. How to Give Tenants Notice of Entry

In many situations, the notice period will not be a problem, since your tenant will be delighted that you are making needed repairs and will cooperate with your entry requirements. However, as every experienced landlord knows, some tenants are uncooperative when it comes to providing reasonable access to make repairs, while at the same time demanding that repairs be made immediately. (Of course, if the time is really inconvenient for the tenant—you want to make a nonemergency repair the day your tenant is preparing dinner for her new in-laws—try to be accommodating and reschedule a more convenient appointment.)

Here's how to avoid having a tenant claim that you violated his legal right of privacy:

- Meet your state notice requirements; or, if there's no specified amount of notice, provide at least 24 hours' notice.
- Try to reach the tenant at home or at work to give the required amount of notice. Make sure you know how to reach the tenant during the day to give required notice.
- Provide written notice as much as possible—either a brief letter or a formal notice (see samples below).
- If you give notice orally, document this fact by keeping a log of your requests for entry.
- If you can't reach the tenant personally or by phone, and if your intended date of entry is too soon to enable you to send a letter, it's a good idea to post a note detailing your plan on the tenant's front door. If, despite all of these efforts, your tenant does not receive notice, you are probably on solid ground, in most states, to enter and do the repair, since you have done all that could reasonably be expected to comply with the notice requirements.
- Keep a copy of all requests for entry (written and oral) in your tenant's file, along with other communications, such as Maintenance/Repair Request forms (discussed in Chapter 9).

Section I, below, discusses how to handle tenants who unreasonably deny entry.

You will find a Notice of Intent to Enter Dwelling Unit on the Forms CD as well as a blank tear-out copy in Appendix C.

Let the tenant know if your plans change. A tenant may be justifiably annoyed if you or your repair person show up late or not at all—for example, if you're supposed to come at 2 p.m. and don't show up until 8 a.m. the next morning. If it isn't possible to come on time in the first place, call the tenant and explain the problem, and ask permission to enter later on. If the tenant denies permission, you'll have to give a second notice.

Sample Letter Requesting Entry

January 5, 200X

Anna Rivera
123 East Avenue, Apartment 4
Rochester, New York 14610

Dear Ms. Rivera:

In response to your complaint regarding the garbage disposal in your apartment, I have arranged to have it repaired tomorrow, on Tuesday, January 6, at 2:00 P.M. I attempted to reach you today (at both your home and work phone numbers) and notify you of this repair appointment. Because I was unable to reach you by phone, I am leaving this note on your door.

Sincerely,

Marlene Morgan

Marlene Morgan

3. Entry to Inspect for Needed Repairs

It's an excellent idea to inspect your rental properties at least once or twice a year. That way you can find small problems before they become big ones, and tenants can't claim that they didn't have an opportunity to report complaints to you. (Chapter 9 discusses inspections.)

The lease and rental agreements in this book (see Clause 17 in Chapter 2) give you the right to enter a tenant's unit—after giving reasonable notice—to make this kind of regular inspection.

If you don't have a clause on access in your lease or rental agreement, state law may give you the right, anyway. All states with privacy statutes, except Utah, grant this right to inspect rental property. In other states, you must determine whether or not the courts in your state have addressed the issue of landlord inspections. (See Chapter 18 for information on doing legal research yourself.)

Don't use the right to inspect improperly. Don't use your right to access to harass or annoy the tenant. Repeated inspections absent a specific reason, even when proper notice is given, are an invitation to a lawsuit.

4. Entry During Tenant's Extended Absence

Several states with privacy statutes give landlords the specific legal right to enter the rental unit during a tenant's extended absence, often defined as seven days or more. You are allowed entry to maintain the property as necessary and to inspect for damage and needed repairs. For example, if you live in a cold-weather place such as Connecticut, it makes sense to check the pipes in rental units to make sure they haven't burst when the tenant is away for winter vacation.

While many states do not address this issue either by way of statute or court decision, you should be on safe legal ground to enter rental property during a tenant's extended absence, as long as there is a genuine need to protect the property from damage. You should enter only if something really needs to be done—that is, something that the tenant would do if he were home, as part of his obligation to keep the property clean, safe, and in good repair. (See Chapter 9, Section B, for a discussion of tenant repair and maintenance responsibilities.) For example, if the tenant leaves the windows wide open just before a driving rainstorm, you would be justified in entering to close them.

Notice of Intent to Enter Dwelling Unit

To: _Anna Rivera_
Tenant

123 East Avenue, Apt. #4
Street Address

Rochester, New York
City and State

THIS notice is to inform you that on _____ January 7, 200X _____,

at approximately ___ 1:00 ___ ~~AM~~/PM, the landlord, or the landlord's agent, will enter the premises

for the following reason: _____

_____

☑ To make or arrange for the following repairs or improvements:

fix garbage disposal _____

_____

_____

_____

☑ To show the premises to:

   ☑ a prospective tenant or purchaser.

   ☐ workers or contractors regarding the above repair or improvement.

☐ Other: _____

_____

_____

You are, of course, welcome to be present. If you have any questions or if the date or time is inconvenient,

please notify me promptly at ___ 716-555-7899 _____.
                                              Phone Number

Marlene Morgan _____   _January 5, 200X_ _____
Landlord/Manager   Date

Require tenants to report extended absences. To protect yourself and make sure your tenant knows what to expect, be sure your lease or rental agreement requires the tenant to inform you when he will be gone for an extended time, such as two weeks, and alerts him of your intent to enter the premises during these times if necessary. (See Clause 16 of the form agreements in Chapter 2.)

How to Avoid Tenant Theft Claims

By planning ahead, you can minimize the chances that you or your repair persons will be accused of theft. Give plenty of notice of your entry—this gives the tenant the chance to hide valuables. Try to arrange repairs or visit the rental unit only when the tenant is home. If that's not possible, you or your manager should be present. Carefully check references of plumbers and other repair people, and only allow people whom you trust to enter alone.

E. Entry to Show Property to Prospective Tenants or Buyers

Most states with access laws allow landlords to enter rented property to show it to prospective tenants toward the end of a tenancy or to prospective purchasers if you wish to sell the property. Follow the same notice procedures for entry to make repairs, discussed in Section D, above. As always, be sure your lease or rental agreement authorizes this type of entry. (See Clause 15 of the form agreements in Chapter 2.)

You can use the same Notice of Intent to Enter Dwelling Unit as the one used for entry to make repairs.

1. Showing Property to Prospective New Tenants

If you don't plan to renew a tenant's about-to-expire lease, or have given or received a notice terminating a month-to-month tenancy, you may show the premises to prospective new tenants during the last few weeks (or even months) of the outgoing tenant's stay. It is not a good idea, however, to show property if the current tenant is under the impression that his lease or rental agreement will be renewed, or if a dispute exists over whether the current tenant has a right to stay. If there's a chance the dispute will end up in court as an eviction lawsuit, the current tenant may be able to hang on for several weeks or even months. Insisting on showing the property in this situation only causes unnecessary friction at the same time that it's of little value, since you will be unable to tell the new tenants when they can move in.

The form lease and rental agreements in this book include a clause that may limit your liability if, for reasons beyond your control, you must delay a new tenant's move-in date after you've signed a lease or rental agreement. (See Clause 17 in Chapter 2.)

2. Showing Property to Prospective Buyers

You may also show your property—whether apartments in a multiple-unit building, a rented single-family house, or a condominium unit—to potential buyers or mortgage companies. Remember to give the required amount of notice to your tenant. It's also a good idea to tell the tenant the name and phone number of the realty company handling the property sale and the particular real estate agent or broker involved.

Problems usually occur when an overeager real estate sales person shows up on the tenant's doorstep without warning, or calls on very short notice and asks to be let in to show the place to a possible buyer. In this situation, the tenant is within his right to say, "I'm busy right now—try again in a few days after we've set a time convenient for all of us." Naturally, this type of misunderstanding is not conducive to good landlord-tenant relations, not to mention a sale of the property. Make sure the real estate sales people you deal with understand the law and respect your tenants' rights to advance notice.

3. Putting For Sale or For Rent Signs on the Property

Occasionally, friction is caused by landlords who put signs on tenants' homes, such as "For Sale" or "For Rent" signs in front of an apartment building or a rented single-family house. Even if the sign says "Don't Disturb the Occupant" and you are conscientious about giving notice before showing property, prospective buyers or renters may nonetheless disturb the tenant with unwelcome inquiries.

When thinking about this, it pays to put yourself in the tenant's shoes and realize that a tenant who likes where he is living will often feel threatened and insecure about a potential sale. A new owner may mean a rent increase or eviction notice if the new owner wants to move in herself. In this situation, if your tenant's privacy is ruined by repeated inquiries the tenant may even resort to suing you for invasion of privacy, just as if you personally had made repeated illegal entries.

To head off this possibility, consider not putting a For Sale sign on the property. In this age of computerized multiple-listing services and video house listings, signs aren't always necessary. Indeed, many real estate agents sell houses and other real estate without ever placing a For Sale sign on the property, except when an open house is in progress. If you or your real estate agent must put up a sign advertising sale or rental of the property, make sure it clearly warns against disturbing the occupant and includes a telephone number to call—for example, "Shown by Appointment Only" or "Inquire at 555-1357—Do Not Disturb Occupant Under Any Circumstances." If your real estate agent refuses to accommodate you, find a new one who will respect your tenants' privacy and keep you out of a lawsuit.

⚠️ **Don't use a lockbox.** Under no circumstances should an owner of occupied rental property that is listed for sale allow the placing of a key-holding "lockbox" on the door. This is a metal box that attaches to the front door and contains the key to that door. It can be opened by a master key held by area real estate sales people. Since a lockbox allows a sales person to enter in disregard of notice requirements, it should not be used—period. A lockbox will leave you wide open to a tenant's lawsuit for invasion of privacy, and possibly liable for any property the tenant claims to have lost.

4. Getting the Tenant's Cooperation

Showing a house or apartment building occupied by a tenant isn't easy on anyone. At times, you will want to show the property on short notice. And, you may even want to have an occasional open house on weekends. From your tenant's point of view, any actions you take to show the property to strangers may seem like an intolerable intrusion. Also, if you're selling the property, your tenant may feel threatened by the change in ownership.

Obviously, the best way to achieve your ends is with the cooperation of the tenant. One good plan is to meet with the tenant in advance and offer a reasonable rent reduction in exchange for cooperation—for example, two open houses a month and showing the unit on two hour's notice, as long as it doesn't occur more than five times a week. Depending on how much the tenant will be inconvenienced, a 10% to 20% rent reduction might be reasonable. However, you should realize that this type of agreement is in force only so long as the tenant continues to go along with it. Technically, any written agreement changing the rent is really an amendment to the rental agreement, and rental agreement clauses under which tenants give up their privacy rights are typically void and unenforceable if it comes to a court fight. This may be one situation when an informal understanding that the rent be lowered so long as the tenant agrees to the frequent showings may be better than a written agreement.

F. Entry After the Tenant Has Moved Out

To state the obvious, you may enter the premises at any time after the tenant has completely moved out. It doesn't matter whether the tenant left voluntarily after giving back the key, or involuntarily following a successful eviction lawsuit.

In addition, if you believe a tenant has abandoned the property—that is, skipped out without giving any notice or returning the key—you may legally enter.

G. Entry by Others

This section describes situations when other people, such as municipal inspectors, may want entry to your rental property.

1. Health, Safety, or Building Inspections

While your state may set guidelines for your entry to rental property, the rules are different when it comes to entry by state or local health, safety, or building inspectors.

a. Neighbor's Complaints

If inspectors have credible reasons to suspect that a tenant's rental unit violates housing codes or local standards—for example, a neighbor has complained about noxious smells coming from the tenant's home or about his 20 cats—they will usually knock on the tenant's door and ask permission to enter. Except in the case of genuine emergency, your tenant has the right to say no.

Inspectors have ways to get around tenant refusals. A logical first step (maybe even before they stop by the rental unit) is to ask you to let them in. Since you can usually enter on 24 hours' notice, this is probably the simplest approach. We recommend that you cooperate with all such requests for entry.

If inspectors can't reach you (or you don't cooperate), their next step will probably be to get a search warrant based on the information from the tenant's neighbor. The inspectors must first convince a judge that the source of their information—the neighbor—is reliable, and that there is a strong likelihood that public health or safety is at risk. Inspectors who believe that a tenant will refuse entry often bring along police officers who, armed with a search warrant, have the right to do whatever it takes to overcome the tenant's objections.

b. Routine Inspections

Fire, health, and other municipal inspectors sometimes inspect apartment buildings even if they don't suspect noncompliance. These inspections may be allowed under state law or local ordinance. (Most ordinances exempt single-family homes and condominiums.) Your tenant has the right to say no. Then, the inspector will have to secure a warrant. A warrant will enable the inspector to enter to confirm fire or safety violations. Again, if there is any expectation that your tenant may resist, a police officer will usually accompany the inspector.

An inspector who arrives when the tenant is not home may ask you to open the door on the spot, in violation of your state's privacy laws. If the inspectors come with a warrant, you can give consent, since even the tenant couldn't prevent entry. But if the inspector is there without a warrant, you cannot speak for the tenant and say, "Come on in." Again, the inspector most show you a warrant before you can let him in.

To find out whether your city has a municipal inspection program, call your city manager's or mayor's office.

c. Inspection Fees

Many cities impose fees for inspections, on a per unit or building basis or a sliding scale based on the number of your holdings. Some fees are imposed only if violations are found. If your ordinance imposes fees regardless of violations, you may pass the inspection cost on to the tenant in the form of a rent hike. It's not illegal to do this, and, even in rent-controlled cities, the cost of an inspection might justify a rent increase. (See Chapter 3 for information on how you may legally increase rents.)

If your ordinance imposes a fee only when violations are found, you should not pass the cost on to the tenant if the noncompliance is not his fault. For example, if inspectors find that you failed to install state-mandated smoke alarms, you should pay for the inspection; but if the tenant has allowed garbage to pile up in violation of city health laws, the tenant should pay the inspector's bill.

2. Police and Law Enforcement

Even the police may not enter a tenant's rental unit unless they can show you or your tenant a recently issued search or arrest warrant, signed by a judge. The police do not need a search warrant, however, if they need to enter to prevent a catastrophe such as an explosion, or if they are in hot pursuit of a fleeing criminal.

Also, different rules apply if law enforcement suspects terrorist activity by one of your tenants. (See Chapter 12, Section D.)

3. Your Right to Let Others In

You should not give others permission to enter a tenant's home. (Municipal inspections, however, may pose an exception.)

Occasionally, you or your resident manager will be faced with a very convincing stranger who will tell a heart-rending story:

- "I'm Nancy's boyfriend, and I need to get my clothes out of her closet now that I'm moving to New York."
- "If I don't get my heart medicine that I left in this apartment, I'll die on the spot."
- "I'm John's father, and I just got in from the North Pole, where a polar bear ate my wallet, and I have no other place to stay."

The problem arises when you can't contact the tenant at work or elsewhere to ask whether it's okay to let the desperate individual in. This is one reason why you should always know how to reach your tenants during the day.

The story the desperate person tells you may be the truth, and chances are that if your tenant

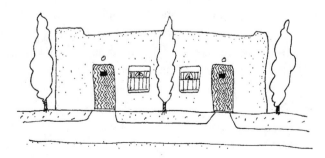

could be contacted, she would say, "Yes, let Uncle Harry in immediately." But you can't know this, and it doesn't make sense to expose yourself to the potential liability involved should you get taken in by a clever con artist. There is always the chance that the person is really a smooth talker whom your tenant has a dozen good reasons to want kept out. You risk being legally responsible should your tenant's property be stolen or damaged. If you do let a stranger in without your tenant's permission, you may be sued for invasion of privacy for any loss your tenant suffers as a result.

In short, never let a stranger into your tenant's home without your tenant's permission. Even if you have been authorized to allow a certain person to enter, it is wise to ask for identification. Although this no-entry-without-authorization policy may sometimes be difficult to adhere to in the face of a convincing story, stick to it. You have much more to lose in admitting the wrong person to the tenant's home than you would have to gain by letting in someone who's "probably okay."

H. Other Types of Invasions of Privacy

Entering a tenant's home without his knowledge or consent isn't the only way you can interfere with the tenant's privacy. Here are a few other common situations, with advice on how to handle them.

1. Giving Information About the Tenant to Strangers

As a landlord, you may be asked by strangers, including creditors, banks, and prospective landlords, to provide credit or other information about your tenant. Did she pay the rent on time? Did she maintain the rental property? Cause any problems?

Basically, you have a legal right to give out normal business information about your tenant to people and businesses who ask and have a legitimate reason to know—for example, the tenant's bank when she applies for a loan or a prospective landlord who wants a reference. Resist your natural urge to be helpful, unless the tenant has given you written permission to release this sort of information. (We discuss release forms in Chapter 1.) You have nothing to gain, and possibly a lot to lose, if you give out information that your tenant feels constitutes a serious violation of her privacy.

And if you give out incorrect information—even if you believe it to be accurate—you can really be in a legal mess if the person to whom you disclose it relies on it to take some action that negatively affects your tenant.

> **EXAMPLE:** If you tell others that a tenant has filed for bankruptcy (and this isn't true), the tenant has grounds to sue you for defamation (libel or slander) if he is damaged as a result—for example, if he doesn't get a job.

Some landlords feel that they should communicate information to prospective landlords, especially if the tenant has failed to pay rent or maintain the premises or has created other serious problems. If you do give out this information, make sure you are absolutely factual and that the information you provide has been requested. If you go out of your way to give out negative information—for example, you try to blackball the tenant with other landlords in your area—you definitely risk legal liability for libeling your tenant.

⚠️ **Beware of gossipy managers.** Many landlords have had serious problems with on-site managers who have gossiped about tenants who, for example, paid rent late, were served with an eviction notice, had overnight visitors, or drank too much. This sort of gossip may seem innocent but, if flagrant and damaging, can be an invasion of privacy for which you can be liable. Impress on your managers their duty to keep confidential all sensitive information about tenants.

2. Calling or Visiting Tenants at Work

Should you need to call your tenant at work (say, to schedule a time to make repairs), try to be sensitive to whether it's permissible for him to receive personal calls. While some people work at desks with telephones and have bosses who don't get upset about occasional personal calls, others have jobs that are greatly disrupted by any phone call. A general rule seems to be that the more physical the type of the work, the more tyrannical employers are about prohibiting personal phone calls at work.

Under no circumstances should you continue to call a tenant at work who asks you not to do so. This is especially true when calling about late rent payments or other problems.

Never leave specific messages with your tenant's employer, especially those that could reflect negatively on her. A landlord who leaves a message like "Tell your deadbeat employee I'll evict her if she doesn't pay the rent" can expect at least a lot of bad feeling on the part of the tenant and, at worst, a lawsuit, especially if your conduct results in the tenant losing her job or a promotion.

As for visiting the tenant at work—say, to collect late rent—this is something you should avoid unless invited. What it boils down to is that no matter what you think of your tenant, you should respect the sensitive nature of the tenant's relationship with her employer.

There may, however, be times you'll need to contact the tenant at work if you can't find the tenant at home after repeated tries—for example, to serve notice of a rent increase or an eviction notice.

3. Undue Restrictions on Guests

A few landlords, overly concerned about tenants moving new occupants into the property, go a little overboard in keeping tabs on the tenants' legitimate guests who stay overnight or for a few days. Often their leases, rental agreements, or rules and regulations require a tenant to "register" any overnight guest.

Clause 3 of the form agreements (Chapter 2) limits guests' visits to no more than ten days in any six-month period, to avoid having a guest turn into an illegal subtenant. While you should be concerned about persons who begin as guests becoming permanent unauthorized residents, it is overkill to require a tenant to inform you of a guest whose stay is only for a day or two. Keep in mind that just because you rent your tenant her home, you don't have the right to restrict her social life or pass judgment upon the propriety of her visitors' stays. Extreme behavior in this area—whether by you or a management employee—can be considered an invasion of privacy for which you may be held liable.

4. Spying on a Tenant

As a result of worrying too much about a tenant's visitors, a few landlords have attempted to interrogate tenants' visitors, knock on their tenants' doors at odd hours or too frequently in order to see who answers, or even peek through windows. Needless to say, this sort of conduct can render you liable for punitive damages in an invasion of privacy lawsuit. As far as talking to tenants' guests is concerned, keep your conversations to pleasant hellos or nonthreatening small talk.

Watch Out for Drug Dealing on Your Property

It's crucial that you keep a careful eye on your tenants if you suspect they're engaging in drug dealing or other illegal behavior. Landlords have a responsibility to keep their properties safe— that includes keeping dealers out by carefully screening prospective tenants (see Chapter 1) and kicking them out pronto when they are discovered. Other tenants and neighbors, as well as government agencies, may bring costly lawsuits against landlords who allow drug dealing on their properties. Chapter 12 discusses your liability for drug-dealing tenants and how to avoid problems, while at the same time respecting your tenants' legitimate expectations of privacy.

5. "Self-Help" Evictions

It is generally illegal for you to come on the rental property and do such things as take off windows and doors, turn off the utilities, or change the locks. (Chapter 17, Section H discusses illegal "self help" evictions.)

Send Only Business-Related Faxes to Residents

Since 1991, the Telephone Consumer Protection Act has prohibited businesses from sending "unsolicited " faxes. Businesses that have an "established business relationship" with the recipient are exempted from this ban (Junk Fax Prevention Act of 2005). You may send faxes to current, prospective, and prior tenants without worry, as long as the fax concerns some aspect of the tenancy. You can also contact vendors and suppliers with faxes that concern your contracts or business dealings with them. But be aware of the following requirements:

- The first page must have a conspicuous notice telling the recipient how to opt out of future faxes, giving the sender's phone number and fax number.
- The opt-out step must be free and available seven days a week, 24 hours a day.
- You may use only those fax numbers that you get from the recipients themselves or that they gave to a website or public directory for publication.

Sometime in 2006, the Federal Communications Commission will issue regulations that will spell out the rules in detail. These hopefully will guide landlords in how closely related the fax's subject matter must be to landlord/tenant matters to fit within the "established business relationship" exemption. In the meantime, play it safe and do not send faxes that are unrelated to your business. For example, resist the temptation to invite residents by fax to participate in your son's baseball team

I. What to Do When Tenants Unreasonably Deny Entry

Occasionally, even if you give a generous amount of notice and have a legitimate reason, a tenant may refuse to let you in. If you repeatedly encounter unreasonable refusals to let you or your employees enter the premise, you can probably legally enter anyway, provided you do so in a peaceful manner.

Never push or force your way in. Even if you have the right to be there, you can face liability for anything that goes wrong.

For practical reasons, don't enter alone. If you really need entry and the tenant isn't home, it's just common sense to bring someone along who can later act as a witness in case the tenant claims some of her property is missing.

Another problem landlords face is that some tenants have their locks changed. This is probably illegal, because it restricts your right of access in a true emergency or when you have given proper notice. As noted in Section B, above, your lease or rental agreement should require landlord key access, as well as notice of any change of locks or the installation of any burglar alarms. (See Clause 12, Chapter 2.)

If you have a serious conflict over access with an otherwise satisfactory tenant, a sensible first step is to meet with the tenant to see if the problem can be resolved. If you come to an understanding, follow up with a note to confirm your agreement. Here's an example:

This will confirm our conversation of [*date*] regarding access to your apartment at [*address*] for the purpose of making repairs. The management will give you 24 hours' [*or two days'*] advance written notice, and will enter only during business hours or weekdays. The person inspecting will knock first, then enter with a pass key if no one answers.

If this doesn't work, you may wish to try mediation by a neutral third party. It's an especially good way to resolve disputes when you want the tenant to stay. See Chapter 16 for details on finding and using a mediation service.

If attempts at compromise fail, you can terminate the tenancy. Unless your tenant has a long-term

lease or lives in a rent control city that requires just cause for eviction, you can simply give the tenant a 30-day notice and terminate the tenancy, rather than put up with a problem tenant.

And, in every state, you can usually evict the tenant, including those with long-term leases, for violating a term of the lease or rental agreement. To do this, you must comply with your state law as to reasons for entry and notice periods. (Chapter 17 provides an overview of evictions.) And your lease or rental agreement must contain an appropriate right-of-entry provision. The cause justifying eviction is the tenant's breach of that provision. (See Clause 15 in the form lease and rental agreements, Chapter 2). Keep copies of any correspondence and notes of your conversations with the tenant.

If you're heading for court, you may need to consult a lawyer or do some legal research on your state's laws on evictions. (Chapter 18 discusses legal research and lawyers.) If you do end up in court, be prepared to prove your entry was legal—as to purpose and amount of notice required. A good record-keeping system is crucial in this regard.

J. Tenants' Remedies If a Landlord Acts Illegally

Conscientious landlords should be receptive to a tenant's complaint that her privacy is being violated and work out an acceptable compromise. If you violate a tenant's right to privacy and you can't work out a compromise, the tenant may bring a lawsuit and ask for money damages. You may be held liable for your property manager's disrespect of the tenant's right of privacy, even if you never knew about the manager's conduct. A tenant who can show a repeated pattern of illegal activity, or even one clear example of outrageous conduct, may be able to get a substantial recovery.

In most states, it's easy for a tenant to press her claim in small claims court without a lawyer. For details on small claims court procedures and the maximum amount for which someone can sue, see Chapter 16.

Depending on the circumstances, the tenant may be able sue you for:

- trespass: entry without consent or proper authority
- invasion of privacy: interfering with a tenant's right to be left alone
- breach of implied covenant of quiet enjoyment: interfering with a tenant's right to undisturbed use of his home, or
- infliction of emotional distress: doing any illegal act that you intend to cause serious emotional consequences to the tenant.

These types of lawsuits are beyond the scope of this book and require expert legal advice. (See Chapter 18 for advice on finding and working with a lawyer.)

Finally, you should know that repeated abuses by a landlord of a tenant's right of privacy may give a tenant under a lease a legal excuse to break it by moving out, without liability for further rent.

■

Ending a Tenancy

A. Changing Lease or Rental Agreement Terms 322

   1. Amending a Month-to-Month Rental Agreement 322

   2. Preparing a New Rental Agreement 323

B. How Month-to-Month Tenancies End 323

   1. Giving Notice to the Tenant 323

   2. How Much Notice the Tenant Must Give 325

   3. Insist on a Tenant's Written Notice of Intent to Move 326

   4. Accepting Rent After a 30-Day Notice Is Given 326

   5. When the Tenant Doesn't Give the Required Notice 328

   6. When You or Your Tenant Violates the Rental Agreement 328

C. How Leases End 329

   1. Giving Notice to the Tenant 329

   2. If the Tenant Continues to Pay Rent After the Lease Expires 330

   3. When a Lease Ends and You Want the Tenant Out 331

D. If the Tenant Breaks the Lease 331

   1. Is the Tenant Really Gone? 332

   2. When Breaking a Lease Is Justified 334

   3. Your Duty to Mitigate Your Loss If the Tenant Leaves Early 334

   4. When You Can Sue 337

   5. Termination Fees 338

E. When a Tenant Dies 338

   1. Preserving the Deceased Tenant's Property 338

   2. Releasing the Tenant's Property 339

   3. Making a Claim on the Estate 339

F. Condominium Conversions 340

Most tenancies end because the tenant leaves voluntarily. But little else is so uniform. Some tenants give proper legal notice and leave at the end of a lease term; others aren't so thoughtful and give inadequate notice, break the lease, or just move out in the middle of the night. And, of course, some tenants fail to live up to their obligations for reasons they can't control—for example, a tenant dies during the tenancy.

Whether your rentals turn over a lot or your tenants tend to stay put for years, you should understand the important legal issues that arise at the end of a tenancy, including:

- the type of notice a landlord or tenant must provide to end a month-to-month tenancy
- your legal options if a tenant doesn't leave after receiving (or giving) a termination notice or after the lease has expired
- what happens if a tenant leaves without giving required notice
- the effect of a condominium conversion on a tenant's lease.

This chapter starts with a brief discussion of a related topic—how you may change a lease or rental agreement during a tenancy.

Related topics covered in this book include:

- How to advertise and rent property before a current tenant leaves: Chapter 1
- Writing clear lease and rental agreement provisions on notice required to end a tenancy: Chapter 2
- Raising the rent: Chapter 3
- Highlighting notice requirements in a move-in letter to the tenant: Chapter 7
- Handling tenant requests to sublet or assign the lease, and what to do when one cotenant leaves: Chapter 8
- Preparing a move-out letter and returning security deposits when a tenant leaves: Chapter 15
- How and when to prepare a warning letter before terminating a tenancy: Chapter 16
- Terminating a tenancy when a tenant fails to leave after receiving a 30-day notice or violates the lease or rental agreement—for example, by not paying rent: Chapter 17.

A. Changing Lease or Rental Agreement Terms

Once you sign a lease or rental agreement, it's a legal contract between you and your tenant. All changes should be in writing and signed by both of you.

If you use a lease, you cannot unilaterally change the terms of the tenancy for the length of the lease. For example, you can't raise the rent unless the lease allows it or the tenant agrees. If the tenant agrees to changes, however, simply follow the directions below for amending a rental agreement.

1. Amending a Month-to-Month Rental Agreement

You don't need a tenant's consent to change something in a month-to-month rental agreement. Legally, you need simply send the tenant a notice of the change. The most common reason landlords amend a rental agreement is to increase the rent. (Chapter 3 provides a detailed discussion of this issue.)

To change a month-to-month tenancy, most states require 30 days' notice, subject to any local rent control ordinances. (See "Notice Required to Change or Terminate a Month-to-Month Tenancy" in Appendix A for a list of each state's notice requirements.) You'll need to consult your state statutes for the specific information on how you must deliver a 30-day notice to the tenant. Most states allow you to deliver the notice by first-class mail.

 Contact the tenant and explain the changes. It makes good personal and business sense for you or your manager to contact the tenant personally and tell him about a rent increase or other changes before you follow up with a written notice. If the tenant is opposed to your plan, your personal efforts will allow you to explain your reasons.

You don't generally need to redo the entire rental agreement in order to make a change or two. It's just as legal and effective to attach a copy of the notice making the change to the rental agreement.

However, you may want the change to appear on the written rental agreement itself.

If the change is small and simply alters part of an existing clause—such as increasing the rent or making the rent payable every 14 days instead of every 30 days—you can cross out the old language in the rental agreement, write in the new, and sign in the margin next to the new words. Make sure the tenant also signs next to the change. Be sure to add the date, in case there is a dispute later as to when the change became effective.

If the changes are lengthy, you may either add an amendment page to the original document or prepare a new rental agreement, as discussed below. If an amendment is used, it should clearly refer to the agreement it's changing and be signed by the same people who signed the original agreement. See the sample amendment, below.

The Forms CD includes an Amendment to Lease or Rental Agreement form, and Appendix C includes a blank tear-out version.

2. Preparing a New Rental Agreement

If you want to add a new clause or make several changes to your rental agreement, you will probably find it easiest to substitute a whole new agreement for the old one. This is simple to do if you use the lease or rental agreement on the Forms CD in this book. If you prepare an entire new agreement, be sure that you and the tenant both write "Canceled by mutual consent, effective _(date)_ " on the old one, and sign it. All tenants (and any cosigner or guarantors) should sign the new agreement. The new agreement should take effect on the date the old one is canceled. To avoid problems, be sure there is no time overlap between the old and new agreements, and do not allow any gap between the cancellation date of the old agreement and the effective date of the new one.

A new tenant should mean a new agreement. Even if a new tenant is filling out the rest of a former tenant's lease term under the same conditions, it is never wise to allow her to operate under the same lease or rental agreement. Start over and prepare a new agreement in the new tenant's name. See Chapter 8 for details on signing a new agreement when a new tenant moves in.

B. How Month-to-Month Tenancies End

This section discusses how you or the tenant can end a month-to-month tenancy.

1. Giving Notice to the Tenant

If you want a tenant to move out, you can end a month-to-month tenancy simply by giving the proper amount of notice. No reasons are required in most states. (New Hampshire and New Jersey are exceptions, because landlords in these states must have a just or legally recognized reason to end a tenancy.) In most places, all you need to do is give the tenant a simple written notice to move, allowing the tenant the minimum number of days required by state law (typically 30) and stating the date on which the tenancy will end. (See "Notice Required to Change or Terminate a Month-to-Month Tenancy" in Appendix A.) After that date, the tenant no longer has the legal right to occupy the premises.

In most states, a landlord who wants to terminate a month-to-month tenancy must provide the same amount of notice as a tenant—typically 30 days. (See Section 2, below.) But this is not true everywhere. For example, in Georgia, landlords must give 60 days' notice to terminate a month-to-month tenancy, while tenants need only give 30 days' notice. State and local rent control laws can also impose notice requirements on landlords. Things are different if you want a tenant to move because he or she has violated a term of the rental agreement —for example, by failing to pay rent. If so, notice requirements are commonly greatly shortened, sometimes to as little as three days. (Chapter 17 discusses terminations and evictions.)

Each state, and even some cities, has its own very detailed rules and procedures for preparing and serving termination notices. For example, some

Amendment to Lease or Rental Agreement

This is an Amendment to the lease or rental agreement dated _____ March 1, 200X _____

[the Agreement] between _____ Olivia Matthew _____

[Landlord] and _____ Steve Phillips _____

[Tenant] regarding property located at _____ 1578 Maple St., Seattle _____

_____ [the premises].

Landlord and Tenant agree to the following changes and/or additions to the Agreement:

1. Beginning on June 1, 200X, Tenant shall rent a one-car garage, adjacent to the main premises, from Landlord for the sum of $75 per month.

2. Tenant may keep one German shepherd dog on the premises. The dog shall be kept in the backyard and not in the side yard. Tenant shall clean up all animal waste from the yard on a daily basis. Tenant agrees to repair any damages to the yard or premises caused by his dog, at Tenant's expense.

Olivia Matthew, Landlord

Landlord/Manager

Steve Phillips, Tenant

Tenant

_____
Tenant

_____
Tenant

May 20, 200X

Date

May 20, 200X

Date

_____
Date

_____
Date

states specify that the notice be printed in a certain size or style of typeface. If you don't follow these procedures, the notice terminating the tenancy may be invalid. It is impossible for this book to provide all specific forms and instructions. Consult a landlords' association or local rent control board and your state statutes for more information and sample forms. (Chapter 18 shows how to do your own legal research.) Your state consumer protection agency may also have useful advice. Once you understand how much notice you must give, how the notice must be delivered, and any other requirements, you'll be in good shape to handle this work yourself—usually with no lawyer needed.

 California landlords should use the state-specific Nolo books for rules, procedures, and forms for serving termination notices. If you are a California landlord, see *The California Landlord's Law Book: Evictions,* by David Brown. This Nolo book is available at bookstores and public libraries. It may also be ordered directly from Nolo's website www.nolo.com or by calling 800-728-3555.

2. How Much Notice the Tenant Must Give

In most states, the tenant who decides to move out must give you at least 30 days' notice. Some states allow less than 30 days' notice in certain situations— for example, because a tenant must leave early because of military orders. And, in some states, tenants who pay rent more frequently than once a month can give notice to terminate that matches their rent payment interval—for example, tenants who pay rent every two weeks would have to give 14 days' notice. If your tenant joins the military and wants to terminate a rental agreement, federal law specifies the maximum amount of notice you may require (but if state law requires less notice, you must follow state rules). See "Special Rules for Tenants Who Enter Military Service," below.

To educate your tenants as to what they can expect, make sure your rental agreement includes your state's notice requirements for ending a tenancy. (See Clause 4 of the form agreements in Chapter 2.) It is also wise to list termination notice requirements

in the move-in letter you send to new tenants. (See Chapter 7.)

For details on your state's rules, see "Notice Required to Change or Terminate a Month-to-Month Tenancy" in Appendix A.

Must Tenants Give Notice on the First of the Month?

In most states, a tenant can give notice at any time—in other words, they don't have to give notice so that the tenancy will end on the last day of the month or the last day of the rental cycle. If a tenancy ends midmonth, the tenant will be paying rent until that date. For example, a tenant who pays rent on the first of the month, but gives notice on the tenth, will be obliged to pay for ten days' rent for the next month, even if the tenant moves out earlier.

The only exception to this general rule comes if your rental agreement requires that notice may be given only on a certain date, typically the date the rent is due. This means that if the tenant decides on the fifth that she needs to move, she'll have to wait until the first to give notice and will be obliged to pay for the entire next month, even if she leaves earlier.

Restrictions to Ending a Tenancy

The general rules for terminating a tenancy described in this chapter don't apply in all situations:

- **Rent control ordinances.** Many rent control cities require "just cause" (a good reason) to end a tenancy, such as moving in a close relative. You will likely have to state your reason in the termination notice you give the tenant. (Chapter 3 discusses rent control.)
- **Discrimination.** It is illegal to end a tenancy because of a tenant's race, religion, or other reason constituting illegal discrimination. (Chapter 5 discusses antidiscrimination laws.)
- **Retaliation.** You cannot legally terminate a tenancy to retaliate against a tenant for exercising any right under the law, such as the tenant's right to complain to governmental authorities about defective housing conditions. (Chapter 16 discusses how to avoid charges of retaliation.)

3. Insist on a Tenant's Written Notice of Intent to Move

In many states, a tenant's notice must be in writing and give the exact date the tenant plans to move out. Even if it is not required by law, it's a good idea to insist that the tenant give you notice in writing (as does Clause 4 of the form agreements in Chapter 2). Why bother?

Insisting on written notice will prove useful should the tenant not move as planned after you have signed a lease or rental agreement with a new tenant. The new tenant may sue you to recover the costs of temporary housing or storage fees for her belongings because you could not deliver possession of the unit. In turn, you will want to sue the old (holdover) tenant for causing the problem by failing

to move out. You will have a much stronger case against the holdover tenant if you can produce a written promise to move on a specific date instead of your version of a conversation (which will undoubtedly be disputed by the tenant).

A sample Tenant's Notice of Intent to Move Out form is shown below. Give a copy of this form to any tenant who tells you he or she plans to move.

The Forms CD includes a copy of the Tenant's Notice of Intent to Move Out form. You'll also find a blank tear-out version in Appendix C.

4. Accepting Rent After a 30-Day Notice Is Given

If you accept rent for any period beyond the date the tenant told you he is moving out, this cancels the termination notice and creates a new month-to-month tenancy. This means you must give the tenant another 30-day notice to start the termination process again.

> **EXAMPLE:** On April 15, George sends his landlord Yuri a 30-day notice of his intent to move out. A few weeks later, however, George changes his mind and decides to stay. He simply pays the usual $500 monthly rent on May 1. Without thinking, Yuri cashes the $500 check. Even though she's already rerented to a new tenant who plans to move in on May 16th, Yuri is powerless to evict George unless she first gives him a legal (usually 30-day) notice to move. Unless the lease Yuri signed with the new tenant limits her liability, she will be liable to the new tenant for failing to put her in possession of the property as promised.

 If you collected "last month's rent" when the tenant moved in, do not accept rent for the last month of the tenancy. You are legally obligated to use this money for the last month's rent. Accepting an additional month's rent may extend the tenant's tenancy.

Tenant's Notice of Intent to Move Out

April 3, 200X
Date

Anne Sakamoto
Landlord

888 Mill Avenue
Street Address

Nashville, Tennessee 37126
City and State

Dear _Ms. Sakamoto_ ,
Landlord

This is to notify you that the undersigned tenants, _Patti and Joe Ellis_
_____ , will be moving from

999 Brook Lane, Apartment Number 11 ,

on _May 3, 200X_ , _30 days_ from today. This

provides at least _30 days'_ written notice as required in our rental

agreement.

Sincerely,

Patti Ellis
Tenant

Joe Ellis
Tenant

_____
Tenant

If the tenant asks for more time but you don't want to continue the tenancy as before, you may want to give the tenant a few days or weeks more, at prorated rent. Prepare a written agreement to that effect and have the tenant sign it. See the sample letter extending the tenant's move-out date.

Sample Letter Extending Tenant's Move-Out Date

Hannah Lewis
777 Broadway Terrace, Apartment #3
Richmond, Virginia 23233

Dear Hannah:

On June 1, you gave me a 30-day notice of your intent to move out on July 1. You have since requested to extend your move-out to July 18 because of last-minute problems with closing escrow on your new house. This letter is to verify our understanding that you will move out on July 18, instead of July 1, and that you will pay prorated rent for 18 days (July 1 through July 18). Prorated rent for 18 days, based on your monthly rent of $900 or $30 per day, is $540.

Please sign below to indicate your agreement to these terms.

Sincerely,

Fran Moore

Fran Moore, Landlord

Agreed to by Hannah Lewis, Tenant:

Signature *Hannah Lewis*

Date *June 20, 200X*

5. When the Tenant Doesn't Give the Required Notice

All too often, a tenant will send or give you a "too short" notice of intent to move. And it's not unheard of for a tenant to move out with no notice or with a wave as he hands you the keys.

A tenant who leaves without giving enough notice has lost the right to occupy the premises, but is still obligated to pay rent through the end of the required notice period. For example, if the notice period is 30 days, but the tenant moves out after telling you 20 days ago that he intended to move, he still owes you for the remaining ten days.

In most states, you have a legal duty to try to re-rent the property before you can charge the tenant for giving you too little notice, but few courts expect a landlord to accomplish this in less than a month. (This rule, called the landlord's duty to mitigate damages, is discussed in Section D3, below.)

6. When You or Your Tenant Violates the Rental Agreement

If you seriously violate the rental agreement and fail to fulfill your legal responsibilities—for example, by not correcting serious health or safety problems—a tenant may be able to legally move out with no written notice or by giving less notice than is otherwise required. Called a "constructive eviction," this doctrine typically applies only when living conditions are intolerable—for example, if the tenant has had no heat for an extended period in the winter, or if a tenant's use and enjoyment of the property has been substantially impaired because of drug dealing in the building.

What exactly constitutes a constructive eviction varies slightly under the laws of different states. Generally, if a rental unit has serious habitability problems for anything but a very short time, the tenant may be entitled to move out without giving notice. The conditions that can cause constructive eviction are described in Chapters 9, 11, and 12.

Along the same lines, a landlord may terminate a tenancy (and evict, if necessary) if the tenant violates a lease or rental agreement—for example, by failing to pay rent or seriously damaging the property—by giving less notice than is otherwise required to end a tenancy. Chapter 17 explains the situations in which landlords can quickly terminate for tenant misbehavior, and gives an overview of evictions.

Special Rules for Tenants Who Enter Military Service

Tenants who enter military service after signing a lease or rental agreement have a federally legislated right to get out of their rental obligations. (War and National Defense Servicemembers Civil Relief Act, 50 App. U.S.C.A. §§ 501 and following.) Tenants must mail written notice of their intent to terminate their tenancy for military reasons to the landlord or manager. The notice terminates the tenancy of the servicemember and any dependents (including a spouse) listed on the lease or rental agreement.

Rental agreements. Once the notice is mailed or delivered, the tenancy will terminate 30 days after the day that rent is next due. For example, if rent is due on the first of June and the tenant mails a notice on May 28, the tenancy will terminate on July 1. This rule takes precedence over any longer notice periods that might be specified in your rental agreement or by state law. If state law or your agreement provides for shorter notice periods, however, the shorter notice will control. Recently, many states have passed laws that offer the same or greater protections to members of the state militia or National Guard.

Leases. A tenant who enters military service after signing a lease may terminate the lease by following the procedure for rental agreements, above. For example, suppose a tenant signs a one-year lease in April, agreeing to pay rent on the first of the month. The tenant enlists October 10 and mails you a termination notice on October 11. In this case, you must terminate the tenancy on December 1, 30 days after the first time that rent is due (November 1) following the mailing of the notice. This tenant will have no continuing obligation for rent past December 1, even though this is several months before the lease expires.

C. How Leases End

A lease lasts for a fixed term, typically one year. As a general rule, neither you nor the tenant may unilaterally end the tenancy, unless the other party has violated the terms of the lease. (There's an exception for tenants who join the military and want to terminate a lease, as explained in "Special Rules for Tenants Who Enter Military Service," above.)

If you and the tenant both live up to your promises, however, the lease simply ends of its own accord at the end of the lease term. At this point, the tenant must either:

- move
- sign a new lease (with the same or different terms), or
- stay on as a month-to-month tenant with your approval.

As every landlord knows, however, life is not always so simple. Sooner or later, a tenant will stay beyond the end of the term or leave before it without any legal right to do so.

1. Giving Notice to the Tenant

Because a lease clearly states when it will expire, you may not think it's necessary to notify tenants before the expiration date. But doing so is a very good practice. And some states or cities (especially those with rent control) actually require reasonable notice before the lease expiration date if you want the tenant to leave.

We suggest giving the tenant at least 60 days' written notice that the lease is going to expire. This reminder has several advantages:

- **Getting the tenant out on time.** Two months' notice allows plenty of time for the tenant to look for another place if he doesn't—or you don't—want to renew the lease.
- **Giving you time to renegotiate the lease.** If you would like to continue renting to your present tenant but also change some lease terms or increase the rent, your notice reminds the tenant that the terms of the old lease will not automatically continue. Encourage the tenant to stay, but mention that you need to make some changes to the lease.

- **Getting a new tenant in quickly.** If you know a tenant is going to move, you can show the unit to prospective tenants ahead of time and minimize the time the space is vacant.

Your options may be limited in a rent control area. If your property is subject to rent control, you may be required to renew a tenant's lease unless there is a legally approved reason (just cause) not to. (See Chapter 3 for more on rent control.) Reasons such as your tenant's failure to pay rent or your desire to move in a close relative commonly justify nonrenewal. If you do not have a reason for nonrenewal that meets the city's test, you may be stuck with a perpetual month-to-month tenant. Check your city's rent control ordinance carefully.

2. If the Tenant Continues to Pay Rent After the Lease Expires

It's fairly common for landlords and tenants not to care, or not even to notice, that a lease has expired. The tenant keeps paying the rent, and the landlord keeps cashing the checks. Is everything just the same as it was before the lease expired? The answer depends on where you live.

Creating a month-to-month tenancy. In most states, you will have created a new, oral month-to-month tenancy on the terms that appeared in the old lease. In other words, you'll be stuck with the terms and rent in the old lease, at least for the first 30 days. If you want to change the terms in a new lease, you must abide by the law regarding giving notice for a month-to-month tenancy. (See Section A, above.) It

will usually take you at least a month, while you go about giving notice to your now month-to-month tenant.

EXAMPLE 1: Zev had a one-year lease and paid rent on the first of every month. When the lease expired, Zev stayed on and his landlord, Maria, accepted another month's rent check from him. Under the laws of their state, this made Zev a month-to-month tenant, subject to the terms and conditions in his now-expired lease.

Maria wanted to institute a "no pets" rule and to raise the rent. But since Zev was now a month-to-month tenant, she had to give him 30 days' notice (as required by her state's law) to change the terms of the tenancy. She lost a full month of the higher rent while she complied with the 30-day requirement.

EXAMPLE 2: Learning from her experience with Zev, Maria gave her tenant Alice a 60-day notice before Alice's lease expired. In that notice, Maria also told Alice about the new "no pets" rule and the rent increase. Alice, who wanted to get a cat, decided to move when the lease expired. Meanwhile, Maria was able to show Alice's apartment to prospective tenants and chose one who moved in—and started paying the higher rent—shortly after Alice's lease expired.

Of course, you can belatedly present the tenant with a new lease. If your tenant decides not to sign it, she can stay on as a month-to-month tenant, under the terms of the old lease, until you give her proper written notice to move on. As discussed above, this is usually 30 days.

Automatically renewing the lease. However, in a few states, the rule is quite different. If your lease expires and you continue to accept rent, the two of you have created a new lease for the same length (such as one year) and terms (such as the amount of rent) as in the old lease. In other words, you have automatically renewed the lease. The effects are dramatic: You and the tenant are now legally obligated for a new lease with the same term as the old one.

To avoid problems of tenants staying longer than you want, be sure to notify the tenant well before the lease expiration date, and don't accept rent after this date. If a tenant just wants to stay an extra few days after a lease expires, and you agree, it is wise to put your understanding on this arrangement in a letter. See the sample letter extending the tenant's move-out date in Section B, above.

3. When a Lease Ends and You Want the Tenant Out

Once the lease expires, you don't have to keep renting to the tenant. If the tenant stays on after the lease ends and offers rent that you *do not accept*, the tenant is a "holdover" tenant. In some states, you must still give notice, telling the tenant to leave within a few days; if the tenant doesn't leave at the end of this period, you can start an eviction lawsuit. A few states allow landlords to file for eviction immediately, as soon as the lease expires.

 Avoid lease and rental agreement clauses that make holdover tenants pay a higher rent. Some landlords attempt to discourage tenants from staying past the end of their tenancy by making the tenant agree, in advance, to pay as much as three times the rent if they do. Clauses like this may not be legal—they are a form of "liquidated damages" (damages that are set in advance, without regard to the actual harm suffered by the landlord), which are illegal in residential rentals in many states, including California. (However, they have been upheld in Texas.) The clause would probably not hold up in a rent control city, nor would it survive a challenge if the clause describes the rent hike as a "penalty."

Retaliation and Other Illegal Tenancy Terminations

You can terminate a tenancy for a variety of reasons, such as nonpayment of rent, serious violations of the lease, and illegal activity such as drug dealing on the rental property. And, unless state or local laws require a reason, you can, with proper notice, terminate a month-to-month rental agreement or decline to renew a lease without giving any reason at all. But you can't terminate a tenancy for the *wrong* reason—in retaliation against a tenant for exercising her legal rights or in a way that discriminates illegally.

Just as you can't engage in illegal discrimination when you rent a unit in the first place, you can't unlawfully discriminate when it comes to terminating a month-to-month tenancy or deciding not to renew a lease—for example, by deciding not to continue to rent to persons of a certain ethnicity because of your political beliefs. Discrimination is covered in detail in Chapter 5.

The second major landlord "no-no" when it comes to tenancy nonrenewals is retaliation. In most states, you may not end a tenancy in retaliation for a tenant's legally protected activities, such as complaining to a building inspector that a rental unit is uninhabitable. If you do, and the tenant stays on despite your wishes, the tenant can defend herself against a lawsuit to evict her by proving retaliation. Chapter 16 discusses laws prohibiting retaliation.

D. If the Tenant Breaks the Lease

A tenant who leaves (with or without notifying you beforehand) before a lease expires and refuses to pay the remainder of the rent due under the lease is said to have "broken the lease."

Once the tenant leaves for good, you have the legal right to retake possession of the premises and rerent to another tenant. A key question that arises is, how much does a tenant with a lease owe if she walks out early? Let's start with the general legal rule. A tenant who signs a lease agrees at the outset to pay a fixed amount of rent: the monthly rent multiplied by the number of months of the lease. The tenant pays this amount in monthly installments over the term of the lease. In short, the tenant has obligated himself for the entire rent for the entire lease term. The fact that payments are made monthly doesn't change the tenant's responsibility to pay rent for the entire lease term. As discussed below, depending on the situation, you may use the tenant's security deposit to cover part of the shortfall, or sue the tenant for the rent owed.

1.   Is the Tenant Really Gone?

Sometimes, it's hard to tell whether or not a tenant has left permanently. People do sometimes disappear for weeks at a time, for a vacation or family emergency. And, even a tenant who doesn't intend to come back may leave behind enough discarded clothing or furniture to make it unclear.

Often, your first hint that a tenant has abandoned the premises will be the fact that you haven't received the rent. Or you may simply walk by a window and notice the lack of furniture. Ordinarily, the mere appearance that the rental unit is no longer occupied doesn't give you the legal right to immediately retake possession. It does, however, often give you legal justification to inspect the place for signs of abandonment. (See Chapter 13 on tenants' privacy rights.)

Here are some tips for inspecting property you suspect has been abandoned:

- Is the refrigerator empty, or is most of the food spoiled?
- Have electricity and telephone service been canceled?
- Are closets and kitchen cupboards empty?

If you conclude, under your state's rules, that the property is abandoned, you have the right to retake possession of it. Each state has its own definition of abandonment and its own rules for regaining possession of rental property. In Colorado, for example, property is considered abandoned if the tenant fails to pay rent or otherwise contact the landlord for at least 30 days and the landlord

has no evidence to indicate that the tenant has not abandoned the property. See the Chapter 15, Section L, discussion of abandoned property.

Rather than trying to figure out if the situation satisfies your state's legal rules for abandonment, it may be easier to find the tenant and ask her whether or not she's coming back. If the tenant indicates that she's gone for good, get it in writing. You can write up a simple statement, along these lines: "I, Terri Tenant, have permanently moved out of my rental unit at [address] and have no intention of resuming my tenancy"—and ask the tenant to sign and date it. Or, use our Tenant's Notice of Intent to Move Out form, modified as needed.

 The forms CD includes a copy of the Tenant's Notice of Intent to Move Out form. You'll also find a blank tear-out version in Appendix C.

(Also, if you try unsuccessfully to locate the tenant and then the original tenant shows up after you have rerented the unit, evidence of your efforts will be some protection if the original tenant complains.) Start by phoning each personal and business reference on the tenant's rental application. If that doesn't work, ask neighbors and, finally, check with the police.

Another way to find a tenant who has left a forwarding address with the Post Office but not with you is to send the tenant a "return receipt requested" letter, and check the box on the form that asks the postal service to note the address where the letter was delivered. You'll get the tenant's new address when you receive the return receipt.

 Require tenants to notify you of extended absences. Clause 16 of the form lease and rental agreements (Chapter 2) requires tenants to inform you when they will be gone for an extended time, such as two or more weeks.

By requiring tenants to notify you of long absences, you'll know whether property has been abandoned or the tenant is simply on vacation. In addition, if you have such a clause and, under its authority, enter an apparently abandoned unit only to be confronted later by an indignant tenant, you can defend yourself by pointing out that the tenant violated the lease.

Consider a Buy-Out Agreement With a Tenant Who Wants to Leave Early

A tenant who wants to get out of a lease may offer to sweeten the deal by paying a little bit extra. In the world of big business, this is known as a "buy-out." For example, a tenant who wants to leave three months early might offer to pay half a month's extra rent and promise to be extra accommodating when you want to show the unit to prospective tenants. A sample Buy-Out Agreement is shown below.

Sample Buy-Out Agreement Between Landlord and Tenant

This Agreement is entered into on January 3, 200X between Colin Crest, Tenant, who leases the premises at 123 Shady Lane, Capitol City, California, and Marie Peterson, Landlord.

1. Under the attached lease, Tenant agreed to pay Landlord monthly rent of $1,000. Tenant has paid rent for the month of January 200X.

2. Tenant's lease expires on June 30, 200X, but Tenant needs to break the lease and move out on January 15, 200X.

3. Landlord agrees to release Tenant on January 15, 200X from any further obligation to pay rent in exchange for Tenant's promise to pay January's rent plus one and one-half months' rent ($1,500) by January 15, 200X.

4. Tenant agrees to allow Landlord to show his apartment to prospective new tenants on two hours' notice, seven days a week. If Tenant cannot be reached after Landlord has made a good-faith effort to do so, Landlord may enter and show the apartment.

5. If Tenant does not fulfill his promises as described in paragraphs 3 and 4 above, the attached lease, entered into on January 3, 200X, will remain in effect.

Colin Crest
_____
Colin Crest, Tenant

January 3, 200X
_____
Date

Marie Peterson
_____
Marie Peterson, Landlord

January 3, 200X
_____
Date

2. When Breaking a Lease Is Justified

There are some important exceptions to the blanket rule that a tenant who breaks a lease owes the rent for the entire lease term. A tenant may be able to legally move out without providing the proper notice in the following situations:

- **You violated an important lease provision.** If you don't live up to your obligations under the lease—for example, if you fail to maintain the unit in accordance with health and safety codes—a court will conclude that you have "constructively evicted" the tenant. That releases the tenant from further obligations under the lease. (Section B6, above, discusses constructive evictions.)
- **State law allows the tenant to leave early.** A few states' laws list reasons that allow a tenant to break a lease. For example, in Delaware, a tenant need only give 30 days' notice to end a long-term lease if he needs to move because his present employer relocated or because health problems (of the tenant or a family member) require a permanent move. In New Jersey, a tenant who has suffered a disabling illness or accident can break a lease and leave after 40 days' notice upon presenting proper proof of disability. In Oregon, a victim of domestic violence, sexual assault, or stalking may terminate the lease with 14 days' notice; Washington allows no-notice termination. (Ore. Rev. Stat. Ann. §§ 90.453 and following; Wash. Rev. Code Ann. §§ 59.18.575 and following.) In all states, tenants who enter active military duty after signing a lease must be released after delivering proper notice. (See "Special Rules for Tenants Who Enter Military Service," above.) If your tenant has a good reason for a sudden move, you may want to research your state's law to see whether or not he's still on the hook for rent.
- **The rental unit is damaged or destroyed.** If the rental is significantly damaged—either by natural disaster or any other reason beyond the tenant's control—the tenant may consider the lease terminated and move out. (See Chapter 9 for more details on this subject.)
- **You seriously interfere with the tenant's ability to enjoy his or her tenancy**—for example, by sexually harassing the tenant (see Chapter 5) or violating the tenant's privacy rights. (See Chapter 13 for more on privacy.)

3. Your Duty to Mitigate Your Loss If the Tenant Leaves Early

If a tenant breaks the lease and moves out without legal justification, you normally can't just sit back and wait until the end of the term of the lease, and then sue the departed tenant for the total lost rent. In most states, you must try to rerent the property reasonably quickly and keep your losses to a minimum—in legalese, to "mitigate damages." (Each state's rule is listed in "The Landlord's Duty to Rerent the Premises," below.)

Even if this isn't the legal rule in your state, trying to rerent is obviously a sound business strategy. It's much better to have rent coming in every month than to wait, leaving a rental unit vacant for months, and then try to sue (and collect from) a tenant who's long gone.

If your state requires you to mitigate damages but you don't make an attempt (or make an inadequate one) to rerent, and instead sue the former tenant for the whole rent, you will collect only what the judge thinks is the difference between the fair rental value of the property and the original tenant's promised rent. This can depend on how easy it is to rerent in your area. Also, a judge is sure to give you some time (probably at least 30 days) to find a new tenant.

EXAMPLE: Mark owns an apartment complex in a popular ski town and typically rents units for the winter season, from November to April. One year when the snow was particularly sparse, he was dismayed to discover that Janice, his tenant, had apparently skipped out on the last four months of her lease. The law in his state obligated him to take reasonable steps to mitigate the loss—that is, to attempt to rerent the unit and credit the proceeds against the four months' rent Janice owed. Mark advertised the unit and showed it to some interested people, but couldn't find an acceptable tenant.

The Landlord's Duty to Rerent the Premises						
State	Landlord must take reasonably prompt steps to rerent	Landlord has no duty to look for and rent to another tenant	Law is unclear or courts have not addressed the issue	State	Landlord must take reasonably prompt steps to rerent	Landlord has no duty to look for and rent to another tenant	Law is unclear or courts have not addressed the issue
Alabama		✓		Montana	✓		
Alaska	✓			Nebraska	✓		
Arizona	✓			Nevada	✓		
Arkansas		✓		New Hampshire			✓
California	✓			New Jersey	✓		
Colorado		✓		New Mexico	✓		
Connecticut	✓			New York			✓
Delaware	✓			North Carolina	✓		
DC		✓		North Dakota	✓		
Florida		✓		Ohio	✓		
Georgia		✓		Oklahoma	✓		
Hawaii	✓			Oregon	✓		
Idaho	✓			Pennsylvania		✓	
Illinois	✓			Rhode Island	✓		
Indiana	✓			South Carolina	✓		
Iowa	✓			South Dakota			✓
Kansas	✓			Tennessee	✓		
Kentucky	✓			Texas	✓		
Louisiana			✓	Utah	✓		
Maine	✓			Vermont		✓	
Maryland	✓			Virginia	✓		
Massachusetts		✓		Washington	✓		
Michigan			✓	West Virginia			✓
Minnesota		✓		Wisconsin	✓		
Mississippi		✓		Wyoming	✓		
Missouri		✓					

Mark then sued Janice for the four months' rent and showed the judge the advertisements, his activity log (substantiating the time he had spent trying to rerent the place), and the credit reports of the proposed tenants whom he had rejected. Satisfied that Mark had made a reasonable effort to mitigate his damages, the judge entered a judgment against Janice amounting to four months' rent, plus Mark's expenses.

⚠️ **No double-dipping is allowed.** Even if your state doesn't strictly enforce the mitigation-of-damages rules, if you rerent the property, you cannot also collect from the former tenant. Courts do not allow you to unjustly enrich yourself this way.

a. How to Mitigate Your Damages

When you're sure that a tenant has left permanently, then you can turn your attention to rerenting the unit.

You do not need to relax your standards for acceptable tenants—for example, you are entitled to reject applicants with poor credit or rental histories. Also, you need not give the suddenly available property priority over other rental units that you would normally attend to first.

You are not required to rent the premises at a rate below its fair market value. Keep in mind, however, that refusing to rent at less than the original rate may be foolish. If you are unable to ultimately collect from the former tenant, you will get *no* income from the property instead of less. You will have ended up hurting no one but yourself.

EXAMPLE: When the mail began to pile up and the rent went unpaid, Jack suspected that Lorna, his tenant, had broken the lease and moved out. When his suspicions were confirmed, he added her apartment to the list of vacant units that needed his attention. In the same way that he prepared every unit, Jack cleaned the apartment and advertised it. Three months after Lorna left, Jack succeeded in rerenting the apartment.

Jack sued Lorna in small claims court and won a judgment that included the costs of advertising and cleaning and the three months' rent that he lost before the unit was rerented.

Keep Good Records

If you end up suing a former tenant, you will want to be able to show the judge that you acted reasonably in your attempts to rerent the property. Don't rely on your memory and powers of persuasion to convince the judge. Keep detailed records, including:

- the original lease
- receipts for cleaning and painting, with photos of the unit showing the need for repairs, if any
- your expenses for storing or properly disposing of any belongings the tenant left
- receipts for advertising the property and bills from credit reporting agencies investigating potential renters
- a log of the time you spent showing the property, and a value for that time
- a log of any people who offered to rent and, if you rejected them, documentation as to why, and
- if the current rent is less than the original tenant paid, a copy of the new lease.

---

b. The Tenant's Right to Find a Replacement Tenant

A tenant who wishes to leave before the lease expires may offer to find a suitable new tenant, so that the flow of rent will remain uninterrupted. Unless you have a new tenant waiting, you have nothing to lose by cooperating. Refusing to cooperate could even hurt you. If you refuse to accept an excellent new tenant and then withhold the lease-breaking tenant's deposit or sue for unpaid rent, you may wind up losing in court, because you turned down the chance to reduce your losses (mitigate your damages).

Of course, if the rental market is really tight in your area, you may be able to lease the unit easily at a higher rent, or you may already have an even better prospective tenant on your waiting list. In that case, you won't care if a tenant breaks the lease, and you may not be interested in any new tenant he provides.

If you and the outgoing tenant agree on a replacement tenant, you and the new tenant should sign a new lease, and the outgoing tenant should sign a termination of lease form (discussed in Chapter 8). Since this is a new lease—not a sublease or assignment of the existing lease (also discussed in Chapter 8)—you can raise the rent if you wish, unless local rent control ordinances prohibit it.

4. When You Can Sue

If a tenant leaves prematurely, you may need to go to court and sue for rerental costs and the difference between the original and the replacement rent. Obviously, you should first use the tenant's security deposit to cover these costs. (See Chapter 15 discussion of using the deposit this way.)

Deciding *where* to sue is usually easy: Small claims court is usually the court of choice because it's fast, is affordable, and doesn't require a lawyer. If you're seeking an amount that's substantially above your state's limit, you may file in regular court—but if the excess is small, you may wisely decide to forgo it and use the fast, cheap small claims court. If your lease contains an attorney fees clause (as does the form agreement in Chapter 2), you may be able to recover your attorney fees.

> **EXAMPLE:** Cree has a year's lease at $800 per month. She moves out with six months ($4,800 of rent) left on the lease. Cree's landlord, Robin, cannot find a new tenant for six weeks, and when she finally does, the new tenant will pay only $600 per month.
>
> Unless Cree can show Robin acted unreasonably, Cree would be liable for the $200 per month difference between what she paid and what the new tenant pays, multiplied by the number of months left in the lease at the time she moved out. Cree would also be responsible

for $1,200 for the time the unit was vacant, plus Robin's costs to find a new tenant. Cree would thus owe Robin $2,400 plus advertising and applicant screening costs. If Robin sues Cree for this money and uses a lawyer, and if there is an attorney fee clause in her lease, Cree will also owe Robin these costs, which can be upwards of a few thousand dollars.

Knowing *when* to sue is trickier. You may be eager to start legal proceedings as soon as the original tenant leaves, but, if you do, you won't know the extent of your losses, because you might find another tenant who will make up part of the lost rent. Must you wait until the end of the original tenant's lease? Or can you bring suit when you re-rent the property?

The standard approach, and one that all states allow, is to go to court after you rerent the property. At this point, your losses—your expenses and the rent differential, if any—are known and final. The disadvantage is that you have had no income from that property since the original tenant left, and the original tenant may be long gone and not, practically speaking, worth chasing down.

Chapter 16 discusses how to file a small claims court suit. If you are suing in regular court and want legal advice, see Chapter 18, which covers how to find and work with a lawyer.

 Give accurate and updated information to credit bureaus about former tenants. The Fair Debt Collection Practices Act [FDCPA] (15 U.S. Code §§ 1692 and following) also applies when you give information to a credit reporting agency about a current or former tenant. The Act makes it illegal to give false information, and, if the tenant disputes the debt, you must mention the fact that the sum is disputed when you report it. You must notify the credit bureau if the tenant pays all or part of the debt.

The FDCPA even makes it illegal to give falsely *positive* information which you know to be untrue. When a credit bureau calls to ask about your least-favorite tenant who's applied for a home loan, don't describe him in falsely glowing terms, no matter how much you'd like to see him leave!

5. Termination Fees

A termination fee is a preset fee that landlords impose when tenants break a lease. They're often called cancellation fees, reletting fees, rerenting fees, or decorating fees. They're intended to compensate the landlord for the inconvenience and extra work caused by a broken lease, which include costs of cleaning, readying the unit for rerental, rekeying, advertising, showing the unit, and so on. Landlords who have to mitigate damages often add this fee to whatever loss of rent the landlord suffered before rerenting the unit. Landlords who do not have to mitigate damages may define the fee to cover both the inconvenience of the broken lease plus any lost rents.

If you've followed us through this section, you already know what the problem is with termination fees: They are preset damage amounts and, as such, are liquidated damages, which ought to run smack up against the ban on such damages in states that disallow them for lost rents. Quite so, but even in states that don't ban liquidated damages, they are ripe for attack under consumer protection statutes, which offer other ways to go after liquidated damages. Recently, they've appeared on plaintiffs' attorneys' radar, and have been disallowed in several states. The advice given to landlords by their attorneys and trade associations is uniform: Don't use them.

If you're determined to use a termination fee, understand that it must accurately reflect the financial losses you suffer when a tenant takes off unexpectedly, such as staff time spent securing the apartment or trying to locate the departed tenant. You cannot simply charge the tenant for your costs of rerenting, since you'd incur that expense at the end of the term.

E. When a Tenant Dies

Occasionally, you may be faced with the death of a tenant who lives alone. Because lawyers and public agencies are bound to be involved, be sure to comply with the law, even though your first urge may be to clear out the property and rent it as quickly as possible.

Whenever you or someone else first suspects or learns of a death of a tenant, immediately call the police or fire department. Next, try to reach the tenant's emergency contact listed on the rental application.

1. Preserving the Deceased Tenant's Property

After the body is removed, you must take reasonable precautions to preserve the deceased tenant's property. You have no legal right to let relatives or friends take anything from the premises—and, if you do allow this, you could be sued by the true heirs. The only possible exception is to allow the tenant's next of kin to remove personal effects needed for the funeral, such as the deceased's clothing.

Lock the door and keep everyone out of the premises. If you know or suspect that others have keys, you may even want to put a padlock on the door or change the locks. Open the rental unit only for a person with legal authority to dispose of the decedent's property. (See Section 2, below.) This may involve you in some unpleasant confrontations with pushy relatives or friends, but you are far better off to refuse entry and endure some uncomfortable moments than to risk being sued as the one who allowed unauthorized persons to plunder the estate.

Protect yourself from charges of appropriation. It is not unusual for an appreciable amount of time to go by before someone shows up with the proper authority to claim the tenant's belongings and clear out the unit. Generally, you may store the belongings and rerent the premises. Indeed, if the tenant had a fixed-term lease, you must take reasonably prompt steps to rerent, in order to minimize your losses (discussed above). Be careful, however, to carefully inventory the possessions. As an added precaution, have a disinterested helper with you who can testify to your honesty and thoroughness.

2. Releasing the Tenant's Property

You should and must release the decedent's personal belongings only to someone with legal authority. Depending on how the deceased left his affairs and the size of his estate, the authorized person will be:

- **The executor.** If the tenant left a will, it probably names an executor. This person is entitled to access to the property. If the tenant left enough valuable property, the executor will be supervised by the probate court and will have a court order showing his authority. Ask to see the original court order, which will have a file stamp from the court on the first page and the original signature of the judge.
- **The inheritors.** If there is no probate proceeding, there is no court-authorized executor. You may release property to the persons entitled (under the terms of a will or trust) to inherit it. Usually, the inheritors must give you a signed, sworn statement (affidavit or declaration signed under penalty of perjury) stating that they are entitled to the property; the particulars depend on state law. Also ask to see a certified copy of the death certificate.
- **The administrator.** If the tenant died without a will and left more than a certain amount of property (each state has its own rules), the probate court will appoint an administrator to wind up his affairs. The tenant's close relatives will inherit the tenant's possessions.
- **The successor trustee.** If the tenant created a probate-avoiding living trust and transferred his personal property to it, the person in authority will be called the successor trustee. Ask to see the original trust document, signed and notarized, and a certified copy of the death certificate.

If someone shows up and claims to have the right to the tenant's belongings, how can you make sure that this person is, in fact, entitled to the items? Ask for a current picture ID of the person claiming authority, and a legal document (one of those listed above) conferring authority. Make sure everyone who takes property signs a receipt for it.

> ⚠️ **Don't get caught in the middle of a family fight.** If you are not sure of the authority of someone who wants to take the tenant's property, or if relatives are squabbling about who gets what, protect yourself. Insist that the claimants either show you convincing documents or show up with a probate court order.
>
> Disputes are especially common between the surviving member of an unmarried couple and the relatives of the deceased member of the couple. Don't get caught in a nasty crossfire.

3. Making a Claim on the Estate

After all the deceased tenant's property is removed, you may be left with losses not covered by the deposit:

- repair costs
- if the deceased rented month to month, unpaid rent from before and up to the tenant's death
- if the tenant died before the expiration of a fixed-term lease, unpaid rent for the balance of the lease term, less income you have as a consequence of rerenting, and
- storage costs.

To pay these bills, consider making a claim on the deceased tenant's estate (the assets he or she left). If a probate court proceeding has been initiated, you can submit a filled-out creditor's claim form (available from the court clerk) to the probate court. You will have a certain amount of time—a few months, in most states—in which to file your claim.

If the deceased tenant's assets were passed through a probate-avoiding trust, and there are no probate court proceedings, you will need to ask the successor trustee for payment. If there is neither a trust nor probate (because the tenant did not leave property of enough value to require probate), the best you can do is to bill the executor. If there is no will and no probate proceeding because the estate is too small, try billing the next of kin.

F. Condominium Conversions

Converting a rental property into condominiums usually means the end of a tenant's tenancy. But condo conversions are not always simple.

Many states, such as California, Connecticut, and New York, regulate the conversion of rental property into condominiums—that is, they limit the number of conversions and give existing tenants considerable rights, as explained below. Here are some of the basic issues that your state's condo conversion law may address:

- **Government approval.** Converting rental property to condos usually requires plan approval (often called a "subdivision map approval") from a local planning agency. If the property is subject to rent control, there are probably additional requirements.

- **Public input.** In most situations, the public—including current tenants—can speak out at planning agency hearings regarding the proposed condominium conversion and its impact on the rental housing market. You are usually required to give tenants notice of the time and place of these hearings.

- **Tenants' right of first refusal.** Most condominium conversion laws demand that you offer the units for sale first to the existing tenants, at prices that are the same as or lower than the intended public offering. To keep tenant opposition to a minimum, you may decide to voluntarily offer existing tenants a chance to buy at a significantly lower price.

- **Tenancy terminations.** Month-to-month tenants who don't buy their units should receive notice to move at some point during the sales process. Tenants with leases usually have a right to remain through the end of the lease. The entire condo conversion approval process typically takes many months—time enough for current leases to expire before the final okay has been given.

- **Renting after the conversion has been approved.** If you offer a lease or rental agreement *after* the condo conversion has been approved, many states require you to give the tenant plenty of clear written warnings (in large, bold-faced type) that the unit may be sold and the tenancy terminated on short notice. But, if you continue to rent units after you've gotten subdivision approval, you'll usually do so on a month-to-month basis, so the short notice really won't be any different from what any month-to-month tenant would receive.

- **Relocation assistance and special protections.** Some statutes require owners to pay current tenants a flat fee to help with relocation. Some also require owners to provide more notice or additional relocation assistance for elderly tenants or those with small children.

For advice on researching your state's statutes and court cases on condominium conversions, see the discussion of legal research in Chapter 18.

Returning Security Deposits and Other Move-Out Issues

A. Preparing a Move-Out Letter 342

B. Inspecting the Unit When a Tenant Leaves 345

C. Applying the Security Deposit to the Last Month's Rent 346

D. Basic Rules for Returning Deposits 347

E. Deductions for Cleaning and Damage 347

    1. Reasonable Deductions 349

    2. Common Disagreements 349

F. Deductions for Unpaid Rent 351

    1. Month-to-Month Tenancies 351

    2. Fixed-Term Leases 352

    3. Deducting Rent After You've Evicted a Tenant 352

G. Preparing an Itemized Statement of Deductions 353

    1. Returning the Entire Deposit 354

    2. Itemizing Deductions for Repairs, Cleaning, and Related Losses 354

    3. Itemizing Deductions for Repairs, Cleaning, and Unpaid Rent 357

    4. Handling Deposits When a Tenant Files for Bankruptcy 357

H. Mailing the Security Deposit Itemization 360

I. Security Deposits From Cotenants 360

J. If a Tenant Sues You 361

    1. When a Tenant May Sue 361

    2. Settling a Potential Lawsuit 361

    3. Preparing for a Small Claims Court Hearing 362

    4. Penalties for Violating Security Deposit Laws 364

K. If the Deposit Doesn't Cover Damage and Unpaid Rent 364

    1. The Demand Letter 365

    2. Should You Sue? 365

L. What to Do With Property Abandoned by a Tenant 366

    1. Why Has the Tenant Left? 367

    2. When the Tenant Owes You Money 368

    3. Legal Notice Requirements 369

    4. How to Handle Abandoned Property 369

As any small claims court judge will tell you, fights over security deposits account for a large percentage of the landlord-tenant disputes that wind up in court. A landlord's failure to return security deposits as legally required can result in substantial financial penalties if a tenant files suit.

Fortunately, you can take some simple steps to minimize the possibility that you'll spend hours haggling in court over back rent, cleaning costs, and damage to your property. First, of course, you must follow the law scrupulously when you return security deposits. But it's also wise to send the tenant, before he or she moves out, a letter setting out your expectations for how the unit should be left.

This chapter shows you how to itemize deductions and refund security deposits as state laws require, and how to protect yourself both at the time of move-in and at termination. It describes the penalties you face for violating security deposit laws. This chapter also covers how to defend yourself against a tenant's lawsuit as well as the occasional necessity of taking a tenant to small claims court if the deposit doesn't cover unpaid rent, damage, or cleaning bills. Finally, it discusses what to do when a tenant moves out and leaves personal property behind.

We cover key aspects of state deposit law in this chapter and in Chapter 4. In addition, be sure to check local ordinances in all areas where you own property. Cities, particularly those with rent control, may add their own rules on security deposits.

Related topics covered in this book include:
- How to avoid deposit disputes by using clear lease and rental agreement provisions: Chapter 2
- How much you can charge for deposits; state requirements for keeping deposits in a separate account or paying interest: Chapter 4
- Highlighting security deposit rules in a move-in letter to new tenants; taking photographs and using a Landlord-Tenant Checklist to keep track of the condition of the premises before and after the tenant moves in: Chapter 7.

A. Preparing a Move-Out Letter

Chapter 7 explains how a move-in letter can help get a tenancy off to a good start. Similarly, a move-out letter can also help reduce the possibility of disputes, especially over the return of security deposits.

Your move-out letter should tell the tenant how you expect the unit to be left, explain your inspection procedures, list the kinds of deposit deductions you may legally make, and tell the tenant when and how you will send any refund that is due.

A sample Move-Out Letter is shown below. You may want to add or delete items depending on your own needs and how specific you wish to be.

The Forms CD includes a copy of the Move-Out Letter. You'll also find a blank tear-out version in Appendix C at the back of this book.

Here are a few points you may want to include in a move-out letter:
- specific cleaning requirements, such as bombing for fleas if the tenant has a dog, what to do about stained draperies that need special cleaning, or how to fix holes left from picture hooks or clean dirty walls
- a reminder that fixtures (items that the tenant attaches more or less permanently to the wall, such as built-in bookshelves) must be left in place (see the discussion of fixtures in Chapter 9 and Clause 12 of the form agreements in Chapter 2)
- details of how and when the final inspection will be conducted (see Section B, below)
- a request for a forwarding address where you can mail the tenant's deposits, and
- information on state laws (if any) that allow a landlord to keep a tenant's security deposit if the tenant's forwarding address is not provided within a certain amount of time (see Section H, below).

Move-Out Letter

July 5, 200X
Date

Jane Wasserman
Tenant

123 North Street, Apartment #23
Street Address

Atlanta, Georgia 30360
City and State

Dear ___Jane_____,
Tenant

We hope you have enjoyed living here. In order that we may mutually end our relationship on a positive note, this move-out letter describes how we expect your unit to be left and what our procedures are for returning your security deposit.

Basically, we expect you to leave your rental unit in the same condition it was when you moved in, except for normal wear and tear. To refresh your memory on the condition of the unit when you moved in, I've attached a copy of the Landlord-Tenant Checklist you signed at the beginning of your tenancy. I'll be using this same form to inspect your unit when you leave.

Specifically, here's a list of items you should thoroughly clean before vacating:

- ☑ Floors
    - ☑ sweep wood floors
    - ☑ vacuum carpets and rugs (shampoo if necessary)
    - ☑ mop kitchen and bathroom floors
- ☑ Walls, baseboards, ceilings, and built-in shelves
- ☑ Kitchen cabinets, countertops and sink, stove and oven—inside and out
- ☑ Refrigerator—clean inside and out, empty it of food, and turn it off, with the door left open
- ☑ Bathtubs, showers, toilets, and plumbing fixtures
- ☑ Doors, windows, and window coverings
- ☑ Other

Microwave oven—clean inside and out

_____

_____

_____

_____

_____

_____

_____

_____

_____

If you have any questions as to the type of cleaning we expect, please let me know.

Please don't leave anything behind—that includes bags of garbage, clothes, food, newspapers, furniture, appliances, dishes, plants, cleaning supplies, or other items that belong to you.

Please be sure you have disconnected phone and utility services, canceled all newspaper subscriptions, and sent the post office a change of address form.

Once you have cleaned your unit and removed all your belongings, please call me at ___555-1234___ to arrange for a walk-through inspection and to return all keys. Please be prepared to give me your forwarding address where we may mail your security deposit.

It's our policy to return all deposits either in person or at an address you provide within ___one month___ _____ after you move out. If any deductions are made—for past due rent or because the unit is damaged or not sufficiently clean—they will be explained in writing.

If you have any questions, please contact me at ___555-1234___.

Sincerely,

Denise Parsons
Landlord/Manager

B. Inspecting the Unit When a Tenant Leaves

After the tenant leaves, you will need to inspect the unit to assess what cleaning and damage repair is necessary. At the final inspection, check each item—for example, refrigerator or bathroom walls—on the Landlord-Tenant Checklist you and the tenant signed when the tenant moved in. (An excerpt is shown here. See Chapter 7 for a complete Checklist.) Note any item that needs cleaning, repair, or replacement in the middle column, *Condition on Departure*. Where possible, note the estimated cost of repair or replacement in the third column; you can subtract those costs from the security deposit.

California has special rules and procedures for move-out inspections. California tenants are entitled to a pre-move-out inspection, when you tell the tenant what defects, if any, need to be corrected in order for the tenant to optimize the security deposit refund. California landlords must notify the tenant in writing of the right to request an initial inspection, at which the tenant has a right to be present. (Cal. Civ. Code 1950.5 (f).) For details, see *The California Landlord's Law Book: Rights & Responsibilities*, by David Brown and Janet Portman (Nolo). This book is available at bookstores and public libraries, or may be ordered directly from Nolo (online at www.nolo.com or by phone, 800-728-3555).

Many landlords do this final inspection on their own and simply send the tenant an itemized statement with any remaining balance of the deposit. If at all possible, we recommend that you make the inspection with the tenant who's moving out, rather than by yourself. A few states actually require this. Laws in Arizona, Maryland, and Virginia, for example, specifically give tenants the right to be present when you conduct the final inspection. Doing the final inspection with the tenant present (in a conciliatory, nonthreatening way) should alleviate any of the tenant's uncertainty concerning what deductions (if any) you propose to make from the deposit. It also gives the tenant a chance to present her point of view. But, best of all, this approach avoids the risk that a tenant who feels unpleasantly surprised by the amount you withhold from the deposit will promptly take the matter to small claims court.

If you have any reason to expect a tenant to take you to court over deductions you plan to make

Landlord-Tenant Checklist
GENERAL CONDITION OF RENTAL UNIT AND PREMISES

572 Fourth St.
_____
Street Address

Apt. 11   Washington, D.C.
_____
Unit No.   City

	Condition on Arrival	Condition on Departure	Estimated Cost of Repair/Replacement
Living Room			
Floors & Floor Coverings	OK	OK	Ø
Drapes & Window Coverings	Miniblinds discolored	Miniblinds missing	$75
Walls & Ceilings	OK	Several holes in wall	$100
Light Fixtures	OK	OK	Ø
Windows, Screens, & Doors	Window rattles	OK	Ø
Door & Locks	OK		

from a security deposit, have the unit examined by another, more neutral person, such as another tenant in the same building. This person should be available to testify in court on your behalf, if necessary, should you end up in small claims court.

💡 **Photograph "before" and "after."** In Chapter 7, we recommend that you photograph or videotape the unit before the tenant moves in. You should do the same when the tenant leaves, so that you can make comparisons and have visual proof in case you are challenged later in court.

To be on the safe side, keep your inspection notes, photos, tapes, and related records for at least two years. Technically speaking, in most states tenants have up to four years to sue you over security deposit agreements, but few will do so after a year or so.

Should You Let the Tenant Clean or Fix the Damage?

Many tenants, faced with losing a large chunk of their security deposit, may want the chance to do some more cleaning or repair any damage you've identified in the final inspection. A few states require you to offer the tenant a second chance at cleaning before you deduct cleaning charges from the security deposit. Even if your state does not require it, you may wish to offer a second chance anyway if the tenant seems sincere and capable of doing the work. This may help avoid arguments and maybe even a small claims action. But, if you need to get the apartment ready quickly for another tenant or doubt the tenant's ability to do the work, just say no. And think twice if repairs are required, not just cleaning. If a tenant does a repair poorly—for example, improperly tacking down a carpet that later causes another tenant to trip and injure herself—you will be liable for the injury. (Chapter 10 discusses your liability for injuries on the premises.)

C. Applying the Security Deposit to the Last Month's Rent

If no portion of the tenant's deposit was called last month's rent, you are not legally obliged to apply it in this way. When giving notice, a tenant may ask you to apply the security deposit towards the last month's rent. (Chapter 4 discusses last month's rent and deposits.)

Why should you object if a tenant asks to use a deposit you are already holding as payment for the last month's rent? The problem is that you can't know in advance what the property will look like when the tenant leaves. If the tenant leaves the property a mess, but the whole security deposit has gone to pay the last month's rent, obviously you will have nothing left to use to repair or clean the property. You will have to absorb the loss or sue the tenant.

You have two choices if you are faced with a tenant who wants to use a security deposit for last month's rent. The first alternative is to grant the tenant's request. Tell the tenant that you'll need to make a quick inspection first, and then, if you have good reason to believe that the tenant will leave the property clean and undamaged, don't worry about the last month's rent. (But don't forget to send the tenant a written statement setting out what happened to the deposit. You can prepare a brief letter, similar to the one we show in Section G, below, for returning the tenant's entire security deposit.)

Your second choice is to treat the tenant's nonpayment (or partial payment) of the last month's rent as an ordinary case of rent nonpayment. This means preparing and serving the notice necessary to terminate the tenancy, and, if the tenant doesn't pay, following up with an eviction lawsuit. But because it typically takes at least several weeks to evict a tenant, this probably won't get the tenant out much sooner than he would leave anyway. However, it will provide you with a court judgment for the unpaid last month's rent. This means that you may use the security deposit to pay for cleaning and repair costs, and apply any remainder to the judgment for nonpayment of rent. You then take your judgment and attempt to enforce it, as discussed in Section K, below.

> **EXAMPLE:** Ari paid his landlord Jack a $600 deposit when he rented his $500-per-month apartment on a month-to-month basis. The rental agreement required Ari to give 30 days' notice before terminating the tenancy.
>
> Ari told Jack on November 1 that he would be leaving at the end of the month, but he did not pay his rent for November. When he left on December 1, he also left $500 worth of damages. Jack followed his state's procedures for itemizing and returning security deposits, and applied the $600 deposit to cover the damage. This left Jack with $100 for the $500 rent due, so he sued in small claims court for the $400 still owing. Jack was awarded a judgment for $400 plus the filing fee.

D. Basic Rules for Returning Deposits

You are generally entitled to deduct from a tenant's security deposit whatever amount you need to fix damaged or dirty property (outside of "ordinary wear and tear") or to make up unpaid rent. (See Chapter 4, Section A.) But you must do it correctly, following your state's procedures. While the specific rules vary from state to state, you usually have between 14 and 30 days after the tenant leaves to return the tenant's deposit. See "Deadlines for Landlords to Itemize and Return Deposit," below.

State security deposit statutes typically require you to mail, within the time limit, the following to the tenant's last known address (or forwarding address if you have one):

- The tenant's entire deposit, with interest if required (see Chapter 4 for state laws requiring interest), or
- A written, itemized accounting as to how the deposit has been applied toward back rent and costs of cleaning and damage repair, together with payment for any deposit balance, including any interest that is required. (Section G, below, shows how to prepare an itemized statement,

including how to handle situations when you're not sure of the exact deductions.)

Even if there is no specific time limit in your state or law requiring itemization, promptly presenting the tenant with a written itemization of all deductions and a clear reason why each was made is an essential part of a savvy landlord's overall plan to avoid disputes with tenants. In general, we recommend 30 days as a reasonable time to return deposits.

Send an itemization even if you don't send money. Quite a few landlords mistakenly believe that they don't have to account for the deposit to a tenant who's been evicted by court order or who breaks the lease. But a tenant's misconduct does not entitle a landlord to pocket the entire deposit without further formality. In general, even if the tenant leaves owing several months' rent—more than the amount of the deposit—you still must notify the tenant in writing, within the time limit, as to how the deposit has been applied toward cleaning or repair charges and unpaid rent. You may then need to sue the tenant if the deposit doesn't cover damage and unpaid rent.

The chart below shows the deadline each state sets for returning a tenant's security deposit after the tenancy is terminated. The term "No statutory deadline" means that the state either does not have a security deposit statute or has a statute but does not specify a deadline for returning deposits.

E. Deductions for Cleaning and Damage

As you can imagine, many disputes over security deposits revolve around whether or not it was reasonable for the landlord to deduct the cost of cleaning or repairing the premises after the tenant moved. Unfortunately, standards in this area are often vague. Typically, you may charge for any cleaning or repairs necessary to restore the rental unit to its condition at the beginning at the tenancy, but not deduct for the cost of ordinary wear and tear.

Deadlines for Landlords to Itemize and Return Deposit

State	Deadline for Returning Security Deposit	State	Deadline for Returning Security Deposit
Alabama	No security deposit statute	Minnesota	Three weeks after tenant leaves and landlord receives mailing address; five days if tenant must leave due to building condemnation
Alaska	14 days if the tenant gives proper notice to terminate tenancy; 30 days if the tenant does not give proper notice	Mississippi	45 days
		Missouri	30 days
Arizona	14 days	Montana	30 days (10 days if no deductions)
Arkansas	30 days	Nebraska	14 days
California	Three weeks	Nevada	30 days
Colorado	One month, unless lease agreement specifies longer period of time (which may be no more than 60 days); 72 hours (not counting weekends or holidays) if a hazardous condition involving gas equipment requires tenant to vacate	New Hampshire	30 days
		New Jersey	30 days; five days in case of fire, flood, condemnation, or evacuation
		New Mexico	30 days
		New York	Reasonable time
		North Carolina	30 days
Connecticut	30 days, or within 15 days of receiving tenant's forwarding address, whichever is later	North Dakota	30 days
		Ohio	30 days
		Oklahoma	30 days
Delaware	20 days	Oregon	31 days
District of Columbia	45 days	Pennsylvania	30 days
		Rhode Island	20 days
Florida	15 to 60 days depending on whether tenant disputes deductions	South Carolina	30 days
		South Dakota	Two weeks
Georgia	One month	Tennessee	No statutory deadline for returning deposit (10-day deadline to itemize)
Hawaii	14 days		
Idaho	21 days or up to 30 days if landlord and tenant agree	Texas	30 days
Illinois	30-45 days depending on whether deductions were made	Utah	30 days, or within 15 days of receiving tenant's forwarding address, whichever is later
Indiana	45 days		
Iowa	30 days		
Kansas	30 days	Vermont	14 days
Kentucky	30-60 days depending on whether tenant disputes deductions	Virginia	45 days
		Washington	14 days
Louisiana	One month	West Virginia	No security deposit statute
Maine	21 days (tenancy at will) or 30 days (written rental agreement)	Wisconsin	21 days
Maryland	30-45 days depending on whether tenant has been evicted or has abandoned the premises	Wyoming	30 days, or within 15 days of receiving tenant's forwarding address, whichever is later. If there is damage, deadline is extended for 60 days.
Massachusetts	30 days	For details, check your statute. See "State Security Deposit Rules" in Appendix A.	
Michigan	30 days		

1. Reasonable Deductions

In general, you may charge only for cleaning and repairs that are actually necessary. Items for which cleaning is often necessary—and costly—include replacing stained or ripped carpets or drapes (particularly smoke-contaminated ones) fixing damaged furniture, and cleaning dirty stoves, refrigerators, and kitchen and bathroom fixtures. You may also need to take care of such things as flea infestations left behind by the tenant's dog or mildew in the bathroom caused by the tenant's failure to clean properly. (That's why we recommend highlighting these types of trouble spots in a move-out letter. See Section A, above, for a sample move-out letter.)

That said, every move-out is different in its details, and there are simply no hard and fast rules on what is wear and tear and what is your tenant's responsibility. But here are some basic guidelines:

- You should not charge the tenant for filth or damage that was present when the tenant moved in.
- You should not charge the tenant for replacing an item when a repair would be sufficient. For example, a tenant who damaged the kitchen counter by placing a hot pan on it shouldn't be charged for replacing the entire counter if an expertly done patch will do the job. Of course, you have to evaluate the overall condition of the unit—if it is a luxury property that looks like an ad in *Architectural Digest*, you don't need to make do with a patch.
- The longer a tenant has lived in a place, the more wear and tear can be expected. In practical terms, this means that you can't always charge a tenant for cleaning carpets, drapes, or walls, or repainting.
- You should not charge for cleaning if the tenant paid a nonrefundable cleaning fee. Landlords in some states are allowed to charge a cleaning fee, which is separate from the security deposit and is specifically labeled as nonrefundable. (See Chapter 4.)
- You should charge a fair price for repairs and replacements.

You can deduct a reasonable hourly charge if you or your employees do any necessary cleaning. If you have cleaning done by an outside service, be sure to keep your canceled checks, and have the service itemize the work. It's wise to patronize only those cleaning services whose employees are willing to testify for you, or at least send a letter describing what they did in detail, if the tenant sues you in small claims court contesting your deposit deductions. (See Section J, below.)

Don't overdo deductions from security deposits. When you make deductions for cleaning or damage, it's often a mistake to be too aggressive. Tenants who believe they've been wronged (even if it isn't true) are likely to go to small claims court. The result will be that you or an employee will spend hours preparing your defense, waiting around the courthouse, and presenting your side of the case. Even if you prevail (or, as is most likely, the judge makes a compromise ruling), the value of the time involved will have been considerable. In the long run, it may be wiser to withhold a smaller portion of the deposit in the first place.

See "What Can You Charge For?" below, for some examples of what a court will consider to be ordinary wear and tear, and what crosses the line and is considered damage that the tenant must pay for.

2. Common Disagreements

Common areas of disagreement between landlords and tenants concern repainting, carpets, and fixtures.

a. Painting

Although most state and local laws (with the exception of New York City) provide no firm guidelines as to who is responsible for repainting when a rental unit needs it, courts usually rule that if a tenant has lived in your unit for many years, repainting should be done at your expense, not the tenant's. On the other hand, if a tenant has lived in

What Can You Charge For?	
Ordinary Wear and Tear: Landlord's Responsibility	**Damage or Excessive Filth: Tenant's Responsibility**
Curtains faded by the sun	Cigarette burns in curtains or carpets
Water-stained linoleum by shower	Broken tiles in bathroom
Minor marks on or nicks in wall	Large marks on or holes in wall
Dents in the wall where a door handle bumped it	Door off its hinges
Moderate dirt or spotting on carpet	Rips in carpet or urine stains from pets
A few small tack or nail holes in wall	Lots of picture holes or gouges in walls that require patching as well as repainting
A rug worn thin by normal use	Stains in rug caused by leaking fish tank
Worn gaskets on refrigerator doors	Broken refrigerator shelf
Faded paint on bedroom wall	Water damage on wall from hanging plants
Dark patches of ingrained soil on hardwood floors that have lost their finish and have been worn down to bare wood	Water stains on wood floors and windowsills caused by windows being left open during rainstorms
Warped cabinet doors that won't close	Sticky cabinets and interiors
Stains on old porcelain fixtures that have lost their protective coating	Grime-coated bathtub and toilet
Moderately dirty miniblinds	Missing miniblinds
Bathroom mirror beginning to "de-silver" (black spots)	Mirrors caked with lipstick and makeup
Clothes dryer that delivers cold air because the thermostat has given out	Dryer that won't turn at all because it's been overloaded
Toilet flushes inadequately because mineral deposits have clogged the jets	Toilet won't flush properly because it's stopped up with a diaper

a unit for less than a year, and the walls were freshly painted when she moved in but are now a mess, you are entitled to charge the tenant for all costs of cleaning the walls. If repainting badly smudged walls is cheaper and more effective than cleaning, however, you can charge for repainting. See "When to Charge the Tenant for Repainting," below.

When to Charge the Tenant for Repainting

One landlord we know uses the following approach, with excellent success, when a tenant moves out and repainting is necessary:

- If the tenant has occupied the premises for six months or less, the full cost of repainting (labor and materials) is subtracted from the deposit.
- If the tenant lived in the unit between six months and a year, and the walls are dirty, two-thirds of the painting cost is subtracted from the deposit.
- Tenants who occupy a unit for between one and two years and leave dirty walls are charged one-third of the repainting cost.
- No one who stays for two years or more is ever charged a painting fee. No matter how dirty the walls become, the landlord would always repaint as a matter of course if more than two years had passed since the previous painting.

Obviously, these general rules must be modified occasionally to fit particular circumstances.

b. Rugs and Carpets

If the living room rug was already threadbare when the tenant moved in a few months ago and looks even worse now, it's pretty obvious that the tenant's footsteps have simply contributed to the inevitable, and that this wear and tear is not the tenant's responsibility. On the other hand, a brand-new, good quality rug that becomes stained and full of bare spots within months has probably been subjected to the type of abuse the tenant will have to pay for. In between, it's anyone's guess. But clearly, the longer a tenant has lived in a unit, and the cheaper or older the carpet was when the tenant moved in, the less likely the tenant is to be held responsible for its deterioration.

> **EXAMPLE:** A tenant has ruined an eight-year old rug that had a life expectancy of ten years. If a replacement rug would cost $1,000, you would charge the tenant $200 for the two years of life that would have remained in the rug had their dog not ruined it.

c. Fixtures

The law generally considers pieces of furniture or equipment that are physically attached to the rental property, such as bolted-on bookshelves, to be your property, even if the tenant (not you) paid for them. Disputes often arise when tenants, unaware of this rule, install a fixture and then attempt to remove it and take it with them when they leave. To avoid this kind of dispute, the lease and rental agreements in this book forbid tenants from altering the premises without your consent. That includes the installation of fixtures. (See Clause 12 of the form agreements in Chapter 2.)

If the tenant leaves behind a row of bookshelves, you can remove the shelves, restore the property to the same condition as before they were installed, and subtract the cost from the tenant's security deposit. Unless your lease or rental agreement says otherwise, you do not have to return the bookcases to the tenant. Legally, you've only removed something that has become part of the premises and, hence, your property. Chapter 9 offers suggestions on how to avoid disputes with tenants over fixtures.

F. Deductions for Unpaid Rent

In most states you can deduct any unpaid rent from a tenant's security deposit, including any unpaid utility charges or other financial obligations required under your lease or rental agreement.

> ⚠️ **Even if the tenant's debt far exceeds the amount of the security deposit, do not ignore your statutory duties to itemize and notify the former tenant of your use of the security deposit.** It may seem like a waste of time, but some courts will penalize you for ignoring the statute, even if you later obtain a judgment that puts the stamp of approval on your use of the deposit.

1. Month-to-Month Tenancies

If you rent on a month-to-month basis, ideally your tenant will give the right amount of notice and pay for the last month's rent. Usually, the notice period is the same as the rental period: 30 days. Then, when the tenant leaves as planned, the only issue with respect to the security deposit is whether the tenant has caused any damage or left the place dirty. But there are three common variations on this ideal scenario, and they all allow you to deduct from the tenant's security deposit for unpaid rent:

- The tenant leaves as announced, but with unpaid rent behind.
- The tenant leaves later than planned, and hasn't paid for the extra days.
- The tenant leaves as announced, but hasn't given you the right amount of notice.

Let's look at each situation.

a. The Tenant Leaves With Rent Unpaid

If the tenant has been behind on the rent for months, you are entitled to deduct what is owed from the security deposit—either during the tenancy or when the tenant leaves.

b. The Tenant Stays After the Announced Departure Date

A tenant who fails to leave when planned (or when requested, if you have terminated the rental agreement) obviously isn't entitled to stay on rent-free. When the tenant eventually does leave, you can figure the exact amount owed by prorating the monthly rent for the number of days the tenant has failed to pay.

EXAMPLE: Your tenant Erin gives notice on March 1 of her intent to move out. She pays you the rent of $1,200 for March. But because she can't get into her new place on time, Erin stays until April 5 without paying anything more for the extra five days. You are entitled to deduct 5/30 (one-sixth) of the total month's rent, or $200, from Erin's security deposit.

c. The Tenant Gives Inadequate Notice

A tenant who gives less than the legally required amount of notice before leaving (typically 30 days) must pay rent for that entire period. If the tenant gave less than the legally required amount of notice and moved out, you are entitled to rent money for the balance of the notice period unless the place is rerented within the 30 days. (Chapter 14 covers notice requirements for terminating a tenancy.)

EXAMPLE 1: Your tenant Tom moves out on the fifth day of the month, without giving you any notice or paying any rent for the month. The rental market is flooded, and you are unable to rerent the property for two months. You are entitled to deduct an entire month's rent (for the missing 30 days' notice) plus one-sixth of one month (for the five holdover days for which Tom failed to pay rent).

EXAMPLE 2: Sheila pays her $900 monthly rent on October 1. State law requires 30 days' notice to terminate a tenancy. On October 15, Sheila informs you that she's leaving on the 25th. This gives you only ten days' notice, when you're entitled to 30. You're entitled to rent through the 30th day, counting from October 15, or November 14, unless you find a new tenant in the meantime. Because the rent is paid through October 31, Sheila owes you the prorated rent for 14 days in November. At $900 per month or $30 a day, this works out to $420, which you can deduct from Sheila's security deposit.

2. Fixed-Term Leases

If a tenant leaves before a fixed-term lease expires, you are usually entitled to the balance of the rent due under the lease, less any rent you receive from new tenants or could have received if you had made a diligent effort to rerent the property.

If a tenant leaves less than a month before the lease is scheduled to end, you can be almost positive that, if the case goes to court, a judge will conclude that the tenant owes rent for the entire lease term. It would be unreasonable to expect you to immediately find a new tenant to take over the few days left of the lease. But if the tenant leaves more than 30 days before the end of a lease, your duty to look for a new tenant will be taken more seriously by the courts. (See Chapter 14 for more on your duty to try to rerent the property promptly.)

EXAMPLE: On January 1, Anthony rents a house from Will for $1,200 a month and signs a one-year lease. Anthony moves out on June 30, even though six months remain on the lease, making him responsible for a total rent of $7,200. Will rerents the property on July 10, this time for $1,250 a month (the new tenants pay $833 for the last 20 days in July), which means that he'll receive a total rent of $7,083 through December 31. That's $117 less than the $7,200 he would have received from Anthony had he lived up to the lease, so Will may deduct $117 from Anthony's deposit. In addition, if Will has spent a reasonable amount of money to find a new tenant (for newspaper ads, rental agency commissions, and credit checks), he may also deduct this sum from the deposit.

3. Deducting Rent After You've Evicted a Tenant

In most states, if you successfully sue to evict a holdover tenant, you will obtain a court order telling the tenant to leave (which you give to a law enforcement agency to enforce) and a money judgment ordering the tenant to pay you rent through the date of the judgment. Armed with these court orders, you can subtract from the security deposit:

- the amount of the judgment, and
- prorated rent for the period between the date of the judgment and the date the tenant actually leaves.

EXAMPLE: Marilyn sues to evict a tenant who fails to pay May's rent of $900. She gets an eviction judgment from the court on June 10 for rent prorated through that date. The tenant doesn't leave until the 17th, when the sheriff comes and puts him out. Marilyn can deduct the following items from the deposit:

- costs of necessary cleaning and repair, as allowed by state law
- the amount of the judgment (for rent through June 10)
- rent for the week between judgment and eviction (seven days at $30/day, or $210).

Before you subtract the amount of a court judgment for unpaid rent from a deposit, deduct any cleaning and repair costs and any unpaid rent not included in the judgment. The reason is simple: A judgment can be collected in all sorts of ways—for example, you can go after the former tenant's wages or bank account—if the security deposit is not large enough to cover everything owed you. However, you are much more limited when it comes to collecting money the tenant owes you for damage and cleaning if you don't have a judgment for the amount. If you don't subtract these items from the deposit, you'll have to file suit in small claims court. (See Section K, below.) But if you subtract the amount for cleaning, damage, and any unpaid rent not covered in the judgment first, you will still have the judgment if the deposit isn't large enough to cover everything.

EXAMPLE 1: Amelia collected a security deposit of $1,200 from Timothy, whom she ultimately had to sue to evict for failure to pay rent. Amelia got a judgment for $160 court costs plus $1,000 unpaid rent through the date of the judgment. Timothy didn't leave until the sheriff came, about five days later, thus running up an additional prorated rent of $100. Timothy also left dirt and damage that cost $1,000 to clean and repair.

Amelia (who hadn't read this book) first applied the $1,200 security deposit to the $1,160 judgment, leaving only $40 to apply toward the rent of $100 which was not reflected in the judgment, as well as the cleaning and repair charges, all of which totaled $1,100. Amelia must now sue Timothy for the $1,060 he still owes her.

EXAMPLE 2: Now, assume that Monique was Timothy's landlord in the same situation. But Monique applied Timothy's $1,200 deposit first to the cleaning and damage charges of $1,000, and then to the $100 rent not reflected in the judgment. This left $100 to apply to the $1,160 judgment, the balance of which she can collect by garnishing Timothy's wages or bank account.

G. Preparing an Itemized Statement of Deductions

Once you've inspected the premises and decided what you need to deduct for cleaning, repair, back rent, or other purposes allowed by your state statute, you're ready to prepare a statement for the tenant. The statement should simply list each deduction and briefly explain what it's for.

This section includes samples of three security deposit itemization forms, which you can use for different types of deductions. Whatever form you use, be sure to keep a copy in your tenant records and receipts for repairs or cleaning in case the tenant ends up suing you at a later date. (See Section J, below.)

The Forms CD includes copies of all three itemization forms. You'll also find blank tear-out versions of these forms in Appendix C at the back of this book.

If your city or state requires you to pay interest on a tenant's entire deposit, you must also refund this amount. For details, see Chapter 4.

1. Returning the Entire Deposit

If you are returning a tenant's entire security deposit (including interest, if required), simply send a brief letter like the one below.

2. Itemizing Deductions for Repairs, Cleaning, and Related Losses

If you are making deductions from the tenant's security deposit only for cleaning and repair, use the Security Deposit Itemization (Deductions for Repairs and Cleaning). A sample is shown below.

For each deduction, list the item and the dollar amount. If you've already had the work done, attach receipts to the itemization. If your receipts are not very detailed, add more information on labor and supplies, for example:

- "Carpet cleaning by ABC Carpet Cleaners, $160, required because of several large grease stains and candle wax imbedded in living room rug."
- "Plaster repair, $400, of several fist-sized holes in bedroom wall."
- "$250 to replace drapes in living room, damaged by cigarette smoke and holes."

Section E, above, will help you determine proper amounts to deduct for repairs and cleaning.

If you can't get necessary repairs made or cleaning done within the time required to return the security deposit, make a reasonable estimate of the cost. But keep in mind that if the tenant subsequently sues you, you will need to produce receipts for at least as much as the amount you deducted.

When you're trying to put a dollar amount on damages, the basic approach is to determine whether the tenant has damaged or substantially shortened the useful life of an item that does wear out. If the answer is yes, you may charge the tenant the prorated cost of the item, based on the age of the item, how long it might have lasted otherwise, and the cost of replacement.

Advance Notice of Deposit Deductions

Laws in the following five states give tenants the opportunity to inspect the rental unit to determine the accuracy of the landlord's list of damages before the final itemization is done. A tenant who disagrees with any proposed deduction has a specified amount of time to send you a written explanation as to this disagreement. Only then can the tenant sue over deductions he or she considers improper. Citations to these statutes are in "State Security Deposit Rules" in Appendix A.

State	Rule
Florida	Landlord must send tenant a list of proposed deductions within 15 days after tenant vacates; tenant must send objections within 15 days of receiving landlord's list. (See the "Attachment to Florida Leases and Rental Agreements" in Appendix A.)
Georgia	Landlord must send tenant a list of proposed deductions within three days of the lease or rental agreement termination; tenant has a right to examine the premises within five days of lease termination.
Kentucky	Landlord must inspect and give tenant a list of deductions; tenant may inspect to ascertain the accuracy of the list. No time periods are specified for this process, but the landlord must still meet the state deadline for returning deposits.
Michigan	Landlord must send tenant an itemized list of proposed deductions within 30 days after the lease terminates; tenant must mail response within seven days of receiving landlord's list.
Tennessee	Landlord must mail a list of deductions to tenant within 10 business days after lease terminates; tenant may inspect to ascertain the accuracy of the list.

Letter for Returning Entire Security Deposit

October 11, 200X
Date

Gerry Fraser
Tenant

976 Park Place
Street Address

Sacramento, CA 95840
City and State

Dear Gerry ,
Tenant

Here is an itemization of your $ $1,500 security deposit on the property at 976 Park Place ,

which you rented from me on a month-to-month basis on

March 1, 200X and vacated on September 30, 200X .

As you left the rental property in satisfactory condition, I am returning the entire amount of the security

deposit of $1,500, plus $150 in interest, for a total of $1,650 .

Sincerely,

Tom Stein
Landlord/Manager

Security Deposit Itemization
(Deductions for Repairs and Cleaning)

Date _____November 8, 200X_____

From: _____Rachel Tolan_____

_____123 Larchmont Lane_____

_____St. Louis, Missouri_____

To: _____Lena Coleman_____

_____456 Penny Lane, #101_____

_____St. Louis, Missouri_____

Property Address: _____789 Cora Court, St. Louis, Missouri_____

Rental Period: _____January 1, 200X to October 31, 200X_____

1. Security Deposit Received $ _____600_____

2. Interest on Deposit (if required by lease or law): $ _____N/A_____

3. Total Credit (sum of lines 1 and 2) $ _____600_____

4. Itemized Repairs and Related Losses:

   Repainting of living room walls, required by crayon

   and chalk marks

   _____ $ _____260_____

5. Necessary Cleaning:

   Sum paid to resident manager for 4 hours

   cleaning at $20/hour: debris-filled garage, dirty

   stove and refrigerator $ _____$80_____

6. Total Cleaning & Repair (sum of lines 4 and 5) $ _____340_____

7. Amount Owed (line 3 minus line 6)

   ☐ a. Total Amount Tenant Owes Landlord: $ _____

   ☑ b. Total Amount Landlord Owes Tenant: $ _____260_____

Comments: _____A check for $260 is enclosed._____

_____

_____

_____

_____

_____

3. Itemizing Deductions for Repairs, Cleaning, and Unpaid Rent

If you have to deduct for unpaid rent as well as cleaning and repairs, use the form Security Deposit Itemization (Deductions for Repairs, Cleaning, and Unpaid Rent). A sample is shown below.

4. Handling Deposits When a Tenant Files for Bankruptcy

Landlords often see a tenant's bankruptcy filing as the ultimate monkey-wrench in what may already be a less-than-perfect landlord-tenant relationship. Indeed, unless you've completed your eviction case and have received a judgment for possession before the tenant files for bankruptcy, you'll have to go to the bankruptcy court and ask for permission to begin (or continue) your eviction case. (Evictions and bankruptcy are explained in Chapter 17, Section I.) Fortunately, the effect of the bankruptcy on your use of the security deposit is not so drastic.

Your course of action all depends on timing: When did the tenant file his petition, and when did you use the deposit to cover unpaid rent or damage? Here are three common scenarios and the rules for each:

- **Tenant hasn't paid the rent and/or has caused damage. You assess your total losses and deduct from (or use up) the deposit, and then tenant files for bankruptcy.** No problem here, since you used the money before the tenant filed. You're also on solid ground if you've gone to court and obtained a money judgment that can be satisfied fully, or at least partially, by the security deposit. The key is to use the funds, or get the judgment, before the tenant files. (See *In re Johnson*, 215 B.R. 381 (Bkrtcy. N.D. Ill. 1997).)

Take care of business quickly. You probably won't know about your tenant's plans to file for bankruptcy. It's wise to assess your losses soon after the tenant vacates and to leave a paper trail that will establish that the deposit was used before the filing date. If you keep deposits in a separate bank account and move these funds to another account as you use them, you'll have good proof.

- **Tenant causes damage that would normally be covered by the security deposit, or fails to pay the rent. Before you have the chance to use the money to pay for the damage or rent, you receive a notice from the bankruptcy court stating that the tenant has filed.** Once you receive this notice, you are prohibited from taking any action against the tenant, including using the security deposit, without an okay from the court (this is called a "Relief from Stay"). Instead of going to court, you can just sit tight and wait until the bankruptcy proceeding is over. Then, you can use the money to cover the tenant's debt.

- **Tenant files for bankruptcy, then causes damage that would normally be covered by the security deposit.** Follow the same advice as above.

Use "last month's rent" and "security deposit" correctly. As explained in Chapter 4, some states do not allow you to use a deposit you have labeled "last month's rent" to cover damage or cleaning. If you live in a state that has adopted this approach, make sure that your security deposit itemization form complies with the law and that you use the available deposits correctly.

This Security Deposit Itemization (Deductions for Repairs, Cleaning, and Unpaid Rent) form includes spaces for you to include unpaid rent not covered by a court judgment (line 6) and, if you have won an eviction lawsuit against the tenant, the amount of the court judgment you won (line 7). (Section F, above, shows you how to figure these amounts, and explains why it's better to deduct cleaning and damage costs from the security deposit before deducting any of a court judgment.) If the tenant has left without paying utility charges or another financial obligation required under your lease or rental agreement, provide details on line 6 (Defaults in Rent Not Covered by Any Court Judgment).

If there's a court judgment involved, explain how you applied the deposit in the Comments section at the bottom of the itemization form. This makes it clear that you are demanding the balance owed and that you can still collect any part of the judgment not covered by the security deposit.

Security Deposit Itemization
(Deductions for Repairs, Cleaning, and Unpaid Rent)

Date   December 19, 200X

From: Timothy Gottman

8910 Pine Avenue

Philadelphia, Pennsylvania

To: Monique Todd

999 Laurel Drive

Philadelphia, Pennsylvania

Property Address: 456 Pine Avenue #7, Philadelphia, Pennsylvania

Rental Period: January 1, 200X to October 31, 200X

1. Security Deposit Received $ 1,200

2. Interest on Deposit (if required by lease or law): $ N/A

3. Total Credit (sum of lines 1 and 2) $ 1,200

4. Itemized Repairs and Related Losses:

   Carpet repair $160, drapery cleaning $140, plaster

   repair $400, painting of living room $100

   (receipts attached) $ 800

5. Necessary Cleaning:

   Sum paid to resident manager for 10 hours cleaning at

   $20/hour: debris-filled garage, dirty stove and

   refrigerator $ 200

6. Defaults in Rent Not Covered by Any Court Judgment

   (list dates and rates):

   5 days at $20/day from November 6 to November 11

   (date of court judgment of date of physical eviction)

                                                               $ 100

7. Amount of Court Judgment for Rent, Costs, Attorney Fees $ 1,160

8. Other Deductions:

   _____

   _____

   _____ $ _____

9. Total Amount Owed Landlord (sum of lines 3 through 8) $ ___2,260___

10. Amount Owed (line 3 minus line 9)

    ☑ a. Total Amount Tenant Owes Landlord: $ ___1,060___

    ☐ b. Total Amount Landlord Owes Tenant: $ _____

Comments: _The security deposit has been applied as follows: $1,000 for damage and cleaning charges,_

$100 for defaults in rent (not covered by any court judgment), and the remaining $100 toward

payment of the $1,160 court judgment. This leaves $1,060 still owed on the judgment. Please send

that amount to me at once or I shall take appropriate legal action to collect it.

H. Mailing the Security Deposit Itemization

Some tenants will want to personally pick up any deposit as soon as possible. If that isn't feasible, mail your security deposit itemization to the tenant's last known address or forwarding address as soon as is reasonably possible, along with payment for any balance you owe. Don't wait until the end of the legally specified period if you have all the information necessary to act sooner, as it almost guarantees that a large number of anxious tenants will contact you. And, if you miss the deadline, you may be liable for hefty financial penalties, as discussed in Section J, below. Some states require landlords to use certified mail; check your state's statutes for any special mailing requirements. If the tenant hasn't left you a forwarding address, mail the itemization and any balance to the address of the rental property itself. That, after all, is the tenant's last address known to you. If your former tenant has left a forwarding address with the post office, it will forward the mail.

It will be useful for you to know the tenant's new address if the tenant's deposit doesn't cover all proper deductions and you want to sue in small claims court. (See Section K, below.) It will also help you collect any judgment you have against the tenant.

There are two ways that you can learn the new address:

- **Set up an account with the Postal Service.** You can pay the Post Office in advance to tell you whenever one of your letters is forwarded. Because of the cost involved, this procedure makes sense for landlords with many rental units.
- **Use "Return Receipt Requested."** For smaller landlords or people who rarely face this situation, it may not be worth your while to prepay. Instead, you can send the letter "Return Receipt Requested" and, on the Postal Service form, check the box that tells the carrier to note the address where the letter was delivered. This address will be on the receipt that is sent back to you.

If the tenant has left no forwarding address, the letter will come back to you. The postmarked envelope is your proof of your good-faith attempt to notify the tenant, in case the tenant ever accuses you of not returning the money properly. Some states specifically allow the landlord to retain the deposit if he cannot locate the tenant after a reasonable effort or a certain amount of time has passed, such as 60 or 90 days. If your state laws do not specify what happens to the deposit if you cannot locate the tenant, you'll need to seek legal advice on what to do with the deposit.

I. Security Deposits From Cotenants

When you rent to two or more cotenants (they all sign the same written lease or rental agreement), you do not usually have to return or account for any of the deposit until they all leave. In other words, you're entitled to the benefit of the entire deposit until the entire tenancy ends. Legally, any question as to whether a departing cotenant is entitled to any share of the deposit should be worked out among the cotenants.

From a practical point of view, however, you may want to work out an agreement with a departing cotenant who wants part of the deposit back. For instance, you may be willing to refund his share of the deposit if the new cotenant gives you a check for that amount. The drawback of this approach is that the new cotenant will not want to get stuck paying for damage that was caused by the departing tenant. If you accommodate this request, too, you may have to do an extra inspection in the middle of the lease term. (On the other hand, you may welcome an opportunity to discover and correct problems before they grow.)

EXAMPLE: Bill and Mark were cotenants who had each contributed $500 toward the $1,000 security deposit. Bill needed to move before the lease was up and asked Len, their landlord, if he would accept Tom as a new cotenant. Len agreed.

Bill wanted his $500 back, and, although Tom was willing to contribute his share of the deposit, he did not want to end up paying for damage that had been caused before he moved in. To take care of this, Len agreed to inspect if Tom would first give him a check for $500. When he got the check, Len inspected and found $200 worth of damage. He deducted this amount from Bill's share of the deposit and wrote Bill a check for $300. Len left it up to Bill and Mark to fairly apportion the responsibility for the damage. With Tom's $500 check, the security deposit was once again topped off.

J. If a Tenant Sues You

No matter how meticulous you are about properly accounting to your tenants for their deposits, sooner or later you may be sued by a tenant who disagrees with your assessment of the cost of cleaning or repairs. Tenants may also sue if you fail to return the deposit when and how required or violate other provisions of state or local law, such as a requirement that you pay interest on deposits.

Tenants usually sue in small claims court, where it's cheap to file, lawyers aren't necessary, and disputes typically go before a judge (there are no juries) within 30 to 60 days, without formal rules of evidence. (We use the term small claims court here, but the exact name may vary depending upon the state. The courts are called "Justice of the Peace," "Conciliation," "District," "Justice," "City," or "County" in different places.)

The maximum amount for which someone can sue in small claims court varies among the states, but in most states it's about $3,000 to $7,500.

 Penalties for violating security deposit statutes can turn a minor squabble into an expensive affair. While it is rarely worth your while to go to court over a matter of $50 or even a couple of hundred dollars, the same is not true for the tenant. Why? Because many statutes allow a victorious tenant to collect not only actual damages (the amount improperly deducted from the deposit), but penalties as well. Small claims courts are empowered to award these penalties. (Section 4, below, covers landlord penalties for violating security deposit laws.)

This section suggests several strategies for dealing with small claims suits over security deposits, including how to prepare and present a case in small claims court.

 For more information on small claims court procedures, see Chapter 16 and *Everybody's Guide to Small Claims Court* (National Edition), by Ralph Warner (Nolo).

1. When a Tenant May Sue

Before going to court, the tenant will most likely express dissatisfaction by way of a letter or phone call demanding that you refund more than you did or fix some other problem involving the deposit. In some states, this sort of demand must be made before the tenant can begin a small claims suit. After making a demand, the tenant can bring suit immediately.

A tenant who is going to sue will probably do it fairly promptly but may have up to a few years to do so, depending on the state. Don't throw out cleaning bills, receipts for repairs, or photographs showing dirt and damages after only a few months, lest you be caught defenseless.

2. Settling a Potential Lawsuit

If you receive a demand letter or phone call from a tenant, your best bet is almost always to try to work out a reasonable compromise. Be open to the idea of returning more of the deposit to the tenant, even if you believe your original assessment of the cost of repairs and cleaning was more than fair and you feel you will surely win in court. For practical reasons, it usually doesn't make sense for you or an employee to prepare a small claims case and spend time in court to argue over $50, $100, or even $200. This is especially true because, fair or not, some judges are prone to split the difference between the landlord's and the tenant's claims.

If you and the tenant can't reach a reasonable compromise, you may wish to get help from a local landlord-tenant mediation service, described in Chapter 16.

If you arrive at a compromise settlement with your former tenant, you should insist that your payment be accepted as full and final satisfaction of your obligation to return the deposit. The best way to do this is to prepare and have the tenant sign a brief settlement agreement, like the sample shown below.

Sample Settlement Agreement

Lionel Washington, "Landlord," and LaToya Jones, "Tenant," agree as follows:

1. Landlord rented the premises at 1234 State Avenue, Apartment 5, Santa Fe, New Mexico, to Tenant on July 1, 200X, pursuant to a written rental agreement for a tenancy from month to month.

2. Under the Agreement, Tenant paid Landlord $1,000 as a security deposit.

3. On October 31, 200X Tenant vacated the premises.

4. Within 30 days (the time required by New Mexico law) after Tenant vacated the premises, Landlord itemized various deductions from the security deposit totaling $380 and refunded the balance of $620 to Tenant.

5. Tenant asserts that she is entitled to the additional sum of $300, only $80 of the deductions being proper. Landlord asserts that all the deductions were proper and that he owes Tenant nothing.

6. To settle the parties' entire dispute, and to compromise on Tenant's claim for return of her security deposit, Landlord pays to Tenant the sum of $150, receipt of which is hereby acknowledged by Tenant as full satisfaction of her claim.

Lionel Washington   12/1/0x
Lionel Washington, Landlord   Date

LaToya Jones   12/1/0x
LaToya Jones, Tenant   Date

Splitting the Difference With Tenants

One landlord we know with thousands of units experiences about 250 move-outs each month. In about one-third, he receives a complaint from a tenant who claims too much of the deposit was withheld.

This landlord's general policy is to offer to settle for 70% of the disputed amount. Since the average amount withheld is $175, this means the landlord is willing to reduce this amount by $52.50. If a tenant refuses to accept this compromise, the landlord will often make a second offer of a 50% reduction.

He does this not because he thinks his original assessment was wrong, but because he finds that coming to a settlement with a tenant costs a lot less than fighting in court. However, if the settlement offer isn't accepted promptly by the tenant, he fights to win—and almost always does.

Who Goes to Court?

If your business is incorporated, you can send an employee such as a property manager, as long as the person is authorized to represent you in legal proceedings. If you are not incorporated, you'll probably have to go yourself, but a few states allow managers to go in your place. In most states you can be represented by a lawyer in small claims court, but it's rarely worth the cost. Procedures are simple and designed for nonlawyers.

3. Preparing for a Small Claims Court Hearing

If no compromise is possible and the tenant sues you, the court will officially notify you of the date, time, and place of the small claims court hearing.

It's still not too late at this stage to try to work out a settlement by paying part of what the tenant's suing for. However, if you compromise at this stage, make sure the tenant has correctly dismissed the small courts court suit. Be sure your settlement is in writing.

Before your court hearing, gather tangible evidence showing the premises needed cleaning or were damaged when the tenant left. It is essential to take to court as many of the following items of evidence as you can:

- Copies of the lease or rental agreement, signed by both you and the tenant.
- Copies of move-in and move-out letters clarifying rules and policies on cleaning, damage repair, and security deposits.
- A copy of the Landlord-Tenant Checklist that you should have filled out with the tenant when the tenant moved in and when she moved out, signed by both you and the tenant. This is particularly important if the tenant admitted, on the Checklist, to damaged or dirty conditions when she moved out.
- Photos or a video of the premises before the tenant moved in that show how clean and undamaged the place was.
- Photos or a video after the tenant left that show a mess or damage.
- An itemization of hours spent by you or your repair or cleaning people on the unit, complete with the hourly costs for the work, plus copies of receipts for cleaning materials or credit card itemizations or canceled checks.

- Damaged items small enough to bring into the courtroom (a curtain with a cigarette hole would be effective).
- Receipts or a canceled check for professional cleaning (particularly of carpets and drapes) and repair.
- One, or preferably two, witnesses who were familiar with the property, who saw it just after the tenant left, and who will testify that the place was a mess or that certain items were damaged. People who helped in the cleaning or repair are particularly effective witnesses. There is no rule that says you can't have a close friend or relative testify for you, but, given a choice, it's better to have a witness who's neither a friend nor kin.
- If it's difficult for a witness to come to court, a written statement (a signed letter) or a declaration under penalty of perjury can be used in most states. Documents, however, usually aren't as effective as live testimony. If you do present a written statement from a witness, make sure the statement includes the date of the event, exactly what the witness saw in terms of damage, any credentials that make the person qualified to testify on the subject, and any other facts that have a bearing on the dispute. A sample statement is shown below.

Sample Declaration of Paul Stallone, Cleaner

I, Paul Stallone, declare:

1. I am employed at A & B Maintenance Company, a contract cleaning and maintenance service located at 123 Abrego Street, Central City, Iowa. Gina Cabarga, the owner of an apartment complex at 456 Seventh Street, Central City, Iowa, is one of our accounts.

2. On May 1, 200X I was requested to go to the premises at 456 Seventh Street, Apartment 8, Central City, Iowa, to shampoo the carpets. When I entered the premises, I noticed a strong odor, part of what seemed like stale cigarette smoke. An odor also seemed to come from the carpet.

3. When I began using a steam carpet cleaner on the living room carpet, I noticed a strong smell of urine. I stopped the steam cleaner, moved to a dry corner of the carpet and pulled it from the floor. I then saw a yellow color on the normally white foam-rubber pad beneath the carpet, as well as smelled a strong urine odor, apparently caused by a pet (probably a cat) having urinated on the carpet. On further examination of the parts of the carpet, I noticed similar stains and odors throughout the carpet and pad.

4. In my opinion, the living room carpet and foam-rubber pad underneath need to be removed and replaced, and the floor should be sanded and sealed.

I declare under penalty of perjury under the laws of the State of Iowa that the foregoing is true and correct.

Paul Stallone   6/15/0X
Paul Stallone, Cleaner   Date

Small Claims Suits Don't Affect Other Lawsuits

Nothing that happens in small claims court affects the validity of any judgment you already have—for example, from an earlier eviction suit—against the tenant. So, if you got a judgment against a tenant for $1,200 for unpaid rent as part of an eviction action, this judgment is still good, even though a tenant wins $200 against you in small claims court based on your failure to return the deposit.

4. Penalties for Violating Security Deposit Laws

If you don't follow state security deposit laws to the letter, you may pay a heavy price if a tenant sues you and wins. In addition to whatever amount you wrongfully withheld, you may have to pay the tenant extra or punitive damages (penalties imposed when the judge feels that the defendant has acted especially outrageously) and court costs. In many states, if you "willfully" (deliberately and not through inadvertence) violate the security deposit statute, you may forfeit your right to retain any part of the deposit and may be liable for two or three times the amount wrongfully withheld, plus attorneys' fees and costs.

K. If the Deposit Doesn't Cover Damage and Unpaid Rent

Tenants aren't the only ones who can use small claims court. If the security deposit doesn't cover what a tenant owes you for back rent, cleaning, or repairs (or if your state prohibits the use of the security deposit for unpaid rent), you may wish to file a small claims lawsuit against the former tenant.

Be sure your claim doesn't exceed your state's small claims court limit or, if it does, decide whether it make sense to scale it back to the limit. Given the costs of going to formal court, this can sometimes make sense.

 For detailed advice, see *Everybody's Guide to Small Claims Court* (National Edition), by Ralph Warner (Nolo).

1. The Demand Letter

If you decide that it is worthwhile to go after your tenant for money owed, your first step is to write a letter asking for the amount of your claim. Although this may seem like an exercise in futility, the law in many states requires that you make a demand for the amount sued for before filing in small claims court. But, even if there is no such requirement, it is almost essential that you send some sort of demand letter. It is not only useful in trying to settle your dispute, it's also an excellent opportunity to carefully organize the case you will present in court.

Your demand can consist of a brief cover letter along with a copy of your earlier written itemization of how you applied the tenant's security deposit to the charges (in which you also requested payment of the balance; see Section G, above.) The tone of your cover letter should be polite, yet firm. Ask for exactly what you want, and be sure to set a deadline. Conclude by stating that you will promptly file a lawsuit in small claims court if you don't reach an understanding by the deadline.

2. Should You Sue?

If your demand letter does not produce results, think carefully before you rush off to your local small claims court. Ask yourself three questions:
- Do I have a strong case?
- Can I locate the former tenant?
- Can I collect a judgment if I win?

If the answer to any of these questions is no, think twice about initiating a suit.

a. Do You Have a Strong Case?

Review the items of evidence listed in Section G, above. If you lack a substantial number of these pieces of ammunition you may end up losing, even if you are in the right. Small claims court is rarely about justice, but always about preparation and skill.

b. Can You Locate the Former Tenant?

To begin your small claims court case, legal papers must be sent to the tenant. So, you'll need an address where the tenant lives or works. If the tenant left a forwarding address, locating the tenant won't be an issue. But if you don't have a home or work address for the tenant, you'll need to do a little detective work if you want to sue.

Start by filing a "skip-trace" form at the post office using the tenant's name and last known address. If the tenant asked the post office to forward mail to a new address, you'll be supplied with the forwarding address. Or, if you have access to the Internet, use a search engine's "people finder" to check for a new address or phone number.

c. Can You Collect a Judgment If You Win?

Winning a small claims court case won't do you any good if you can't collect a judgment. Suing a person you know to be bankrupt, insolvent, or just plain broke may not be worth the effort, since you'll have little chance of transforming your court judgment into cash. When you evaluate the solvency of the tenant, keep in mind that small claims judgments are good for ten years in many states. So, if you have a spat with a student or someone who may get a job soon, it might be worthwhile to get a judgment with the hope of collecting later.

Pay particular attention to the issue of how you will collect a judgment. The best way to collect any judgment against your ex-tenant is to garnish wages. If she's working, there is an excellent chance of collecting if payment is not made voluntarily. Another way is to find out the name and address of the defendant's employer. If you sued an employed person, you may be able to collect your judgment out of his or her salary. You can't, however, garnish a welfare, Social Security, unemployment, pension, or disability check. So, if the person sued gets income from one of these sources, you may be wasting your time unless you can identify some other asset that you can efficiently get your hands on.

Bank accounts, motor vehicles, and real estate are other common collection sources. But people who run out on their debts don't always have much in a bank account (or they may have moved the account to make it difficult to locate), and much of their personal property may be exempt under state debt protection laws.

⚠️ **Take care of your reputation.** If you are a landlord with many rental units and regularly use a local small claims court, make particularly sure that every case you bring is a good one. You do not want to lose your credibility with the court in future cases by ever appearing to be unfair or poorly prepared.

Using Collection Agencies

If you don't want to sue in small claims court, consider hiring a licensed local collection agency to try to collect from the tenant. The agency will probably want to keep as its fee anywhere from one-third to one-half of what it collects for you. (The older the debt or the more difficult it is to locate the tenant, the more the agency will want.) If the agency can't collect, you can authorize it to hire a lawyer to sue the ex-tenant, usually in a formal (non–small claims) court. Many collection agencies pay all court costs, hoping to recover them if and when they collect the resulting judgment. In exchange for taking the risk of paying costs and losing the case, however, collection agency commissions often rise an additional 15%–20% when they hire a lawyer to sue.

Of course, turning a matter over to a collection agency doesn't necessarily mean you wash your hands of the matter. The collection agency still takes direction from you. If the tenant defends against a lawsuit filed by a collection agency's lawyer, you must be involved in the litigation. The only way to walk away from it completely is to sell the debt to the collection agency, which may pay you only a fraction of the amount owed.

L. What to Do With Property Abandoned by a Tenant

Whether a tenant moves out voluntarily or with the aid of a sheriff or marshal after you win an eviction lawsuit, you may find yourself not only cleaning up and repairing damage, but also dealing with personal property left behind. Usually, this will just be trash that the tenant obviously doesn't want, such as old wine bottles, food, and newspapers. When it's clear that you're dealing with garbage, you're perfectly within your rights to dispose of it.

Getting rid of things clearly of some value—such as a bicycle, a stereo, clothes, or furniture—is another story. In some states, you can face serious liability for disposing of the tenant's personal property (other than obvious trash) unless you follow specific state rules. Typically, the more valuable the property left behind by a tenant, the more formalities you must comply with when disposing of it. Not surprisingly, states that heavily regulate other aspects of landlords' dealings with tenants also impose complicated requirements on how you handle abandoned property. States with fewer laws governing the landlord-tenant relationship tend to pay scant attention to this subject.

This section provides an overview of how to handle abandoned property. It covers the general legal issues that should be understood by all landlords: whether your state allows you to deal with the property as you see fit or requires you to follow detailed (and often onerous) procedures. Because state laws vary so much, we cannot give you detailed state-by-state instructions on how to comply. For this reason, it is critical that you read your own state statute for details on issues such as how to notify tenants and how much time you must give them to reclaim property before you may dispose of or sell it. In addition, you would be wise to check with your local landlords' association or state consumer protection agency to make sure that the process set out in your statute is all you need to know. In some states, courts have modified the procedures in the statutes, often imposing additional requirements—and, unfortunately, legislatures don't always revisit their statutes to bring them into line with court-ordered changes. "State Laws on

Handling Abandoned Property" in Appendix A gives you citations to your state's statutes.

If you're dealing with property of obvious significant value or have good reason to suspect that a tenant may cause problems later, consult a lawyer before you dispose of, donate, or sell the tenant's possessions. Obviously, you want to protect yourself from claims by the departing tenant that you have destroyed or stolen her property. In legal jargon, this is known as "unlawful conversion." Conversion occurs when you take someone else's property and convert it to your own use or benefit, either by selling it or otherwise disposing of it or using it yourself.

1. Why Has the Tenant Left?

In many states, your options when dealing with tenants' property will differ depending on the circumstances of the tenant's departure. To understand the issue, let's look at the reasons tenants leave. Here are typical scenarios:

- The tenant decides to move at the end of a lease or after giving you a termination notice. In this situation, many states give you maximum flexibility to dispose of leftover belongings (Subsection a).
- The tenant decides to move after receiving a termination notice (even one for cause, such as nonpayment of rent) from you. Many states give you maximum flexibility to dispose of leftover belongings in this situation (again, see Subsection a).
- The tenant is physically evicted, along with his or her personal belongings that may be dumped on the street or sidewalk by the sheriff. Some states require landlords to take more pains with the property of a tenant who has been evicted—though some require less efforts (Subsection b).
- The tenant simply disappears. In a few states, property belonging to tenants who simply move out unexpectedly must be treated differently from property that's left after a clearly deliberate move (Subsection c).

When you read your state's law, be on the lookout for different rules based on the reason for the tenant's departure.

a. Planned Moves

Often, if the tenant has left voluntarily but has inconsiderately left you with a pile of stuff, you will have more latitude when it comes to discarding abandoned property than you will if the tenant has been evicted. The reasoning here is that tenants who decide upon and plan their own departure— even the ones who leave after receiving a three-day notice—have time to pack or dispose of their belongings themselves. Tenants who fail to take care of business are in no position to demand that you, the landlord, handle their property with kid gloves—and many state laws don't require that you do so.

b. Evicted Tenants

Law enforcement officials who physically evict tenants will also remove property from the rental unit. In these situations, tenants arguably have less opportunity to arrange for proper packing, storing, or moving than they would if they were moving voluntarily (even though most states give tenants a few days' warning of the sheriff's impending visit). For this reason, landlords in some states must make more of an effort to preserve the property, locate the tenant, and wait before selling or disposing of items left behind. Typically, law enforcement officials are permitted to place the tenant's possessions on the sidewalk or street; then the landlord may be required to step in and store the possessions.

Paradoxically, some states take the opposite approach, reasoning that a tenant who has lost an eviction lawsuit isn't entitled to special treatment when it comes to reclaiming items left in the rental unit.

c. Unannounced Departures

Odd as it seems, it's not unusual for tenants to simply disappear with no notice, leaving considerable belongings behind. Sometimes, the tenant is behind on the rent and figures that abandoning his possessions will be cheaper, in the long run, than paying the rent. Here again, your state may impose special procedures, which may require you to store the property for a significant time or make extra efforts to locate the tenant. One reason for this extra concern is to protect tenants who have *not* abandoned the tenancy or their possessions, but have gone on a trip or vacation and simply didn't bother to tell you. The idea is that by taking special pains to determine that the tenant is gone for good and giving tenants ample time to claim their things, landlords can avoid problems down the road. State rules requiring landlords to store property and locate tenants reduce a tenant's ability to sue you for prematurely disposing of property—that is, before the tenant reappears and demands his belongings. Chapter 14, Section D, discusses how to tell whether tenants have really abandoned the premises, and how to locate them.

2. When the Tenant Owes You Money

It's annoying enough to have to deal with a tenant's abandoned belongings—but worse yet is when that tenant also owes you money. When a tenant who has moved voluntarily, been evicted, or simply disappeared also owes you back rent or money for damages, you may be inclined to first take or sell whatever property of value that's left behind, and worry about finding the tenant later. As tempting as this course appears, it's a risky one in many states— even if you have a court judgment for money damages.

Some states do allow you to keep or sell abandoned property if the tenant owes you money, even if there is no court judgment directing the tenant to pay. In legal parlance, you have an "automatic lien" on your tenants' belongings. This differs from the normal lien process—which involves formally recording your claim (your lien) against the tenant's property, then "getting in line" in case others have filed ahead of you.

If your state statute gives you a lien on your tenant's property, we advise you to use it very carefully. In particular:

- **Use restraint when seizing consumer or other goods that may not be paid for.** If your tenant has financed his stereo, TV, sofa, or computer and is paying in installments, the merchant has a lien that's ahead of yours. This is called a "superior" lien—meaning that the merchant, not you, has first claim to the item when the tenant stops paying. (Not surprisingly, the tenant will typically stop payments after abandoning the item.) You cannot simply seize and sell an abandoned item, such as a computer, that is not paid off. Instead, you will have to turn the item over if the merchant comes to collect it. If you have already sold the item, you may have to pay the merchant the balance due or the value of the item. You can try to avoid this eventuality by publicizing your intent to seize and sell the item, as explained below.

- **Follow your state's rules for publicizing your lien.** Many states require a landlord to post notices in newspapers announcing your intent to sell an item abandoned by a tenant. This is to make sure that others—like the merchants mentioned above—who have superior liens on a tenant's property don't lose out when you jump ahead of them and take or sell the item. Merchants are presumed to read the legal notices; failure to do so may result in the merchants' losing their right to assert the superiority of their lien. It's a good idea to publicize the sale of a tenant's valuable abandoned property even if your statute doesn't require it.

- **Don't seize items that are necessary for basic living.** Many states that give landlords an automatic lien will exempt certain items, such as season-appropriate clothing, blankets, tools, and things needed for a minor child's education, from your grasp. If you're not sure whether an item is a tool of your ex-tenant's trade or simply supports his hobby, don't take it.

⚠ **Check out court cases—don't rely on your lien statutes alone.** In most states with lien statutes on the books, courts have stepped in with additional requirements, such as providing for notice and an opportunity for the tenant (and other creditors) to be heard. Read any cases that have interpreted your lien law (see Chapter 18 for help in doing legal research), or ask your landlords' association or lawyer for assistance.

Distress and Distraint

A few states still have statutes on the books that provide for "distress" or "distraint." These were medieval procedures that allowed a landlord who was owed money, after or even during the tenancy, to simply grab his tenant's possessions. In the words of one judge, it "allowed a man to be his own avenger." In America, the practice of requiring security deposits was developed in states that did not allow a landlord to use distress and distraint.

This crude, quick, and drastic remedy was the ultimate in self-help. It won't surprise you to learn that in states that still have laws providing for distress or distraint, courts have stepped in and ruled it unconstitutional, or have added so many safeguards (notice, a hearing, and so on) that the original process is unrecognizable. If you encounter a distress or distraint statute when reading your state's laws, resist the temptation to follow it without first learning—through legal research or talking to your landlords' association or lawyer—how modern landlords comply.

---

3. Legal Notice Requirements

Many states require landlords to provide tenants written notice that they are dealing with abandoned property. A few states even provide a form, which you'll see printed right in the statute. The notice must typically give the tenant a set amount of time to reclaim the property, after which the landlord can take specific steps. Some state rules require specific information in the notice, such as:

- **A detailed description of the property left behind.** It's a good idea to have an objective person (such as another tenant in the building or a neighbor) witness your inventory of the abandoned property to protect yourself against charges that you have taken or destroyed any of the tenant's property. Don't open locked trunks or suitcases; just list the unopened containers. You might consider photographing or videotaping the property.
- **The estimated value of the abandoned property.** Here, you're asked to guess what you could get for it at a well-attended flea market or garage sale.
- **Where the property may be claimed.** Many states sensibly require you to provide the address of the rental premises or an outside storage place.
- **The deadline for the tenant to reclaim property, such as seven or ten days.** This is usually set by state law.
- **What will happen if property is not reclaimed.** This also may be set by state law.

Even if your state law doesn't explicitly require it, it's a good idea to send tenants this kind of detailed notice and allow a reasonable amount of time for the tenant to pick up his belongings. Mail your notice "return receipt requested" so that you will have proof that the tenant received it—this will be useful should an ex-tenant show up months later looking for belongings left behind.

4. How to Handle Abandoned Property

If the ex-tenant doesn't contact you within the time specified in the notice, follow your state rules regarding what to do with property. In some states, landlords are pretty much free to do what they want if the tenant does not respond within the specified amount of time, such as 30 days—that is, you may throw the property out, sell it, or donate it to a nonprofit organization that operates second-hand stores. In some states, as explained in Section 2, above, landlords can use the property to satisfy unpaid rent or damages, or may even be allowed to keep it when there's no debt. Other states require you to give the property to the state. Depending on how thoroughly your state has legislated in this area, you'll encounter rules on the following issues:

- **Procedures based on the value of the property.** Several states allow landlords to keep or dispose of property only if the expense of storing or selling it exceeds a specified figure (such as a few hundred dollars) or the property's value.
- **Sale of abandoned property.** Some states require landlords to inventory, store, and sell tenants' property. A few require landlords to sell the property at a public sale (supervised by a licensed and bonded public auctioneer) after first publishing a notice in the newspaper.
- **Proceeds of sale of property.** States that require you to store and sell the property on behalf of the tenant also allow you to use any money you make from the sale to cover the costs of advertising and holding the sale and storing the property. For example, you may be able to charge the tenant the prorated daily rental value for keeping the property on your premises or any out-of-pocket costs you incur for renting storage space (including moving the property to the storage space). As explained in Section 2, above, some states allow you to use the proceeds to pay for any money owed to you by the tenant—for example, for unpaid rent or damage to the premises. In many states, the excess proceeds of selling the tenant's property belong to the tenant, or you may be required to pay the balance to a government agency, such as the State Treasurer. State rules are often very specific on this issue, so don't just keep sale proceeds without a clear understanding of your state law.

Don't hassle the tenant over a little amount of money. In most situations, where there is not a lot of property involved, you're probably better off giving the tenant his belongings and forgetting about any storage charges, particularly if you didn't incur any out-of-pocket expenses. It's just not worth it to get into fights over $100 worth of old CDs, books, and clothes.

Exceptions to State Rules on Abandoned Property

Your state's rules on abandoned property don't apply to obvious garbage—nor do they apply in the following situations:

Fixtures. If a tenant attaches something more or less permanently to the wall, such as built-in bookshelves, it is called a "fixture." As described in Chapter 9, Section I, absent a specific written agreement such as a lease provision, fixtures installed by the tenant become a part of the premises. Fixtures belong to the landlord and do not have to be returned to the tenant.

Motor vehicles. Occasionally, a departing tenant will leave an inoperable or "junker" automobile in the parking lot or garage. Motor vehicles are often a special category of personal property to which state rules on abandoned property don't apply. If the tenant has left a car or other vehicle behind, call the local police, giving the vehicle's license plate number, make, and model, and indicate where it's parked. The police will probably arrange to have it towed after determining that it is abandoned after tagging it.

5. Landlord Liability for Damage to Tenant's Property

A landlord will not generally be held liable for damage to property, unless this occurs through his or her willful destruction or negligent care of the tenant's property. To avoid problems, be sure you take care in moving and storing the tenant's belongings until they are returned to the tenant, disposed of, or sold.

■

Problems With Tenants:
How to Resolve Disputes Without a Lawyer

A. Negotiating a Settlement: Start by Talking 372

B. When Warning Notices Are Appropriate 375

C. Understanding Mediation.. 375

D. Using Arbitration.. 379

E. Representing Yourself in Small Claims Court.. 379

    1. Learning the Rules 380

    2. Meeting the Jurisdictional Limits 380

F. How to Avoid Charges of Retaliation.. 381

Legal disputes—actual and potential—come in all shapes and sizes when you're a landlord. Here are some of the more common ones:

- **Rent.** You and your tenant disagree about the validity, timing, or methods of a rent increase.

- **Habitability.** Your tenant threatens to withhold rent because he claims a leaky roof or some other defect has made the living room unusable.

- **Access to the premises.** Your tenant won't let you show her apartment to prospective new tenants or enter for some other good reason. You feel it's your legal right to do so, and your tenant claims that your legal reason for invading her privacy is bogus.

- **Security deposits.** You and a departing tenant disagree about how much security deposit you owe the tenant based on your claim that the unit is dirty or damaged or both.

- **Lease or rental agreement violation.** Your tenant (or former tenant) has failed to pay rent, moved in a new roommate (or a pet) without your permission, hosted a series of loud parties, or in some other way violated your lease or rental agreement.

How you handle such disputes can have a profound effect on your bottom line, not to mention your mental health. In some cases, such as a tenant's nonpayment of rent, your only option may be to terminate the tenancy. Rarely should lawyers and litigation be your first choice. Instead, you will usually want to consider alternatives that can give you better control over the time, energy, and money you spend.

This chapter discusses four commonly available options to resolve a legal dispute without a lawyer:

- negotiation
- mediation
- arbitration, and
- small claims court.

While we focus here on disputes with tenants, you should also find much of the advice useful for resolving all types of business disputes—for example, with your manager, insurance company, or repair person.

This chapter also explains how to avoid charges of retaliation in your dealings with tenants.

 How to terminate a tenancy based on nonpayment of rent and other illegal acts is discussed in Chapter 17.

Put It in Writing

To help avoid legal problems in the first place, and minimize those that can't be avoided, it makes sense to adopt efficient, easy-to-follow systems to document important facts of your relationship with your tenants. Throughout this book, we recommend many forms and record-keeping systems that will help you do this, including move-in and move-out letters, a landlord-tenant checklist, and a maintenance/repair request form. The key is to establish a good paper trail for each tenancy, beginning with the rental application and lease or rental agreement through a termination notice and security deposit itemization. Such documentation will be extremely valuable if attempts at resolving your dispute fail and you end up evicting or suing a tenant, or being sued by a tenant. Also, you'll obviously want to keep copies of any correspondence and notes of your conversations with tenants. Chapter 7 recommends a system for organizing tenant information, including records of repair requests.

A. Negotiating a Settlement: Start by Talking

If you have a conflict with your tenant over rent, repairs, your access to the rental unit, noise, or some other issue that doesn't immediately warrant an eviction, a sensible first step is to meet with the tenant—even one you consider to be a hopeless troublemaker—to see if the problem can be resolved. This advice is based on the simple premise that unless you have the legal grounds (and the determination) to evict a tenant, it's almost always best to try and negotiate a settlement rather than let the dispute escalate into a court fight. This is doubly true if you are convinced your case is just. Given the cost and delays built into the arthritic American legal system, the more you rely on it, the more you are likely to regret going to court.

So forget about suing, except possibly in small claims court (see Section E, below), and try to evaluate the legal and financial realities objectively. Your goal should be to achieve the best result at the lowest cost. If instead you act on the conviction (whether it's right or wrong makes no difference) that your rights are being trampled by the other side, chances are you'll end up spending far too much time and money fighting for "the principle" involved. Over time, a landlord who allows himself to be controlled by this sort of emotional reaction is almost sure to fare emotionally and financially poorer than a person who keeps an eye on the overall objective: to make a good living and enjoy doing it.

Your first step in working toward a compromise with an unhappy or problem tenant is to call the tenant and arrange a time to meet. Dropping over unannounced to talk may work in some circumstances but is generally not a good idea, since it may emotionally threaten the tenant and put him in a defensive position. It may be appropriate to write a letter first, offering to meet with the tenant to work something out. (See, for example, the sample letter in Chapter 9 in which the landlord suggests a compromise with a tenant who withholds rent because of defective conditions in his apartment.)

Here are some helpful pointers for negotiating with tenants:

- **Solicit the tenant's point of view.** Once the tenant starts talking, listen closely and don't interrupt, even if some of his points are not true or some of his opinions are inflammatory.
- **When the tenant has wound down, acknowledge that you have heard his key points, even if you disagree with them.** Sometimes it's even a good idea to repeat the tenant's concerns so he will realize you know what they are and will stop repeating them.
- **Avoid personal attacks.** This only raises the level of hostility and makes settlement more difficult. Equally important, don't react

impulsively to the emotional outbursts of the tenant.

- **Be courteous, but don't be weak.** If you have a good case, let the tenant know you have the resources and evidence to fight and win if you can't reach a reasonable settlement.
- **Before the negotiation goes too far, try and determine if the tenant is a truly an unbearable jerk whom you really want to be rid of or just another slightly annoying person.** If a tenant falls into the first category, your strategy should be to terminate the tenancy as soon as legally and practically possible.
- **If possible, try to structure the negotiation as a mutual attempt to solve a problem.** For example, if a tenant's guests have been disturbing the neighbors, jointly seek solutions that recognize the interests of both parties.
- **Try to figure out the tenant's priorities.** Maybe dollars are less important than pride, in which case a formula for future relations that meets the needs of a thin-skinned tenant to be treated with respect might solve the problem.
- **Put yourself in the tenant's shoes.** What would you want to settle? Sometimes your answer may be something like "a sense that I've won." Fine—the best settlements are often those in which both sides feel they've won (or at least not given up anything fundamental). So, your job is to let the tenant have at least a partial sense of victory on one or more of the issues in dispute.

- **When you propose a specific settlement, make it clear that you're attempting to compromise.** Offers of settlement (clearly labeled as such) can't be introduced against you if you ever end up in court.

- **Money is a powerful incentive to settlement.** If you are going to have to pay something eventually, or spend a lot of time and money on a costly eviction lawsuit or preparing a small claims case, it makes overall financial sense to come to the negotiating table willing to pay—perhaps by reducing rent for a short period of time, cutting in half the money owed for damages to the premises, or offering an outright cash settlement for the tenant to leave (with payment made only as the tenant leaves and hands you the keys). Savvy landlords know that many financially strapped tenants may settle at a surprisingly low figure if they can walk away from the bargaining table with payment in hand. If this saves the costs and delays inherent in a long eviction battle, and allows you to rerent the unit to a paying tenant, it can be well worth the money.

- **If you reach an understanding with your tenant, promptly write it down and have all parties sign it.** You or your lawyer should volunteer to prepare the first draft. If you're paying the tenant some money as part of your agreement, make sure the tenant acknowledges in writing that your payment fully satisfies her claim. Chapter 15 includes an example of a settlement agreement for a security deposit dispute that you can use as a model for settling disputes.

- **If the negotiation process indicates a larger problem with tenant dissatisfaction, think carefully how to avoid similar disputes in the future**—for example, you may need to revise your systems for handling repair complaints or returning security deposits.

Recommended reading on negotiation. *Getting to Yes: Negotiating Agreement Without Giving In*, by Roger Fisher and William Ury (Penguin Books). This classic offers a strategy for coming to mutually acceptable agreements in all kinds of situations, including landlord-tenant disputes.

Getting Past No: Negotiating Your Way From Confrontation to Cooperation, by William Ury (Bantam Books). This sequel to *Getting to Yes* discusses techniques for negotiating with obnoxious, stubborn, and otherwise difficult people.

Talking With Your Tenant Pays Off

Lorene, a single mother who had rented one of Ben's apartments for two years with little trouble, suddenly stopped paying rent. She claimed that a long list of minor problems—including peeling paint, mold, and leaky faucets—justified nonpayment.

Ben, the landlord, considered Lorene's rent withholding to be ridiculous, and his first reaction was to evict her. But, after careful thought, Ben called and asked Lorene to meet with him instead.

After listening to all of Lorene's complaints and conceding that several were valid, Ben steered the conversation around to the amount of the rent. It turned out that Lorene hadn't received her child support payments for three months because her ex-husband was out of work, and she didn't know when he would be able to resume payments. Lorene's own salary was not enough to pay the rent.

Ben suggested that Lorene move to a smaller, less-expensive unit in one of his buildings. He even offered to provide a truck and have his manager kick in a few hours of labor to help her move. Ben also suggested that the current month's rent be charged at the new unit's lower rate, even though it would take a week for Lorene to move.

The result was that Ben converted Lorene back into a paying tenant, at the same time he was able to rerent the original unit—with the mold, peeling paint, and leaky faucet problems solved—almost immediately. True, Ben lost a few dollars of rent and paid his manager to do some moving work, but compared to the attorney fees, court costs, and loss of rent that would have resulted from an eviction fight, he was far, far ahead.

B. When Warning Notices Are Appropriate

In some situations, it may be appropriate to give a tenant a written notice to cease the problem or disruptive activity, particularly if the tenant has not created other problems and you feel that he's apt to respond to your polite but firm reproof. You may also want to send a warning notice if your oral warning or attempts to negotiate (see Section A, above) have been unsuccessful.

A sample warning letter is shown below. You can use this warning letter for many purposes, such as warning the tenant to stop having loud parties, repair damage to your property, or get rid of a long-term guest.

Be sure your letter includes the following information:

- Details of the problem behavior, including dates and times of the occurrence.
- What exactly you want the tenant to do (such as stop having noisy parties, pay for damage to the rental unit, or get rid of a long-term guest).
- The specific lease or rental agreement provision that prohibits this behavior, such as a clause on tenant's right to quiet enjoyment (Clause 13 of our form lease and rental agreements in Chapter 2), a clause requiring tenants to repair damaged property (Clause 11 of our form agreements), or a lease restriction on guests (Clause 3 of our form agreements).
- The consequences for the tenant's failure to comply (such as termination or eviction proceedings).

You will find a Warning Letter for Lease or Rental Agreement Violation on the Forms CD as well as a blank tear-out form in Appendix C.

Don't waste your time sending a warning letter to someone unlikely to respond—for example, a tenant who is always late in paying rent or whose behavior (such as drug dealing or violence) justifies immediate action. Instead, start termination proceedings right away.

What happens if the tenant does not reform, despite your reminder? If the misbehavior is grounds for terminating the tenancy and you want him out, in a sense you'll have to start over: You'll have to give him a formal termination notice that meets your state's requirements. (Termination notices are explained in Chapter 17.) Your warning note will not qualify as a termination notice. For example, if your tenant has kept a dog in violation of the lease, and he keeps the pet despite your polite note asking him to remove the dog, in most states you'll have to give him a formal notice telling him to get rid of the dog within a certain number of days or move. (If he does neither, you can file for eviction.) In short, an informal warning may simply allow a wrongdoing tenant to delay the inevitable.

C. Understanding Mediation

If you're unsuccessful negotiating a settlement, but still want to work something out with the tenant, you may wish to try mediation by a neutral third party, often available at little or no cost from a publicly funded program. (See "How to Find a Mediation Group," below.)

Mediation can make good sense, especially if any of the following are true:

- You are dealing with someone who has proven to be a good tenant in the past and you think the tenant is worth dealing with in the future.
- The tenant agrees to split the cost (if any) of mediation.
- The tenant is as receptive as you are to some method of avoiding the expense and delay of litigation, or the possibility of being evicted.
- The tenant is up to date on rent (or the rent money is put in some type of escrow account).
- You are trying to avoid the risk of one influential tenant poisoning your relationship with others.

If mediation doesn't make sense, make clear your intention (and legal right) to sue or evict the tenant. (See Section E, below, and Chapter 17.)

Warning Letter for Lease or Rental Agreement Violation

November 4, 200X
Date

Jerry Brooks
Tenant

179 Lynwood Drive
Street Address

Tampa, Florida 33611
City and State

Dear _Jerry_____,
Tenant

This is a reminder that your lease prohibits _annoying, disturbing, or interfering with the quiet_

enjoyment and peace and quiet of any other tenant or nearby resident (Clause 13)

(violation). It has come to my attention that, starting _on November 2, 200X_____, (date

of violation) and continuing to the present, you have broken this condition of your tenancy by _holding a_

noisy party that lasted until 3 a.m., disturbing other tenants

_____

_____.

It is our desire that you and all other tenants enjoy living in your rental unit. To make sure this occurs, we

enforce all terms and conditions of our leases. So please immediately _keep noise within reasonable_

limits and no loud parties after midnight on weekends or 10 p.m. on weekdays

_____

_____.

If it proves impossible to promptly resolve this matter, we will exercise our legal right to begin eviction

proceedings.

Please contact me if you would like to discuss this matter further and clear up any possible misunderstandings.

Yours truly,

Clark Johnson
Landlord/Manager

Belle Epoque, 387 Golf Road
Street Address

Tampa, Florida 33611
City and State

_813-555-1234_
Phone

How to Deal With Noisy Tenants

Tenants in buildings in large cities often cite noise as one of their biggest complaints about apartment living. Excessive noise can interfere with sleeping and working and, in general, affect one's quality of life—causing irritability, depression, and even health problems, such as hearing loss or high blood pressure.

Many types of noise, including street traffic, garbage trucks, or rowdy bars, are out of the landlord's control. If tenants complain about noises outside the building, your best bet is to steer them to the city manager or mayor's office for help. Most cities have local ordinances that prohibit excessive, unnecessary, and unreasonable noise, and police enforce these laws. If the problem is a neighbor's barking dog, the local animal control agency is responsible. Most local noise ordinances designate certain "quiet hours"—for example, from 10 p.m. to 7 a.m. on weekdays, and from 11 p.m. until 8 or 9 a.m. on weekends. Some universally disturbing noises, such as honking car horns, are commonly banned or restricted. Many communities also prohibit sustained noise that exceeds a certain decibel level (set according to the time of day and the neighborhood zoning).

Noise caused by other tenants, however, is your responsibility. Anyone who lives in an apartment building must expect to hear the sounds of their neighbor's daily lives. But when the occasional annoying sound turns into an ongoing din—whether a blasting stereo, loud TV, or barking dog—expect to hear complaints from other residents in your property. You should take these complaints seriously. As discussed in Chapter 9, landlords in most states must comply with the warranty of habitability—a legal requirement to provide livable, usable, and safe rental units. Tenants are entitled to quiet enjoyment of the premises, the right to occupy their apartments in peace, free of excessive noise. While an occasional loud party is not likely to violate the warranty of habitability, you may face legal problems if you fail to stop disturbances that are of a regular and ongoing nature—for example, technodance music blaring from a tenant's apartment each and every weekend. Landlords who tolerate excessive and unreasonable noise that interferes with other tenants' normal activities (such as sleeping at night) despite repeated tenant complaints may get hit with code violations or a small claims lawsuit (for tolerating a nuisance) or court-ordered rent reductions. Good tenants may move out.

Here are some specific tips to avoid problems with noisy tenants:

- Include a clause in your lease or rental agreement prohibiting tenants from causing disturbances or creating a nuisance that interferes with other tenants' peace and quiet and prevents neighbors from enjoying the use of their own homes. See Clause 13 of our form lease and rental agreements in Chapter 2 for an example.

- Include specific noise guidelines in your tenant rules and regulations (Clause 18 of the form agreements in Chapter 2). You might want to spell out, for example, the hours that loud music, dance parties, and barking dogs will not be tolerated. Look at your local noise ordinance for guidance. Also, remind tenants of other noise laws that may apply in your community, such as prohibitions against honking car alarms, shooting off firecrackers, or disorderly conduct. You might make the same points in a move-in letter to new tenants (discussed in Chapter 7) and encourage tenants to be sensitive to their neighbors.

- Consider requiring rugs or carpets on wood floors to muffle the noise heard by tenants in apartments below.

- Check out inexpensive ideas to soundproof paper-thin walls.

- Respond quickly to noise complaints. Start with an oral request to keep the noise down. Then, move on to a warning letter (such as the sample we show above) if necessary. Terminate the tenancy if necessary.

- Keep records of all tenant complaints about a neighbor's noise (with details on the date,

How to Deal With Noisy Tenants (continued)

time, and location of the noise), so that you have solid documentation to back up a termination or eviction case. If the noise is really bad, make a tape recording as additional evidence.

- If violence is involved, such as a domestic disturbance, call the police immediately.

The Noise Pollution Clearinghouse (NPC) is an excellent source of information on state and local noise laws. For details, see their website at www.nonoise.org/lawlib.htm. If you can't find your local ordinance there, do some online legal research. Chapter 18, Section G, explains how to find local ordinances.

For a general overview of noise involving neighbors, see *Neighbor Law*, by Cora Jordan. If barking dogs is the problem, see *Every Dog's Legal Guide*, by Mary Randolph. Both books are published by Nolo and are available online at www.nolo.com or by phone at 800-728-3555

For free general information on noise problems, see Nolo's Legal Encyclopedia at www.nolo.com.

Many people confuse mediation with arbitration (discussed in Section D, below). While both are nonjudicial ways to resolve disputes, there's a huge difference: Arbitration results in a binding decision, while mediation doesn't, since the mediator has no power to impose a decision but is there simply to help the parties work out a mutually acceptable solution to their dispute.

Mediation in landlord-tenant disputes is usually fairly informal. More likely than not, the mediator will have everyone sit down together from the very beginning and allow both parties to express all their issues—even emotional ones. This often cools people off considerably and frequently results in a fairly quick compromise. If the dispute is not resolved easily, however, the mediator may suggest ways to resolve the problem, or may even keep everyone talking long enough to realize that the real problem goes deeper than the one being mediated. Typically this is done through a caucus process—each side is put in a separate room. The mediator talks to each person sequentially to try and determine his or her bottom line. Then, shuttling back and forth, the mediator helps the parties structure an acceptable solution. At some point, everyone has to get back together to sign off.

For example, if a tenant has threatened rent withholding because of a defect in the premises,

the mediator may discover that the tenant's real grievance is that your manager is slow to make repairs. This may lead to the further finding that the manager is angry at the tenant for letting her kids pull up his tulips. So, the final solution may fall into place only when the tenant agrees to provide better supervision for the kids in exchange for the manager getting the repairs done pronto.

Does mediation really work? Surprisingly, yes, given the fact that there's no one to impose a solution. One reason is the basic cooperative spirit that goes into mediation. By agreeing to mediate a dispute in the first place, you and the tenant must jointly establish the rules, which, in turn, sets the stage for cooperating to solve your dispute. Also, the fact that no judge or arbitrator has the power to impose what may be an unacceptable solution reduces the fear factor on both sides. This, in turn, often means both landlord and tenant take less extreme—and more conciliatory—positions.

Recommended reading on mediation. *Mediate, Don't Litigate*, by Peter Lovenheim and Lisa Guerin. (Nolo). This book explains the mediation process from start to finish, including how to prepare for mediation and draft a legally enforceable agreement.

How to Find a Mediation Group

For information on local mediation programs, call your mayor's or city manager's office, and ask for the staff member who handles "landlord-tenant mediation matters" or "housing disputes." That person should refer you to the public office or business or community group that attempts to informally—and at little or no cost—resolve landlord-tenant disputes before they reach the court stage. Most local courts also provide referrals to community mediation services. For lists of professional mediators and extensive information on mediation, see www.mediate.com.

D. Using Arbitration

Many organizations that offer mediation also conduct arbitration if the parties can't reach an agreement. Almost any dispute with a tenant or other party that can be litigated can be arbitrated. With arbitration, you get a relatively quick, relatively inexpensive solution to a dispute without going to court. Like a judge, the arbitrator—a neutral third party—has power to hear the dispute and make a final, binding decision. Where does this power come from? From you and the other party. In binding arbitration, you agree in advance in writing to submit to arbitration and to be bound by the arbitrator's decision.

You can include a clause in your lease or rental agreement that requires that arbitration be used for any contractual dispute, although this usually makes sense more for longer-term leases of expensive properties. Otherwise, you and the tenant can also decide to use arbitration after a dispute arises. If you and the tenant agree to binding arbitration, an informal hearing is held. Each person tells his or her side of the story, and an arbitrator reaches a decision, which is enforceable in court.

If the losing party doesn't pay the money required by an arbitration award, the winner can easily convert the award to a court judgment, which can be enforced like any other court judgment. Unlike a judgment based on litigation, however, you generally can't take an appeal from an arbitration-based judgment. (An exception is when there was some element of fraud in the procedures leading to the arbitration award.)

How to Find an Arbitrator

To find an arbitrator or learn more about arbitration, contact the American Arbitration Association, the oldest and largest organization of its kind, with offices throughout the country. For more information, check your local phone book or see www.adr.org.

Keep in mind that you are not required to use an organization for arbitration. You and the other party are free to choose your own arbitrator or arbitration panel and to set your own procedural rules. Just remember that for arbitration to be binding and legally enforceable, you need to follow the simple guidelines set down in your state's arbitration statute. You can usually find the statute by looking in the statutory index under "Arbitration" or checking the table of contents for the civil procedure sections. (See Chapter 18 for advice on doing this kind of legal research.)

E. Representing Yourself in Small Claims Court

If your attempts at settling a dispute involving money fail, you may end up in a lawsuit. Fortunately, there are many instances when you can competently and cost-efficiently represent yourself in court. This is almost always true when your case is at the small claims level.

A few states use names other than small claims court, but traditionally the purpose has been the same: to provide a speedy, inexpensive resolution of disputes that involve relatively small amounts of money (generally less than $3,500; "Small Claims Court Limits," below, lists each state's small claims court limit.)

Most people who go to small claims court handle their own cases. In fact, in some states, lawyers aren't allowed to represent clients in small claims court. In any event, representing yourself is almost always the best choice—after all, the main reason to use the small claims court is because the size of the case doesn't justify the cost of hiring a lawyer.

A landlord can use small claims court for many purposes—for example, to collect unpaid rent or to seek money for property damage after a tenant moves out and her deposit is exhausted. In short, in a variety of circumstances, small claims court offers a great opportunity to collect money that would otherwise be lost because it would be too expensive to sue in regular court. And, in a few states, eviction suits can be filed in small claims court. (Chapter 17 includes a list of states that allow evictions in small claims court.)

Landlords can also be sued in small claims court—for example, by a tenant who claims that you failed to return a security deposit. Chapter 15 discusses small claims suits over security deposits.

Don't waste your time suing total deadbeats. As a general rule, if you suspect you cannot collect the money—from a paycheck, bank account, or other financial resource—don't waste your time in small claims court. A judgment you can't collect is worthless.

Recommended reading on small claims court. *Everybody's Guide to Small Claims Court* (National Edition), by Ralph Warner (Nolo), provides detailed advice on bringing or defending a small claims court case, preparing evidence and witnesses for court, and collecting your money judgment when you win. *Everybody's Guide to Small Claims Court* will also be useful in defending yourself against a tenant who sues you in small claims court—for example, claiming that you failed to return a cleaning or security deposit.

1. Learning the Rules

Small claims court procedures are relatively simple and easy to master. Basically, you pay a small fee,

file your lawsuit with the court clerk, see to it that the papers are served on your opponent, show up on the appointed day, tell the judge your story, and present any witnesses and other evidence. The key to winning is usually to present evidence to back up your story. For example, a photograph of a dirty or damaged apartment and the convincing testimony of someone who helped you clean up are usually all you need to prevail if you are trying to recover money over and above the tenant's deposit or defending against a tenant's suit for the return of a deposit.

Court rules—dealing with such things as where you file your lawsuit, how papers can be served on your opponent (service of process), and the deadline (statute of limitations) for filing a small claims suit—are usually published in a free booklet or information sheet provided by the small claims clerk. In addition, clerks in small claims court are expected to explain procedures to you. In some states, they may even help you fill out the necessary forms, which are quite simple, anyhow. If necessary, be persistent: If you ask enough questions, you'll get the answers you need to handle your own case comfortably. Also, in some states such as California, you can consult a small claims court adviser for free.

2. Meeting the Jurisdictional Limits

How much can you sue for in small claims court? The maximum amount varies from state to state. Generally, the limit is $2,000 to $3,500. But, more recently, recognizing that formal courts have become prohibitively expensive for all but large disputes, many states have begun to increase the monetary size of the cases their small claims courts can consider. For example, in both California and Minnesota, landlords can sue for $7,500. Check your state's small claims court limit on the chart below, but also ask the court clerk for the most current limit; state legislatures regularly increase these limits.

You can scale your case down to fit small claims court limits. Don't assume that your case can't be brought in small claims court if it's for slightly more than the limit. Rather than hiring a lawyer or trying to go it alone in formal court, your most cost-effective option may be to sue for the small claims maximum and forget the rest.

F. How to Avoid Charges of Retaliation

As we've discussed throughout this book, residential tenants have a number of legal rights and remedies. While the specifics vary by state, here are a few rights tenants typically have:

- the right to complain to governmental authorities about health or safety problems, and, in many states, the right to withhold rent from, or even to file a lawsuit against, a landlord who fails to keep the premises in proper repair (see Chapter 9)
- the right to be free from discriminatory conduct based on factors such as race, religion, children, sex, and disability, and to complain to administrative agencies, or even courts, when she (the tenant) feels her rights are being violated (see Chapter 5)
- privacy rights limiting landlord's access (see Chapter 13)
- the right to engage in political activity; for example, a tenant who actively campaigns for local candidates whom you find obnoxious, organizes a tenant union, or campaigns for a rent control ordinance, has an absolute right to do so without fear of intimidation.

Because tenant protection laws would be meaningless if you could legally retaliate against a tenant who asserts his legal rights, the laws or court decisions in most states forbid such retaliation. For example, the right of a tenant to complain to the local fire department about a defective heater would be worth little if you, angry about the complaint, could retaliate against her with an immediate termination notice or by doing anything else that works to the tenant's disadvantage, such as increasing rent. The general idea is that tenants should not be punished by landlords just because they are invoking their legal rights or remedies.

Unfortunately, tenants sometimes unfairly accuse landlords of retaliatory misconduct—for example, a tenant who can't or won't pay a legitimate rent increase may claim you are guilty of retaliation. The same sort of unreasonable reliance on tenant protection laws can occur when you seek to terminate the tenancy for a perfectly legitimate reason and the tenant doesn't want to move. How do you cope with this sort of cynical misuse of the law? As with most things legal, there is no single answer. However, if you plan ahead and consider how one tenant might misuse the law and how you can counter this misuse, you should be able to minimize any legal problems.

You start with one great advantage when faced with a tenant who attempts to defeat your legitimate rent increase or tenancy termination with phony retaliation claims. As a business person, you have the organizational ability and mind-set to plan ahead—anticipate that some tenants will adopt these tactics, and prepare to meet them. The tenant, on the other hand, will probably be dealing with the situation on a first-time, ad hoc basis, and often will have a superficial, or just plain wrong, knowledge of the law.

Here are some tips on how to anticipate what tenants might do, so you're prepared to avoid or counter false retaliation claims.

Establish a good paper trail to document important facts of your relationship with your tenants. For example, set up clear, easy-to-follow procedures for tenants to ask for repairs, and respond quickly when complaints are made, coupled with annual safety inspections. (We show you how in Chapter 9.) This sort of policy will go a long way toward demonstrating that a complaint is phony—for example, if a tenant faced with a rent increase or tenancy termination suddenly complains to an outside agency about some defect in the premises they rent, without talking to you first. Also, if your periodic inquiries result in complaints from several tenants, but you only end one tenancy, you can show you don't have a policy of retaliating against tenants who do complain.

Be prepared to demonstrate that you have a good reason to end the tenancy—even though the law

Small Claims Court Limits

State	Amount	State	Amount
Alabama	$3,000	New Hampshire	$5,000
Alaska	$10,000	New Jersey	$3,000 [5]
Arizona	$2,500	New Mexico	$10,000
Arkansas	$5,000	New York	$5,000
California	$7,500	North Carolina	$5,000
Colorado	$7,500	North Dakota	$5,000
Connecticut	$5,000 [1]	Ohio	$3,000
Delaware	$15,000	Oklahoma	$6,000
District of Columbia	$5,000	Oregon	$5,000
Florida	$5,000	Pennsylvania	$8,000
Georgia	$15,000 [2]	Rhode Island	$2,500
Hawaii	$3,500 [1]	South Carolina	$7,500
Idaho	$4,000	South Dakota	$8,000
Illinois	$10,000	Tennessee	$15,000 [6]
Indiana	$6,000	Texas	$5,000
Iowa	$5,000	Utah	$7,500
Kansas	$4,000	Vermont	$3,500
Kentucky	$1,500	Virginia	$2,000
Louisiana	$3,000 [3]	Washington	$4,000
Maine	$4,500	West Virginia	$5,000
Maryland	$5,000	Wisconsin	$5,000 [2]
Massachusetts	$2,000	Wyoming	$5,000
Michigan	$3,000		
Minnesota	$7,500		
Mississippi	$2,500		
Missouri	$3,000		
Montana	$3,000		
Nebraska	$2,700 [4]		
Nevada	$5,000		

[1] No limit in security deposit cases.

[2] No limit on eviction suits.

[3] In Justice of the Peace Courts, which have their own set of rules (and generally function like small claims courts in rural areas), there is no limit in eviction suits.

[4] Increased every five years based on the Consumer Price Index. Next increase 7/1/10.

[5] $5,000 when dealing with return of a security deposit; certain landlord/tenant suits cannot be brought.

[6] No limit in eviction suits. Higher limits in certain counties, depending on size of the population.

in your area may say that a landlord doesn't need a reason to terminate a tenancy. In other words, in anticipation of the possibility that a tenant may claim that you are terminating her tenancy for retaliatory reasons, you should be prepared to prove that your reasons were valid and not retaliatory. When you think of it, this burden isn't as onerous as it might first appear. From a business point of view, few landlords will ever want to evict an excellent tenant. And, assuming there is a good reason why you want the tenant out—for example, the tenant repeatedly pays his rent late in violation of the rental agreement—you only need document it.

Have legitimate business reasons for any rent increase or other change in the conditions of the tenancy, and make the changes reasonable. The best answer to a charge of retaliation is proof that your act was based on legitimate business reasons and was wholly independent of any exercise by tenants of their rights. (See Chapter 3 for advice.)

If a tenant makes a complaint for even an arguably legitimate reason at about the time you were going to raise the rent or give the month-to-month tenant a termination notice anyway, wait. First take care of the complaint. Next, let some time pass. Then, do what you planned to do anyway (assuming you can document a legitimate reason for your action). Be sure to check "State Laws Prohibiting Landlord Retaliation" in Appendix A to see whether your state has any law as to the time period when retaliation is presumed. For example, the laws of Iowa and Kentucky presume retaliation if the landlord's action—such as ending the tenancy—occurred within one year of the tenant's exercise of a legal right such as a complaint about defective conditions. In other states, this time period is shorter: Delaware (90 days); Arizona, California, and the District of Columbia (six months). In these circumstances, the landlord must prove that retaliation has not occurred.

The delay may cost you a few bucks, or result in some inconvenience, or even cause you to lose some sleep while you gnash your teeth, but all of these are preferable to being involved in litigation over whether or not your conduct was in retaliation for the tenant's complaint.

EXAMPLE: A tenant, Fanny, makes a legitimate complaint to the health department about a defective heater in an apartment she rents from Abe. Even though Fanny does so without having had the courtesy to tell Abe or his manager first, Fanny is still within her legal rights to make the complaint. About the same time Fanny files the complaint, neighboring tenants complain to Abe, not for the first time, about Fanny's loud parties that last into the wee hours of the morning. Other tenants threaten to move out if Fanny doesn't. In response to the neighboring tenants' complaints, Abe gives Fanny a 30-day notice. She refuses to move, and Abe must file an eviction lawsuit. Fanny responds that the eviction was in retaliation for her complaint to the health department. A contested trial results. Perhaps Abe will win in court, but, in this situation, there is a good chance he won't.

Now, let's look at how you might better handle this problem:

Step 1. Fix the heater.

Step 2. Write the tenant, reminding her of your established complaint procedures. Tell her very politely that you consider this sort of repair a routine matter which, in the future, can be handled more quickly and easily by telling you instead of the public agency. A sample letter is shown below.

Step 3. Carefully document the noise complaints of the neighbors. If possible, get them in writing. Feel out the neighbors about whether they would testify in court if necessary. Also, consider whether an informal meeting between all affected parties or a formal mediation procedure might solve the problem.

Step 4. Write the tenant about the neighbors' complaints. The first letter should be conciliatory. Offer to meet with the tenant to resolve the problem, but also remind the tenant of the rental agreement (or lease) provision prohibiting nuisances (such as excessive noise) that disturb the quiet enjoyment of other tenants. (See Clause 13 of the form lease and rental agreements in Chapter 2.) If the first letter doesn't work, follow up with another letter, even if you don't think this will do any good,

Sample Letter Reminding Tenant of Complaint Procedure

February 1, 200X

Fanny Hayes
Sunny Dell Apartments
123 State Street, Apt. 15
Newark, NJ 07114

Dear Ms. Hayes:

As you know, Ms. Sharon Donovan, my resident manager at Sunny Dell Apartments, repaired the heater in your unit yesterday, on January 31.

Ms. Donovan informs me that you never complained about the heater or requested its repair. In fact, she learned about the problem for the first time when she received a telephone call to that effect from Cal Mifune of the County Health Department. Apparently, you notified the Health Department of the problem without first attempting to resolve it with Ms. Donovan.

While you certainly do have a legal right to complain to a governmental agency about any problem, you should be aware that the management of Sunny Dell Apartments takes pride in its quick and efficient response to residents' complaints and requests for repairs.

In the future, we hope that you'll follow our complaint procedure and contact the manager if you have a problem with any aspect of your apartment.

Sincerely,

Abe Horowitz

Abe Horowitz, Owner

---

either. These letters will help you greatly should a court fight develop later.

Step 5. If possible, wait a few months, during which you should carefully document any more complaints before giving the tenant a 30-day notice. As a general rule, the longer you can reasonably delay court action, the less likely a claim of retaliation by the tenant will stick.

This sort of preparatory work may influence the tenant not to claim you are guilty of retaliatory conduct. However, even if it does not, and you do end up in court, you should win easily.

Defending yourself against charges of retaliation is well beyond the scope of this book, and a lawyer is strongly advisable. A good insurance policy which protects you from so-called "illegal acts" may cover you if your act is not deliberate and intentional and you can turn your legal defense over to the insurance company. Chapter 10 covers insurance in more detail.

Terminations and Evictions

A. The Landlord's Role in Evictions 386

B. Termination Notices 387

C. Late Rent 388

    1. Legal Late Periods 388

    2. Accepting Rent After You Deliver a Termination Notice 390

D. Other Tenant Violations of the Lease or Rental Agreement 392

    1. Giving Tenants Another Chance 392

    2. Criminal Convictions 392

E. Violations of a Tenant's Legal Responsibilities 393

F. Tenant's Illegal Activity on the Premises 393

G. How Eviction Lawsuits Work 394

    1. What Court Hears Evictions? 394

    2. First Steps: The Complaint and Summons 396

    3. The Tenant's Answer to the Complaint 397

    4. The Trial 398

    5. The Judgment 399

    6. How Tenants May Stop or Postpone an Eviction 399

    7. Eviction 400

H. Illegal "Self-Help" Evictions 400

I. Stopping Eviction by Filing for Bankruptcy 404

Unfortunately, even the most sincere and professional attempts at conscientious landlording sometimes fail, and you need to get rid of a troublesome tenant—someone who pays the rent late, keeps a dog in violation of a no-pets clause in the lease, repeatedly disturbs other tenants and neighbors by throwing loud parties or selling drugs, or otherwise violates your agreement or the law.

Termination is the first step toward an eventual eviction. You'll need to send the tenant a notice announcing that the tenancy is over, and that, if he doesn't leave, you'll file an eviction lawsuit. Or the notice may give the tenant a few days to clean up his act (pay the rent, find a new home for the dog). If the tenant leaves (or reforms) as directed, no one goes to court.

Eviction itself—that is, physically removing the tenant and his possessions from your property—generally can't be done until you have gone to court and proved that the tenant did something wrong that justifies ending the tenancy. If you win the eviction lawsuit, you can't just move the tenant and his things out onto the sidewalk. In most states, you must hire the sheriff or marshal to perform that task.

This chapter explains when and how you can terminate a tenancy based on nonpayment of rent and other illegal acts. It also provides an overview of the eviction procedure that follows a termination notice, and tells you what you can—and cannot—do under the law.

Related topics covered in this book include:
- Rent control laws that require a legally recognized reason, or "just cause," to evict: Chapter 3
- Evicting a resident manager: Chapter 6
- Substantially failing to maintain rental property so that tenants cannot use it (constructive eviction): Chapter 9
- Ending a month-to-month tenancy with a 30-day notice: Chapter 14
- Using a security deposit to cover unpaid rent after you've evicted a tenant: Chapter 15
- How to use a warning letter, negotiation, or mediation to resolve a dispute with a tenant: Chapter 16

- How to get legal help for an eviction lawsuit: Chapter 18.

Watch out for charges of retaliation. Landlords in most states may not end a tenancy in response to a tenant's legitimate exercise of a legal right, such as rent withholding, or in response to a complaint to a housing inspector or after a tenant has organized other tenants. What if your tenant has exercised a legal right (such as using a repair and deduct option) but is also late with the rent? Naturally, the tenant will claim that the real motive behind your eviction is retaliation.

In some states, the burden will be on you to prove that your motive is legitimate if you evict within a certain time (typically six months) of a tenant's use of a legal remedy or right. In others, it's up to the tenant to prove your motive. Chapter 16 includes advice on how to avoid charges of retaliation, and Appendix A gives details on state laws prohibiting landlord retaliation.

California landlords should consult *The California Landlord's Law Book: Evictions*, by David Brown (Nolo). It contains eviction information and tear-out court forms.

A. The Landlord's Role in Evictions

The linchpin of an eviction lawsuit (sometimes called an unlawful detainer, or UD, lawsuit) is properly terminating the tenancy before you go to court. You can't proceed with your lawsuit, let alone get a judgment for possession of your property or for unpaid rent, without terminating the tenancy first. This usually means giving your tenant adequate written notice, in a specified way and form. If the tenant doesn't move (or reform), you can file a lawsuit to evict.

State laws set out very detailed requirements for landlords who want to end a tenancy. Each state has its own procedures as to how termination notices and eviction papers must be written and delivered ("served"). Different types of notices are often required for different types of situations. You must follow state rules and procedures exactly. Otherwise, you will experience delays in evicting a tenant—and maybe even lose your lawsuit—even if your tenant has bounced rent checks from here to Mandalay.

Because an eviction judgment means the tenant won't have a roof over his head (and his children's heads), state laws are usually very demanding of landlords. In addition, many rent control cities go beyond state laws (which typically allow the termination of a month-to-month tenant at the will of the landlord) and require the landlord to prove a legally recognized reason, or just cause, for eviction.

Alternatives to Eviction

Before you proceed with an eviction lawsuit, consider whether it might be cheaper in the long run to pay the tenant a few hundred dollars to leave right away. A potentially lengthy lawsuit—during which you can't accept rent that you may be unable to collect even after winning a judgment—may be more expensive and frustrating than buying out the tenant and quickly starting over with a better one. Especially if there's a possibility that your tenant might win the lawsuit (as well as a judgment against you for court costs and attorney fees), you may well be better off compromising—perhaps letting the tenant stay a few more weeks at reduced or no rent.

Chapter 16 provides tips on avoiding an eviction lawsuit by negotiating a settlement with a tenant.

Even if you properly bring and conduct an eviction lawsuit for a valid reason, you are not assured of winning and having the tenant evicted if the tenant decides to mount a defense. You always run the risk of encountering a judge who, despite the merits of your position, will hold you to every technicality and bend over backwards to sustain the tenant's position. The way that you have conducted business with the tenant may also affect the outcome: A tenant can point to behavior on your part, such as retaliation, that will shift attention away from the tenant's wrongdoing and sour your chances

of victory. Simply put, unless you thoroughly know your legal rights and duties as a landlord before you go to court, and unless you dot every "i" and cross every "t," you may end up on the losing side. Our advice, especially if your action is contested, is to be meticulous in your business practices and lawsuit preparation.

It is beyond the scope of this book to provide all the step-by-step instructions and forms necessary to terminate a tenancy or evict a tenant. This chapter will get you started, and Chapter 18 shows how to research termination and eviction rules and procedures in your state. Your state or local apartment association may also publish useful guides on the subject. California landlords should use the Nolo book described above.

B. Termination Notices

You may terminate a month-to-month tenancy simply by giving the proper amount of notice (30 days in most states). Reasons are usually not required. (Chapter 14 discusses ending a month-to-month tenancy.) Leases expire on their own at the end of their term, and you generally aren't required to renew them.

If your tenant has done something wrong, you'll usually want him out sooner. State laws allow you to do this by serving the tenant with one of three different types of termination notices, depending on the reason why you want the tenant to leave. Although terminology varies somewhat from state to state, the substance of the three types of notices is remarkably the same.

- **Pay Rent or Quit** notices are typically used when the tenant has not paid the rent. They give the tenant a few days (three to five in most states) to pay or move out ("quit").
- **Cure or Quit** notices are typically given after a violation of a term or condition of the lease or rental agreement, such as a no pets clause or the promise to refrain from making excessive noise. Typically, the tenant has a set amount of time in which to correct, or "cure," the violation; a tenant who fails to do so must move or face an eviction lawsuit.

- **Unconditional Quit** notices are the harshest of all. They order the tenant to vacate the premises with no chance to pay the rent or correct the lease or rental agreement violation. In most states, Unconditional Quit notices are allowed only when the tenant has repeatedly:
  - violated a lease or rental agreement clause
  - been late with the rent
  - seriously damaged the premises, or
  - engaged in illegal activity.

Many states have all three types of notices on the books. But, in some states, Unconditional Quit notices are the *only* notice statutes, as noted in "No Second Chances," below. Landlords in these states may extend second chances if they wish, but no law requires them to do so.

No Second Chances

Landlords in these states may use Unconditional Quit notices and demand that tenants leave without giving them a chance to pay the rent, correct the lease violation, or reform their behavior:

Alabama	Maine	Ohio
Arkansas	Missouri	Pennsylvania
Georgia	Minnesota	South Dakota
Illinois	New Hamphire	Texas
Indiana	North Carolina	West Virginia
Louisiana	North Dakota	Wyoming

Many states have standards for the content and look of a termination notice, requiring certain language and specifying size and appearance of type (consult your state's statute, as noted in Appendix A, before writing your notice). When you're sure that the notice complies with state law, resist any temptation to add threatening graphics or language. The Fair Debt Collection Practices Act, cited below, and its counterparts written by many states, forbids you from threatening unlawful actions or implying that you are affiliated with the government. Threats (or implications) that you will resort to a self-help eviction (covered in Section H,

below) or even using a picture of a policeman may constitute a deceptive collection practice.

You may have a choice among these three notices, depending on the situation. For example, a Wisconsin landlord may give month-to-month tenants an Unconditional Quit *or* a Pay Rent or Quit notice for late payment of rent. The tenant cannot insist on the more lenient notice.

For the details and citations to your state's statutes on termination notices, see the following tables in Appendix A:

- Notice Required to Change or Terminate a Month-to-Month Tenancy
- State Laws on Termination for Nonpayment of Rent
- State Laws on Termination for Violation of Lease
- State Laws on Unconditional Quit.

C. Late Rent

Not surprisingly, the number one reason landlords terminate a tenancy is nonpayment of rent. If a tenant is late with the rent, in most states you can immediately send a termination notice, giving the tenant a few days—usually three to five—in which to pay up. The exact number of days varies from state to state. But not every state requires you to give a tenant a second chance to pay the rent; as noted in "No Second Chances," above, in a few states, if the tenant fails to pay rent on time, you can simply demand that he leave by sending an Unconditional Quit notice.

1. Legal Late Periods

In most states, you can send a Pay Rent or Quit notice as soon as the tenant is even one day late with the rent. A handful of states (Connecticut, Delaware, Maine, Oregon, and Rhode Island) will not let you send a termination notice (either a Pay Rent or Quit notice or an Unconditional Quit notice) until the rent is a certain number of days late. In these states, tenants enjoy a statutory "grace period," plus the time specified in the Pay Rent or Quit notice, in which to come up with the rent.

Involving Your Lawyer May Trigger the Fair Debt Collection Practices Act

The Fair Debt Collection Practices Act (15 U.S.C. §§ 1692 and following) governs debt collectors and requires, among other things, that debtors be given 30 days in which to respond to a demand for payment (even if your pay-or-quit notice specifies fewer days). If you prepare and send your own pay-or-quit notices, you aren't a "debt collector," and you won't have to comply with this Act. However, if your lawyer sends the notice, the Act may apply. This can result if your lawyer regularly handles your termination work and genuinely gets involved in each case; ironically, you may also be subject to the Act if you're simply using the lawyer's name or stationery and he has no real connection with the case.

When your lawyer regularly sends notices for you and is genuinely involved in each case. Odd as it may sound, a lawyer who regularly handles rent demand notices on behalf of landlord-clients is considered a "debt collector" under the law in some cases—at least in Connecticut, New York, and Vermont (states covered by the federal Second Court of Appeals; *Romea v. Heiberger & Associates*, 163 F.3d 111 (2d Cir. 1998)). Consequently, the tenant must have 30 days to pay or quit, no matter what your statute says. However, if your lawyer's debt collection practices represent a small fraction of the firm's revenue (2% or less) and the firm does not have an ongoing attorney-client relationship with a debt collection agency, it's likely that the lawyer will not be considered a regular debt collector. (*Goldstein v. Hutton*, 155 F.Supp.2d 60 (S.D. N.Y. 2001).) A pay-or-quit rent demand notice that's signed or sent by a manager in these states, however, won't violate federal law, so long as it was the manager's job to collect rent before the tenant defaulted in the payment of rent. (*Franceschi v. Mautner-Glick Corp.*, 22 F.Supp.2d 250 (S.D. N.Y. 1998).)

When your lawyer rubber-stamps your notices. Under the Fair Debt Collection Practices Act, it's illegal for someone to lend his name to a creditor for its intimidation value. (15 U.S.C. § 1692j(a).) If your attorney simply sends out termination notices at your bidding (or lends you stationery or a signature stamp), and if the lawyer does not consider the facts of each case, it's likely that you'll come under this stricture. The consequence is that *you* will be held to the letter of the Act—and your pay-or-quit notice will, among other things, become a 30-day notice. (*Nielsen v. Dickerson*, 307 F.3d 623 (7th Cir. 2002).)

The lesson to be learned here is to handle your notices yourself!

Special Rules for Tenants in Military Service

If your tenant is in the military or the activated reserves, your ability to evict for nonpayment of rent is subject to the War and National Defense Servicemembers Civil Relief Act, 50 App. U.S.C.A. § 530. The Act does not prevent you from serving a termination notice for nonpayment of rent. Instead, it requires the court to stay (postpone) an eviction for up to three months unless the judge decides that military service does not materially affect the tenant's ability to pay the rent.

The Act only applies to evictions for nonpayment of rent. It does not apply to evictions for other reasons, such as keeping pets in violation of the lease or failing to move when a lease is up. Nor does it apply if you've terminated a rental agreement with a 30-day notice.

- **Tenants affected.** The War and National Defense Servicemembers Civil Relief Act applies if your tenant's spouse, children, or other dependents occupy the rental unit. Courts give a broader meaning to the term "dependent" than the one used by the IRS.

- **Rental amount.** The Act's protections apply when the rent is $2,400 per month or less (to be adjusted annually for inflation).

- **The effect on an eviction lawsuit.** Once you have filed your lawsuit, you must tell the court that the tenant is an active service person. The judge will decide whether the service person's status in the military affects his or her ability to pay the rent. If the judge decides that it does, the case may be stayed for up to three months.

- **Requisitioned pay.** The Secretary of Defense or the Secretary of Transportation may order that part of the service person's pay be allotted to pay the rent. Ask the judge in your case to write a letter to the service branch, asking that a reasonable amount be sent to you to pay the rent. Be advised, however, that current Defense Finance and Accounting Service regulations make no provision for such allotments.

EXAMPLE: Lara, a Maine tenant, couldn't pay her rent on time. State law required her landlord Luke to wait until the rent was seven days late before he could send a termination notice. Luke did so on the eighth, giving Lara notice that she must pay or move within seven days. In all, Lara had fourteen days in which to pay the rent before Luke could file for eviction.

 Late rent fees are unaffected by Pay Rent or Quit time periods or legal late periods. If your lease or rental agreement specifies late fees, they'll kick in as soon as your lease or rental agreement (or in some states, state law) says they can. The number of days specified in your Pay Rent or Quit notice will not affect them, nor will a legally required grace period. (Chapter 3 discusses late rent fees.)

2. Accepting Rent After You Deliver a Termination Notice

If the tenant is late with the rent and you deliver a termination notice—whether or not it gives the tenant a few days to pay the rent—you can expect a phone call or a visit from your tenant, hoping to work something out. Chapter 16 offers some pointers on negotiating and dealing with these requests. Here are the legal rules.

a. If the Tenant Pays the Whole Rent

If you have sent a Pay Rent or Quit notice but then accept rent for the entire rental term, you have canceled the termination notice for that period. In most states, it's as if the tenant had paid on time in the first place.

EXAMPLE: Zoe's rent was due on the first of the month. She didn't pay on time, and her landlord sent her a Three-Day Pay Rent or Quit notice. Zoe borrowed money from her parents and paid on the third day, saving her tenancy and avoiding an eviction lawsuit.

b. If the Tenant Is Chronically Late Paying Rent

In several states, you don't have to give tenants a second chance to pay the rent if they are habitually late. Typically, you're legally required to give the tenant a chance to pay and stay only once or twice within a certain period. In Connecticut, for example, if your tenant has been late with the rent more than once in the past six months, the next time he doesn't pay on time you don't have to give him the option of paying the rent or leaving. Instead, you can send him an Unconditional Quit notice that simply tells him to leave within three days.

Some states insist that you give the tenant a *written* Pay Rent or Quit notice for the first late payment, so that there is proof that rent was late. Other statutes allow you to use the Unconditional Quit notice merely for "repeated lateness." In that case, you need not have given the tenant a notice to pay or quit for the first tardiness, but it's good business practice to do so, anyway. If your tenant claims that he has always paid the rent on time, you'll have prior Pay Rent or Quit notices to show otherwise.

 You can always use a 30-day notice for month-to-month tenants who are chronically late. You need not worry about the complexities of your state's unconditional quit procedure for month-to-month tenants who repeatedly pay late. Simply terminate the tenancy with a 30-day notice, which may be quicker, in the long run, if the tenant challenges your use of the Unconditional Quit notice. Even if you live in a rent control area that requires landlords to have good reason to evict, repeatedly paying late is ample legal reason to end a tenancy.

c. If You Accept a Partial Rent Payment

By accepting even a partial amount of rent a tenant owes—whether for past months or even just the current month—you will, in most states, cancel the effect of a Pay Rent or Quit notice. But you can still go ahead with your attempts to get the tenant out—just pocket your tenant's payment with one hand and simultaneously hand him a new termination

States That Limit Number of Times a Tenant Can Pay and Stay		
State	**Number of late rent payments allowed before landlord can send Unconditional Quit notice**	**Notice to Pay or Quit required for all prior late payments?**
Georgia	One within past 12 months	yes
Maryland	Three within 12 months, but landlord must have won an eviction lawsuit for each prior nonpayment of rent episode. Tenants in Maryland can reinstate their tenancy by paying rent and court costs after the landlord has won the eviction lawsuit, but before physical evictions.	yes
Massachusetts	One within past 12 months	yes
New Hampshire	Three within 12 months	yes
New Jersey	Habitual failure to pay rent on time	no
South Carolina	One during the tenancy	no
Vermont	Three within 12 months	yes
Virginia	One within past 12 months	yes
Wisconsin	One within past 12 months	yes

Citations to the code section are found in "State Laws on Unconditional Quit" in Appendix A.

notice with the other, demanding that he pay the new balance or leave.

> **EXAMPLE:** Danny's rent of $600 was due on the first of the month. Danny didn't pay January's rent and didn't have enough for February, either. On February 2, Danny's landlord, Ali, sent him a three-day notice to pay $1,200 or leave. Danny paid $600 on February 3 and thought that he'd saved his tenancy. He was amazed when, later that day, Ali handed him a new notice to pay $600 or leave. Ali properly filed for eviction on February 7 when Danny failed to pay.

⚠️ **If you sign a written agreement with the tenant setting up a payment schedule for delayed or partial rent (discussed in Chapter 3), you must comply with this agreement.** If the tenant does not end up honoring this agreement, you may then take steps to terminate the tenancy.

D. Other Tenant Violations of the Lease or Rental Agreement

In addition to nonpayment of rent, you may terminate a tenancy if a tenant violates other terms of the lease or rental agreement, such as:

- keeping a pet in violation of a no-pets rule
- bringing in an unauthorized tenant
- subleasing or assigning without your permission
- repeatedly violating "house rules" that are part of the lease or rental agreement, such as using common areas improperly, making too much noise, having unruly guests, or abusing recreation facilities, or
- giving false information concerning an important matter on the rental application or lease.

1. Giving Tenants Another Chance

The laws in most states insist that you give the tenant a few days (anywhere from three to 30 days, depending on the state) to correct, or "cure," the violation before the tenancy can end. However, there are two important "but ifs" that allow you to use an Unconditional Quit notice instead of the more generous Cure or Quit notice:

- **Repeated violations.** If the tenant has violated the same lease clause two or more times within a certain period of time, he may lose the right to a second chance. You may give him an Unconditional Quit notice instead.
- **The violation cannot be corrected.** Some lease violations cannot be corrected because the effect of the violation is permanent. For instance, suppose your lease prohibits tenant alterations or improvements without your consent. (See Clause 12 of the form agreements in Chapter 2.) If, without asking, your tenant removes and discards the living room wallpaper, you can hardly demand that the tenant cease violating the lease clause, because it is simply too late to save the wallpaper. If a lease violation cannot be cured, you may use an Unconditional Quit notice.

2. Criminal Convictions

As discussed in Chapter 1, you are generally free to reject prospective tenants with criminal records. Sometimes, however, you won't know about these convictions until you have already rented the unit. Maybe you never checked the applicant's background, or you didn't have access to reliable information. Regardless of why you didn't know beforehand, if you learn that a tenant has a record—and particularly if he is a convicted sex offender—your first impulse will probably be to look for a way to get him out of your building. Here's what to do:

- **Month-to-month tenants.** You may terminate any month-to-month tenancy with a 30-day notice, and you need not give a reason, as long as you do not have discriminatory or retaliatory motives. Note, however, that tenants in rent control cities with "just cause" eviction protection, and all tenants in New Hampshire and New Jersey (where there are state-wide just cause protections) may be able to resist a termination on this basis.

- **Tenants with leases.** You will not be able to terminate an otherwise law- and rule-abiding tenant purely because you now know that he has a criminal past, no matter how unsavory or alarming. However, if your lease or rental agreement states that false and material information on the rental application will be grounds for termination (as does the one at the back of this book), you can terminate and evict on this basis.

E. Violations of a Tenant's Legal Responsibilities

Virtually every state allows you to terminate the tenancy of a tenant who has violated basic responsibilities imposed by law, including:

- grossly deficient housekeeping practices that cause an unhealthy situation, such as allowing garbage to pile up
- seriously misusing appliances, like damaging the freezer while attempting to defrost it with an icepick
- repeatedly interfering with other tenants' ability to peacefully enjoy their homes, such as hosting late parties, playing incessant loud music, or running a noisy small business (repairing cars in the driveway of a rental duplex, for example)
- substantially damaging the property—for instance, knocking holes in the walls or doors, and
- allowing or participating in illegal activities on or near the premises, such as drug dealing or gambling.

Many careful landlords incorporate these obligations into their leases or rental agreements—something we recommend in Chapter 2, Clause 13, "Violating Laws and Causing Disturbances." But, even if these obligations are not mentioned in your rental documents, tenants are still legally bound to observe them.

If a tenant or guest substantially damages the premises, you'll be within your rights to use an Unconditional Quit notice. The law does not require you to give tenants accused of serious misbehavior a second chance. Tenants who have earned this type of termination notice generally get only five to ten days to move out.

F. Tenant's Illegal Activity on the Premises

In recent years, many states have responded aggressively to widespread drug dealing in residential neighborhoods by making it easier for landlords to evict based on these activities. Indeed, in some states you must evict known drug dealers or risk having authorities close down or even confiscate your entire property. (Chapter 12 discusses the problems faced by landlords who rent to drug-dealing tenants.) To say the least, the threat of losing rental property is strong motivation to quickly evict tenants suspected of engaging in illegal acts.

You don't always have to wait until the tenant is convicted of a crime or even arrested. In Texas and North Carolina, you may evict as long as you have a "reasonable suspicion" that illegal activity is afoot and the tenant or the tenant's guests are involved. By contrast, in New Jersey, you may not begin an eviction for illegal activity unless there's been a criminal conviction for criminal acts on the rented premises.

Evictions based on criminal activity are often called "expedited evictions," because they take less time than a normal eviction. Expedited evictions are preceded by an Unconditional Quit notice that tells the tenant to move out (and do it quickly). If the tenant stays, you can go to court and file for eviction. The court hearing on the eviction is typically held within a few days, and, if you win, the tenant is given very little time to move. For example, in Oregon, the tenant has 24 hours to vacate after a landlord wins in court.

Tips on Dealing With a Tenant During an Eviction

- Avoid all unnecessary one-on-one personal contact with the tenant during the eviction process unless it occurs in a structured setting —for example, at a neighborhood dispute resolution center or in the presence of a neutral third party.

- Keep your written communications to the point and as neutral as you can, even if you are boiling inside. Remember, any manifestations of anger on your part can come back to legally haunt you somewhere down the line.

- Treat the tenant like she has a right to remain on the premises, even though it is your position that she doesn't. Until the day the sheriff or marshal shows up to evict the tenant, the tenant's home is legally her castle, and you may come to regret any actions on your part that don't recognize that fact.

G. How Eviction Lawsuits Work

When the deadline in the termination notice passes, your tenant will not be automatically evicted. In almost every state, you must file and win an eviction lawsuit before the sheriff or marshal can physically evict a tenant who refuses to leave after receiving the termination notice. The whole process may take weeks—or months—depending on whether or not the tenant contests the eviction in court.

1. What Court Hears Evictions?

Eviction lawsuits are filed in a formal trial court (called "municipal," "county," or "justice") or in small claims court. A few states, including Illinois, Massachusetts, and New York, have separate landlord-tenant courts in larger cities, similar to a small claims courts, specifically set up to handle evictions. Some states give landlords the choice; others confine eviction lawsuits to one court or the other. If you have a choice, you'll want to consider:

- **Amount of unpaid rent.** If you're also suing for unpaid rent which is higher than the small claims court's jurisdictional amount, you must use a higher court. (States' small claims court limits are listed in Chapter 16.)

- **Attorney fees clause.** If your lease or rental agreement contains an attorney fees clause, and you have a strong case and a reasonable chance of collecting from your tenant, you may want to hire an attorney and go to formal court, figuring that the fee will come from the tenant's pocket when you win. On the other hand, if the tenant has little or no funds, your chances of collection are dim, and you may realistically choose small claims instead.

There are important differences between regular trial courts and small claims (or landlord-tenant) court:

- In small claims court, the regular rules of evidence are greatly relaxed, and you can show or tell the court your side of the story without adhering to the "foundation" requirements that apply in higher courts. ("Laying a foundation" is explained in "Rules of Evidence in Formal Court," below.)

- In regular court, you and the tenant may engage in a pretrial process called "discovery," in which you ask each other about the evidence that supports your positions. Information gathered during discovery can be used at trial. Discovery includes depositions (where witnesses are questioned under oath), interrogatories (sets of preprinted questions that cover information normally involved in a landlord-tenant dispute), and "requests for admissions," (specific statements of fact that the other side is asked, under oath, to admit or deny). The discovery process is normally available in formal court, but not in small claims or landlord-tenant courts.

- In regular court, you and the tenant may each attempt to wash the case out of court quickly by filing pretrial requests to the court to dismiss or limit the case. In small claims and landlord-tenant court, the idea is to decide the entire case after one efficient court hearing, and these motions are not used.

Rules of Evidence in Formal Court

It's important to back up your eviction lawsuit with as much hard evidence as possible. For example, if the basis of the termination is that the tenant has violated a rental rule (by keeping a pet), be sure that you have a copy of the lease and rules that your tenant signed when he moved in.

In small claims court, you can present practically any evidence you want to the judge. (Chapters 15 and 16 provide information useful for small claims cases.) But, if you are in a formal court, the judge will not examine documentary evidence until you have established that it is likely to be trustworthy. Presenting the legal background of evidence is called "laying a foundation." Here are a few hints on how to prepare evidence for formal court:

- **Photographs.** If your termination notice is based on your tenant knocking a hole in the kitchen wall, you'll want to show the judge a photograph of the gaping hole. But before the picture can be admitted into evidence, someone will have to testify that the picture is a fair and accurate depiction of the way the wall looked. It's best to ask a neutral witness to look at the wall and come to court prepared to testify that, yes, the photo is an accurate portrayal. Your witness need not have taken the photo.

- **Letters.** You may have sent a termination notice for nonpayment of rent because your tenant improperly used the repair and deduct remedy by failing to give you a reasonable amount of time to fix the problem yourself. You'll want to show the judge a copy of the letter you sent to the tenant promising to fix the defect within the week (the tenant didn't wait). In court, this means you'll need to introduce your letter into evidence. To do this, you can simply testify that the letter is a true copy, that the signature is your own, and that you mailed or handed it to your tenant.

- **Government documents.** If your tenant has withheld rent because of what she claims are uninhabitable conditions, you may decide to evict for nonpayment of rent. If the tenant filed a complaint with a local health department and they issued a report giving your property a clean bill of health, you'll want the report considered by the court (admitted into evidence). Ask the health department inspector to testify that he wrote the report as part of his normal duties when investigating possible health violations. To get the inspector to court, you'll need to ask the judge for an order, called a "subpoena," that you can serve on the inspector.

Evictions in Small Claims Court

Landlords in these states may file evictions in small claims court:

Arizona (Justice Court)	New Jersey (Special Civil Part, Superior Court)
Delaware (Justice of the Peace Court)	New Mexico
Florida	North Carolina
Georgia	Pennsylvania
Indiana	South Carolina
Iowa	Tennessee
Kentucky	Virginia
Louisiana	West Virginia
Maine	Wisconsin
Maryland	Wyoming

Attorneys and Eviction Services

Depending on your location, your particular situation, and the availability of self-help eviction guides, you may be able to handle all, or most of, an eviction lawsuit yourself. Many landlords hire "legal typing services" or "independent paralegals" (discussed in Chapter 18) to help with evictions. But there are some circumstances when you should definitely consult an attorney who specializes in landlord-tenant law:

- Your tenant is already represented by a lawyer, even before you proceed with an eviction.
- Your property is subject to rent control rules governing eviction.
- The tenant you are evicting is an ex-manager whom you have fired.
- Your tenant contests the eviction in court.
- Your tenant files for bankruptcy.
- The property you own is too far from where you live. Since you must file an eviction lawsuit where the property is located, the time and travel involved in representing yourself may be too great.

 Everybody's Guide to Small Claims Court, by Ralph Warner (Nolo), describes the workings of your small claims court in detail.

Represent Yourself in Court: How to Prepare & Try a Winning Case, by Paul Bergman and Sara Berman-Barrett (Nolo), explains how to present evidence and arguments in formal court.

2. First Steps: The Complaint and Summons

An eviction lawsuit begins when you file a legal document called a "Complaint." The Complaint lists the facts that you think justify the eviction. It also asks the court to order the tenant to leave and pay back rent, damages directly caused by his unlawfully remaining on the property, court costs, and sometimes attorney fees.

Fortunately, your Complaint need not be a lengthy or complicated legal document. In some states, landlords use a preprinted Complaint form, prepared by the court, that allows you to simply check an appropriate box, depending on what you intend to argue. And, even in states which still follow an old-fashioned approach of requiring that documents be typed up on numbered legal paper, you can find the information you need from legal form books available at law libraries. These books contain "canned" forms that fit many different situations. When you sign your Complaint, be sure to note under your typed name that you are appearing "Pro per" or "Pro se" if you have not hired a lawyer.

Normally, you cannot sue a tenant for anything but back rent and damages. Because an eviction procedure is so quick, most states do not allow you to add other legal beefs to an eviction Complaint. For example, if you claim that the tenants have damaged the sofa, and their security deposit won't cover the cost of replacement, you must sue the tenants in small claims court in a separate lawsuit.

When you file a Complaint, the clerk will assign a date on which the case will be heard by the court. That date is entered on the Summons, a piece of paper that tells the tenant he's been sued and must answer your charges in writing and appear in court within a specified number of days or lose the lawsuit. You must then arrange for the tenant to be given the Complaint and the Summons. In legal jargon, this is called "service of process."

State laws are quite detailed as to the proper way to deliver, or "serve," court papers. Most critically, neither you (including anyone who has an ownership interest in your business) nor your employees can serve these papers. (In some states, any adult not involved in the lawsuit can serve papers.) The method of delivery is specified, as well: Typically, the preferred way is "personal" service, which means that a law enforcement officer or professional process server personally hands the tenant the papers.

If, despite repeated attempts, the process server cannot locate the tenant, most states allow something called "substituted service." This means the process server leaves a copy of the papers with a competent adult at the tenant's home, or mails the papers first-class and also leaves a copy in a place where the tenant will likely see it, such as posted on his front door.

Failure to properly serve the tenant is one of the most common errors landlords make, and may result in court dismissal of your lawsuit even before trial. Even a seemingly minor mistake—such as forgetting to check a box, checking one you shouldn't, or filling in contradictory information—will increase the chances that your tenant can successfully contest the lawsuit. Again, it is vital that you pay close attention to your state rules and procedures on evictions.

3. The Tenant's Answer to the Complaint

The next step in a typical eviction lawsuit involves the tenant's response to your claims that something he's done (or not done) justifies his eviction. At this point, the lawsuit has gone beyond the technicalities of the way you filed the lawsuit, and you and the tenant are meeting the reasons for the eviction head-on.

The tenant must file a document called an Answer on or before the date printed on the Summons. Like your Complaint, it need not be a complex document. Your tenant will probably consult the same set of legal form books that you used in writing your Complaint.

In general, the Answer may contain two kinds of responses:

- **Denials.** The tenant may dispute that what you say is true. For example, if you are evicting for nonpayment of rent and your tenant claims that he paid his rent to the manager, he will simply deny that the rent is unpaid. Or, if you've filed an eviction lawsuit because the tenant has a dog, but the tenant claims that the animal actually belongs to the tenants in the next unit, he'll also simply check the "denials" box. If there is no Answer form, you'll see a typed paragraph that looks something like this: "Defendant denies the allegations in Paragraph X of Plaintiff's Complaint." (You are the plaintiff in the lawsuit; the tenant is the defendant.)

- **Affirmative defenses.** The Answer is also the place where your tenant can state what the law calls "affirmative defenses"—good legal reasons (such as discrimination or retaliation) that he hopes will excuse what would otherwise be grounds for eviction. For example, a tenant who's being evicted for not paying the rent might use a habitability defense to justify his actions—in this case, the tenant would claim that he used some of the rent money to pay for repairing a serious problem you had ignored.

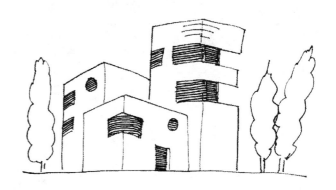

Complete Your Lawsuit, Even If You Think You've Won Already

It's very common for tenants to move out after receiving a Summons and Complaint. Especially if the security deposit will cover your losses, or you know that attempting to collect any excess won't be worth your time and trouble, you might be tempted to forget about the lawsuit and turn your attentions to rerenting quickly.

Never walk away from a lawsuit without formally ending it. Usually, this will involve appearing in court and asking the judge to dismiss the case. Doing so preserves your reputation as someone who uses the courts with respect—if you are simply a no-show, expect a chilly reception the next time you appear in court. In addition, if you don't appear for trial but the tenant does, *the tenant* may win and be entitled to move back in and collect court costs and attorney fees.

If you and the tenant have reached a settlement that involves the tenant paying you money but the tenant hasn't paid you yet, it's a good idea to take that written settlement with you to court and ask the judge to make it part of his ruling while dismissing the case. Depending on the rules in your state, you will then have a court order (sometimes called a "stipulated settlement") that you can immediately use if the tenant fails to pay voluntarily. (You can take it to a collection agency or use it to garnish wages.) Otherwise, you'll have to take the written agreement to small claims court to get a judgment.

Finally, don't overlook the possibility that the tenant may not have actually moved out (or may move back in). You'll be on safe ground if you get a judgment before retaking possession.

When Tenants Ignore the Summons and Complaint

If you properly terminate a tenancy and the tenant doesn't respond to the Summons and Complaint—he doesn't file an Answer or show up in court—you will usually automatically win the lawsuit. The court will grant what's called a "default judgment" against the tenant, ordering him to pay unpaid rent and, if your lease or rental agreement has an attorney fees and costs clause, those expenses as well. Of course, you will still have to hire the local law enforcement personnel to carry out the actual eviction, and you'll have to look to your security deposit to cover the monetary judgment. (This is discussed in Chapter 15.) If the deposit is insufficient, you can always sue for the balance in small claims court.

4. The Trial

Many eviction cases never end up in trial—for example, because the tenant moves out or negotiates a settlement with the landlord. But each case that does go to trial will have its own unpredictable twists and turns that can greatly affect trial preparation and tactics. For this reason, you will probably need to hire a lawyer, if you haven't done so already, to assist you prepare for and conduct the trial.

What you must prove at trial obviously depends on the issues raised in your Complaint and the tenant's Answer. For example, the testimony in a case based on nonpayment of rent where the tenant's defense is that you failed to keep the premises habitable will be very different from that in a case based on termination of a month-to-month tenancy by 30-day notice where the tenant denies receiving the notice.

All contested evictions are similar, however, in that you have to establish the basic elements of your case through solid evidence that proves your case (and refutes your tenant's defense). In formal court, you'll have to abide by your state's rules of evidence. But in an informal court, you may be able to introduce letters and secondhand testimony ("I heard her say that … "). Also, you can introduce evidence without elaborate "foundations." (See "Rules of Evidence in Formal Court," above.)

5. The Judgment

Eviction lawsuits are typically decided on the spot or very soon thereafter, after the judge has heard the witnesses and consulted any relevant statutes, ordinances, and higher court opinions.

a. If You Win

If you win the eviction case, you get an order from the judge declaring that you are entitled to possession of the property (you may get a money judgment for back rent and court costs and attorney fees, too). You'll need to take the order, called a judgment, to the local law enforcement official who will carry out the eviction.

Unfortunately, having a judgment for the payment of money is not the same as having the money itself. Your tenant may be unable (or unwilling) to pay you—despite the fact that you have converted your legal right to be paid into a formal court order. Unless the tenant voluntarily pays up, you will have to collect the debt—for example, by using the tenant's security deposit or hiring a collection agency. (See Chapter 15 for more on these topics.)

b. If You Lose

If you lose the eviction case, your tenant can stay, and you'll likely end up paying for your tenant's court costs and fees. You may also be hit with money damages if the judge decides you acted illegally, as in the case of discrimination or retaliation.

If your tenant wins by asserting a habitability defense, the court may hold onto the case even after the trial is over. That's because the court doesn't want to simply return the tenant to an unfit dwelling. In some states, a judge may order you to make repairs

while the rent is paid into a court account; when an inspector certifies that the dwelling is habitable, the judge will release the funds.

6. How Tenants May Stop or Postpone an Eviction

If you win the eviction lawsuit, you'll want to move quickly to physically remove the tenant from the property. In rare instances, a tenant may be able to get the trial judge to stop the eviction, but only if he can convince the court of two things:

- Eviction would cause a severe hardship for the tenant or his family. For example, the tenant may be able to persuade the judge that alternate housing is unavailable and his job will be in jeopardy if he is forced to move.
- The tenant is willing and able to pay any back rent owed (and your costs to bring the lawsuit) and future rent, as well.

It's very unusual for a judge to stop an eviction, for the simple reason that if the tenant's sympathetic predicament (and sufficient monetary reserves) weren't persuasive enough to win the case for him in the first place, it's unlikely that these arguments can prevail after the trial.

The tenant may, however, ask for a postponement of the eviction. Typically, evictions are postponed in three situations:

- **Pending an appeal.** If the tenant files an appeal, he may ask the trial judge to postpone ("stay") the eviction until a higher court decides the case. A tenant who has been evicted in small claims court may, in a few states, enjoy an automatic postponement during the appeal. Of course, this is one reason why smart landlords in these states never use small claims court.
- **Until the tenant's circumstances improve.** A tenant may be able to persuade a judge to give him a little more time to find a new home.
- **Until the weather improves.** Contrary to popular belief, judges in many cold-climate states (including Alaska, Minnesota, and North Dakota) are not required to postpone an eviction on frigid days. But there's nothing to

stop tenants from asking the judge, anyway. In the District of Columbia, however, a landlord may not evict on a day when the National Weather Service predicts at 8:00 a.m. that the temperature at the National Airport will fall below freezing within the next 24 hours. (D.C. Code § 45-2551(k).)

7. Eviction

In most states, you cannot move a tenant's belongings out on the street, even after winning an eviction lawsuit. Typically, you must give the judgment to a local law enforcement officer, along with a fee which the tenant has been charged as part of your costs. The sheriff or marshal gives the tenant a notice telling him that he'll be back, sometimes within just a few days, to physically remove him if the tenant isn't gone.

H. Illegal "Self-Help" Evictions

As any experienced landlord will attest, there are occasional tenants who do things so outrageous that the landlord is tempted to bypass normal legal protections and take direct and immediate action to protect his property. For example, after a tenant's numerous promises to pay rent, a landlord may consider changing the locks and putting the tenant's property out in the street. Or, a landlord who is responsible for paying the utility charges may be tempted to simply not pay the bill in the hopes that the resulting lack of water, gas, or electricity will hasten a particularly outrageous tenant's departure. When you realize how long a legal eviction can sometimes take, these actions can almost seem sensible.

If you are tempted to take the law into your own hands to force or scare a troublesome tenant out of your property, heed the following advice: *Don't do it!* Shortcuts such as threats, intimidation, utility shutoffs, or attempts to physically remove a tenant are illegal and dangerous, and if you resort to them you may well find yourself on the wrong end of a lawsuit for trespass, assault, battery, slander and libel, intentional infliction of emotional distress, and wrongful eviction. So, although the eviction process can often entail some trouble, expense, and delay, it's important to understand that it is the only game in town.

If you are sued by a tenant whom you forcibly evicted or tried to evict, the fact that the tenant didn't pay rent, left your property a mess, verbally abused you, or otherwise acted outrageously will not be a valid defense. You will very likely lose the lawsuit, and it will cost you far more than evicting the tenant using normal court procedures.

Today, virtually every state forbids "self-help" evictions—their eviction statutes warn landlords that their procedures are the *only* way to retake possession of rental property. And, in many states the penalties for violating these laws are steep. Tenants who have been locked out, frozen out by having the heat cut off, or denied electricity or water can sue not only for their actual money losses (such as the need for temporary housing, the value of food that spoiled when the refrigerator stopped running, or the cost of an electric heater when the gas was shut off), but also for penalties, as well. For example, in Arizona, a landlord can be forced to pay the tenant up to two months' rent or the tenant's actual damages, whatever is higher. And in Connecticut, the landlord may even be prosecuted for a misdemeanor. In some states, the tenant can collect and still remain in the premises; in others, he is entitled to monetary compensation only. (See "Consequences of Self-Help Evictions," below.)

Even if your state has not legislated against self-help evictions, throwing your tenant out on your own is highly risky and likely to land you in more legal entanglements than had you gone to court for an eviction judgment in the first place. The potential for nastiness and violence is great; the last thing you want is a patrol car at the curb while you and your tenant wrestle over the sofa on the lawn. And you can almost count on a lawsuit over the "disappearance" of your tenant's valuable possessions, which she'll claim were lost or taken when you removed her belongings. Using a neutral law enforcement officer to enforce a judge's eviction order will avoid these unpleasantries.

Consequences of Self-Help Evictions

Virtually every state outlaws self-helps evictions, and those listed below have legislated specific penalties for violations. In states not listed, judges may follow case law to impose consequences that fit the case before them.

State	Amount Tenant Can Sue For	Tenant's Court Costs & Attorney Fees Covered by the Statute?	Does Statute Give Tenant the Right to Stay?	Statute or Legal Authority
Alaska	One and one-half times the actual damages. If tenant elects to terminate the lease, landlord must return entire security deposit.	No	Yes	Alaska Stat. § 34.03.210
Arizona	Two months' rent or twice the actual damages, whichever is greater. If tenant elects to terminate the lease, landlord must return entire security deposit.	No	Yes	Ariz. Rev. Stat. § 33-1367
California	Actual damages plus $100 per day of violation ($250 minimum). Tenant may ask for an injunction prohibiting any further violation during the court action.	Yes	Yes	Cal. Civ. Code § 789.3
Connecticut	Double actual damages. Landlord may also be prosecuted for a misdemeanor.	Yes	Yes	Conn. Gen. Stat. Ann. §§ 47a-43, 47a-46, 53a-214
Delaware	Triple damages or three times per diem rent for time excluded, whichever is greater.	Costs only	Yes	Del. Code Ann. tit. 25, § 5313
District of Columbia	Actual and punitive damages.	No	No	*Mendes v. Johnson*, 389 A.2d 781 (D.C. 1978)
Florida	Actual damages or three months' rent, whichever is greater.	Yes	No	Fla. Stat. Cond. § 83.67
Hawaii	Two months' rent or free occupancy for two months (tenant must have been excluded "overnight"). Court may order landlord to stop illegal conduct.	Yes	Yes	Haw. Rev. Stat. § 521-63(c)
Iowa	Actual damages. If tenant elects to terminate the lease, landlord must return entire security deposit.	Yes	Yes	Iowa Code § 562A.26
Kansas	Actual damages or one and one-half months' rent, whichever is greater.	No	Yes	Kan. Stat. Ann. § 58-2563
Kentucky	Three months' rent.	Yes	Yes	Ky. Rev. Stat. Ann. § 383.655

		Consequences of Self-Help Evictions (continued)		
State	**Amount Tenant Can Sue For**	**Tenant's Court Costs & Attorney Fees Covered by the Statute?**	**Does Statute Give Tenant the Right to Stay?**	**Statute or Legal Authority**
Maine	Actual damages or $250, whichever is greater. The court may award costs and fees to landlord if it finds that the tenant brought a frivolous court lawsuit or one intended to harass.	Yes	No	Me. Rev. Stat. Ann. tit. 14, § 6014
Massachusetts	Three months' rent or three times the actual damages.	Yes	Yes	Mass. Gen. Laws ch. 186, § 15F
Michigan	Up to three times actual damages or $200, whichever is greater.	No	Yes	Mich. Comp. Laws § 600.2918
Minnesota	No statutory provision.	Yes	Yes	Minn. Stat. § 504B.375
Montana	Three months' rent or three times the actual damages, whichever is greater.	Yes	Yes	Mont. Code Ann. § 70-24-411
Nebraska	Up to three months' rent.	Yes	Yes	Neb. Rev. Stat. § 76-1430
Nevada	Up to $1,000 or actual damages, whichever is greater, or both. If tenant elects to terminate rental agreement or lease, landlord must return entire security deposit.	No	Yes	Nev. Rev. Stat. Ann. § 118A.390
New Hampshire	Actual damages or $1,000, whichever is greater; if court finds that landlord knowingly or willingly broke the law, two to three times this amount. Each day that a violation continues is a separate violation.	Yes. If the court finds tenant brought a frivolous suit or one intended to harass, it may order tenant to pay landlord's costs and fees.	Yes	N.H. Rev. Stat. Ann. §§ 540-A:3, 540-A:4, 358-A:10
New Mexico	A prorated share of the rent for each day of violation, actual damages, and civil penalty of twice the monthly rent.	Yes	Yes	N.M. Stat. Ann. § 47-8-36
New York	Three times the actual damages.	No	No	N.Y. Real Prop. Acts Law § 853
North Carolina	Actual damages.	No	Yes	N.C. Gen. Stat. § 42-25.9
North Dakota	Triple damages	No	No	N.D. Cent. Code § 32-03-29
Ohio	Actual damages.	Yes	No	Ohio Rev. Code Ann. § 5321.15
Oklahoma	Twice the average monthly rental or twice the actual damages, whichever is greater.	No	Yes	Okla. Stat. tit. 41, § 123

Consequences of Self-Help Evictions (continued)

State	Amount Tenant Can Sue For	Tenant's Court Costs & Attorney Fees Covered by the Statute?	Does Statute Give Tenant the Right to Stay?	Statute or Legal Authority
Oregon	Two months' rent or twice the actual damages, whichever is greater.	No	Yes	Or. Rev. Stat. § 90.375
Pennsylvania	Self-help evictions are not allowed, but no specific penalties are provided.	Judge decides	Judge decides	*Wofford v. Vavreck*, 22 Pa. D. & C.3d 444 (1981); *Kuriger v. Cramer*, 498 A.2d 1331 (1985)
Rhode Island	Three months' rent or three times the actual damages, whichever is greater.	Yes	Yes	R.I. Gen. Laws § 34-18-34
South Carolina	Three months' rent or twice the actual damages, whichever is greater.	Yes	Yes	S.C. Code Ann. § 27-40-660
South Dakota	Two months' rent. If tenant elects to terminate the lease, landlord must return entire security deposit.	No	Yes	S.D. Codified Laws Ann. § 43-32-6
Tennessee	Actual and punitive damages. If tenant elects to terminate the lease, landlord must return entire security deposit.	Yes	Yes	Tenn. Code Ann. § 66-28-504
Texas	Actual damages, one month's rent, or $500, whichever is greater. Tenant who files a lawsuit in bad faith is liable for landlord's actual damages, one month's rent, or $500, whichever is greater.	Yes	Yes	Tex. Prop. Code §§ 92.008, 92.0081, 92.009
Utah	Self-help evictions are not allowed, but no specific penalties are provided.	No	No	Utah Code Ann. § 78-36-12
Vermont	Unspecified damages. Court may award costs and fees to landlord if the court finds that the tenant brought a frivolous lawsuit or one intended to harass.	Yes	Yes	Vt. Stat. Ann. tit. 9, §§ 4463, 4464
Virginia	Actual damages.	Yes	Yes	Va. Code Ann. §§ 55-248.26, 55-225.2
Washington	Actual damages. For utility shut-offs only, actual damages and up to $100 per day of no service.	Court may award costs and fees to the prevailing party (includes costs of arbitration).	Yes	Wash. Rev. Code Ann. §§ 59.18.290, 59.18.300

⚠️ **Don't seize tenants' property under the guise of handling "abandoned" property.** A few states allow you to freely dispose of a tenant's leftover property when he has moved out. Do so only if it is quite clear that the tenant has left permanently, intending to turn the place over to you. Seizing property under a bogus claim that the tenant had abandoned it will expose you to significant monetary penalties.

I. Stopping Eviction by Filing for Bankruptcy

Tenants with significant financial burdens may decide to declare bankruptcy. There are several kinds of bankruptcy; the most common are "Chapter 7," in which most debts are wiped out after as many creditors as possible have been paid; or "Chapter 13," in which the debts remain but are paid off over time according to a court-approved plan.

If your tenant has filed for either Chapter 7 or 13 bankruptcy and is behind in the rent, becomes unable to pay the rent, or violates another term of his tenancy (such as keeping a pet in violation of a no-pets clause), you can't deliver a termination notice or proceed with an eviction. This prohibition is known as the "automatic stay," and it means that you need to go to the federal bankruptcy court and ask the judge to "lift," or remove the stay. (U.S.

Code § 365(e).) In most cases, you'll get the stay lifted within a matter of days and can proceed with your termination and eviction. (You won't have to go to court if your tenant is using illegal drugs or endangering the property, as explained below in "Bankrupt Tenants, Drugs, and Damage.")

The automatic stay does not apply, however if you completed your eviction proceeding and got a judgment for possession *before* the tenant filed for bankruptcy. Under the Bankruptcy Abuse Prevention and Consumer Protection Act of 2005, landlords can proceed with the eviction without having to go to court and ask for the stay to be lifted.

In very narrow circumstances, and only for evictions based on rent nonpayment, a tenant can stop the eviction even if you got a judgment before the tenant filed for bankruptcy. Here are the specifics:

- Along with his or her bankruptcy petition, the tenant must go to court and file a paper certifying that state law allows the tenant to avoid eviction by paying the unpaid rent, even after the landlord has won a judgment for possession. Very few states extend this option to tenants. The certification must be served on the landlord.
- At the same time, the tenant must deposit with the clerk of the bankruptcy court any rent that would be due 30 days from the date the petition was filed.

- The tenant then has 30 days after filing the petition to actually pay the back rent. He or she must file another certification with the bankruptcy court (and serve it on the landlord), stating that he or she has paid the amount due.

At any point during these 30 days, you can file an objection to the tenant's certification, and you'll get a hearing in the bankruptcy court within ten days. If you convince the judge that the tenant's certifications are not true, the court will lift the stay and you can proceed to recover possession of the property.

A Tenant's Lease After Bankruptcy

Filing for bankruptcy affects a tenancy even if the tenant is not behind in the rent or otherwise in violation of his lease. After the tenant files, the "bankruptcy trustee" (a person appointed by the bankruptcy court to oversee the case) must decide whether to carry on with or terminate the lease or rental agreement. In most situations, the trustee will let the tenant keep the lease, since it wouldn't be of any benefit to his creditors to force him to incur the expense of finding a new home and moving. First, however, he must pay any unpaid back rent.

If the trustee keeps the lease, you have the right to ask the bankruptcy court to demand that the tenant show proof of his ability to pay future rent. (11 U.S. Code §§ 365(b)(1)(A), (B), & (C).) Of course, if he becomes unable to pay the rent after the lease is assumed, you can ask the bankruptcy court to lift the stay so that you can terminate and, if necessary, evict.

Bankrupt Tenants, Drugs, and Damage

You may find yourself needing to evict a tenant who is using illegal drugs on the property or endangering your property. If the tenant files for bankruptcy before you win a judgment for possession, you'll be able to proceed with the eviction without asking the bankruptcy judge to lift the stay. Here are the steps to take:

- **When you've begun an eviction case but don't have a judgment.** Prepare a certification, or sworn statement, that you have begun an unlawful detainer case based on the tenant's endangerment of the property or use of illegal drugs on the property (or such use by the tenant's guests).
- **When you haven't yet filed your eviction lawsuit.** Prepare a certification, or sworn statement, that the activity described above has happened within the past 30 days.
- **File the certification with the bankruptcy court and serve the tenant as you would serve any legal notice.**

If your tenant does not file an objection within 15 days of being served, you can proceed with the eviction without asking the court for relief from the stay.

A tenant who objects must file with the court, and serve on you, a certification challenging the truth of your certification. The bankruptcy court will hold a hearing within ten days, at which the tenant must convince the court that the situation you describe did not exist or has been remedied. If the court rules for you, you may proceed with the eviction without asking that the stay be lifted; but if the tenant wins, you may not proceed.

A. Finding a Lawyer..408

    1. Compile a List of Prospects 409

    2. Shop Around..410

B. Types of Fee Arrangements With Lawyers 411

C. Saving on Legal Fees..412

D. Resolving Problems With Your Lawyer 414

E. Attorney Fees in a Lawsuit...414

F. Doing Your Own Legal Research 415

G. Where to Find State, Local, and Federal Laws 415

    1. State Laws 415

    2. Local Ordinances...416

    3. Federal Statutes and Regulations 416

H. How to Research Court Decisions 417

    1. Court Decisions That Explain Statutes 417

    2. Court Decisions That Make Law..417

    3. How to Read a Case Citation 418

Landlords should be prepared to deal with most routine legal questions and problems without a lawyer. If you bought all the needed information at the rates lawyers charge—$150 to $250 an hour—it should go without saying that you'd quickly empty your bank account. Just the same, there are times when good advice from a specialist in landlord-tenant law will be helpful, if not essential—for example, in lawsuits by tenants alleging housing discrimination or claiming that dangerous conditions or wrongful acts caused injury, or in complicated eviction lawsuits. Throughout this book, we point out specific instances when an attorney's advice or services may be useful.

Fortunately, for an intelligent landlord there are a number of other ways to acquire a good working knowledge of the legal principles and procedures necessary to handle problems with tenants and managers. Of course, that's the main purpose of this book. But in addition to the information we provide, this chapter specifically recommends a strategy to most efficiently and effectively use legal services and keep up to date on landlord-tenant law, so that you can anticipate and avoid many legal problems.

As a sensible landlord, it doesn't make sense to try and run your business without ever consulting a lawyer. When legal problems are potentially serious and expensive, it makes sense to get expert help. But since you almost surely can't afford all the services a lawyer might offer, you obviously need to set priorities. When thinking about a legal problem, ask yourself: "Can I do this myself?," "Can I do this myself with some help from a lawyer?," "Should I simply put this in my lawyer's hands?"

Or, put another way, your challenge isn't to avoid lawyers altogether, but rather to use them on a cost-effective basis. Ideally, this means finding a lawyer who's willing to serve as a kind of self-help law coach, to help you educate yourself. Then, you can often do routine or preliminary legal work on your own, turning to your lawyer only occasionally for advice and fine-tuning.

How Lawyers Can Help Landlords

Here are some important things lawyers can do to help landlords:

- review key documents you have drafted, such as your lease or manager agreement
- confirm that you have a good claim or defense vis-a-vis an individual tenant—whether it's a dispute over how much security deposit you must return or your right to raise the rent
- make a quick phone call or write a letter to the tenant and get a problem resolved quickly
- summarize and point you to the law that applies in a given situation
- provide any needed assistance with evictions, including preparing notices and forms
- answer questions along the way if you're representing yourself in court or in a mediation proceeding, and
- handle legal problems that are—or are threatening to become—serious, such as a tenant's personal injury lawsuit or discrimination charge.

A. Finding a Lawyer

How frequently you'll need a lawyer's help will depend on many factors, including the type, number, and location of rental units you own; the kinds of problems you run into with tenants; the number of property managers and other employees you hire; and your willingness to do some of the legal work yourself.

In looking for a lawyer you can work with, and to manage your subsequent relationship with that person, always remember one key thing: You're the boss. Just because your lawyer has specialized training, knowledge, skills, and experience in dealing with legal matters is no reason for you to abdicate control over legal decision making and how much time and money should be spent on a particular legal problem. We say this because, despite the fact that you have an intimate knowledge of your business and are in the best position to call the shots, some lawyers will be willing or even eager to try and run your business for you while overcharging you for the privilege. The key is to find a lawyer who can provide the amount and type of legal services you need.

How Not to Find a Lawyer

The worst lawyer referral sources are:
- Heavily advertised legal clinics, which are less likely to offer competitive rates for competent representation in this specialized area. While they may offer low flat rates for routine services such as drafting a will, it's less common to see legal clinics charge reasonable flat fees for other specific services.
- Referral panels set up by local bar associations. While bar association panels sometimes do minimal screening before qualifying the expertise of lawyers in landlord-tenant law, usually the emphasis is on the word "minimal." You may get a good referral from these panels, but they often refer people to inexperienced practitioners who don't have enough clients and who use the panel as a way of generating needed business.

---

1. Compile a List of Prospects

Finding a good, reasonably priced lawyer expert in landlord-tenant legal issues is not always an easy task. If you just pick a name out of the telephone book—even someone who advertises as a landlord law expert—you may get an unsympathetic lawyer, or one who will charge too much, or one who's not qualified to deal with your particular problem. If you use an attorney you or a friend or relative has relied on for other legal needs, you will very likely end up with someone who doesn't know enough about landlord-tenant law.

This sorry result is not inevitable—there are competent landlords' lawyers who charge fairly for their services. As a general rule, deep experience in landlord-tenant law is most important. As with so many other areas of the law, the information needed to practice effectively in this field has become increasingly specialized in the past two decades—so much so that a general practitioner simply won't do.

The best way to find a suitable attorney is through some trusted person who has had a satisfactory experience with one. Your best referral sources are other landlords in your area. Ask the names of their lawyers and a little bit about their experiences. Also ask rental property owners about other lawyers they've worked with, and what led them to make a change. If you talk to a few landlords, chances are you'll come away with several leads on good lawyers experienced in landlord-tenant law.

There are several other sources for possible candidates in your search for a lawyer:
- Your local landlords' association will likely know of lawyers who have experience in landlord-tenant law.
- Articles about landlord-tenant law in trade magazines and newspapers are often written by lawyers. Even if these people live in other parts of the country, it can make sense to track down the authors, since experts in this increasingly complex field meet and share information at national conferences or online. They may be able to provide top-notch referrals in your area.
- Your state's continuing legal education (CLE) program—usually run by a bar association, a law school, or both—can identify lawyers who have lectured or written on landlord-tenant law for other lawyers. Someone who's a "lawyer's lawyer" presumably has the extra depth of knowledge and experience to do a superior job for you—but may charge more, unfortunately.

2. Shop Around

After several reliable people give you the names of hopefully top-notch prospects, your job has just begun. You need to meet with each attorney and make your own evaluation. If you explain that, as a local landlord, you have a continuing need for legal help, many lawyers will be willing to speak to you for a half-hour or so at no charge or at a reduced rate so that you can size them up and make an informed selection. Briefly explain your business and legal needs and how much work you plan to do yourself.

Look for experience, personal rapport, and accessibility. Some of these traits will be apparent almost immediately; others may take longer to discover. In addition to the person making the original recommendation, you may want to talk with some of the lawyer's other landlord clients about their satisfaction with the lawyer's work. A lawyer should be able to provide you with such a list.

Here are some things to look for in your first meeting.

Will the lawyer answer all your questions about fees, his experience in landlord-tenant matters, and your specific legal problems? Stay away from lawyers who make you feel uncomfortable asking questions. Pay particular attention to the rapport between you and your lawyer. No matter how experienced and well-recommended a lawyer is, if you feel uncomfortable with that person during your first meeting or two, you may never achieve an ideal lawyer-client relationship. Trust your instincts and seek a lawyer whose personality is compatible with your own. Be sure you understand how the lawyer charges for services. (Section B, below, discusses various fee arrangements with lawyers.)

Will the lawyer provide the kind of legal help you want? If you plan to be actively involved in dealing with your legal business, look for a lawyer who doesn't resent your participation and control. By reading this book all the way through and consulting other resources, such as those available online or at a nearby law library (Section F, below, discusses how to do legal research), you can answer many of your questions on your own. For example, you might do the initial legal work in evictions and similar procedures yourself, but turn over to

a lawyer cases which become hotly contested or complicated.

Unfortunately, some lawyers are uncomfortable with the very idea of helping people help themselves. They see themselves as all-knowing experts and expect their clients to accept and follow their advice without question. Obviously, this is not the type of lawyer a self-helper will want.

Is the lawyer willing to assist you when you have specific questions, billing you on an hourly basis when you handle your own legal work—such as evictions? One key to figuring out if a lawyer is really willing to help you help yourself is to ask: Is he willing to answer your questions over the phone and charge only for the brief amount of time the conversation lasted? If, instead, he indicates that he prefers to provide advice in more time-consuming (and therefore profitable) office appointments, you'll want to keep looking. There are plenty of lawyers who will be very happy to bill you hourly to help you help yourself. By providing helpful consultations on problems that are routine or involve small dollar amounts, a lawyer can generate referrals for full-service representation on bigger, more complex matters that you (or your friends or family) face in the future. And if, despite his initial assurances, the lawyer later tries to dissuade you from representing yourself or won't give any advice over the phone despite your invitation to bill you for it, find someone else.

Will the lawyer clearly lay out all your options for handling a particular legal problem, including alternate dispute resolution methods such as mediation?

Will the lawyer be accessible when you need legal services? Unfortunately, the complaint logs of all law regulatory groups indicate that many lawyers are not reasonably available to their clients in times of need. If every time you have a problem there's a delay of several days before you can talk to your lawyer on the phone or get an appointment, you'll lose precious time, not to mention sleep. And almost nothing is more aggravating than to leave a legal question or project in a lawyer's hands and then have weeks or even months go by without anything happening. So be sure to discuss with any lawyer whether she will really commit herself to returning your phone calls promptly, work hard on your behalf, and follow through on all assignments.

If your property is in a rent-controlled city, does the lawyer practice in or near that city and know its rent control laws and practices?

Does the lawyer represent tenants, too? Chances are that a lawyer who represents both landlords and tenants can advise you well on how to avoid many legal pitfalls of being a landlord. On the other hand, you'll want to steer clear of lawyers who represent mostly tenants, since their sympathies (world view) are likely to be different from yours.

B. Types of Fee Arrangements With Lawyers

How you pay your lawyer depends on the type of legal services you need and the amount of legal work you have. Once an agreement is reached, it's a good idea to ask for a written fee agreement—basically an explanation of how the fees and costs will be billed and paid. As part of this, negotiate an overall cap on what you can be billed absent your specific agreement.

If a lawyer will be delegating some of the work on your case to a less-experienced associate, paralegal, or secretary, that work should be billed at a lower hourly rate. Be sure to get this information recorded in your initial written fee agreement.

There are four basic ways that lawyers charge for their services.

Hourly fees. In most parts of the United States, you can get competent services for your rental business for $150 to $250 an hour, with most lawyers billing in ten- or 15-minute increments. Comparison shopping among lawyers will help you avoid overpaying. But the cheapest hourly rate isn't necessarily the best. You can often benefit by hiring a more experienced landlord's attorney, even if her hourly rates are high, since she will be further along the learning curve than a general practitioner and should take less time to review and advise you on the particulars of your job.

Flat fees. Sometimes, a lawyer will quote you a flat fee for a specific job. For example, a lawyer may offer to represent you in court for routine eviction

---

Researching Lawyers

A good source for information about lawyers is the *Martindale-Hubbell Law Directory*, available at most law libraries and some local public libraries. This resource contains biographical sketches of most practicing lawyers and information about their experience, specialties, and education and the professional organizations to which they belong. Many firms also list their major clients in the directory—an excellent indication of the types of problems they deal with. Because lawyers purchase the space for their biographical sketches, don't be overly impressed by long biographies.

Almost every lawyer listed in the directory, whether or not he or she has purchased space for a biographical sketch, is rated AV, BV, or CV. These ratings come from confidential opinions that *Martindale-Hubbell* solicits from lawyers and judges. The first letter is for Legal Ability:

A—Very High to Preeminent

B—High to Very High

C—Fair to High

The V part of the rating is supposed to stand for Very High General Recommendation—meaning that the rated lawyer adheres to professional standards of conduct and ethics. In truth, the fact that a lawyer has a "V" is practically meaningless, because lawyers who don't qualify for it aren't rated at all. *Martindale-Hubbell* prudently cautions that such absence shouldn't be held against the lawyer, since there are many reasons for the absence of a rating. Some lawyers ask that their rating not be published, and others are too new to a community to be known among the local lawyers and judges who are the sources for ratings.

So don't make the rating system your sole criterion for deciding on a potential lawyer for your business. On the other hand, it is reasonable to put some confidence in the fact that a lawyer who gets high marks from other business clients and an "AV" rating from *Martindale-Hubbell* will have experience and expertise.

cases (such as for nonpayment of rent) that present little trouble, even when they are contested by the tenant (which is actually fairly rare). In a flat fee agreement, you pay the same amount regardless of how much time the lawyer spends on a particular job. If you own many rental units and anticipate providing a fair amount of business over the years, you have a golden opportunity to negotiate flat fees that are substantially below the lawyer's normal hourly rate. After all, the lawyer will see you as a very desirable client, since you'll generate continuing business for many years to come.

Retainer fees. In some circumstances, it can also make sense to hire a lawyer for a flat annual fee, or retainer, to handle all of your routine legal questions and business, such as noncontested eviction cases. You'll usually pay in equal monthly installments and, normally, the lawyer will bill you an additional amount for extraordinary services—such as representing you in a complicated eviction lawsuit. Since the lawyer can count on a reliable source of income, you can expect lower overall fees. Obviously, the key to making a retainer fee arrangement work is to have a written agreement clearly defining what's routine and what's extra-ordinary. This type of fee arrangement is more economically feasible for larger landlords (a dozen or more rental units) with regular legal needs. Also, retainer fee agreements are usually best negotiated after you and your lawyer have worked together long enough to have established a pattern—you know and trust each other well enough to work out a mutually beneficial arrangement.

Contingency fees. This is a percentage (such as one-third) of the amount the lawyer obtains for you in a negotiated settlement or through a trial. If the lawyer recovers nothing for you, there's no fee. Contingency fees are common in personal injury cases, but relatively unusual for the kinds of legal advice and representation landlords need.

C. Saving on Legal Fees

There are many ways to hold down the cost of legal services. Here is a short list of some of the key ways to save on legal fees.

Be organized. Especially when you are paying by the hour, it's important to gather important documents, write a short chronology of events, and concisely explain a problem to your lawyer. Since papers can get lost in a lawyer's office, keep a copy of everything that's important, such as your lease or rental agreement, move-in letter to new tenants, correspondence with tenants, repair logs, and other records. (See the Chapter 7 discussion on organizing tenant records.)

Be prepared before you meet. Whenever possible, put your questions in writing and mail, fax, or deliver them to your lawyer before meetings, even phone meetings. That way, the lawyer can find answers if he doesn't know them off the top of his head without having to call you back and charge for a separate phone conference. Early preparation also helps focus the meeting, so there is less of a chance of digressing into (and having to pay to discuss) unrelated topics.

Read trade journals in your field, such as publications of your local or state apartment association. Law changes continuously, so you'll want to keep up with specific legal developments affecting your business. Send pertinent clippings to your lawyer—and encourage your lawyer to do the same for you. This can dramatically reduce legal research time.

Show that you're an important client. Mutual respect is key in an attorney-client relationship. The single most important way to show your lawyer how much you value the relationship is to pay your bills on time. Beyond that, let your lawyer know about plans for expansion and your business's possible future legal needs. And drop your lawyer a line when you've recommended him or her to your landlord colleagues.

Bundle your legal matters. You'll save money if you consult with your lawyer on several matters at one time. For example, in a one-hour conference, you may be able to review with your lawyer several items—such as a new lease or rental agreement clause, anti-age-discrimination policy, or advertisement for your apartment complex. Significant savings are possible, because lawyers commonly divide their billable hours into parts of an hour. For example, if your lawyer bills in 15-minute intervals and you only talk for five minutes, you are likely to be charged for the whole fifteen. So it usually pays to gather your questions and ask them all at once, rather than calling every time you have a question.

Costs Can Mount Up

In addition to the fees they charge for their time, lawyers often bill for some costs as well—and these costs can add up quickly. When you receive a lawyer's bill, you may be surprised at both the amount of the costs and the variety of the services for which the lawyer expects reimbursement. These can include charges for:

- photocopying
- faxes
- overnight mail
- messenger service
- expert witness fees
- court filing fees
- long distance phone calls
- process servers
- work by investigators
- work by legal assistants or paralegals
- deposition transcripts
- online legal research, and
- travel.

Many sensible lawyers absorb the cost of photocopying, faxes, local phone calls, and the like as normal office overhead—part of the cost of doing business—but that's not always the case. So in working out the fee arrangements, discuss the costs you'll be expected to pay. If a lawyer is intent on nickel-and-diming you to death, look elsewhere. For example, if you learn the law office charges $3 or more for each page it faxes, red flags should go up. On the other hand, it is reasonable for a lawyer to pass along costs of things like court costs, process server fees, and any work by investigators.

Carefully review lawyer bills. Always read your bill. Like everyone else, lawyers make mistakes, and your charges may be wrong. For example, a ".1"

of an hour (six minutes) may be transposed into a "1." (one hour) when the data are entered into the billing system. That's $200 instead of $20 if your lawyer charges $200 per hour. If you have any questions about your bill, feel free to ask your lawyer. You hired him to provide a service, and you have the right to expect a clear explanation of your bill.

Use nonlawyer professionals for evictions. Look to "legal typing services" or "independent paralegals" for help with evictions in large metropolitan areas. For a flat fee that is usually much lower than what lawyers charge, and often at a faster pace, non-lawyer eviction services take the basic information from you, provide the appropriate eviction forms, and fill them out according to your instructions. This normally involves typing your eviction papers so they'll be accepted by the court, arranging for filing, and then serving the papers on the tenant.

Typing services and paralegals aren't lawyers, and most handle only routine cases. They can't give legal advice about the requirements of your specific case and can't represent you in court if the tenant contests the eviction suit. You must decide what steps to take in your case, and the information to put in the needed forms.

To find a nonlawyer eviction service, check with a landlords' association, or look in the telephone book under "Eviction Services" or "Paralegals." Be sure the eviction service or typing service is reputable and experienced, as well as reasonably priced. (The cost should not exceed a few hundred dollars for the service and fees.) Ask for references and check them. As a general matter, the longer a typing service has been in business, the better.

Recommended reading on lawsuits. California landlords can handle eviction lawsuits themselves by using *The Landlord's Law Book: Evictions*, by David Brown (Nolo). Contact your state or local apartment association for information on any step-by-step guides to evictions in your state.

Represent Yourself in Court: How to Prepare & Try a Winning Case, by Paul Bergman and Sara Berman-Barrett (Nolo), offers more general advice on handling any civil lawsuit on your own or with a lawyer-coach's help.

Lawyer fees are a tax-deductible business expense. If you visit your lawyer on a personal legal matter (such as reviewing a contract for the purchase of a house) and you also discuss a business problem (such as a new policy for hiring managers), ask your lawyer to allocate the time spent and send you separate bills. At tax time, you can easily list the business portion as a tax-deductible business expense.

D. Resolving Problems With Your Lawyer

If you see a problem emerging with your lawyer, nip it in the bud. Don't just sit back and fume; call or write your lawyer. Whatever it is that rankles, have an honest discussion about your feelings. Maybe you're upset because your lawyer hasn't kept you informed about what's going on in your lawsuit against your tenant for property damage, or maybe your lawyer has missed a promised deadline for reviewing your new system for handling maintenance and repair problems. Or maybe last month's bill was shockingly high or you question the breakdown of how your lawyer's time was spent.

Here's one way to test whether a lawyer-client relationship is a good one: Ask yourself if you feel able to talk freely with your lawyer about your degree of participation in any legal matter and your control over how the lawyer carries out a legal assignment. If you can't frankly discuss these sometimes-sensitive matters with your lawyer, fire that lawyer and hire another one. If you don't, you'll surely waste money on unnecessary legal fees and risk having legal matters turn out badly.

Remember that you're always free to change lawyers. If you do, be sure to fire your old lawyer before you hire a new one. Otherwise, you could find yourself being billed by both lawyers at the same time. Also, be sure to get all important legal documents back from a lawyer you no longer employ. Tell your new lawyer what your old one has done to date and pass on the file.

But firing a lawyer may not be enough. Here are some tips on resolving specific problems:

- If you have a dispute over fees, the local bar association may be able to mediate it for you.

- If a lawyer has violated legal ethics—for example, conflict of interest, overbilling, or not representing you zealously—the state agency that licenses lawyers may discipline or even disbar the lawyer. Although lawyer oversight groups are typically biased in favor of the legal profession, they will often take action if your lawyer has done something seriously wrong.

- Where a major mistake has been made—for example, a lawyer has missed the deadline for filing a case—you can sue for malpractice. Many lawyers carry malpractice insurance, and your dispute may be settled out of court.

Your Rights as a Client

As a client, you have the following rights:
- courteous treatment by your lawyer and staff members
- an itemized statement of services rendered and a full advance explanation of billing practices
- charges for agreed-upon fees and no more
- prompt responses to phone calls and letters
- confidential legal conferences, free from unwarranted interruptions
- up-to-date information on the status of your case
- diligent and competent legal representation, and
- clear answers to all questions.

E. Attorney Fees in a Lawsuit

If your lease or written rental agreement has an attorney fees provision (see Clause 19 of the form agreements in Chapter 2), you are entitled to recover your attorney fees if you win a lawsuit based on the terms of that agreement. There's no guarantee, however, that a judge will award attorney fees equal to your attorney's actual bill, or that you will ultimately be able to collect the money from the tenant or former tenant. Also, as discussed in Chapter 2, an attorney fees clause in your lease or rental agreement usually works both ways. Even if the clause doesn't say so, you're liable for the tenant's attorney fees if you lose. (Landlord's insurance does not cover such liability where the lawsuit is unrelated to items covered by the policy, such as eviction lawsuits by the landlord and security deposit refund suits by the tenant. Chapter 10 discusses insurance.)

F. Doing Your Own Legal Research

Using this book is a good way to educate yourself about the laws that affect your business—but one book is not enough by itself. Some landlord associations publish legal updates in their newsletters and on their websites to keep members abreast of new laws and regulations that affect their property.

While we recommend that you get copies of state, local, and federal laws that affect your landlording business (see Section G, just below), at one time or another you'll probably need to do some further research. For example, you may want to read a specific court case or research a more open-ended question about landlord-tenant law—for instance, your liability for an assault that took place on your rental property.

Lawyers aren't the only source for legal help. There's a lot you can do on your own. Currently, you can get the text of key federal and state statutes (except Louisiana) free at www.nolo.com. Rules put out by federal and state regulatory agencies are often available, too, and the Internet's legal resources grow every day.

If you don't have access to the Internet, law libraries are full of valuable information, such as state statutes that regulate the landlord-tenant relationship. Your first step is to find a law library that's open to the public. You may find such a library in your county courthouse or at your state capitol. Publicly funded law schools generally permit the public to use their libraries, and some private law schools grant access to their libraries— sometimes for a modest fee.

Don't overlook the reference department of the public library if you're in a large city. Many large public libraries have a fairly decent legal research collection. Also, ask about using the law library in your own lawyer's office. Some lawyers, on request, will share their books with their clients.

 Recommended reading on legal research. We don't have space here to show you how to do your own legal research in anything approaching a comprehensive fashion. To get started, see the legal research area of Nolo's website at www.nolo.com/ statute/index.cfm. Here you can find state and federal laws and learn about researching and understanding statutes. To go further, we recommend *Legal Research: How to Find & Understand the Law,* by Stephen Elias and Susan Levinkind (Nolo). This nontechnical book gives easy-to-use, step-by-step instructions on how find legal information.

G. Where to Find State, Local, and Federal Laws

Every landlord is governed by state, local, and federal law. In some areas, like antidiscrimination standards, laws overlap. When they do overlap, the stricter laws will apply. In practical terms, this usually means that the laws that give tenants the most protection (rights and remedies) will prevail over less-protective laws.

1. State Laws

If you're a typical landlord, you'll be primarily concerned with state law. State statutes regulate many aspects of the landlord-tenant relationship, including deposits, landlord's right of entry, discrimination, housing standards, rent rules, repair and maintenance responsibilities, and eviction procedures.

The website of your state consumer protection agency or attorney general's office may provide a guide to state laws that affect landlords, and copies of the state statutes themselves. Also, representatives of state agencies can often help explain how the landlord-tenant laws they administer are interpreted.

For a list of state consumer protection agencies, go to the Consumer Action website maintained by the Federal Citizen Information Center at www.consumeraction.gov.

We refer to many of the state laws affecting landlords throughout this book and include citations so that you can do additional research. State laws or codes are collected in volumes and are available online (discussed below) in many public libraries and in most law libraries. Depending on the state, statutes may be organized by subject matter or by title number ("chapter"), with each title covering a particular subject matter, or simply numbered sequentially, without regard to subject matter.

"Annotated codes" contain not only all the text of the laws (as do the regular codes), but also a brief summary of some of the court decisions (discussed in Section H, below) interpreting each law and often references to treatises and articles that discuss the law. Annotated codes have comprehensive indexes by topic, and are kept up to date with paperback supplements ("pocket parts") stuck in a pocket inside the back cover of each volume.

Because it's so important that you have immediate access to the laws that affect your business, we recommend that you buy copies of the state codes that affect your business. In major population states, such as California, this is easy, since paperback codes are available. They are sold in a number of different editions and are available at any law bookstore. Remember that you'll need a new volume every year or two—depending on how often your state legislature meets. Never rely on an old set of statutes, because statutes are frequently amended.

Most states have made their statutes available online. You can find these by going to Nolo's home page at www.nolo.com. Click under "Legal Research Center" where it says "State Laws." Then click on the name of your state to find a particular statute.

If you know the statute's number or citation (available in the charts in Appendix A of this book), you can go directly there. If you don't know the statute number, you can enter a keyword that is likely to be in it, such as "deposit" or security deposit." If you just want to browse through the statutes, you can search the table of contents for your state's laws. With a little trial and error, you

should have no trouble finding a particular landlord-tenant statute.

For a complete discussion of landlord-tenant laws in California see *The California Landlord's Law Book: Rights & Responsibilities*, by David Brown and Janet Portman; and *The California Landlord's Law Book: Evictions*, by David Brown. These books are published by Nolo and are available at bookstores and public libraries. They may also be ordered directly from Nolo's website at www.nolo.com or by calling 800-728-3555.

2. Local Ordinances

Local ordinances, such as rent control rules, health and safety standards, and requirements that you pay interest on tenants' security deposits, will also affect your business. Many municipalities have local ordinances online—just search for the name of a particular city. Sometimes this presence is nothing more than a not-so-slick public relations page, but sometimes it includes a large body of information, including local ordinances available for searching and downloading.

Be sure to check out State and Local Government on the Net (www.statelocalgov.net), a good source for finding local governments online. The site maintained by the Seattle Public Library lists cities and towns with links to their laws (www.spl.org/default.asp?pageID=collection_municodes).

Finally, your local public library or office of the city attorney, mayor, or city manager can provide information on local ordinances that affect landlords. If you own rental property in a city with rent control, be sure to get a copy of the ordinance, as well as all rules issued by the rent board covering rent increases and hearings.

3. Federal Statutes and Regulations

Congress has enacted laws, and federal agencies such as the U.S. Department of Housing and Urban Development (HUD) have adopted regulations, covering discrimination, wage and hour laws affecting employment of managers, and landlord responsibilities to disclose environmental health hazards. We refer to relevant federal agencies throughout this book and suggest you contact them for publications that explain federal laws affecting landlords, or copies of the federal statutes and regulations themselves.

We include citations for many of the federal laws affecting landlords throughout this book. The U.S. Code ("U.S.C.") is the starting place for most federal statutory research. It consists of 50 separate numbered titles. Each title covers a specific subject matter. Two versions of the U.S. Code are published in annotated form: *The United States Code Annotated (U.S.C.A.)* (West Publishing Co.), and the *United States Code Service (U.S.C.S.)* (Bancroft-Whitney/ Lawyer's Co-op). Most law libraries (and many public libraries) carry one or both.

Most federal regulations are published in the Code of Federal Regulations ("C.F.R."), organized by subject into 50 separate titles.

To access the U.S. Code online, see the legal research area of Nolo's website at www.nolo.com/ statute/index.cfm. Also, visit the Cornell Law Information Institute (www.law.cornell.edu). This site provides the entire U.S. Code as well as the Code of Federal Regulations, as does the U.S. House of Representatives Internet Library at htpp://uscode. house.gov. Finally, check www.firstgov.com, the official U.S. website for government information.

H. How to Research Court Decisions

Sometimes the answer to a legal question cannot be found in a statute. This happens in either of the following cases:

- Court cases and opinions have greatly expanded or explained the statute, taking it beyond its obvious or literal meaning.
- The law that applies to your question has been made by judges, not legislators.

1. Court Decisions That Explain Statutes

Statutes and ordinances do not explain themselves. For example, a state law may require you to offer housing that is weatherproofed, but that statute alone may not tell you whether that means you must provide both storm windows and window screens. Chances are, however, that others before you have had the same questions, and they may have come up in the context of a lawsuit. If a judge interpreted the statute and wrote an opinion on the matter, that written opinion, once published, will become "the law" as much as the statute itself. If a higher court (an appellate court) has also examined the question, then its opinion will rule.

To find out if there are written court decisions that interpret a particular statute or ordinance, look in an "annotated code" (discussed in Section G, above). If you find a case that seems to answer your question, it's crucial to make sure that the decision you're reading is still "good law"—that a more recent opinion from a higher court has not reached a different conclusion. To make sure that you are relying on the latest and highest judicial pronouncement, you must use the library research tool known as *Shepard's*. Nolo's *Legal Research: How to Find & Understand the Law,* by Stephen Elias and Susan Levinkind, has a good, easy-to-follow explanation of how to use the *Shepard's* system to expand and update your research.

2. Court Decisions That Make Law

Many laws that govern the way you must conduct your business do not even have an initial starting point in a statute or ordinance. These laws are entirely court-made, and are known as "common" law. An example is the implied warranty of habitability, which is court-made in many states.

Researching common law is more difficult than statutory law, because you do not have the launching pad of a statute or ordinance. With a little perseverance, however, you can certainly find your way to the cases that have developed and explained the legal concept you wish to understand. A good beginning is to ask the librarian for any "practice guides" written in the field of landlord-tenant law. These are outlines of the law, written for lawyers, that are kept up to date and are designed to get you quickly to key information. Because they are so popular and easy to use, they are usually kept behind the reference counter and cannot be checked out. More sophisticated research techniques, such as using a set of books called "Words and Phrases" (which sends you to cases based on key words), are explained in the book *Legal Research,* mentioned above.

3. How to Read a Case Citation

If a case you have found in an annotated code (or through a practice guide or key word search) looks important, you may want to read the opinion. You'll need the title of the case and its "citation," which is like an address for the set of books, volume, and page where the case can be found. Ask the law librarian for help.

Although it may look about as decipherable as hieroglyphics, once understood, a case citation gives lots of useful information in a small space. It tells you the names of the people or companies involved, the volume of the reporter (series of books) in which the case is published, the page number on which it begins, and the year in which the case was decided.

EXAMPLE: *Smith Realty Co. v. Jones,* 123 N.Y.S.2d 456 (1994). Smith and Jones are the names of the parties having the legal dispute. The case is reported in volume 123 of the New York Supplement, Second Series, beginning on page 456; the court issued the decision in 1994.

Most states publish their own official state reports. All published state court decisions are also included in seven regional reporters. There are also special reports for U.S. Supreme Court and other federal court decisions.

■

State Landlord-Tenant Law Charts

Attachment to Florida Leases and Rental Agreements 420

State Landlord-Tenant Statutes 421

State Rent Rules 422

Notice Required to Change or Terminate a Month-to-Month Tenancy 424

State Security Deposit Rules 427

States That Require Landlords to Pay Interest on Deposits 433

State Laws on Rent Withholding and Repair and Deduct Remedies 435

State Laws on Landlord's Access to Rental Property 437

State Laws on Handling Abandoned Property 439

State Laws Prohibiting Landlord Retaliation 440

State Laws on Termination for Nonpayment of Rent 442

State Laws on Termination for Violation of Lease 445

State Laws on Unconditional Quit 447

Alabama Legislature Passes Comprehensive Landlord/Tenant Law

As this book went to press, the governor of Alabama had on his desk House Bill 287, the Uniform Residential Landlord and Tenant Act. If signed into law, this bill will regulate many aspects of the landlord-tenant relationship, and includes the requirement that landlords offer and maintain habitable housing. All but one section of the bill will take effect on January 1, 2007.

If you own rental property in Alabama, be sure to check the Update page for this book on the Nolo website at www.nolo.com (type the book's title in the search box on the home page, then choose the Updates tab). Refer to the Update when using the charts in this Appendix (many "no statute" entries for Alabama will change).

Attachment to Florida Leases and Rental Agreements

Fla. Stat. Ann. § 83.49(3)(a). Upon the vacating of the premises for termination of the lease, if the landlord does not intend to impose a claim on the security deposit, the landlord shall have 15 days to return the security deposit together with interest if otherwise required, or the landlord shall have 30 days to give the tenant written notice by certified mail to the tenant's last known mailing address of his or her intention to impose a claim on the deposit and the reason for imposing the claim. The notice shall contain a statement in substantially the following form:

This is a notice of my intention to impose a claim for damages in the amount of _____ upon your security deposit, due to _____. It is sent to you as required by § 83.49(3), Florida Statutes. You are hereby notified that you must object in writing to this deduction from your security deposit within 15 days from the time you receive this notice or I will be authorized to deduct my claim from your security deposit. Your objection must be sent to _____ (landlord's address).

If the landlord fails to give the required notice within the 30-day period, he forfeits his right to impose a claim upon the security deposit.

(b) Unless the tenant objects to the imposition of the landlord's claim of the amount thereof within 15 days after receipt of the landlord's notice of intention to impose a claim the landlord may then deduct the amount of his claim and shall remit the balance of the deposit to the tenant within 30 days after the date of the notice of intention to impose a claim for damages.

(c) If either party institutes an action in a court of competent jurisdiction to adjudicate the party's right to the security deposit, the prevailing party is entitled to receive his or her court costs plus a reasonable fee for his or her attorney. The court shall advance the cause on the calendar.

(d) Compliance with this section by an individual or business entity authorized to conduct business in this state, including Florida-licensed real estate brokers and sales persons, shall constitute compliance with all other relevant Florida Statutes pertaining to security deposits held pursuant to a rental agreement or other landlord-tenant relationship. Enforcement personnel shall look solely to this section to determine compliance. This section prevails over any conflicting provisions in chapter 475 and in other sections of the Florida Statutes, and shall operate to permit licensed real estate brokers to disburse security deposits and deposit money without having to comply with the notice and settlement procedures contained in § 475.25(1)(d).

State Landlord-Tenant Statutes

Here are some of the key statutes pertaining to landlord-tenant law in each state. In some states, important legal principles are contained in court opinions, not codes or statutes. Court-made law is not reflected in this chart.

Alabama	Ala. Code §§ 35-9-1 to 35-9-100	**Montana**	Mont. Code Ann. §§ 70-24-101 to 70-26-110
Alaska	Alaska Stat. §§ 34.03.010 to 34.03.380	**Nebraska**	Neb. Rev. Stat. §§ 76-1401 to 76-1449
Arizona	Ariz. Rev. Stat. Ann. §§ 12-1171 to 12-1183; §§ 33-1301 to 33-1381; 33-301 to 33-381	**Nevada**	Nev. Rev. Stat. Ann. §§ 118A.010 to 118A.520; 40-215 to 40.280
Arkansas	Ark. Code Ann. §§ 18-16-101 to 18-16-306; 18-16-501 to 18-16-508	**New Hampshire**	N.H. Rev. Stat. Ann. §§ 540:1 to 540:29, 540-A:1 to 540-A:8
California	Cal. Civ. Code §§ 1925 to 1954, 1961 to 1962.7	**New Jersey**	N.J. Stat. Ann. §§ 46:8-1 to 46:8-50; 2A:42-1 to 42-96
Colorado	Colo. Rev. Stat. §§ 38-12-101 to 38-12-104, 38-12-301 to 38-12-302, 13-40-101 to 13-40-123	**New Mexico**	N.M. Stat. Ann. §§ 47-8-1 to 47-8-51
Connecticut	Conn. Gen. Stat. Ann. §§ 47a-1 to 47a-74	**New York State**	N.Y. Real Prop. Law §§ 220 to 238; Real Prop. Acts §§ 701 to 853; Mult. Dwell. Law (all); Mult. Res. Law (all); Gen. Oblig. Law §§ 7-103 to 7-108
Delaware	Del. Code Ann. tit. 25, §§ 5101 to 5907	**North Carolina**	N.C. Gen. Stat. §§ 42-1 to 42-14.2, 42-25.6 to 42-76
Dist. of Columbia	D.C. Code Ann. §§ 42-3201 to 42-3610; D.C. Mun. Regs., tit. 14, §§ 300 to 311	**North Dakota**	N.D. Cent. Code §§ 47-16-01 to 47-16-41
Florida	Fla. Stat. Ann. §§ 83.40 to 83.682	**Ohio**	Ohio Rev. Code Ann. §§ 5321.01 to 5321.19
Georgia	Ga. Code Ann. §§ 44-7-1 to 44-7-81	**Oklahoma**	Okla. Stat. Ann. tit. 41, §§ 101 to 136
Hawaii	Haw. Rev. Stat. §§ 521-1 to 521-78	**Oregon**	Or. Rev. Stat. §§ 90.100 to 91.225
Idaho	Idaho Code §§ 6-201 to 6-324, §§ 55-208 to 55-308	**Pennsylvania**	68 Pa. Cons. Stat. Ann. §§ 250.101 to 250.510-B, §§ 399.1 to 399.18
Illinois	735 Ill. Comp. Stat. §§ 5/9-201 to 321 & 765 Ill. Comp. Stat. §§ 705/0.01 to 742/30	**Rhode Island**	R.I. Gen. Laws §§ 34-18-1 to 34-18-57
Indiana	Ind. Code Ann. §§ 32-31-1-1 to 32-31-8-6	**South Carolina**	S.C. Code Ann. §§ 27-40-10 to 27-40-940
Iowa	Iowa Code Ann. §§ 562A.1 to 562A.36	**South Dakota**	S.D. Codified Laws Ann. §§ 43-32-1 to 43-32-30
Kansas	Kan. Stat. Ann. §§ 58-2501 to 58-2573	**Tennessee**	Tenn. Code Ann. §§ 66-28-101 to 66-28-521
Kentucky	Ky. Rev. Stat. Ann. §§ 383.010 to 383.715	**Texas**	Tex. Prop. Code Ann. §§ 91.001 to 92.354
Louisiana	La. Rev. Stat. Ann. §§ 9:3251 to 9:3261; La. Civ. Code Ann. art. 2668 to 2729	**Utah**	Utah Code Ann. §§ 57-17-1 to 57-17-5, 57-22-1 to 57-22-6
Maine	Me. Rev. Stat. Ann. tit. 14, §§ 6001 to 6046	**Vermont**	Vt. Stat. Ann. tit. 9, §§ 4451 to 4468
Maryland	Md. Code Ann. [Real Prop.] §§ 8-101 to 8-604	**Virginia**	Va. Code Ann. §§ 55-218.1 to 55-248.40
Massachusetts	Mass. Gen. Laws Ann. ch. 186, §§ 1 to 22	**Washington**	Wash. Rev. Code Ann. §§ 59.04.010 to 59.04.900, 59.18.010 to 59.18.911
Michigan	Mich. Comp. Laws §§ 554.131 to .201 & 554.601 to 554.641	**West Virginia**	W.Va. Code §§ 37-6-1 to 37-6-30
Minnesota	Minn. Stat. Ann. §§ 504B.001 to 504B.471	**Wisconsin**	Wis. Stat. Ann. §§ 704.01 to 704.50; Wis. Admin. Code 134.01 to 134.10
Mississippi	Miss. Code Ann. §§ 89-7-1 to 89-8-27	**Wyoming**	Wyo. Stat. §§ 1-21-1201 to 1-21-1211, §§ 34-2-128 to 34-2-129
Missouri	Mo. Rev. Stat. §§ 441.005 to 441.880, §§ 535.150 to 535.300		

State Rent Rules

Here are citations for statues that set out rent rules in each state. When a state has no statute, the space is left blank. See the "Notice Required to Change or Terminate a Month-to-Month Tenancy" chart in this appendix for citations on raising rent.

State	When Rent Is Due	Grace Period	Where Rent Is Due	Late Fees
Alabama				
Alaska	Alaska Stat. § 34.03.020(c)		Alaska Stat. § 34.03.020(c)	
Arizona	Ariz. Rev. Stat. Ann. §§ 33-1314(C), 33-1368(B)		Ariz. Rev. Stat. Ann. § 33-1314(C)	Ariz. Rev. Stat. Ann. § 33-1368(B)
Arkansas				
California	Cal. Civil Code § 1947		Cal. Civil Code § 1962	*Orozco v. Casimiro*, 212 Cal. App. 4th Supp. 7 (2004)
Colorado				
Connecticut	Conn. Gen. Stat. Ann. § 47a-3a	Conn. Gen. Stat. Ann. § 47a-15a	Conn. Gen. Stat. Ann. § 47a-3a	Conn. Gen. Stat. Ann. §§ 47a-4(a)(8), 47a-15a [1]
Delaware	Del. Code Ann. tit. 25, § 5501(b)	Del. Code Ann. tit. 25, § 5501(d)	Del. Code Ann. title 25, § 5501(b)	Del. Code Ann. tit. 25, § 5501(d) [2]
D.C.				
Florida	Fla. Stat. Ann. § 83.46(1)			
Georgia				
Hawaii	Haw. Rev. Stat. § 521-21(b)		Haw. Rev. Stat. § 521-21(b)	
Idaho				
Illinois				
Indiana	*Watson v. Penn*, 108 Ind. 21 (1886), 8 N.E. 636 (1886)			
Iowa	Iowa Code Ann. § 562A.9(3)		Iowa Code Ann. § 562A.9(3)	Iowa Code Ann. § 535.2(7) [3]
Kansas	Kan. Stat. Ann. § 58-2545(c)		Kan. Stat. Ann. § 58-2545(c)	
Kentucky	Ky. Rev. Stat. Ann. § 383.565(2)		Ky. Rev. Stat. Ann. § 383.565(2)	
Louisiana				
Maine		Me. Rev. Stat. Ann. tit. 14, § 6028		Me. Rev. Stat. Ann. tit. 14, § 6028 [4]
Maryland				Md. Code Ann. [Real Prop.] § 8-208(d)(3) [5]
Massachusetts		Mass. Gen. Laws Ann. ch. 186, § 15B(1)(c); ch. 239, § 8A		Mass. Gen. Laws Ann. ch. 186, § 15B(1)(c) [6]
Michigan	*Hilsendegen v. Scheich*, 21 N.W. 2d 894 (1885)			

[1] Landlords may not charge a late fee until 9 days after rent is due. (Connecticut)

[2] To charge a late fee, landlord must maintain an office in the county where the rental unit is located at which tenants can pay rent. If a landlord doesn't have a local office for this purpose, tenant has 3 extra days (beyond the due date) to pay rent before the landlord can charge a late fee. Late fee cannot exceed 5% of rent and cannot be imposed until the rent is more than 5 days late. (Delaware)

[3] Late fees cannot exceed $10 per day or $40 per month. (Iowa)

[4] Late fees cannot exceed 4% of the amount due for 30 days. Landlord must notify tenants, in writing, of any late fee at the start of the tenancy, and cannot impose it until rent is 15 days late. (Maine)

[5] Late fees cannot exceed 5% of the rent due. (Maryland)

[6] Late fees, including interest on late rent, may not be imposed until the rent is 30 days late. (Massachusetts)

State	When Rent Is Due	Grace Period	Where Rent Is Due	Late Fees
**State Rent Rules (continued)**				
Minnesota				
Mississippi				
Missouri	Mo. Rev. Stat. § 535.060			
Montana	Mont. Code Ann. § 70-24-201(2)(c)		Mont. Code Ann. § 70-24-201(2)(b)	
Nebraska	Neb. Rev. Stat. § 76-1414(3)		Neb. Rev. Stat. § 76-1414(3)	
Nevada	Nev. Rev. Stat. Ann. § 118A.210		Nev. Rev. Stat. Ann. § 118A.210	Nev. Rev. Stat. Ann. § 118A.200(2)(g), (3)(c)
New Hampshire				
New Jersey			N.J. Stat. Ann. § 2A:42-6.1	N.J. Stat. Ann. § 2A:42-6.1 [7]
New Mexico	N.M. Stat. Ann. § 47-8-15(B)		N.M. Stat. Ann. § 47-8-15(B)	N.M. Stat. Ann § 47-8-15(D) [8]
New York State				
North Carolina		N.C. Gen Stat. § 42-46		N.C. Gen. Stat. § 42-46 [9]
North Dakota	N.D. Cent. Code § 47-16-07			
Ohio				
Oklahoma	Okla. Stat. Ann. tit. 41, § 109	Okla. Stat. Ann. tit. 41, § 132(B)	Okla. Stat. Ann. tit. 41, § 109	*Sun Ridge Investors, Ltd. v. Parker*, 956 P.2d 876 (1998) [10]
Oregon	Or. Rev. Stat. § 90.240(6)(a)	Or. Rev. Stat. § 90.260	Or. Rev. Stat. § 90.240(6)(a)	Or. Rev. Stat. § 90.260 [11]
Pennsylvania				
Rhode Island	R.I. Gen. Laws § 34-18-15(c)	R.I. Gen. Laws § 34-18-35	R.I. Gen. Laws § 34-18-15(c)	
South Carolina	S.C. Code Ann. § 27-40-310(c)		S.C. Code Ann. § 27-40-310(c)	
South Dakota	S.D. Codified Laws Ann. § 43-32-12			
Tennessee	Tenn. Code Ann. § 66-28-201(c)	Tenn. Code Ann. § 66-28-201(d)	Tenn. Code Ann. § 66-28-201(c)	Tenn. Code Ann. § 66-28-201(d) [12]
Texas				
Utah				
Vermont	Vt. Stat. Ann. tit. 9, § 4455			
Virginia	Va. Code Ann. § 55-248.7(C)		Va. Code Ann. § 55-248.7(C)	
Washington				
West Virginia				
Wisconsin				
Wyoming				

[7] Landlord must wait 5 days before charging a late fee. (New Jersey)

[8] Late fee may not exceed 10% of the rent specified per rental period. (New Mexico)

[9] Late fee cannot be higher than $15 or 5% of the rental payment, whichever is greater, and may not be imposed until the tenant is 5 days late paying rent. (North Carolina)

[10] Preset late fees are invalid. (Oklahoma)

[11] Landlord must wait 4 days after the rent due date to assess a late fee, and must disclose the late fee policy in the rental agreement. A flat fee must be "reasonable." A daily late fee may not be more than 6% of a reasonable flat fee, and cannot add up to more than 5% of the monthly fee. (Oregon)

[12] Landlord can't charge late fee until 5 days have passed. If day five is a Saturday, Sunday, or legal holiday, landlord cannot impose a fee if the rent is paid on the next business day. Fee can't exceed 10% of the amount past due. (Tennessee)

Notice Required to Change or Terminate a Month-to-Month Tenancy

Except where noted, the amount of notice a landlord must give to increase rent or change another term of the rental agreement in month-to-month tenancy is the same as that required to end a month-to-month tenancy. Be sure to check state and local rent control laws, which may have different notice requirements.

State	Tenant	Landlord	Statute	Comments
Alabama	10 days	10 days	Ala. Code § 35-9-3 & -5	No state statute on the amount of notice required to change rent or other terms
Alaska	30 days	30 days	Alaska Stat. § 34.03.290(b)	
Arizona	30 days	30 days	Ariz. Rev. Stat. Ann. § 33-1375	
Arkansas		10 days	Ark. Code Ann. § 18-16-101	No state statute on the amount of notice required to change rent or other terms
California	30 days	30 or 60 days	Cal. Civ. Code § 1946; Cal. Civ. Code § 827a	30 days to change rental terms, but if landlord is raising the rent, tenant gets 60 days' notice if the sum of this and all prior rent increases during the previous 12 months is more than 10% of the lowest rent charged during that time. 60 days to terminate (landlord), 30 days (tenant).
Colorado	10 days	10 days	Colo. Rev. Stat. § 13-40-107	
Connecticut			No statute	
Delaware	60 days	60 days	Del. Code Ann. tit. 25, §§ 5106, 5107	After receiving notice of landlord's proposed change terms, tenant has 15 days to terminate tenancy. Otherwise, changes will take effect as announced.
District of Columbia	30 days	30 days	D.C. Code Ann. § 42-3202	No state statute on the amount of notice required to change rent or other terms
Florida	15 days	15 days	Fla. Stat. Ann. § 83.57	No state statute on the amount of notice required to change rent or other terms
Georgia	30 days	60 days	Ga. Code Ann. § 44-7-6 & -7	No state statute on the amount of notice required to change rent or other terms
Hawaii	28 days	45 days	Haw. Rev. Stat. §§ 521-71, 521-21(d)	
Idaho	One month	One month	Idaho Code §§ 55-208, 55-307	Landlords must provide 15 days' notice to increase rent or change tenancy.
Illinois	30 days	30 days	735 Ill. Comp. Stat. § 5/9-207	
Indiana	One month	One month	Ind. Code Ann. §§ 32-31-1-1, 32-31-5-4	Unless agreement states otherwise, landlord must give 30 days' written notice to modify written rental agreement.
Iowa	30 days	30 days	Iowa Code Ann. §§ 562A.34, 562A.13(5)	
Kansas	30 days	30 days	Kan. Stat. Ann. § 58-2570	No state statute on the amount of notice required to change rent or other terms

Notice Required to Change or Terminate a Month-to-Month Tenancy (continued)

State	Tenant	Landlord	Statute	Comments
Kentucky	30 days	30 days	Ky. Rev. Stat. Ann. § 383.695	
Louisiana	10 days	10 days	La. Civ. Code Art. 2728	No state statute on the amount of notice required to change rent or other terms
Maine	30 days	30 days	Me. Rev. Stat. Ann. tit. 14 §§ 6002, 6015	Landlord must provide 45 days' notice to increase rent.
Maryland	One month	One month	Md. Code Ann. [Real Prop.] § 8-402(b)(3), (b)(4)	Two months notice required in Montgomery County. Does not apply in Baltimore.
Massachusetts	See 1 below	See 1 below	Mass. Gen. Laws Ann. ch. 186, § 12	
Michigan	See 2 below	See 2 below	Mich. Comp. Laws § 554.134	No state statute on the amount of notice required to change rent or other terms
Minnesota	See 3 below	See 3 below	Minn. Stat. Ann. § 504B.135	No state statute on the amount of notice required to change rent or other terms
Mississippi	30 days	30 days	Miss. Code Ann. § 89-8-19	No state statute on the amount of notice required to change rent or other terms
Missouri	One month	One month	Mo. Rev. Stat. § 441.060	No state statute on the amount of notice required to change rent or other terms
Montana	30 days	30 days	Mont. Code Ann. § 70-24-441, 70-26-109	Landlord may change terms of tenancy with 15 days' notice.
Nebraska	30 days	30 days	Neb. Rev. Stat. § 76-1437	No state statute on the amount of notice required to change rent or other terms
Nevada	30 days	30 days	Nev. Rev. Stat. Ann. §§ 40.251, 118A.300	Landlords must provide 45 days' notice to increase rent.
New Hampshire	30 days	30 days	N.H. Rev. Stat. Ann. §§ 540:2, 540:3	Landlord may terminate only for just cause.
New Jersey			No statute	
New Mexico	30 days	30 days	N.M. Stat. Ann. §§ 47-8-37, 47-8-15(F)	Landlord must deliver rent increase notice at least 30 days before rent due date.
New York State	One month	One month	N.Y. Real Prop. Law § 232-b	No state statute on the amount of notice required to change rent or other terms
North Carolina	7 days	7 days	N.C. Gen. Stat. § 42-14	No state statute on the amount of notice required to change rent or other terms
North Dakota	30 days	30 days	N.D. Cent. Code § 47-16-15, 47-16-07	Tenant may terminate with 25 days' notice if landlord has changed the terms of the lease.

1. Interval between days of payment or 30 days, whichever is longer.

2. Interval between times of payment.

3. Interval between time rent is due.

Notice Required to Change or Terminate a Month-to-Month Tenancy (continued)

State	Tenant	Landlord	Statute	Comments
Ohio	30 days	30 days	Ohio Rev. Code Ann. § 5321.17	No state statute on the amount of notice required to change rent or other terms
Oklahoma	30 days	30 days	Okla. Stat. Ann. tit. 41, § 111	No state statute on the amount of notice required to change rent or other terms
Oregon	30 days	30 days	Or. Rev. Stat. §§ 91.070 , 90.427	No state statute on the amount of notice required to change rent or other terms
Pennsylvania			No statute	
Rhode Island	30 days	30 days	R.I. Gen. Laws §§ 34-18-16.1, 34-18-37	Landlord must provide 30 days' notice to increase rent.
South Carolina	30 days	30 days	S.C. Code Ann. § 27-40-770	No state statute on the amount of notice required to change rent or other terms
South Dakota	One month	One month	S.D. Codified Laws Ann. §§ 43-32-13, 43-8-8	Tenant may terminate within 15 days of receiving landlord's modification notice.
Tennessee	30 days	30 days	Tenn. Code Ann. § 66-28-512	No state statute on the amount of notice required to change rent or other terms
Texas	One month	One month	Tex. Prop. Code Ann. § 91.001	No state statute on the amount of notice required to change rent or other terms
Utah		15 days	Utah Code Ann. § 78-36-3	No state statute on the amount of notice required to change rent or other terms
Vermont	One rental period	30 days	Vt. Code Ann. tit. 9, §§ 4467, 4456(d)	If there is no written rental agreement, for tenants who have continuously resided in the unit for two years or less, 60 days' notice to terminate; for those who have resided longer than two years, 90 days. If there is a written rental agreement, for tenants who have lived continuously in the unit for two years or less, 30 days; for those who have lived there longer than two years, 60 days.
Virginia	30 days	30 days	Va. Code Ann. §§ 55-248.37, 55-248.7	No state statute on the amount of notice required to change rent or other terms, but landlord must abide by notice provisions in the rental agreement, if any, and tenant must consent in writing to any change.
Washington	20 days	20 days	Wash. Rev. Code Ann. §§ 59.18.200, 59.18.140	Landlord must give 30 days to change rent or other lease terms.
West Virginia	One month	One month	W.Va. Code § 37-6-5	No state statute on the amount of notice required to change rent or other terms
Wisconsin	28 days	28 days	Wis. Stat. Ann. § 704.19	No state statute on the amount of notice required to change rent or other terms
Wyoming			No statute	

State Security Deposit Rules

Here are citations for statutes pertaining to security deposits in each state. Details on various aspects of security deposits are provided in the chapters.

This table is limited to security deposit statutes. Some states—Alabama and West Virginia—do not have statutes on security deposits. That doesn't mean that there is no law on the subject. Court decisions (what lawyers call "case law") in your state may set out quite specific requirements for refunding of deposits, whether they should be held in interest-bearing accounts, and the like. This book does not cover all case or local law. To find out whether courts or local governments in your state have made decisions or ordinances you need to be aware of, you may need to do some legal research on your own.

State	Statute	Limit	Separate Account	Interest	Deadline for Landlord to Itemize and Return Deposit	Exemptions
Alabama	No statute					
Alaska	Alaska Stat. § 34.03.070	Two months' rent, unless rent exceeds $2,000 per month	✔		14 days if the tenant gives proper notice to terminate tenancy; 30 days if the tenant does not give proper notice	No deposit limit for units where the rent exceeds $2,000 per month.
Arizona	Ariz. Rev. Stat. Ann. § 33-1321	One and one-half months' rent (unless tenant voluntarily agrees to pay more)			14 days	
Arkansas	Ark. Code Ann. §§ 18-16-303 to 18-16-306	Two months' rent			30 days	No regulation of deposit where landlord owns five or fewer units, unless they are managed by a third party for a fee.
California	Cal. Civ. Code §§ 1950.5, 1940.5(g)	Two months' rent (unfurnished); 3 months' rent (furnished). Add extra one-half month's rent for waterbed			Three weeks	
Colorado	Colo. Rev. Stat. §§ 38-12-102 to 38-12-104	No statutory limit			One month, unless lease agreement specifies longer period of time (which may be no more than 60 days); 72 hours (not counting weekends or holidays) if a hazardous condition involving gas equipment requires tenant to vacate	

State Security Deposit Rules (continued)

State	Statute	Limit	Separate Account	Interest	Deadline for Landlord to Itemize and Return Deposit	Exemptions
Connecticut	Conn. Gen. Stat. Ann. §§ 47a-21 to 47a-22a	Two months' rent (tenant under 62 years of age); one month's rent (tenant 62 years of age or older)	✔	✔	30 days, or within 15 days of receiving tenant's forwarding address, whichever is later	
Delaware	Del. Code Ann. tit. 25, § 5514	One month's rent on leases for one year or more; no limit for month-to-month rental agreements (may require additional pet deposit of up to one month's rent)	✔		20 days	
District of Columbia	D.C. Code Ann § 42-3502.17; D.C. Mun. Regs. tit. 14, §§ 308 to 311	One month's rent	✔	✔	45 days	
Florida	Fla. Stat. Ann. §§ 83.49, 83.43 (12)	No statutory limit	✔	1	15 to 60 days depending on whether tenant disputes deductions	
Georgia	Ga. Code Ann. §§ 44-7-30 to 44-7-37	No statutory limit	✔		One month	Landlords who are natural persons (not corporations, LLCs, or any other legal entity) need not put deposits into escrow, inspect at move-out, or provide itemized deductions.
Hawaii	Haw. Rev. Stat. §§ 521-44, 521-42	One month's rent			14 days	
Idaho	Idaho Code § 6-321	No statutory limit			21 days or up to 30 days if landlord and tenant agree	

1 Interest payments are not required, but when they are made, certain rules apply.

2 Applies only to landlords with 25 or more rental units.

State Security Deposit Rules (continued)

State	Statute	Limit	Separate Account	Interest	Deadline for Landlord to Itemize and Return Deposit	Exemptions
Illinois	765 Ill. Comp. Stat. §§ 710/0.01 to 715/3	No statutory limit		✔ [2]	30 to 45 days depending on whether tenant disputes deductions	Landlord with four or fewer units on the same property need not itemize deductions.
Indiana	Ind. Code Ann. §§ 32-31-3-9 to 32-31-3-19	No statutory limit			45 days	
Iowa	Iowa Code Ann. § 562A.12	Two months' rent	✔	[1]	30 days	
Kansas	Kan. Stat. Ann. §§ 58-2550, 58-2548	One month's rent (unfurnished); one and one-half months' rent (furnished); for pets, add extra one-half month's rent			30 days	
Kentucky	Ky. Rev. Stat. Ann. § 383.580	No statutory limit	✔		30 to 60 days depending on whether tenant disputes deductions	
Louisiana	La. Rev. Stat. Ann. §§ 9:3251 to 9:3254	No statutory limit			One month	
Maine	Me. Rev. Stat. Ann. tit. 14, §§ 6031 to 6038	Two months' rent	✔		30 days (if written rental agreement) or 21 days (if tenancy at will)	No regulation of deposit for unit that is part of a structure with five or fewer units, one of which is occupied by landlord.
Maryland	Md. Code Ann. [Real Prop.] § 8-203, § 8-203.1	Two months' rent	✔	✔	30 to 45 days depending on whether tenant has been evicted or has abandoned the premises	
Massachusetts	Mass. Gen. Laws Ann. ch. 186, § 15B	One month's rent	✔	✔	30 days	
Michigan	Mich. Comp. Laws §§ 554.602 to 554.616	One and one-half months' rent	✔		30 days	

			Separate		Deadline for Landlord to	
State	Statute	Limit	Account	Interest	Itemize and Return Deposit	Exemptions
Minnesota	Minn. Stat. Ann. §§ 504B.175 to 504B.178	No statutory limit		✔	Three weeks after tenant leaves and landlord receives forwarding address; five days if tenant must leave due to building condemnation	
Mississippi	Miss. Code Ann. § 89-8-21	No statutory limit			45 days	
Missouri	Mo. Ann. Stat. § 535.300	Two months' rent			30 days	
Montana	Mont. Code Ann. §§ 70-25-101 to 70-25-206	No statutory limit			30 days 10 days if no deductions	
Nebraska	Neb. Rev. Stat. § 76-1416	One month's rent (no pets); one and one-quarter months' rent (pets)			14 days	
Nevada	Nev. Rev. Stat. Ann. §§ 118A.240 to 118A.250	Three months' rent			30 days	
New Hampshire	N.H. Rev. Stat. Ann §§ 540-A:5 to 540-A:8; 540-B:10	One month's rent or $100, whichever is greater; when landlord and tenant share facilities, no statutory limit	✔	✔	30 days For shared facilities, if the deposit is more than 30 days' rent, landlord must provide written agreement acknowledging receipt and specifying when deposit will be returned—if no written agreement, 20 days after tenant vacates	No deposit regulation for single-family rental when landlord owns no other rental property, or for unit in owner-occupied building of five or fewer units (does not apply when any occupant is 60 or more years old).
New Jersey	N.J. Stat. Ann. §§ 46:8-19 to 46:8-26	One and one-half months' rent	✔	✔	30 days; five days in case of fire, flood, condemnation, or evacuation	No interest required for unit in owner-occupied building of two or fewer units unless tenant sends landlord written notice demanding interest (interest begins accruing in 30 days).

State	Statute	Limit	Separate Account	Interest	Deadline for Landlord to Itemize and Return Deposit	Exemptions
State Security Deposit Rules (continued)						
New Mexico	N.M. Stat. Ann. § 47-8-18	One month's rent (for rental agreement of less than one year); no limit for leases of one year or more		✔	30 days	
New York State	N.Y. Gen. Oblig. Law §§ 7-103 to 7-108	No statutory limit for nonregulated units	✔	✔	Reasonable time	No deposit limits or specific return procedures for nonregulated units in buildings with five or fewer units.
North Carolina	N.C. Gen. Stat. §§ 42-50 to 42-56	One and one-half months' rent for month-to-month rental agreements; two months' rent if term is longer than two months	✔		30 days	
North Dakota	N.D. Cent. Code §§ 47-16-07.1, 47-16-07.2	One month's rent (or $1,500 if tenant has a pet)	✔	✔	30 days	
Ohio	Ohio Rev. Code Ann. § 5321.16	No statutory limit		✔	30 days	
Oklahoma	Okla. Stat. Ann. tit. 41, § 115	No statutory limit	✔		30 days	
Oregon	Or. Rev. Stat. § 90.300	No statutory limit			31 days	
Pennsylvania	68 Pa. Cons. Stat. Ann. §§ 250.511a to 250.512	Two months' rent for first year of renting; one month's rent during second and subsequent years of renting	✔	✔	30 days	
Rhode Island	R.I. Gen. Laws § 34-18-19	One month's rent			20 days	
South Carolina	S.C. Code Ann. § 27-40-410	No statutory limit			30 days	

State Security Deposit Rules (continued)						
State	Statute	Limit	Separate Account	Interest	Deadline for Landlord to Itemize and Return Deposit	Exemptions
South Dakota	S.D. Codified Laws Ann. § 43.32-6.1, § 43-32-24	One month's rent (higher deposit may be charged if special conditions pose a danger to maintenance of the premises)			Two weeks to return entire deposit or a portion, and supply reasons for withholding; 45 days for a written, itemized accounting, if tenant requests it	
Tennessee	Tenn. Code Ann. § 66-28-301	No statutory limit	✔		No statutory deadline to return; 10 days to itemize	Landlords whose properties are in counties with populations, according to the federal census, of between 80,000 and 83,000, 92,000 and 92,500, 118,400 and 118,700, and 140,000 and 145,000, need not disclose the location of the separate account required for the security deposit.
Texas	Tex. Prop. Code Ann. §§ 92.101 to 92.109	No statutory limit			30 days	
Utah	Utah Code Ann. §§ 57-17-1 to 57-17-5	No statutory limit			30 days, or within 15 days of receiving tenant's forwarding address, whichever is later	
Vermont	Vt. Stat. Ann. tit. 9, § 4461	No statutory limit			14 days	
Virginia	Va. Code Ann. §§ 55-248.15;1	Two months' rent		✔	45 days	
Washington	Wash. Rev. Code Ann. §§ 59.18.260 to 59.18.285	No statutory limit	✔		14 days	
W. Virginia	No statute					
Wisconsin	Wis. Admin. Code ATCP 134.06	No statutory limit			21 days	
Wyoming	Wyo. Stat. §§ 1-21-1207 to 1-21-1208	No statutory limit			30 days, or within 15 days of receiving tenant's forwarding address, whichever is later; 60 days if there is damage	

States That Require Landlords to Pay Interest on Deposits

Connecticut	Interest payments must be made annually and at termination of tenancy. The interest rate must be equal to the average rate paid on savings deposits by insured commercial banks, as published by the Federal Reserve Board Bulletin in November of the prior year, but not less than 1.5%.
District of Columbia	Interest payments at the prevailing passbook rate must be made at termination of tenancy.
Florida	Interest payments (if any—account need not be interest-bearing) must be made annually and at termination of tenancy. However, no interest is due a tenant who wrongfully terminates the tenancy before the end of the rental term. If landlord is paying interest, details on interest rate and time of payment must be provided in lease or rental agreement.
Illinois	Landlords who rent 25 or more units in either a single building or a complex of buildings located on contiguous properties must pay interest on deposits held for more than six months. Interest must be paid annually and at termination of tenancy.
Iowa	Interest payment (if any—account need not be interest-bearing) must be made at termination of tenancy. Interest earned during first five years of tenancy belongs to landlord.
Maryland	Interest must be paid (at an annual rate of 4%) only on security deposits of $50 or more, at six-month intervals, not compounded.
Massachusetts	Landlord must pay tenant 5% interest per year or the amount received from the bank where the deposit has been held. Interest should be paid to the tenant yearly, and within 30 days of termination date. Interest will not accrue for the last month for which rent was paid in advance.
Minnesota	Landlord must pay 1% (simple, noncompounded) annual interest per year. (Rate prior to 8/1/2003 was 3%.) Any interest amount less than $1 is excluded.
New Hampshire	A landlord who holds a security deposit for a year or longer must pay interest at a rate equal to the interest rate paid on regular savings accounts in the New Hampshire bank, savings and loan association, or credit union where it is deposited. If a landlord mingles security deposits in a single account, the landlord must pay the actual interest earned proportionately to each tenant. Upon request, a landlord must give the tenant the name of any institution where the security deposit is held, the account number, the amount on deposit, and the interest rate on the deposit, and must allow the tenant to examine his security deposit records. A tenant may request the interest accrued every three years, 30 days before that year's tenancy expires. The landlord must comply with the request within 15 days of the expiration of that year's tenancy.
New Jersey	Landlord with 10 or more units must place security deposit in an insured money market fund account where the investments mature in one year or less, or in another account that pays quarterly interest at a rate comparable to the money market fund. Landlords with fewer than 10 units may place deposit in an interest-bearing account in any New Jersey financial institution insured by the FDIC. All landlords must pay tenant interest earned on account annually or credit it toward payment of rent due.

States That Require Landlords to Pay Interest on Deposits (continued)

New Mexico	Landlord who receives more than one month's rent deposit on a year lease must pay the tenant, annually, interest equal to the passbook interest.
New York State	Interest must be paid at the "prevailing rate" on deposits received from tenants who are rent controlled or rent stabilized or who rent units in buildings containing six or more units. The landlord may retain an administrative fee of 1% per year on the sum deposited.
North Dakota	Landlord must pay interest if the period of occupancy is at least nine months. Money must be held in a federally insured interest-bearing savings or checking account for benefit of the tenant.
Ohio	Any security deposit in excess of $50 or one month's rent, whichever is greater, must bear interest on the excess at the rate of 5% per annum if the tenant stays for six months or more. Interest must be paid annually and upon termination of tenancy.
Pennsylvania	Tenant who occupies rental unit for two or more years is entitled to interest beginning with the 25th month of occupancy. Landlord must pay tenant interest (minus fee of 1%) at the end of the third and subsequent years of the tenancy.
Virginia	Landlord must accrue interest on all money held as security at an annual rate equal to 1% below the Federal Reserve Board discount rate as of January 1 of each year. No interest is payable unless the landlord holds the deposit for over 13 months after the date of the rental agreement for continuous occupancy of the same unit. Interest begins accruing from the effective date of the rental agreement and must be paid only upon termination of tenancy.

State Laws on Rent Withholding and Repair and Deduct Remedies

Here are citations for state laws that allow tenants to withhold rent or use the repair and deduct remedy for landlord's failure to provide habitable premises or supply essential services.

State	Statute or Case on Rent Withholding	Statute or Case on Repair and Deduct
Alabama	No statute	No statute
Alaska	Alaska Stat. § 34.03.190	Alaska Stat. § 34.03.180
Arizona	Ariz. Rev. Stat. Ann. § 33-1365	Ariz. Rev. Stat. Ann. §§ 33-1363 to -1364
Arkansas	No statute	No statute
California	*Green v. Superior Court*, 10 Cal. 3d 616 (1974)	Cal. Civ. Code § 1942
Colorado	No statute	No statute
Connecticut	Conn. Gen. Stat. Ann. §§ 47a-14a to -14h	Conn. Gen. Stat. Ann. § 47a-13
Delaware	Del. Code Ann. tit. 25, § 5308(b)(3)	Del. Code Ann. tit. 25, §§ 5307, 5308
District of Columbia	*Javins v. First Nat'l Realty Corp.*, 428 F.2d 1071 (D.C. Cir. 1970)	D.C. Code Ann § 6-751.10 (for installation of fire alarms only)
Florida	Fla. Stat. Ann. § 83.60	No statute
Georgia	No statute	No statute
Hawaii	Haw. Rev. Stat. § 521-78	Haw. Rev. Stat. § 521-64
Idaho	No statute	No statute
Illinois	765 Ill. Comp. Stat. §§ 735/2 to /2.2	765 Ill. comp. Stat. § 742/5
Indiana	No statute	No statute
Iowa	Iowa Code Ann. § 562A.24	Iowa Code Ann. § 562A.23
Kansas	Kan. Stat. Ann. § 58-2561	No statute
Kentucky	Ky. Rev. Stat. Ann. § 383.645	Ky. Rev. Stat. Ann. §§ 383.635, 383.640
Louisiana	No statute	La. Civ. Code Ann. art. 2694
Maine	Me. Rev. Stat. Ann. tit. 14, § 6021	Me. Rev. Stat. Ann. tit. 14, § 6026
Maryland	Md. Code Ann. [Real Prop.] §§ 8-211, 8-211.1	No statute
Massachusetts	Mass. Gen. Laws Ann. ch. 239, § 8A	Mass. Gen. Laws Ann. ch. 111, § 127L
Michigan	Mich. Comp. Laws § 125.530	*Rome v. Walker*, 198 N.W.2d 458 (1972); Mich. Comp Laws § 554.139
Minnesota	Minn. Stat. Ann. §§ 504B.215(3)(d), 504B.385	Minn. Stat. Ann § 504B.425
Mississippi	No statute	Miss. Code Ann. § 89-8-15

State Laws on Rent Withholding and Repair and Deduct Remedies (continued)

State	Statute or Case on Rent Withholding	Statute or Case on Repair and Deduct
Missouri	Mo. Ann. Stat. §§ 441.570, 441.580	Mo. Ann. Stat. § 441.234
Montana	Mont. Code Ann. § 70-24-421	Mont. Code Ann. §§ 70-24-406 to -408
Nebraska	Neb. Rev. Stat. § 76-1428	Neb. Rev. Stat. § 76-1427
Nevada	Nev. Rev. Stat. Ann. § 118A.490	Nev. Rev. Stat. Ann. §§ 118A.360, .380
New Hampshire	N.H. Rev. Stat. Ann. § 540:13-d	No statute
New Jersey	N.J. Stat. Ann. §§ 2A:42-85 to -92	*Marini v. Ireland*, 265 A.2d 526 (1970)
New Mexico	N.M. Stat. Ann. §§ 47-8-27.2, 47-8-36	No statute
New York State	N.Y. Real Prop. Law § 235-b (annotations)	N.Y. Real Prop. Law § 235-a; *Jangla Realty Co. v. Gravagna*, 447 N.Y.S. 2d 338 (Civ. Ct., Queens County, 1981)
North Carolina	N.C. Gen. Stat. § 42-44	No statute
North Dakota	No statute	N.D. Cent. Code § 47-16-13
Ohio	Ohio Rev. Code Ann. § 5321.07	No statute
Oklahoma	Okla. Stat. Ann. tit. 41, § 121	Okla. Stat. Ann. tit. 41, § 121
Oregon	Or. Rev. Stat. § 90.370	Or. Rev. Stat. § 90.365
Pennsylvania	68 Pa. Cons. Stat. Ann. § 250.206; 35 Pa. Cons. Stat. Ann. § 1700-1	*Pugh v. Holmes*, 405 A.2d 897 (1979)
Rhode Island	R.I. Gen. Laws § 34-18-32	R.I. Gen. Laws §§ 34-18-30 to -31
South Carolina	S.C. Code Ann. § 27-40-640	S.C. Code Ann. § 27-40-630
South Dakota	S.D. Codified Laws Ann. § 43-32-9	S.D. Codified Laws Ann. § 43-32-9
Tennessee	Tenn. Code Ann. § 68-111-104	Tenn. Code Ann. § 66-28-502
Texas	No statute	Tex. Prop. Code Ann. §§ 92.056, 92.0561
Utah	No statute	No statute
Vermont	Vt. Stat. Ann. tit. 9, § 4458	Vt. Stat. Ann. tit. 9, § 4459
Virginia	Va. Code Ann. §§ 54-248.25, 54-248.25.1, 54-248-27	No statute
Washington	Wash. Rev. Code Ann. §§ 59.18.110, 59.18.115	Wash. Rev. Code Ann. §§ 59.18.100, .110
West Virginia	No statute	*Chewrant v. Bee*, 28 S.E. 751 (1978)
Wisconsin	Wis. Stat. Ann. § 704.07(4)	No statute
Wyoming	Wyo. Stat. § 1-21-1206	No statute

State Laws on Landlord's Access to Rental Property

This is a synopsis of state laws that specify circumstances when a landlord may enter rental premises and the amount of notice required for such entry.

State	State Law Citation	Amount of Notice Required in Nonemergency Situations	Reasons Landlord May Enter				
			To Deal With an Emergency	To Inspect the Premises	To Make Repairs, Alterations, or Improvements	To Show Property to Prospective Tenants or Purchasers	During Tenant's Extended Absence
Alabama	No statute						
Alaska	Alaska Stat. § 34.03.140	24 hours	✔	✔	✔	✔	✔
Arizona	Ariz. Rev. Stat. Ann. § 33-1343	Two days	✔	✔	✔	✔	
Arkansas	No statute						
California	Cal. Civ. Code § 1954	24 hours (48 hours for initial move-out inspection)	✔	✔	✔	✔	
Colorado	No statute						
Connecticut	Conn. Gen. Stat. Ann. §§ 47a-16 to 47a-16a	Reasonable notice	✔	✔	✔	✔	✔
Delaware	Del. Code Ann. tit. 25, §§ 5509, 5510	Two days	✔	✔	✔	✔	
District of Columbia	No statute						
Florida	Fla. Stat. Ann. § 83.53	12 hours	✔	✔	✔	✔	✔
Georgia	No statute						
Hawaii	Haw. Rev. Stat. §§ 521-53, 521-70(b)	Two days	✔	✔	✔	✔	✔
Idaho	No statute						
Illinois	No statute						
Indiana	No statute						
Iowa	Iowa Code Ann. §§ 562A.19, 562A.28, 562A.29	24 hours	✔	✔	✔	✔	✔
Kansas	Kan. Stat. Ann. §§ 58-2557, 58-2565	Reasonable notice	✔	✔	✔	✔	✔
Kentucky	Ky. Rev. Stat. Ann. § 383.615, 383.670	Two days	✔	✔	✔	✔	✔
Louisiana	La. Civ. Code art. 2693				✔		
Maine	Me. Rev. Stat. Ann. tit. 14, § 6025	24 hours	✔	✔	✔	✔	
Maryland	No statute						
Massachusetts	Mass. Gen. Laws Ann. ch. 186, § 15B(1)(a)	No notice specified	✔	✔	✔	✔	
Michigan	No statute						
Minnesota	Minn. Stat. Ann. § 504B.211	Reasonable notice	✔	✔	✔	✔	

State Laws on Landlord's Access to Rental Property (continued)

State	State Law Citation	Amount of Notice Required in Nonemergency Situations	To Deal With an Emergency	To Inspect the Premises	To Make Repairs, Alterations, or Improvements	To Show Property to Prospective Tenants or Purchasers	During Tenant's Extended Absence
Mississippi	No statute						
Missouri	No statute						
Montana	Mont. Code Ann. § 70-24-312	24 hours	✔	✔	✔	✔	✔
Nebraska	Neb. Rev. Stat. § 76-1423	One day	✔	✔	✔	✔	✔
Nevada	Nev. Rev. Stat. Ann. § 118A.330	24 hours	✔	✔	✔	✔	
New Hampshire	N.H. Rev. Stat. Ann. § 540-A:3	Notice that is adequate under the circumstances	✔	✔	✔	✔	
New Jersey	No statute						
New Mexico	N.M. Stat. Ann. § 47-8-24	24 hours	✔	✔	✔	✔	✔
New York State	No statute						
North Carolina	No statute						
North Dakota	N.D. Cent. Code § 47-16-07.3	Reasonable notice	✔	✔	✔	✔	
Ohio	Ohio Rev. Code Ann. §§ 5321.04(A)(8), 5321.05(B)	24 hours	✔	✔	✔	✔	
Oklahoma	Okla. Stat. Ann. tit. 41, § 128	One day	✔	✔	✔	✔	
Oregon	Or. Rev. Stat. § 90.322	24 hours	✔	✔	✔	✔	✔
Pennsylvania	No statute						
Rhode Island	R.I. Gen. Laws § 34-18-26	Two days	✔	✔	✔	✔	✔
South Carolina	S.C. Code Ann. § 27-40-530	24 hours	✔	✔	✔	✔	✔
South Dakota	No statute						
Tennessee	Tenn. Code Ann. §§ 66-28-403, 66-28-507	No notice specified	✔	✔	✔	✔	✔
Texas	No statute						
Utah	Utah Code Ann. § 57-22-5(2)(c)	No notice specified	✔		✔		
Vermont	Vt. Stat. Ann. tit. 9, § 4460	48 hours	✔	✔	✔	✔	
Virginia	Va. Code Ann. § 55-248.18	24 hours	✔	✔	✔	✔	✔
Washington	Wash. Rev. Code Ann. § 59.18.150	Two days	✔	✔	✔	✔	
West Virginia	No statute						
Wisconsin	Wis. Stat. Ann. § 704.05(2)	Advance notice	✔	✔	✔	✔	
Wyoming	No statute						

State Laws on Handling Abandoned Property

Most states regulate the way landlords must handle property left behind by departed tenants. Many set notice requirements as to how landlords must contact tenants regarding abandoned property. States may also regulate how landlords must store abandoned property and dispose of it if the tenant doesn't claim his or her belongings. For details, check your state statute, listed in this chart. Keep in mind that court cases not mentioned here may further describe proper procedures in your state.

State	Statute	State	Statute
Alabama	Ala. Code 1975 § 35-9-12	Montana	Mont. Code Ann. § 70-24-430
Alaska	Alaska Stat. § 34.03.260	Nebraska	Neb. Rev. Stat. §§ 69-2303 to 69-2314
Arizona	Ariz. Rev. Stat. Ann. § 33-1370	Nevada	Nev. Rev. Stat. Ann. §§ 118A.450, 118A.460
Arkansas	Ark. Code Ann. § 18-16-108	New Hampshire	N.H. Rev. Stat. Ann. § 540-A:3(VII)
California	Cal. Civ. Code §§ 1965, 1980 to 1991	New Jersey	N.J. Stat. Ann. §§ 2A:18-72 to 2A:18-82
Colorado	Colo. Rev. Stat. §§ 13-40-122, 38-20-116	New Mexico	N.M. Stat. Ann. § 47-8-34.1
Connecticut	Conn. Gen. Stat. Ann. § 47a-11b, § 47a-42	New York State	No statute
Delaware	Del. Code Ann. tit. 25, §§ 5507, 5715	North Carolina	N.C. Gen. Stat. § 42-25.9, § 42-36.2
District of Columbia	No statute	North Dakota	N.D. Cent. Code § 47-16-30.1
Florida	Fla. Stat. Ann. §§ 715.104 to 715.111	Ohio	No statute
Georgia	No statute	Oklahoma	Okla. Stat. Ann. tit. 41, § 130
Hawaii	Haw. Rev. Stat. § 521-56	Oregon	Or. Rev. Stat. § 90.425, § 105.165
Idaho	Idaho Code § 6-311C	Pennsylvania	No statute
Illinois	735 Ill. Comp. Stat. § 5/9-318	Rhode Island	No statute
Indiana	Ind. Code Ann. §§ 32-31-4-1 to 32-31-4-5, 32-31-5-5	South Carolina	S.C. Code Ann. § 27-40-730
Iowa	No statute	South Dakota	S.D. Codified Laws Ann. §§ 43-32-25, 43-32-26
Kansas	Kan. Stat. Ann. § 58-2565	Tennessee	Tenn. Code Ann. § 66-28-405
Kentucky	No statute	Texas	No statute
Louisiana	*Donnell v. Gray*, 34 So. 2d 648 (1948)	Utah	Utah Code Ann. § 78-36-12.6
Maine	Me. Rev. Stat. Ann. tit. 14, §§ 6005, 6013	Vermont	Vt. Stat. Ann. tit. 9, § 4462
Maryland	No statute	Virginia	Va. Code Ann. §§ 55-248.38:1 to 55-248.38:2
Massachusetts	No statute	Washington	Wash. Rev. Code Ann. § 59.18.310
Michigan	No statute	West Virginia	No statute
Minnesota	Minn. Stat. Ann. § 504B.271	Wisconsin	Wis. Stat. Ann. § 704.05(5)
Mississippi	No statute	Wyoming	Wyo. Stat. § 1-21-1210
Missouri	Mo. Rev. Stat. § 441.065		

State Laws Prohibiting Landlord Retaliation

This chart lists states that do not allow landlords to retaliate—by eviction, rent hikes, or other negative treatment—when tenants complain about living conditions, exercise legal rights such as the use of repair and deduct statutes and rent withholding, or organize other tenants. Some statutes protect only certain tenant activities or complaints.

State	Tenant's Complaint to Landlord or Government Agency	Tenant's Involvement in Tenants' Organization	Tenant's Exercise of Legal Rights	Retaliation Is Presumed If Negative Reaction by Landlord Within Specified Time of Tenant's Act	Statute or Case
Alabama					No statute
Alaska	✔	✔	✔		Alaska Stat. § 34.03.310
Arizona	✔	✔		6 months	Ariz. Rev. Stat. Ann. § 33-1381
Arkansas					No statute
California	✔	✔	✔	180 days	Cal. Civ. Code § 1942.5[1]
Colorado					*W.W.G. Corp v. Hughes*, 960 P. 2d 720 (1998 Colo. App.)
Connecticut	✔	✔	✔	6 months	Conn. Gen. Stat. §§ 47a-20, 47a-33
Delaware	✔	✔	✔	90 days	Del. Code Ann. tit. 25, § 5516
Dist. of Columbia	✔	✔	✔	6 months	D.C. Code § 42-3505.02
Florida	✔	✔			Fla. Stat. Ann. § 83.64
Georgia					No statute
Hawaii	✔		✔		Haw. Rev. Stat. § 521-74
Idaho					No statute
Illinois	✔				765 Ill. Comp. Stat. § 720/1
Indiana					No statute
Iowa	✔	✔		1 year	Iowa Code Ann. § 562A.36
Kansas	✔	✔			Kan. Stat. Ann. § 58-2572
Kentucky	✔	✔		1 year	Ky. Rev. Stat. Ann. § 383.705
Louisiana					No statute
Maine	✔	✔	✔	6 months	4 Me. Rev. Stat. Ann. tit. 14, § 6001(3)(4)
Maryland	✔	✔			Md. Code Ann. [Real Prop.] § 8-208.1 [1]
Massachusetts	✔	✔	✔	6 months	Mass. Ann. Laws ch. 239, § 2A; ch. 186, § 18
Michigan	✔	✔	✔	90 days	Mich. Comp. Laws § 600.5720
Minnesota	✔		✔	90 days	Minn. Stat. Ann. §§ 504B.441, 504B.285

[1] CA and MD: applies when a retaliatory eviction follows a court case or administrative hearing concerning the tenant's underlying complaint, membership in a tenant organization, or exercise of a legal right. In this situation, a tenant may claim the benefit of the antiretaliation statute only if the eviction falls within six months of the final determination of the court case or administrative hearing.

State Laws Prohibiting Landlord Retaliation (continued)

State	Tenant's Complaint to Landlord or Government Agency	Tenant's Involvement in Tenants' Organization	Tenant's Exercise of Legal Rights	Retaliation Is Presumed If Negative Reaction by Landlord Within Specified Time of Tenant's Act	Statute
Mississippi			✔		Miss. Code Ann. § 89-8-17
Missouri					No statute
Montana	✔	✔		6 months	Mont. Code Ann. § 70-24-431
Nebraska	✔	✔			Neb. Rev. Stat. § 76-1439
Nevada	✔	✔	✔		Nev. Rev. Stat. Ann. § 118A.510
New Hampshire	✔	✔	✔	6 months	N.H. Rev. Stat. Ann. §§ 540:13-a, 540:13-b
New Jersey	✔	✔	✔		N.J. Stat. Ann. §§ 2A:42-10.10, 2A:42-10.12 [2]
New Mexico	✔	✔	✔	6 months	N.M. Stat. Ann. § 47-8-39
New York State	✔	✔	✔	6 months	N.Y. Real Prop. Law § 223-b
North Carolina	✔	✔	✔	12 months	N.C. Gen. Stat. § 42-37.1
North Dakota					No statute
Ohio	✔	✔			Ohio Rev. Code Ann. § 5321.02
Oklahoma					No statute
Oregon	✔	✔			Or. Rev. Stat. § 90.385
Pennsylvania		✔	✔	6 months (for exercise of legal rights connected with utility service)	68 Pa. Cons. Stat. Ann. §§ 250.205, 399.11
Rhode Island	✔		✔		R.I. Gen. Laws Ann. §§ 34-20-10, 34-20-11
South Carolina	✔				S.C. Code Ann. § 27-40-910
South Dakota	✔	✔		180 days	S.D. Cod. Laws Ann. §§ 43-32-27, 43-32-28
Tennessee	✔		✔		Tenn. Code Ann. §§ 66-28-514, § 68-111-105
Texas	✔		✔	6 months	Tex. Prop. Code § 92.331
Utah	✔				*Building Monitoring Sys. v. Paxton,* 905 P.2d 1215 (Utah 1995)
Vermont	✔	✔			Vt. Stat. Ann. tit. 9, § 4465
Virginia	✔	✔	✔		Va. Code Ann. § 55-248.39
Washington	✔		✔	90 days	Wash. Rev. Code §§ 59.18.240, 59.18.250
West Virginia	✔		✔		*Imperial Colliery Co. v. Fout,* 373 S.E.2d 489 (1988)
Wisconsin	✔		✔		Wis. Stat. § 704.45
Wyoming					No statute

[2] (NJ) If a New Jersey tenant fails to request a renewal of a lease or tenancy within 90 days of the tenancy's expiration (or by the renewal date specified in the lease if longer than 90 days), a landlord may terminate or not renew without a presumption of retaliation.

State Laws on Termination for Nonpayment of Rent

If the tenant is late with the rent, in most states the landlord cannot immediately file for eviction. Instead, the landlord must give the tenant written notice that the tenant has a specified number of days in which to pay up or move. If the tenant does neither, the landlord can file for eviction. In some states, the landlord must wait a few days after the rent is due before giving the tenant the notice; other states allow the landlord to file for eviction immediately.

State	Statute	Time Tenant Has to Pay Rent or Move Before Landlord Can File for Eviction	Legal Late Period: How Long Landlord Must Wait Before Giving Notice to Pay or Quit
Alabama		Landlord can terminate with an Unconditional Quit notice.	
Alaska	Alaska Stat. §§ 09.45.090, 34.03.220	7 days	
Arizona	Ariz. Rev. Stat. § 33-1368	5 days	
Arkansas	Ark. Stat. §§ 18-60-304, 18-16-101	Landlord may terminate with an Unconditional Quit notice. If tenant has not vacated within 10 days, tenant may be prosecuted for a misdemeanor and, if convicted, fined $25 per day for each day tenant fails to vacate.	
California	Cal. Civ. Proc. Code § 1161(2)	3 days	
Colorado	Colo. Rev. Stat. § 13-40-104(1)(d)	3 days	
Connecticut	Conn. Gen. Stat. §§ 47a-23, 47a-15a	9 days	Unconditional Quit notice cannot be delivered until the rent is 9 days late.
Delaware	Del. Code Ann. tit. 25, §§ 5501(d), 5502	5 days	If rental agreement provides for a late charge, but landlord does not maintain an office in the county in which the rental unit is located, due date for the rent is extended 3 days; thereafter, landlord can serve a 5-day notice.
District of Columbia	D.C. Code § 42-3505.01	30 days	
Florida	Fla. Stat. Ann. § 83.56(3)	3 days	
Georgia	Ga. Code Ann. §§ 44-7-50, 44-7-52	Landlord can demand the rent as soon as it is due and, if not paid, can file for eviction. Tenant then has 7 days to pay to avoid eviction.	
Hawaii	Haw. Rev. Stat. § 521-68	5 days	
Idaho	Idaho Code § 6-303(2)	3 days	
Illinois	735 Ill. Comp. Stat. § 5/9-209	5 days	
Indiana	Ind. Code Ann. § 32-31-1-6	10 days	
Iowa	Iowa Code § 562A.27(2)	3 days	
Kansas	Kan. Rev. Stat. §§ 58-2507, 58-2508, 58-2564 (b)	10 days (tenancies over 3 months) 3 days (tenancies less than 3 months)	
Kentucky	Ky. Rev. Stat. Ann. § 383.660(2)	7 days	
Louisiana	La. Civ. Proc. art. 4701	Landlord can terminate with an Unconditional Quit notice.	

State Laws on Termination for Nonpayment of Rent (continued)

State	Statute	Time Tenant Has to Pay Rent or Move Before Landlord Can File for Eviction	Legal Late Period: How Long Landlord Must Wait Before Giving Notice to Pay or Quit
Maine	Me. Rev. Stat. tit. 14, § 6002	7 days	Notice cannot be delivered until the rent is 7 days late.
Maryland	Md. Code Ann. [Real Prop.] § 8-401	Can file immediately; must give 5 days' notice to appear in court; if tenant doesn't pay and landlord wins, tenant has 4 days to vacate. If tenant pays all back rent and court costs before execution of eviction, tenant can stay.	
Massachusetts	Mass. Ann. Laws ch. 186 §§ 11 to 12	Tenants with rental agreements or leases, in accordance with agreement, or if not addressed in the agreement, 14 days' notice (but tenant can avoid by paying rent and costs before answer); holdover tenants, landlord can file for eviction immediately.[1]	
Michigan	Mich. Comp. Laws § 554.134(2)	7 days	
Minnesota	Minn. Stat. Ann. § 504B.135	14 days	
Mississippi	Miss. Code Ann. §§ 89-7-27, 89-7-45	3 days. Tenant may stay if rent and costs are paid prior to removal.	
Missouri	Mo. Rev. Stat. § 535.010	Landlord can terminate with an Unconditional Quit notice.	
Montana	Mont. Code Ann. § 70-24-422(2)	3 days	
Nebraska	Neb. Rev. Stat. § 76-1431(2)	3 days	
Nevada	Nev. Rev. Stat. Ann. § 40.2512	5 days	
New Hampshire	N.H. Rev. Stat. Ann. §§ 540:2, 540:3, 540:9	7 days. Tenant can pay landlord rent owed plus $15 to stay.	
New Jersey	N.J. Stat. Ann. §§ 2A:18-53, 2A:18-61.1, 2A:18-61.2, 2A:42-9	30 days. Landlord must accept rent and costs any time up to the day of trial.	
New Mexico	N.M. Stat. Ann. § 47-8-33(D)	3 days	
New York State	N.Y. Real Prop. Acts Law § 711(2)	3 days	
North Carolina	N.C. Gen. Stat. § 42-3	10 days	
North Dakota	N.D. Cent. Code § 33-06-01	Landlord can file for eviction when rent is 3 days overdue and can terminate with an Unconditional Quit notice.	
Ohio		Landlord can terminate with an Unconditional Quit notice.	
Oklahoma	Okla. Stat. Ann. tit. 41, § 131	5 days	
Oregon	Or. Rev. Stat. § 90.400(2)(b)	72 hours (3 days)	Notice cannot be delivered until the rent is 8 days late.
		144 hours (6 days)	Notice cannot be delivered until the rent is 5 days late.
Pennsylvania	68 Pa. Cons. Stat. Ann. § 250.501(b)	10 days	

[1] For tenants at will who have not received notices in the preceding 12 months, 10 days to pay, 4 more to quit (unless notice is insufficient, then 14 days to pay).

State Laws on Termination for Nonpayment of Rent (continued)

State	Statute	Time Tenant Has to Pay Rent or Move Before Landlord Can File for Eviction	Legal Late Period: How Long Landlord Must Wait Before Giving Notice to Pay or Quit
Rhode Island	R.I. Gen. Laws § 34-18-35	5 days. Tenant can stay if rent paid back prior to commencement of suit. If tenant has not received a pay or quit notice for nonpayment of rent within past 6 months, tenant can stay if rent and costs paid back prior to eviction hearing.	15 days.
South Carolina	S.C. Code Ann. § 27-40-710(B), § 27-37-10(B)	5 days. If there is a written lease or rental agreement that specifies in bold, conspicuous type that landlord may file for eviction as soon as tenant is 5 days late (or if there is a month-to-month tenancy following such an agreement), landlord may do so without further notice to tenant. If there is no such written agreement, landlord must give tenant 5 days' written notice before filing for eviction.	
South Dakota	S.D. Codified Laws Ann. §§ 21-16-1(4), 21-16-2	3 days, and landlord can terminate with an Unconditional Quit notice.	
Tennessee	Tenn. Code Ann. § 66-28-505	14 days to pay; additional 16 days to vacate.	
Texas	Tex. Prop. Code Ann. § 24.005	In the absence of a written lease or oral rental agreement, landlord must give 3 days' notice to move (lease may specify a shorter or longer time).	
Utah	Utah Code Ann. § 78-36-3(c)	3 days	
Vermont	Vt. Stat. Ann. tit. 9, § 4467(a)	14 days	
Virginia	Va. Code Ann. §§ 55-225, 55-243, 55-248.31	5 days. Tenant who pays rent, costs, interest, and reasonable attorney fees can stay.	
Washington	Wash. Rev. Code Ann. § 59.12.030(3)	3 days	
West Virginia	W.Va. Code § 55-3A-1	Landlord can file for eviction immediately, no notice required, no opportunity to cure.	
Wisconsin	Wis. Stat. Ann. § 704.17	Month-to-month tenants: 5 days; landlord can use an Unconditional Quit notice with 14 days' notice. Tenants with a lease less than one year, and year-to-year tenants: 5 days (cannot use Unconditional Quit notice). Tenants with a lease longer than one year: 30 days (cannot use Unconditional Quit notice).	
Wyoming	Wyo. Stat. §§ 1-21-1002 to 1-21-1003	Landlord can file for eviction when rent is 3 days or more late and tenant has been given at least 3 days' notice. Landlord can also terminate with an Unconditional Quit notice.	

State Laws on Termination for Violation of Lease

Many states give the tenant a specified amount of time to cure or cease the lease or rental agreement violation or move before the landlord can file for eviction. In some states, if the tenant has not ceased or cured the violation at the end of that period, the tenant gets additional time to move before the landlord can file; in others, the tenant must move as soon as the cure period expires. And some states allow the landlord to terminate with an Unconditional Quit notice, without giving the tenant a chance to cure or cease the violation.

State	Statute	Time Tenant Has to Cure the Violation or Move Before Landlord Can File for Eviction
Alabama	Landlord can terminate with an Unconditional Quit notice.	
Alaska	Alaska Stat. §§ 09.45.090, 34.03.220	10 days for violators of agreement materially affecting health and safety; 3 days to cure for failing to pay utility bills, resulting in shut-off, additional 2 to vacate.
Arizona	Ariz. Rev. Stat. § 33-1368	5 days for violations materially affecting health and safety; 10 days for other violations of the lease terms.
Arkansas	No statute	
California	Cal. Civ. Proc. Code § 1161(3)	3 days
Colorado	Colo. Rev. Stat. § 13-40-104(1)(d.5),(e)	3 days (no cure for certain substantial violations).
Connecticut	Conn. Gen. Stat. Ann. § 47a-15	15 days; no right to cure for nonpayment of rent or serious nuisance.
Delaware	Del. Code Ann. tit. 25, § 5513(a)	7 days
District of Columbia	D.C. Code § 42-3505.01	30 days
Florida	Fla. Stat. Ann. § 83.56(2)	7 days (no cure for certain substantial violations).
Georgia	Landlord can terminate with an Unconditional Quit notice.	
Hawaii	Haw. Rev. Stat. §§ 521-72, 666-3	10 days notice to cure: if it has not ceased, must wait another 20 to file for eviction; 24 hours to cease a nuisance: if it has not ceased in 24 hours, 5 days to cure before filing for eviction.
Idaho	Idaho Code § 6-303	3 days
Illinois	Landlord can terminate with an Unconditional Quit notice.	
Indiana	Landlord can terminate with an Unconditional Quit notice.	
Iowa	Iowa Code § 562A.27(1)	7 days
Kansas	Kan. Stat. Ann. § 58-2564(a)	14 days to cure and an additional 16 to vacate.
Kentucky	Ky. Rev. Stat. Ann. § 383.660(1)	15 days
Louisiana	Landlord can terminate with an Unconditional Quit notice.	
Maine	Landlord can terminate with an Unconditional Quit notice.	
Maryland	Md. Real Prop. Code Ann. § 8-402.1	30 days unless breach poses clear and imminent danger, then 14 days (no cure).
Massachusetts	Landlord can terminate with an Unconditional Quit notice.	
Michigan	Mich. Comp. Laws § 600.5714(c)	30 days for tenant at will or if lease provides for termination for violations of its provisions.
Minnesota	Minn. Stat. Ann. § 504B.285 (Subd.4)	Landlord can immediately file for eviction.
Mississippi	Miss. Code Ann. § 89-8-13	30 days
Missouri	Landlord can terminate with an Unconditional Quit notice.	

State Laws on Termination for Violation of Lease (continued)

State	Statute	Time Tenant Has to Cure the Violation or Move Before Landlord Can File for Eviction
Montana	Mont. Code Ann. § 70-24-422	14 days; 3 days if unauthorized pet or person on premises.
Nebraska	Neb. Rev. Stat. § 76-1431	14 days to cure, 16 additional days to vacate.
Nevada	Nev. Rev. Stat. Ann. § 40.2516	3 days to cure, 2 additional days to vacate.
New Hampshire	Landlord can terminate with an Unconditional Quit notice.	
New Jersey	N.J. Stat. Ann. §§ 2A:18-53(c), 2A:18-61.1(e)(1)	3 days; lease must specify which violations will result in eviction. (Some courts have ruled that the tenant be given an opportunity to cure the violation or condition any time up to the entry of judgment in favor of the landlord.)
New Mexico	N.M. Stat. Ann. § 47-8-33(A)	7 days
New York State	N.Y. Real Prop. Acts Law § 753(4)[NYC]	Regulated units: 10 days or as set by applicable rent regulation. Nonregulated units: No statute. Lease sets applicable cure and/or termination notice periods.
North Carolina	Landlord can terminate with an Unconditional Quit notice if lease specifies termination for violation.	
North Dakota	Landlord can terminate with an Unconditional Quit notice if term is material.	
Ohio		Landlord can use Unconditional Quit notice for violation of material lease provisions.
Oklahoma	Okla. Stat. Ann. tit. 41, § 132(A), (B)	10 days to cure, additional 5 days to vacate.
Oregon	Or. Rev. Stat. §§ 90.400(1), 90.405	14 days to cure, additional 16 days to vacate; 10 days to remove an illegal pet.
Pennsylvania	Landlord can terminate with an Unconditional Quit notice.	
Rhode Island	R.I. Gen. Laws § 34-18-36	20 days for material noncompliance.
South Carolina	S.C. Code Ann. § 27-40-710(A)	14 days
South Dakota	S.D. Codified Laws Ann. § 21-16-2	Immediately, if lease specifies termination for violation of its provisions, can file for eviction (no cure).
Tennessee	Tenn. Code Ann. § 66-28-505(d)	14 days to cure; tenant has an additional 16 to vacate.
Texas		
Utah	Utah Code Ann. § 78-36-3	3 days
Vermont	Landlord can terminate with an Unconditional Quit notice.	
Virginia	Va. Code. Ann. § 55-248.31	21 days to cure, additional 9 to quit.
Washington	Wash. Rev. Code Ann. § 59.12.030(4)	10 days
West Virginia	W.Va. Code § 55-3A-1	Landlord can immediately file for eviction; no notice is required.
Wisconsin	Wis. Stat. § 704.17	For leases of more than one year: 30 days. For leases of one year or less: 5 days. Month-to-month tenants: landlord can terminate with an Unconditional Quit notice.
Wyoming	Landlord can terminate with an Unconditional Quit notice.	

State Laws on Unconditional Quit

Every state allows landlords to terminate a tenancy for specified reasons, without giving a second chance or asking a court for permission Some states allow landlords to deliver Unconditional Quit notices for late rent or any lease violation; others reserve this harsh measure only for repeated violations or serious misbehavior, such as illegal activity.

State	Statute	Time to Move Out Before Landlord Can File for Eviction	When Unconditional Quit Notice Can Be Used
Alabama	Ala. Code § 35-9-6	10 days	Violation of any lease term
Alaska	Alaska Stat. § 34.03.220 (a)(1)	24 hours	Tenant or guest intentionally causing more than $400 of damage to landlord's property or same violation of lease within 6 months
	§ 9.45.090(a)(2)(G)	5 days	Illegal activity on the premises
	§ 34.03.220(e)	3 days	Failure to pay utility bills twice within six months
	§ 34.03.300(a)	10 days	Refusal to allow the landlord to enter
Arizona	Ariz. Rev. Stat. Ann. § 33-1368	10 days	Material misrepresentation of criminal record, current criminal activity, or prior eviction record
		Immediately	Discharging a weapon, homicide, prostitution, criminal street gang activity, use or sale of illegal drugs, assaults, acts constituting a nuisance or breach of the rental agreement that threaten harm to others
Arkansas	Ark. Stat. Ann. §§ 18-60-304, 18-16-101	3 days	Nonpayment of rent (after 10 days' notice, tenant may be prosecuted for a misdemeanor and, if convicted, fined $25 per day)
California	Cal. Civ. Proc. Code § 1161(4)	3 days	Assigning or subletting without permission, committing waste or a nuisance, illegal activity on the premises
Colorado	Colo. Rev. Stat. § 13-40-104(1)(e.5)	Immediately	Any repeated violation of a lease clause
Connecticut	Conn. Gen. Stat. Ann. §§ 47a-23, 47a-15, 47a-15a	3 days	Nonpayment of rent, serious nuisance, violation of the rental agreement, same violation within 6 months relating to health and safety or materially affecting physical premises, rental agreement has terminated (by lapse of time, stipulation, violation of lease, nonpayment of rent after grace period, serious nuisance, occupancy by someone who never had the right to occupy), when summary eviction is justified (refusal to a fair and equitable increase, intent of the landlord to use as a principal residence, removal of the unit from the housing market), domestic or farm worker who does not vacate upon cessation of employment and tenancy
	§ 47a-31	Immediately	Conviction for prostitution or gambling

State Laws on Unconditional Quit (continued)			
State	**Statute**	**Time to Move Out Before Landlord Can File for Eviction**	**When Unconditional Quit Notice Can Be Used**
Delaware	Del. Code Ann. tit. 25, § 5513	7 days	Violation of a lease provision that also constitutes violation of municipal, county, or state code or statute, or same violation of a material lease provision repeated within 12 months
		Immediately	Violation of law or breach of the rental agreement that causes or threatens to cause irreparable harm to the landlord's property or to other tenants
District of Columbia	D.C. Code § 42-3505.01(c)	30 days	Court determination that an illegal act was performed within the rental unit
Florida	Fla. Stat. Ann. § 83.56(2)(a)	7 days	Intentional destruction of the rental property or other tenants' property or unreasonable disturbances; repeated violations of the lease within a 12-month period
Georgia	Ga. Code Ann. §§ 44-7-50, 44-7-52	Immediately	Nonpayment of rent more than once within 12 months, holding over
Hawaii	Haw. Rev. Stat. §§ 521-70(c), 521-69	Immediately	Causing or threatening to cause irremediable damage to any person or property
	§ 666-3	5 days	Second failure to abate a nuisance within 24 hours of receiving notice
Idaho	Idaho Code § 6-303	Immediately	Using, delivering, or producing a controlled substance on the property at any time during the lease term
		3 days	Assigning or subletting without the consent of the landlord or causing serious damage to the property
Illinois	735 Ill. Comp. Stat. § 5/9-210	10 days	Failure to abide by any term of the lease
	740 Ill. Comp. Stat. § 40/11	5 days	Unlawful use or sale of any controlled substance
Indiana	Ind. Code Ann. § 32-31-1-8	Immediately	Tenants with lease: holding over. Tenants without lease: committing waste
Iowa	Iowa Code Ann. § 562A.27A	3 days	Creating a clear and present danger to the health or safety of the landlord, tenants, or neighbors within 1,000 feet of the property boundaries
	§ 562A.27	7 days	Repeating same violation of lease within 6 months that affects health and safety
Kansas	Kan. Stat. Ann. § 58-2564(a)	30 days	Second similar material violation of the lease after first violation was corrected
Kentucky	Ky. Rev. Stat. Ann. § 383.660(1)	14 days	Repeating the same material violation of the lease within 6 months of being given a first cure or quit notice

State Laws on Unconditional Quit (continued)

State	Statute	Time to Move Out Before Landlord Can File for Eviction	When Unconditional Quit Notice Can Be Used
Louisiana	La. Civ. Code art. 2686, La. Code Civ. Proc. art. 4701	5 days	Failure to pay rent, using dwelling for purpose other than the intended purpose (lease may specify shorter or longer notice, or eliminate requirement of notice) or upon termination of the lease for any reason
Maine	Me. Rev. Stat. Ann. tit. 14, § 6002	7 days	Tenants at will: Violations of law relating to the tenancy, substantial damage to the premises, maintaining a nuisance, or causing the dwelling to be unfit for human habitation
Maryland	Md. Code Ann. [Real Prop.] § 8-402.1(a)	14 days	Breaching lease by behaving in a manner that presents a clear and imminent danger to the tenant himself, other tenants, guests, the landlord, or the landlord's property, and lease provides for termination for violation
		30 days	Any lease violation if the lease states that tenancy can terminate for violation of the lease
Massachusetts	Mass. Ann. Laws ch. 186, § 12	14 days	Tenant at will receiving second notice to pay rent or quit within 12 months
Michigan	Mich. Comp. Laws § 600.5714(c)	7 days	Willfully or negligently causing a serious and continuing health hazard or damage to the premises
	§554.134	24 hours	Manufacture, dealing, or possession of illegal drugs on leased premises(landlord must first file a police report, and there must be a lease provision allowing termination for this reason)
		7 days	Failure to pay rent
Minnesota	Minn. Stat. Ann. § 504B.135	14 days	Tenant at will who fails to pay rent when due
Mississippi	Miss. Code Ann. § 89-8-13(3)	14 days	Repeating the same act—which constituted a lease violation and for which notice was given—within 6 months
		30 days	Nonremediable violation of lease or obligations imposed by statute
Missouri	Mo. Ann. Stat. §§ 441.020, 441.030, 441.040	10 days	Using the premises for gambling, prostitution, or possession, sale, or distribution of controlled substances; assigning or subletting without consent; seriously damaging the premises or violating the lease
Montana	Mont. Code Ann. § 70-24-422(1)(e)	5 days	Repeating the same act—which constituted a lease violation and for which notice was given—within 6 months
	§ 70-24-422	3 days	Unauthorized pet or person living on premises; destroying or removing any part of the premises; being arrested for or charged with drug- or gang-related activity
		14 days	Any other noncompliance with rental agreement that can't be remedied or repaired

State Laws on Unconditional Quit (continued)

State	Statute	Time to Move Out Before Landlord Can File for Eviction	When Unconditional Quit Notice Can Be Used
Nebraska	Neb. Rev. Stat. § 76-1431(1)	14 days	Repeating the same act—which constituted a lease violation and for which notice was given—within 6 months
Nevada	Nev. Rev. Stat. Ann. § 40.2514	3 days	Assigning or subletting in violation of the lease; substantial damage to the property; conducting an unlawful business; permitting or creating a nuisance; unlawful possession for sale, manufacture, or distribution of illegal drugs
	§ 40.2516	Immediately	Violation of lease term that can't be cured
New Hampshire[1]	N.H. Rev. Stat. Ann. §§ 540:2, 540:9	7 days	For restricted property, causing substantial damage to premises, behavior that adversely affects the health and safety of other tenants, third notice for nonpayment of rent, utilities, or other charges in the lease within 12 months
	§ 540:3	30 days	For restricted property, failure to comply with a material term of lease or other good cause that would constitute grounds for eviction
New Jersey	N.J. Stat. Ann. §§ 2A:18-53(c), 2A:19-61.1, 2A:18-61.2(a)	3 days	Disorderly conduct; willful or grossly negligent destruction of landlord's property; assaults upon or threats against the landlord; termination of tenant's employment as a building manager, janitor, or other employee of the landlord; conviction for use, possession, or manufacture of an illegal drug either on the property or adjacent to it within the last two years, unless the tenant has entered a rehabilitation program (includes harboring anyone so convicted); conviction or civil liability for assault or terroristic threats against the landlord, landlord's family, or landlord's employee within the last two years (includes harboring); or liability in a civil action for theft from landlord, landlord's family, landlord's employee, or another tenant
	§ 2A:18-61.2(b), 2A:18-61.1	One month	Habitual failure to pay rent after written notice; continued violations, despite repeated warnings, of the landlord's reasonable rules and regulations
New Mexico	N.M. Stat. Ann. § 47-8-33(I)	3 days	Substantial violation of the lease
	§ 47-8-33(B)&(C)	7 days	Repeated violation of a term of the rental agreement within 6 months

1 In New Hampshire, different laws apply depending on whether the property is "restricted" (most residential property) or "nonrestricted" (which often applies to multiple unit buildings or landlords with multiple units). For full definitions of "restricted" and "unrestricted" property, see N.H. Rev. Stat. § 540:1-a.

State Laws on Unconditional Quit (continued)			
State	**Statute**	**Time to Move Out Before Landlord Can File for Eviction**	**When Unconditional Quit Notice Can Be Used**
New York	N.Y. Real Prop. Law § 232-a	30 days	In New York City holdover of month-to-month tenancy
North Carolina	N.C. Gen. Stat. § 42-26(a)	Immediately	Violation of a lease term that specifies that eviction will result from noncompliance or holdover of tenancy
North Dakota	N.D. Cent. Code § 33-06-01, 33-06-02	3 days	Violation of a material term of the lease, failure to pay rent, or unreasonably disturbing other tenants
	§§ 47-16-16, 47-16-41	20 days	Using property in a manner contrary to agreement of parties or not making repairs bound to make within a reasonable time
Ohio	Ohio Rev. Code Ann. §§ 1923.02 to 1923.04, 5321.17	3 days	Nonpayment of rent; violation of a written lease or rental agreement; when the landlord has "reasonable cause to believe" that the tenant has used, sold, or manufactured an illegal drug on the premises (conviction or arrest not required)
Oklahoma	Okla. Stat. Ann. tit. 41, § 132	Immediately	Criminal or drug-related activity or repeated violation of the lease
Oregon	Ore. Rev. Stat. §§ 90.400(3), 166.165	24 hours	Tenant or a guest inflicting (or threatening to inflict) immediate, substantial personal injury to landlord, other tenants, neighbors, or guests; recklessly endangering anyone on the premises by creating a serious risk of substantial personal injury; intentionally causing substantial property damage; including false information on an application regarding a criminal conviction (landlord must terminate within 30 days of discovery of the falsity); subletting without permission; committing any act "outrageous in the extreme," such as prostitution, medical marijuana use, or manufacture or sale of illegal drugs; intentionally or recklessly injuring someone (or placing them in fear of imminent danger) because of the tenant's perception of the person's race, color, religion, national origin, or sexual orientation
	§ 90.400, 90.405	10 days	Second failure to remove an illegal pet within 6 months, second material noncompliance with rental agreement or failure to pay certain fees
		30 days	Material noncompliance with rental agreement or failure to pay certain fees, if nonremediable

State Laws on Unconditional Quit (continued)

State	Statute	Time to Move Out Before Landlord Can File for Eviction	When Unconditional Quit Notice Can Be Used
Pennsylvania	68 Pa. Cons. Stat. Ann., § 250.501(b)	10 days	Nonpayment of rent
		15 days (lease 1 year or less or lease of unspecified time)	Violations of the terms of the lease
		30 days (lease more than 1 year)	Violations of the terms of the lease
	§ 250.505-A	10 days (any tenancy)	First conviction for illegal sale, manufacture, or distribution of an illegal drug; repeated use of an illegal drug; seizure by law enforcement of an illegal drug within the leased premises
Rhode Island	R.I. Gen. Laws § 34-18-36(e)	20 days	Repeating an act which violates the lease or rental agreement or affects health or safety twice within 6 months (notice must have been given for the first violation)
	§§ 34-18-24, 34-18-36(f)	Immediately	Any tenant who possesses, uses, or sells illegal drugs or who commits or attempts to commit any crime of violence on the premises or in any public space adjacent.
			"Seasonal tenant" whose lease runs from between May 1 to October 15 or from September 1 to June 1 of the next year, with no right of extension or renewal, who has been charged with violating a local occupancy ordinance, making excessive noise, or disturbing the peace
South Carolina	S.C. Code Ann. §§ 27-40-710, 27-40-540	Immediately	Nonpayment of rent after receiving one notification during the tenancy or allowing illegal activities on the property
South Dakota	S.D. Cod. Laws §§ 21-16-1, 21-16-2	3 days	Nonpayment of rent, substantial damage to the property, or holdover
Tennessee	Tenn. Code Ann. § 66-28-505(a)	14 days	Repeating an act which violates the lease or rental agreement or affects health or safety twice within 6 months (notice must have been given for the first violation)
Texas	Tex. Prop. Code § 24.005	3 days (lease may specify a shorter or longer time)	Nonpayment of rent or holdover
Utah	Utah Code Ann. § 78-36-3	3 days	Holdover, assigning or subletting without permission, substantial damage to the property, carrying on an unlawful business on the premises, or maintaining a nuisance
Vermont	Vt. Stat. Ann. tit. 9, § 4467	30 days	Three notices for nonpayment or late rent within a 12-month period or any violation of the lease or landlord-tenant law

State	Statute	Time to Move Out Before Landlord Can File for Eviction	When Unconditional Quit Notice Can Be Used
Virginia	Va. Stat. Ann. § 55-248.31	30 days	Repeated violation of lease (after earlier violation was cured or nonremediable lease violation materially affecting health and safety)
		Immediately	A breach of the lease or rental agreement that is willful or a criminal act, is not remediable, and is a threat to the health or safety of others
Washington	Wash. Rev. Code Ann. § 59.12.030	3 days	Holdover, serious damage to the property, carrying on an unlawful business, maintaining a nuisance, or gang-related activity
West Virginia	No statute		
Wisconsin	Wis. Stat. Ann. § 704.17	14 days (month-to-month tenants)	Failure to pay rent, violation of the rental agreement, or substantial damage to the property
		14 days (tenants with a lease of less than one year, or year-to-year tenants)	Failing to pay the rent on time, causing substantial property damage, or violating any lease provision more than once within one year (must have received proper notice for the first violation)
		5 days (all tenants)	Causing a nuisance on the property (landlord must have written notice from a law enforcement agency regarding the nuisance)
Wyoming	Wyo. Stat. §§ 1-21-1002, 1003	3 days	Nonpayment of rent, holdover, damage to premises, interference with another's enjoyment, denying access to landlord, or violating duties defined by statute (such as maintaining unit, complying with lease, disposing of garbage, etc.)

B How to Use the CD-ROM

A. Installing the Form Files Onto Your Computer 456

    1. Windows 98, 2000, Me, and XP Users 456

    2. Macintosh Users... 456

B. Using the Word Processing Files to Create Documents.. 456

C. Using PDF Files to Print Out Forms.. 458

D. Files Provided on the Forms CD-ROM... 459

The tear-out forms in Appendix C are included on a CD-ROM in the back of the book. This CD-ROM, which can be used with Windows computers, installs files that you use with software programs that are already installed on your computer. It is *not* a stand-alone software program. Please read this appendix and the README.TXT file included on the CD-ROM for instructions on using the Forms CD.

Note to Mac users: This CD-ROM and its files should also work on Macintosh computers. Please note, however, that Nolo cannot provide technical support for non-Windows users.

How to View the README File

If you do not know how to view the file README. TXT, insert the Forms CD-ROM into your computer's CD-ROM drive and follow these instructions:

- Windows 98, 2000, Me, and XP: (1) On your PC's desktop, double click the My Computer icon; (2) double click the icon for the CD-ROM drive into which the Forms CD-ROM was inserted; (3) double click the file README.TXT.
- Macintosh: (1) On your Mac desktop, double click the icon for the CD-ROM that you inserted; (2) double click on the file README.TXT.

While the README file is open, print it out by using the Print command in the File menu.

Two different kinds of forms are contained on the CD-ROM:

- Word processing (RTF) forms that you can open, complete, print, and save with your word processing program (see Section B, below), and
- Forms (PDF) that can be viewed only with Adobe Acrobat Reader 4.0 or higher (see Section C below). These forms are designed to be printed out and filled in by hand or with a typewriter.

See Section D, below, for a list of forms, their file names, and file formats.

A. Installing the Form Files Onto Your Computer

Before you can do anything with the files on the CD-ROM, you need to install them onto your hard disk. In accordance with U.S. copyright laws, remember that copies of the CD-ROM and its files are for your personal use only.

Insert the Forms CD and do the following:

1. Windows 98, 2000, Me, and XP Users

Follow the instructions that appear on the screen. (If nothing happens when you insert the Forms CD-ROM, then (1) double click the My Computer icon; (2) double click the icon for the CD-ROM drive into which the Forms CD-ROM was inserted; and (3) double click the file WELCOME.EXE.)

By default, all the files are installed to the \Landlord Forms folder in the \Program Files folder of your computer. A folder called "Landlord Forms" is added to the "Programs" folder of the Start menu.

2. Macintosh Users

Step 1: If the "Landlord Forms CD" window is not open, open it by double clicking the "Landlord Forms CD" icon.

Step 2: Select the "Landlord Forms" folder icon.

Step 3: Drag and drop the folder icon onto the icon of your hard disk.

B. Using the Word Processing Files to Create Documents

This section concerns the files for forms that can be opened and edited with your word processing program.

All word processing forms come in rich text format. These files have the extension ".RTF." For example, the form for the Rental Application discussed in Chapter 1 is on the file Application.rtf.

All forms, their file names, and file formats are listed in Section D, below.

RTF files can be read by most recent word processing programs including all versions of MS Word for Windows and Macintosh, WordPad for Windows, and recent versions of WordPerfect for Windows and Macintosh.

To use a form from the CD to create your documents you must: (1) open a file in your word processor or text editor; (2) edit the form by filling in the required information; (3) print it out; and (4) rename and save your revised file.

The following are general instructions. However, each word processor uses different commands to open, format, save, and print documents. Please read your word processor's manual for specific instructions on performing these tasks.

Do not call Nolo's technical support if you have questions on how to use your word processor.

Step 1: Opening a File

There are three ways to open the word processing files included on the CD-ROM after you have installed them onto your computer.

- Windows users can open a file by selecting its "shortcut" as follows: (1) Click the Windows "Start" button; (2) open the "Programs" folder; (3) open the "Landlord Forms" subfolder; (4) open the "RTF" subfolder; and (5) click on the shortcut to the form you want to work with.

- Both Windows and Macintosh users can open a file directly by double clicking on it. Use My Computer or Windows Explorer (Windows 98, 2000, Me, or XP) or the Finder (Macintosh) to go to the folder you installed or copied the CD-ROM's files to. Then, double click on the specific file you want to open.

- You can also open a file from within your word processor. To do this, you must first start your word processor. Then, go to the File menu and choose the Open command. This opens a dialog box where you will tell the program (1) the type of file you want to open (*.RTF); and (2) the location and name of the file (you will need to navigate through the directory tree to get to the folder on your hard disk where the CD's files have been installed). If these directions are unclear you will need to look through the manual for your word processing program—Nolo's technical support department will *not* be able to help you with the use of your word processing program.

Where Are the Files Installed?

Windows Users
- RTF files are installed by default to a folder named \Landlord Forms\RTF in the \Program Files folder of your computer.

Macintosh Users
- RTF files are located in the "RTF" folder within the "Landlord Forms" folder.

Step 2: Editing Your Document

Fill in the appropriate information according to the instructions and sample agreements in the book. Underlines are used to indicate where you need to enter your information, frequently followed by instructions in brackets. Be sure to delete the underlines and instructions from your edited document. You will also want to make sure that any signature lines in your completed documents appear on a page with at least some text from the document itself. If you do not know how to use your word processor to edit a document, you will need to look through the manual for your word processing program—Nolo's technical support department will *not* be able to help you with the use of your word processing program.

Editing Forms That Have Optional or Alternative Text

Some of the forms have check boxes before text. The check boxes indicate:

- Optional text, where you choose whether to include or exclude the given text.
- Alternative text, where you select one alternative to include and exclude the other alternatives.

If you are using the tear-out forms in Appendix C, you simply mark the appropriate box to make your choice.

If you are using the Forms CD, however, we recommend that instead of marking the check boxes, you do the following:

Optional text

If you **don't want** to include optional text, just delete it from your document.

If you **do want** to include optional text, just leave it in your document.

In either case, delete the check box itself as well as the italicized instructions that the text is optional.

Alternative text

First delete all the alternatives that you do not want to include.

Then delete the remaining check boxes, as well as the italicized instructions that you need to select one of the alternatives provided.

Step 3: Printing Out the Document

Use your word processor's or text editor's "Print" command to print out your document. If you do not know how to use your word processor to print a document, you will need to look through the manual for your word processing program—Nolo's technical support department will *not* be able to help you with the use of your word processing program.

Step 4: Saving Your Document

After filling in the form, use the "Save As" command to save and rename the file. Because all the files are "read-only" you will not be able to use the "Save" command. This is for your protection. *If you save the file without renaming it, the underlines that indicate where you need to enter your information will be lost and you will not be able to create a new document with this file without recopying the original file from the CD-ROM.*

If you do not know how to use your word processor to save a document, you will need to look through the manual for your word processing program—Nolo's technical support department will *not* be able to help you with the use of your word processing program.

C. Using PDF Files to Print Out Forms

Electronic copies of useful forms are included on the CD-ROM in Adobe Acrobat PDF format. You must have the Adobe Reader installed on your computer to use these forms. Adobe Reader is available for all types of Windows and Macintosh systems. If you don't already have this software, you can download it for free at www.adobe.com.

All forms, their file names, and file formats are listed in Section D, below.

These forms cannot be filled out using your computer. To create your document using these files, you must: (1) open the file; (2) print it out; and (3) complete it by hand or typewriter.

Step 1: Opening PDF Files

PDF files, like the word processing files, can be opened one of three ways.

- Windows users can open a file by selecting its "shortcut" as follows: (1) Click the Windows "Start" button; (2) open the "Programs" folder; (3) open the "Landlord Forms" subfolder; (4) open the "PDF" folder; and (5) click on the shortcut to the form you want to work with.

- Both Windows and Macintosh users can open a file directly by double clicking on it. Use My Computer or Windows Explorer (Windows 98, 2000, Me, or XP) or the Finder (Macintosh) to go to the folder you created and copied the CD-ROM's files to. Then, double click on the specific file you want to open.

- You can also open a PDF file from within Adobe Reader. To do this, you must first start Reader. Then, go to the File menu and choose the Open command. This opens a dialog box where you will tell the program the location and name of the file (you will need to navigate through the directory tree to get to the folder on your hard disk where the CD's files have been installed). If these directions are unclear you will need to look through Adobe Reader's help—Nolo's technical support department will *not* be able to help you with the use of Adobe Reader.

Where Are the PDF Files Installed?

- **Windows Users:** PDF files are installed by default to a folder named \Landlord Forms\PDF in the \Program Files folder of your computer.
- **Macintosh Users:** PDF files are located in the "PDF" folder within the "Landlord Forms" folder.

Step 2: Printing PDF files

Choose Print from the Adobe Reader File menu. This will open the Print dialog box. In the "Print Range" section of the Print dialog box, select the appropriate print range, then click OK.

Step 3: Filling in PDF files

The PDF files cannot be filled out using your computer. To create your document using one of these files, you must first print it out (see Step 2, above), and then complete it by hand or typewriter.

D. Files Provided on the Forms CD-ROM

The following files are included in rich text format (RTF):

File Name	Form Title
Agreement for Delayed or Partial Rent Payments	Delay.rtf
Agreement Regarding Tenant Alterations to Rental Unit	Alteration.rtf
Amendment to Lease or Rental Agreement	Amendment.rtf
Consent to Assignment of Lease	AssignConsent.rtf
Consent to Contact References and Perform Credit Check	CheckConsent.rtf
Cosigner Agreement	Cosigner.rtf
Fixed-Term Residential Lease	FixedLease.rtf
Fixed-Term Residential Lease (Spanish version)	PlazoFijo.rtf
Landlord/Tenant Checklist	Checklist.rtf
Landlord-Tenant Agreement to Terminate Lease	Terminate.rtf
Letter for Returning Entire Security Deposit	DepositReturn.rtf
Letter to Original Tenant and New Cotenant	TenantLetter.rtf
Month-to-Month Residential Rental Agreement	MonthToMonth.rtf
Month-to-Month Residential Rental Agreement (Spanish version)	Mensual.rtf
Move-In Letter	MoveIn.rtf
Move-Out Letter	MoveOut.rtf
Notice of Conditional Acceptance Based on Credit Report or Other Information	Acceptance.rtf
Notice of Denial Based on Credit Report or Other Information	Denial.rtf
Notice of Intent to Enter Dwelling Unit	EntryNotice.rtf

File Name	Form Title
Property Manager Agreement	Manager.rtf
Receipt and Holding Deposit Agreement	Receipt.rtf
Rental Application	Application.rtf
Security Deposit Itemization (Deductions for Repairs and Cleaning)	Itemization1.rtf
Security Deposit Itemization (Deductions for Repairs, Cleaning, and Unpaid Rent)	Itemization2.rtf
Semiannual Safety and Maintenance Update	SafetyUpdate.rtf
Tenant References	References.rtf
Time Estimate for Repair	Repair.rtf
Warning Letter for Lease or Rental Agreement Violation	Warning.rtf

The following files are in Adobe Acrobat PDF format:

File Name	Form Title
Disclosure of Information on Lead-Based Paint or Lead-Based Paint Hazards	lesr_eng.pdf
Disclosure of Information on Lead-Based Paint or Lead-Based Paint Hazards (Spanish version)	spanless.pdf
Protect Your Family From Lead in Your Home	leadpdfe.pdf
Protect Your Family From Lead in Your Home (Spanish version)	leadpdfs.pdf
Rental Application	Application.pdf
Resident's Maintenance/Repair Request	RepairRequest.pdf
Tenant's Notice of Intent to Move Out	MoveNotice.pdf

Tear-Out Forms

Form Name	Chapter
Rental Application	1
Consent to Contact References and Perform Credit Check	1
Tenant References	1
Notice of Denial Based on Credit Report or Other Information	1
Notice of Conditional Acceptance Based on Credit Report or Other Information	1
Receipt and Holding Deposit Agreement	1
Month-to-Month Residential Rental Agreement	2
Month-to-Month Residential Rental Agreement (Spanish Version)	2
Fixed-Term Residential Lease	2
Fixed-Term Residential Lease (Spanish Version)	2
Cosigner Agreement	2
Agreement for Delayed or Partial Rent Payments	3
Property Manager Agreement	6
Landlord-Tenant Checklist	7
Move-In Letter	7
Landlord-Tenant Agreement to Terminate Lease	8
Consent to Assignment of Lease	8
Letter to Original Tenant and New Cotenant	8
Resident's Maintenance/Repair Request	9
Time Estimate for Repair	9
Semiannual Safety and Maintenance Update	9
Agreement Regarding Tenant Alterations to Rental Unit	9
Disclosure of Information on Lead-Based Paint and/or Lead-Based Paint Hazards	11
Disclosure of Information on Lead-Based Paint and/or Lead-Based Paint Hazards (Spanish Version)	11
Protect Your Family From Lead in Your Home Pamphlet	11
Protect Your Family From Lead in Your Home Pamphlet (Spanish Version)	11
Notice of Intent to Enter Dwelling Unit	13

Form Name	**Chapter**
Amendment to Lease or Rental Agreement	14
Tenant's Notice of Intent to Move Out	14
Move-Out Letter	15
Letter for Returning Entire Security Deposit	15
Security Deposit Itemization (Deductions for Repairs and Cleaning)	15
Security Deposit Itemization (Deductions for Repairs, Cleaning, and Unpaid Rent)	15
Warning Letter for Lease or Rental Agreement Violation	16

Rental Application

Separate application required from each applicant age 18 or older.

Date and time received by landlord _____

Credit check fee _____ Received _____

THIS SECTION TO BE COMPLETED BY LANDLORD

Address of Property to Be Rented: _____

Rental Term: ☐ month-to-month ☐ lease from _____ to _____

Amounts Due Prior to Occupancy

First month's rent .... $_____

Security deposit .... $_____

Other (specify): _____ $_____

TOTAL.. $_____

Applicant

Full Name—include all names you use(d): _____

Home Phone: ( ) _____ Work Phone: ( ) _____

Social Security Number: _____ Driver's License Number/State: _____

Other Identifying Information: _____

Vehicle Make: _____ Model: _____ Color: _____ Year: _____

License Plate Number/State: _____

Additional Occupants

List everyone, including children, who will live with you:

Full Name	Relationship to Applicant
_____	_____
_____	_____
_____	_____
_____	_____

Rental History

FIRST-TIME RENTERS: ATTACH A DESCRIPTION OF YOUR HOUSING SITUATION FOR THE PAST FIVE YEARS.

Current Address: _____

Dates Lived at Address: _____ Rent $_____ Security Deposit $_____

Landlord/Manager: _____ Landlord/Manager's Phone: ( ) _____

Reason for Leaving: _____

Previous Address: _____

Dates Lived at Address: _____ Rent $ _____ Security Deposit $ _____

Landlord/Manager: _____ Landlord/Manager's Phone: (   ) _____

Reason for Leaving: _____

Previous Address: _____

Dates Lived at Address: _____ Rent $ _____ Security Deposit $ _____

Landlord/Manager: _____ Landlord/Manager's Phone: (   ) _____

Reason for Leaving: _____

Employment History

SELF-EMPLOYED APPLICANTS: ATTACH TAX RETURNS FOR THE PAST TWO YEARS

Name and Address of Current Employer: _____

_____ Phone: (   ) _____

Name of Supervisor: _____ Supervisor's Phone: (   ) _____

Dates Employed at This Job: _____ Position or Title: _____

Name and Address of Previous Employer: _____

_____ Phone: (   ) _____

Name of Supervisor: _____ Supervisor's Phone: (   ) _____

Dates Employed at This Job: _____ Position or Title: _____

ATTACH PAY STUBS FOR THE PAST TWO YEARS, FROM THIS EMPLOYER OR PRIOR EMPLOYERS.

Income

1. Your gross monthly employment income (before deductions): $_____

2. Average monthly amounts of other income (specify sources): $_____

   _____ $_____

   _____ $_____

                                              TOTAL: $_____

Bank/Financial Accounts

	Account Number	Bank/Institution	Branch
Savings Account: _____			
Checking Account: _____			
Money Market or Similar Account: _____			

_____

_____

_____

_____

Credit Card Accounts

Major Credit Card: ☐ VISA ☐ MC ☐ Discover Card ☐ Am Ex ☐ Other: _____

Issuer: _____ Account No. _____

Balance $_____ Average Monthly Payment: $_____

Major Credit Card: ☐ VISA ☐ MC ☐ Discover Card ☐ Am Ex ☐ Other: _____

Issuer: _____ Account No. _____

Balance $_____ Average Monthly Payment: $_____

Loans

Type of Loan (mortgage, car, student loan, etc.)	Name of Creditor	Account Number	Amount Owed	Monthly Payment

Other Major Obligations

Type	Payee	Amount Owed	Monthly Payment

Miscellaneous

Describe the number and type of pets you want to have in the rental property: _____

Describe water-filled furniture you want to have in the rental property: _____

Do you smoke? ☐ yes ☐ no

Have you ever: Filed for bankruptcy? ☐ yes ☐ no   How many times _____

Been sued? ☐ yes ☐ no   How many times _____

Sued someone else? ☐ yes ☐ no   How many times _____

Been evicted? ☐ yes ☐ no

Been convicted of a crime? ☐ yes ☐ no   How many times _____

Explain any "yes" listed above: _____

_____

_____

_____

References and Emergency Contact

Personal Reference: _____ Relationship: _____

Address: _____

_____ Phone: ( ) _____

Personal Reference: _____ Relationship: _____

Address: _____

_____ Phone: ( ) _____

Contact in Emergency: _____ Relationship: _____

Address: _____

_____ Phone: ( ) _____

Source

Where did you learn of this vacancy? _____

_____

I certify that all the information given above is true and correct and understand that my lease or rental agreement may be terminated if I have made any material false or incomplete statements in this application. I authorize verification of the information provided in this application from my credit sources, credit bureaus, current and previous landlords and employers and personal references. This permission will survive the expiration of my tenancy.

_____ _____

Applicant   Date

Notes (Landlord/Manager): _____

_____

_____

_____

_____

_____

_____

_____

_____

_____

_____

_____

_____

_____

_____

_____

Consent to Contact References and Perform Credit Check

I authorize _____ to
obtain information about me from my credit sources, current and previous landlords, employers, and personal
references, to enable _____ to evaluate my
rental application.

I give permission for the landlord or its agent to obtain a consumer report about me for the purpose of this
application, to ensure that I continue to meet the terms of the tenancy, for the collection and recovery of any
financial obligations relating to my tenancy, or for any other permissible purpose.

_____

Applicant signature

_____

Printed name

_____

Address

_____

Phone Number

_____

Date

Tenant References

Name of Applicant: _____

Address of Rental Unit: _____

Previous Landlord or Manager

Contact (name, property owner or manager, address of rental unit): _____

_____

Date: _____

Questions

When did tenant rent from you (move-in and move-out dates)? _____

What was the monthly rent? _____ Did tenant pay rent on time? ☐ Yes ☐ No

If rent was not paid on time, did you have to give tenant a legal notice demanding the rent? ☐ Yes ☐ No

If rent was not paid on time, provide details _____

_____

Did you give tenant notice of any lease violation for other than nonpayment of rent? ☐ Yes ☐ No

If you gave a lease violation notice, what was the outcome? _____

Was tenant considerate of neighbors—that is, no loud parties and fair, careful use of common areas?

_____

_____

Did tenant have any pets? ☐ Yes ☐ No   If so, were there any problems? _____

_____

Did tenant make any unreasonable demands or complaints? ☐ Yes ☐ No   If so, explain: _____

_____

Why did tenant leave? _____

_____

Did tenant give the proper amount of notice before leaving? ☐ Yes ☐ No

Did tenant leave the place in good condition? Did you need to use the security deposit to cover damage?

_____

Any particular problems you'd like to mention? _____

_____

Would you rent to this person again? _____

_____

Other comments: _____

_____

_____

Previous Landlord or Manager

Contact (name, property owner or manager, address of rental unit): _____

_____

Date: _____

Questions

When did tenant rent from you (move-in and move-out dates)? _____

What was the monthly rent? _____ Did tenant pay rent on time? ☐ Yes ☐ No

If rent was not paid on time, did you have to give tenant a legal notice demanding the rent? ☐ Yes ☐ No

If rent was not paid on time, provide details _____

_____

Did you give tenant notice of any lease violation for other than nonpayment of rent? ☐ Yes ☐ No

If you gave a lease violation notice, what was the outcome? _____

Was tenant considerate of neighbors—that is, no loud parties and fair, careful use of common areas?

_____

_____

Did tenant have any pets? ☐ Yes ☐ No   If so, were there any problems? _____

_____

Did tenant make any unreasonable demands or complaints? ☐ Yes ☐ No   If so, explain: _____

_____

Why did tenant leave? _____

_____

Did tenant give the proper amount of notice before leaving? ☐ Yes ☐ No

Did tenant leave the place in good condition? Did you need to use the security deposit to cover damage?

_____

Any particular problems you'd like to mention? _____

_____

Would you rent to this person again? _____

_____

Other comments: _____

_____

_____

_____

_____

_____

Employment Verification

Contact (name, company, position): _____

Date: _____ Salary: $_____

Dates of Employment: _____

Comments: _____

_____

_____

_____

_____

_____

_____

Personal Reference

Contact (name and relationship to applicant): _____

Date: _____ How long have you known the applicant?_____

Would you recommend this person as a prospective tenant? _____

Comments: _____

_____

_____

_____

_____

_____

_____

Credit and Financial Information

_____

_____

_____

_____

_____

Notes, Including Reasons for Rejecting Applicant

_____

_____

_____

_____

_____

Notice of Denial Based on Credit Report or Other Information

To: _____

Applicant

_____

Street Address

_____

City, State, and Zip Code

Your rights under the Fair Credit Reporting Act and Fair and Accurate Credit Transactions (FACT) Act of 2003. (15 U.S.C. §§ 1681 and following.)

THIS NOTICE is to inform you that your application to rent the property at _____

_____

[rental property address] has been denied because of [*check all that apply*]:

☐ Insufficient information in the credit report provided by:

Credit reporting agency: _____

Address, phone number, URL: _____

_____

☐ Negative information in the credit report provided by:

Credit reporting agency: _____

Address, phone number, URL: _____

_____

☐ The consumer credit reporting agency noted above did not make the decision not to offer you this rental. It only provided information about your credit history. You have the right to obtain a free copy of your credit report from the consumer credit reporting agency named above, if your request is made within 60 days of this notice or if you have not requested a free copy within the past year. You also have the right to dispute the accuracy or completeness of your credit report. The agency must reinvestigate within a reasonable time, free of charge, and remove or modify inaccurate information. If the reinvestigation does not resolve the dispute to your satisfaction, you may add your own "consumer statement" (up to 100 words) to the report, which must be included (or a clear summary) in future reports.

☐ Information supplied by a third party other than a credit reporting agency or you and gathered by someone other than myself or any employee. You have the right to learn of the nature of the information if you ask me in writing within 60 days of the date of this notice.

_____   _____

Landlord/Manager   Date

Notice of Conditional Acceptance Based on Credit Report or Other Information

To: _____

    Applicant

_____

    Street Address

_____

    City, State, and Zip Code

Your application to rent the property at _____

_____ [rental property address] has been accepted, conditioned on your

willingness and ability to: _____

_____

Your rights under the Fair Credit Reporting Act and Fair and Accurate Credit Transactions (FACT) Act of 2003. (15 U.S.C. §§ 1681 and following.)

Source of information prompting conditional acceptance

My decision to conditionally accept your application was prompted in whole or in part by:

☐ Insufficient information in the credit report provided by

    Credit reporting agency: _____

    Address, phone number, URL: _____

    _____

☐ Negative information in the credit report provided by :

    Credit reporting agency:_____

    Address, phone number, URL: _____

    _____

☐ The consumer credit reporting agency noted above did not make the decision to offer you this conditional acceptance. It only provided information about your credit history. You have the right to obtain a free copy of your credit report from the consumer credit reporting agency named above, if your request is made within 60 days of this notice or if you have not requested a free copy within the past year. You also have the right to dispute the accuracy or completeness of your credit report. The agency must reinvestigate within a reasonable time, free of charge, and remove or modify inaccurate information. If the reinvestigation does not resolve the dispute to your satisfaction, you may add your own "consumer statement" (up to 100 words) to the report, which must be included (or a clear summary) in future reports.

☐ Information supplied by a third party other than a credit reporting agency or you and gathered by someone other than myself or any employee. You have the right to learn of the nature of the information if you ask me in writing within 60 days of the date of this notice.

_____   _____

Landlord/Manager   Date

Receipt and Holding Deposit Agreement

This will acknowledge receipt of the sum of $_____ by _____

_____ [Landlord] from _____

_____ [Applicant] as a holding deposit to hold vacant the

rental property at _____

_____,

until _____ at _____. The property will be rented to Applicant on a

_____ basis at a rent of $_____ per month, if Applicant signs Landlord's written

_____ and pays Landlord the first month's rent and a $ _____

security deposit on or before that date, in which event the holding deposit will be applied to the first month's

rent.

This Agreement depends upon Landlord receiving a satisfactory report of Applicant's references and credit

history. Landlord and Applicant agree that if Applicant fails to sign the Agreement and pay the remaining rent

and security deposit, Landlord may retain of this holding deposit a sum equal to the prorated daily rent of

$_____ per day plus a $_____ charge to compensate Landlord for the inconvenience.

_____   _____

Applicant   Date

_____   _____

Landlord/Manager   Date

Month-to-Month Residential Rental Agreement

Clause 1. Identification of Landlord and Tenant

This Agreement is entered into between _____

_____ [Tenant] and

_____ [Landlord].

Each Tenant is jointly and severally liable for the payment of rent and performance of all other terms of this Agreement.

Clause 2. Identification of Premises

Subject to the terms and conditions in this Agreement, Landlord rents to Tenant, and Tenant rents from Landlord, for residential purposes only, the premises located at _____

_____ [the premises],

together with the following furnishings and appliances: _____

_____ .

Rental of the premises also includes _____

_____ .

Clause 3. Limits on Use and Occupancy

The premises are to be used only as a private residence for Tenant(s) listed in Clause 1 of this Agreement, and their minor children. Occupancy by guests for more than _____

is prohibited without Landlord's written consent and will be considered a breach of this Agreement.

Clause 4. Term of the Tenancy

The rental will begin on _____ , and continue on a month-to-month basis. Landlord may terminate the tenancy or modify the terms of this Agreement by giving the Tenant _____ days' written notice. Tenant may terminate the tenancy by giving the Landlord _____ days' written notice.

Clause 5. Payment of Rent

Regular monthly rent

Tenant will pay to Landlord a monthly rent of $_____ , payable in advance on the first day of each month, except when that day falls on a weekend or legal holiday, in which case rent is due on the next business day. Rent will be paid in the following manner unless Landlord designates otherwise:

Delivery of payment.

Rent will be paid:

☐ by mail, to _____

☐ in person, at _____

Form of payment.

Landlord will accept payment in these forms:

☐ personal check made payable to _____

☐ cashier's check made payable to _____

☐ credit card

☐ money order

☐ cash

Prorated first month's rent.

For the period from Tenant's move-in date, _____, through the end of the
month, Tenant will pay to Landlord the prorated monthly rent of $_____. This amount
will be paid on or before the date the Tenant moves in.

Clause 6. Late Charges

If Tenant fails to pay the rent in full before the end of the _____ day after it's due, Tenant will
pay Landlord a late charge as follows: _____

_____ .

Landlord does not waive the right to insist on payment of the rent in full on the date it is due.

Clause 7. Returned Check and Other Bank Charges

If any check offered by Tenant to Landlord in payment of rent or any other amount due under this
Agreement is returned for lack of sufficient funds, a "stop payment," or any other reason, Tenant will pay
Landlord a returned check charge of $_____.

Clause 8. Security Deposit

On signing this Agreement, Tenant will pay to Landlord the sum of $_____ as a security
deposit. Tenant may not, without Landlord's prior written consent, apply this security deposit to the last
month's rent or to any other sum due under this Agreement. Within _____
after Tenant has vacated the premises, returned keys, and provided Landlord with a forwarding address,
Landlord will return the deposit in full or give Tenant an itemized written statement of the reasons for, and
the dollar amount of, any of the security deposit retained by Landlord, along with a check for any deposit
balance.

Clause 9. Utilities

Tenant will pay all utility charges, except for the following, which will be paid by Landlord:

_____

_____ .

Clause 10. Assignment and Subletting

Tenant will not sublet any part of the premises or assign this Agreement without the prior written consent of Landlord.

Clause 11. Tenant's Maintenance Responsibilities

Tenant will: (1) keep the premises clean, sanitary, and in good condition and, upon termination of the tenancy, return the premises to Landlord in a condition identical to that which existed when Tenant took occupancy, except for ordinary wear and tear; (2) immediately notify Landlord of any defects or dangerous conditions in and about the premises of which Tenant becomes aware; and (3) reimburse Landlord, on demand by Landlord, for the cost of any repairs to the premises damaged by Tenant or Tenant's guests or business invitees through misuse or neglect.

Tenant has examined the premises, including appliances, fixtures, carpets, drapes, and paint, and has found them to be in good, safe, and clean condition and repair, except as noted in the Landlord-Tenant Checklist.

Clause 12. Repairs and Alterations by Tenant

a. Except as provided by law, or as authorized by the prior written consent of Landlord, Tenant will not make any repairs or alterations to the premises, including nailing holes in the walls or painting the rental unit.

b. Tenant will not, without Landlord's prior written consent, alter, rekey, or install any locks to the premises or install or alter any burglar alarm system. Tenant will provide Landlord with a key or keys capable of unlocking all such rekeyed or new locks as well as instructions on how to disarm any altered or new burglar alarm system.

Clause 13. Violating Laws and Causing Disturbances

Tenant is entitled to quiet enjoyment of the premises. Tenant and guests or invitees will not use the premises or adjacent areas in such a way as to: (1) violate any law or ordinance, including laws prohibiting the use, possession, or sale of illegal drugs; (2) commit waste (severe property damage); or (3) create a nuisance by annoying, disturbing, inconveniencing, or interfering with the quiet enjoyment and peace and quiet of any other tenant or nearby resident.

Clause 14. Pets

No animal, bird, or other pet will be kept on the premises, even temporarily, except properly trained service animals needed by blind, deaf, or disabled persons and _____ under the following conditions: _____

_____

_____ .

Clause 15. Landlord's Right to Access

Landlord or Landlord's agents may enter the premises in the event of an emergency, to make repairs or improvements, or to show the premises to prospective buyers or tenants. Landlord may also enter the premises to conduct an annual inspection to check for safety or maintenance problems. Except in cases of emergency, Tenant's abandonment of the premises, court order, or where it is impractical to do so, Landlord shall give Tenant _____ notice before entering.

Clause 16. Extended Absences by Tenant

Tenant will notify Landlord in advance if Tenant will be away from the premises for _____ or more consecutive days. During such absence, Landlord may enter the premises at times reasonably necessary to maintain the property and inspect for needed repairs.

Clause 17. Possession of the Premises

    a.   *Tenant's failure to take possession.*

        If, after signing this Agreement, Tenant fails to take possession of the premises, Tenant will still be responsible for paying rent and complying with all other terms of this Agreement.

    b.   *Landlord's failure to deliver possession.*

        If Landlord is unable to deliver possession of the premises to Tenant for any reason not within Landlord's control, including, but not limited to, partial or complete destruction of the premises, Tenant will have the right to terminate this Agreement upon proper notice as required by law. In such event, Landlord's liability to Tenant will be limited to the return of all sums previously paid by Tenant to Landlord.

Clause 18. Tenant Rules and Regulations

    ☐   Tenant acknowledges receipt of, and has read a copy of, tenant rules and regulations, which are attached to and incorporated into this Agreement by this reference.

Clause 19. Payment of Court Costs and Attorney Fees in a Lawsuit

In any action or legal proceeding to enforce any part of this Agreement, the prevailing party ☐ shall not / ☐ shall recover reasonable attorney fees and court costs.

Clause 20. Disclosures

Tenant acknowledges that Landlord has made the following disclosures regarding the premises:

    ☐   Disclosure of Information on Lead-Based Paint and/or Lead-Based Paint Hazards

    ☐   Other disclosures: _____

_____

_____

_____

_____ .

Clause 21. Authority to Receive Legal Papers

The Landlord, any person managing the premises, and anyone designated by the Landlord are authorized to accept service of process and receive other notices and demands, which may be delivered to:

    ☐   The Landlord, at the following address: _____

_____ .

    ☐   The manager, at the following address: _____

_____ .

    ☐   The following person, at the following address: _____

_____ .

Clause 22. Additional Provisions

Additional provisions are as follows: _____

_____

_____

_____

_____

_____

_____

Clause 23. Validity of Each Part

If any portion of this Agreement is held to be invalid, its invalidity will not affect the validity or enforceability of any other provision of this Agreement.

Clause 24. Grounds for Termination of Tenancy

The failure of Tenant or Tenant's guests or invitees to comply with any term of this Agreement, or the misrepresentation of any material fact on Tenant's Rental Application, is grounds for termination of the tenancy, with appropriate notice to Tenant and procedures as required by law.

Clause 25. Entire Agreement

This document constitutes the entire Agreement between the parties, and no promises or representations, other than those contained here and those implied by law, have been made by Landlord or Tenant. Any modifications to this Agreement must be in writing signed by Landlord and Tenant.

_____ _____ _____
Date   Landlord or Landlord's Agent   Title

_____
Street Address

_____ _____ _____
City   State   Zip Code   Phone

_____ _____ _____
Date   Tenant   Phone

_____ _____ _____
Date   Tenant   Phone

_____ _____ _____
Date   Tenant   Phone

Contrato Mensual de Arrendamiento

Cláusula 1. Identificación del Arrendador y de los Inquilinos.

Este Contrato se hace _____, entre _____

_____ [Inquilinos] y

_____ [Arrendador]. Cada

Inquilino es conjunta y seriamente responsable del pago de renta y del cumplimiento de todos los demás

términos de este Contrato.

Cláusula 2. Identificación de la Propiedad.

De acuerdo con los términos y condiciones referidas en este Contrato, el Arrendador renta al Inquilino, y

éste renta del Arrendador, sólamente para residir, la propiedad ubicada en _____

_____ , [la propiedad],

junto con el mobiliario y los aparatos electrodomésticos siguientes: _____

_____

La renta de la propiedad también incluye _____

_____ .

Cláusula 3. Límitaciones en el Uso y Ocupación.

La propiedad se utilizará sólo como residencia privada por el Inquilino designado en la Cláusula 1 de este

Contrato y sus hijos menores. Está prohibido que invitados habiten la propiedad por más de

_____, excepto con previo consentimiento por escrito del Arrendador. De lo

contrario, será considerado como una violación a este Contrato.

Cláusula 4. Período de Arrendamiento.

La renta comenzará el día _____ de _____ de _____, y podrá continuarse

el arrendamiento, mediante la renovación por cada mes. El Arrendador puede dar por terminado este

Contrato o modificar sus términos, siempre que notifique por escrito, al Inquilino, con _____

días de anticipación. El Inquilino puede terminar este Contrato, notificándoselo al Arrendador por escrito

y con _____ días de anticipación.

Cláusula 5. Renta y Fechas de Pago.

Renta Regular Mensual.

El Inquilino pagará por adelantado, una renta mensual de $ _____ , el primer día del mes; excepto

cuando éste sea en un fin de semana o en un día feriado oficial, en cuyo caso deberá ser pagada el

próximo día laboral. Si no existe otra decisión por parte del Arrendador, la renta deberá ser pagada de la

manera siguiente:

Entrega de pago.

El arriendo será pagado:

☐ Por correo, dirigido a _____

☐ Personalmente, en _____

Forma de Pago.

El Arrendador recibirá los pagos en:

☐ Cheque Personal escrito en favor de _____

☐ Cheque de Caja escrito en favor de _____

☐ Tarjeta de Crédito

☐ Giro Postal

☐ Efectivo

Prorrateo del primer mes de renta.

Para el período comenzando con la fecha en que se mudará el Inquilino, el día _____ de

_____ de _____ , hasta el fin del mes en curso, el Inquilino pagará al

Arrendador la renta mensual prorrateada de $ _____ . Esta suma se pagará antes o en la fecha

en que se mude el Inquilino a la propiedad.

Cláusula 6. Cobros por Mora.

Si el Inquilino falla en el pago total de la renta, antes del final del día siguiente a la fecha de pago, tendrá

que pagar costos por atrasos como se explica a continuación: _____

_____ .

El Arrendador no descartará el derecho de insistir en el pago total de la renta en la fecha debida.

Cláusula 7. Pagos por Cheques Sin Fondo y Recargos Bancarios.

En el caso de cualquier cheque, ofrecido por el Inquilino al Arrendador como pago de renta o cualquier

otra suma debida bajo este Contrato, sea regresado por insuficiencia de fondos, un "paro de pago," o

cualquier otra razón, el Inquilino deberá pagar un recargo por la cantidad de $ _____ .

Cláusula 8. Depósito de Garantía.

Al firmar el presente Contrato, el Inquilino pagará al Arrendador, la cantidad de $ _____ como

depósito de seguridad. Este depósito no puede aplicarse al último mes de renta o a cualquier cantidad

debida bajo este Contrato; excepto con previo consentimiento por escrito del Arrendador. Dentro de

_____ , después de que el Inquilino haya desocupado la propiedad,

haya entregado las llaves y proporcionado la dirección donde contactarse, el Arrendador le entregará el

depósito en su totalidad o le detallará de manera escrita, las razones y la cantidad que es retenida por él,

junto con un cheque por la cantidad de su diferencia.

Cláusula 9. Servicios Publicos.

El Inquilino pagará todos los servicios publicos, exceptuando los siguientes, los cuales serán pagados por

el Arrendador: _____

_____.

Cláusula 10. Prohibición de Traspaso o Subarrendamiento.

El Inquilino no puede subarrendar cualquier parte de la propiedad o traspasar este Contrato, sin previo

consentimiento por escrito del Arrendador.

Cláusula 11. Responsabilidad del Inquilino de Mantenimiento de la Propiedad.

El Inquilino acepta: (1) mantener la propiedad limpia e higiénica, en buena condición, y cuando el

arrendamiento termine, regresar la propiedad al Arrendador en idéntica condición a la que existía cuando

la habitaron, exceptuando el deterioro causado por el uso; (2) Notificar de inmediato al Arrendador,

sobre cualquier defecto o condición peligrosa que note en o alrededor de la propiedad; y (3) reembolsar

al Arrendador, bajo demanda de éste, los costos de cualquier reparación de daños a la propiedad,

ocasionados por uso indebido o negligencia del Inquilino o sus invitados.

El Inquilino ha revisado la propiedad, incluyendo los aparatos electrodomésticos, accesorios,

alfombras, cortinas, y pintura, y los ha encontrado en buenas condiciones, seguras, y limpias,

exceptuando las que están en la Lista Arrendador-Inquilino.

Cláusula 12. Reparaciones y Modificaciones Hechas por el Inquilino.

a. Exceptuando lo provisto por la ley o con la autorización previa y por escrito del Arrendador, el Inquilino no debe hacer modificaciones o reparaciones en la propiedad, incluído el hacer hoyos en las paredes o pintar el lugar.

b. El Inquilino no debe alterar las cerraduras, ni cambiarlas, ni instalar o modificar el sistema de alarma; excepto que haya recibido del Arrendador, una autorización previa y por escrito. El Inquilino deberá proveer al Arrendador una copia de llave o llaves para abrir cada cerradura modificada o nueva, así como instrucciones de cómo desarmar un sistema de alarma modificado o nuevo.

Cláusula 13. Causar Disturbios y Violaciones a la Ley.

El Inquilino tiene derecho al goce pacífico de la propiedad. Este y sus invitados no deben usar la propiedad o áreas aledañas, de manera que: (1) Viole cualquier ley o reglamento, incluyendo leyes que prohiben el uso, posesión o venta ilegal de drogas; (2) Permite el uso abusivo de la propiedad (daño serio a la propiedad); o (3) Cree un estorbo al molestar, provocar disturbios, provocar inconvenientes, o interferir en el disfrute de paz y tranquilidad de otros inquilinos o vecinos.

Cláusula 14. Mascotas.

No se permite, ni siquiera temporalmente, tener ningún animal, pájaro, u otros animales en la propiedad, excepto animales de servicio _____ y _____ bajo las condiciones siguientes: _____

_____

_____ .

Cláusula 15. Derecho del Arrendador al Acceso a la Propiedad.

El Arrendador o agentes de éste pueden entrar a la propiedad, en caso de emergencia, para hacer reparaciones o mejoras, o para mostrar la propiedad a potenciales nuevos inquilinos o compradores en perspectiva. También podrá entrar para la inspección anual para revisar la seguridad o chequear problemas de mantenimiento. Excepto en caso de emergencia, por el abandono de la propiedad por parte del Inquilino, orden de la corte, o cuando no sea práctico, el Arrendador deberá notificarle al Inquilino de su intención de entrar a la propiedad con _____ de anticipación.

Cláusula 16. Ausencias Prolongadas del Inquilino.

El Inquilino deberá previamente notificar al Arrendador, si estará ausente de la propiedad por _____ días consecutivos o más. Durante este tiempo, el Arrendador podrá entrar, cuando sea necesario, a la propiedad para inspeccionarla, para mantenimiento o para reparaciones necesarias.

Cláusula 17. Tomar Posesión de la Propiedad.

 a. *Falla del Inquilino en tomar posesión de la propiedad.*

 Si después de haber firmado este Contrato, el Inquilino no toma posesión de la propiedad, aún será responsable por pago de la renta y cumplimiento de todos los demás términos de este Contrato.

 b. *Falla del Arrendador en entregar la propiedad.*

 Si el Arrendador no puede entregar la posesión de la propiedad al Inquilino, por cualquier razón fuera de su control, incluyendo, pero no limitado a, destrucción parcial o completa de la propiedad, el Inquilino tendrá el derecho de terminar este Contrato, mediante aviso previo y apropiado como lo señala la ley. En tal situación, la responsabilidad del Arrendador hacia el Inquilino, estará limitada a la devolución de todas las cantidades previamente pagadas por el Inquilino al Arrendador.

Cláusula 18. Normas y Regulaciones del Inquilino.

☐ El Inquilino reconoce lo recibido y que ha leído una copia de las Normas y Regulaciones del Inquilino; las cuales como referencia, están adjuntas e incorporadas al presente Contrato.

Cláusula 19. Pago del Abogado y Costos de la Corte en Caso de un Juicio.

En cualquier acción jurídico-legal para hacer cumplir total o parcialmente este Contrato, la parte prevaleciente ☐ No deberá / ☐ Deberá recuperar honorarios justos del abogado y costos de la corte.

Cláusula 20. Divulgaciones.

El Inquilino reconoce que el Arrendador le ha hecho las siguientes divulgaciones con respecto a la propiedad:

☐ Distribución de información sobre pintura a base de plomo y/o los peligros de este tipo de pintura.

☐ Otras divulgaciones:

_____

_____

_____ .

Cláusula 21. Personal Autorizado para Recibir Documentos Legales.

El Arrendador, la persona que administre la propiedad, o a quien haya designado el Arrendador, están autorizados para aceptar servicio de proceso, y recibir otras noticias y demandas, las cuales pueden ser entregadas a:

☐ El Arrendador, a la siguiente dirección: _____

_____

☐ El Administrador, a la siguiente dirección: _____

_____

☐ A la persona designada, a la siguiente dirección: _____

_____

Cláusula 22. Disposiciones Adicionales.

Disposiciones adicionales son las siguientes: _____

_____

_____

_____

_____

_____ .

Cláusula 23. Validez de las Cláusulas de este Contrato.

Si cualquier cláusula de este Contrato es invalidado, ésto no afectará la validez o cumplimiento de las partes restantes de este Contrato.

Cláusula 24. Razones para Cancelar el Contrato de Arrendamiento.

El incumplimiento de cualesquiera de los términos de este Contrato, por parte del Inquilino o sus invitados o la relación Falsa de un hecho esencial en la solicitud del Inquilino, será razón para dar por cancelado el Contrato de arrendamiento, seguido con la debida notificación al Inquilino, de acuerdo con lo requerido por la ley.

Cláusula 25. Contrato Completo.

Este documento constituye el Contrato completo entre las partes, y el Arrendador y el Inquilino no han hecho otro compromiso, a no ser los contenidos en este Contrato o los señalados por la ley. Cualquier modificación al presente documento, debe ser por escrito y firmado por ambas partes.

Fecha	Arrendador o su representante	Título

Número y Nombre de la Calle

Ciudad	Estado	Código Postal	Teléfono

Fecha	Nombre del Inquilino	Teléfono
Fecha	Nombre del Inquilino	Teléfono
Fecha	Nombre del Inquilino	Teléfono

Fixed-Term Residential Lease

Clause 1. Identification of Landlord and Tenant

This Agreement is entered into between _____

_____ [Tenant] and

_____ [Landlord].

Each Tenant is jointly and severally liable for the payment of rent and performance of all other terms of this Agreement.

Clause 2. Identification of Premises

Subject to the terms and conditions in this Agreement, Landlord rents to Tenant, and Tenant rents from Landlord, for residential purposes only, the premises located at _____

_____ [the premises],

together with the following furnishings and appliances: _____

_____

_____ .

Rental of the premises also includes _____

_____

_____ .

Clause 3. Limits on Use and Occupancy

The premises are to be used only as a private residence for Tenant(s) listed in Clause 1 of this Agreement, and their minor children. Occupancy by guests for more than _____

is prohibited without Landlord's written consent and will be considered a breach of this Agreement.

Clause 4. Term of the Tenancy

The term of the rental will begin on , and end on _____

_____ . If Tenant vacates before the term ends, Tenant will be liable for the balance of the rent for the remainder of the term.

Clause 5. Payment of Rent

Regular monthly rent

Tenant will pay to Landlord a monthly rent of $_____ , payable in advance on the first day of each month, except when that day falls on a weekend or legal holiday, in which case rent is due on the next business day. Rent will be paid in the following manner unless Landlord designates otherwise:

Delivery of payment.

Rent will be paid:

☐ by mail, to _____

☐ in person, at _____

Form of payment.

Landlord will accept payment in these forms:

☐ personal check made payable to _____

☐ cashier's check made payable to _____

☐ credit card

☐ money order

☐ cash

Prorated first month's rent.

For the period from Tenant's move-in date, _____, through the end of the

month, Tenant will pay to Landlord the prorated monthly rent of $_____. This amount

will be paid on or before the date the Tenant moves in.

Clause 6. Late Charges

If Tenant fails to pay the rent in full before the end of the _____ day after it's due, Tenant will

pay Landlord a late charge as follows: _____

_____.

Landlord does not waive the right to insist on payment of the rent in full on the date it is due.

Clause 7. Returned Check and Other Bank Charges

If any check offered by Tenant to Landlord in payment of rent or any other amount due under this

Agreement is returned for lack of sufficient funds, a "stop payment," or any other reason, Tenant will pay

Landlord a returned check charge of $_____.

Clause 8. Security Deposit

On signing this Agreement, Tenant will pay to Landlord the sum of $_____ as a security

deposit. Tenant may not, without Landlord's prior written consent, apply this security deposit to the last

month's rent or to any other sum due under this Agreement. Within _____

after Tenant has vacated the premises, returned keys, and provided Landlord with a forwarding address,

Landlord will return the deposit in full or give Tenant an itemized written statement of the reasons for, and

the dollar amount of, any of the security deposit retained by Landlord, along with a check for any deposit

balance.

Clause 9. Utilities

Tenant will pay all utility charges, except for the following, which will be paid by Landlord:

_____

_____.

Clause 10. Assignment and Subletting

Tenant will not sublet any part of the premises or assign this Agreement without the prior written consent of Landlord.

Clause 11. Tenant's Maintenance Responsibilities

Tenant will: (1) keep the premises clean, sanitary, and in good condition and, upon termination of the tenancy, return the premises to Landlord in a condition identical to that which existed when Tenant took occupancy, except for ordinary wear and tear; (2) immediately notify Landlord of any defects or dangerous conditions in and about the premises of which Tenant becomes aware; and (3) reimburse Landlord, on demand by Landlord, for the cost of any repairs to the premises damaged by Tenant or Tenant's guests or business invitees through misuse or neglect.

Tenant has examined the premises, including appliances, fixtures, carpets, drapes, and paint, and has found them to be in good, safe, and clean condition and repair, except as noted in the Landlord-Tenant Checklist.

Clause 12. Repairs and Alterations by Tenant

a. Except as provided by law, or as authorized by the prior written consent of Landlord, Tenant will not make any repairs or alterations to the premises, including nailing holes in the walls or painting the rental unit.

b. Tenant will not, without Landlord's prior written consent, alter, rekey, or install any locks to the premises or install or alter any burglar alarm system. Tenant will provide Landlord with a key or keys capable of unlocking all such rekeyed or new locks as well as instructions on how to disarm any altered or new burglar alarm system.

Clause 13. Violating Laws and Causing Disturbances

Tenant is entitled to quiet enjoyment of the premises. Tenant and guests or invitees will not use the premises or adjacent areas in such a way as to: (1) violate any law or ordinance, including laws prohibiting the use, possession, or sale of illegal drugs; (2) commit waste (severe property damage); or (3) create a nuisance by annoying, disturbing, inconveniencing, or interfering with the quiet enjoyment and peace and quiet of any other tenant or nearby resident.

Clause 14. Pets

No animal, bird, or other pet will be kept on the premises, even temporarily, except properly trained service animals needed by blind, deaf, or disabled persons and _____ under the following conditions: _____

_____

_____.

Clause 15. Landlord's Right to Access

Landlord or Landlord's agents may enter the premises in the event of an emergency, to make repairs or improvements, or to show the premises to prospective buyers or tenants. Landlord may also enter the premises to conduct an annual inspection to check for safety or maintenance problems. Except in cases of emergency, Tenant's abandonment of the premises, court order, or where it is impractical to do so, Landlord shall give Tenant _____ notice before entering.

Clause 16. Extended Absences by Tenant

Tenant will notify Landlord in advance if Tenant will be away from the premises for _____ or more consecutive days. During such absence, Landlord may enter the premises at times reasonably necessary to maintain the property and inspect for needed repairs.

Clause 17. Possession of the Premises

a. *Tenant's failure to take possession.*

If, after signing this Agreement, Tenant fails to take possession of the premises, Tenant will still be responsible for paying rent and complying with all other terms of this Agreement.

b. *Landlord's failure to deliver possession.*

If Landlord is unable to deliver possession of the premises to Tenant for any reason not within Landlord's control, including, but not limited to, partial or complete destruction of the premises, Tenant will have the right to terminate this Agreement upon proper notice as required by law. In such event, Landlord's liability to Tenant will be limited to the return of all sums previously paid by Tenant to Landlord.

Clause 18. Tenant Rules and Regulations

☐ Tenant acknowledges receipt of, and has read a copy of, tenant rules and regulations, which are attached to and incorporated into this Agreement by this reference.

Clause 19. Payment of Court Costs and Attorney Fees in a Lawsuit

In any action or legal proceeding to enforce any part of this Agreement, the prevailing party

☐ shall not / ☐ shall recover reasonable attorney fees and court costs.

Clause 20. Disclosures

Tenant acknowledges that Landlord has made the following disclosures regarding the premises:

☐ Disclosure of Information on Lead-Based Paint and/or Lead-Based Paint Hazards

☐ Other disclosures: _____

_____

_____

_____

Clause 21. Authority to Receive Legal Papers

The Landlord, any person managing the premises, and anyone designated by the Landlord are authorized to accept service of process and receive other notices and demands, which may be delivered to:

☐ The Landlord, at the following address: _____

_____

☐ The manager, at the following address: _____

_____

☐ The following person, at the following address: _____

_____

Clause 22. Additional Provisions

Additional provisions are as follows: _____

_____

_____

_____

_____

_____

_____

_____

Clause 23. Validity of Each Part

If any portion of this Agreement is held to be invalid, its invalidity will not affect the validity or enforceability of any other provision of this Agreement.

Clause 24. Grounds for Termination of Tenancy

The failure of Tenant or Tenant's guests or invitees to comply with any term of this Agreement, or the misrepresentation of any material fact on Tenant's Rental Application, is grounds for termination of the tenancy, with appropriate notice to Tenant and procedures as required by law.

Clause 25. Entire Agreement

This document constitutes the entire Agreement between the parties, and no promises or representations, other than those contained here and those implied by law, have been made by Landlord or Tenant. Any modifications to this Agreement must be in writing signed by Landlord and Tenant.

_____   _____   _____
Date   Landlord or Landlord's Agent   Title

Street Address _____

_____   _____   _____   _____
City   State   Zip Code   Phone

_____   _____   _____
Date   Tenant   Phone

_____   _____   _____
Date   Tenant   Phone

_____   _____   _____
Date   Tenant   Phone

Contrato de Arrendamiento Residencial a Plazo Fijo

Cláusula 1. Identificación del Arrendador y de los Inquilinos.

Este Contrato se hace _____, entre _____

_____ [Inquilinos] y

_____ [Arrendador]. Cada

Inquilino es conjunta y seriamente responsable del pago de renta y del cumplimiento de todos los demás

términos de este Contrato.

Cláusula 2. Identificación de la Propiedad.

De acuerdo con los términos y condiciones referidas en este Contrato, el Arrendador renta al Inquilino, y

éste renta del Arrendador, sólamente para residir, la propiedad ubicada en _____

_____ , [la propiedad],

junto con el mobiliario y los aparatos electrodomésticos siguientes: _____

_____

_____

La renta de la propiedad también incluye _____

_____ .

Cláusula 3. Límitaciones en el Uso y Ocupación.

La propiedad se utilizará sólo como residencia privada por el Inquilino designado en la Cláusula 1 de este

Contrato y sus hijos menores. Está prohibido que invitados habiten la propiedad por más de

_____, excepto con previo consentimiento por escrito del Arrendador. De lo

contrario, será considerado como una violación a este Contrato.

Cláusula 4. Período de Arrendamiento.

La renta comenzará el día _____ de _____ de _____, y concluirá el día

_____ de _____ de _____. Si el Inquilino desocupa antes del

vencimiento del período de renta, será responsable por la diferencia de la renta que falta por el resto del

término.

Cláusula 5. Renta y Fechas de Pago.

Renta Regular Mensual.

El Inquilino pagará por adelantado, una renta mensual de $ _____ , el primer día del mes; excepto

cuando éste sea en un fin de semana o en un día feriado oficial, en cuyo caso deberá ser pagada el

próximo día laboral. Si no existe otra decisión por parte del Arrendador, la renta deberá ser pagada de la

manera siguiente:

Entrega de pago.

El arriendo será pagado:

☐ Por correo, dirigido a _____

☐ Personalmente, en _____

Forma de Pago.

El Arrendador recibirá los pagos en:

☐ Cheque Personal escrito en favor de _____

☐ Cheque de Caja escrito en favor de _____

☐ Tarjeta de Crédito

☐ Giro Postal

☐ Efectivo

Prorrateo del primer mes de renta.

Para el período comenzando con la fecha en que se mudará el Inquilino, el día _____ de

_____ de _____ , hasta el fin del mes en curso, el Inquilino pagará al

Arrendador la renta mensual prorratada de $ _____ . Esta suma se pagará antes o en la fecha

en que se mude el Inquilino a la propiedad.

Cláusula 6. Cobros por Mora.

Si el Inquilino falla en el pago total de la renta, antes del final del día siguiente a la fecha de pago, tendrá

que pagar costos por atrasos como se explica a continuación: _____

_____ .

El Arrendador no descartará el derecho de insistir en el pago total de la renta en la fecha debida.

Cláusula 7. Pagos por Cheques Sin Fondo y Recargos Bancarios.

En el caso de cualquier cheque, ofrecido por el Inquilino al Arrendador como pago de renta o cualquier

otra suma debida bajo este Contrato, sea regresado por insuficiencia de fondos, un "paro de pago," o

cualquier otra razón, el Inquilino deberá pagar un recargo por la cantidad de $_____ .

Cláusula 8. Depósito de Garantía.

Al firmar el presente Contrato, el Inquilino pagará al Arrendador, la cantidad de $_____ como

depósito de seguridad. Este depósito no puede aplicarse al último mes de renta o a cualquier cantidad

debida bajo este Contrato; excepto con previo consentimiento por escrito del Arrendador. Dentro de

_____ , después de que el Inquilino haya desocupado la propiedad,

haya entregado las llaves y proporcionado la dirección donde contactarse, el Arrendador le entregará el

depósito en su totalidad o le detallará de manera escrita, las razones y la cantidad que es retenida por él,

junto con un cheque por la cantidad de su diferencia.

Cláusula 9. Servicios Publicos.

El Inquilino pagará todos los servicios publicos, exceptuando los siguientes, los cuales serán pagados por

el Arrendador: _____

_____ .

Cláusula 10. Prohibición de Traspaso o Subarrendamiento.

El Inquilino no puede subarrendar cualquier parte de la propiedad o traspasar este Contrato, sin previo consentimiento por escrito del Arrendador.

Cláusula 11. Responsabilidad del Inquilino de Mantenimiento de la Propiedad.

El Inquilino acepta: (1) mantener la propiedad limpia e higiénica, en buena condición, y cuando el arrendamiento termine, regresar la propiedad al Arrendador en idéntica condición a la que existía cuando la habitaron, exceptuando el deterioro causado por el uso; (2) Notificar de inmediato al Arrendador, sobre cualquier defecto o condición peligrosa que note en o alrededor de la propiedad; y (3) reembolsar al Arrendador, bajo demanda de éste, los costos de cualquier reparación de daños a la propiedad, ocasionados por uso indebido o negligencia del Inquilino o sus invitados.

El Inquilino ha revisado la propiedad, incluyendo los aparatos electrodomésticos, accesorios, alfombras, cortinas, y pintura, y los ha encontrado en buenas condiciones, seguras, y limpias, exceptuando las que están en la Lista Arrendador-Inquilino.

Cláusula 12. Reparaciones y Modificaciones Hechas por el Inquilino.

a. Exceptuando lo provisto por la ley o con la autorización previa y por escrito del Arrendador, el Inquilino no debe hacer modificaciones o reparaciones en la propiedad, incluído el hacer hoyos en las paredes o pintar el lugar.

b. El Inquilino no debe alterar las cerraduras, ni cambiarlas, ni instalar o modificar el sistema de alarma; excepto que haya recibido del Arrendador, una autorización previa y por escrito. El Inquilino deberá proveer al Arrendador una copia de llave o llaves para abrir cada cerradura modificada o nueva, así como instrucciones de cómo desarmar un sistema de alarma modificado o nuevo.

Cláusula 13. Causar Disturbios y Violaciones a la Ley.

El Inquilino tiene derecho al goce pacífico de la propiedad. Este y sus invitados no deben usar la propiedad o áreas aledañas, de manera que: (1) Viole cualquier ley o reglamento, incluyendo leyes que prohiben el uso, posesión o venta ilegal de drogas; (2) Permite el uso abusivo de la propiedad (daño serio a la propiedad); o (3) Cree un estorbo al molestar, provocar disturbios, provocar inconvenientes, o interferir en el disfrute de paz y tranquilidad de otros inquilinos o vecinos.

Cláusula 14. Mascotas.

No se permite, ni siquiera temporalmente, tener ningún animal, pájaro, u otros animales en la propiedad, excepto animales de servicio _____ y _____ bajo las condiciones siguientes: _____
_____
_____ .

Cláusula 15. Derecho del Arrendador al Acceso a la Propiedad.

El Arrendador o agentes de éste pueden entrar a la propiedad, en caso de emergencia, para hacer reparaciones o mejoras, o para mostrar la propiedad a potenciales nuevos inquilinos o compradores en perspectiva. También podrá entrar para la inspección anual para revisar la seguridad o chequear problemas de mantenimiento. Excepto en caso de emergencia, por el abandono de la propiedad por parte del Inquilino, orden de la corte, o cuando no sea práctico, el Arrendador deberá notificarle al Inquilino de su intención de entrar a la propiedad con _____ de anticipación.

Cláusula 16. Ausencias Prolongadas del Inquilino.

El Inquilino deberá previamente notificar al Arrendador, si estará ausente de la propiedad por _____ días consecutivos o más. Durante este tiempo, el Arrendador podrá entrar, cuando sea necesario, a la propiedad para inspeccionarla, para mantenimiento o para reparaciones necesarias.

Cláusula 17. Tomar Posesión de la Propiedad.

a. *Falla del Inquilino en tomar posesión de la propiedad.*

Si después de haber firmado este Contrato, el Inquilino no toma posesión de la propiedad, aún será responsable por pago de la renta y cumplimiento de todos los demás términos de este Contrato.

b. *Falla del Arrendador en entregar la propiedad.*

Si el Arrendador no puede entregar la posesión de la propiedad al Inquilino, por cualquier razón fuera de su control, incluyendo, pero no limitado a, destrucción parcial o completa de la propiedad, el Inquilino tendrá el derecho de terminar este Contrato, mediante aviso previo y apropiado como lo señala la ley. En tal situación, la responsabilidad del Arrendador hacia el Inquilino, estará limitada a la devolución de todas las cantidades previamente pagadas por el Inquilino al Arrendador.

Cláusula 18. Normas y Regulaciones del Inquilino.

☐ El Inquilino reconoce lo recibido y que ha leído una copia de las Normas y Regulaciones del Inquilino; las cuales como referencia, están adjuntas e incorporadas al presente Contrato.

Cláusula 19. Pago del Abogado y Costos de la Corte en Caso de un Juicio.

En cualquier acción jurídico-legal para hacer cumplir total o parcialmente este Contrato, la parte prevaleciente ☐ No deberá / ☐ Deberá recuperar honorarios justos del abogado y costos de la corte.

Cláusula 20. Divulgaciones.

El Inquilino reconoce que el Arrendador le ha hecho las siguientes divulgaciones con respecto a la propiedad:

☐ Distribución de información sobre pintura a base de plomo y/o los peligros de este tipo de pintura.

☐ Otras divulgaciones:

_____

_____

_____.

Cláusula 21. Personal Autorizado para Recibir Documentos Legales.

El Arrendador, la persona que administre la propiedad, o a quien haya designado el Arrendador, están autorizados para aceptar servicio de proceso, y recibir otras noticias y demandas, las cuales pueden ser entregadas a:

☐ El Arrendador, a la siguiente dirección: _____

_____

☐ El Administrador, a la siguiente dirección: _____

_____

☐ A la persona designada, a la siguiente dirección: _____

_____

Cláusula 22. Disposiciones Adicionales.

Disposiciones adicionales son las siguientes: _____

_____

_____

_____

_____

_____ .

Cláusula 23. Validez de las Cláusulas de este Contrato.

Si cualquier cláusula de este Contrato es invalidado, ésto no afectará la validez o cumplimiento de las partes restantes de este Contrato.

Cláusula 24. Razones para Cancelar el Contrato de Arrendamiento.

El incumplimiento de cualesquiera de los términos de este Contrato, por parte del Inquilino o sus invitados o la relación Falsa de un hecho esencial en la solicitud del Inquilino, será razón para dar por cancelado el Contrato de arrendamiento, seguido con la debida notificación al Inquilino, de acuerdo con lo requerido por la ley.

Cláusula 25. Contrato Completo.

Este documento constituye el Contrato completo entre las partes, y el Arrendador y el Inquilino no han hecho otro compromiso, a no ser los contenidos en este Contrato o los señalados por la ley. Cualquier modificación al presente documento, debe ser por escrito y firmado por ambas partes.

Fecha	Arrendador o su representante	Título

Número y Nombre de la Calle

Ciudad	Estado	Código Postal	Teléfono

Fecha	Nombre del Inquilino	Teléfono

Fecha	Nombre del Inquilino	Teléfono

Fecha	Nombre del Inquilino	Teléfono

Cosigner Agreement

1. This Cosigner Agreement [Agreement] is entered into on _____, _____, between _____ [Tenant], _____ [Landlord], and _____ [Cosigner].

2. Tenant has leased from Landlord the premises located at _____ _____ [Premises].

    Landlord and Tenant signed a lease or rental agreement specifying the terms and conditions of this rental on _____, _____. A copy of the lease or rental agreement is attached to this Agreement.

3. Cosigner agrees to be jointly and severally liable with Tenant for Tenant's obligations arising out of the lease or rental agreement described in Paragraph 2, including but not limited to unpaid rent, property damage, and cleaning and repair costs. Cosigner further agrees that Landlord will have no obligation to give notice to Cosigner should Tenant fail to abide by the terms of the lease or rental agreement. Landlord may demand that Cosigner perform as promised under this Agreement without first using Tenant's security deposit.

4. If Tenant assigns or subleases the Premises, Cosigner will remain liable under the terms of this Agreement for the performance of the assignee or sublessee, unless Landlord relieves Cosigner by written termination of this Agreement.

5. Cosigner appoints Tenant as his or her agent for service of process in the event of any lawsuit arising out of this Agreement.

6. If Landlord and Cosigner are involved in any legal proceeding arising out of this Agreement, the prevailing party will recover reasonable attorney fees, court costs, and any costs reasonably necessary to collect a judgment.

_____   _____
Landlord/Manager   Date

_____   _____
Tenant   Date

_____   _____
Cosigner   Date

Agreement for Delayed or Partial Rent Payments

This Agreement is made between _____

_____ [Tenant(s)]

and _____, [Landlord/Manager].

1. _____

   _____ [Tenant(s)]

   has/have paid _____

   _____

   on _____, which was due _____.

2. _____(Landlord/Manager)

   agrees to accept all the remainder of the rent on or before _____,

   and to hold off on any legal proceeding to evict _____

   _____ (Tenant(s)) until that date.

_____   _____
Landlord/Manager   Date

_____   _____
Tenant   Date

_____   _____
Tenant   Date

_____   _____
Tenant   Date

Property Manager Agreement

1. Parties

This Agreement is between _____ ,

Owner of residential real property at _____ ,

_____ ,

and _____ ,

Manager of the property. Manager will be renting unit _____ of the property under a separate

written rental agreement that is in no way contingent upon or related to this Agreement.

2. Beginning Date

Manager will begin work on _____ .

3. Responsibilities

Manager's duties are set forth below:

Renting Units

☐ answer phone inquiries about vacancies

☐ show vacant units

☐ accept rental applications

☐ select tenants

☐ accept initial rents and deposits

☐ other (specify) _____

☐ _____

☐ _____

Vacant Apartments

☐ inspect unit when tenant moves in

☐ inspect unit when tenant moves out

☐ clean unit after tenant moves out, including:

    ☐ floors, carpets, and rugs

    ☐ walls, baseboards, ceilings, lights, and built-in shelves

    ☐ kitchen cabinets, countertops, sinks, stove, oven, and refrigerator

    ☐ bathtubs, showers, toilets, and plumbing fixtures

    ☐ doors, windows, window coverings, and miniblinds

    ☐ other (specify)

    ☐ _____

Rent Collection

☐ collect rents when due

☐ sign rent receipts

☐ maintain rent collection records

☐ collect late rents and charges

☐ inform Owner of late rents

☐ prepare late rent notices

☐ serve late rent notices on tenants

☐ serve rent increase and tenancy termination notices

☐ deposit rent collections in bank

☐ other (specify) _____

☐ _____

Maintenance

☐ vacuum and clean hallways and entryways

☐ replace lightbulbs in common areas

☐ drain water heaters

☐ clean stairs, decks, patios, facade, and sidewalks

☐ clean garage oils on pavement

☐ mow lawns

☐ rake leaves

☐ trim bushes

☐ clean up garbage and debris on grounds

☐ shovel snow from sidewalks and driveways or arrange for snow removal

☐ other (specify) _____

☐ _____

Repairs

☐ accept tenant complaints and repair requests

☐ inform Owner of maintenance and repair needs

☐ maintain written log of tenant complaints

☐ handle routine maintenance and repairs, including:

    ☐ plumbing stoppages

    ☐ garbage disposal stoppages/repairs

    ☐ faucet leaks/washer replacement

    ☐ toilet tank repairs

    ☐ toilet seat replacement

- ☐ stove burner repair/replacement
- ☐ stove hinges/knobs replacement
- ☐ dishwasher repair
- ☐ light switch and outlet repair/replacement
- ☐ heater thermostat repair
- ☐ window repair/replacement
- ☐ painting (interior)
- ☐ painting (exterior)
- ☐ replacement of keys
- ☐ other (specify) _____
- ☐ _____

Other Responsibilities

_____

_____

_____

_____

_____

4. Hours and Schedule

Manager will be available to tenants during the following days and times: _____

_____. If the hours required to carry

out any duties may reasonably be expected to exceed _____ hours in any week, Manager shall

notify Owner and obtain Owner's consent before working such extra hours, except in the event of an

emergency. Extra hours worked due to an emergency must be reported to Owner within 24 hours.

5. Payment Terms

a. Manager will be paid:

- ☐ $ _____ per hour
- ☐ $_____ per week
- ☐ $_____ per month
- ☐ Other: _____

b. Manager will be paid on the specified intervals and dates:

- ☐ Once a week on every _____
- ☐ Twice a month on _____
- ☐ Once a month on _____
- ☐ Other (specify) _____

6. Ending the Manager's Employment

Owner may terminate Manager's employment at any time, for any reason that isn't unlawful, with or without notice. Manager may quit at any time, for any reason, with or without notice.

7. Additional Agreements and Amendments

a. Owner and Manager additionally agree that: _____

_____

_____

_____

_____

_____

_____

_____

_____

_____

_____ .

b. All agreements between Owner and Manager relating to the work specified in this Agreement are incorporated in this Agreement. Any modification to the Agreement must be in writing and signed by both parties.

8. Place of Execution

Signed at _____, _____
                  City   State

_____   _____
Owner   Date

_____   _____
Manager   Date

Landlord-Tenant Checklist

GENERAL CONDITION OF RENTAL UNIT AND PREMISES

Street Address _____   Unit No. _____ City _____

	Condition on Arrival	Condition on Departure	Estimated Cost of Repair/Replacement
Living Room			
Floors & Floor Coverings			
Drapes & Window Coverings			
Walls & Ceilings			
Light Fixtures			
Windows, Screens, & Doors			
Front Door & Locks			
Fireplace			
Other			
Other			
Kitchen			
Floors & Floor Coverings			
Walls & Ceilings			
Light Fixtures			
Cabinets			
Counters			
Stove/Oven			
Refrigerator			
Dishwasher			
Garbage Disposal			
Sink & Plumbing			
Windows, Screens, & Doors			
Other			
Other			
Dining Room			
Floors & Floor Covering			
Walls & Ceilings			
Light Fixtures			
Windows, Screens, & Doors			
Other			

	Condition on Arrival			Condition on Departure			Estimated Cost of Repair/Replacement
Bathroom(s)	Bath #1		Bath #2	Bath #1		Bath #2	
Floors & Floor Coverings							
Walls & Ceilings							
Windows, Screens, & Doors							
Light Fixtures							
Bathtub/Shower							
Sink & Counters							
Toilet							
Other							
Other							
Bedroom(s)	Bdrm #1	Bdrm #2	Bdrm #3	Bdrm #1	Bdrm #2	Bdrm #3	
Floors & Floor Coverings							
Windows, Screens, & Doors							
Walls & Ceilings							
Light Fixtures							
Other							
Other							
Other							
Other							
Other Areas							
Heating System							
Air Conditioning							
Lawn/Garden							
Stairs and Hallway							
Patio, Terrace, Deck, etc.							
Basement							
Parking Area							
Other							
Other							
Other							
Other							
Other							

☐ Tenants acknowledge that all smoke detectors and fire extinguishers were tested in their presence and found to be in working order, and that the testing procedure was explained to them. Tenants agree to test all detectors at least once a month and to report any problems to Landlord/Manager in writing. Tenants agree to replace all smoke detector batteries as necessary.

	Condition on Arrival			Condition on Departure			Estimated Cost of Repair/Replacement
Living Room							
Coffee Table							
End Tables							
Lamps							
Chairs							
Sofa							
Other							
Other							
Kitchen							
Broiler Pan							
Ice Trays							
Other							
Other							
Dining Room							
Chairs							
Stools							
Table							
Other							
Other							
Bathroom(s)	Bath #1		Bath #2	Bath #1		Bath #2	
Mirrors							
Shower Curtain							
Hamper							
Other							
Bedroom(s)	Bdrm #1	Bdrm #2	Bdrm #3	Bdrm #1	Bdrm #2	Bdrm #3	
Beds (single)							
Beds (double)							
Chairs							
Chests							
Dressing Tables							
Lamps							
Mirrors							
Night Tables							

	Condition on Arrival	Condition on Departure	Estimated Cost of Repair/Replacement
Other			
Other			
Other Areas			
Bookcases			
Desks			
Pictures			
Other			
Other			

Use this space to provide any additional explanation:

_____

_____

_____

_____

_____

_____

_____

_____

_____

_____

_____

_____

Landlord-Tenant Checklist completed on moving in on _____ and approved by:

_____ and _____
Landlord/Manager   Tenant

_____
Tenant

_____
Tenant

Landlord-Tenant Checklist completed on moving out on _____ and approved by:

_____ and _____
Landlord/Manager   Tenant

_____
Tenant

_____
Tenant

Move-In Letter

_____
Date

_____
Tenant

_____
Street Address

_____
City and State

Dear _____,
                        Tenant

Welcome to _____

_____ (address of rental unit). We hope you will enjoy living here.

This letter is to explain what you can expect from the management and what we'll be looking for from you.

1. Rent: _____

    _____

    _____ .

2. New Roommates: _____

    _____

    _____

    _____ .

3. Notice to End Tenancy: _____

    _____

    _____

    _____ .

4. Deposits: _____

    _____

    _____ .

5. Manager: _____

    _____

    _____

    _____ .

6. Landlord-Tenant Checklist: _____

    _____

    _____

    _____

    _____ .

7. Maintenance/Repair Problems: _____

    _____

    _____

    _____

    _____

    _____

    _____ .

8. Semiannual Safety and Maintenance Update: _____

    _____

    _____

    _____ .

9. Annual Safety Inspection: _____

    _____

    _____

    _____ .

10. Insurance: _____

    _____

    _____

    _____

    _____

    _____ .

11. Moving Out: _____

    _____

    _____

    _____

    _____ .

12. Telephone Number Changes: _____

    _____ .

Please let us know if you have any questions.

Sincerely,

_____   _____
Landlord/Manager   Date

I have read and received a copy of this statement.

_____   _____
Tenant   Date

Landlord-Tenant Agreement to Terminate Lease

_____ [Landlord]

and _____

[Tenant] agree that the lease they entered into on _____, for premises at

_____, will terminate on

_____.

_____   _____
Landlord/Manager   Date

_____   _____
Tenant   Date

Consent to Assignment of Lease

_____ [Landlord] and

_____ [Tenant] and

_____ [Assignee]

agree as follows:

1. Tenant has leased the premises at _____

_____ from Landlord.

2. The lease was signed on _____ and will expire on

_____ .

3. Tenant is assigning the balance of Tenant's lease to Assignee, beginning on _____

_____ , and ending on _____ .

4. Tenant's financial responsibilities under the terms of the lease are not ended by virtue of this

assignment. Specifically, Tenant understands that:

    a. If Assignee defaults and fails to pay the rent as provided in the lease, namely on _____

    _____ , Tenant will be obligated to do so within _____ days of being notified by

    Landlord; and

    b. If Assignee damages the property beyond normal wear and tear and fails or refuses to pay for

    repairs or replacement, Tenant will be obligated to do so.

5. As of the effective date of the assignment, Tenant permanently gives up the right to occupy the

premises.

6. Assignee is bound by every term and condition in the lease that is the subject of this assignment.

_____   _____

Landlord/Manager   Date

_____   _____

Tenant   Date

_____   _____

Assignee   Date

Letter to Original Tenant and New Cotenant

_____

Date

Dear _____ and

     New Cotenant

_____,

     Original Tenant or Tenants

As the landlord of _____

_____ (address) , I am pleased that

_____ (new cotenant)

has proved to be an acceptable applicant and will be joining _____

_____ (original tenant or tenants) as a cotenant. Before

_____ (new cotenant)

moves in, everyone must sign a new lease that will cover your rights and responsibilities. Please contact me at the address or phone number below at your earliest convenience so that we can arrange a time for us to meet and sign a new lease. Do not begin the process of moving in until we have signed a lease.

Sincerely yours,

_____

Landlord

_____

Street Address

_____

City and State

_____

Phone

Resident's Maintenance/Repair Request

Date: _____

Address: _____

Resident's name: _____

Phone (home): _____ Phone (work): _____

Problem (be as specific as possible): _____

_____

_____

_____

_____

_____

_____

Best time to make repairs: _____

_____

Other comments: _____

_____

_____

_____

I authorize entry into my unit to perform the maintenance or repair requested above, in my absence, unless stated otherwise above.

_____

Resident

....

FOR MANAGEMENT USE

Work done: _____

Time spent: _____ hours

Date completed: _____ By: _____

Unable to complete on: _____, because: _____

_____

Notes and comments: _____

_____

_____   _____

Landlord/Manager   Date

Time Estimate for Repair

_____

_____
Date

_____
Tenant

_____
Street Address

_____
City and State

Dear _____,
                        Tenant

Thank you for promptly notifying us of the following problem with your unit: _____

_____

_____

_____

_____

_____

_____

We expect to have the problem corrected on _____ due to the

following:

_____

_____

_____

_____

_____

We regret any inconvenience this delay may cause. Please do not hesitate to point out any other problems that

may arise.

Sincerely,

_____
Landlord/Manager

Semiannual Safety and Maintenance Update

Please complete the following checklist and note any safety or maintenance problems in your unit or on the premises.

Please describe the specific problems and the rooms or areas involved. Here are some examples of the types of things we want to know about: garage roof leaks, excessive mildew in rear bedroom closet, fuses blow out frequently, door lock sticks, water comes out too hot in shower, exhaust fan above stove doesn't work, smoke alarm malfunctions, peeling paint, and mice in basement. Please point out any potential safety and security problems in the neighborhood and anything you consider a serious nuisance.

Please indicate the approximate date when you first noticed the problem and list any other recommendations or suggestions for improvement.

Please return this form with this month's rent check. Thank you.

—The Management

Name: _____

Address: _____

_____

Please indicate (and explain below) problems with:

☐ Floors and floor coverings _____

☐ Walls and ceilings _____

☐ Windows, screens, and doors _____

☐ Window coverings (drapes, miniblinds, etc.) _____

☐ Electrical system and light fixtures _____

☐ Plumbing (sinks, bathtub, shower, or toilet) _____

☐ Heating or air conditioning system_____

☐ Major appliances (stove, oven, dishwasher, refrigerator) _____

☐ Basement or attic _____

☐ Locks or security system _____

☐ Smoke detector _____

☐ Fireplace _____

☐ Cupboards, cabinets, and closets _____

☐ Furnishings (table, bed, mirrors, chairs) _____

☐ Laundry facilities _____

☐ Elevator _____

☐ Stairs and handrails _____

☐ Hallway, lobby, and common areas _____

☐ Garage _____

☐ Patio, terrace, or deck _____

☐ Lawn, fences, and grounds_____

☐ Pool and recreational facilities _____

☐ Roof, exterior walls, and other structural elements _____

☐ Driveway and sidewalks_____

☐ Neighborhood _____

☐ Nuisances _____

☐ Other _____

_____

Specifics of problems: _____

_____

_____

_____

_____

_____

Other comments: _____

_____

_____

_____

_____

_____   _____
Tenant   Date

··

FOR MANAGEMENT USE

Action/Response: _____

_____

_____

_____

_____

_____

_____

_____

_____

_____   _____
Landlord/Manager   Date

Agreement Regarding Tenant Alterations to Rental Unit

_____ [Landlord]

and _____ [Tenant]

agree as follows:

1. Tenant may make the following alterations to the rental unit at: _____

    _____

    _____

    _____

    _____

    _____

    _____

    _____

    _____ .

2. Tenant will accomplish the work described in Paragraph 1 by using the following materials and

    procedures: _____

    _____

    _____

    _____

    _____

    _____

    _____

    _____

    _____ .

3. Tenant will do only the work outlined in Paragraph 1 using only the materials and procedures outlined in Paragraph 2.

4. The alterations carried out by Tenant:

    ☐ will become Landlord's property and are not to be removed by Tenant during or at the end of the tenancy, or

    ☐ will be considered Tenant's personal property, and as such may be removed by Tenant at any time up to the end of the tenancy. Tenant promises to return the premises to their original condition upon removing the improvement.

5. Landlord will reimburse Tenant only for the costs checked below:

    ☐ the cost of materials listed in Paragraph 2

    ☐ labor costs at the rate of $ _____ per hour for work done in a workmanlike manner acceptable to Landlord, up to _____ hours.

6. After receiving appropriate documentation of the cost of materials and labor, Landlord shall make any payment called for under Paragraph 5 by:

☐ lump sum payment, within _____ days of receiving documentation of costs, or

☐ by reducing Tenant's rent by $ _____ per month for the number of months necessary to cover the total amounts under the terms of this agreement.

7. If under Paragraph 4 of this contract the alterations are Tenant's personal property, Tenant must return the premises to their original condition upon removing the alterations. If Tenant fails to do this, Landlord will deduct the cost to restore the premises to their original condition from Tenant's security deposit. If the security deposit is insufficient to cover the costs of restoration, Landlord may take legal action, if necessary, to collect the balance.

8. If Tenant fails to remove an improvement that is his or her personal property on or before the end of the tenancy, it will be considered the property of Landlord, who may choose to keep the improvement (with no financial liability to Tenant), or remove it and charge Tenant for the costs of removal and restoration. Landlord may deduct any costs of removal and restoration from Tenant's security deposit. If the security deposit is insufficient to cover the costs of removal and restoration, Landlord may take legal action, if necessary, to collect the balance.

9. If Tenant removes an item that is Landlord's property, Tenant will owe Landlord the fair market value of the item removed plus any costs incurred by Landlord to restore the premises to their original condition.

10. If Landlord and Tenant are involved in any legal proceeding arising out of this agreement, the prevailing party shall recover reasonable attorney fees, court costs, and any costs reasonably necessary to collect a judgment.

_____   _____
Landlord   Date

_____   _____
Tenant   Date

Disclosure of Information on Lead-Based Paint and/or Lead-Based Paint Hazards

Lead Warning Statement

Housing built before 1978 may contain lead-based paint. Lead from paint, paint chips, and dust can pose health hazards if not managed properly. Lead exposure is especially harmful to young children and pregnant women. Before renting pre-1978 housing, lessors must disclose the presence of known lead-based paint and/or lead-based paint hazards in the dwelling. Lessees must also receive a federally approved pamphlet on lead poisoning prevention.

Lessor's Disclosure

(a) Presence of lead-based paint and/or lead-based paint hazards (check (i) or (ii) below):

(i) _____ Known lead-based paint and/or lead-based paint hazards are present in the housing (explain).

_____

_____

(ii) _____ Lessor has no knowledge of lead-based paint and/or lead-based paint hazards in the housing.

(b) Records and reports available to the lessor (check (i) or (ii) below):

(i) _____ Lessor has provided the lessee with all available records and reports pertaining to lead-based paint and/or lead-based paint hazards in the housing (list documents below).

_____

_____

(ii) _____ Lessor has no reports or records pertaining to lead-based paint and/or lead-based paint hazards in the housing.

Lessee's Acknowledgment (initial)

(c) _____ Lessee has received copies of all information listed above.

(d) _____ Lessee has received the pamphlet *Protect Your Family from Lead in Your Home.*

Agent's Acknowledgment (initial)

(e) _____ Agent has informed the lessor of the lessor's obligations under 42 U.S.C. 4852d and is aware of his/her responsibility to ensure compliance.

Certification of Accuracy

The following parties have reviewed the information above and certify, to the best of their knowledge, that the information they have provided is true and accurate.

_____	_____	_____	_____
Lessor	Date	Lessor	Date
_____	_____	_____	_____
Lessee	Date	Lessee	Date
_____	_____	_____	_____
Agent	Date	Agent	Date

Declaración de Información sobre Pintura a Base de Plomo y/o Peligros de la Pintura a Base de Plomo

Declaración sobre los Peligros del Plomo

Las viviendas construidas antes del año 1978 pueden contener pintura a base de plomo. El plomo de pintura, pedazos de pintura y polvo puede representar peligros para la salud si no se maneja apropiadamente. La exposición al plomo es especialmente dañino para los niños jóvenes y las mujeres embarazadas. Antes de alquilar (rentar) una vivienda construida antes del año 1978, los arrendadores tienen la obligación de informar sobre la presencia de pintura a base de plomo o peligros de pintura a base de plomo conocidos en la vivienda. Los arrendatarios (inquilinos) también deben recibir un folleto aprobado por el Gobierno Federal sobre la prevención del envenenamiento de plomo.

Declaración del Arrendador

(a) Presencia de pintura a base de plomo y/o peligros de pintura a base de plomo (marque (i) ó (ii) abajo):

    (i) _____ Confirmado que hay pintura a base de plomo y/o peligro de pintura a base de plomo en la vivienda (explique).

_____

    (ii) _____ El arrendador no tiene ningún conocimiento de que haya pintura a base de plomo y/o peligro de pintura a base de plomo en la vivienda.

(b) Archivos e informes disponibles para el vendedor (marque (i) ó (ii) abajo):

    (i) _____ El arrendador le ha proporcionado al comprador todos los archivos e informes disponibles relacionados con pintura a base de plomo y/o peligro de pintura a base de plomo en la vivienda (anote los documentos abajo).

_____

    (ii) _____ El arrendador no tiene archivos ni informes relacionados con pintura a base de plomo y/o peligro de pintura a base de plomo en la vivienda.

Acuse de Recibo del Arrendatario o Inquilino (inicial)

(c) _____ El arrendatario ha recibido copias de toda la información indicada arriba.

(d) _____ El arrendatario ha recibido el folleto titulado *Proteja a Su Familia del Plomo en Su Casa*.

Acuse de Recibo del Agente (inicial)

(e) _____ El agente le ha informado al arrendador de las obligaciones del arrendador de acuerdo con 42 U.S.C. 4852d y está consciente de su responsabilidad de asegurar su cumplimiento.

Certificación de Exactitud

Las partes siguientes han revisado la información que aparece arriba y certifican que, según su entender, toda la información que han proporcionado es verdadera y exacta.

_____	_____	_____	_____
Arrendador	Fecha	Arrendador	Fecha
_____	_____	_____	_____
Arrendatario	Fecha	Arrendatario	Fecha
_____	_____	_____	_____
Agente	Fecha	Agente	Fecha

Are You Planning To Buy, Rent, or Renovate a Home Built Before 1978?

Many houses and apartments built before 1978 have paint that contains lead (called lead-based paint). Lead from paint, chips, and dust can pose serious health hazards if not taken care of properly.

By 1996, federal law will require that individuals receive certain information before renting, buying, or renovating pre-1978 housing:

LANDLORDS will have to disclose known information on lead-based paint hazards before leases take effect. Leases will include a federal form about lead-based paint.

SELLERS will have to disclose known information on lead-based paint hazards before selling a house. Sales contracts will include a federal form about lead-based paint in the building. Buyers will have up to 10 days to check for lead hazards.

RENOVATORS will have to give you this pamphlet before starting work.

IF YOU WANT MORE INFORMATION on these requirements, call the National Lead Information Clearinghouse at **1-800-424-LEAD**.

Protect Your Family From Lead in Your Home

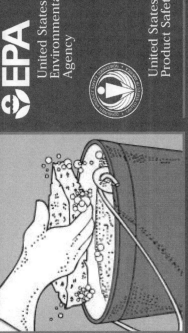

EPA

United States
Environmental Protection
Agency

United States Consumer
Product Safety Commission

EPA747-K-94-001
May 1995

U.S. EPA Washington DC 20460
U.S. CPSC Washington DC 20207

Lead Gets in the Body in Many Ways

People can get lead in their body if they:

◆ Put their hands or other objects covered with lead dust in their mouths.

◆ Eat paint chips or soil that contains lead.

◆ Breathe in lead dust (especially during renovations that disturb painted surfaces).

Lead is even more dangerous to children than adults because:

◆ Babies and young children often put their hands and other objects in their mouths. These objects can have lead dust on them.

◆ Children's growing bodies absorb more lead.

◆ Children's brains and nervous systems are more sensitive to the damaging effects of lead.

1 out of every 11 children in the United States has dangerous levels of lead in the bloodstream.

Even children who appear healthy can have dangerous levels of lead.

IMPORTANT!

Lead From Paint, Dust, and Soil Can Be Dangerous If Not Managed Properly

FACT: Lead exposure can harm young children and babies even before they are born.

FACT: Even children that seem healthy can have high levels of lead in their bodies.

FACT: People can get lead in their bodies by breathing or swallowing lead dust, or by eating soil or paint chips with lead in them.

FACT: People have many options for reducing lead hazards. In most cases, lead-based paint that is in good condition is not a hazard.

FACT: Removing lead-based paint improperly can increase the danger to your family.

If you think your home might have lead hazards, read this pamphlet to learn some simple steps to protect your family.

Checking Your Family for Lead

A simple blood test can detect high levels of lead. Blood tests are important for:

◆ Children who are 6 months to 1 year old (6 months if you live in an older home with cracking or peeling paint).

◆ Family members that you think might have high levels of lead.

Get your children tested if you think your home has high levels of lead.

If your child is older than 1 year, talk to your doctor about whether your child needs testing.

Your doctor or health center can do blood tests. They are inexpensive and sometimes free. Your doctor will explain what the test results mean. *Treatment can range from changes in your diet to medication or a hospital stay.*

Where Lead-Based Paint Is Found

Many homes built before 1978 have lead-based paint. The federal government banned lead-based paint from housing in 1978. Some states stopped its use even earlier. Lead can be found:

◆ In homes in the city, country, or suburbs.

◆ In apartments, single-family homes, and both private and public housing.

◆ Inside *and* outside of the house.

◆ In soil around a home. (Soil can pick up lead from exterior paint, or other sources such as past use of leaded gas in cars.)

In general, the older your home, the more likely it has lead-based paint.

Lead's Effects

If not detected early, children with high levels of lead in their bodies can suffer from:

◆ Damage to the brain and nervous system

◆ Behavior and learning problems (such as hyperactivity)

◆ Slowed growth

◆ Hearing problems

◆ Headaches

Lead is also harmful to adults. Adults can suffer from:

◆ Difficulties during pregnancy

◆ Other reproductive problems (in both men and women)

◆ High blood pressure

◆ Digestive problems

◆ Nerve disorders

◆ Memory and concentration problems

◆ Muscle and joint pain

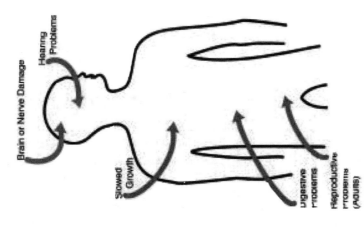

Brain or Nerve Damage
Hearing Problems
Slowed Growth
Digestive Problems
Reproductive Problems (Adults)

Lead affects the body in many ways.

Where Lead Is Likely To Be a Hazard

Lead-based paint that is in good condition is usually not a hazard.

Peeling, chipping, chalking, or cracking lead-based paint is a hazard and needs immediate attention.

Lead-based paint may also be a hazard when found on surfaces that children can chew or that get a lot of wear-and-tear. These areas include:

◆ Windows and window sills.

◆ Doors and door frames.

◆ Stairs, railings, and banisters.

◆ Porches and fences.

Lead dust can form when lead-based paint is dry scraped, dry sanded, or heated. Dust also forms when painted surfaces bump or rub together. Lead chips and dust can get on surfaces and objects that people touch. Settled lead dust can reenter the air when people vacuum, sweep, or walk through it.

Lead in soil can be a hazard when children play in bare soil or when people bring soil into the house on their shoes. Call your state agency (see page 12) to find out about soil testing for lead.

Lead from paint chips, which you can see, and lead dust, which you can't always see, can both be serious hazards

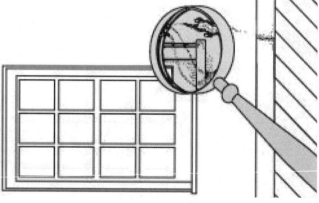

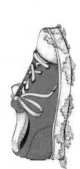

Checking Your Home for Lead Hazards

You can get your home checked for lead hazards in one of two ways, or both:

◆ A paint inspection tells you the lead content of every painted surface in your home. It won't tell you whether the paint is a hazard or how you should deal with it.

◆ A risk assessment tells you if there are any sources of serious lead exposure (such as peeling paint and lead dust). It also tells you what actions to take to address these hazards.

Have qualified professionals do the work. *The federal government is writing standards for inspectors and risk assessors. Some states might already have standards in place.* Call your state agency for help with locating qualified professionals in your area (see page 12).

Trained professionals use a range of methods when checking your home, including:

◆ Visual inspection of paint condition and location.

◆ Lab tests of paint samples.

◆ Surface dust tests.

◆ A portable x-ray fluorescence machine.

Home test kits for lead are available, but recent studies suggest that they are not always accurate. Consumers should not rely on these tests before doing renovations or to assure safety.

Just knowing that a home has lead-based paint may not tell you if there is a hazard.

How To Significantly Reduce Lead Hazards

In addition to day-to-day cleaning and good nutrition:

◆ You can **temporarily** reduce lead hazards by taking actions such as repairing damaged painted surfaces and planting grass to cover soil with high lead levels. These actions (called "interim controls") are not permanent solutions and will need ongoing attention.

◆ To **permanently** remove lead hazards, you must hire a lead "abatement" contractor. Abatement (or permanent hazard elimination) methods include removing, sealing, or enclosing lead-based paint with special materials. Just painting over the hazard with regular paint is not enough.

Always hire a person with special training for correcting lead problems—someone who knows how to do this work safely and has the proper equipment to clean up thoroughly. If possible, hire a certified lead abatement contractor. Certified contractors will employ qualified workers and follow strict safety rules as set by their state or by the federal government.

Call your state agency (see page 12) for help with locating qualified contractors in your area and to see if financial assistance is available.

Removing lead improperly can increase the hazard to your family by spreading even more lead dust around the house.

Always use a professional who is trained to remove lead hazards safely.

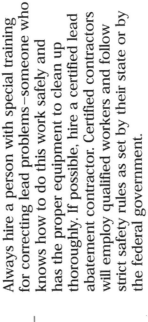

What You Can Do Now To Protect Your Family

If you suspect that your house has lead hazards, you can take some immediate steps to reduce your family's risk:

◆ **If you rent, notify your landlord of peeling or chipping paint.**

◆ **Clean up paint chips immediately.**

◆ **Clean floors, window frames, window sills, and other surfaces weekly.** Use a mop or sponge with warm water and a general all-purpose cleaner or a cleaner made specifically for lead. REMEMBER: NEVER MIX AMMONIA AND BLEACH PRODUCTS TOGETHER SINCE THEY CAN FORM A DANGEROUS GAS.

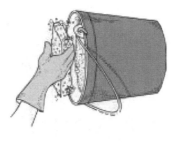

◆ **Thoroughly rinse sponges and mop heads after cleaning dirty or dusty areas.**

◆ **Wash children's hands often, especially before they eat and before nap time and bed time.**

◆ **Keep play areas clean.** Wash bottles, pacifiers, toys, and stuffed animals regularly.

◆ **Keep children from chewing window sills or other painted surfaces.**

◆ **Clean or remove shoes before entering your home to avoid tracking in lead from soil.**

◆ **Make sure children eat nutritious, low-fat meals high in iron and calcium,** such as spinach and low-fat dairy products. Children with good diets absorb less lead.

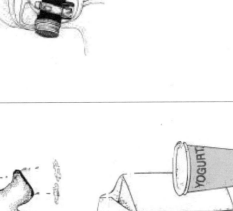
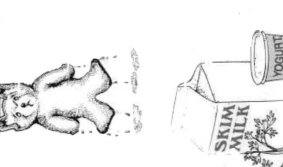

Remodeling or Renovating a Home With Lead-Based Paint

Take precautions before you begin remodeling or renovations that disturb painted surfaces (such as scraping off paint or tearing out walls):

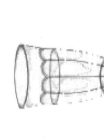

◆ **Have the area tested for lead-based paint.**

◆ **Do not use a dry scraper, belt-sander, propane torch, or heat gun** to remove lead-based paint. These actions create large amounts of lead dust and fumes. Lead dust can remain in your home long after the work is done.

If not conducted properly, certain types of renovations can release lead from paint and dust into the air.

◆ **Temporarily move your family** (especially children and pregnant women) out of the apartment or house until the work is done and the area is properly cleaned. If you can't move your family, at least completely seal off the work area.

◆ **Follow other safety measures to reduce lead hazards.** You can find out about other safety measures by calling 1-800-424-LEAD. Ask for the brochure "Reducing Lead Hazards When Remodeling Your Home." This brochure explains what to do before, during, and after renovations.

If you have already completed renovations or remodeling that could have released lead-based paint or dust, get your young children tested and follow the steps outlined on page 7 of this brochure.

Other Sources of Lead

◆ **Drinking water.** Your home might have plumbing with lead or lead solder. Call your local health department or water supplier to find out about testing your water. You cannot see, smell, or taste lead, and boiling your water will not get rid of lead. If you think your plumbing might have lead in it:

- Use only cold water for drinking and cooking.

- Run water for 15 to 30 seconds before drinking it, especially if you have not used your water for a few hours.

While paint, dust, and soil are the most common lead hazards, other lead sources also exist.

◆ **The job.** If you work with lead, you could bring it home on your hands or clothes. Shower and change clothes before coming home. Launder your clothes separately from the rest of your family's.

◆ Old painted **toys** and **furniture.**

◆ Food and liquids stored in **lead crystal** or **lead-glazed pottery or porcelain.**

◆ **Lead smelters** or other industries that release lead into the air.

◆ **Hobbies** that use lead, such as making pottery or stained glass, or refinishing furniture.

◆ **Folk remedies** that contain lead, such as "greta" and "azarcon" used to treat an upset stomach.

State Health and Environmental Agencies

Some cities and states have their own rules for lead-based paint activities. Check with your state agency (listed below) to see if state or local laws apply to you. Most state agencies can also provide information on finding a lead abatement firm in your area, and on possible sources of financial aid for reducing lead hazards.

State/Region	Phone Number	State/Region	Phone Number
Alabama	(205) 242-5661	Missouri	(314) 526-4911
Alaska	(907) 465-5152	Montana	(406) 444-3671
Arkansas	(501) 661-2534	Nebraska	(402) 471-2451
Arizona	(602) 542-7307	Nevada	(702) 687-6615
California	(510) 450-2424	New Hampshire	(603) 271-4507
Colorado	(303) 692-3012	New Jersey	(609) 633-2043
Connecticut	(203) 566-5808	New Mexico	(505) 841-8024
Washington, DC	(202) 727-9850	New York	(800) 458-1158
Delaware	(302) 739-4735	North Carolina	(919) 715-3293
Florida	(904) 488-3385	North Dakota	(701) 328-5188
Georgia	(404) 657-6514	Ohio	(614) 466-1450
Hawaii	(808) 832-5860	Oklahoma	(405) 271-5220
Idaho	(208) 332-5544	Oregon	(503) 248-5240
Illinois	(800) 545-2200	Pennsylvania	(717) 782-2884
Indiana	(317) 382-6662	Rhode Island	(401) 277-3424
Iowa	(800) 972-2026	South Carolina	(803) 935-7945
Kansas	(913) 296-0189	South Dakota	(605) 773-3153
Kentucky	(502) 564-2154	Tennessee	(615) 741-5683
Louisiana	(504) 765-0219	Texas	(512) 834-6600
Massachusetts	(800) 532-9571	Utah	(801) 536-4000
Maryland	(410) 631-3859	Vermont	(802) 863-7231
Maine	(207) 287-4311	Virginia	(800) 523-4019
Michigan	(517) 335-8885	Washington	(206) 753-2556
Minnesota	(612) 627-5498	West Virginia	(304) 558-2981
Mississippi	(601) 960-7463	Wisconsin	(608) 266-5885
		Wyoming	(307) 777-7391

For More Information

The National Lead Information Center

Call **1-800-LEAD-FYI** to learn how to protect children from lead poisoning.

For other information on lead hazards, call the center's clearinghouse at **1-800-424-LEAD**. For the hearing impaired, call, **TDD 1-800-526-5456** (FAX: **202-659-1192,** Internet: **EHC@CAIS.COM**).

EPAŌs Safe Drinking Water Hotline

Call **1-800-426-4791** for information about lead in drinking water.

Consumer Product Safety Commission Hotline

To request information on lead in consumer products, or to report an unsafe consumer product or a product-related injury call **1-800-638-2772.** (Internet: info@cpsc.gov). For the hearing impaired, call **TDD 1-800-638-8270.**

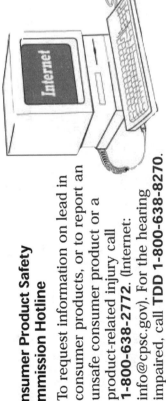

Local Sources of Information

Simple Steps To Protect Your Family From Lead Hazards

If you think your home has high levels of lead:

◆ Get your young children tested for lead, even if they seem healthy.

◆ Wash children's hands, bottles, pacifiers, and toys often.

◆ Make sure children eat healthy, low-fat foods.

◆ Get your home checked for lead hazards.

◆ Regularly clean floors, window sills, and other surfaces.

◆ Wipe soil off shoes before entering house.

◆ Talk to your landlord about fixing surfaces with peeling or chipping paint.

◆ Take precautions to avoid exposure to lead dust when remodeling or renovating (call 1-800-424-LEAD for guidelines).

◆ Don't use a belt-sander, propane torch, dry scraper, or dry sandpaper on painted surfaces that may contain lead.

◆ Don't try to remove lead-based paint yourself.

EPA Regional Offices

Your Regional EPA Office can provide further information regarding regulations and lead protection programs.

EPA Regional Offices

Region 1 (Connecticut, Massachusetts, Maine, New Hampshire, Rhode Island, Vermont)
John F. Kennedy Federal Building
One Congress Street
Boston, MA 02203
(617) 565-3420

Region 2 (New Jersey, New York, Puerto Rico, Virgin Islands)
Building 5
2890 Woodbridge Avenue
Edison, NJ 08837-3679
(908) 321-6671

Region 3 (Delaware, Washington DC, Maryland, Pennsylvania, Virginia, West Virginia)
841 Chestnut Building
Philadelphia, PA 19107
(215) 597-9800

Region 4 (Alabama, Florida, Georgia, Kentucky, Mississippi, North Carolina, South Carolina, Tennessee)
345 Courtland Street, NE
Atlanta, GA 30365
(404) 347-4727

Region 5 (Illinois, Indiana, Michigan, Minnesota, Ohio, Wisconsin)
77 West Jackson Boulevard
Chicago, IL 60604-3590
(312) 886-6003

Region 6 (Arkansas, Louisiana, New Mexico, Oklahoma, Texas)
First Interstate Bank Tower
1445 Ross Avenue, 12th Floor, Suite 1200
Dallas, TX 75202-2733
(214) 665-7244

Region 7 (Iowa, Kansas, Missouri, Nebraska)
726 Minnesota Avenue
Kansas City, KS 66101
(913) 551-7020

Region 8 (Colorado, Montana, North Dakota, South Dakota, Utah, Wyoming)
999 18th Street, Suite 500
Denver, CO 80202-2405
(303) 293-1603

Region 9 (Arizona, California, Hawaii, Nevada)
75 Hawthorne Street
San Francisco, CA 94105
(415) 744-1124

Region 10 (Idaho, Oregon, Washington, Alaska)
1200 Sixth Avenue
Seattle, WA 98101
(206) 553-1200

CPSC Regional Offices

Eastern Regional Center
6 World Trade Center
Vesey Street, Room 350
New York, NY 10048
(212) 466-1612

Central Regional Center
230 South Dearborn Street
Room 2944
Chicago, IL 60604-1601
(312) 353-8260

Western Regional Center
600 Harrison Street, Room 245
San Francisco, CA 94107
(415) 744-2966

¿Est Usted Planeando Comprar, Alquilar o Renovar una Casa Construida Antes de 1978?

Muchas casas y apartamentos construidos antes de 1978 tienen pintura que contiene plomo (llamada pintura a base de plomo). El plomo de la pintura, de los pedazos y del polvo pueden representar peligros serios para la salud si no se manejan con cuidado.

Para el año 1996 la ley federal requerir que las personas reciban cierta informacion antes de alquilar, comprar o renovar casas construidas antes de 1978:

Los **propietarios** tendrán que revelar la información que tienen a sus inquilinos sobre los peligros de la pintura a base de plomo antes que los contratos de arrendamiento (alquiler) entren en vigor.

Los **vendedores** de sus propiedades tendrn que revelar la información que tienen sobre los peligros de la pintura a base de plomo antes de vender una casa. Los contratos de venta incluirn un formulario federal sobre la pintura a base de plomo en el edificio. Los compradores tendrán hasta 10 días para verificar si hay peligros de plomo.

Los **renovadores** tendrn que entregarle a usted este folleto antes de comenzar un trabajo.

Si usted quiere obtener ms información sobre estos requisitos, llame al Centro de Información Nacional para Plomo (National Lead Information Clearinghouse) al **1-800-424-5323.**

Proteja a Su Familia del Plomo en Su Casa

EPA
Agencia de Protección Ambiental de los Estados Unidos (EPA)

Comisión de Seguridad de Productos de Consumo de los Estados Unidos

EPA747-K-94-001
Agosto 1995

U.S. EPA/CPSC Washington DC 20460
U.S. CPSC Washington DC 20207

El Plomo Entra en el Cuerpo de Muchas Maneras

El plomo puede entrar en los cuerpos de las personas si:

- Se meten las manos u otros objetos cubiertos de polvo de plomo en la boca.
- Comen pedazos de pintura o tierra que contiene plomo.
- Aspiran polvo de plomo (especialmente durante renovaciones de superficies pintadas).

El plomo es aún más peligroso para los niños que para los adultos porque:

- Los bebes y los niños pequeños con frecuencia se meten las manos y otros objetos en la boca. Estos objetos pueden tener polvo de plomo.
- Los cuerpos de los niños crecen y absorben más plomo que los de los adultos.
- Los sistemas nerviosos y los cerebros de los niños son más sensibles a los efectos dañinos del plomo.

1 de cada 11 niños en los Estados Unidos tiene niveles peligrosos de plomo en su cuerpo.

¡IMPORTANTE!

El Plomo de la Pintura, el Polvo y la Tierra Pueden Ser Peligrosos Si No Se Manejan Debidamente

Aviso: Exponer a los niños o bebes al plomo los puede dañar, incluso antes de nacer.

Aviso: Hasta los niños que parecen ser saludables pueden tener niveles peligrosos de plomo en sus cuerpos.

Aviso: El plomo puede entrar en los cuerpos de las personas cuando aspiran o tragan polvo de plomo, o si comen tierra o pedazos de pintura que contienen plomo.

Aviso: Las personas tienen muchas alternativas para reducir el peligro del plomo. En muchos casos, la pintura a base de plomo que est en buenas condiciones no es un peligro.

Aviso: Quitar la pintura a base de plomo incorrectamente puede aumentar el peligro para su familia.

Si usted piensa que su casa puede tener pintura a base de plomo, lea este folleto para conocer unas medidas sencillas que puede tomar para proteger a su familia.

Examine a su Familia para Detectar el Plomo

Los exámenes de sangre son importantes para:

Un examen sencillo de la sangre puede detectar altos niveles de plomo.

◆ Niños que tienen entre 6 meses y 1 año (6 meses si usted vive en una casa o edificio que se está deteriorando, que puede tener plomo en la pintura).

◆ Miembros de la familia que usted cree que pueden tener altos niveles de plomo.

◆ Si su niño(a) tiene **más de 1 año,** hable con su médico sobre si su niño(a) necesita un examen.

Su médico o centro de salud pueden hacer los exámenes de la sangre. No son caros y a veces se hacen gratis. Su médico le explicará lo que significa el resultado de un examen. El tratamiento puede variar, desde cambios en el ambiente donde vive una persona y de sus hábitos de comer, hasta medicinas o una estencia en un hospital.

Dónde se Encuentra la Pintura a Base de Plomo

Muchas casas construidas antes de 1978 tienen pintura a base de plomo. En 1978, el Gobierno Federal prohibió la pintura a base de plomo para viviendas. Algunos estados ya habían prohibido su uso anteriormente. Se puede encontrar el plomo:

En general, mientras más antigua sea su casa, mayor será la probabilidad de que tenga pintura a base de plomo.

◆ En casas en la ciudad, en el medio rural o en los suburbios.

◆ En apartamentos, casas para una sola familia y en viviendas privadas y públicas.

◆ Adentro y afuera de la casa.

◆ En la tierra alrededor de la casa. (La tierra puede absorber el plomo de la pintura exterior o de otras fuentes como del uso en el pasado de gasolina con plomo en los autos.)

Los Efectos del Plomo

Hasta los niños que parecen ser saludables pueden tener niveles peligrosos de plomo.

Si no se detecta temprano, los niños que tienen alto niveles de plomo en sus cuerpos pueden sufrir de:

◆ Daños al cerebro y al sistema nervioso

◆ Problemas de comportamiento y aprendizaje (tal como hiperactividad)

◆ Crecimiento lento

◆ Problemas para oir

◆ Dolores de cabeza

El plomo también es dañino para los adultos. Los adultos pueden sufrir de:

◆ Daño al bebé durante el embarazo

◆ Otros problemas reproductivos (en hombres y mujeres)

◆ Presión alta

◆ Problemas digestivos

◆ Trastornos nerviosos

◆ Problemas de memoria y de concentración

◆ Dolores musculares y de las articulaciones

Daños al Cerebro o a los Nervios

Problemas Para Oir

Crecimiento Retardado

Problemas Digestivos

Problemas de Reproducción (Adultos)

Cómo Verificar si su Casa Tiene Peligros de Plomo

Con sólo saber que una casa tiene pintura a base de plomo no le indica si hay peligro.

Usted puede verificar si su casa tiene plomo en una de dos maneras, o ambas:

◆ Una **inspección** de la pintura le indica el contenido de plomo de todas las superficies pintadas en su casa. No le indicará si la pintura es un peligro ni cómo usted la debería manejar.

◆ Una **evaluación del riesgo** le indica si hay fuentes de exposición seria al plomo (tales como pintura que se está pelando y polvo de plomo). Además, le indica qué acciones pueden ser tomadas para dirigirse a estos peligros.

Haga que inspectores calificados realicen las pruebas. El Gobierno Federal está preparando procedimientos y calificaciones universales para inspectores y evaluadores de riesgo que hacen pruebas de plomo. Posiblemente algunos estados ya tienen estándares vigentes. Llame a su agencia estatal para obtener más información sobre cómo encontrar a profesionales calificados en su área (vea la página 12).

Los profesionales entrenados usan una variedad de métodos cuando llevan a cabo sus pruebas, incluyendo:

◆ Inspección visual del lugar y la condición de la pintura.

◆ Examen de laboratorio de muestras de pintura.

◆ Pruebas del polvo de la superficie.

◆ Una máquina portátil de rayos-x de fluorescencia.

Hay paquetes de pruebas de plomo para la casa disponibles, pero estudios recientes indican que no siempre son confiables. Los consumidores no deben confiar en estas pruebas antes de hacer revonaciones o para asegurar que no hay peligro.

Dónde el Plomo Probablemente es un Peligro

La pintura a base de plomo que se está en buenas condiciones normalmente no es un peligro.

La pintura a base de plomo que se está pelando, despedazando o quebrando es un peligro y requiere atención inmediata.

La pintura a base de plomo también puede ser un peligro cuando se encuentra en superficies que los niños pueden morder o que tienen mucho uso.

La pintura a base de plomo es más peligrosa cuando está en la forma de pedazos de pintura, que usted puede ver, o de polvo de plomo, que usted no siempre puede ver.

◆ Ventanas y marcos de las ventanas.

◆ Puertas y marcos de las puertas.

◆ Escaleras, barandas y pasamanos.

◆ Portales, terrazas y cercas.

El polvo de plomo se puede formar cuando se raspa o lija en seco o se calienta la pintura a base de plomo. El polvo también se forma cuando las superficies pintadas (como puertas y ventanas) chocan o se juntan. Pedazos de plomo y polvo quedan en superficies que las personas tocan. El polvo de plomo que se acumula puede entrar en el aire cuando do se usa una aspiradora o se barre.

El plomo en la tierra puede ser un peligro cuando los niños juegan alli o cuando las personas llevan tierra a la casa en los zapatos. Llame a su agencia estatal (en la lista en la parte de atras de este folleto) para averiguar sobre pruebas de plomo para la tierra.

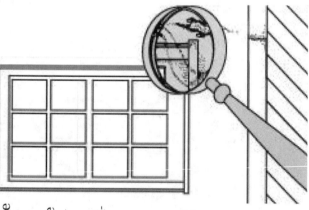

Cómo Reducir los Peligros del Plomo Significativamente

Siempre consulte a un profesional que esté entrenado para hacer el trabajo debidamente y sin peligro.

Ademas de la limpieza diaria y la buena nutrición, usted puede considerar otras opciones para reducir los peligros del plomo.

◆ Usted puede reducir **temporalmente** los peligros del plomo tomando acciones como reparar superficies pintadas que han sido dañadas (vea la página siguiente) y sembrando grama o hierba para cubrir la tierra que tiene alto contenido de plomo. Estas acciones (llamadas "controles interinos") no son soluciones permanentes y no eliminarn todos los riesgos de exposición.

◆ Para quitar los peligros **permanentemente,** usted necesitará contratar a un especialista de "supresión". Los métodos de supresi n (o eliminación permanente de peligro) incluyen quitar, sellar o envolver la pintura a base de plomo con materiales especiales. **Simplemente pintar sobre el peligro con pintura corriente no es suficiente.**

Siempre contrate a una persona que tenga entrenamiento especial para corregir los problemas de plomo, alguien que sepa cómo hacer este trabajo sin peligro y que tenga el equipo necesario para limpiar debidamente después del trabajo. Si fuera posible, contrate a un especialista certificado para la supresión de plomo. Los especialistas **certificados** emplean a trabajadores calificados y cumplen las reglas estrictas de seguridad establecidas por el estado o por el Gobierno Federal.

Llame a su agencia estatal (vea la página 12) para que le ayuden a encontrar especialistas calificados en su área y para ver si hay ayuda financiera disponible.

Quitar el plomo indebidamente puede empeorar el peligro para su familia al regarse aoen ms polvo de plomo por toda su casa.

Qué Puede Hacer Usted Ahora Para Proteger a su Familia

Si usted sospecha que su casa tiene peligro de plomo, usted puede tomar algunas acciones inmediatamente para reducir el riesgo para su familia:

◆ Notifique a su propietario sobre pintura que se esté pelando o quebrando.

◆ Limpie los pedazos de pintura inmediatamente.

◆ Limpie los pisos, molduras y marcos de las ventanas y otras superficies semanalmente. Use un trapeador o una esponja con agua tibia y un detergente corriente o uno especial para plomo. **RECUERDE: Nunca mezcle productos de limpieza de amoníaco y de cloro, porque se produce un gas peligroso.**

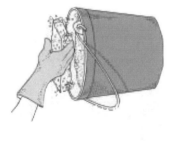

◆ Enjuague completamente las esponjas y la cabeza de los trapeadores después de limpiar areas sucias o que tienen polvo. Bote los trapos que fueron usados para limpiar.

◆ **Lávele las manos a los niños frecuentemente, especialmente antes de comer y antes de dormir la siesta y por la noche.**

◆ **Mantenga limpias las áreas de juego.** Limpie las botellas, chupetes, y juguetes periódicamente.

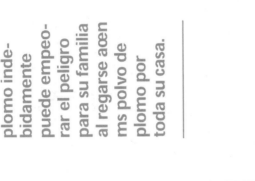

◆ **No deje que los niños muerdan las molduras de las ventanas u otras superficies pintadas.**

◆ **Limpie o quítese los zapatos antes de entrar en su casa para que no entre el plomo de la tierra.**

◆ **Asegúrese que los niños coman comidas nutritivas, bajas en grasa y con alto contenido de hierro y calcio,** tales como espinaca y productos lácteos bajos en grasa. Los niños que tienen buenas dietas absorben menos plomo.

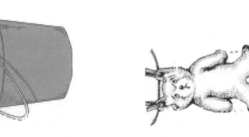

Otras Fuentes de Plomo

◆ **Agua de beber.** Su casa puede tener tuberías de plomo o soldaduras de plomo. Llame a su departamento de salud local o abastecedor de agua para averiguar sobre cómo hacerle pruebas a su agua. Usted no puede ver, oler ni saborear el plomo, y hervir el agua no le quitará el plomo. Si usted cree que la plomería de su casa puede tener plomo:

- **Use solamente agua fría para beber o cocinar.**

- Deje correr el agua unos minutos antes de beberla, especialmente si usted trabaja con plomo a su casa en sus manos o en su ropa por varias horas.

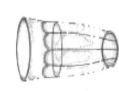

◆ **En el trabajo.** Si usted trabaja con plomo en su trabajo, usted podría llevar el plomo a su casa en sus manos o en su ropa. Dése una ducha y cámbiese la ropa antes de llegar a su casa. Lave la ropa suya separada a la de su familia.

◆ **Juguetes y muebles viejos pintados.**

◆ Alimentos y líquidos guardados en **cristalería a base de plomo o locería o porcelana con barniz a base de plomo.**

Fábricas de fundición que trabajan con plomo u otras industrias que sueltan plomo en el aire.

◆ **Pasatiempos** que usan plomo, tales como alfarería o vidrios de color, o renovación de muebles.

◆ **Remedios caseros** que contienen plomo, tales como "greta" y "azarcón", que se usan para tratar la descomposición de estómago.

Cómo Remodelar o Renovar una Casa que Tiene Pintura a Base de Plomo

Tome las precauciones antes de comenzar remodelaciones o renovaciones que puedan mover superficies pintadas (tales como raspar la pintura o quitar paredes):

◆ **Examine el área para ver si hay pintura a base de plomo.**

◆ No use un raspador o una lijadora en seco, soplete de propano o pistola de alta temperatura para quitar la pintura a base de plomo. Estas acciones crean cantidades grandes de polvo de plomo y gases. El polvo de plomo puede quedar en su casa un tiempo largo después que se ha terminado el trabajo.

Si no se hacen debidamente, ciertos tipos de renovaciones pueden soltar al aire el plomo de la pintura y polvo.

◆ **Mude temporalmente a su familia** (especialmente a los niños y las mujeres embarazadas) fuera de la casa o del apartamento hasta que se haya terminado el trabajo y limpiado debidamente el área. Si usted no puede mudar a su familia, entonces por lo menos aisle completamente el rea de trabajo.

◆ **Tome otras medidas de seguridad para reducir los peligros del plomo.** Usted puede averiguar sobre otras medidas de seguridad llamando al 1-800-424-5323. Pida el folleto "Cómo Reducir los Peligros del Plomo al Remodelar Su Casa". Este folleto explica qué hacer antes, durante y después de renovaciones para evitar crear peligros basados en el plomo de larga duración.

Si usted ya ha completado renovaciones o remodelaciones que pueden haber soltado pintura o polvo a base de plomo, lleve a sus niños para que les hagan pruebas y siga los pasos indicados en la página 7 de este folleto.

Agencias Estatales de Salud y de Protección Ambiental

Algunas ciudades y estados tienen sus propias regulaciones para las actividades relacionadas con pintura a base de plomo. Verifique con su agencia estatal (vea la lista abajo) para ver si hay leyes estatales o locales que le aplican a usted. Las agencias estatales también pueden proporcionar información sobre cómo encontrar una compañía de supresión de plomo en su área, y sobre posibles fuentes de asistencia financiera para reducir los peligros del plomo.

Estado/Región	Número de Teléfono	Estado/Región	Número de Teléfono
Alabama	(205) 242-5661	Montana	(406) 444-3671
Alaska	(907) 465-5152	Nebraska	(402) 471-2451
Arkansas	(501) 661-2534	Nevada	(702) 687-6615
Arizona	(602) 542-7307	New Hampshire	(603) 271-4507
California	(510) 450-2424	New Jersey	(609) 530-8812
Colorado	(303) 692-3012	New Mexico	(505) 841-8024
Connecticut	(203) 566-5808	New York	(518) 473-4602
Washington DC	(202) 727-9850	North Carolina	(919) 715-3293
Delaware	(302) 739-4735	North Dakota	(701) 328-5188
Florida	(904) 488-3385	Ohio	(614) 466-1450
Georgia	(404) 657-6514	Oklahoma	(405) 271-5220
Hawaii	(808) 832-5860	Oregon	(503) 248-5240
Idaho	(208) 332-5544	Pennsylvania	(717) 782-2884
Illinois	(800) 545-2200	Puerto Rico	(809) 766-2823
Indiana	(317) 382-6662	Rhode Island	(401) 277-3424
Iowa	(800) 972-2026	South Carolina	(803) 935-7945
Kansas	(913) 296-0189	South Dakota	(605) 773-3153
Kentucky	(502) 564-2154	Tennessee	(615) 741-5683
Louisiana	(504) 765-0219	Texas	(512) 834-6600
Massachusetts	(800) 532-9571	Utah	(801) 536-4000
Maryland	(410) 631-3859	Vermont	(802) 863-7231
Maine	(207) 287-4311	Virginia	(800) 523-4019
Michigan	(517) 335-8885	Washington	(206) 753-2556
Minnesota	(612) 627-5498	West Virginia	(304) 558-2981
Mississippi	(601) 960-7463	Wisconsin	(608) 266-5885
Missouri	(314) 526-4911	Wyoming	(307) 777-7391

Para Más Información

El Centro Nacional de Información Sobre Plomo

Llame al 1-800-532-3394 para obtener información sobre cómo proteger a los niños del envenenamiento de plomo.

Para obtener información adicional sobre peligros del plomo, llame a la oficina del Centro, al 1-800-424-5323, o TDD 1-800-526-5456 para los que tienen problemas para oir. (FAX: 202-659-1192, Internet: EHC@CAIS.COM).

Teléfono Especial de la EPA para Agua de Beber Segura

Llame al 1-800-426-4761 para obtener información sobre plomo en el agua de beber.

Teléfono Especial de la Comisión de Seguridad de Productos de Consumo

Para pedir información sobre el plomo en productos de consumo, o para reportar que un producto para el consumo es peligroso o una lesión relacionada con un producto, llame al 1-800-638-2772. (Internet: info@cpsc.gov). Las personas que tienen problemas para oir, pueden llamar al 1-800-638-8720.

Fuentes Locales de Información:

Pasos Sencillos Para Proteger a Su Familia de los Peligros del Plomo

Si usted cree que su casa tiene altos niveles de plomo:

◆ Lleve a sus niños para que les hagan exámenes para plomo, aunque parezcan saludables.

◆ Lave las manos, botellas y chupetes de los niños frecuentemente.

◆ Asegúrese que los niños coman alimentos sanos y bajos en grasa.

◆ Haga que revisen su casa para ver si hay peligros del plomo.

◆ Limpie los pisos, las molduras de las ventanas y otras superficies frecuentemente.

◆ Quítele la tierra a los zapatos antes de entrar en la casa.

◆ Hable con el propietario que le alquila a usted sobre el arreglo de las superficies que tienen pintura que se esté pelando o quebrando.

◆ Tome precauciones para evitar la exposición al polvo de plomo cuando esté remodelando o renovando (llame al 1-800-424-5323 para obtener orientaciones).

◆ No use una lijadora de cinta, soplete de propano, raspadora en seco o papel de lija en seco en las superficies que pudieran contener plomo.

◆ No trate usted mismo(a) de quitar la pintura a base de plomo.

Recycled/Recyclable
Printed on paper that contains at least 20 percent postconsumer fiber.

Oficinas Regionales de la EPA

Su contacto Regional de la EPA puede proporcionar más información sobre regulaciones y programas de envenenamiento de plomo que le afecten a usted.

Oficinas Regionales de la EPA

Región 1 (Connecticut, Massachusetts, Maine, New Hampshire, Rhode Island, Vermont)
John F. Kennedy Federal Building
One Congress Street
Boston, MA 02203
(617) 565-3420

Región 2 (New Jersey, New York, Puerto Rico, Virgin Islands)
Building 5
2890 Woodbridge Avenue
Edison, NJ 08837-3679
(908) 321-6671

Región 3 (Delaware, Washington DC, Maryland, Pennsylvania, Virginia, West Virginia)
841 Chestnut Building
Philadelphia, PA 19107
(215) 597-9800

Región 4 (Alabama, Florida, Georgia, Kentucky, Mississippi, North Carolina, South Carolina, Tennessee)
345 Courtland Street, NE
Atlanta, GA 30365
(404) 347-4727

Región 5 (Illinois, Indiana, Michigan, Minnesota, Ohio, Wisconsin)
77 West Jackson Boulevard
Chicago, IL 60604-3590
(312) 886-6003

Región 6 (Arkansas, Louisiana, New Mexico, Oklahoma, Texas)
First Interstate Bank Tower
1445 Ross Avenue, 12th Floor, Suite 1200
Dallas, TX 75202-2733
(214) 665-7244

Región 7 (Iowa, Kansas, Missouri, Nebraska)
726 Minnesota Avenue
Kansas City, KS 66101
(913) 551-7020

Región 8 (Colorado, Montana, North Dakota, South Dakota, Utah, Wyoming)
999 18th Street, Suite 500
Denver, CO 80202-2405
(303) 293-1603

Región 9 (Arizona, California, Hawaii, Nevada)
75 Hawthorne Street
San Francisco, CA 94105
(415) 744-1124

Región 10 (Idaho, Oregon, Washington, Alaska)
1200 Sixth Avenue
Seattle, WA 98101
(206) 553-1200

Oficinas Regionales de CPSC

Centro Regional del Este
6 World Trade Center
Vesey Street, Room 350
New York, NY 10048
(212) 466-1612

Centro Regional Central
230 South Dearborn Street
Room 2944
Chicago, IL 60604-1601
(312) 353-8260

Centro Regional del Oeste
600 Harrison Street, Room 245
San Francisco, CA 94107
(415) 744-2966

Notice of Intent to Enter Dwelling Unit

To: _____

    Tenant

_____

    Street Address

_____

    City and State

THIS notice is to inform you that on _____,

at approximately _____ AM/PM, the landlord, or the landlord's agent, will enter the premises

for the following reason: _____

_____

☐   To make or arrange for the following repairs or improvements:

_____

_____

_____

_____

_____ .

☐   To show the premises to:

    ☐   a prospective tenant or purchaser.

    ☐   workers or contractors regarding the above repair or improvement.

☐   Other: _____

_____

_____ .

You are, of course, welcome to be present. If you have any questions or if the date or time is inconvenient,

please notify me promptly at _____ .

                      Phone Number

_____   _____

Landlord/Manager   Date

Amendment to Lease or Rental Agreement

This is an Amendment to the lease or rental agreement dated _____

[the Agreement] between _____

[Landlord] and _____

[Tenant] regarding property located at _____

_____ [the premises].

Landlord and Tenant agree to the following changes and/or additions to the Agreement:

_____

_____

_____

_____

_____

_____

_____

_____

_____

_____

_____

_____

_____

_____

_____

_____

_____

_____   _____
Landlord/Manager   Date

_____   _____
Tenant   Date

_____   _____
Tenant   Date

_____   _____
Tenant   Date

Tenant's Notice of Intent to Move Out

_____

Date

_____

Landlord

_____

Street Address

_____

City and State

Dear _____ ,
                        Landlord

This is to notify you that the undersigned tenants, _____

_____ , will be moving from

_____ ,

on _____ , _____ from today. This

provides at least _____ written notice as required in our rental

agreement.

Sincerely,

_____

Tenant

_____

Tenant

_____

Tenant

Move-Out Letter

_____
Date

_____
Tenant

_____
Street Address

_____
City and State

Dear _____,
                    Tenant

We hope you have enjoyed living here. In order that we may mutually end our relationship on a positive note, this move-out letter describes how we expect your unit to be left and what our procedures are for returning your security deposit.

Basically, we expect you to leave your rental unit in the same condition it was when you moved in, except for normal wear and tear. To refresh your memory on the condition of the unit when you moved in, I've attached a copy of the Landlord-Tenant Checklist you signed at the beginning of your tenancy. I'll be using this same form to inspect your unit when you leave.

Specifically, here's a list of items you should thoroughly clean before vacating:

☐ Floors

    ☐ sweep wood floors

    ☐ vacuum carpets and rugs (shampoo if necessary)

    ☐ mop kitchen and bathroom floors

☐ Walls, baseboards, ceilings, and built-in shelves

☐ Kitchen cabinets, countertops and sink, stove and oven—inside and out

☐ Refrigerator—clean inside and out, empty it of food, and turn it off, with the door left open

☐ Bathtubs, showers, toilets, and plumbing fixtures

☐ Doors, windows, and window coverings

☐ Other

_____

_____

_____

_____

_____

_____

_____

_____

_____

_____

_____

If you have any questions as to the type of cleaning we expect, please let me know.

Please don't leave anything behind—that includes bags of garbage, clothes, food, newspapers, furniture, appliances, dishes, plants, cleaning supplies, or other items that belong to you.

Please be sure you have disconnected phone and utility services, canceled all newspaper subscriptions, and sent the post office a change of address form.

Once you have cleaned your unit and removed all your belongings, please call me at _____ to arrange for a walk-through inspection and to return all keys. Please be prepared to give me your forwarding address where we may mail your security deposit.

It's our policy to return all deposits either in person or at an address you provide within _____ _____ after you move out. If any deductions are made—for past due rent or because the unit is damaged or not sufficiently clean—they will be explained in writing.

If you have any questions, please contact me at _____.

Sincerely,

_____

Landlord/Manager

Letter for Returning Entire Security Deposit

_____
Date

_____
Tenant

_____
Street Address

_____
City and State

Dear _____,
             Tenant

Here is an itemization of your $ _____ security deposit on the property at _____

_____,

which you rented from me on a _____ basis on

_____ and vacated on _____.

As you left the rental property in satisfactory condition, I am returning the entire amount of the security

deposit of _____.

Sincerely,

_____
Landlord/Manager

Security Deposit Itemization
(Deductions for Repairs and Cleaning)

Date _____

From: _____

_____

_____

To: _____

_____

_____

Property Address: _____

Rental Period: _____

1. Security Deposit Received $ _____

2. Interest on Deposit (if required by lease or law): $ _____

3. Total Credit (sum of lines 1 and 2) $ _____

4. Itemized Repairs and Related Losses:

_____

_____

_____ $ _____

5. Necessary Cleaning:

_____

_____

_____ $ _____

6. Total Cleaning & Repair (sum of lines 4 and 5) $ _____

7. Amount Owed (line 3 minus line 6)

   ☐ a. Total Amount Tenant Owes Landlord: $ _____

   ☐ b. Total Amount Landlord Owes Tenant: $ _____

Comments: _____

_____

_____

_____

_____

_____

Security Deposit Itemization
(Deductions for Repairs, Cleaning, and Unpaid Rent)

Date _____

From: _____

_____

_____

To: _____

_____

_____

Property Address: _____

Rental Period: _____

1. Security Deposit Received $ _____

2. Interest on Deposit (if required by lease or law): $ _____

3. Total Credit (sum of lines 1 and 2) $ _____

4. Itemized Repairs and Related Losses:

_____

_____

_____ $ _____

5. Necessary Cleaning:

_____

_____

_____ $ _____

6. Defaults in Rent Not Covered by Any Court Judgment

(list dates and rates):

_____

_____

_____ $ _____

7. Amount of Court Judgment for Rent, Costs, Attorney Fees $ _____

8. Other Deductions:

_____

_____

_____ $ _____

9. Total Amount Owed Landlord (sum of lines 3 through 8) $ _____

10. Amount Owed (line 3 minus line 9)

   ☐ a. Total Amount Tenant Owes Landlord: $ _____

   ☐ b. Total Amount Landlord Owes Tenant: $ _____

Comments: _____

_____

_____

_____

_____

_____

_____

_____

_____

_____

_____

_____

_____

_____

_____

_____

_____

_____

_____

_____

Warning Letter for Lease or Rental Agreement Violation

_____
Date

_____
Tenant

_____
Street Address

_____
City and State

Dear _____ ,
                               Tenant

This is a reminder that your lease prohibits _____

_____

(violation). It has come to my attention that, starting _____, (date

of violation) and continuing to the present, you have broken this condition of your tenancy by _____

_____

_____

_____ .

It is our desire that you and all other tenants enjoy living in your rental unit. To make sure this occurs, we

enforce all terms and conditions of our leases. So please immediately _____

_____

_____

_____ .

If it proves impossible to promptly resolve this matter, we will exercise our legal right to begin eviction

proceedings.

Please contact me if you would like to discuss this matter further and clear up any possible misunderstandings.

Yours truly,

_____
Landlord/Manager

_____
Street Address

_____
City and State

_____
Phone

Index

A

Abandoned property of tenants, 366–370, 404, 439
Abandonment of premises by tenant, 315, 332
Absences (extended) by tenant, 53, 311, 313
Accessibility
  new building requirements, 109, 110
  residences used for business, 40
  See also Disabled tenants
Accessible units
  matching service, 16
  Title X exemption, 260
Access to premises, 49, 306–320
  after tenant has moved out, 314–315
  agreement clause, 53, 311, 319
  avoiding theft claims, 313
  basic rules, 306–308
  emergencies, 308–309, 437–438
  for inspections, 219, 222, 311, 315, 437–438
  to make repairs, 217, 310–311, 437–438
  notice to tenant, 8, 53, 306–308, 309, 310, 312,
    437–438
  sample agreement for, 319
  sample letter requesting entry, 311
  sample notice of intent to enter, 312
  to show property, 8–9, 313–314, 437–438
  state laws, 53, 307, 437–438
  tenant remedies for illegal entry, 319–320
  in tenant's extended absence, 53, 311, 313, 332,
    437–438
  with tenant's permission, 309–310
  by third parties, 315–316
  unreasonable denial of, 308, 318–319
  when you suspect abandonment, 332
Accommodations for disabled tenants, 62, 108–109,
  111, 113
ADA (Americans With Disabilities Act), 40, 128, 131
Addresses
  former tenants, 332, 360, 365
  owner and manager, 57, 147, 156

Adverse action reports, 26, 28
Advertising, 6–8
  discrimination issues, 8, 96, 103
  online listing services, 7, 16
  manager's job, 128
  promises made in ads, 8, 207, 281
  rent amount in, 8
  signs on property, 6, 9, 314
Age discrimination, 101, 112–113
Agent for service of process, cosigners, 61–62
Agreement for Delayed or Partial Rent Payments, 82,
  392
Agreement Regarding Tenant Alterations to Rental
  Unit, 225–226
Agreement violations
  by assignees/subtenants, 172
  caution about ignoring, 52
  by cotenants, 165–166
  Cure or Quit notices, 387, 392, 445–446
  fixed-term leases, 35
  by guests, 60
  just cause evictions for, 74
  by landlord, 204, 240, 328, 334
  repeated/uncorrectable, 392
  terminations for, 60, 328, 375, 392–393
  terminations for, state laws, 445–446
  warning tenants about, 375, 376, 383–384
  See also Termination of tenancy; *specific violations*
AIDS, 105
Air conditioning, 191
Alabama, pending legislation, 419
Alarm systems, 49, 50
Alcoholism, 105–106
Allergies, 107
Alterations and improvements
  agreement clause, 49–50, 351
  Agreement Regarding Tenant Alterations, 225–226
  cable TV, 224, 227
  disabled tenants' right to make, 49–50, 109, 110, 111

ownership of, 222–223

satellite dishes and antennas, 50, 224, 227–231

by tenants, 49–50, 222–226, 351

See also Renovations/remodeling

Amending leases and rental agreements, 62, 322–323

sample Amendment, 324

Amenities, repair/maintenance responsibilities, 191–192, 206–207

American Arbitration Association, 379

American Gas Association, 268

Americans With Disabilities Act (ADA), 40, 128, 131

Annotated codes, 416, 417, 418

Answer (evictions lawsuits), 397, 398

Antennas and satellite dishes, 50, 224, 227–231

Antidiscrimination laws, 99–102

federal, 100–102

state and local, 101–102, 102, 113–114, 168

See also Discrimination; Fair Housing Acts

Appeals

arbitration judgments, 379

evictions lawsuits, 399

Appliances

carbon monoxide hazards, 267–268

cleaning/repair at move-out, 349, 350

ownership, 223

repair/maintenance responsibilities, 192, 206

Application screening fees, 20–22

Arbitrary discrimination, 114, 116

Arbitration, 378, 379

Arrest records. *See* Criminal history

Arrest warrants, 316

Asbestos, 57, 186, 211, 254–257

Assignees, 171, 172, 173–174. *See also* Assignments and sublets

Assignments and sublets, 169–175

agreement clause, 47–48

allowing, 171–172, 175

Consent to Assignment of Lease, 175, 176

definitions, 171

legal relationships and obligations, 169, 172, 173–174, 179

rejecting, 172

unauthorized, termination for, 47, 392

Assumption of risk, 243

Asthma, 107

Attachment page preparation, 37

Attorney fees, 411–414

in a lawsuit, 56, 247, 337, 394, 414–415

Attorneys. *See* Lawyers

Attractive nuisances, 187, 245–246

Authority to receive legal papers, 59

Authorized agents of landlord, 57, 59, 61

Auto insurance, 131

Automatic debit rent payment, 79

Automatic liens, abandoned property of tenants, 368–369

Automatic stay, bankruptcy, 404, 405

B

Background checks

current/former tenants, 316–317

prospective managers, 130–131, 297

prospective tenants, 15, 22

Bait-and-switch advertising, 8

Bank accounts

of prospective tenants, 23

for security deposits, 45, 57, 91–92, 93, 357

for withheld rent, 194, 196, 200

Bank charges, 44

Bankruptcy

applicants' history of, 20

evictions and, 357, 404–405

fixed-term leases and, 405

payroll tax liability and, 139

Bankruptcy Abuse Prevention and Consumer Protection Act of 2005, 404

Banks, providing information about tenants to, 316

Base rent, 73–74

Benefits, for managers, 133

Blind tenants, 108, 109

Bodily injury, 123

Bounced check charges, 44, 81

Breaking of lease by tenant, 35, 331–338

buy-out offers, 333

legal reasons for, 329, 334

over minor repairs, 209

security deposit return and deductions, 347, 352

state laws, 35, 174, 334

suing for unpaid rent, 337

tenants entering military, 35, 329, 334

tenant's rent obligations, 41, 331–332

tenant's right to find replacement tenant, 336–337

termination fees, 338

See also Duty to mitigate damages

Broken windows, 189

Building codes. *See* Housing codes

Building material sensitivity, 107

Building supers, 126
Burglar alarm systems, 49, 50
Business name, of landlord, 38
Business use of rental unit, 38, 40
Buying property. *See* Sale of rental property
Buy-outs
    as eviction alternative, 387
    lease tenants, 333
Buzzer systems, 285

C

Cable TV access/service, 45, 224, 227
California landlords
    application screening fees, 20, 21
    cautions/resources for, 4, 73, 325, 345, 416
Cameras, for security, 286
Cancellation fees, 338
Carbon monoxide, 267–268
Carelessness
    of landlords, 241
    of tenants, 243
    See also Negligence; Negligence per se
Car insurance, 131
Carpets, 189, 349, 350–351, 377
Cars, abandoned by tenants, 370
Case citations, 418
Case law. *See* Court decisions
Cashier's checks, for rent payment, 43
Cash rent payments, 78, 292, 302
CC&Rs, 3, 40
CD-ROM, how to use, 456–460
Certificates of insurance
    management companies, 145
    repair/renovation contractors, 193
Check Clearing for the 21st Century Act, 78
Checks
    bounced, 44, 78, 81
    for first month's rent/security deposit, 159
    postdated, 78
    rent payments, 43, 78, 292
Child care businesses, 40
Children
    attractive nuisances and, 187, 245–246
    lead hazards and, 257, 264
    occupancy policies and, 39, 105
    preventing injuries to, 245–246
    See also Familial status discrimination; Minors
Citizenship status. *See* Immigration status
Civil Rights Act (Title VII), 111–112, 128

Cleaning
    applying last month's rent to, 90–91
    before showing unit, 9
    before start of new tenancy, 155
    meth lab cleanup, 285
    at move-out, 342, 343–344, 346
    security deposit deductions for, 87, 155, 347, 349, 350–351, 354, 356, 357
    tenant's obligations, 48, 191
Cleaning fees, 45, 93, 349
CO (carbon monoxide), 267–268
Code of Federal Regulations, 257, 259, 260, 417
Code violations
    documenting correction, 395
    injuries to tenants and, 239, 275–276
    minor, 206, 208–209
    neighbors' complaints, 315
    remedying, 189
    tenant complaints, 189, 201, 203, 208–209, 276, 383, 395
    See also Housing codes
Cold-weather evictions, 399–400
Collection agencies, 366
Commercial rental property, 3
Common areas
    discrimination issues, 103
    habitability standard, 185, 210
    maintenance responsibilities, 210
    renovations, and lead hazards, 260, 261–262
    rules regarding, 54, 55
    satellite dish/antenna installation, 228
    security issues, 277–278, 280
    security recommendations, 284, 286
Common law, 417–418. *See also* Court decisions
Communications with tenants
    at tenant's workplace, 317
    unsolicited faxes, 318
    See also Notice; Privacy rights
Compensation
    managers, 127–128, 133, 140
    tenants who perform repairs/maintenance, 50, 210, 211–212
Compensatory damages, 243–244. *See also* Damages
Complaint (evictions lawsuits), 396–397, 398
Complaint procedures, 48, 245
    avoiding retaliation charges, 83, 381, 383–384
    complaints about managers, 146
    complaints about other tenants, 101, 187, 295, 303, 377–378

reminding tenants about, 383, 384

repair/maintenance requests, 194, 198, 201, 213, 215–217

sample notice of, 213

security complaints, 215, 217, 282, 290, 291–292

Comprehensive Drug Abuse Prevention and Control Act of 1970, 302

Conditional offers to rent, 28, 29–30

Condition of premises

at move-in, 150–156

at move-out, 345–346

See also Inspections; Security deposits

Condominium conversions, 57, 340

Condominiums, 3. *See also* CC&Rs

Consent to Assignment of Lease, 175, 176

Consent to Background and Reference Check, 15, 17, 20, 23

Construction work

asbestos hazards, 211, 254, 255, 256

injury potential, 246

lead hazards/disclosures, 260–262

liability insurance, 193

See also Renovations/remodeling

Constructive eviction, 204, 328, 334. *See also* Implied warranty of habitability

Contractors. *See* Construction work; Independent contractors; Renovations/remodeling

Convictions, criminal. *See* Criminal history

Corporations, 242

Cosigners, 22, 61–62

sample Cosigner Agreement, 69

Cotenants, 61, 164–169

defined, 171

disagreements among, 166–168

domestic violence, 168, 334

joint and several liability, 38, 164, 165

legal obligations of, 164–166

names in agreement, 38

new, 166, 175, 177–178

security deposits from, 360–361

sublets/assignments by, 171

unapproved, 178–179, 392

when a cotenant leaves, 168–169

Couples, 166

agreement signatures, 61

domestic violence, 168, 334

income of, 98

separations, 167

See also Cotenants; Marital status discrimination

Court costs and attorney fees, 56, 247, 337, 394, 414–415

Court decisions

abandoned property of tenants, 439

bodily injury interpretations, 123

cable TV access, 224, 227

implied warranty of habitability, 184, 185–186, 190

insurance coverage for discrimination claims, 123, 124

insurance coverage for lead poisoning, 264

insurance coverage for punitive damages, 248

liability for tenant-on-tenant violence, 296

marital status discrimination, 113

mold exposure, 268

nonrefundable fees, 94

radon hazards, 266

rent payment rules, 422–423

rent withholding/repair and deduct rights, 435–436

researching, 417–418

retaliation, 440–441

Section 8 program participation, 115

security deposits, 86

Courtesy officers, 287

Court judgments, 364, 380

arbitration awards, 379

collecting, 353, 357, 365–366, 399

evictions suits, 364, 398, 399, 400

insufficient security deposits, 364–366

unpaid rent, 346–347, 352–353, 357, 364

Court orders

bankruptcy stays, 404

for repairs, 399

restraining orders, 167, 168

Court records, reviewing, 23

Covenant of quiet enjoyment, 50–51, 188, 190, 209–210, 320, 393

Covenants, codes and restrictions. *See* CC&Rs

Credit card rent payment, 43, 79

Credit checks

authorization for, 15, 20

as basis for higher rent or deposit, 28, 29

as basis for refusal to rent or employ, 26, 27, 97–98, 132

cosigners, 62

current/former tenants, 20, 316–317, 337

fees for, 20–22

prospective managers, 130–131, 132

prospective tenants, 15, 17, 20–22, 26–27, 98

records of, 23, 160

Credit reporting agencies, 17, 20

investigative reports from, 22, 130–131

providing information about current/former tenants, 337

Crime prevention

drug dealing on premises, 298–303, 318

educating tenants, 289–291

landlord's obligations and liability, 145, 274–283, 292–294

Mesa Project, 292

protecting yourself and managers, 289, 292

security inspections, 245, 284–286, 291

security recommendations, 283–288

terrorism, 295–297

See also Illegal activity of tenants; Security of premises

Criminal history

convictions vs. arrests, 99

past drug use, 99, 106–107

prospective managers, 131

prospective tenants, 20, 23–25, 98–99, 293–294, 392

sexual offender database checks, 23–25, 293–294

terminations for past convictions, 392–393

Cure or Quit notices, 387, 392, 445–446

Curtains and drapes, 189, 349, 350

Custodial work, asbestos hazards, 255, 256

D

Damages

accidental injuries to tenants, 243–244

criminal injuries to tenants, 274, 279

discrimination claims, 111–112, 122

illegal self-help evictions, 400, 401–404

insurance coverage, 123, 248–249

lead poisoning, 257, 259, 264

liquidated damages, 41, 331, 338

mold exposure, 268

security deposit violations, 361, 364

sexual harassment awards, 111–112, 242

unavailable in landlord-subtenant suits, 173

See also Duty to mitigate damages; Penalties; Punitive damages

Damage to premises

by assignees/subtenants, 172

destruction, 205, 334

entry to prevent, 311

tenant-caused, 48, 191, 192, 194, 198, 206, 393

tenant's right to move out, 205, 334

waste defined, 51

See also Duty to repair and maintain premises; Repairs and maintenance; Unfit premises

Dangerous/defective conditions

dangerous materials rules, 55

disclosure requirements, 57

duty of due care, 235–236, 239, 254, 277–280

landlord's liability for, 60, 141, 145, 234–244

rent reductions for defective units, 196–197, 204

responding to complaints, 194, 196, 215, 217

safety inspections, 217, 219, 222, 245

tenant complaints and retaliation, 83, 383

tenant-created, 191, 194, 198

tenant lawsuits over, 203, 214

tenant reports of code violations, 189, 201, 203, 208–209, 276, 383, 395

tenant's obligation to report, 48, 191, 194, 198, 213, 215

warning tenants about, 57, 245

See also Environmental health hazards; Injuries to tenants; Repairs and maintenance; Security of premises; Unfit premises

Deadbolt locks, 275, 284

Death of tenant, 338–339

Debt collectors, lawyers who handle terminations as, 389

Declaration (of small claims court witness), 363, 364

Decorating fees, 338

Defamation, 317. *See also* Libel; Slander

Default judgments, evictions, 398

Defective conditions. *See* Dangerous/defective conditions

Demand letters

insufficient security deposit, 365

for security deposit refunds, 361

Deposits

holding deposits, 28, 31, 32

nonrefundable, 45, 52, 93–94

pet deposits, 45, 52, 93

See also Security deposits

Destruction of premises, 205, 334

Disability, damage awards for, 244

Disability discrimination, 100, 102, 105–111, 121

alcoholism, 105–106

past drug use, 99, 106–107, 131

Disabled tenants

accessibility of new buildings, 109, 110

cosigners for, 62

duty to accommodate, 62, 108–109, 111, 113

online accessible rental listing service, 16

proof of disability, 110–111

right to make alterations, 49–50

Disclaimers, 190

Disclosures to employment applicants, 130, 132

Disclosures to tenants

agreement clause, 57

asbestos hazards, 256

background checks, 22

compromise of personal information, 160–161

hidden defects, 57, 242, 245, 255

lead hazards, 57, 258, 260–262, 263

meth labs, 57, 58, 285

negative references/credit reports, 17, 20, 26

owner/manager contact information, 57, 147, 156

security deposit accounts/interest rates, 57, 92, 93

security risks, 289, 290–291

shared utility arrangements, 47

state laws, 57, 58, 160, 161

Discovery, evictions suits, 394

Discrimination, 96–124, 381

in advertising, 8, 96, 103

age, 101, 112–113

alcoholism, 105–106

arbitrary, 114, 116

basics, 96

disability, 99, 100, 102, 105–111, 121, 131

discriminatory questions and statements, 15, 103–104, 105, 107–108, 129

domestic violence victims, 168

drug use and, 99, 106–107, 131

equal opportunity statements, 120

familial status, 39, 100, 102, 105, 112–113, 116

firing, 147

guest restrictions and, 39, 178

hiring, 128, 129

by managers, 120–121, 145

marital status, 98, 102, 113–114

mental/emotional impairments, 105, 107, 108

national origin/immigration status, 10, 16, 100, 102, 104, 296

occupancy limits and, 39, 105, 116–117

occupation, 102

prohibited landlord actions, 100–101, 108

properties exempt from Fair Housing Acts, 101

race, 100, 102–104

registered domestic partners, 102

religion, 100, 102–104

rent increases and, 83–84

security deposits and, 88

sex and sexual harassment, 100, 102, 111–112, 242

sexual orientation, 114

subtenants/assignees, 172

tenant incentives and, 31, 121

tenant-on-tenant discrimination/harassment, 101

tenant screening and, 6, 10, 15, 16, 23, 28, 96–99

termination of tenancy and, 326, 331

testing by HUD and fair housing groups, 100

types prohibited under federal law, 100

unintended, 103–104

See also Antidiscrimination laws; Fair Housing Acts

Discrimination claims, 101, 121–122

administrative claims, 121, 123

attorney fees and court costs, 56

defending, 97, 121, 160

insurance coverage, 122–124, 248–249

penalties and damage awards, 111–112, 122

statute of limitations, 160

See also specific types of discrimination

Disposal Rule, tenants' credit records, 160

Dispute resolution, 372–384

access disputes, 319

arbitration, 378, 379

cotenant disagreements, 166–168

negotiation, 372–374

problems with lawyers, 414

repair disputes, 200–201, 202, 217

satellite dish/antenna installation disputes, 230–231

warning notices, 101, 179, 375, 376, 383–384

See also Lawsuits; Mediation; Negotiating with tenants; Small claims court

Distraint, 369

Distress, 369

Doctor's letters, to verify disability status, 110–111

Dogs

injuries caused by, 52, 238

noisy, 377

service animals, 51, 52, 99, 108

See also Pets

Domestic violence, 168, 334

Doormen, 285, 286

Drapes, 189, 349, 350

Driving record, prospective managers, 131

Drug dealing

as basis for refusal to rent, 99, 107

on premises, 298–303, 318, 328, 393

See also Illegal activity of tenants

Drug manufacture, 57, 58, 99, 107, 214, 285

Drug testing, 131

Drug use and possession
current, 99, 107
by managers, 131
past, as disability, 99, 106–107, 131
See also Illegal activity of tenants

Duplexes, security measures, 290

Duty of due care
to prevent accidental injuries, 235–236, 239, 254
to prevent crime on premises, 277–283
See also Negligence

Duty to mitigate damages, 35, 41, 54, 209, 334–337, 338, 352

Duty to repair and maintain premises, 183–192
attempts to evade, 190–191
covenant of quiet enjoyment, 50–51, 188, 190, 209–210
delegating responsibilities to tenants, 50, 190, 205, 206, 209–212, 247
environmental health hazards and, 254, 269–270
landlord's legal obligations, 48, 183–186, 194, 198, 206, 209–210, 240
preventing liability problems, 244–246
promises made by landlord, 191–192, 206–208, 281
See also Damage to premises; Housing codes; Implied warranty of habitability; Repairs and maintenance; Unfit premises

Duty to rerent premises. *See* Duty to mitigate damages

E

Earthquake insurance, 249, 264

EIN (employer identification number), 138–139

Elderly persons
accommodations for elderly tenants, 113
discrimination against, 100, 112–113
senior citizen housing, 39, 101, 260

Electric service, 45, 47

Electromagnetic fields (EMFs), 272

Elevators, 191, 286

Emancipated minors, 38, 113

Emergency access to premises, 308–309, 437–438

Emergency contacts and procedures, 146

EMFs (electromagnetic fields), 272

Emotional distress, 122, 123, 244, 320

Emotional impairments, 105, 107, 108

Employees
doormen, 285, 286
environmental hazards and, 254–255, 260
liability for acts of, 6
security-related policies, 289
tenant "courtesy officers," 287
tenants who perform repairs/maintenance as, 211–212
See also Managers

Employer identification number (EIN), 138–139

Employers
former, checking references with, 17, 19
legal obligations, 128, 138–141, 212

Employment agreements, for managers, 132, 133–138

Employment eligibility verification, 15–16, 104, 141

Employment history
prospective managers, 130
prospective tenants, 17, 19, 98

Employment related practices insurance, 124

Entire agreement clause, 60

Entry by landlord. *See* Access to premises

Environmental hazard claims, 240, 257, 259, 264, 271

Environmental health hazards, 254–272
asbestos, 57, 254–257
carbon monoxide, 267–268
electromagnetic fields, 272
mold, 58, 186, 268–272
radon, 266–267
tenant-performed repairs/maintenance and, 211
tenant remedies, 203
See also Lead hazards

EPA (Environmental Protection Agency)
asbestos resources, 257
carbon monoxide resources, 268
lead hazard disclosures, 257–262
lead hazard resources, 264
mold resources, 272
radon resources, 266, 267
Title X enforcement, 259
water submetering policy, 47

Equal opportunity statements, 120

Equal Pay Act, 128, 140

Equifax, 20

Escrow accounts, for withheld rent, 194, 196, 200

Evictions, 394–404
after lease expiration, 331
alternatives to, 387
appeals, 399
applicants' history of, 20, 23, 98
bankruptcy of tenant and, 357, 404–405
cold-weather, 399–400

constructive eviction, 204, 328, 334
dealing with tenants during, 394
determining where to file, 394
enforcing judgments, 400
expedited, 393
getting help, 396, 413
holdover tenants, 326, 331, 352–353
how tenants may stop/postpone, 399–400
for illegal activity, 303, 393, 405
illegal self-help evictions, 318, 388, 400–404
judgments, 364, 398, 399
just cause evictions, 74–75, 323, 387, 392
landlord's role, 386–387
pretrial processes, 394
resident managers, 148
security deposit return/deductions, 347, 352–353
serving papers, 396–397
settlements with tenants, 398
in small claims court, 380, 394, 396
steps in, 396–399
tenant defenses, 331, 397
tenant responses to Summons and Complaint, 398
tenants' personal property and, 367
tenants serving in military, 390
trial procedure, 398–399
See also Termination of tenancy
Eviction services, 396, 413
Evidence, rules of, 394, 395, 398–399
Exculpatory clauses, 59–60, 212, 247, 264
Expedited evictions, 393
Experian, 20
Extended absences of tenants, 53, 311, 313, 332
state laws, landlord's entry, 437–438
Extermination. *See* Pests and pest control

F

Fair and Accurate Credit Transactions Act of 2003,
22, 26, 27, 29, 160
Fair Credit Reporting Act, 20, 22, 26, 27, 29, 130, 132
Fair Debt Collection Practices Act (FDCPA), 337, 388,
389
Fair Housing Acts, 96, 99, 100–102
accessibility requirements, 49, 110
immigration status proof and, 104
occupancy standard, 116, 117–118
penalties under, 111–112, 122
protected categories, 100
See also Discrimination; Discrimination claims
Fair housing complaints. *See* Discrimination claims

Fair housing posters, 102, 120
Fair Labor Standards Act (FLSA), 140
Familial status discrimination, 39, 100, 102, 105,
112–113, 116
Faxes, sending to tenants, 318
FBI antiterrorism warnings and information, 295–297
FCC. *See* Federal Communications Commission
FDCPA (Fair Debt Collection Practices Act), 337, 388,
389
Federal Bureau of Investigation. *See* FBI
Federal Citizen Information Center, 102
Federal Communications Commission (FCC)
satellite reception devices rule, 227–230, 231
unsolicited fax regulations, 318
Federal laws and regulations
Americans With Disabilities Act (ADA), 40, 128,
131
Bankruptcy Abuse Prevention and Consumer
Protection Act of 2005, 404
Check Clearing for the 21st Century Act, 78
Civil Rights Act (Title VII), 111–112, 128
Comprehensive Drug Abuse Prevention and
Control Act of 1970, 302
Equal Pay Act, 128, 140
Fair and Accurate Credit Transactions Act of 2003,
22, 26, 27, 29, 160
Fair Credit Reporting Act, 20, 22, 26, 27, 29, 130,
132
Fair Debt Collection Practices Act, 337, 388, 389
Fair Labor Standards Act, 140
Federal Telecommunications Act of 1996, 224
Foreign Intelligence Surveillance Act of 1978, 296
Immigration Reform and Control Act (IRCA), 128,
141
Junk Fax Prevention Act of 2005, 318
Megan's Law, 23–25, 293–294
researching, 416–417
Residential Lead-Based Paint Hazard Reduction
Act (Title X), 257–260
Safe Drinking Water Act, 47
Telephone Consumer Protection Act, 318
Terrorism Risk Insurance Act, 248
Toxic Substances Control Act, 260
USA PATRIOT ACT, 296
War and National Defense Servicemembers Civil
Relief Act, 329, 390
See also Fair Housing Acts
Federal occupancy standard, 116, 117–118
Federal Telecommunications Act of 1996, 224

Fees
 for checking court records, 23
 cleaning fees, 45, 93, 349
 collection agencies, 366
 credit card rent payment, 79
 credit checks, 20–22
 finder's or move-in fees, 28
 holding deposits, 28, 31, 32
 late rent charges, 43–44, 77, 79–81, 145, 390, 422–423
 lawyers, 411–414
 lease termination fees, 338
 management companies, 141, 142
 municipal inspections, 315
 nonrefundable, 45, 52, 93–94
 pet fees/deposits, 45, 52, 93
 returned check charges, 44, 81
 satellite dish/antenna installation, 228
FICA taxes, 139
55 and older housing, 101. *See also* Senior citizen housing
Finder's fees, 28
Fines. *See* Penalties
Fire insurance, 249, 264
Fire safety/protection
 fire extinguishers, 156
 smoke detectors, 57, 156, 186, 188
 tenant disclosure requirements, 58
First month's rent, 41, 43, 86, 159
"Fit and habitable" standard, 185–186. *See also* Implied warranty of habitability
Fixed-term leases. *See* Leases
Fixtures, 50, 222–223, 351, 370
Flooding, tenant disclosure requirements, 58
Flood insurance, 249
FLSA (Fair Labor Standards Act), 140
Forced access, ISPs, 227
Foreign Intelligence Surveillance Act of 1978, 296
Forfeiture, funds earned from illegal activity, 78, 298, 300–303
Form I-9, 15–16, 104, 141
Forms
 how to use CD-ROM, 456–460
 See also IRS forms; Lease forms; Rental agreement forms
Forwarding addresses, 332, 360
Furnishings, 38, 155, 191–192
FUTA taxes, 139–140

G

Garage security, 286
Garbage, 45, 55, 186, 190, 191, 206
Gas service, 45, 47
Gays and lesbians, 114. *See also* Marital status discrimination; Unmarried couples
Government assistance recipients, 76, 114
Government-subsidized housing, 3, 34, 114, 115
Grace periods, rent payment, 76–77, 388, 390, 422–423, 442–444
Guarantors. *See* Cosigners
Guests
 agreement violations by, 60
 discrimination issues, 39, 101, 178
 if they move in without approval, 178–179
 liability for injuries to, 239
 privacy rights and, 317–318
 time limits for, 39, 178, 317–318

H

Habitability. *See* Duty to repair and maintain premises; Implied warranty of habitability; Unfit premises
Harassment
 insurance coverage, 248–249
 by managers, 146
 sexual harassment, 100, 111–112, 124, 146, 242
 tenant-on-tenant, 101, 292–295
Hazardous materials. *See* Environmental health hazards
Health codes. *See* Housing codes
Heating, 185, 191, 267
Hidden defects, 57, 242, 245, 255
Hiring discrimination, 128, 129
Historic buildings, satellite dish/antenna installation and, 229
HIV-positive status, 105
Hold-harmless/exculpatory clauses, 59–60, 212, 247, 264
Holding deposits, 28, 31, 32
Holdover tenants, 54, 326, 331, 351–352, 352–353
Holidays, rent due on, 42–43, 76
Home businesses, 38, 40
Homeowners' associations. *See* CC&Rs
Hot water, 185
Housesitters, 179
Housing codes
 access for inspectors, 315

code upgrade insurance, 249–250

compliance, 184, 245

enforcement, 189

implied warranty of habitability and, 184, 186–188

inspection fees, 315

nuisances prohibited by, 187–188

occupancy limits, 117

researching, 416

routine inspections, 315

safety and security requirements, 275–276

state, 184, 188, 190, 206

See also Code violations

HUD (U.S. Department of Housing and Urban Development)

disability status verification guidance, 110–111

discrimination complaint process, 121

fair housing testing program, 100

Housing Discrimination Hotline, 102

immigration status discrimination guidance, 104

lead hazard resources, 265

occupancy standards guidance, 116, 117–118

Section 8 program, 3, 114, 115

Title X enforcement, 259

Hypertension, 107

I

Identification of landlord and tenant, 38

Identification of premises, 38–39

Identity, proof of

employment applicants, 141

rental applicants, 15–16, 289

Identity theft, tenant records and, 160–161

Illegal activity of tenants, 51, 292–297, 298–303

agreement clause prohibiting, 50–51, 377, 393

bankrupt tenants, 405

drug dealing, 298–303, 318, 328

drug manufacture, 214, 285

drug use/possession, 99, 107

forfeiture laws, 300–303

landlord's liability for, 298–300, 301

reporting, 285

tenant-on-tenant violence/threats, 101, 109, 166–168, 246, 292–295

terminations/evictions for, 303, 393, 405

terrorism, 295–297

See also Crime prevention; Criminal history; Security of premises

Immigration Reform and Control Act (IRCA), 128, 141

Immigration status

employment applicants, 141

rental applicants, 10, 15–16, 104

Implied promises, 24, 191–192, 206, 207–208, 282. *See also* Promises

Implied warranty of habitability, 183–186, 190, 209–210

accidental injury liability and, 240–241

breaches as constructive eviction, 204, 328, 334

crime and, 186, 275–276, 277

environmental hazards and, 186, 255

noise and, 187, 377

secondhand smoke and, 188

states not recognizing, 184, 190

waivers of habitability rights, 48, 190

See also Duty to repair and maintain premises; Unfit premises

Improvements. *See* Alterations and improvements

Incentives, offering to tenants, 31, 121

Income, prospective tenants, 17, 97–98, 114

Income taxes

deducting from manager's pay, 139

Schedule E tax reporting, 161–162

Incorporation, 242

Independent contractor status

management companies, 141

managers, 138

Independent paralegals, 396, 413

Individual Taxpayer Identification Number (ITIN), 10, 16

Injuries to managers, 140–141

Injuries to nontenants, 40, 238, 239

Injuries to tenants, 234–244

accidental, landlord's liability, 60, 156, 214, 234–241, 243–244, 346

accidental, preventing, 244–246

criminal, landlord's obligations and liability, 24, 274–283

intentional harm, 238, 241–242

by managers, 145–146, 297

reporting to insurance company, 234

subtenants/assignees, 174

tenant carelessness/risk-taking, 243

tenant-on-tenant violence/threats, 101, 109, 166–168, 246, 292–295, 296

while performing repairs, 212, 247, 346

See also Crime prevention; Environmental health hazards; Personal injury claims

Insects. *See* Pests and pest control

Inspections
    access for, 219, 222, 311, 315, 437–438
    annual safety/maintenance inspections, 217, 219, 222
    asbestos testing, 254, 255, 256
    for carbon monoxide problems, 267
    for housing code compliance, 201, 203
    lead inspections, 258, 260, 262, 263–264, 265
    mold toxicity testing, 271
    for radon, 266
    for security problems, 245, 284–286, 291
    when tenant moves in, 150–156
    when tenant moves out, 345–346, 360–361
    when you suspect abandonment, 332
Institute for a Drug-Free Workplace, 131
Instructions to Manager, 143–144
Insurance
    auto insurance, 131
    choosing carriers and agents, 250
    destruction of premises, 205
    loss of rents coverage, 249
    mold problems, 271–272
    money-saving tips, 250–251
    property coverage, 249–250, 271–272
    renters' insurance, 49, 90, 229, 249
    tenant relocation assistance coverage, 205
    workers' compensation, 140–141
    See also Liability insurance
Insurance companies
    ratings, 250
    reporting injuries to, 234
    reporting meth labs, 285
    security advice from, 286
Insurance Information Institute, 251
Intentional acts
    insurance coverage for, 123, 124, 238, 248–249
    liability for injuries caused by, 241–242
Intercom systems, 285
Interest
    on bounced checks, 81
    late fees considered as, 79
    on security deposits, 45, 57, 92, 353
Internal Revenue Service. *See* IRS
International Association of Professional Security Consultants, 286
Internet access, 227
Invasions of tenants' privacy, 145, 242, 316–318
    insurance coverage for, 123, 248
    lawsuits over, 309, 310, 311, 314, 316, 317, 318, 319–320

See also Access to premises; Privacy rights of tenants
Investigative reports. *See* Background checks
IRCA (Immigration Reform and Control Act), 128, 141
IRS forms
    Form I-9, 15–16, 104
    Form SS-4, 139
    Form W-2, 139
    Form W-4, 139
    Schedule E, 161–162
IRS publications, 138, 140
IRS website, 138, 139, 161
ISP (Internet Service Provider) access, 227
ITIN (Individual Taxpayer Identification Number), 10, 16, 20

J

Job interviews, prospective managers, 129
Joint and several liability
    cosigners, 61
    cotenants, 38, 164, 165, 166
Judgments. *See* Court judgments
Junk Fax Prevention Act of 2005, 318
Just cause evictions, 74–75, 323, 387, 392

K

Keys, 189
    key control recommendations, 288
    rekeying locks, 49, 189
    See also Locks

L

Lambda Legal, 114
Landlords
    former, checking references with, 16–17, 18
    names in agreement, 38
    prospective, providing information about former tenants to, 316–317
Landlords' associations, 4, 73, 75
Landlord-Tenant Agreement to Terminate Lease, 169, 170, 205
Landlord-Tenant Checklist, 48, 150–156, 345
Landlord-tenant courts, 394
Landscaping, 285
Last month's rent, 88, 90–91, 326, 346–347, 357
Late fees, 43–44, 77, 79–81, 145, 390, 422–423
Laundry facilities, 55, 192
Law libraries, 415

Lawsuits
  against cosigners, 61–62
  against tenants who break a lease, 337
  applicants' history of, 20, 23, 98
  attorney fees and court costs, 56, 247, 337, 394, 414–415
  failure to deliver possession, 54, 326
  illegal entry/invasion of privacy, 310, 311, 314, 316, 317, 318, 319–320
  landlord-subtenant, 173
  nuisance lawsuits, 244, 269, 299–300, 301
  over code violations, 189
  over defective conditions, 203, 214
  over tenants' illegal activities, 299–300, 301, 302–303, 318
  satellite dish/antenna installation disputes, 231
  security problems/criminal injuries to tenants, 274, 275–280, 282, 288, 296
  wrongful termination (employment), 147
  See also Discrimination claims; Environmental hazard claims; Evictions; Personal injury claims; Small claims court
Lawyers, 2, 408–415
  alternatives to, 396, 413
  attorney fees in lawsuits, 56, 247, 337, 394, 414–415
  for collections lawsuits, 366
  for discrimination claims, 121
  fees and money-saving tips, 411–414
  for help with evictions, 396
  for help with rent control rules, 75
  locating and selecting, 408–411
  rent demand notices handled by, 389
  resolving problems with, 414
  for small claims court representation, 362, 380
Lead hazards, 257–266
  damage awards, 257, 259, 264
  disclosures to tenants, 57, 258, 260–262, 263
  federal Title X regulations, 257–263
  habitability and, 186
  inspections/testing, 258, 260, 262, 263–264, 265
  insurance issues, 264
  landlord's liability, 189, 257
  miniblinds, 263
  paint, 189, 211, 257–262, 264, 265–266
  pipes and solder, 257
  renovations/repairs and, 260–263
  risk to children, 257, 264
  state laws, 262, 263
Leaks, 190, 197, 268

Lease forms, 34
  attachment pages, 37
  management companies and, 142, 145
  preparing and modifying, 36, 60–61
  preprinted, cautions about, 34, 190
Leases, 34–69
  additional provisions, 40, 49, 59
  agreement to terminate, 169, 170, 205
  amending, 62, 322
  arbitration clauses, 379
  assignment and subletting, 47–48, 169–175
  attorney fees and court costs, 56, 394, 414–415
  authority to receive legal papers, 59
  bankrupt tenants, 405
  basics, 35–36
  changing terms of tenancy, 35, 36, 322, 329
  cosigners, 22, 61–62, 69
  disclaimers in, 190
  disclosures, 57
  entire agreement clause, 60
  exculpatory/hold-harmless clauses, 59–60, 247, 264
  expiration and renewal, 35, 82–83, 329–331, 387
  extended absences by tenant, 53, 313, 332
  Florida attachment, 420
  identification of landlord and tenant, 38
  identification of premises, 38–39
  illegal/unenforceable provisions, 34, 41, 59–60, 190–191, 194, 331
  landlord's right to access, 53, 311, 319
  late rent charges, 43–44, 145
  legal termination grounds, 388, 391, 392–393
  maintenance responsibilities of tenant, 48, 191
  new cotenants, 175
  occupancy limits, 39
  oral vs. written, 36
  payment of rent, 42–43, 76
  pets, 51–52
  possession of the premises, 53–54
  promises in, 192, 206–207, 281–282
  renters' insurance, 49
  rent increases under, 35, 36, 39, 41, 82–83, 322
  repairs and alterations by tenant, 49–50, 222, 240, 241, 351
  returned check charges, 44
  reviewing with tenants, 37, 61
  sale of property and, 35
  satellite dish/antenna guidelines, 230
  security deposits, 44–45, 94, 352
  signing, 61

tenant rules and regulations, 54–56, 59

termination grounds clause, 60

termination of, 35, 36, 329–331

term of tenancy, 39, 41

translating, 37, 104

utilities, 45, 47

validity of each part, 60

violating laws and causing disturbances, 50–51, 377, 393

See also Agreement violations; Breaking of lease by tenant

Legal research, 415–418

Legal typing services, 396, 413

Legitimate business reasons

changing terms of tenancy, 383

rejecting prospective tenants, 6, 96–97

rejecting sublets/assignments, 172

restrictive occupancy policies, 116, 119–120

Lesbians and gays, 114. *See also* Marital status discrimination; Unmarried couples

Letters

common area renovations notice, 262

demand letters, 361, 365

as evidence in evictions suits, 395

extending tenant's move-out date, 328, 331

move-out letter, 9, 342–344

to original tenant and new cotenant, 175, 177

regarding emergency entry, 309

reminding tenant of complaint procedure, 384

requesting entry to make repairs, 311

returning entire security deposit, 355

suggesting compromise on rent withholding, 202

warning letter for agreement violation, 376

See also Move-in letters

Liability, joint and several, 38, 61, 164, 165

Liability insurance, 238, 247–250

attorney fees coverage, 247, 415

common exclusions, 248–249

criminal injuries to tenants, 274, 284

damages coverage, 123, 248–249

discrimination claims, 122–124, 248–249

duty to defend vs. duty to cover, 123

employment related practices policies, 124

illegal acts of managers, 146

intentional acts, 123, 124, 238, 248–249

lead exposure claims, 264

management companies, 145

mold exposure claims, 271

non-owned auto liability, 248

pollution exclusions, 264, 271

repair/renovation contractors, 193

retaliation claims, 248–249, 384

tenant-operated home businesses and, 40

terrorism coverage, 248

Liability of cosigners, 61

Liability of landlord

accidental injuries to tenants, 60, 156, 214, 234–241, 243–244, 346

conduct of employees/managers, 6, 120, 131, 145–146, 241, 246, 297

criminal acts of tenants, 292–294

discrimination claims, 6, 120–124

disposal of/damage to tenants' personal property, 366, 370

environmental health hazards, 189, 254, 255, 257, 259, 266–267, 269–270

exculpatory/hold-harmless clauses, 59–60, 212, 247, 264

failure to keep premises habitable, 240–241

failure to make repairs, 60, 214, 235–237, 239–240, 276

health/safety code violations, 239

injuries caused by tenants' pets, 52, 238

injuries to managers, 140–141

injuries to nontenants, 40, 238, 239

injuries to subtenants/assignees, 174

invasions of tenants' privacy, 310, 317, 318

limiting via corporation or LLC, 242

negative information about tenants, 17, 317

nuisances, 187, 244

play structures, 246

preventing liability problems, 244–246

recklessness and intentional harm, 241–242

strict liability, 242, 255, 266, 299

swimming pools, 245–246

tenant-on-tenant violence/threats, 101, 166–167, 292–295, 296

tenant-performed repairs/maintenance, 212

tenants' illegal activity, 292–294, 298–300, 301

when tenant shares fault, 243

See also Negligence; Negligence per se

Libel, 123, 124, 317

Liens, on abandoned property of tenants, 368–369

Lighting, 275, 277–278, 284

Limited liability companies, 242

Liquidated damages, 41, 331, 338

Live/work units, 3

LLCs (limited liability companies), 242

Local ordinances
   antidiscrimination, 101–102, 102, 114
   home business restrictions, 40
   lead inspections, 262
   Megan's law database, 25
   mold hazards, 269
   noise ordinances, 377
   occupancy standards, 117, 119
   researching, 416
   security deposits, 86
   tenant disclosures, 57
   tenants' repair remedies, 194
   water sales to tenants, 47
   See also Code violations; Housing codes; Rent
      control ordinances
Locating former tenants, 332, 360, 365
Lockboxes, 314
Locks
   changed or installed by tenants, 50, 167, 309, 319
   deadbolt locks, 275, 284
   key control recommendations, 288
   local rules, 275
   rekeying prohibition, 49
   requests to lock out roommates, 166
   security concerns, 280
   state laws, 50, 275
   window locks, 280, 284
Lofts, 3, 260
Loss of rents insurance, 249
Lost wages, injured tenants, 244–245
Low-income tenants, 115. *See also* Public assistance
   recipients

M
Mailed rent payments, 43, 77
Mailing security deposit itemizations, 360
Maintenance. *See* Repairs and maintenance
Maintenance/Repair Request form, 213, 215, 216
Management companies, 120, 121, 141–142, 145
Managers, 126–148
   authority to receive legal papers, 59
   auto insurance coverage, 131
   background and credit checks, 130–131, 132, 297
   vs. building supers, 126
   caution against gossips, 317
   compensation, 127–128, 133, 140
   crime prevention policies, 289
   desirable character traits, 129
   discrimination by, 120–121, 145

drug testing, 131
   duties and hours, 126, 127, 133
   emergency procedures for, 146
   employer's legal obligations, 128, 138–141
   evicting, 148
   firing, 127–128, 132, 133, 147–148
   former, giving references, 148
   hiring, 127–132
   injuries to, 140–141
   liability for conduct of, 6, 120, 131, 145–146, 241,
      246, 297
   notifying tenants of, 57, 147
   performance reviews, 147–148
   Property Manager Agreement, 132, 133–138
   protecting from crime, 289, 292
   rental agreements for, 132
   rent demand notices handled by, 389
   rent reductions for, 127–128, 139
   resident managers, 126, 127, 130, 138, 139, 141,
      148, 209
   sample instructions to, 143–144
   security training for, 289
   as small claims court representatives, 362
   state laws requiring, 126
   See also Management companies
Marina spaces, 3
Marital status discrimination, 98, 102, 113–114
Married couples, 166
   discrimination issues, 113
   married minors, 38, 113
   new spouses as cotenants, 166, 175
   separations, 167
   See also Marital status discrimination
Mediation, 375, 378–379
   access disputes, 319
   cotenant disputes, 167–168
   repair disputes, 200, 217
Medical expenses, injured tenants, 243
Medicare taxes, 139
Megan's Law database, 23–25, 58, 293–294
Mental impairments, 105, 107, 108
Mesa Project, 292
Metering of utilities, 47
Methamphetamine labs, 57, 58, 214, 285
Mildew, 191, 204, 268. *See also* Mold
Military, tenants serving in, 35, 38, 113, 325, 329,
   334, 390
Military installations/ordnance, tenant disclosure
   requirements, 58

Miniblinds, 263

Minimum wage law, 140

Minor repairs, 205–209, 261

    delegating to tenants, 50, 205, 206, 210–212, 247

Minors

    age discrimination and, 113

    as parties to agreements, 38, 113

    See also Children

Mobile home parks, 3

Modifications, disabled tenants' right to make, 49–50, 108, 109, 110, 111

Mold, 58, 186, 268–272. *See also* Mildew

Money orders, for rent payment, 43, 78

Month-to-month rental agreements. *See* Rental agreements

Month-to-month tenancies, 34

    changing terms of, 34, 36, 322–323

    created by accepting rent after lease expiration, 330

    notice requirements for changes/terminations, 42, 322, 323, 324–326, 424–426

    rent increases under, 34, 36, 83

    security deposit deductions for unpaid rent, 351–352

    security deposit increases, 94

    sublets, 173

    termination basics, 34, 36, 323, 325–328, 392

    See also Termination of tenancy

Move-in fees, 28

Move-in letters, 36, 59, 156

    issues to address in, 41, 59, 72, 76, 156, 178, 213, 245, 325, 377

    sample, 157–158

Move-in procedure, 150–162

    cashing checks, 159

    inspecting and photographing unit, 48, 150–156

    move-in letters, 156–158

    organizing income/expense records, 161–162

    organizing tenant records, 159–161

Move-out letters, 9, 342–344

Move-out procedure, 342–370

    abandoned property, 366–370, 439

    inspections, 345–346, 360–361

    move-out letters, 9, 342–344

    See also Security deposits

Moving expenses. *See* Relocation assistance

Mud slides, insurance coverage, 249

Municipal codes. *See* Code violations; Housing codes

Municipal inspections, 315

N

National Accessible Apartment Clearinghouse, 16

National Apartment Association, 4

National Fair Housing Alliance, 102

National Institute of Environmental Health Sciences, 272

National Lead Information Center, 264

National Multi-Housing Council, 297

National origin discrimination, 10, 16, 100, 102, 104, 296

National Register of Historic Places, 229

Natural disasters, 205, 334

    insurance coverage, 249

Negligence

    accidental injuries to tenants, 214, 234–237, 240, 241, 242

    criminal injuries to tenants, 276, 277–280, 297

    of employee managers, 297

    of repair/renovation contractors, 193

    tenant carelessness/risk-taking, 243

    tenants' personal property losses, 249

Negligence per se, 239, 246, 276

Negotiating with tenants, 372–374

    access disputes, 319

    rent withholding disputes, 200–201, 202

    repair disputes, 200–201, 202, 217

    See also Settlements with tenants

Neighbors

    code violation complaints by, 315

    nuisance abatement suits by, 244, 300

New hire reporting, 141

New York City

    antidiscrimination rules, 102, 104, 114

    indoor air quality guidelines, 269

    lead inspection ordinance, 262

    manager requirements, 126

New York City Rent Stabilization Association, 75

New York Roommates Law, 39, 118, 164

NMHC (National Multi-Housing Council), 297

Noise, 51, 55, 187, 299, 377

    dealing with noisy tenants, 377–378, 393

Noise Pollution Clearinghouse, 378

Nonpayment of rent

    applicant's history of, 97

    bankrupt tenants, 357, 404–405

    court judgments for unpaid rent, 346–347, 352–353, 357, 364

    by one cotenant, 165

    last month's rent, 346–347

lease tenants, 35, 337, 352

recovering rent from cosigners, 61–62

security deposit deductions for unpaid rent, 87, 351–353, 357, 358–359

suing tenants for unpaid rent, 337, 346–347, 353, 364–366, 394

terminations for, 77, 189, 197, 199–200, 346, 388, 390–392

terminations for, state laws, 442–444

See also Breaking of lease by tenant; Pay Rent or Quit notices; Rent withholding

Nonrefundable fees, 45, 52, 93–94, 349

No-pets clauses. *See* Pets

No-smoking rules, 54, 55, 187–188

Notice

addresses of owner and manager, 57, 147, 156

authority to receive on landlord's behalf, 59

to change terms of tenancy, 42, 322

of common area renovations, 261–262

of complaint procedure, 213

of disposition of tenant's personal property, 368, 369

of landlord's entry, 8, 53, 306–308, 309, 310, 312

of lease expiration, 329–330

to neighbors of sexual offenders, 24, 25, 294, 296

rent control notice requirements, 75

of rent increases, 83, 322, 323

of security deposit deductions, 354

of security deposit increases, 94

warning notices to tenants, 101, 179, 375, 376

See also Access to premises; Complaint procedures; Disclosures to tenants; Termination notices

Notice of Conditional Acceptance Based on Credit Report Information, 29–30

Notice of Denial Based on Credit Report Information, 27

Notice of Intent to Enter Dwelling Unit, 312

Notice to Tenants Regarding Complaint Procedure, 213

Nuisances, 186–188, 190

abatement laws, 299, 301

cigarette smoke as, 187–188

defined, 51

drug dealing on premises, 298–303

lawsuits against landlords, 244, 269, 299–300, 301

mold as, 269

noise as, 187

noisy tenants, 377–378, 393

tenant-caused, evictions for, 75, 393

See also specific types

Numerical applicant rating systems, 26, 98

O

Occupancy limits, 6, 38, 39, 105, 116–120

Occupational Safety and Health Administration. *See* OSHA

Occupation discrimination, 102

Occurrence, defined, 124

Online resources

Americans With Disabilities Act, 40

antidiscrimination laws, 102

drug testing, 131

EMFs, 272

employer tax obligations, 138

FCC satellite dish/antenna rules, 228

hiring/employment law, 126, 140, 141

historic buildings, 229

identity theft, 161

lead hazards/abatement, 264–265

legal research, 415, 416, 417

mold hazards/remediation, 272

noise laws, 378

OSHA asbestos regulations, 257

rental listing services, 7, 16

security consultants, 286

sexual offender registry checks, 24

sexual orientation discrimination, 114

terrorism, 297

USCIS website, 16

Oral agreements, 36, 132

Oral notice of entry, 308, 310

Orders to vacate, 203

Ordinance of Law insurance coverage, 249–250

Ordinary wear and tear, 87, 206, 347, 350

OSHA (Occupational Safety and Health Administration)

asbestos regulations and resources, 254–256, 257

lead hazard regulations, 257, 259

Overcrowding. *See* Occupancy limits

Overtime pay, 140

Owner-occupied buildings, 101, 102

P

Padlock orders, 203

Pain and suffering, 244

Paint and painting, 189, 261

lead-based paint, 189, 211, 257–262, 264, 265–266

repainting at move-out, 349–350

Paralegals, 396, 413

Parents for Megan's Law, 24

Parking area security, 278, 286

Parking rules, 55, 108

PATRIOT ACT, 296

Pay Rent or Quit notices, 72, 77, 387, 388, 389
    accepting rent after, 390
    state laws, 442–444

Payroll services, 139

Payroll taxes, 139–140, 212

Peepholes, 275, 278, 284

Penalties
    failure to make lead hazard disclosures, 259, 262
    housing code violations, 201
    housing discrimination, 111–112, 122
    illegal self-help evictions, 400, 401–404
    rent control violations, 73
    security deposit law violations, 361, 364
    See also Damages

Periodic tenancies. *See* Month-to-month tenancies

Personal injury, defined, 123–124

Personal injury claims, 203, 214, 234, 277–280
    attorney fees and court costs, 56, 247
    damages, 241, 243–244
    exculpatory clauses and, 60, 212
    by managers, 140–141
    See also Environmental hazard claims; Injuries
        entries; Lawsuits; Liability insurance

Personal liability, limiting via business structure, 242

Personal property of tenants
    abandoned property, 366–370, 404, 439
    avoiding theft/appropriation claims, 313, 338
    damaged by failure to make repairs, 203
    deceased tenants, 338–339
    insurance coverage, 249
    seizure of, 368–369, 400, 404

Pests and pest control, 58, 186, 190, 191

Pets
    agreement clause, 51–52
    as basis for refusal to rent, 99
    checking references, 17
    of disabled tenants, 108
    injuries caused by, 52, 238
    noise problems, 377
    pet deposits/fees, 45, 52, 93
    rules, 55
    service animals, 51, 52, 99, 108
    unauthorized, terminations for, 392

Phobias, 108

Photographs
    as evidence in evictions suits, 395
    to show move-in/move-out condition, 156, 346

Play structures, 246

Plumbing, 191
    lead pipes or solder, 257

Police
    dealing with cotenant disagreements, 167
    evictions enforcement, 400
    Mesa Project, 292
    reporting meth labs, 285
    right of entry, 316
    security advice from, 286, 303
    tenant "courtesy officers," 287

Political activity, tenants' right to engage in, 381

Possession of the premises
    agreement clause, 53–54
    failure to deliver, 53, 54, 326

Postdated checks, 78

Posters, fair housing, 102, 120

Pregnant women, discrimination against. *See*
    Familial status discrimination

Premises liability, 274

Prime tenants, 171, 173, 174. *See also* Sublets and
    assignments

Privacy rights, drug testing and, 131

Privacy rights of tenants, 53, 289, 308, 381
    invasions of privacy, 123, 145, 242, 310, 311, 314,
        316–318
    Megan's Law database checks and, 25
    showing occupied units, 8–9
    See also Access to premises

Project Open Door, 52

Promises
    in ads, 8, 207, 281
    express vs. implied, 192
    in leases and rental agreements, 192, 206–207,
        281–282
    repair/maintenance responsibilities and, 191–192,
        206–208
    security-related, 8, 24, 281–282
    tenant incentives, 31, 121

Property insurance, 249–250
    mold problems, 271–272

Property Manager Agreement, 132, 133–138

Property managers. *See* Management companies;
    Managers

Prorated rent, 41, 43

Prostitution, 299

Public assistance recipients, 76, 114

Public housing, 3, 34, 114, 115

Public nuisance laws, 299, 301. *See also* Nuisances

PUDs, *See also* CC&Rs

Punitive damages

    discrimination claims, 111–112, 122, 123

    insurance coverage, 123, 248–249

    personal injury claims, 241, 244

    security deposit violations, 361, 364

    self-help evictions, 401–404

    See also Damages

Q

Quiet enjoyment. *See* Covenant of quiet enjoyment

R

Race discrimination, 100, 102–104

Radon, 266–267

Rating systems, prospective tenants, 26, 98

Reading problems, 108

Real estate agents, discrimination by, 6

Receipts

    application screening fees, 20, 21

    cash rent payments, 78

    holding deposits, 31, 32

    lead hazard pamphlet, 261

    personal property of deceased tenants, 339

    security deposits, 159

Recklessness, 241, 243. *See also* Negligence;

    Negligence per se

Recordkeeping, 372, 381

    attempts to rerent leased property, 336

    credit reports, 23, 160

    documenting applicant rejections, 17, 25–26, 97,
        106, 112

    documenting termination reasons, 381, 383

    employer obligations, 139

    income/expenses for Schedule E, 161–162

    inspection records, 159

    lead hazard disclosures, 258

    leases/rental agreements, 61, 159

    move-out inspection records, 346

    organizing tenant records, 159–161

    repair complaints/requests, 159, 213, 214–215

    requests for entry, 308, 310, 319

    security deposit deductions, 349, 354, 357, 360, 361

    security of records, 159–161, 289

    tenant complaints and responses, 101, 159, 214,
        215, 377–378

References

    current/former tenants, 316–317, 332

    former managers, 148

    prospective managers, 130

    prospective tenants, 15, 16–19, 98

Registered domestic partners, 102

Registration of rental units, 75

Rejecting prospective managers, 132

Rejecting prospective tenants, 25–28, 96

    disclosing reasons for, 20, 22

    documenting reasons for, 17, 25–26, 97, 106, 112

    illegal reasons for, 6

    legal reasons for, 6, 21, 23, 26, 96–99

    sample Notice of Denial, 27

    See also Discrimination

Rekeying locks, 49, 167, 168

Reletting fees, 338

Religious discrimination, 100, 102–104

Relocation assistance

    asbestos hazards and, 256–257

    condominium conversions, 340

    liability for, 75, 203, 204, 205, 326

Renovations/remodeling

    asbestos hazards, 254, 255, 256

    code upgrades, 249–250

    emergency renovations, 260–261

    insurance issues, 193

    lead hazards, 260–263

    requiring tenants to move out for, 75

    supervising contractors, 246

    See also Alterations and improvements

Rent, 72–84

    accepting after lease expiration, 330–331

    accepting after termination notice, 326, 328

    accepting from subtenants, 173

    avoiding disputes, 72

    basic rules, 76–84

    cash payments, 78, 292, 302

    changing payment terms, 78–79

    chronic late payment, 391

    delivery of payment, 43, 77–78

    due date, 42–43, 76, 422–423

    early payment discounts, 81

    enforcing rent rules, 72

    first month's rent, 41, 43, 86, 159

    forfeiture of illegally-earned rent, 301–302

    form of payment, 43, 78, 79, 292, 302

    frequency of payment, 43, 76, 325

    grace periods, 76–77, 388, 390, 442–444

last month's rent, 88, 90–91, 326

late charges, 43–44, 77, 79–81, 145

liability for, cotenants, 164–165

liability for, subtenants/assignees, 172

owed by deceased tenants, 339

partial or late payments, 76–77, 81–82, 165, 197, 388, 390–392

payment accommodations for disabled tenants, 62, 108, 113

postdated checks, 78

state rent payment rules, 422–423

See also Nonpayment of rent; Rent amount; Rent increases; Rent reductions; Rent withholding

Rent abatement. *See* Rent reductions

Rental agreement forms, 34

management companies and, 142, 145

preparing and modifying, 36, 60–61

preprinted, cautions about, 34, 190

Rental agreements, 34–69

additional provisions, 40, 49, 59

agreement to terminate, 169, 170, 205

amending, 62, 322–323, 324

arbitration clauses, 379

assignment and subletting, 47–48

attachment pages, 37

attorney fees and court costs, 56, 394, 414–415

authority to receive legal papers, 59

basics, 34–35, 36

cosigners, 22, 61–62, 69

disclaimers in, 190

disclosures, 57

entire agreement clause, 60

exculpatory/hold-harmless clauses, 59–60, 247, 264

extended absences by tenant, 53, 313, 332

Florida attachment, 420

identification of landlord and tenant, 38

identification of premises, 38–39

illegal/unenforceable provisions, 34, 59–60, 190–191, 194, 331

landlord's right to access, 53, 311, 319

late rent charges, 43–44, 145

maintenance responsibilities of tenant, 48, 191

new, to change terms of tenancy, 323

new cotenants, 175

notice of termination, 41–42, 325

occupancy limits, 39

oral vs. written, 36

payment of rent, 42–43, 76

pets, 51–52

possession of the premises, 53–54

promises in, 192, 206–207, 281–282

renters' insurance, 49

repairs and alterations by tenant, 49–50, 222, 240, 241, 351

for resident managers, 132

returned check charges, 44

reviewing with tenants, 37, 61

sample agreement, 63–68

satellite dish/antenna guidelines, 230

security deposit provision, 44–45

signing, 61

tenant rules and regulations, 54–56, 59

termination grounds, 60

term of tenancy, 41–42

translating, 37, 104

utilities, 45, 47

validity of each part, 60

violating laws and causing disturbances, 50–51, 377, 393

See also Agreement violations; Month-to-month tenancies; Termination of tenancy

Rental applications, 10–15

for cosigners, 62

discrimination caution, 10

documenting rejections, 17, 25–26, 97, 106, 112

inaccurate, as termination grounds, 392, 393

incomplete or inaccurate, as basis for refusal to rent, 21, 99

for managers, 130

for new cotenants, 175

sample form, 11–14

screening fees, 20–22

See also Screening prospective tenants

Rent amount, 43, 72

in ads, 8

higher, based on negative credit report information, 28

higher rent for holdover tenants, 331

high rent vs. high security deposit, 88

lower, when rerenting leased property, 336

under rent control, 73–74

Rent control ordinances, 42, 72–75

finder's fees/move-in fees, 28

lease or rental agreement form requirements, 36

lease renewals, 330

renters' insurance and, 49

researching, 416

security deposit rules, 75, 92, 94

tenant disclosure requirements, 57

terminations/evictions, 73, 74–75, 326, 387, 391

Rent demands. *See* Pay Rent or Quit notices

Renters' insurance, 49, 90, 229, 249

Rent escrowing. *See* Rent withholding

Rent incentives, 31, 121

Rent increases, 82–84

    amount and frequency of, 83

    to cover municipal inspection fees, 315

    documenting reasons for, 383

    fixed-term leases, 35, 36, 39, 41, 82–83, 322

    month-to-month tenancies, 34, 36

    new cotenants, 175, 178

    notice to tenant, 83, 322, 323

    retaliation/discrimination issues, 83–84, 383

    security deposits/last month's rent and, 91

    under rent control, 74, 75

Rent rebates, when repairs are delayed, 202, 217

Rent recoupment. *See* Rent reductions

Rent reductions

    for defective/unfit premises, 196–197, 204

    for maintenance/repair work by tenants, 50, 210, 211–212

    for managers, 127–128, 139

    for tenant "courtesy officers," 287

    for tenant's cooperation in showing of property, 9, 314

Rent withholding, 184, 189, 194, 196–197

    landlord defenses, 214

    landlord's options, 199–201

    letter suggesting compromise, 202

    for minor repairs, 209

    required conditions for, 194

    state laws, 195, 435–436

    See also Nonpayment of rent; Repair and deduct rights of tenants

Repair and deduct rights of tenants, 50, 197–199

    dollar limits, 198

    landlord's options, 199–201

    for minor repairs, 209

    required conditions for, 194, 198

    state laws, 195, 198, 199, 435–436

    See also Rent withholding

Repairs and maintenance, 183–223

    access for, 217, 310–311, 437–438

    annual maintenance inspections, 217, 219, 222

    applying last month's rent to, 90–91

    asbestos hazards, 211, 254, 255, 256

before showing a vacant unit, 9

before start of new tenancy, 155, 346

common myths about, 189

complaint procedures and responses, 212, 213, 214–215, 217

delegating to tenants, 50, 190, 205, 206, 209–212, 247

emergency repairs, 260–261, 308–309

financial responsibility for, 48, 185, 192

insurance issues, 193

lead paint cleanup, 265–266

Maintenance/Repair Request form, 213, 215, 216

minor, 205–209, 210–212, 261

mold prevention and cleanup, 270–271

recommended system for, 192, 212–222

security deposit deductions for, 87, 155, 191, 192, 223, 347, 349–351, 354, 356, 357

security issues, 275–280, 282, 291

semi-annual safety/maintenance updates, 213, 219, 220–221

by tenant, 49–50, 199, 208, 346

tenant reporting of problems, 191, 194, 198, 213, 215

in tenant rules, 55

tenant's obligations, 48, 55, 191

Time Estimate for Repair form, 217, 218

vacant units, security issues, 292

See also Damage to premises; Dangerous/defective conditions; Duty to repair and maintain premises; Unfit premises

Rerenting fees, 338

Residential Lead-Based Paint Hazard Reduction Act (Title X), 257–260

Resident managers, 138, 141, 209

    evicting, 148

    rental applications for, 130

    rent reductions for, 127, 139

    state laws requiring, 126

    See also Managers

Resident's Maintenance/Repair Request form, 213, 215, 216

Restraining orders, 167, 168

Retaliation, 122, 203, 210

    against managers, 147

    avoiding charges of, 83, 381, 383–384

    insurance coverage, 248–249, 384

    rent increases and, 83–84

    retaliatory terminations, 203, 219, 326, 331, 386

    state laws prohibiting, 83, 383, 386, 440–441

Retirement communities. *See* Senior citizen housing

Returned check charges, 44, 81

Right of entry. *See* Access to premises

Right to go out of business, 75

Rodents. *See* Pests and pest control

Roommates, 171

    unapproved, 178–179, 392

    See also Cotenants

Roommates Law (New York), 39, 118, 164

Rugs and carpets, 189, 349, 350–351, 377

Rules and regulations. *See* Tenant rules and regulations

Rules of evidence, 394, 395, 398–399

Rural landlords, caution for, 188

S

Safe Drinking Water Act, 47

Safety and Maintenance Update, 213, 219, 220–221

Safety inspections, 217, 219, 222, 245

Safety of tenants. *See* Crime prevention; Dangerous/defective conditions; Security of premises

Sale of abandoned property of tenants, 370

Sale of rental property, 94, 264, 353. *See also* Showing property

San Francisco, mold as nuisance, 269

San Francisco SPCA, 52

Satellite dishes and antennas, 50, 224, 227–231

Savings clause, 60

Screening prospective tenants, 6–32, 96–99

    allowing temporary occupancy, 16

    background checks, 15, 22

    bank account verification, 23

    checking court records, 23

    checking Megan's Law databases, 23–25

    checking references, 15, 16–19, 98

    choosing and rejecting applicants, 22–23, 25–28, 96–99

    conditional offers to rent, 28, 29–30

    credit checks, 15, 17, 20–22, 26–27, 98

    discrimination issues, 6, 10, 15, 16, 23, 28, 96–99

    employment/income verification, 17, 19

    new cotenants, 175

    numerical rating systems, 26, 98

    objective criteria for, 97

    proof of identity/immigration status, 15–16, 104

    security concerns, 294–295, 303

    subtenants/assignees, 172, 173, 295

    taking applications, 10–15

    taking phone calls, 9–10, 103

    visiting homes, 23

    See also Rejecting prospective tenants; Rental applications

Search warrants, 315, 316

Secondhand smoke, 188

Section 8 program, 3, 114, 115

Security companies, 286, 287

Security deposits, 22, 28, 36, 86–94

    advance notice of deductions, 354

    agreement provision, 44–45

    allowable uses of, 86–87

    amount to charge, 88, 90

    and bankruptcy of tenant, 357

    cashing check, 159

    common disagreements, 349–351

    cotenants, 360–361

    deadlines for return, 44–45, 347, 348

    deductions during tenancy, 87

    deductions for cleaning and repairs, 87, 155, 191, 192, 223, 347, 349–351, 354, 356, 357

    deductions for unpaid rent, 87, 351–353, 357, 358–359

    discrimination issues, 88

    disputes, 156, 346, 349, 354, 361–364

    dollar limits, 87–88, 89

    illegal deductions, 145

    increasing, 94

    installment payment of, 88

    insufficient, suing tenants, 223, 364–366, 396, 398

    interest payment on, 45, 57, 92, 353

    itemized statement of deductions, 347, 351, 353–360

    last month's rent and, 88, 90–91, 346–347, 357

    locating tenant for return, 360

    penalties for legal violations, 361, 364

    for pets, 52

    returning, basic rules, 86, 347

    returning entire deposit, 347, 354, 355

    sale of property and, 94

    sample itemizations, 356, 358–359

    separate bank accounts for, 45, 57, 91–92, 93, 357

    tenants who cannot be located, 360

    time limits for return, 86

Security guards, 287, 288

Security of premises

    code requirements, 275–276

    doormen and security guards, 285, 286, 287, 288

    educating tenants, 283, 289–291

    getting advice, 284, 286, 303

habitability and, 186

handling tenant complaints, 215, 217, 282, 290, 291–292

inspections, 245, 284–286, 291

landlord's obligations and liability, 57, 145, 240, 274–283, 287

neighborhood criminal activity, 286

promises made by landlord, 8, 24, 281–282

recommended security measures, 284–286, 288

tenant lawsuits over, 274, 275–280, 282, 288

tenant reporting of problems, 213, 215, 290, 291–292

terrorism concerns, 295–297

See also Crime prevention; Illegal activity of tenants

Security of tenant records, 160–161, 289

Seizure of property

personal property of tenants, 368–369, 400, 404

See also Forfeiture

Self-help evictions, 318, 388, 400–404

Semi-Annual Safety and Maintenance Update, 213, 219, 220–221

Senior citizen housing, 39, 101, 260

Service animals, 51, 52, 99, 108

Service of process

evictions, 396–397

tenants as cosigners' agents, 61–62

Settlements with tenants, 372–374

evictions, 398

security deposit disputes, 361–363

Sex discrimination, 100, 102, 111–112

Sexual harassment, 100, 111–112, 124, 146, 242

Sexual offenders, 23–25, 58, 293–294, 296

Sexual orientation discrimination, 114

Showing property, 8–9, 289, 292, 313–314

Shutters, 186

Signatures

Landlord-Tenant Checklist, 156

leases and rental agreements, 61, 166

rental applications, 10, 15

Signs on property, 6, 9, 314

Single-family rentals

discrimination exemption for, 101

repair/maintenance responsibilities, 206, 211

satellite dish/antenna installation, 228, 229

security deposits, 88

security measures, 290

Single people, discrimination issues, 113. *See also* Unmarried couples

62 and older housing, 101, 260. *See also* Senior citizen housing

Slander, 123, 124, 317

Small claims court, 379–381

claim limits, 300, 361, 379, 380–381, 382

collecting judgments, 353, 357, 365–366, 399

eviction suits, 380

legal representation, 362, 380

nuisance abatement suits, 300

preparing for hearing, 362–363

rules and procedures, 380, 394, 398–399

suing tenants for unpaid rent, 337, 346–347, 353

suing tenants over insufficient security deposits, 223, 296, 364–366, 398

suing tenants who break a lease, 337

tenant suits over illegal entry/privacy violations, 319–320

tenant suits over repairs/maintenance, 209

tenant suits over security deposits, 346, 349, 354, 361–364

witnesses, 363, 364

Smoke detectors, 57, 156, 186, 188

Smoking policies, 54, 55, 187–188

Snow damage, insurance coverage, 249

Social Security numbers, 10, 20

Social Security taxes, 139

Spanish-language lease/rental agreement forms, 36, 37

Spying on tenants, 318

SSNs. *See* Social Security numbers

State consumer protection agencies, 3, 102, 161, 415–416

State laws, 419–453

abandoned property of tenants, 366–367, 368–370, 439

abandonment, 332

advance notice of security deposit deductions, 354

Alabama's pending legislation, 419

allowing breaking of lease, 35, 334

alterations by tenants, 50

antidiscrimination, 101–102, 102, 113–114, 168

condominium conversions, 340

consent to assignments/sublets, 172

court costs and attorney fees, 56

credit check fees, 20, 21

designated agents of landlord, 59

disclosures to tenants, 57, 58, 160, 161

duty to rerent premises, 335

entry by landlord, 53, 307, 437–438

evictions in cold weather, 399–400

evictions in small claims court, 396

Florida agreement attachment, 420

forfeiture, 302–303

grace periods for rent payment, 388, 422–423, 442–444

holding deposits, 31

home child care businesses, 40

housing codes, 184, 188, 190

illegal self-help evictions, 400, 401–403

implied warranty of habitability, 184, 190

insurance coverage for discrimination claims, 123

interest on bounced checks, 81

key landlord-tenant statutes, 421

last month's rent, 88, 90

late fees/early payment discounts, 44, 79, 80, 81, 422–423

lead hazards, 262, 263

lease expiration/renewal, 330–331

liability for illegal activity of tenants, 299, 300, 302–303

liquidated damages, 41, 331, 338

"locking in" tenants, 174

maximum interest rates, 79

minimum wage/overtime pay, 140

mold hazards, 269

move-out inspections, 345

New York Roommates Law, 39, 118, 164

nonrefundable fees, 52, 93, 94

notice to change/terminate month-to-month tenancy, 42, 83, 323, 325, 388, 424–426

nuisance abatement, 299, 301

occupancy limits, 39, 116–117, 118

personal information of tenants, 160–161

personal injury liability, 239, 243

radon hazards, 266

rent amount, 72

rent due dates, 76, 422–423

rent payment, 43, 77–78, 422–423

rent withholding, 195, 435–436

repair and deduct rights of tenants, 195, 198, 199, 435–436

repair/maintenance obligations, 206, 211

requiring just cause for terminations, 323, 392

requiring landlord-tenant checklist, 150

requiring resident manager, 126

researching, 415–416

retaliation, 83, 383, 386, 440–441

rights of domestic violence victims, 168, 334

security deposit agreement language, 45, 46

security deposit bank accounts, 93, 427–432

security deposit dollar limits, 89, 427–432

security deposit exemptions, 87, 427–432

security deposit interest payments, 92, 427–432, 433–434

security deposit itemization/return deadlines, 348, 427–432

security deposits of tenants who cannot be located, 360

security of premises, 50, 168, 189, 275–276

sexual offenders notification, 23–25

small claims court dollar limits, 361, 382

states without security deposit statutes, 86, 427

strict liability, 242

termination for agreement violations, 445–446

termination for illegal activity, 393

termination for nonpayment of rent, 442–444

translations of agreements, 37

unconditional quit terminations, 388, 391, 442–444, 447–453

State lead hazard pamphlets, 259

Stipulated settlements, 398

Storm windows, 186

Strict liability, 242, 255, 266, 299

Studio units, 260

Subleases, 173

Sublets and assignments, 169–175

agreement clause, 47–48

allowing, 171–172, 175

definitions, 171

legal relationships and obligations, 169, 172, 173–174, 179

rejecting, 172

unauthorized, termination for, 47, 392

Subsidized housing. *See* Public housing

Subtenants, 171, 173

housesitters as, 179

screening, 172, 173, 295

See also Roommates; Sublets and assignments

Summons and Complaint (evictions lawsuits), 396–397, 398

Supers, vs. managers, 126

Surveillance systems, 286

Swimming pools, 55, 192, 245–246

T

Taxes

employment tax resources, 138

payroll taxes, 139–140, 212
Schedule E tax reporting, 161–162
Taxpayer identification numbers
employers, 138–139
individuals, 10, 16, 20
Telecommunications, alterations to accommodate, 223, 224, 227–231
Telephone calls
calling tenants at work, 317
from prospective managers, 128
from prospective tenants, 9–10, 103
Telephone Consumer Protection Act, 318
Telephone service, 45
Temporary housing. *See* Relocation assistance
Temporary occupancy, 16
Temporary restraining orders, 167, 168
Tenant, defined, 171
Tenant records, 159–161, 289
Tenant References form, 18–19
Tenant rules and regulations, 36, 51, 54–56, 59
changing, 55
discrimination issues, 103–104, 108
laundry facilities, 55
minimizing mold growth, 270
noise guidelines, 377
pets, 51–52
satellite dish/antenna guidelines, 230
smoking policies, 54, 55, 187–188
swimming pools, 55, 246
violations of, termination for, 392
Tenant's Notice of Intent to Move Out, 326, 327, 328, 332
Tenants' rights, 381
waivers of, 48, 190, 194
See also Covenant of quiet enjoyment; Implied warranty of habitability; Privacy rights; Rent withholding; Repair and deduct rights
Termination notices
accepting rent after delivering, 326, 328
after warning letter, 375
agreement clause, 41–42, 325
basics, 323, 325, 386, 387–388
Cure or Quit, 387, 392, 445–446
fixed-term leases, 329–331
inadequate notice from departing tenants, 328, 352
Pay Rent or Quit, 72, 77, 387, 388, 389, 390, 442–444
state laws, 42, 83, 323, 325, 388, 424–426
by tenant, 41–42, 54, 325–326, 327, 328, 329, 352

30-day notice, 323, 325–328, 391
unapproved roommates, 179
Unconditional Quit, 388, 391, 392, 393, 442–444, 447–453
See also Evictions; Termination of tenancy
Termination of employment, managers, 127–128, 132, 133, 147–148
Termination of tenancy, 322–340
agreement violations, 60, 328, 375, 392–393
as alternative to assignment/subletting, 169–170
and bankruptcy of tenant, 357, 404–405
condominium conversions, 340
cotenants, 165–166, 167, 168, 170
damaged/destroyed premises, 205, 334
dangerous/disruptive tenants, 109, 295
deceased tenants, 338–339
discriminatory/retaliatory, 203, 219, 326, 331, 386
documenting reasons for, 381, 383
early termination rights, domestic violence victims, 168, 334
extending move-out date, 328, 331
false information on rental application, 392, 393
fixed-term leases, 35, 36, 329–331
grounds for, in agreement, 60
illegal activity of tenants, 303, 393, 405
legal grounds for, 388, 391, 392–393
month-to-month tenancies, 34, 36, 323, 325–328
nonpayment of rent, 77, 189, 197, 199–200, 346, 388, 390–392
notice to tenant, 42
pet prohibition violations, 52
recovering unpaid rent, 337, 346–347, 353, 357, 364, 394
resident managers, 148
sexual offenders, 294
state law citations, 424–426, 442–453
states requiring cause, 323
subtenants/assignees, 172, 173
by tenant, 41–42, 54, 325–326, 327, 328, 329
tenant-caused damage to premises, 393
tenant-on-tenant harassment or threats, 101, 109, 246, 294
tenants in or entering military service, 35, 325, 329, 334, 390
tenant violations of legal responsibilities, 393
unapproved roommates, 179, 392
unapproved subletting, 47, 392
unreasonable denial of access, 308, 319
without cause, 323, 392

See also Evictions; Move-out procedure; Termination notices

Term of tenancy, agreement provisions, 39, 41–42

Terms of tenancy, changing
  leases, 35, 36, 322, 329
  month-to-month tenancies, 34, 36, 322–323
  new cotenants, 175, 178
  notice to tenant, 42, 322
  See also Rent increases

Terms of tenancy, in move-in letter, 36

Terrorism, 248, 295–297, 316

Terrorism Risk Insurance Act, 248

Theft claims by tenants, avoiding, 313

30-day termination notices, 323, 325–328, 391

Time Estimate for Repair, 217, 218

Title VII (Civil Rights Act), 111–112, 128

Title X (Residential Lead-Based Paint Hazard Reduction Act), 257–260

Townhouses. *See* Condominiums

Toxic materials. *See* Environmental health hazards

Toxic Mold Protection Act of 2001, 269

Toxic Substances Control Act, 260

Transgendered persons, discrimination protections, 114

Translations, agreements and tenant rules, 37, 104

TransUnion, 20

Trespassers
  liability for injuries to, 239
  unapproved roommates, 178–179, 392

Trespass suits by tenants, 320

Trust accounts
  for security deposits, 45, 57, 91–92, 93
  for withheld rent, 194, 196, 200

"Two-per-bedroom-plus" occupancy standard, 117–118

U

UD lawsuits. *See* Evictions

Unconditional Quit notices/terminations, 388, 391, 392, 393
  state laws, 388, 391, 442–444, 447–453

Unemployment taxes, 139–140

Unfit premises, 193–205
  evictions lawsuits and, 399
  financial responsibility for repairs, 185
  rent reductions for, 196–197, 204, 217
  tenant injuries due to, 240–241
  tenant lawsuits over, 203

tenant reports of code violations, 189, 201, 203, 208–209, 276, 383, 395

tenants' right to move out, 203–205, 328

See also Dangerous/defective conditions; Implied warranty of habitability; Rent withholding; Repair and deduct rights

Uniform Controlled Substances Act, 302–303

U.S. Centers for Disease Control and Prevention, mold study, 272

U.S. Code, 417

U.S. Department of Homeland Security, 297

U.S. Department of Housing and Urban Development. *See* HUD

U.S. Department of Justice
  ADA information, 40
  Title X enforcement, 259

U.S. Department of Labor, 140

U.S. Environmental Protection Agency. *See* EPA

U.S. Occupational Safety and Health Administration. *See* OSHA

University housing, 260

Unlawful conversion, 367

Unlawful detainer lawsuits. *See* Evictions

Unmarried couples
  discrimination issues, 113–114
  separations, 167
  See also Marital status discrimination

Unruh Civil Rights Act, 114

USA PATRIOT ACT, 296

USCIS (U.S. Citizenship and Immigration Services), 15–16, 104, 141

Usury laws, 79

Utilities, 45, 47, 58

V

Vacancy decontrol, 74

Vacation rentals, 260

Vehicle insurance, 131, 248

Vehicles, 55, 370. *See also* Parking

Ventilation, 191, 268, 292

Vents, carbon monoxide concerns, 267, 268

Vermin. *See* Pests and pest control

Videotaping rental units, 156, 346

Violence
  tenant-on-tenant, 101, 166–168, 292–295, 296, 378
  See also Crime prevention; Security of premises

W

Wage garnishment, 365

Waivers of tenants' rights, 48, 190, 194

Walls

holes and dents, 350

See also Paint and painting

War and National Defense Servicemembers Civil Relief Act, 329, 390

Warning notices to tenants, 101, 179, 375, 383–384

sample letter, 376

Waste, 51

Waterproofing, 186

Water service, 45, 47, 185

Wear and tear, 87, 119, 206, 347, 350

Weather

evictions and, 399–400

habitability standard and, 186

Weekends, rent due on, 42–43, 76

Wind damage, insurance coverage, 249

Window bars, 284–285

Window coverings, 189, 263

Window locks, 280, 284

Windows, 186, 189

Witnesses

pretrial depositions, 394

small claims court, 363, 364

Women, discrimination against. *See* Familial status discrimination; Sex discrimination; Sexual harassment

Workers' compensation insurance, 140–141

Wrongful entry, 123, 310, 311, 314, 319–320. *See also* Access to premises

Wrongful evictions, insurance coverage, 123

Wrongful termination suits (employment), 147

Z

Zoning laws, home businesses and, 38, 40

■

Rent.com
Fills Your Vacancies Faster

 Rent.com is the **only** rental housing website promoted on **eBay**.

#1 Rent.com is the **#1 online source** of **renter traffic** and **leases**.

 Rent.com lists **rental vacancies nationwide.**

 Rent.com lists all residential rentals—**condos, townhouses, apartments and houses.**

Rent.com®
an **eBay**® company

List your rentals now!

866.770.RENT   sales@rent.com   www.rent.com

Remember:

Little publishers have big ears.
We really listen to you.

Take 2 Minutes
& Give Us
Your 2 cents

Your comments make a big difference in the development and revision of Nolo books and software. Please take a few minutes and register your Nolo product—and your comments—with us.
Not only will your input make a difference, you'll receive special offers available only to registered owners of Nolo products on our newest books and software.
Register now by:

PHONE
1-800-728-3555

FAX
1-800-645-0895

EMAIL
cs@nolo.com

or **MAIL** us
this registration card

fold here

Registration Card

NAME _____ DATE _____

ADDRESS _____

_____

CITY _____ STATE _____ ZIP _____

PHONE _____ E-MAIL _____

WHERE DID YOU HEAR ABOUT THIS PRODUCT? _____

WHERE DID YOU PURCHASE THIS PRODUCT? _____

DID YOU CONSULT A LAWYER? (PLEASE CIRCLE ONE)   YES   NO   NOT APPLICABLE

DID YOU FIND THIS BOOK HELPFUL?   (VERY)   5   4   3   2   1   (NOT AT ALL)

COMMENTS _____

_____

_____

WAS IT EASY TO USE?   (VERY EASY)   5   4   3   2   1   (VERY DIFFICULT)

We occasionally make our mailing list available to carefully selected companies whose products may be of interest to you.

❑   If you do not wish to receive mailings from these companies, please check this box.

❑   You can quote me in future Nolo promotional materials.
Daytime phone number _____.

ELLI 8.0